Kolbeck/Rauscher
Tourismus-Management

Tourismus-Management

Die betriebswirtschaftlichen Grundlagen

von

Prof. Dr. Felix Kolbeck

und

Prof. Dr. Marion Rauscher

Verlag Franz Vahlen München

VERLAG VAHLEN
MÜNCHEN
www.vahlen.de

ISBN 978 3 8006 4486 5

© 2012 Verlag Franz Vahlen GmbH
Wilhelmstraße 9, 80801 München

Satz: Fotosatz H. Buck
Zweikirchener Str. 7, 84036 Kumhausen

Umschlaggestaltung: fernlicht kommunikationsdesign, Gauting
Bildnachweis: © Alexander Bryljaev, iStockphoto
© Stígur Karlsson, iStockphoto
Flughafen München GmbH, AIDA Cruises

Druck und Bindung: Nomos Verlagsgesellschaft mbH & Co. KG
In den Lissen 12, 76547 Sinzheim

Gedruckt auf säurefreiem, alterungsbeständigem Papier
(hergestellt aus chlorfrei gebleichtem Zellstoff)

Vorwort

Die Tourismusbranche ist einerseits einer der faszinierendsten Wirtschaftsbereiche, die es gibt. Menschen werden zu Gästen, sie verlassen ihren Alltag und suchen die Ferne, das Nicht-Alltägliche. Daher sind Tourismusprodukte emotional aufgeladen, und das Arbeiten im Tourismus erfordert Welt- und Menschenoffenheit. Nicht zuletzt werden viele touristische Leistungen an Orten erbracht, die – schlicht und unwissenschaftlich gesagt – schön sind.

Der Tourismus ist andererseits eine Branche wie jede andere auch. In ihr arbeiten Unternehmen jeden Tag daran, den Kunden gute Produkte zu bieten, den Mitarbeitern ein Einkommen zu gewährleisten und den Eigentümern eine angemessene Verzinsung ihrer Investition sicherzustellen. Dafür sind in erster Linie betriebswirtschaftliche Kenntnisse nötig. Fehlen diese, folgt aller Begeisterung für die Branche, für den Gast oder für eine Destination schnell Ernüchterung: Die Reisen wurden zu teuer angeboten, mit Zimmerrenovierungen wurde zu lange gewartet, die Flugstrecke wurde unrentabel bedient, der Kredit für den Wellnessbereich wurde von der Bank nicht gewährt.

Eitel Sonnenschein sollte also nicht nur am Strand herrschen, sondern nach Möglichkeit auch in der Bilanz des Strandhotels. Oder weniger bildlich gesprochen: Die Freude am Arbeiten im Tourismus setzt voraus, dass man betriebswirtschaftlich erfolgreich ist. Dieses Buch hat daher zum **Ziel**, allen verantwortlich im Tourismus Tätigen das grundlegende betriebswirtschaftliche Rüstzeug an die Hand zu geben. Es richtet sich daher an zwei Haupt-Zielgruppen:

Bachelor- und Masterstudenten im Bereich Tourismusmanagement: Als Basis-Lehrbuch ist es im Bachelorbereich sowohl für Studienanfänger im Tourismusmanagement geeignet, als auch für Studierende eines Vertiefungsfaches Tourismus in betriebswirtschaftlichen oder wirtschaftsgeographischen Studiengängen. Aber auch Masterstudenten im Bereich Tourismus- oder Hospitality-Management können dieses Werk nutzen, wenn sie ihre betriebswirtschaftlichen Vorkenntnisse erweitern oder wieder auffrischen möchten.

Praktiker in allen Teilbranchen des Tourismus: Sei es im beruflichen Alltag oder im Rahmen der Weiterbildung – immer wieder benötigt man im Tourismus einen klaren Blick auf betriebswirtschaftliche Zusammenhänge. Daher soll diese Publikation auch Handbuch und Nachschlagewerk sein für Praktiker u. a. bei

- Reiseveranstaltern und Reisevertrieben,
- Verkehrsunternehmen aller Art (Luftverkehr, Bahn, Bus, Mietwagen),
- Unternehmen der Hotellerie und Gastronomie sowie
- Event-Agenturen, Zielgebiets- und Gästebetreuungsunternehmen

Bisherige Grundlagen-Publikationen zum Tourismusmanagement betonen sehr den Tourismus, weniger das Management. Sie sind meist institutionenökonomisch geprägt und gliedern ihre Inhalte entlang der verschiedenen Typen touristischer Märkte, Unternehmen und anderer relevanter Institutionen. Für die Darstellung betriebswirtschaftlicher Teilthemen dienen dann oft einzelne Unternehmenstypen als Beispiel („Marketing beim Reiseveranstalter", „Produktion eines Linienfluges", „Qualitätsmanagement in der Hotellerie" usw.).

Dieses Lehrbuch dreht die Perspektive. Es entwickelt das Tourismusmanagement systematisch von der Managementseite her kommend. Die Inhalte der Betriebswirtschaftslehre prägen den Aufbau des Buches. Innerhalb der einzelnen betriebswirtschaftlichen Themen wird auf touristische Beispiele und Besonderheiten eingegangen. Dabei wird bewusst in Kauf genommen, dass die touristischen Teilbranchen und Unternehmen nicht vollständig in Geschichte, Bedeutung, aktuellen „Playern" etc. dargestellt werden können. Ziel ist vielmehr die Entwicklung einer betriebswirtschaftlichen Denkhaltung, die in allen touristischen Unternehmen und Trägern die Basis professionellen Handelns darstellen kann.

Im **ersten Kapitel** werden die Betriebswirtschaftslehre und der Tourismus zunächst getrennt voneinander vorgestellt, um dann in einem **Modell des Tourismusmanagements** zusammen zu finden. Dieses Modell umfasst sechs Dimensionen: Funktionsbereiche, Managementprozesse, soziale Systeme, Geschäftsprozesse, Werte und Strategien, Räume. Drei davon – die Funktionsbereiche, die Managementprozesse sowie Werte und Strategien – bilden die Schwerpunkte und damit die weitere Kapitelabfolge in diesem Buch. Grundlegende Elemente zur Wirtschaftsordnung, Tourismuspolitik und zur Bedeutung des Wettbewerbes runden den ersten Abschnitt ab und bilden für ein Tourismusmanagement einen wichtigen Rahmen.

Das **zweite Kapitel** widmet sich den **Funktionsbereichen** im Unternehmen: Investition und Finanzierung, Marketing, Beschaffung und Produktion. Jedem dieser Bereiche ist ein eigenes Unterkapitel gewidmet, das jeweils mit einem Fallbeispiel beginnt und einer „Stimme aus der Praxis" endet. In letzterer äußern sich erfahrene Experten und ausgewiesene Führungskräfte aus der Tourismusbranche dazu, was aus ihrer Sicht die entscheidenden Faktoren und aktuellen Entwicklungen in den angesprochenen Bereichen sind. Hier gewinnt der Leser nicht nur spannende Einblicke in mögliche eigene Berufsfelder, sondern bekommt vor allem die Relevanz der theoretischen Buchinhalte in der Praxis aufgezeigt.

Im **dritten Kapitel** werden als zentrale **Managementprozesse** im Unternehmen Planung, Rechnungswesen/Controlling, Personal, Führung und Organisation vorgestellt und beschrieben. Diese Prozesse durchziehen die zuvor erläuterten Funktionsbereiche in allen Belangen. Das grundlegende Wissen um die Struktur und den Ablauf dieser Prozesse ist eine entscheidende Qualifikation zur Übernahme von Führungsverantwortung im Tourismus, sei es in Bezug auf Mitarbeiter, Produkte oder ganze Unternehmen. Auch in diesem Abschnitt sorgen Fallbeispiele und Stimmen aus der Praxis für Aktualität, Realitätsnähe und Spannung.

Mit Inhalten zum Funktionieren und zur Steuerung („Management") eines Unternehmens darf es ein Grundlagenwerk zur Betriebswirtschaftslehre aber nicht bewenden lassen. Das abschließende **vierte Kapitel** thematisiert für Tourismusunternehmen grundlegende Fragen der unternehmerischen Identität, der Unternehmensstrategien sowie den Sinn und die Nachhaltigkeit ihrer Tätigkeit. **Werte und Strategien** bilden in dem Tourismusmanagement-Modell ein „normatives Dach", allerdings nicht im Sinne fertiger und allgemeingültiger Antworten. Vielmehr sind die Studierenden im Studium und die Praktiker in der Tourismuswirtschaft selbst gefragt, anhand der in diesem Abschnitt aufgezeigten Themen Position zu beziehen und zu diskutieren.

Wir haben großen Wert darauf gelegt, im Rahmen unserer integrierten Sichtweise eine Betriebswirtschaftslehre touristischer Prägung in ihrer Gesamtheit darzustellen, einen Überblick zu verschaffen, Zusammenhänge aufzuzeigen. Der **rote Faden in der Betriebswirtschaftslehre** und eine Vielfalt touristischer Beispiele waren uns wichtiger als die größtmögliche Tiefe bei vielen Details, die in der einen oder anderen touristischen Teilbranche (Veranstalter, Luftverkehr, Hotellerie, …) mit Sicherheit wichtig sind. Zu Letzteren existieren allerdings auch zahlreiche Spezialpublikationen, die diesem Anspruch aus Sicht der touristischen Teilbranche viel besser als dieses Grundlagenwerk gerecht werden können.

Es kann bei dieser Philosophie eines Grundlagenwerkes nicht ausbleiben, dass im Text auch Begriffe fallen (z. B. im Kapitel zum Marketing die Begriffe „Strategie" und „Planung"), die erst später (z. B. im Kapitel zur Planung) definiert oder im Kontext erläutert werden. Damit der Leser dennoch den roten Faden nicht verliert, möge er auch auf das ausführliche Stichwortverzeichnis zurückgreifen, um nicht verständliche Begriffe kurz nachzuschlagen.

Verschiedene gesellschaftliche, technologische und wirtschaftliche Entwicklungen verändern Lebensstile und Reiseverhalten. Sie stellen die Anbieter touristischer Dienstleistungen schon heute vor große Herausforderungen. Und auch langfristig sorgen „Mega-Trends" wie Klimawandel, demographischer Wandel und technologischer Fortschritt dafür, dass sich die Unternehmen der Tourismusbranche ständig anpassen müssen. In diesem dynamischen Umfeld kann ein solides betriebswirtschaftliches Grundlagenwissen eine Konstante darstellen, mit der Unternehmen sich nicht nur behaupten, sondern auch den „beständigen Wandel" als Chance begreifen und wachsen können.

Ein solches Werk kann nicht entstehen ohne die Unterstützung durch viele Personen aus unserem fachlichen und persönlichen Umfeld. Da sind zunächst die Kolleginnen und Kollegen aus der Betriebswirtschaft und Tourismuswissenschaft zu nennen, speziell an der Fakultät für Tourismus an der Hochschule München, die uns in der Konzeptions- und Schreibphase des Buches für die Diskussion und Reflektion unseres Vorhabens zur Verfügung standen. Unser herzlicher Dank gilt auch den zahlreichen Experten und Führungskräften aus der Tourismusbranche, die dieses Buch durch ihre Praxisstimmen angereichert haben. Frau *Iris Kern*, Frau *Ilka Cremer* und Herrn *Andreas Schneider* gebührt unsere Anerkennung für die abschließenden Korrekturarbeiten am Manuskript. Dem Verlag Franz Vahlen und insbesondere Herrn Dipl.-Volkswirt *Hermann Schenk* danken wir für die reibungslose und vertrauensvolle Zusammenarbeit.

Nicht zuletzt bedanken wir uns bei vielen Studentinnen und Studenten, mit denen wir an der Fakultät für Tourismus an der Hochschule München seit Jahren die Grundlagen der Betriebswirtschaftslehre in der Hochschulausbildung gemeinsam erlebt, diskutiert und weiterentwickelt haben.

Es wurde Zeit für dieses Buch – die „Tourismus-BWL" ist da!

Anmerkung: Obwohl aus Gründen der Lesbarkeit im Text die männliche Form gewählt wurde, beziehen sich die Angaben immer auf Angehörige beider Geschlechter.

München, im Juli 2012

Felix Kolbeck
Marion Rauscher

Inhaltsübersicht

Vorwort V
Inhaltsverzeichnis XI
Abbildungsverzeichnis XVII

1. **Grundlagen: Betriebswirtschaftslehre und Tourismus** 1
   1.1 Betriebswirtschaftslehre: Kaufmännisches Denken und Handeln lernen 3
   1.2 Tourismus: Die Sehnsucht nach Traumstränden und -renditen ... 13
   1.3 Tourismusmanagement: Handlungsfelder einer Betriebswirtschaftslehre des Tourismus 23
   1.4 Ordnungspolitischer Rahmen: Wirtschaftsordnung und Tourismuspolitik 35
   1.5 Unternehmen im Wettbewerb 49

2. **Funktionsbereiche: Kernelemente touristischer Wertschöpfung** 73
   2.1 Investition und Finanzierung 75
   2.2 Beschaffung 103
   2.3 Produktion 129
   2.4 Marketing 157

3. **Managementprozesse: Lenken und Entscheiden im Tourismus** 183
   3.1 Planung 185
   3.2 Rechnungswesen und Controlling 209
   3.3 Personalmanagement 239
   3.4 Organisation 265

4. **Werte und Strategien: Fragen nach Sinn, Wegen und Verantwortung im Tourismus** 287
   4.1 Unternehmensidentität und Unternehmenspolitik 289
   4.2 Strategisches Management 303
   4.3 Nachhaltiges Tourismusmanagement 319

Stichwortverzeichnis 333

Inhaltsverzeichnis

Vorwort		V
Inhaltsübersicht		IX
Abbildungsverzeichnis		XVII

1. **Grundlagen: Betriebswirtschaftslehre und Tourismus** 1
   1.1 Betriebswirtschaftslehre: Kaufmännisches Denken und Handeln lernen 3
      1.1.1 Kurze Geschichte der Betriebswirtschaftslehre 3
      1.1.2 Abgrenzung zur Volkswirtschaftslehre 5
      1.1.3 Einordnung der Managementlehre 6
      1.1.4 Wie „lernt man BWL" im Studium? 7
      1.1.5 Stimmen aus dem Studium 9
   1.2 Tourismus: Die Sehnsucht nach Traumstränden und -renditen .. 13
      1.2.1 Der Wunsch nach Erholung und Erlebnis: Tourismusnachfrage 14
         1.2.1.1 Wichtige Begriffe und Abgrenzungen 14
         1.2.1.2 Historische Entwicklung der Tourismusnachfrage.. 15
      1.2.2 Das Geschäft mit der Erholung und dem Erlebnis: Tourismusangebot 16
         1.2.2.1 Wichtige Begriffe und Abgrenzungen 16
         1.2.2.2 Historische Entwicklung der Tourismusangebote .. 20
      1.2.3 Tourismusmärkte 21
   1.3 Tourismusmanagement: Handlungsfelder einer Betriebswirtschaftslehre des Tourismus 23
      1.3.1 Betriebswirtschaftliches Denken im touristischen Alltag .. 23
      1.3.2 Ein integrierter Ansatz für das Tourismusmanagement ... 25
      1.3.3 Tourismusmanagement und Tourismusökonomie 29
      1.3.4 Betriebswirtschaft und Tourismusmanagement in der Lehre 31
   1.4 Ordnungspolitischer Rahmen: Wirtschaftsordnung und Tourismuspolitik 35
      1.4.1 Fallbeispiel: Deutsche Zentrale für Tourismus (DZT) 36
      1.4.2 Allgemeine Tourismuspolitik 37
         1.4.2.1 Begriff und Bedeutung 37
         1.4.2.2 Instrumente zur ordnungspolitischen Steuerung und Förderung 38
      1.4.3 Spezielle Tourismuspolitik 39
         1.4.3.1 Tourismuspolitische Aufgaben 39

Inhaltsverzeichnis

    1.4.3.2 Akteure der nationalen, regionalen und
       kommunalen Tourismuspolitik 40
    1.4.3.3 Akteure der internationalen Tourismuspolitik 44
  1.4.4 Stimmen aus der Praxis 46
 1.5 Unternehmen im Wettbewerb 49
  1.5.1 Fallbeispiel: Deutsche Bahn AG 50
  1.5.2 Unternehmen 51
    1.5.2.1 Definition und Begriffsabgrenzung 51
    1.5.2.2 Arten von Unternehmen 53
    1.5.2.3 Betriebe der Tourismusbranche 62
  1.5.3 Wirtschaftliches Handeln 65
  1.5.4 Wettbewerbsvorteile 70

2. **Funktionsbereiche: Kernelemente touristischer Wertschöpfung** 73
 2.1 Investition und Finanzierung 75
  2.1.1 Fallbeispiel: Deutsche Lufthansa (1) 76
  2.1.2 Die betriebliche Finanzwirtschaft 77
    2.1.2.1 Einordnung des Investitionsbegriffs 77
    2.1.2.2 Definition und Notwendigkeit der Finanzierung ... 77
    2.1.2.3 Die Finanzplanung 79
  2.1.3 Investitionsrechnung 80
    2.1.3.1 Einführung 80
    2.1.3.2 Statische Investitionsrechenverfahren 81
    2.1.3.3 Dynamische Investitionsrechenverfahren 85
  2.1.4 Finanzierung 89
    2.1.4.1 Überblick über die Kapitalarten 89
    2.1.4.2 Außenfinanzierung 92
    2.1.4.3 Innenfinanzierung 93
    2.1.4.4 Kapitalkosten 95
  2.1.5 Kennzahlen der finanzwirtschaftlichen Analyse 96
  2.1.6 Stimmen aus der Praxis: Achim von der Lahr, UniCredit
    Bank AG; Dieter Semmelroth, TUI AG 99
 2.2 Beschaffung 103
  2.2.1 Fallbeispiel: Deutsche Lufthansa (2) 104
  2.2.2 Überblick: Zu beschaffende Güter und Dienstleistungen
    im Tourismus 105
  2.2.3 Investitionsgüterbeschaffung 107
  2.2.4 Materialbeschaffung und Wareneinkauf 108
    2.2.4.1 Analyse der zu beschaffenden Güter und
       Materialien 108
    2.2.4.2 Lieferantenauswahl 110
    2.2.4.3 Festlegung von Bestellmengen und -rhythmen bei
       kontinuierlichem Verbrauch 112
    2.2.4.4 Festlegung von Bestellzeitpunkten bei schwanken-
       dem Verbrauch 114

2.2.5 Dienstleistungsbeschaffung 116
    2.2.5.1 Segmente unternehmensbezogener Dienstleistungen 116
    2.2.5.2 Optimierung der Dienstleistungsbeschaffung 117
2.2.6 Touristischer Leistungsträgereinkauf 118
2.2.7 Eine zentrale Frage im Tourismus: Selber produzieren oder fremd beziehen? 120
    2.2.7.1 Die Make or Buy-Entscheidung 120
    2.2.7.2 Operativer Aspekt: Kostenvergleichsrechnung am Beispiel eines Flugeinkaufs 121
    2.2.7.3 Strategischer Aspekt: Die Frage der Wertschöpfungstiefe im Tourismus 124
2.2.8 Stimmen aus der Praxis: Heike Pabst, FTI Touristik GmbH 126

2.3 Produktion.. 129
  2.3.1 Fallbeispiel: Touropa – TUI – Touropa 130
  2.3.2 Produktionsprozesse 132
    2.3.2.1 Überblick: Struktur der Produktionsprozesse 132
    2.3.2.2 Besonderheiten in der Produktion touristischer Dienstleistungen 133
    2.3.2.3 Ausgewählte Produktionsprozesse im Tourismus .. 135
  2.3.3 Grundlegende Elemente der Produktionstheorie 142
    2.3.3.1 Produktionsfaktoren und Produktionsfunktionen .. 142
    2.3.3.2 Kostenfunktionen, -begriffe und -verläufe 144
    2.3.3.3 Produktion als kostenminimale Faktorkombination 147
    2.3.3.4 Economies of Scale, Economies of Scope........... 148
  2.3.4 Produktionsstandorte im Tourismus.................... 150
  2.3.5 Stimmen aus der Praxis: Marcus Minzlaff, TUI Deutschland GmbH 152

2.4 Marketing 157
  2.4.1 Fallbeispiel: weg.de................................... 158
  2.4.2 Grundlagen des Marketing............................. 160
    2.4.2.1 Marketingbegriff und Besonderheiten im Tourismus 160
    2.4.2.2 Die Marktorientierung.......................... 161
    2.4.2.3 Die Kundenorientierung 162
  2.4.3 Der Marketing-Prozess 163
    2.4.3.1 Überblick über den Marketing-Prozess............ 163
    2.4.3.2 Information und Analyse 164
    2.4.3.3 Strategisches Marketing 165
    2.4.3.4 Operatives Marketing 169
    2.4.3.5 Integration, Umsetzung und Kontrolle 170
  2.4.4 Der Marketing-Mix................................... 170
    2.4.4.1 Produktpolitik................................. 170
    2.4.4.2 Preispolitik................................... 174
    2.4.4.3 Kommunikationspolitik 177
    2.4.4.4 Distributionspolitik 179

Inhaltsverzeichnis

    2.4.5 Stimmen aus der Praxis: Katrin Köhler, Comvel GmbH; Burkhard von Freyberg, Zarges von Freyberg Hotel Consulting 181

3. **Managementprozesse: Lenken und Entscheiden im Tourismus** 183
   3.1 Planung 185
      3.1.1 Fallbeispiel: Carnival Corporation & plc 186
      3.1.2 Grundlegende Begriffe zur Planung 188
      3.1.3 Strategische Planung 190
          3.1.3.1 Strategiebegriff 190
          3.1.3.2 Strategieentwicklung 192
      3.1.4 Operative Planung 198
          3.1.4.1 Ziele und Inhalte der operativen Planung 198
          3.1.4.2 Ablauf der operativen Planung 199
          3.1.4.3 Budgetierung 200
      3.1.5 Grenzen der Planung im Tourismus 203
          3.1.5.1 Grenzen der strategischen Planung 203
          3.1.5.2 Grenzen der operativen Planung 203
      3.1.6 Stimmen aus der Praxis: Dr. Michael Frenzel, TUI AG 204
   3.2 Rechnungswesen und Controlling 209
      3.2.2 Überblick: Financial Management 211
          3.2.2.1 Bereiche und Aufgaben des Rechnungswesens..... 211
          3.2.2.2 Monetäre Wertgrößen eines Unternehmens........ 212
      3.2.3 Elemente der externen Rechnungslegung 214
          3.2.3.1 Bestandteile des Jahresabschlusses im Überblick ... 214
          3.2.3.2 Der Blick auf das Vermögen: Die Bilanz 215
          3.2.3.3 Der Blick auf den Erfolg: Die Gewinn- und Verlustrechnung (GuV) 219
          3.2.3.4 Der Blick in die Kasse: Die Cash Flow-Rechnung ... 220
      3.2.4 Elemente des internen Rechnungswesens 222
          3.2.4.1 Controlling ist nicht Kontrolle 222
          3.2.4.2 Grundzüge der Kosten- und Leistungsrechnung ... 224
          3.2.4.3 Ergebnisrechnung auf Vollkostenbasis und Deckungsbeitragsrechnung 227
          3.2.4.4 Besonderheiten der Controlling-Sicht auf das Geschäft 230
      3.2.5 Kennzahlen der bilanziellen und erfolgswirtschaftlichen Analyse 231
      3.2.6 Stimmen aus der Praxis: Susanne Wübbeling, Starwood Hotels & Resorts Worldwide Inc. 234
   3.3 Personalmanagement 239
      3.3.1 Fallbeispiel: Schindlerhof 240
      3.3.2 Begriffsabgrenzung und Zieldefinition 241
      3.3.3 Aufgaben der Personalwirtschaft 242
          3.3.3.1 Überblick 242

3.3.3.2 Personalbedarfsermittlung 243
3.3.3.3 Personalbeschaffung 245
3.3.3.4 Personaleinsatz 247
3.3.3.5 Personalentlohnung 249
3.3.3.6 Personalentwicklung 251
3.3.3.7 Personalfreisetzung 252
3.3.4 Personalführung... 255
3.3.4.1 Motivationstheorien 255
3.3.4.2 Führungsstile................................. 258
3.3.4.3 Führungstechniken 260
3.3.5 Stimmen aus der Praxis: Andreas Graeber-Stuch, Eckelmann Hotels KG 261
3.4 Organisation 265
3.4.1 Fallbeispiel: Best Western 266
3.4.2 Organisationsbegriff und Elemente der Organisation 268
3.4.3 Organisationsformen 273
3.4.3.1 Aufbau- und Ablauforganisation im Vergleich 273
3.4.3.2 Aufbauorganisation 274
3.4.3.3 Ablauforganisation 280
3.4.4 Weitergehende Organisationstheorien 282
3.4.5 Stimmen aus der Praxis: Philipp Bessler, Treugast Unternehmensberatung... 284

4. **Werte und Strategien: Fragen nach Sinn, Wegen und Verantwortung im Tourismus** 287
4.1 Unternehmensidentität und Unternehmenspolitik 289
4.1.1 Grundlage: Normatives Management.................. 290
4.1.2 Unternehmensidentität 292
4.1.2.1 Unternehmensverhalten und Unternehmenskultur . 292
4.1.2.2 Erscheinungsbild 294
4.1.2.3 Unternehmenskommunikation 294
4.1.3 Unternehmenspolitik.................................... 297
4.1.3.1 Basis und Ziele der Unternehmenspolitik 297
4.1.3.2 Unternehmensleitbilder 298
4.1.3.3 Fallstricke in der Unternehmenspolitik 299
4.2 Strategisches Management 303
4.2.1 Instrumentalcharakter und Ebenen von Strategien 304
4.2.2 Grundlegende Strategietypen............................ 305
4.2.2.1 Strategien auf Geschäftsfeldebene 305
4.2.2.2 Strategien auf Ebene des Gesamtunternehmens 307
4.2.3 Wachstumsstrategien 312
4.2.3.1 Internes und externes Unternehmenswachstum.... 312
4.2.3.2 Kooperation 315
4.3 Nachhaltiges Tourismusmanagement 319
4.3.1 Begriffe im Kontext unternehmerischer Nachhaltigkeit ... 320

4.3.2 Nachhaltiges Management 322
4.3.3 Nachhaltigkeit im Kontext des Tourismus 323
    4.3.3.1 Statische Betrachtung: Begriffe, Kriterien und die Politik 323
    4.3.3.2 Dynamische Betrachtung: Driving Forces im Tourismus für Destinationen und Unternehmen 325
4.3.4 Elemente eines nachhaltigen Tourismusmanagements 328
4.3.5 Stimmen aus der Praxis: Peter-Mario Kubsch, Studiosus Reisen München GmbH............................. 329

Stichwortverzeichnis 333

Abbildungsverzeichnis

Abbildung 1:	Die Betriebswirtschaftslehre in der Systematik der Wissenschaften	5
Abbildung 2:	Kategorien des Tourismus	14
Abbildung 3:	Das touristische Angebot im System der Wirtschaftsgüter	17
Abbildung 4:	Integriertes Modell des Tourismusmanagements in betriebswirtschaftlicher Perspektive	26
Abbildung 5:	Das Tourismusmanagement als betriebswirtschaftlich geprägtes Lehrgebiet innerhalb der Wirtschaftswissenschaften	32
Abbildung 6:	Tourismuspolitische Struktur in der Bundesrepublik Deutschland	41
Abbildung 7:	Rechtsformen privater Unternehmen	53
Abbildung 8:	Trennmodell der AG	58
Abbildung 9:	Umsatzsteuerpflichtige Unternehmen nach Rechtsform in 2009	60
Abbildung 10:	Systematisierung öffentlicher Betriebe	61
Abbildung 11:	Prozess des wirtschaftlichen Handelns	67
Abbildung 12:	Zielhierarchie	68
Abbildung 13:	Interdependenzrelationen von Zielen	69
Abbildung 14:	Entscheidungsarten	70
Abbildung 15:	Leistungs- und Zahlungsströme	78
Abbildung 16:	Überblick der Investitionsrechenverfahren	80
Abbildung 17:	Verfahren der Kapitalwertmethode	87
Abbildung 18:	Verfahren der Annuitätenmethode	88
Abbildung 19:	Kapitalwert bei unterschiedlichen Kalkulationszinsfüßen	89
Abbildung 20:	Passivseite der Bilanz der airberlin plc	90
Abbildung 21:	Grundlegende Charakteristika von Eigen- und Fremdkapital	90
Abbildung 22:	Finanzierungsquellen nach Kapitalart und -herkunft	92
Abbildung 23:	Finanzierungsquellen in Deutschland in 2008	95
Abbildung 24:	Beschaffungsobjekte im Tourismus	105
Abbildung 25:	Investitionsgüterbeschaffung	107
Abbildung 26:	Strukturierung des Materials: ABC-Analyse	109
Abbildung 27:	Operative Verfahren der Beschaffung	112
Abbildung 28:	Lagerzugänge und konstante Verbrauchsläufe	112
Abbildung 29:	Bestellpunktverfahren	115
Abbildung 30:	Bestellrhythmusverfahren	115
Abbildung 31:	Dienstleistungssegmente und ihre Dienstleistungen	116

Abbildung 32:	Beispielhafte Lieferanten- und Abnehmerrollen im Tourismus	118
Abbildung 33:	Strategische und operative Make or Buy-Entscheidungen	121
Abbildung 34:	Vorteilhaftigkeit von Eigenerstellung oder Fremdbezug bei unterschiedlichen Gästezahlen	123
Abbildung 35:	Konzerntypen im Tourismus	124
Abbildung 36:	Produktionsmodelle der Touropa 1958 und der Touropa 2012	131
Abbildung 37:	Produktionsprozesse mit Beispielen aus dem Tourismus	132
Abbildung 38:	Zielkonflikte in der Produktion	133
Abbildung 39:	Produktionsprozesse in der Hotellerie	137
Abbildung 40.	Produktionsprozess eines Linienfluges	139
Abbildung 41:	Produktionsfaktoren in der Betriebswirtschaft	142
Abbildung 42:	Formen der Faktorsubstitution	144
Abbildung 43:	Mögliche Kostenverläufe bei steigender Produktionsmenge	146
Abbildung 44:	Die Budgetgerade	147
Abbildung 45:	Minimalkostenkombination bei substitutionalen Produktionsfaktoren	148
Abbildung 46:	Economies of Scale	149
Abbildung 47:	Ursachen für den Effekt der Economies of Scale	149
Abbildung 48:	Grundsätzliche Standortstrategien im Tourismus	151
Abbildung 49:	Plakatwerbung des Online-Reisemittlers weg.de	159
Abbildung 50:	Marksegmentierung der Accor Hotelgruppe	162
Abbildung 51:	Der Marketing-Prozess	163
Abbildung 52:	Produkt-Markt-Matrix nach Ansoff	166
Abbildung 53:	Instrumente des Marketing-Mix	169
Abbildung 54:	Programmbreite und -tiefe des Autovermieters Europcar	171
Abbildung 55:	Produktlebenszyklus	172
Abbildung 56:	Formen der Preisfestsetzung in der Praxis	174
Abbildung 57:	Grundfragen des Kommunikationsprozesses	178
Abbildung 58:	Kommunikationsinstrumente, -mittel und -träger	178
Abbildung 59:	Marken und Schiffe im Carnival-Konzern	186
Abbildung 60:	Die AIDAmar entsteht auf der Papenburger Meyer Werft, März 2012	187
Abbildung 61:	Planungszeitpunkte im Jahresablauf	189
Abbildung 62:	Der Prozess des strategischen Managements	192
Abbildung 63:	Die „Umwelten" des Unternehmens: Bereiche und Akteure	193
Abbildung 64:	Grundmuster einer SWOT-Analyse mit beispielhaften Analysefragen	195
Abbildung 65:	Das Zusammenspiel der operativen Teilplanungen	199
Abbildung 66:	Planungsprozesse in großen Tourismuskonzernen	200
Abbildung 67:	Bereiche und Aufgaben des Rechnungswesens	211
Abbildung 68:	Monetäre Größen im Rechnungswesen	212
Abbildung 69:	Abgrenzung der Stromgrößen und Geschäftsvorfälle	213

Abbildung 70:	Bestandteile des Jahresabschlusses nach HGB	215
Abbildung 71:	Die Bilanz. Gliederung für Kapitalgesellschaften nach § 266 HGB, verkürzt	216
Abbildung 72:	Beispiel Maschinenkauf: Einfache und doppelte Buchführung im Vergleich	217
Abbildung 73:	Buchungsvorgänge am Beispiel von Bilanzkonten	218
Abbildung 74:	Der Prozess des Bilanzansatzes	218
Abbildung 75:	Die GuV – Gliederung nach § 275 HGB	219
Abbildung 76:	Ermittlung des Periodenergebnisses bei Gesamtkosten- und Umsatzkostenverfahren	220
Abbildung 77:	Das Zusammenspiel von Bilanz, GuV und Cash Flow-Rechnung	221
Abbildung 78:	Wege der Ermittlung des Cash Flows	222
Abbildung 79:	Preisbildung auf Basis der Kostenrechnung	225
Abbildung 80:	Ablauf der Kosten- und Leistungsrechnung	225
Abbildung 81:	Strukturierung verschiedener Kostenarten	226
Abbildung 82:	Typische Erlösarten und Beispiele aus dem Tourismus	227
Abbildung 83:	Ergebnisrechnung I: Auf Vollkostenbasis	227
Abbildung 84:	Ergebnisrechnung II: Als Deckungsbeitragsrechnung	228
Abbildung 85:	Muster für die stufenweise Deckungsbeitragsrechnung eines Reiseveranstalters	229
Abbildung 86:	Der Return on Investment und seine Quellen	233
Abbildung 87:	Aufgaben der Personalwirtschaft	243
Abbildung 88:	Brutto- und Nettopersonalbedarf	243
Abbildung 89:	Prozess der Personalbeschaffung	245
Abbildung 90:	Personalbeschaffungswege	245
Abbildung 91:	Ausweitung des Arbeitsinhalts	248
Abbildung 92:	Formen der Entlohnung	250
Abbildung 93:	Konzepte und Methoden der Personalentwicklung	252
Abbildung 94:	Maßnahmen der Personalfreisetzung	253
Abbildung 95:	Bedürfnispyramide von Maslow	256
Abbildung 96:	Motivatoren und Hygienefaktoren nach Herzberg	257
Abbildung 97:	Kontinuum der Führungsstile nach Tannenbaum/Schmidt	258
Abbildung 98:	Verhaltensgitter nach Blake/Mouton	260
Abbildung 99:	Management-by-Techniken	261
Abbildung 100:	Organisch gewachsene Struktur des Best Western Hotels bis 2009	267
Abbildung 101:	Aufbauorganisation nach der Restrukturierung	267
Abbildung 102:	Zusammenhang zwischen Leitungsspanne und Leitungstiefe	272
Abbildung 103:	Aufbau- und Ablauforganisation	274
Abbildung 104:	Kriterien der Aufgabenanalyse	275
Abbildung 105:	Aufgabenanalyse und Aufgabensynthese	276
Abbildung 106:	Einlinien- und Mehrliniensystem	277
Abbildung 107:	Stab-Linien-Organisation	278
Abbildung 108:	Spartenorganisation	279

Abbildung 109: Matrixorganisation. 279
Abbildung 110: Ablauforganisatorische Zerlegung der Elementaraufgaben 281
Abbildung 111: Deskriptive und normative Entscheidungstheorie 290
Abbildung 112: Beiträge der Unternehmenskommunikation zur Wertschöpfung 295
Abbildung 113: Ebenen der Strategie im Unternehmen 304
Abbildung 114: Die „Triebkräfte des Wettbewerbs" in einem Geschäftsfeld 306
Abbildung 115: Grundfragen einer Wettbewerbsstrategie 307
Abbildung 116: Grundformen von Unternehmensstrategien 308
Abbildung 117: Vierfelder-Portfoliomatrix der Boston Consulting Group (BCG) 309
Abbildung 118: Varianten einer internationalen Marktstrategie 310
Abbildung 119: Verschiedene Formen der Kooperation von Unternehmen 315
Abbildung 120: Dimensionen unternehmerischer Nachhaltigkeit 321
Abbildung 121: Das Unternehmen im Einfluss unterschiedlicher Auffassungen von Nachhaltigkeit 322
Abbildung 122: Ausgewählte Einflüsse des demographischen Wandels und des Klimawandels auf die touristischen Märkte ... 326
Abbildung 123: Einfluss des Klimawandels auf Lebensstile und Reiseentscheidungen 327

1. Grundlagen: Betriebswirtschaftslehre und Tourismus

1.1 Betriebswirtschaftslehre: Kaufmännisches Denken und Handeln lernen

1.1.1	Kurze Geschichte der Betriebswirtschaftslehre...............	3
1.1.2	Abgrenzung zur Volkswirtschaftslehre	5
1.1.3	Einordnung der Managementlehre	6
1.1.4	Wie „lernt man BWL" im Studium?.......................	7
1.1.5	Stimmen aus dem Studium: Ebru Koziel, Studentin im Tourismusmanagement, Andreas Schneider, Student im Tourismusmanagement	9

Leitfragen

- Wie und warum entstand die Betriebswirtschaftslehre?
- Worin unterscheiden sich Betriebswirtschaftslehre (BWL) und Volkswirtschaftslehre (VWL)?
- Welche Wirtschaftsthemen sind sowohl in der Betriebswirtschaftslehre als auch in der Volkswirtschaftslehre relevant?
- Welche Bedeutung hat der Bereich „Management" innerhalb der Betriebswirtschaft?
- Kann man Betriebswirtschaftslehre lernen wie eine Sprache?
- Wodurch zeichnet sich eine „betriebswirtschaftliche Denkhaltung" aus?

1.1.1 Kurze Geschichte der Betriebswirtschaftslehre

Stellt man die beiden Hauptgegenstände dieses Buches einander gegenüber, den Tourismus auf der einen, die Betriebswirtschaftslehre auf der anderen Seite, fällt zunächst auf: Das Reisen ist so alt wie die Menschheit, die Betriebswirtschaftslehre dagegen lässt sich – mit der Gründung der ersten Handelshochschulen im späten 19. Jahrhundert – auf gerade einmal gut 100 Jahre datieren.

Allerdings prägt das kaufmännische Denken und Handeln die Menschheit seit ihren Ursprüngen: Das Tauschen von Waren, das Feilschen um Preise, das Erfassen von Mengen und Werten gehandelter Güter lassen sich bis weit in frühe Hochkulturen zurückverfolgen. So wird der älteste Buchhaltungsbeleg, eine kleine Tontafel mit kaufmännischen Daten aus dem Orient, in die Zeit um 3000–2800 v. Chr. eingeordnet. Eine Buchführungspflicht ist für die Region Babylonien bereits für das Jahr 1728 v. Chr. belegt.[1]

Erste Aufzeichnungen einer „wirtschaftlichen Lehre" stammen aus dem antiken Griechenland, hierzu zählen die Werke „OIKONOMIKOS" von *Xenophon*

---

[1] Vgl. Bea, Schweitzer (2009), S. 1.

(ca. 375 v. Chr.) und die Lehre vom Wirtschaftsbetrieb von *Aristoteles* (ca. 350 v. Chr.).[2]

Ab dem 12. Jahrhundert setzt eine starke Zunahme des Schriftverkehres im kaufmännischen Bereich ein. Da dies einherging mit der Entwicklung des Rechnungswesens, ergab sich die Möglichkeit, **realisierte** Größen (Umsatz, Gewinn, Ernten, ...) dauerhaft und systematisch festzuhalten. Zunehmend wurden diese Informationen auch dazu genutzt, vorauszuschauen: Der Planungsgedanke, gerichtet auf in der Zukunft **zu realisierende** Größen, hielt Einzug.

Während diese frühen Ansätze noch sehr stark beschreibenden, **deskriptiven** Charakter aufweisen, gewinnt in der frühen Neuzeit und deren Übergang in die Moderne (ab Ende des 18. Jahrhunderts) ein anderes Ziel an Bedeutung: Die Werke aus dieser Zeit geben den Kaufleuten erstmals bewusst Hilfestellungen, wie sie sich verhalten sollten, um erfolgreich zu sein. Dieser vorschlagend-gestaltende, **normative** Aspekt prägt die Betriebswirtschaftslehre bis heute sehr stark. Ganze Branchen wie Unternehmensberatung und Managementweiterbildung, aber auch neue Managementkonzepte wie das ethisch orientierte und das ökologisch-nachhaltige Management haben hier ihre Wurzeln.

Zu dieser Zeit, insbesondere im Zuge der Nationalstaatenbildung in Europa und den wachsenden Kolonialreichen, war die wirtschaftliche „Nachbar"-Disziplin zur entstehenden Betriebswirtschaftslehre, die Volkswirtschaftslehre in Form der „Nationalökonomie", an den Universitäten bereits etabliert. Die Betriebswirtschaftslehre musste sich erst noch finden und durchsetzen, was erst durch die rasante wirtschaftliche Entwicklung im ausgehenden 19. Jahrhundert möglich wurde. Die bis dahin vorherrschende, kameralistisch-handwerklich geprägte Wirtschaftsstruktur mit inhabergeführten Kleinunternehmen wurde mehr und mehr dominiert durch große, anonym geführte Industrie- und Dienstleistungsunternehmen, für deren professionelle Führung keine adäquaten akademischen Ausbildungen existierten.

In **Europa** führte dieser Mangel zur Gründung der ersten Handelshochschulen, wie etwa 1898 in Leipzig und Wien, 1906 in Berlin und 1910 in München. Die Handelshochschulen waren in privater oder städtischer Trägerschaft und stießen teilweise auf heftigen Widerstand der Universitäten, da diese die Wissenschaftlichkeit der neuen Einrichtungen anzweifelten.[3] Fachlich wurde die Entwicklung der Betriebswirtschaftslehre an den Handelshochschulen in Deutschland stark von den Strukturen des preußischen Verwaltungsapparates geprägt. Dessen Charakteristika (hierarchischer Aufbau, Vielzahl organisatorischer Regelungen, Kontrolle und Dokumentation) führten folgerichtig zu einer hohen Bedeutung der Fachgebiete Führungs- und Organisationslehre sowie Rechnungslegung. Diese letztlich sehr systematische und stark modellierende Fundierung der Betriebswirtschaftslehre führte in der deutschsprachigen Betriebswirtschaftslehre unter anderem zur Entwicklung **systemorientierter Management-Konzepte**.[4]

---

[2] Vgl. Bea, Schweitzer (2009), S. 1.
[3] Vgl. ebd., S. 4 und Steinmann, Schreyögg (2005), S. 40 f.
[4] Einen Meilenstein stellt die auf den Schweizer Wirtschaftswissenschaftler *Hans Ulrich* zurückgehende, systemtheoretische Fundierung der BWL dar, vgl. Bea, Schweitzer

Demgegenüber verlief die Entwicklung in den **USA** anders. In Folge der enormen Flächenausdehnung des Landes wandte man sich viel früher der Frage zu, wie große, räumlich verteilt arbeitende Unternehmen über weite Distanzen zu führen sind. Die Eisenbahn- und Rohstoffkonzerne liefern hier gute Beispiele. Der reale Handlungsdruck aus der Praxis führte zu einer frühzeitigen Etablierung der betriebswirtschaftlichen Ausbildung an den Universitäten (Business Schools, etwa in Harvard 1908) und zur Organisation branchenbezogener Berufsverbände. Beide Zweige befruchteten sich stark, wodurch die amerikanische Ausbildung von jeher einen sehr starken Management-Fokus aufweist und viel mit realen Praxis-Fällen arbeitet („case studies"). Dies führte im anglo-amerikanischen Sprachraum verstärkt zur Entwicklung **verhaltenswissenschaftlicher Management-Konzepte**.

Heute hat die Betriebswirtschaftslehre ihren festen Platz im System der Wissenschaften:

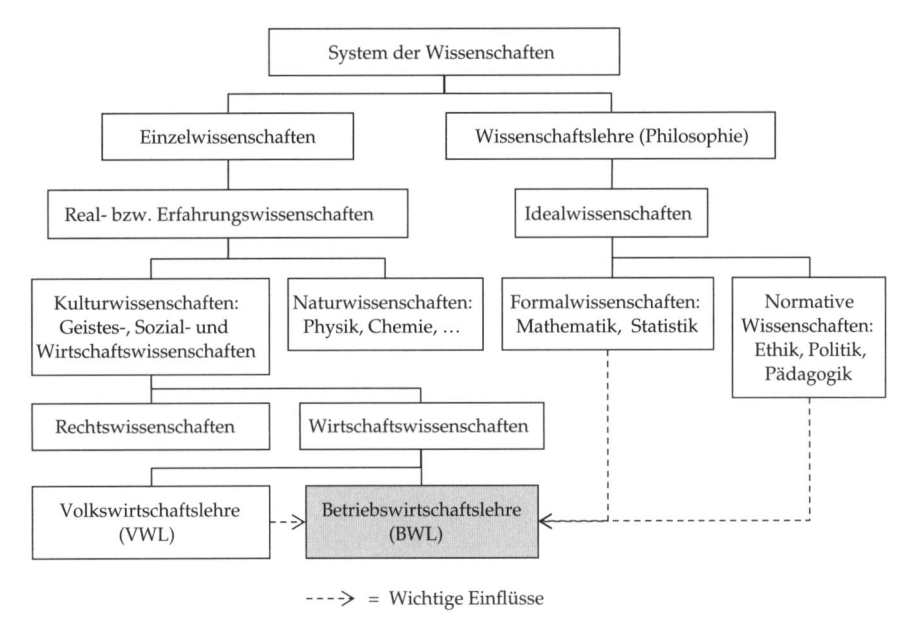

Abbildung 1: Die Betriebswirtschaftslehre in der Systematik der Wissenschaften[5]

1.1.2 Abgrenzung zur Volkswirtschaftslehre

„Die Betriebswirtschaftslehre befasst sich mit dem Wirtschaften in Betrieben unter Berücksichtigung der Wechselbeziehungen zu anderen Betrieben und zu

---

(2009), S. 116–125. Die daraus entstandene „St. Galler Schule" steht auch heute noch für eine der bedeutendsten Denkrichtungen in der BWL.
[5] Aufbauend auf Bea, Schweitzer (2009), S. 23–27, Dettmer, Hausmann (2008), S. 1 und Vahs, Schäfer-Kunz (2007), S. 21.

den sie umgebenden Wirtschaftsbereichen. Ein Betrieb oder mehrere Betriebe bilden ein Unternehmen."[6]

Die **Betriebswirtschaftslehre (BWL)** stellt als Bestandteil der Wirtschaftswissenschaften Unternehmen in den Mittelpunkt der Betrachtung. Die **Volkswirtschaftslehre (VWL)** hingegen widmet sich dem „Wirtschaften in unterschiedlich aggregierten Wirtschaftsbereichen unter Berücksichtigung aller Interdependenzen bis hin zu den Beziehungen zwischen einzelnen Betrieben."[7]

Die Mikroökonomie – ein wichtiges Teilgebiet der VWL – bietet den Ansatz zum „Brückenschlag" von der VWL zur BWL, denn sie beschäftigt sich mit einzelnen Märkten und dem Verhalten von Marktteilnehmern auf diesen Märkten. Die Mikroökonomie vollzieht dies meist mittels mathematischer Modellierung und einer mehr oder weniger starken Abstraktion. Die BWL disaggregiert[8] die Betrachtung noch stärker und wechselt zudem die Perspektive. Die Disaggregation zeigt sich in der Analyse des Verhaltens einzelner Unternehmen. Der Perspektivenwechsel vollzieht sich in der Analyse der Zielbildung und dem daraus ableitbaren Verhalten der Eigentümer von Unternehmen und der darin tätigen Mitarbeiter.

Die thematische Schnittmenge zwischen der VWL und BWL ist vielfältig, als Beispiel ist die Preisbildung zu nennen. Volkswirtschaftlich wird die Preisbildung unter dem Aspekt betrachtet, ob und wie sich Marktgleichgewichte bilden, wie sich die Koordination einer Vielzahl individueller Wirtschaftspläne in Abhängigkeit von der Marktform vollzieht,[9] und wie sich Marktteilnehmer strategisch verhalten; letzteres allerdings vorwiegend in einer neutral-beobachtenden Perspektive: „Wie *wird* man sich verhalten?" In der BWL steht der wettbewerbsorientierte Instrumentalcharakter des Preises im Vordergrund, sei es bei der Frage nach langfristigen Preisstrategien konkreter Unternehmen, bei der Instrumentalisierung des Preises als Marketinginstrument oder bei kurzfristigen Optimierungsmaßnahmen etwa im Yield Management. Dabei wird die neutrale Position gezielt aufgegeben zugunsten der aus Sicht des Unternehmens stets gewinnzielorientierten Frage: „Wie *soll* man sich verhalten?"

1.1.3 Einordnung der Managementlehre

Durch die somit aufgeworfenen Fragen nach dem „Wie" und letztlich dem „Warum?" rücken die Interessen der Eigentümer oder der Leitungsinstanzen des Unternehmens in den Mittelpunkt der Betriebswirtschaftslehre: Wie können Eigentümer und leitende Angestellte ein Unternehmen **zielgerichtet** führen? Diesen und allen damit zusammenhängenden Fragen widmet sich innerhalb der Betriebswirtschaft das Fachgebiet der **Unternehmensführung**, dessen eng-

---

[6] Bea, Schweitzer (2009), S. 24.
[7] Ebd.
[8] disaggregieren: Herunterbrechen einer Gesamtgröße auf kleinere Einheiten
[9] Vgl. Ott (1986), S. 27–31.

lische Entsprechung **„Management"** im Unternehmenskontext eine gleichwertige Stellung einnimmt. Auch die Bezeichnungen

- „etwas managen" im Sinne von organisieren oder leiten,
- „das Management" als Umschreibung für die Führungsebene und
- „Manager/Managerin" als Entsprechung für Führungskräfte

deuten an, dass die Inhaber entsprechender Positionen im Unternehmen über Befugnisse (und hoffentlich auch über die Kompetenzen) verfügen, das Unternehmen, eine Abteilung, oder einzelne Mitarbeiter zu führen und entsprechende Entscheidungen zu treffen. Die **institutionelle Variante** des Managementbegriffs wird ergänzt durch ein **funktionales Verständnis** von Management:[10] Es müssen bestimmte Aufgaben (Managementfunktionen) erfüllt werden, damit das Unternehmen „funktioniert". Planen, organisieren, kontrollieren und weitere Aufgaben müssen natürlich auch von Menschen wahrgenommen werden, die nicht kraft ihrer hierarchischen Position Führungskräfte sind. So müssen im Tourismus etwa eine Flugbegleiterin, ein Reiseleiter, ein Reisebüroexpedient oder andere, scheinbar nur „ausführende" Mitarbeiter sehr wohl Management-Qualitäten aufweisen, wenn sie ihrer Aufgabe im Tagesgeschäft gerecht werden wollen. Im Krisen- oder Notfallmanagement gilt dies umso mehr.

Wie bereits gezeigt, ist die akademische Management-Ausbildung in den vergangenen Jahren sehr stark durch den englischsprachigen Raum geprägt worden. Allerdings wurden in jüngerer Zeit bedeutende Weiterentwicklungen der Managementlehre verstärkt aus Mitteleuropa heraus initiiert. Hierzu zählen insbesondere die Ansätze zur ökologisch orientierten Unternehmensführung (Umweltmanagement) und die Entwicklung ethisch-normativer Führungsmodelle. Aber auch die Hinterfragung von „Exzessen" zu einseitig kapitalorientierter Management- und Gesellschaftskonzepte („Turbo-Kapitalismus") zeigt, dass sich in der wirtschaftsbezogenen Forschung und Lehre die Themenfelder von BWL und VWL immer enger verzahnen und damit die Managementlehre – als Teil der BWL – vor enormen Herausforderungen steht: Wie müssen Unternehmen geführt werden, damit eben nicht nur die Eigentümerinteressen, sondern auch die der Mitarbeiter, der Gesellschaft, der Natur und die Rechte zukünftiger Generationen gewahrt bleiben?

1.1.4 Wie „lernt man BWL" im Studium?

Das Erlernen von Management-Qualitäten ist nicht möglich, wenn man nicht über eine solide betriebswirtschaftliche Grundbildung verfügt. Diesem Ziel ist – im Hinblick auf die Tourismuswirtschaft – dieses Lehrbuch verpflichtet. Die betriebswirtschaftliche Basis besteht zum einen aus Wissen, zum anderen aus einer bestimmten Denkhaltung. Aber wie legt man sich diese Basis?

Im Hochschulkontext spricht natürlich vieles für die **aktive Teilnahme an entsprechenden Lehrveranstaltungen**. Das Attribut „aktiv" kann sich dabei sowohl auf das aktive Zuhören im Rahmen einer Vorlesung beziehen (Fragen stellen,

---

[10] Vgl. Kutschker (2009), S. 98–100 und Steinmann, Schreyögg (2005), S. 6 f.

Mitschriften anfertigen, im Anschluss eine Zusammenfassung erstellen), aber auch auf das vertiefte Durchdenken und Üben im Rahmen von Kleingruppenlehrveranstaltungen (Fallstudien, Planspiele, Seminare).

Unerlässlich in einer wirtschaftsorientierten Hochschulausbildung ist das **regelmäßige Studium der Wirtschaftsmedien**. Dieses kann online oder offline erfolgen – die Hauptsache ist, dass es erfolgt. Dabei sollte versucht werden, Bezüge aus der Praxis zu den erworbenen theoretischen Kenntnissen herzustellen. Diese können dann in Lehrveranstaltungen, in Lerngruppen, in Prüfungen und Abschlussarbeiten eingebracht werden und stellen in den beiden letztgenannten die Praxisrelevanz der Aussagen sicher. Anders herum sollte es zur guten Gewohnheit werden, Gelesenes oder Gehörtes aus der Theorie (z. B. „Grundsätze der Rechnungslegung") in der Praxis und den Medien „wiederzufinden" bzw. sich Praxisfälle vor Auge zu führen („Bilanzskandal bei der Fluggesellschaft xy").

Oftmals machen die Praxisrelevanz und der souveräne Umgang mit Praxiserkenntnissen (Hinterfragen der aktuellen Praxis, Empfehlungen für eine bessere Praxis etc.) den Unterschied zwischen einer sehr guten und einer „nur" guten Abschlussarbeit aus. Wichtig erscheinende Berichte in den Wirtschaftsmedien sollten daher im Laufe des Studiums stets aufgehoben werden.

Die Praxisnähe der betriebswirtschaftlichen Hochschulausbildung sollte auch durch mindestens ein gut ausgewähltes **Praktikum** in einem Unternehmen oder einer öffentlichen Einrichtung unterstützt werden. Das Augenmerk bei der Unternehmensauswahl sollte nicht auf einem möglichst bekannten (Marken-)Namen liegen, sondern auf der Frage, ob dem Praktikanten im Unternehmen spannende, herausfordernde Aufgaben – vielleicht sogar ein eigenes kleines Projekt – geboten werden können.

Im Unterschied zur Ausbildung im Lehrberuf (Sekundärer Bildungsbereich) soll ein Studium (Tertiärer Bildungsbereich) in stärkerem Maße die Fähigkeit fördern, **Entscheidungen zu treffen**. Dies gilt auch im Studium der Betriebswirtschaftslehre, und erst recht im anschließenden Managementalltag. Entscheidungsfreude gilt als eine wesentliche Management-Qualität. Sie äußert sich letztlich in der **Bereitschaft und Fähigkeit, Verantwortung zu übernehmen**, sei es in Bezug auf Mitarbeiter, Projekte, Produkte oder eigenverantwortliche Aufgaben.

Diese und andere Management-Eigenschaften kann man zwar nicht im engeren Sinn „lernen". Schließlich entstehen die Wurzeln dafür zu einem bedeutenden Teil schon lange vor der Hochschulphase und wurden auch nicht jedem gleichermaßen „in die Wiege gelegt" oder auf den Weg gegeben. Aber während eines Studiums kann man diese Dinge ausprobieren und in sich selbst wachsen lassen. Schließlich muss sich jeder Absolvent nach Abschluss des Studiums entscheiden, in wie weit er Führungsverantwortung übernehmen möchte. Vor dieser Entscheidung wird man im Laufe des Berufslebens in der Regel mehrere Male stehen.

Da das Wirtschaftsleben in den meisten Kulturkreisen praktisch alle Kernbereiche menschlichen Daseins tangiert, beeinflusst oder prägt, ist eine **sehr gute Allgemeinbildung** eine Grundvoraussetzung dafür, um im kaufmännischen Bereich in leitenden Funktionen erfolgreich zu arbeiten. Dieses schließt gutes

1.1 Kaufmännisches Denken und Handeln lernen

Sprachvermögen, Wissen um historische und kulturelle Zusammenhänge, Logik, und das richtige Erfassen von Situationen mit ein: Was nützt es, wenn eine neue Produktidee der Geschäftsführung nicht vernünftig kommuniziert wird? Oder einen Markennamen in ein Land einzuführen, der dort in einem bestimmen Dialekt ein Schimpfwort darstellt? Warum den Wunsch nach einem deutlich höheren Marketingbudget „zur Unzeit" (Sparkurs im Unternehmen nötig) vorbringen?

In Summe betrachtet hat man BWL erfolgreich gelernt, wenn im Lernenden eine **betriebswirtschaftliche Denkhaltung** herangereift ist. Eine solche Denkhaltung fragt vordergründig stets nach dem wirtschaftlich Machbaren (Produkte, Umsätze, Gewinne, ...) bei gegebenen Knappheiten (Zeit, Kapital, Rohstoffe, Personal, ...) und verschiedenen Alternativen (Entscheidungsmöglichkeiten, Chancen, Risiken). Betriebswirtschaftliches Denken sollte jedoch weitaus mehr sein, nämlich auch „hintergründig" das eigene Handeln immer wieder in Frage stellen und die Konsequenzen des eigenen Handelns für andere (Mitarbeiter, Marktteilnehmer, Generationen, Umwelten, ...) thematisieren. Um erst gar nicht Gefahr zu laufen, einseitig zu sein oder dafür gehalten zu werden, sollte betriebswirtschaftliches Denken – zumindest bei bestimmten Fragestellungen – ganz gezielt auch wichtige „Nachbardisziplinen" (VWL, Sozialwissenschaften, Psychologie, Ethik) mit einbeziehen. Die Belegung entsprechender Kurse oder Lehrveranstaltungen ist sehr lohnenswert.[11]

1.1.5 Stimmen aus dem Studium

Ebru Koziel, Studentin im Tourismusmanagement

Ich studiere im ersten Semester Tourismusmanagement an der Hochschule München. Ich habe mich für diesen interessanten Studiengang entschieden, da er die Schnittstelle zwischen der komplexen Betriebswirtschaftslehre und dem vielseitigen Dienstleistungssektor Tourismus abbildet. Nach meinem Bachelor-Abschluss beabsichtige ich, eine verantwortungsvolle Tätigkeit bei einem Reiseveranstalter oder Luftverkehrsträger auszuüben.

Im Studium des Tourismusmanagements gibt es zahlreiche Lehrveranstaltungen mit unterschiedlichen betriebswirtschaftlichen Inhalten. Natürlich stellen sich mir da zu Beginn meines Studiums einige Fragen:

- Wie hängen die einzelnen Themen der Betriebswirtschaftslehre, z. B. Planung, Marketing, Bilanzen, Produktmanagement usw. miteinander zusammen?

---

[11] Zum betriebswirtschaftlichen Denken im touristischen Alltag vgl. vertiefend Abschnitt 1.3.

1. Grundlagen: Betriebswirtschaftslehre und Tourismus

- In welchen dieser Bereiche eines Unternehmens kann ich mir später gut vorstellen, zu arbeiten, in welchen weniger?
- Welche wirtschaftlichen Zusammenhänge muss ich kennen, um verantwortungsvoll handeln zu können?
- Welche Qualifikationen benötige ich für die Tätigkeiten als Fach- und Führungskraft – gerade in der Tourismusbranche?
- Welche betriebswirtschaftlichen Kenntnisse sind notwendig, um Marktentwicklungen zu analysieren und Maßnahmen zu entwickeln, um zum Beispiel für ein Produkt Preise, Stückzahlen und Vertriebskosten zu optimieren?
- Wie lassen sich unterschiedliche Ziele vereinbaren: Die Ziele eines Unternehmens, die der Kunden, und meine eigenen?

All diese und weitere Fragen machen mich neugierig und haben mein Interesse an der Betriebswirtschaftslehre geweckt.

Andreas Schneider, Student im Tourismusmanagement

Ich studiere im sechsten Semester Tourismusmanagement an der Hochschule München.

Ich denke oft an die ersten Tage und Monate zurück, vor allem an die Fragen, die mir damals im Kopf herum schwirrten: „Oh Gott, wie soll ich so viel in nur so kurzer Zeit in den Kopf bekommen?" oder „Mass Customization? – Ich studiere doch Tourismus!". Daraus entwickelte sich dann die Frage: „Studium? – Die schönste Zeit meines Lebens?"

Mittlerweile haben sich die einen Fragen voll und ganz, die anderen Fragen immer noch nicht so richtig beantwortet. Das Privileg, das ich aber am Studium schätzen gelernt habe ist: Das man sich die Fragen selbst beantworten darf! Ich habe also viel ausprobiert: Bibliothek, Vorlesungen, Fachzeitschriften, Gruppenarbeiten, einsame Stunden am Schreibtisch und einiges mehr.

Zwischendrin im Praktikum konnte ich Erlerntes auch mal praktisch anwenden und siehe da – „Mass Customization" sind also nicht nur Fremdwörter. Im Ausland konnte ich, dank dem Angebot des *International Office,* meine „Intercultural Skills" aus dem dritten Semester auch gleich in Ecuador in die Tat umsetzen.

Ich kann sagen, ich habe meinen persönlichen Mix gefunden.

Jetzt wiederum tun sich neue Fragen auf: „Wo schreibe ich meine Bachelorarbeit und über was?", „Welchen Weg soll ich nach dem Bachelor gehen? Arbeitswelt oder doch noch Master?". Ich freue mich jetzt schon, diese Fragen zu beantworten und vor allem darauf, wo mich dieser spannende Studiengang noch hinbringen wird!

PS: „Studium? – Definitiv, die schönste Zeit meines Lebens!"

Literatur

Bea, Franz Xaver; Schweitzer, Marcell (2009): Allgemeine Betriebswirtschaftslehre. Band 1: Grundfragen. 10. Aufl., Stuttgart

Dettmer, Harald; Hausmann, Thomas (2008): Betriebswirtschaftslehre für das Gastgewerbe, managementorientiert. Hamburg

Hutzschenreuter, Thomas (2011): Allgemeine Betriebswirtschaftslehre, 4. Aufl., Wiesbaden

Kutschker, Michael (2009): Identität des Faches „Internationales Management" innerhalb der Betriebswirtschafts- und Managementmentlehre; in: *Oesterle, Michael-Jörg; Schmid, Stefan* (Hrsg.): Internationales Management. Forschung, Lehre, Praxis. Stuttgart, S. 95–139

Ott, Alfred E. (1986): Grundzüge der Preistheorie. 3. Aufl., Göttingen

Steinmann, Horst; Schreyögg, Georg (2005): Management. Grundlagen der Unternehmensführung. 6., Aufl., Wiesbaden

Vahs, Dietmar; Schäfer-Kunz, Jan (2007): Einführung in die Betriebswirtschaftslehre. 5. Aufl., Stuttgart

Weiterführende Literaturhinweise

Brockhoff, Klaus (2002): Geschichte der Betriebswirtschaftslehre. Kommentierte Meilensteine und Originaltexte. 2. Aufl., Wiesbaden

Fließ, Sabine (2009): Dienstleistungsmanagement. Wiesbaden.

Hungenberg, Harald; Wulf, Torsten (2011): Grundlagen der Unternehmensführung. Einführung für Bachelorstudierende. 4. Aufl., Berlin, Heidelberg. Insbesondere Teil 1: Unternehmen und Unternehmensführung im Überblick

Staehle, Wolfgang H. (1994): Management. Eine verhaltenswissenschaftliche Perspektive. 7. Aufl. München. Insbesondere Teil 1: Management als Gegenstand von Forschung und Lehre.

Gaugler, Eduard; Köhler, Richard (2002): Entwicklungen der Betriebswirtschaftslehre. 100 Jahre Fachdisziplin – zugleich eine Verlagsgeschichte. Stuttgart

1.2 Tourismus:
Die Sehnsucht nach Traumstränden und -renditen

1.2.1	Der Wunsch nach Erholung und Erlebnis: Tourismusnachfrage	14
1.2.1.1	Wichtige Begriffe und Abgrenzungen	14
1.2.1.2	Historische Entwicklung der Tourismusnachfrage...........	15
1.2.2	Das Geschäft mit der Erholung und dem Erlebnis: Tourismusangebot...	16
1.2.2.1	Wichtige Begriffe und Abgrenzungen	16
1.2.2.2	Historische Entwicklung der Tourismusangebote	20
1.2.3	Tourismusmärkte	21

Leitfragen

- Welche Tourismus-Kategorien unterscheidet die *UNWTO*?
- Wie kann man die Nachfrage nach touristischen Leistungen betriebswirtschaftlich sinnvoll beschreiben?
- Wie entwickelte sich die Tourismusnachfrage im Laufe der Zeit in Mitteleuropa?
- Welche besonderen Eigenschaften werden touristischen Produkten zugeschrieben?
- Warum spricht man beim touristischen Angebot von verschiedenen „Wertschöpfungsstufen"?
- Welches sind die zentralen touristischen Wertschöpfungsstufen, und wie unterscheiden sie sich voneinander?
- Was ist ein „touristisches Produkt"?
- Welche Stellung nehmen „touristische Attraktoren" in einem touristischen Produkt ein?
- Wie entwickelte sich das Tourismusangebot in den verschiedenen Wertschöpfungsstufen historisch?
- Wie ist die Situation in den touristischen Wertschöpfungsstufen heute? Was sind die großen wirtschaftlichen Herausforderungen?
- Wie lassen sich touristische Märkte beschreiben?

1. Grundlagen: Betriebswirtschaftslehre und Tourismus

1.2.1 Der Wunsch nach Erholung und Erlebnis: Tourismus-Nachfrage

1.2.1.1 Wichtige Begriffe und Abgrenzungen

Schon die **Definition des Tourismus** durch die *Welttourismusorganisation der Vereinten Nationen (UNWTO)* aus dem Jahr 1993 zeigt sowohl die Breite, als auch die Unschärfe, die das Phänomen Tourismus auszeichnen: „Tourismus umfasst die Aktivitäten von Personen, die an Orte außerhalb ihrer gewohnten Umgebung reisen und sich dort zu Freizeit-, Geschäfts- oder bestimmten anderen Zwecken nicht länger als ein Jahr ohne Unterbrechung aufhalten."[12]

Zu den „bestimmten anderen Zwecken", die stark an Bedeutung gewinnen, zählt insbesondere der Gesundheitstourismus.

Neben diesen grundlegenden **Tourismus-Motiven** (Geschäft, Gesundheit und Erholung)[13] existieren die statistisch erfassbaren **Tourismus-Kategorien** der *UNWTO*:

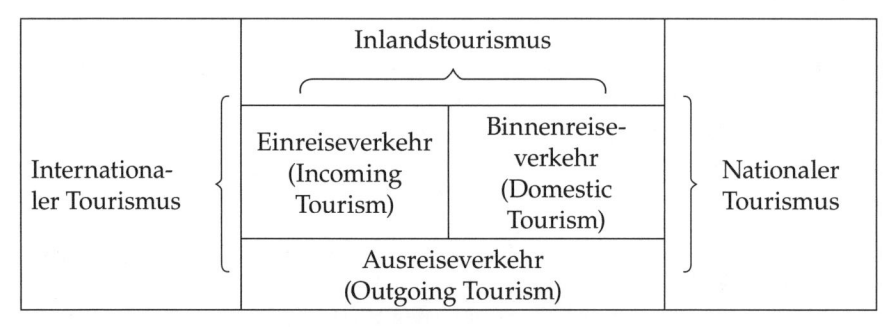

	Inlandstourismus		
Internationaler Tourismus	Einreiseverkehr (Incoming Tourism)	Binnenreiseverkehr (Domestic Tourism)	Nationaler Tourismus
	Ausreiseverkehr (Outgoing Tourism)		

Abbildung 2: Kategorien des Tourismus[14]

Für eine verfeinerte Annäherung an die touristische Nachfrage bietet sich die Unterscheidung verschiedener **Bedürfnisse** an, die ein Tourist mit seiner Reise befriedigen will. Aus **betriebswirtschaftlicher Perspektive** hat dies bedeutende Vorteile:

- Die Bedürfnisse des Kunden sind die zentralen Anknüpfungspunkte für die Entwicklung touristischer Produkte (Abschnitt 2.3) und deren Vermarktung.
- Sehr häufig sollen durch touristische Produkte beim Gast mehrere Bedürfnisse gleichzeitig angesprochen werden.
- Die Analyse von Bedürfnissen verfeinert die grundlegenden Tourismus-Motive und ermöglicht vertiefende, sozialpsychologische Fragestellungen im Tourismus.

Nachfolgend werden einige zentrale Tourismus-Bedürfnisse anhand ihrer historischen Entwicklung in Mitteleuropa aufgezeigt.

---

[12] Zitiert nach Freyer (2011), S. 2.
[13] Vgl. Freyer (2011), S. 2–4.
[14] In enger Anlehnung an Freyer (2011), S. 5.

1.2.1.2 Historische Entwicklung der Tourismusnachfrage

Reisen hatten im Mittelalter meist keinen freiwilligen Charakter, sie waren maximal **Mittel zum** ökonomischen oder religiösen **Zweck**. „Geschäftsreisen" waren in der Regel Handelsreisen, da sie mit Warentransporten verbunden waren. Im besten Fall führten sie über bedeutende Handelswege mit entsprechender Infrastruktur (Beherbergung, frische Pferde, Verpflegung), im schlechtesten Fall gingen ganze Schiffsladungen unter oder in Piratenbesitz über. Fahrende Handwerker und Gesellen mussten ihren Aufenthalt in fremden Städten belegen, indem sie die Wahrzeichen dieser Städte kannten – das hierdurch vermittelte *„Ich war da!"* führt zu vagen Assoziationen mit Touristenpostkarten oder manchem *facebook*-Eintrag. Pilgerfahrten dagegen dienten dem Seelenheil des Reisenden, auch wenn diesen Reisen – wie dem Almosenwesen seiner Zeit – auch eine gewisse ökonomische Komponente innewohnte, wenn mit ihnen ein Ablass von zeitlichen Sünden gleichsam „erworben" wurde.

Jahrhundertelang war es Adel und Klerus vorbehalten, sich längere mit einem Ortswechsel verbundene Phasen der Ruhe und des Rückzugs leisten zu können. Meist erfolgte dies an **vertrauten Orten** (Sommerresidenzen, Jagdschlösser, ...), an denen eine professionelle „Erholungsinfrastruktur" geschaffen wurde: Musik, Theater, Gaukler und andere Formen zwischen **Zerstreuung** und **Erbauung** warteten auf ihre privilegierten Genießer. Erst im Zuge der Herausbildung des Bildungsbürgertums kam es Mitte des 19. Jahrhunderts vermehrt zu Reisen, die – durch **Neugier** und **Entdeckergeist** getrieben – bewusst **fremde Orte** zum Ziel hatten. Die in diese Zeit fallende Kolonialisierung und die zunehmend beliebte Reiseliteratur bedienten in den Kolonialmächten romantisierende, meist sehr realitätsferne Vorstellungen über die Ferne und die dort lebenden Menschen. Reisende trieb es auf die unerschlossenen Gipfel der Alpen, in das historisch bedeutende Ägypten und in die Exotik Afrikas.

Das nachfolgende Industriezeitalter mit seinen Begleiterscheinungen der Verstädterung und der gesundheitlichen Probleme der Stadtbevölkerungen ließ die **Erholung** immer mehr zum zentralen Reisemotiv werden. Die beiden Zäsuren der Weltkriege konnten diese Entwicklung letztlich nur unwesentlich verlangsamen. So standen in den Wirtschaftswunderjahren der jungen Bundesrepublik das eigene Auto und die Massenmotorisierung nicht nur formal für eine erhöhte **individuelle** Reisemobilität im nahen und mittleren Entfernungsbereich. Vielmehr wurde das Auto auch **Status- und Freiheitssymbol**. Interessanterweise gewannen parallel dazu **organisierte** Reisen massiv an Bedeutung, zunächst per Bahn, aber Mitte der 60er-Jahre auch per Flugzeug. Hier standen zusätzliche Bedürfnisse Pate: **Sicherheit** und **Qualitätsempfinden**. Ab den 80er-Jahren rückte neben der Erholung das **Erlebnis** oder singuläre Freizeitereignis (**„Event"**) in den Vordergrund, nicht zuletzt getrieben von dem Versuch, sich von der erholungssuchenden Masse abzuheben *(„Ich war dabei!")*.

Im Grunde schließt sich damit der Kreislauf unserer kurzen Betrachtung der Entwicklung der Reisebedürfnisse. Denn wie sich einst der Adel qua Stand und Symbolik wie oben beschrieben abgrenzte, gehört heute für viele Menschen ihr Freizeit- und Reiseverhalten zur eigenen Identifikation, aber auch zur Selbstdarstellung nach außen. Ein Grund für die stets wiederkehrenden Bedürfnisse im Tourismus mag auch darin liegen, dass verschiedene Träume der Menschheit mit dem Tourismus eng verbunden sind: Der Traum vom Fliegen, der Reiz fremder Länder und Kulturen sowie der Drang, gewohnte Bahnen verlassen und Grenzen erreichen zu wollen.

Folgerichtig finden sich die im Laufe der Tourismusgeschichte entstandenen Reisemotive gleichsam vereint in vielen aktuellen Entwicklungen und Reiseformen wieder. Das Reiseverhalten wird somit zum Ausdruck bestimmter, mehr oder weniger klar abgrenzbarer **Lebensstile**. Diese werden seit der Jahrtausendwende unter anderem von den Themen Luxus (sich etwas gönnen), Gesundheit, Nachhaltigkeit und bewusste Lebensführung geprägt.

1.2.2 Das Geschäft mit der Erholung und dem Erlebnis: Tourismus-Angebot

1.2.2.1 Wichtige Begriffe und Abgrenzungen

Die parallele Ansprache verschiedener menschlicher (Grund-)Bedürfnisse macht den Tourismus zu einem hochemotionalen Phänomen. Für die Anbieter touristischer Leistungen bedeutet dies, dass ihre Produkte und deren Vermarktung sehr komplex sein können. Die **Definition des touristischen Angebotes** erfolgt in zwei Schritten, siehe Abb. 3:

1. Zunächst muss das **touristische Angebot im System der Wirtschaftsgüter**[15] „lokalisiert" werden.
2. Anschließend muss die Dienstleistungskomponente des touristischen Produktes hinsichtlich ihrer zeitlichen Entstehung in verschiedene **touristische Wertschöpfungsstufen** aufgeteilt werden,[16] da sie in der Regel von verschiedenen Anbietern bereitgestellt werden.

> **Definition**
> Ein **touristisches Produkt** entsteht durch die Produktion und ggf. Kombination touristischer **Dienstleistungen**[17], die sich als spezifische Ausprägungen einer oder mehreren touristischen Wertschöpfungsstufen zuordnen lassen. Neben diesen Dienstleistungen kann das touristische Produkt die Zurverfügungstellung von **Sachgütern** und **Informationen** beinhalten.

Die Dienstleistungskomponenten touristischer Produkte zeichnen sich durch bestimmte **Eigenschaften** aus:[18]

---

[15] Zum System der Wirtschaftsgüter allgemein vgl. Thommen, Achleitner (2009), S. 39 und Maleri, Frietzsche (2008), S. 36.
[16] Vgl. Freyer (2011), S. 136–138, Dettmer, Hausmann, Schulz (2008), S. 78 und Bieger (2007), S. 45–53.
[17] Eine exakte, knappe **Definition des Dienstleistungsbegriffs** ist schwierig, da sie potenzial-, prozess- oder ergebnisorientiert erfolgen kann, vgl. Meffert, Bruhn (2009), S. 19.
[18] Vgl. Freyer (2011), S. 135, Haller (2010), S. 9 sowie in Bezug auf Dienstleistungen allgemein Fließ (2009), S. 11–25.

1.2 Tourismus: Die Sehnsucht nach Traumstränden und -renditen

- **Immaterialität**: In der Regel sind touristische Leistungen nicht physisch greifbar. Allerdings führt der Konsum der Leistung oft sehr wohl zu einem physischen Erleben (Wärme am Strand, Fahrt in der Bergbahn, …). In vielen Fällen kommen touristische Dienstleistungen nicht ohne materielle Bestandteile, und Sachgüter nicht ohne ein Minimum an Servicedienstleistungen, wie etwa dem Vertrieb, aus.

```
                          Wirtschaftsgüter
                   ┌─────────────┴─────────────┐
                Realgüter                  Nominalgüter
                                ┌──────────────┼──────────────┐
                               Geld    Beteiligungswerte   Darlehenswerte

       ┌──────────────┬─────────────────────┴─────────────────────┐
   materiell                              immateriell
   ┌──────┴──────┐          ┌──────────┬──────────┬──────────┬──────────┐
Immobile      Mobile     Arbeits-   Dienst-   Information   Rechte,
Sachgüter   Sachgüter    leistung   leistung                Sonstige
```

- Wander-   • Wander-   Produktion in   • Reise-
  weg   stöcke   verschiedenen   information
- Hotel   • Bett-   **touristischen**   • Destinations
                  wäsche   **Wertschöpfungs-**   Website
                                  stufen:

	Touristische Leistungsträger

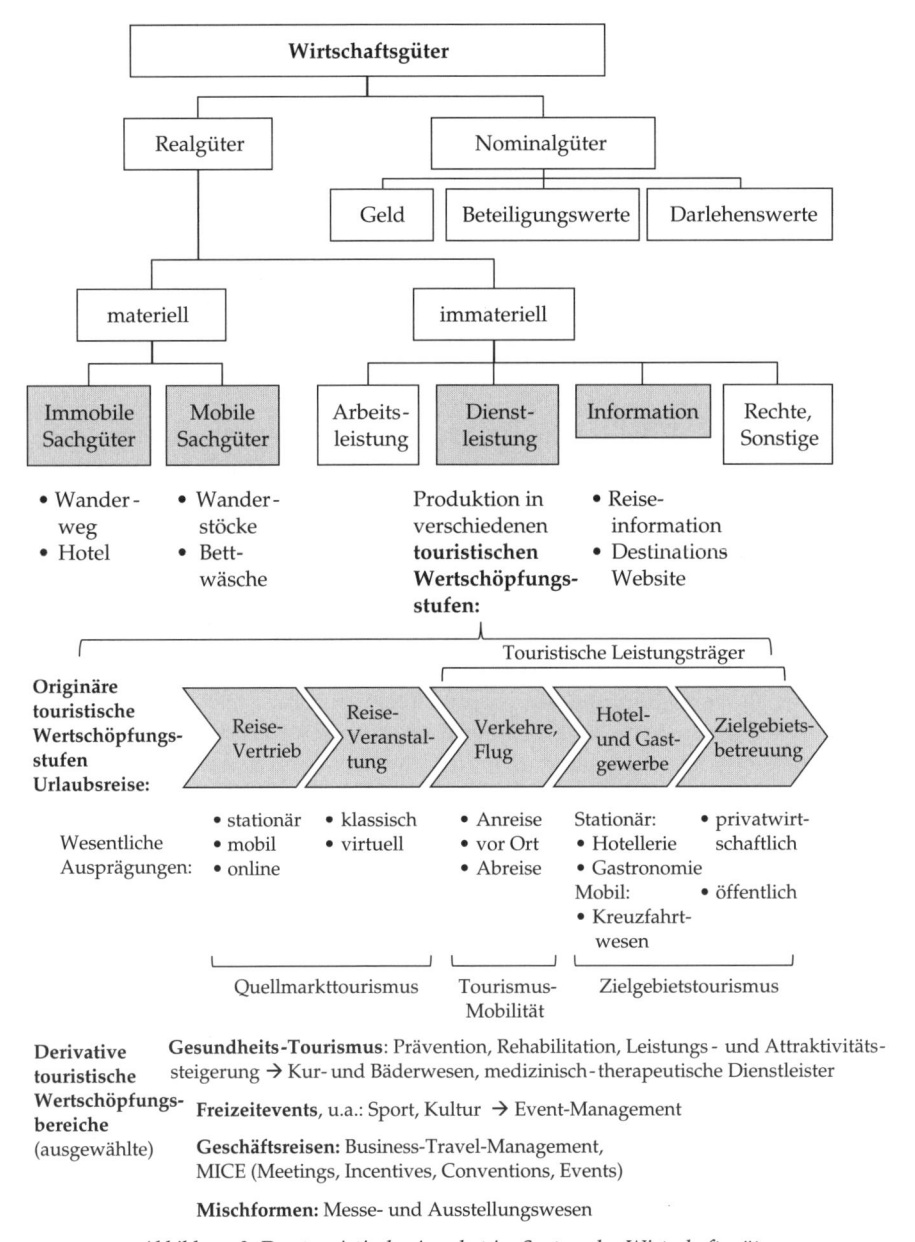

Originäre
touristische   → Reise- → Reise-   → Verkehre, → Hotel-   → Zielgebiets-
Wertschöpfungs-   Vertrieb   Veranstal-   Flug   und Gast-   betreuung
stufen   tung   gewerbe
Urlaubsreise:

Wesentliche   • stationär   • klassisch   • Anreise   Stationär: • privatwirt-
Ausprägungen: • mobil   • virtuell   • vor Ort   • Hotellerie   schaftlich
                    • online   • Abreise   • Gastronomie
                                                             Mobil: • öffentlich
                                                             • Kreuzfahrt-
                                                               wesen

              Quellmarkttourismus   Tourismus-   Zielgebietstourismus
                                         Mobilität

Derivative   **Gesundheits-Tourismus**: Prävention, Rehabilitation, Leistungs- und Attraktivitäts-
touristische   steigerung → Kur- und Bäderwesen, medizinisch-therapeutische Dienstleister
Wertschöpfungs-
bereiche   **Freizeitevents**, u.a.: Sport, Kultur → Event-Management
(ausgewählte)
                Geschäftsreisen: Business-Travel-Management,
                MICE (Meetings, Incentives, Conventions, Events)

                Mischformen: Messe- und Ausstellungswesen

Abbildung 3: Das touristische Angebot im System der Wirtschaftsgüter

- **Uno-actu-Prinzip**: Meist fallen Produktion und Konsum der touristischen Leistungen räumlich und zeitlich zusammen. Mit Ausnahme des Reiseveranstalters: Hier fallen Produktion und Buchung (vor der Reise) und Konsum (während der Reise) auseinander.[19]

Bei Gültigkeit des uno-actu-Prinzip kommen weitere Eigenschaften hinzu:

- **Standortgebundenheit** und **fehlende Lagerfähigkeit**: Hieraus ergeben sich große Herausforderungen für die Kapazitätsplanung und Preisbildung, vor allem in Luftverkehr und Hotellerie.
- **Integration eines externen Faktors**: Der Gast ist während der Leistungserstellung anwesend und kann auf die Qualität einwirken. Somit ist er nicht nur Konsument, sondern Mitproduzent, was bei einer schlechten Qualität der touristischen Dienstleistung eine Nachbesserung fast unmöglich macht.

Den gezeigten touristischen Wertschöpfungsstufen liegt die Vorstellung einer zeitlichen Produktionsabfolge zu Grunde. Dadurch lassen sich originäre (ursprüngliche) von derivativen (abgeleiteten) Bereichen touristischer Wertschöpfung abgrenzen.

> **Definition**
>
> Die **originären touristischen Wertschöpfungsstufen** umfassen in zeitlicher Reihenfolge alle Angebote touristischer Unternehmen, die ein **Urlaubsreisender** im Rahmen der Reisevorbereitung und -durchführung wahrnehmen kann.

Zum **Reisevertrieb** zählen alle Formen des klassischen stationären Reisevertriebes (Reisebüro) ebenso wie die neuen Formen des mobilen Reisevertriebes (Selbständige Reiseberater), des Reise-TVs (Verkauf über Call-Center oder Internet) und des reinen Online-Reisevertriebes via Internet. Werden die nachfolgenden touristischen Wertschöpfungsstufen einer Reise „aus einer Hand" unternehmerisch organisiert, geschieht dieses meist durch einen **Reiseveranstalter**. Diese lassen sich einteilen in klassische Veranstalter (mit vorsaisonalem Einkauf von bspw. Hotel- und Flugkontingenten sowie Katalogproduktion) und virtuelle Veranstalter (Auswahl, Bündelung und Preisbildung von Reiseleistungen aus unterschiedlichen Quellen in Echtzeit online durch den Kunden). Allerdings werden viele Reisen oder deren Bausteine nicht durch einen Veranstalter („Veranstalterreise", „Pauschalreise", „organisierte Reise"), sondern vom Reisenden selbst organisiert („individuelle Reise").

Die **Mobilitätsleistungen** umfassen landgestützte Verkehre (Auto, Bahn, Bus, Fahrrad, zu Fuß) sowie den Schiffs- und Luftverkehr. **Beherbergung und Verpflegung** übernehmen die Unternehmen der Hotellerie und Gastronomie. Mobilitäts-, Beherbergungs- und Verpflegungsleistungen lassen sich in Produktion und Konsum nicht „virtualisieren". Daher können sie auch als „touristische Kernleistungen" angesehen werden. Deren Anbieter machen, zusammen mit

---

[19] Man spricht in diesem Fall auch von einer ungebundenen Dienstleistung, in Abgrenzung zur gebundenen Dienstleistung, bei der Produktion und Konsum zeitlich zusammenfallen. Vgl. Gabler Wirtschaftslexikon (2011a).

den Institutionen der Gästebetreuung im Rahmen des Zielgebietsmanagements, die **touristischen Leistungsträger** aus.

Das **Zielgebietsmanagement** kann zum einen privatwirtschaftlich erfolgen, etwa im Rahmen einer Veranstalterreise. Dann fallen darunter z. B. die Flughafentransfers und die vor Ort-Betreuung von Urlaubsgästen (Ausflüge, Reiseleitung, Beschwerdemanagement, Mietwagenvermittlung, …). Diese Aufgaben werden in großen Zielgebieten von professionellen **Incoming-Agenturen** wahrgenommen, häufig im Besitz oder im Auftrag großer Reiseveranstalter. Aber auch öffentliche Einrichtungen üben ein Zielgebietsmanagement aus: Tourismus-Zentralen, die früheren Fremdenverkehrsämter, betreuen Gäste vor Ort. Die Gebietskörperschaften (Gemeinden, Kreise) entwickeln touristisch relevante Regionen über Fördermaßnahmen, Vermarktungsunterstützung und Infrastrukturmaßnahmen weiter. Im Rahmen dieser **Destinationsentwicklung** entstehen häufig überregionale Tourismus-Verbunde, deren Mitglieder sich gemeinsam vermarkten (Abschnitt 1.4).

Diese Anbietersicht einer zeitlichen **Produktionsabfolge** in touristischen Wertschöpfungsstufen findet ihre Entsprechung in der Wahrnehmung durch den Reisenden. So erfahren die Gäste ihre Reise als **Erlebnisabfolge** in mehreren **Phasen**: buchen, vorfreuen, anreisen, erholen, erleben, heimkehren, erzählen. Zudem beurteilen die Gäste die Attraktivität der vielfältigen touristischen Leistungen aus verschiedenen **Perspektiven**, zu denen insbesondere Qualität, Sicherheit, Preis und Status zählen. Diese Phasen- und Perspektivenvielfalt des touristischen Produktes macht es für das unternehmerische Marketing (Abschnitt 2.4) zu einer besonderen Herausforderung: Weichen die während der Reise gemachten Einzelerfahrungen stark voneinander ab, wenn etwa eine große Vorfreude durch einen eklatanten Mangel am Urlaubsort enttäuscht wird, stellt sich nicht etwa ein Zufriedenheits-„Mittelwert", sondern eine große Unzufriedenheit mit dem Gesamtprodukt ein.

Natürlich existieren neben der Urlaubsreise eine ganze Reihe weiterer Bereiche touristischer Wertschöpfungen, die in unterschiedlichem Maße Leistungen aus den touristischen Wertschöpfungsstufen beinhalten können. Einige wichtige sind in Abb. 3 mit aufgeführt.

> **Definition**
> **Derivative touristische Wertschöpfungsbereiche** umfassen den Geschäftsreisetourismus sowie diejenigen Reise- und Freizeitformen, bei deren Ausgestaltung nicht-touristische Wirtschafts- und Gesellschaftsbereiche eine zentrale Rolle spielen.

In Analogie zur Entwicklung der touristischen Nachfrage in Mitteleuropa (Abschnitt 1.2.1), werden nachfolgend Eckpunkte der Entwicklung touristischer Anbieterstrukturen nach dem zweiten Weltkrieg aufgezeigt.

1.2.2.2 Historische Entwicklung der Tourismusangebote

In den meisten Wertschöpfungsstufen des Tourismus herrschten bis in die 80er-Jahre kleinunternehmerische und mittelständische Strukturen vor. Allerdings muss man hier differenzieren: Der **Luftverkehr** war aufgrund der hohen Markteintrittsbarrieren von Beginn an, seit den 50er-Jahren, stets ein Feld für relativ wenige Großunternehmen.

Die **Hotellerie** war und ist von vielen kleinen Unternehmen, oftmals Familienbetrieben, gekennzeichnet. Das Aufkommen und starke Wachstum der Kettenhotellerie und ihrer Konzernstrukturen ist allerdings offenkundig, vor allem in Massendestinationen und in der Stadthotellerie.

Im Bereich der **Reiseveranstalter** wuchsen die neuen Unternehmen (*Touropa* 1948, *Scharnow* 1953, *Neckermann* 1962, *ITS* 1970 …) schnell zu Großunternehmen heran, da nur über den Einkauf großer Kontingente günstige Endkundenpreise realisiert werden konnten. Hier kam es ab den 80er-Jahren durch die zunehmende Entstehung von kleineren, spezialisierten Reiseveranstaltern interessanterweise zu einer im Vergleich zur Hotellerie gegenläufigen Entwicklung: Die mittelgroßen und viele kleine Reiseveranstalter behaupten sich und erwirtschaften häufig höhere Margen als die Großen.

Bis in die **80er-Jahre** waren touristische Märkte meist durch Nachfrageüberhänge gekennzeichnet („Verkäufermarkt"). Heutzutage führen in vielen Bereichen Überkapazitäten zu Qualitäts- und Preisverfall, Verdrängungswettbewerb und Geschäftsaufgaben. Die Ferienhotellerie am Mittelmeer, das Kreuzfahrtgeschäft und der Billigflugsektor liefern hierfür anschauliche, wenn auch oft nicht ansehnliche Beispiele.

In den **90er-Jahren** erfolgte eine betriebswirtschaftlich zu erwartende Antwort: Tourismusunternehmen wuchsen durch Zukäufe zu sehr großen Konzernen an, teilweise mit mehreren Hundert Tochtergesellschaften. Hiermit wurde durch schieres Größenwachstum zum einen versucht, frühere Konkurrenten zu integrieren, zum anderen durch kostengünstigere Produktion auf den Preisverfall der Märkte zu reagieren. Es entstanden **vertikal integrierte Tourismuskonzerne** (z. B. *TUI, Thomas Cook, Kuoni, Club Med*), die in unterschiedlichem Umfang verschiedene touristische Wertschöpfungsstufen in einem Konzern vereinen, und **horizontal integrierte Konzerne** (z. B. *Accor, Air Berlin, Air France / KLM*), die ihr Wachstum vornehmlich in einer bestimmten touristischen Wertschöpfungsstufe über verschiedene Marken und Quellmärkte erschließen.

Mit dem **Jahrtausendwechsel** schließlich schufen die Möglichkeiten des Internets ganz neue Optionen und Geschäftsmodelle des Reisevertriebs (Online-Informations- und Buchungsplattformen), der Reiseproduktion (Virtuelle Reiseveranstalter) und des Gästefeedbacks (Bewertungsportale). Die touristischen Kernleistungen allerdings, wie etwa das Übernachten, die persönliche Betreuung und das kulinarische Erleben, werden sich auch in Zukunft nicht ins Internet verlegen lassen.

1.2.3 Tourismusmärkte

Wie finden jetzt touristische Nachfrage und touristisches Angebot zueinander? Dies vollzieht sich tagtäglich auf vielen touristischen Teilmärkten: Reisende und Gäste fragen touristische Leistungen nach, die von den Anbietern vorab oder in Gegenwart des Gastes produziert, mit einem bestimmten Preis versehen und vermarktet werden.

Allerdings sind die psychologischen Prozesse, die zur tatsächlichen Äußerung bzw. Manifestierung der touristischen Nachfrage führen, sehr vielschichtig. Hierfür liefern neue Forschungen der Tourismusökonomie (Abschnitt 1.3.3) wertvolle Hinweise. Sie erweitert die Sicht auf das touristische Produkt, in dem sie als zentrale Produktbestandteile **touristische Attraktoren** definiert.[20] Ein Attraktor, also „der Anziehungspunkt, weshalb der Reisende hierhin und nicht dorthin fährt"[21], kann dabei produzierbar sein wie die touristische Dienstleistung oder die für deren Erbringung nötige Infrastruktur (Hotels, Bäder, Museen, ...). Es gibt jedoch zahlreiche nicht-produzierbare touristische, tradierte Attraktoren (bspw. das Klima, Schloss Neuschwanstein, Gastfreundlichkeit oder die Mona Lisa im Louvre), deren Entstehung nicht aufgrund eines betriebswirtschaftlichen Produktionsprozesses erfolgt, sondern in aller Regel durch Rückgriff auf ein Erbe aus den Bereichen Natur, Kultur oder vorwiegend tradiertem Wissen. Diese drei Bereiche können daher auch als **touristische Produktionsfaktoren** angesehen werden, in Abgrenzung zu den klassischen Produktionsfaktoren der Volkswirtschaftslehre (Arbeit, Kapital, Boden und neues Wissen, das sich u. a. in technischem Fortschritt manifestiert).

Diese Erweiterung des touristischen Produktbegriffs ist für das Verständnis des Funktionierens touristischer Märkte essentiell. Anders wäre es auch nicht zu erklären, warum bestimmte Tourismusprodukte trotz erbärmlicher Dienstleistungsqualität dennoch leidlich funktionieren, wie beispielsweise sehr schlechte Hotels in der Nähe eines sehr populären touristischen Attraktors (Natur- oder Kulturdenkmal). Umgekehrt fußt eine qualitativ hochwertige touristische Dienstleistung immer auf einer „besseren" **Inwertsetzung** eines touristischen Attraktors. Eine nachhaltige touristische Dienstleistung legt darüber hinaus großen Wert auf eine weitestmögliche **Schonung** der touristischen Attraktoren, um deren langfristige Nutzung auch in der Zukunft zu gewährleisten.

Somit lassen sich die touristischen Attraktoren als das zentrale Bindeglied zwischen touristischem Angebot und touristischer Nachfrage auf den touristischen Märkten kennzeichnen. Denn ohne einen touristischen Attraktor (oder mehrere) würde ein Gast das „enge" touristische Produkt, die touristische Dienstleistung in einzelnen Wertschöpfungsstufen, erst gar nicht nachfragen.

> **Definition**
> **Touristische Märkte** entstehen durch das Zusammentreffen der touristischen Nachfrage mit dem entsprechenden Produktangebot. In marktwirtschaftlichen Systemen führen die

---

[20] Vgl. hierzu und im Folgenden Letzner (2010), S. 22–30.
[21] Letzner (2010), S. 22.

1. Grundlagen: Betriebswirtschaftslehre und Tourismus

> Präferenz des Gastes hinsichtlich bestimmter touristischer Attraktoren sowie die Auswahl „passender" (hinsichtlich Zeit, Qualität und Menge) touristischer Dienstleistungsprodukte durch den Gast zur langfristigen Steuerung des Produktangebots.

Dieser Umstand, dass einige – im Auge des Gastes wichtige – Teile des touristischen Produkts im engeren Sinn **nicht produzierbar**, sondern allenfalls im weiteren Sinn ins Produkt **integrierbar** sind, macht das touristische Produkt sehr anspruchsvoll. Es zu entwickeln und zu steuern erfordert neben den betriebswirtschaftlichen auch kulturelle Kenntnisse und ein hohes Maß an Allgemeinbildung.

Literatur

Bieger, Thomas (2007): Dienstleistungsmanagement. Einführung in Strategien und Prozesse bei Dienstleistungen. 4. Aufl., Bern, Stuttgart, Wien

Dettmer, Harald; Hausmann, Thoma; Schulz, Julia Maria (2008): Tourismus-Management. München

Fließ, Sabine (2009): Dienstleistungsmanagement. Kundenintegration gestalten und steuern, Wiesbaden

Freyer, Walter (2011): Tourismus. Einführung in die Fremdenverkehrsökonomie. 10. Aufl., München

Gabler Verlag (2011a) (Hrsg.): Gabler Wirtschaftslexikon, Stichwort: Dienstleistungen, online im Internet http://wirtschaftslexikon.gabler.de/Archiv/770/dienstleistungen-v9.html, letzter Zugriff am 11. April 2012

Haller, Sabine (2010): Dienstleistungsmanagement. Grundlagen-Konzepte-Instrumente. 4. Aufl., Wiesbaden

Letzner, Volker (2010): Tourismusökonomie. Volkswirtschaftliche Aspekte rund ums Reisen. München

Maleri, Rudolf; Frietzsche, Ursula (2008): Grundlagen der Dienstleistungsproduktion. 5. Aufl., Berlin, Heidelberg

Meffert, Heribert; Bruhn, Manfred (2009): Dienstleistungsmarketing. 6. Aufl., Wiesbaden

Thommen, Jean-Paul; Achleitner, Ann-Kristin (2009): Allgemeine Betriebswirtschaftslehre. Umfassende Einführung aus managementorientierter Sicht. 6. Aufl., Wiesbaden

Weiterführende Literaturhinweise

Gebauer, Julia (2008): Entstehung des Tourismus: Von der Kavalierstour bis zu den Anfängen der Pauschalreise. Saarbrücken

Hachtmann, Rüdiger (2007): Tourismus-Geschichte. Göttingen

Reichert, Folker E. (2009): Quellen zur Geschichte des Reisens im Spätmittelalter. Darmstadt

Schmude, Jürgen; Namberger, Philipp (2010): Tourismusgeographie. Darmstadt. Insbesondere S. 29–86

Schneider, Otto (2001): Die Ferien-Macher. Eine gründliche und grundsätzliche Betrachtung über das Jahrhundert des Tourismus. Hamburg

Stier, Bernhard; Laufer, Johannes (2005): Von der Preussag zur TUI. Wege und Wandlungen eines Unternehmens 1923–2003. Essen

1.3 Tourismusmanagement: Handlungsfelder einer Betriebswirtschaftslehre des Tourismus

1.3.1	Betriebswirtschaftliches Denken im touristischen Alltag	23
1.3.2	Ein integrierter Ansatz für das Tourismusmanagement	25
1.3.3	Tourismusmanagement und Tourismusökonomie	29
1.3.4	Betriebswirtschaft und Tourismusmanagement in der Lehre . .	31

Leitfragen
- Was sollte man mitbringen oder erlernen, wenn man beruflich im Tourismus tätig sein möchte?
- Wodurch sind wachsende touristische Märkte gekennzeichnet?
- Welche grundlegenden Strategien bieten sich dagegen in gesättigten touristischen Märkten an?
- Was macht eine gute „betriebswirtschaftliche Denkhaltung" im touristischen Alltag aus?
- Was versteht man unter einer Dienstleistungsorientierung?
- Warum erfordert ein betriebswirtschaftliches Modell für das Tourismusmanagement eine integrierte, ganzheitliche Perspektive? Wie ist die touristische Wertschöpfungskette in diesem Modell verankert?
- Welche Funktionsbereiche und Managementprozesse sind im Tourismusmanagement relevant?
- Welche weiteren Betrachtungsdimensionen sind im Tourismusmanagement wichtig? Warum?
- Wie wird Tourismusmanagement unterrichtet?
- Wie definiert man Tourismusmanagement und Tourismusökonomie?

1.3.1 Betriebswirtschaftliches Denken im touristischen Alltag

Wer im Tourismus arbeitet, macht die Gestaltung des Urlaubs und der Freizeit des Gastes zu seinem Beruf: „Wir machen 365 Tage Urlaub im Jahr" – so lautet ein Motto vieler Reiseunternehmen. Wie aber lassen sich Reisen, Urlaub und die damit verbundenen Erlebnisse und Emotionen professionell planen und organisieren?

Tourismus ist ein äußerst vielfältiger Wirtschaftszweig, mit unterschiedlichen Wertschöpfungsstufen und Trägern. Vordergründig betrachtet ist ein Geschäftsreisehotel sicherlich anders durch eine Konjunkturkrise zu führen, als eine Abenteuerreisegruppe zu Pferd über einen Andenpass. Und „Airliner", also Mitarbeiter von Fluggesellschaften „sind anders" als die Mitarbeiter eines

1.3 Handlungsfelder einer Betriebswirtschaftslehre des Tourismus

Fremdenverkehrsamtes. Aber es gibt auch einiges, was die im Tourismus tätigen Menschen eint bzw. einen sollte:

1. Leidenschaft → Freude
2. Dienstleistungsorientierung und Verantwortungsgefühl → Sinn
3. Betriebswirtschaftliche Professionalität → Erfolg

Auf die Dauer sollten diese drei Aspekte zu angemessenen Teilen die Arbeit im Tourismus prägen. Ohne **betriebswirtschaftlichen Erfolg** (Gewinn, Einkommen) nützt die größte Leidenschaft und Kundenorientierung nichts. In den letzten Jahrzehnten ist die Tourismusbranche im Vergleich zu anderen Wirtschaftszweigen später, dafür aber umso rasanter gewachsen. Nach wie vor ist die Zahl kleiner touristischer Betriebe sehr hoch. Dadurch konnte die Verbreitung der betriebswirtschaftlichen Kenntnisse und Fähigkeiten in vielen kleineren Betrieben mit dem Branchenwachstum oftmals nicht Schritt halten. Lange Zeit galt der „Bauch-Touristiker", also die personifizierte Fähigkeit, im touristischen Alltag Mängel beim obigen Punkt 3 durch 1. und 2. überkompensieren zu können, als wünschenswerter Idealtypus. Aber diese Zeiten sind vorbei. Knappe Gewinnspannen in vielen touristischen Bereichen (Rechnungswesen und Controlling, Abschnitt 3.2) und der zunehmende Druck der Kapitalmärkte (Investition und Finanzierung, Abschnitt 2.1) machen es zwingend nötig, betriebswirtschaftlich „besser" zu sein als die Konkurrenz, sei es bei der Produktplanung und -kalkulation, beim Marketing oder der Finanzierung des Geschäfts.

Die laufenden **Umwälzungen in den touristischen Märkten** haben zwei Schwerpunkte: Wir erleben ein starkes Mengenwachstum in aufstrebenden Quellmärkten wie etwa in den BRIC-Staaten (Brasilien, Russland, Indien, China). Gleichzeitig ist das Wachstum in den etablierten Quellmärkten, insbesondere in West- und Mitteleuropa, längst an seine Grenzen gestoßen. Neue Marktanteile können touristische Unternehmen nur erobern, wenn sie entweder sehr innovative neue Produkte entwickeln, bessere Qualität als die Konkurrenz anbieten und bezahlt bekommen oder die Konkurrenz über günstigere Preise „schlagen" können. Alle genannten, grundlegenden Strategien erfordern eines, nämlich umfangreiches betriebswirtschaftliches Know-how.

Zudem stellen sich in gesättigten touristischen Märkten ganz eigene **Herausforderungen**. Neben den Fragen, wie man neue Unternehmen gründet und neue Produkte an den Markt bringt, stellt sich bisweilen auch die Aufgabe, ein bestehendes Unternehmen sanieren oder gar schließen zu müssen. Beispiele hierfür sind:

- Sinkende Anzahl stationärer Reisebüros aufgrund der zunehmenden Marktanteile von Online-Reiseportalen
- Schließung von im Familienbesitz befindlichen Hotels, sei es aufgrund fehlender Nachfolger oder unrentabler Betriebsführung
- Sanierung einer Fluggesellschaft nach Übernahme durch eine größere Airline

Auch für diese Prozesse liefert die Betriebswirtschaftslehre das nötige Handwerkszeug – allerdings nicht im Sinne von schablonenhaften Blaupausen, sondern durch die Kombination bestimmter Vorgehensweisen, die in der Summe eine **betriebswirtschaftliche Denkhaltung** ausmachen sollten:

1.3 Handlungsfelder einer Betriebswirtschaftslehre des Tourismus

- Gespür für Chancen und Risiken, Trends und Flops
- Zugrundelegung des Wirtschaftlichkeitsprinzips („Was lohnt sich in Abwägung aller Chancen und Risiken?")
- Vorzug von Analyse und Planung vor Versuch und Irrtum

Einsetzbar und sinnvoll ist eine solche Denkhaltung nicht nur in den Tourismusunternehmen der Privatwirtschaft, sondern auch in den bereits genannten öffentlich-rechtlich organisierten touristischen Trägern (Tourismuszentralen/Fremdenverkehrsämter, Tourismusreferate in der Kommunalverwaltung).

Im Tourismus sollte das betriebswirtschaftliche Denken unbedingt gepaart sein mit einer **grundsätzlichen Dienstleistungskultur** in Bezug auf die Produkte und Kunden.[22] Bisweilen führt diese Kombination durchaus zu Konflikten, was am Beispiel einer Gästebeschwerde illustriert werden kann. Ist man in diesen Fällen dem Gast gegenüber regelmäßig sehr kulant, kann dies betriebswirtschaftlich bedenklich werden. Es ist aber auch nicht ratsam, dem Kunden gar nicht entgegenzukommen, denn er wird seine Unzufriedenheit mit der touristischen Dienstleistung über Bewertungsportale oder andere Wege – zu Recht oder zu Unrecht – kundtun und dem Unternehmen damit mittelfristig wirtschaftlich noch mehr schaden. Hier ist differenziertes Vorgehen und Entscheidungsfreude gefragt, zwei weitere wichtige Elemente betriebswirtschaftlich sinnvollen Handelns.

1.3.2 Ein integrierter Ansatz für das Tourismusmanagement

Für das „Erlernen" einer betriebswirtschaftlichen Denkhaltung für den touristischen Alltag ist es sehr hilfreich, zunächst die Vielzahl betriebswirtschaftlicher Teilgebiete einerseits mit den verschiedenen touristischen Wertschöpfungsstufen andererseits in einem vereinfachenden Gesamtmodell zu verknüpfen.

Durch eine solche Modellierung wird die Notwendigkeit einer ganzheitlich betriebswirtschaftlich orientierten Betrachtungsweise des Tourismus deutlich. Denn eine professionelle und effiziente Planung, Steuerung und Kontrolle der touristischen Wertschöpfungskette ist unabdingbar, um ein rationales Handeln zu ermöglichen und das touristische Produkt zielgerichtet zu vermarkten. Die Betriebsführung eines touristischen Unternehmens beinhaltet somit immer zwei Perspektiven:

- die **touristisch-orientierte** im Sinne einer Zielgruppenausrichtung durch geeignete touristische Produkte sowie
- die **management-orientierte** im Sinne der betriebswirtschaftlichen Entscheidungs- und Gestaltungsprozesse.

Um die Komplexität eines ganzheitlichen Modells des Tourismusmanagements sowohl abbilden als auch eingrenzen zu können, wird im Nachfolgenden auf den ganzheitlichen Managementansatz von *Steinle* zurückgegriffen. Dieser

---

[22] Zu Elementen einer Dienstleistungskultur vgl. Bieger (2007), S. 85–87.

1. Grundlagen: Betriebswirtschaftslehre und Tourismus

betrachtet das Unternehmensgeschehen in mehreren Ebenen und bildet es dreidimensional ab.[23]

Das hier vorgestellte Modell des Tourismusmanagements fügt diesem dreidimensionalen **"Management-Würfel"** drei weitere, umlagernde Dimensionen hinzu.

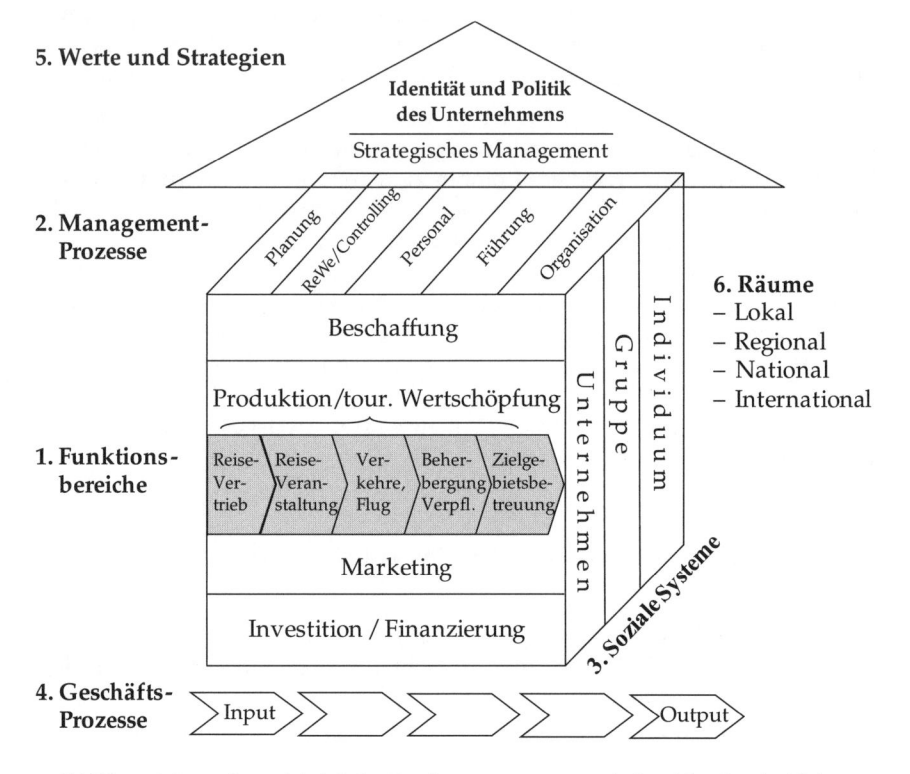

Abbildung 4: Integriertes Modell des Tourismusmanagements in betriebswirtschaftlicher Perspektive

Jeder der **sechs Dimensionen des Tourismusmanagements** liegen bestimmte Leitgedanken zugrunde:

1. Dimension: Funktionsbereiche

Der in der funktionsbereichsorientierten, klassischen Betriebswirtschaftslehre sehr breiten Raum einnehmende Produktionsbereich findet sich im vorliegenden Modell in Form der touristischen Wertschöpfungskette (Abb. 3) wieder. Andere klassische Funktionslehren wie beispielsweise das Beschaffungsmanagement lassen sich ebenfalls touristisch „interpretieren", sei es der Einkauf von Hotelbetten durch den Reiseveranstalter, der Einkauf von Flugbenzin durch Fluggesellschaften oder etwa die Versorgung eines Kreuzfahrtschiffes auf einer Weltreise.

---

[23] Vgl. hierzu grundlegend Steinle (2005), S. 26–28 und S. 36–41.

2. Dimension: Managementprozesse

Im Vergleich zu den Funktionsbereichen sind die Managementprozesse weniger nah am touristischen Produkt, sondern eher in „Backoffice"-Bereichen, der kaufmännischen Steuerung oder im leitenden Management (Geschäftsführung, Vorstand) und deren Stäben (Controlling, Unternehmensentwicklung, Organisationsabteilung) anzusiedeln. Der Managementprozess „Führung" ist hier auf die direkte Vorgesetzten-Mitarbeiterinteraktion reduziert.

3. Dimension: Soziale Systeme

Hier wird der Führungsbegriff deutlich erweitert. Die Führung eines touristischen Unternehmens lässt sich auf verschiedene soziale Systeme „herunterbrechen" – von der Führung des Gesamtunternehmens über die Führung eines der Produkte (z. B. Produktmanagement beim Reiseveranstalter) und die Leitung eines kleinen Reiseleiter-Teams bis zur Führung der eigenen Person („Selbstmanagement"). Ein Mitarbeiter eines Unternehmens ist stets Mitglied mehrerer sozialer Systeme (Familie, Unternehmen, Abteilung, Verein etc.) und stellt auch für sich ein System dar. Ein wichtiges strukturgebendes Element sozialer Systeme sind die Kommunikationsprozesse, die innerhalb sozialer Systeme und zwischen ihnen ablaufen.[24]

Dimensionen 1–3: „Kern-Dimensionen"

Die Würfel-Darstellung dieser drei ersten Dimensionen besitzt den Vorzug, dass sich im Rahmen der Analyse unternehmerischer Strukturen und Prozesse gedanklich „Teil-Kuben" bilden und entsprechende Fragestellungen ableiten lassen, z. B.: „Wie führe ich eine Marketing-Abteilung?" Betriebswirtschaftlich spricht diese Frage drei Themen aus jeweils einer der Kern-Dimensionen an:

- Die Funktion „Marketing"
- Der Managementprozess „Führung"
- Das soziale System „Gruppe" (Abteilung)

4. Dimension: Geschäftsprozesse

Jede Aktivität im Unternehmen kann in eingehende Input-Faktoren (z. B. im Rahmen der Vorbereitung einer Verhandlung), durchführende Elemente und resultierende Output-Faktoren aufgefächert werden. Die Geschäftsprozesse stellen gleichsam das zentrale Nervensystem eines Unternehmens dar. Sie dürfen nicht längere Zeit gestört werden und sind letztlich auch nur schwer zu verändern. Beispiele sind Buchungsprozesse einer Fluggesellschaft, Einkaufsprozesse eines Reiseveranstalters und Ablaufprozesse bei Großevents. Es verwundert nicht, dass Unternehmen in Krisenzeiten lieber an einzelnen ihrer Strukturen herumfeilen (Hierarchieebenen streichen, Personal abbauen, Lieferanten reduzieren etc.) als das zu hinterfragen, was meist das zentrale Problem darstellt: Veraltete oder zu langsame interne Prozesse. In der Konsequenz müssen dann häufig nach „erfolgreicher Sanierung" dieselben ineffizienten Prozesse von weniger Personal bewältigt werden – die nächste Krise ist vorgezeichnet.

---

[24] Vgl. Nerdinger (2011), S. 42, Vester (2010), S. 90–95 und Grimm (2009), S. 71–76.

5. Dimension: Werte und Strategien

Diese Perspektive verlässt die Ebene des reinen „Funktionierens" eines Unternehmens, indem die Fragen nach dem Warum? und Wie? aufgeworfen werden. Neben Strukturen und Prozessen werden Unternehmen nämlich stark von den Strategien der Eigentümer und Führungskräfte geprägt. Das Spektrum der damit zusammenhängenden Fragen reicht von der Entwicklung eines eigenen, persönlichen Führungsstils bis zur grundsätzlichen Frage, wie ein touristisches Unternehmen in ökonomischer, ökologischer und sozialer Hinsicht nachhaltig geführt werden kann.

6. Dimension: Räume

Ohne Zweifel spielt es – speziell aus touristischer Perspektive – eine große Rolle, in welchem geographischen Raum sich das touristische Geschäft mit seinen Strukturen, Prozessen und Strategien abspielt. Zwischen einer global agierenden Fluggesellschaft und einem kleinen Tourismusamt gibt es zwar (auch im Wortsinn) himmelweite Unterschiede, aber auch Gemeinsamkeiten im Sinne betriebswirtschaftlicher Notwendigkeiten: Es müssen Mitarbeiter geführt, Gäste betreut und Renditen erzielt bzw. Haushalte eingehalten werden.

Dieser integrierte Ansatz des Tourismusmanagements in betriebswirtschaftlicher Perspektive liegt diesem Grundlagen-Lehrbuch zu Grunde. Dabei konzentriert es sich auf die Dimensionen

- Funktionsbereiche   → Kapitel 2
- Managementprozesse   → Kapitel 3
- Werte und Strategien   → Kapitel 4

Die Dimension „Räume" steht in diesem Buch zwar nicht für einen eigenen Gliederungspunkt, wird aber immer wieder angesprochen, vor allem in den Beispielen. Die Themenfelder der Dimensionen „Soziale Systeme" und „Geschäftsprozesse" können dagegen in diesem Grundlagenbuch keine eigenen Schwerpunkte bilden. Sie sind allerdings vor allem bei Veränderungsprozessen in Unternehmen äußerst wichtig. Daher werden sie innerhalb der Betriebswirtschaftslehre im Fachgebiet Unternehmensführung intensiv behandelt.

Diese integrierende Sichtweise auf das touristische Geschäft ist sehr gut dafür geeignet, die Ambivalenz vieler Themen innerhalb einer tourismusorientierten BWL zu verdeutlichen. So lässt sich, wie bereits in Abschnitt 1.2 angedeutet, beispielsweise der Begriff des **Destinationsmanagements** zum einen aus Destinationssicht interpretieren: Wie **entwickelt sich** eine touristische Region als Ganzes oder hinsichtlich einzelner touristischer Angebote weiter? Welchen Nutzen zieht die einheimische Bevölkerung aus dieser Entwicklung, und welche Lasten trägt sie? Zum anderen spielt die Sicht der in einer Destination als Investor oder Betreiber tätigen Unternehmen eine Rolle: Wie **entwickeln wir** die Destination im Sinne unserer ökonomischen Ziele weiter?

Spätestens an diesem Beispiel wird auch die Notwendigkeit der **ganzheitlichen Betrachtung des Tourismus** in betriebswirtschaftlicher, volkswirtschaftlicher, kultureller und sozialer Hinsicht deutlich. Tourismus bringt immer „Fremde" (Gäste) mit Einheimischen zusammen, und touristische Unternehmen – vor Ort ansässige oder aus der Ferne agierende – wollen aus dieser Beziehung ökonomische Gewinne erwirtschaften. Da alle Beteiligten dabei gewinnen und verlieren können, muss die Frage nach einem fairen Ausgleich zwischen allen Genannten aufgeworfen werden. Beantwortet werden kann sie nur mittels der erwähnten ganzheitlichen Denkweise, in Verbindung mit den in der jeweiligen Gesellschaftsordnung bei unterschiedlichen Interessenlagen vorgesehenen „Aushandlungsmechanismen".[25] Dies kann natürlich zu sehr unterschiedlichen Ergebnissen führen, je nachdem, ob eine demokratisch-freiheitlich organisierte Wirtschaftsordnung oder ein zentralistisch-autokratisches System zugrunde liegt.

Das integrierte Modell des Tourismusmanagements lässt sich nicht nur auf privatwirtschaftliche **Unternehmen** jeglicher Größe anwenden, sondern kann auch in tourismusrelevanten **Verwaltungseinheiten** wie etwa den Tourismuszentralen in den Destinationen Wirkung entfalten. Wenn auch unter anderen Voraussetzungen und mit anderen Schwerpunkten: Eine Stärkung des betriebswirtschaftlichen Denkens hätte auch in diesen Bereichen viele Vorteile, und lägen diese auch nur darin, dass man sich in das betriebswirtschaftliche Geschehen der touristischen Betriebe vor Ort hineindenken kann. Nicht zuletzt sind auch **Destinationen als „virtuelle Unternehmen"**[26] insgesamt von den betriebswirtschaftlichen Fragen bspw. der Organisation, der Planung, der Finanzierung und des Marketings betroffen. Eine fundierte Destinationsentwicklung kann nicht ohne Kompetenzen in diesen Bereichen funktionieren.

1.3.3 Tourismusmanagement und Tourismusökonomie

Aufbauend auf dem Managementbegriff (Abschnitt 1.1), den Grundlagen zu Tourismusangebot und -nachfrage (Abschnitt 1.2) und dem im vorigen Abschnitt vorgestellten, integrierten Modell des Tourismusmanagements lässt sich das Tourismusmanagement wie folgt zusammenfassend definieren:

> **Definition**
> Das **Tourismusmanagement** umfasst die Strukturen, Prozesse und Tätigkeiten im Rahmen der Führung von Unternehmen oder anderen Anbietern touristischer Produkte auf unterschiedlichen Wertschöpfungsstufen.

Die **Strukturen** im Tourismusmanagement sind zum einen von den relevanten touristischen Wertschöpfungsstrukturen, zum anderen von den Funktionsbereichen und der Aufbauorganisation (Abschnitt 3.4.3.2) des konkreten touristischen Unternehmens, das betrachtet wird, geprägt. Ferner bilden die sozialen Systeme im und um das Unternehmen herum eine wichtige Strukturkomponente.

---

[25] Hierzu zählen unter anderem die in verschiedenen Demokratieformen vorgesehenen Entscheidungswege, Partzipationsmöglichkeiten und Wege der Konsensfindung, vgl. Schultze (2010), S. 138 f. Zudem sind gerade in der Tourismuspolitik stark zentralisierte von dezentralen Strukturen abzugrenzen.
[26] Bieger (2008), S. 93.

1. Grundlagen: Betriebswirtschaftslehre und Tourismus

Die **Prozesse** im Tourismusmanagement lassen sich, wie gezeigt, in Managementprozesse und einzelne Geschäftsprozesse gliedern. Viele Prozesse und Aufgaben im Tourismusmanagement sind von regelmäßig wiederkehrender Natur. Einige Bereiche erfordern aufgrund der Besonderheiten des touristischen Geschäfts allerdings auch die systematische Planung von Ausnahmeregelungen, etwa im Krisenmanagement.

Die **Tätigkeiten** im Tourismusmanagement besitzen in den verschiedenen Wertschöpfungsstufen viele Facetten. Zudem sind in verschiedenen Situationen unterschiedliche allgemeine Fähigkeiten bei den Akteuren gefragt, um „gut zu managen":

- fragen, zuhören, antworten
- delegieren, anfordern
- priorisieren, entscheiden
- ignorieren

Während das Tourismusmanagement das Agieren/Gestalten **einzelner Unternehmen** auf verschiedenen touristischen Märkten zum Inhalt hat, erweitert die Tourismusökonomie das Geschehen auf die Analyse und Hinterfragung der **touristischen Märkte insgesamt**.

> **Definition**
>
> Die **Tourismusökonomie** „stellt die Frage nach der Funktionsweise, nach der Entwicklung und nach den gesamtwirtschaftlichen (positiven oder negativen) Wohlfahrtseffekten des Tourismus in der Destination/Region, in der Nationalökonomie und in der Weltwirtschaft; und sie versucht, tourismuspolitische Aussagen für die relevanten Entscheidungsträger der Branche zu treffen."[27]

Darüber hinaus analysiert die Tourismusökonomie die allgemeinen volkswirtschaftlichen Themen mit Blick auf den Tourismus. Beispiele hierfür sind das Entstehen von Marktgleichgewichten und -ungleichgewichten, die Preisbildung, die Allokation von Ressourcen, mögliche externe Effekte und das Marktversagen.[28]

In dieser **gesamtwirtschaftlichen Perspektive** wird deutlich, dass sich die Wertschöpfung des Tourismus vornehmlich im personalintensiven tertiären Sektor der Volkswirtschaften vollzieht.[29] Die exakte volkswirtschaftliche Erfassung und Abgrenzung touristischer Wertschöpfungseffekte im Rahmen der Volkswirtschaftlichen Gesamtrechnung (VGR), etwa durch die Bildung touristischer Satellitenkonten, ist eine große aktuelle Herausforderung für die Tourismusökonomie.[30] Sie ist ungleich komplexer als die bloße Bildung teilbranchenbezogener, originärer oder derivativer touristischer Wertschöpfungsstufen, wie sie in Abschnitt 1.2 für die Zwecke des Tourismusmanagements vollzogen wurde.

---

[27] Letzner, Munz (2011), S. 10.
[28] Vgl. grundlegend Letzner (2010), S. 20–30, S. 53–76 und S. 93–116.
[29] Zur volkswirtschaftlichen Bedeutung und Entwicklung des tertiären Sektors vgl. Corsten (2007), S. 5–19.
[30] Vgl. Letzner, Munz (2011), S. 11.

1.3 Handlungsfelder einer Betriebswirtschaftslehre des Tourismus

Sowohl Tourismusmanagement als auch Tourismusökonomie verfolgen neutral-beschreibende (deskriptive) als auch gestaltend-vorschlagende (normative) Ziele. Zwischen beiden Gebieten bestehen zahlreiche Berührungspunkte und Überschneidungen. Zwei Fragekomplexe mögen dies andeuten:

- Welche **Bedeutung** hat der Tourismus in der Wirtschaft, in der Kultur, in den Sozialstrukturen, in der Politik? Wie bringt man die verschiedenen **Interessen** (Hoteliers, Gäste, örtliche Bevölkerung, …) in Einklang? Beispiel: Staaten wie Ägypten sind vom Tourismus zu großen Teilen abhängig. Der Fernreisetourismus dorthin zieht jedoch massive Klimaschädigungen, die Zerstörung der Korallenriffe im Roten Meer und das Aufeinanderprallen westlicher „Badekultur" mit islamischen Grundsätzen nach sich.
- Wie kann Tourismus nicht nur betriebswirtschaftlich nachhaltig („erfolgreich") für einzelne Unternehmen, sondern **gesamtgesellschaftlich nachhaltig** gestaltet werden? Wie wird Nachhaltigkeit (Abschnitt 4.3) für Tourismusmanager entscheidungsrelevant? Welche Rolle spielt der Tourismus tatsächlich in Steueraufkommen, Arbeitsplätzen und Wohlstand? Beispiel: „Positive Auswirkungen auf Tourismus" ist wohl das meist genannte und am wenigsten belegte Argument, das im Rahmen der Lobbyarbeit für sportliche Großveranstaltungen (Weltmeisterschaften, Olympische Spiele) genannt wird. Meist sind die tourismuswirtschaftlichen Effekte aus solchen „Mega-Events" in Umfang und Zeithorizont allerdings sehr überschaubar.

1.3.4 Betriebswirtschaft und Tourismusmanagement in der Lehre

In der akademischen Ausbildung ist Tourismusmanagement eine branchenbezogene, angewandte Managementlehre, die sich mit den Besonderheiten der Führung touristischer Unternehmen befasst:

- Wie funktionieren touristische Unternehmen?
- Was brauche ich, um in ihnen erfolgreich zu arbeiten?

In einzelwirtschaftlicher Sicht kann das Tourismusmanagement als spezielle Ausprägung des Dienstleistungsmanagements angesehen werden.[31] Eine touristisch orientierte Betriebswirtschaftslehre liefert demnach den theoretischen Unterbau für das erfolgreiche Arbeiten in touristischen Unternehmen und Destinationen.

Betrachtet man tourismuswirtschaftliche Themen in einer Zusammenschau aus beiden Perspektiven (BWL und VWL), ergibt sich die Darstellung in Abb. 5. Darin ist bewusst der Begriff des „Tourismusmanagement" verwendet anstelle einer „Tourismus-Betriebslehre", da die Heterogenität der touristischen Betriebsformen und Teilbranchen den „Betrieb" als definitionsprägenden Begriff für das Lehrgebiet nur schwerlich zulässt.

Zu vielen der in Abb. 5 grau hinterlegten, touristischen Themen gibt es in Studiengängen zum Tourismusmanagement eigene Lehrveranstaltungen. Dane-

---
[31] Vgl. Bieger (2007), S. 2.

1. Grundlagen: Betriebswirtschaftslehre und Tourismus

ben existieren in diesen Studiengängen Lehrveranstaltungen mit volks- oder betriebswirtschaftlichen Teilthemen. Letztere widmen sich schwerpunktmäßig einzelnen Funktionsbereichen oder Managementprozessen der Betriebswirtschaftlehre und ziehen dafür zahlreiche Beispiele aus dem Tourismus heran. Dadurch soll eine möglichst vollständige Übersicht und vor allem eine enge Verzahnung der „betriebswirtschaftlichen" mit den „touristischen" Themen erreicht werden.

Funktions- oder Management-bereiche in Unternehmen (Beispiele)	Wirtschaftsbereiche (VWL-Perspektive)				Funktions- oder Management-lehren der BWL (Beispiele)
	Industrie/ Verarb. Gewerbe	Tertiärer Sektor: Dienstleistungen/Verwaltung			
		Handel	Finanz-dienst-leistung	Tourismus-Ökonomie	
(1) Organisation				Eventmanagement, Flugstrecken, Hotel, ...	Organisations-wirtschaft
(2) Personal				Reiseleitung, PMs, Touristikmanager,...	Personalwirtschaft
(3) Anlagen				Hotels, Flugzeuge, Reisebüro	Anlagenwirtschaft
(4) Material				Kataloge, Fuel, F&B, „Landschaft",...	Materialwirtschaft
(5) Leistungs-erstellung				Reiseveranstaltungs-management	Produktions-wirtschaft
(6) Absatz, Marketing				u.a. Marketing, Reisemittler-management	Absatzwirtschaft, Marketing
(7) Controlling				u.a. Touristische Deckungsbeiträge	Erfolgswirtschaft/ Controlling
(8) IT				Buchungsmaschinen, WEB, Plattformen,...	IT-Management
	Industrie-betriebs-lehre	Handels-betriebs-lehre	Bank-betriebs-lehre (z.B.)	Tourismus-Management	
	Dienstleistungsmanagement				
	„Wirtschaftsbereichslehren" (BWL-Perspektive)				

Abbildung 5: Das Tourismusmanagement als betriebswirtschaftlich geprägtes Lehrgebiet innerhalb der Wirtschaftswissenschaften

1.3 Handlungsfelder einer Betriebswirtschaftslehre des Tourismus

Literatur

Bieger, Thomas (2007): Dienstleistungsmanagement. Einführung in Strategien und Prozesse bei Dienstleistungen. 4. Aufl., Bern, Stuttgart, Wien

Bieger, Thomas (2008): Management von Destinationen. 7. Aufl. München, Wien

Corsten, Hans (2007): Dienstleistungsmanagement. 5. Aufl., München

Grimm, Reinhard (2009): Einfach komplex. Wiesbaden

Letzner, Volker (2010): Tourismusökonomie. Volkswirtschaftliche Aspekte rund ums Reisen. München

Letzner, Volker; Munz, Sonja (2011): Quo Vadis Tourismusökonomie? In: Tourismus Management Passport, Ausgabe 04/2011, S. 10–13

Nerdinger, Friedemann W. (2011): Organisationstheorien; in: Nerdinger, Friedemann W.; Blickle, Gerhard; Schaper, Niclas: Arbeits- und Organisationspsychologie. 2. Aufl. Berlin und Heidelberg

Schultze, Rainer-Olaf (2010): Demokratie; in: Nohlen, Dieter; Schultze, Rainer-Olaf (Hrsg.). Lexikon der Politikwissenschaft. Theorie, Methoden, Begriffe Bd. 1. 4. Aufl., München

Steinle, Claus (2005): Ganzheitliches Management. Eine mehrdimensionale Sichtweise integrierter Unternehmensführung, Wiesbaden

Vester, Heinz-Günter (2010): Kompendium der Soziologie III: Neuere soziologische Theorien. Wiesbaden

Weiterführende Literaturhinweise

Luhmann, Niklas (2002): Einführung in die Systemtheorie. Heidelberg. Insbesondere Abschnitt II.1: Theorie offener Systeme, S. 41–65

Malik, Fredmund (2009). Führen Leisten Leben. Wirksames Management für eine neue Zeit. Neuausgabe, Frankfurt am Main. Insbesondere Abschnitt 3: Management als Beruf, S. 57–74

1.4 Ordnungspolitischer Rahmen: Wirtschaftsordnung und Tourismuspolitik

1.4.1	Fallbeispiel: Deutsche Zentrale für Tourismus (DZT).........	36
1.4.2	Allgemeine Tourismuspolitik.............................	37
1.4.2.1	Begriff und Bedeutung	37
1.4.2.2	Instrumente zur ordnungspolitischen Steuerung und Förderung...	38
1.4.3	Spezielle Tourismuspolitik	39
1.4.3.1	Tourismuspolitische Aufgaben...........................	39
1.4.3.2	Akteure der nationalen, regionalen und kommunalen Tourismuspolitik.......................................	40
1.4.3.3	Akteure der internationalen Tourismuspolitik	44
1.4.4	Stimmen aus der Praxis.................................	46

Leitfragen
- Wie kann Tourismuspolitik vor einem allgemeinen betriebswirtschaftlichen Hintergrund definiert werden? Wie kann diese Definition im Sinne einer speziell auf die Tourismuswirtschaft zugeschnittenen Politik konkretisiert werden?
- Welche allgemeinen Instrumente kennen Sie, um die Rahmenbedingungen der Tourismuswirtschaft in Deutschland zu gestalten? Unterscheiden Sie dabei nach ökonomischen und anderen Instrumenten.
- Was sind die Aufgaben einer speziellen Tourismuspolitik und welche Fragen müssen dabei beantwortet werden?
- Was sind tourismuspolitische Träger und welche sind Ihnen bekannt? Ordnen Sie diese nach geographischer und rechtlicher Ebene ein.
- Wie ist die Tourismuspolitik in der Bundesrepublik Deutschland auf nationaler Ebene organisiert? Welche tourismuspolitischen Strukturen finden sich auf regionaler und kommunaler Ebene?
- Welche Verbände des privatwirtschaftlichen Bereichs, die Tourismuspolitik betreiben, kennen Sie? In welchen Formen arbeiten die Verbände mit den staatlichen Stellen zusammen?
- Was sind Ziele, die die internationale Tourismuspolitik verfolgt und welche Funktionen üben die internationalen Träger aus?
- Welche internationalen Träger der Tourismuspolitik kennen Sie? Unterscheiden Sie dabei nach staatlichen und privaten Institutionen.
- Welches zentrale Problem stellt sich im Hinblick auf die nationale aber auch die internationale Tourismuspolitik und weshalb besteht dieses?

1.4.1 Fallbeispiel: Deutsche Zentrale für Tourismus (DZT)

Das Reiseland Deutschland erfreut sich nationaler wie auch internationaler Beliebtheit. Nicht nur um diesen Status aufrecht zu erhalten, sondern ihn insbesondere weiter zu fördern, bewirbt und vermarktet die *Deutsche Zentrale für Tourismus (DZT) e.V.* im Auftrag des *Bundesministeriums für Wirtschaft und Technologie (BMWi)* die Destination. Die *DZT* ist eine Gemeinschaft aus staatlichen und privatwirtschaftlichen Institutionen, die aktuell 65 Mitglieder umfasst. Durch diese öffentlich-private Struktur strebt sie an, die Interessen beider Gruppen zu bündeln und zu vertreten, so dass nach außen hin die Reisedestination in einem einheitlichen Auftritt präsentiert werden kann. Konkret agiert die *DZT* im Auftrag von:

- touristischen und anderen Unternehmen der Privatwirtschaft, wie *Accor, airberlin, Deutsche Bahn, Hertz, Lufthansa, Meissen Manufaktur, Ringhotels, Thomas Cook, TUI*, etc.
- den 16 Wirtschaftsministerien der Bundesländer und deren Landesmarketingorganisation, die von der *Hamburg Tourismus GmbH* über die *Rheinland-Pfalz Tourismus GmbH*, der *Investitions- und Marketinggesellschaft mbH* in Sachsen-Anhalt bis hin zur *Bayern Tourismus Marketing GmbH* reichen.
- diversen Verbänden wie dem *Allgemeine Deutsche Fahrrad-Club (adfc)*, dem *Deutschen Hotel- und Gaststättenverband (DEHOGA)*, dem *Deutschen Reiseverband (DRV)* oder *Magic Cities Germany*.

Ein Beispiel, wie diese Kooperation aus öffentlichen und privaten Institutionen funktionieren kann, ist das regelmäßig in Deutschland ausgerufene Themenjahr: „Aktivurlaubsziel Deutschland: Lifestyle, Wandern und Radfahren" war das Thema des Jahres 2009 und im Jahr 2014 ist „UNESCO-Welterbe Deutschland" als Kampagne geplant. Im Jahr 2010 bekam das Ruhrgebiet neben Istanbul und Pécs in Ungarn den Titel der Kulturhauptstadt verliehen, was als Aufhänger für die Kampagne „Kulturhauptstadt Europas – RUHR.2010", „Creative Germany" genutzt wurde. In Essen und den 52 anderen Kommunen der Region wurde hierzu die RUHR.2010 veranstaltet, die mit einem Budget von 62,5 Millionen € 300 Projekte und mehrere tausend Veranstaltungen durchführte. Erklärtes Ziel war es, den Wandel von der Industriegesellschaft zur Dienstleistungsgesellschaft zu verdeutlichen und das Ruhrgebiet als Kulturlandschaft zu präsentieren.[32] Ein Projekt mit hoher Öffentlichkeitswirksamkeit war die Sperrung der A40 zwischen Duisburg und Dortmund – eine der verkehrsreichsten Straßen Deutschlands – für einen Tag. Unter dem Motto „Still-Leben Ruhrschnellweg" wurde mit 20.000 Tischen und Bänken ein „Fest der Alltagskulturen" gefeiert.

Der *DZT* fiel bei der RUHR.2010 die Rolle des internationalen Unterstützers der Marketingbemühungen zu. Sie stellte umfassende Informationen auf ihren 25 internationalen Websites zur Verfügung, war auf wichtigen touristischen Fach- und Publikumsmessen sowie weiteren Veranstaltungen präsent und kommunizierte die Kampagne. Die vertragliche Basis bildete ein Kooperationsabkommen, das die *DZT* mit dem Veranstalter *RUHR.2010 GmbH* und der *Ruhr Tourismus GmbH* schloss.

---

[32] Vgl. o.V. (2010).

Trotz des tragischen Unglücks auf der Loveparade, das die RUHR.2010 überschattete, zogen die Veranstalter am Jahresende eine positive Bilanz. „Mit der gesamten Veranstaltung waren Besucher aus dem In- und Ausland gleichermaßen zufrieden und vergaben auf der Skala von eins (äußerst begeistert) bis sechs (eher enttäuscht) die Note 1,7."[33]

1.4.2 Allgemeine Tourismuspolitik

1.4.2.1 Begriff und Bedeutung

Nachdem in den vorangegangenen Abschnitten der ökonomische Rahmen des Tourismus definiert wurde, müssen nun noch die formalen Vorgaben diskutiert werden, innerhalb derer sich der Tourismus bzw. das Tourismusmanagement bewegen kann. Denn in vielen Ländern oder Regionen, in denen Tourismus stattfindet (oder stattfinden soll), gibt es auf der einen Seite nicht nur mehr oder weniger bindende Vorgaben und Regularien, die eingehalten werden müssen. Sondern auf der anderen Seite werden auch gezielt Instrumente geschaffen, die den „Wirtschaftsfaktor Tourismus" fördern und stärken soll. Diesen Eckpfeilern dient die Tourismuspolitik. Sie ist damit weniger ein aktiver Handlungsansatz für Tourismus-Manager als die politisch-rechtliche Umwelt, die auf die touristischen Akteure einwirkt.[34] Hiervon ausgenommen ist natürlich die Lobbyarbeit, Verbände etc. mit deren Hilfe sehr wohl aktiv Einfluss genommen werden kann. Ebenso bieten die auf politischer Ebene tätigen Institutionen ein breites Angebot an Karrieremöglichkeiten, wodurch jeder dort Tätige die politisch-rechtliche Umwelt aktiv mitgestalten kann.

Die Tourismuspolitik vervollständigt somit das ökonomische Gerüst und zeigt Möglichkeiten aber auch Grenzen auf, an denen sich die Beteiligten orientieren können und müssen. Als solches umspannt sie den in Abschnitt 1.3 vorgestellten Management Kubus, da sie Chancen offeriert und Regeln schafft, die in alle genannten Dimensionen hineinwirken.

Das Verständnis der Tourismuspolitik und ihre Ziele sind abhängig von der Perspektive, von der aus sie betrachtet wird. In diesem Abschnitt erfolgt allerdings eine eher allgemeine ordnungspolitische Darstellung, um die Tourismuspolitik in einen universellen betriebswirtschaftlichen Rahmen einordnen zu können.

> **Definition**
> Vor dem Hintergrund einer **universellen betriebswirtschaftlichen Sichtweise** ist die Tourismuspolitik als Sicherung der rechtlichen, ökonomischen und gesellschaftlichen Rahmenbedingungen der Aktivitäten der Tourismuswirtschaft zu sehen.[35]

---

[33] DZT (2011). Informationen zur Fallstudie unter http://www.deutschland-extranet.de/ und http://www.ruhr2010.de.
[34] Zu den verschiedenen Teilbereichen der globalen Umwelt, die auf einen touristischen Betrieb einwirken, vgl. Abschnitt 3.1.3.2.2.
[35] Vgl. Freyer (2011), S. 398 f.

1. Grundlagen: Betriebswirtschaftslehre und Tourismus

1.4.2.2 Instrumente zur ordnungspolitischen Steuerung und Förderung

Die Tourismuswirtschaft ist eine Querschnittsdisziplin. Aus diesem Grund stehen zur Sicherung und Steuerung dieser Rahmenbedingungen nicht nur tourismusspezifische Instrumente zur Verfügung. Auch Maßnahmen, die auf den ersten Blick wenig touristischen Bezug haben, wie beispielsweise außenpolitische, arbeitsmarktpolitische oder auch wettbewerbspolitische Aktivitäten wirken sich indirekt auf die Branche aus. Eine abschließende Diskussion aller Instrumente ist an dieser Stelle daher nicht zielführend. Vielmehr werden im Folgenden in erster Linie Instrumente angesprochen, die touristisch insofern relevant sind, als dass sie in Einzelnormen die Tourismuswirtschaft explizit erwähnen oder sich auf die touristischen Teilindustrien beziehen. Im Vordergrund stehen dabei ökonomische Instrumente mit nationalem Fokus zur Förderung der Tourismuswirtschaft.[36]

Zunächst sind Investitionsförderprogramme wie das GRW-Förderprogramm und das ERP-Regionalförderprogramm zu nennen. Beide Programme dienen insbesondere der Förderung strukturschwacher Regionen. Die Gemeinschaftsaufgabe „Verbesserung der regionalen Wirtschaftsstruktur" (GRW) des Bundes und der Länder hat zum Ziel, Investitionstätigkeiten in strukturschwachen Regionen zu stärken. Der Tourismussektor und seine Unternehmen werden explizit erwähnt. Gefördert werden gewerbliche Investitionen und Investitionen in die kommunale wirtschaftsnahe Infrastruktur (Geländeerschließung für den Tourismus, öffentliche Einrichtungen des Tourismus).[37] Das ERP-Regionalförderprogramm richtet sich vornehmlich an kleine und mittlere Unternehmen. Da die Tourismusbranche von Unternehmen dieser Größe dominiert wird, ist das ERP-Regionalförderprogramm ebenfalls als besonders relevant für diesen Wirtschaftszweig anzusehen. Es werden zinsgünstige Darlehen zur vorrangig langfristigen Finanzierung gewerblicher Investitionen in strukturschwachen Regionen gewährt.[38]

Das Unternehmerkapital – ERP-Kapital für Gründung zielt ebenso auf mittelständische Unternehmen ab. Dieses Programm unterstützt durch die Vergabe nachrangiger Darlehen Gründungs- und Festigungsvorhaben.

Weiterhin führen natürlich allgemein steuerliche Anreize zur Förderung der Tourismuswirtschaft. Als Beispiel soll hier die ermäßigte Mehrwertsteuer für Beherbergungsleistungen angeführt werden. Seit 1. Januar 2010 gilt für die Hotellerie ein von 19 % auf 7 % reduzierter Mehrwertsteuersatz. Laut *DEHOGA* war die Steuersenkung nötig, um Wettbewerbsverzerrungen zu eliminieren, da in 21 von 27 EU-Staaten eine verringerte Mehrwertsteuer gilt. Außerdem, so die *DEHOGA*, eröffnen sich Möglichkeiten für Preissenkungen und vor allem Investitionen und es werden Arbeits- und Ausbildungsplätze geschaffen und gesichert.

Schließlich besteht die Möglichkeit, Fördermittel zur Schulung, Beratung und akademischen Ausbildung von touristischen Unternehmen und deren Mit-

---

[36] Diese Aufteilung findet sich auch bei Freyer (2011), S. 403–407.
[37] Vgl. Deutscher Bundestag (2009), S. 23.
[38] Vgl. ebd., S. 40.

1.4 Wirtschaftsordnung und Tourismuspolitik

arbeiter in Anspruch zu nehmen. Hierfür stehen ebenfalls GRW-Mittel zur Verfügung, die für nicht-investive Unternehmensaktivitäten auf Länderebene eingesetzt werden können. Die Maßnahmen sollen der Stärkung der Wettbewerbsfähigkeit und Innovationskraft von kleinen und mittleren Unternehmen dienen.[39]

Neben den genannten Instrumenten aus dem ökonomischen Bereich existieren noch andere tourismuspolitische Maßnahmen, die den Teilbranchen der Tourismuswirtschaft zuzuordnen sind. Beispielhaft soll hier die Verkehrspolitik und die Raumordnung herausgegriffen werden. Bereits 2004 stellte der *ADAC* fest: „Tourismus braucht eine optimale Verkehrsinfrastruktur."[40] Um dies zu bewerkstelligen, muss die touristische Verkehrspolitik den ordnungspolitischen Rahmen in Form von Regulierung/Deregulierung, angemessene Infrastrukturplanung, Verkehrssicherheit, etc. setzen. Unter sinnvoller Abwägung der negativen Folgen des touristischen Verkehrs soll die Mobilität der Reisenden gefördert werden.[41] Die Raumordnung hat hingegen zum Ziel, die räumliche Entwicklung so zu gestalten, dass eine ausgewogene wirtschaftliche, soziale und kulturelle Ordnung geschaffen wird und zugleich eine regionale Disparität ausgeglichen wird.[42] Dieses Ziel kommt anschaulich bei dem auf Länderebene angesiedelten Raumordnungsverfahren zum Tragen. Das Raumordnungsverfahren ist für Vorhaben, die großflächigen Raum in Anspruch nehmen und eine überörtliche Bedeutung haben, wozu unter anderem der Neubau einer Bundesfernstraße, der Ausbau eines Flughafens oder die Errichtung einer Freizeitgroßanlage zählen. Hierbei sind verschiedene, zum Teil sehr konträre, Interessenlagen zu berücksichtigen und im Sinne der Raumordnung auszugleichen. Einem solchen Verfahren unterlag z. B. der Flughafen Frankfurt im Zusammenhang mit dem neuen Bau der Nordwest Landebahn.

1.4.3 Spezielle Tourismuspolitik

1.4.3.1 Tourismuspolitische Aufgaben

Aufbauend auf der anfänglichen, allgemeinen Definition wird nun im Folgenden der Blickwinkel einer speziellen, auf die Tourismuswirtschaft zugeschnittenen Politik eingenommen.

> **Definition**
> Im Sinne einer **speziellen tourismusbezogenen Sichtweise** ist Tourismuspolitik die zielgerichtete Planung und Gestaltung touristischer Abläufe und Ergebnisse durch verschiedene staatliche, halbstaatliche und private Träger.[43]

---

[39] Vgl. Deutscher Bundestag (2009), S. 54.
[40] Scheller (2004), S. 31.
[41] Vgl. Freyer (2011), S. 413.
[42] Vgl. ebd., S. 407.
[43] Vgl. ebd., S. 361.

Diese Träger haben die Aufgabe, die zuvor angesprochenen Rahmenbedingungen zu setzen und zu gestalten. Konkret werden touristische Rahmenbedingungen geplant, einzelne Regionen und Standorte entwickelt und gefördert, die Bedingungen für einzelne Akteure festgelegt und die Tourismuspolitik übergreifend koordiniert.[44] Herunter gebrochen auf diese Kategorien sind unter anderem folgende Fragen relevant:

- Soll Tourismus generell stattfinden? Wenn ja, in welchem Umfang soll er gefördert werden?
- Wie sind die verschiedenen touristischen Leistungsträger einzubinden und zu steuern (Arbeitszeiten, Besteuerung, Genehmigungsverfahren etc.)?
- In welcher Form soll der Tourismus entwickelt werden unter Berücksichtigung der destinationsspezifischen Gegebenheiten (gesellschaftliche Ordnung, politische Situation, natürliche Ressourcen, etc.)?
- Wie sind die an der touristischen Leistungserstellung direkt und indirekt beteiligten Unternehmen, die Reisenden und die Bevölkerung vor Ort zu behandeln?
- Wie erfolgt die Abstimmung zwischen den staatlichen, halbstaatlichen und privaten tourismuspolitischen Institutionen?

Natürlich sind diese Fragen im Kontext der gesetzten Ziele zu beantworten. Da eine Destination und deren touristischen Produkte in aller Regel ein Gemeinschaftsprodukt verschiedenster Parteien ist (Hotelier, Incoming-Agentur, Transportunternehmen, etc.), wäre es notwendig, eine für alle gemeingültige Zielsetzung zu finden. Denn nur so kann eine auf allen Ebenen konforme Tourismuspolitik durchgesetzt werden. Solch eine Zieldefinition existiert aber bisher noch nicht, was eines der zentralen Probleme der Tourismuspolitik darstellt. Dies gilt im Übrigen nicht nur für einzelne Destinationen, sondern auch für übergeordnete Ebenen. Um eine durchweg einheitliche Tourismuspolitik umzusetzen, bedarf es eines strukturierten Zielfindungsprozesses der einzelnen Beteiligten auf internationaler, nationaler, regionaler und lokaler Ebene, an dessen Ende eine operationalisierbare Zielhierarchie stehen sollte. An dem tourismuspolitischen Gestaltungsprozess sind indes eine große Anzahl an Personen und Institutionen beteiligt, die ihre eigenen, individuellen Teilziele setzen und verfolgen. Da eine übergeordnete Zieldefinition fehlt, können die individuellen Teilziele nicht an dieser verankert werden und es kommt zu keiner homogenen Zielhierarchie. Stattdessen existieren Überschneidungen und Zielkonflikte, so dass eine klare, übergreifende und koordinierte tourismuspolitische Struktur fehlt.

1.4.3.2 Akteure der nationalen, regionalen und kommunalen Tourismuspolitik

Die tourismuspolitische Struktur der Bundesrepublik Deutschland ist zersplittert und kleinteilig. Eine grafische Übersicht über die Prozessbeteiligten zeigt Abbildung 6, wobei nach geographischer Reichweite und Trägerschaft

---

[44] Vgl. Schulz et al. (2010), S. 47 f. und Freyer (2011), S. 398 f.

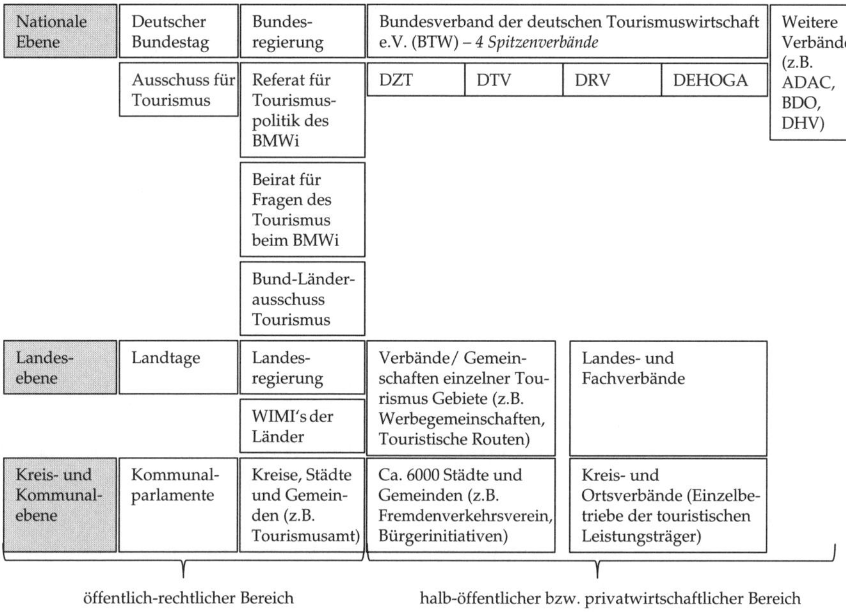

1.4 Wirtschaftsordnung und Tourismuspolitik

Nationale Ebene	Deutscher Bundestag	Bundes-regierung	Bundesverband der deutschen Tourismuswirtschaft e.V. (BTW) – 4 *Spitzenverbände*				Weitere Verbände (z.B. ADAC, BDO, DHV)
		Ausschuss für Tourismus	Referat für Tourismus-politik des BMWi	DZT	DTV	DRV	DEHOGA	
			Beirat für Fragen des Tourismus beim BMWi					
			Bund-Länder-ausschuss Tourismus					
Landes-ebene	Landtage	Landes-regierung	Verbände/ Gemein-schaften einzelner Tou-rismus Gebiete (z.B. Werbegemeinschaften, Touristische Routen)			Landes- und Fachverbände	
		WIMI's der Länder					
Kreis- und Kommunal-ebene	Kommunal-parlamente	Kreise, Städte und Gemein-den (z.B. Tourismusamt)	Ca. 6000 Städte und Gemeinden (z.B. Fremdenverkehrsverein, Bürgerinitiativen)			Kreis- und Ortsverbände (Einzelbe-triebe der touristischen Leistungsträger)	

öffentlich-rechtlicher Bereich   halb-öffentlicher bzw. privatwirtschaftlicher Bereich

ADAC   *Allgemeiner Deutscher Automobilclub e.V.*
BDO   *Bund deutscher Omnibusunternehmer e.V.*
DEHOGA   *Deutscher Hotel- und Gaststättenverband e.V.*
DHV   *Deutscher Heilbäderverband e.V.*
DRV   *Deutscher ReiseVerband e.V.*
DTV   *Deutscher Tourismusverband e.V.*
DZT   *Deutsche Zentrale für Tourismus e.V.*

Abbildung 6: Tourismuspolitische Struktur in der Bundesrepublik Deutschland[45]

unterschieden wird. Letztere wird in den öffentlich-rechtlichen und den pri-vatwirtschaftlichen Bereich unterteilt.

Im öffentlich-rechtlichen Bereich sticht zunächst ins Auge, dass auf Bundesebe-ne kein eigenständiges Ministerium für Tourismus existiert. Vielmehr werden tourismusbezogene Aufgaben von einer Vielzahl an Ministerien übernommen (Bundesministerium für Verkehr, Bau- und Stadtentwicklung, Bundesminis-terium des Inneren, Auswärtiges Amt, etc.),[46] was wiederum in der Quer-schnittsfunktion, die der Tourismus innehat, begründet ist. Dadurch entsteht die stark zersplitterte Struktur mit einer großen Anzahl an Akteuren, so dass kein klares Gefüge mit einer eindeutigen Kompetenz- und Entscheidungs-befugnis für tourismuspolitische Aufgaben auf Bundesebene vorliegt. Die richtungsweisende Institution auf Bundesebene ist das **Referat „Tourismus-politik"** innerhalb des Bundesministeriums für Wirtschaft und Technologie (BMWi). Es definiert als seine Aufgaben „auch in der Tourismuswirtschaft die unternehmerische Eigenverantwortung zu stärken und durch die Ver-

---
[45] Vgl. Freyer (2011), S. 380.
[46] Vgl. ebd., S. 380 f.

besserung der Rahmenbedingungen die Wettbewerbsfähigkeit der Unternehmen zu erhöhen. (...) Zu den wirtschaftspolitischen Gestaltungsfeldern, die die Tourismuswirtschaft maßgeblich beeinflussen, zählen neben der Steuerpolitik und Arbeitsmarktpolitik vor allem die Maßnahmen der allgemeinen Mittelstandspolitik der Bundesregierung."[47] Weiterhin existiert der **Beirat für Fragen des Tourismus beim BMWi**, welcher die Interessen von Politik, Wirtschaft, Wissenschaft, der kommunalen Gremien sowie der Verbände zusammenführen soll und damit der Zusammenarbeit der Bundesregierung mit der Tourismuswirtschaft dient. Für die Abstimmung zwischen Bund und Ländern ist hingegen der **Bund-Länder-Ausschuss Tourismus** zuständig. Schließlich wurde der **Ausschuss für Tourismus des Deutschen Bundestages** eingerichtet, um der Tourismuswirtschaft eine politische wie auch öffentliche Beachtung zukommen zu lassen. Der Ausschuss berät über Gesetzesentwürfe, Anträge und Unterrichtungen des Deutschen Bundestages, er nimmt Berichte des Wirtschaftsministeriums über tourismusrelevante Themen entgegen und kann sich auch eigenständig über touristische Themen informieren und beraten lassen.

Auf Länderebene finden sich ähnlich zersplitterte Strukturen wie auf Bundesebene. Auch hier sind verschiedene Landesministerien in die Tourismuspolitik involviert. Regionale Wirtschaftsfördermaßnahmen (Infrastruktur, Kur- und Bäderwesen, etc.), Ferienregelungen oder Marketingmaßnahmen fallen in den touristisch relevanten Bereich und sind im Zuständigkeitsbereich der einzelnen Länder angesiedelt.[48]

Die lokale Tourismuspolitik wird durch Gemeindeverwaltungen und örtliche Tourismusorganisationen ausgeübt. Die Aufgaben lokaler Tourismusorganisationen umfassen im Wesentlichen die Steigerung der Attraktivität der Destination, die Gästebetreuung in der Destination und die Neugewinnung von Gästen.[49]

Im privatwirtschaftlichen Bereich gibt es eine Vielzahl an **Verbänden.** Grundsätzlich haben die auf allen geographischen Ebenen bestehenden Verbände zum Ziel, die Interessen ihrer Mitglieder gegenüber den öffentlichen Institutionen zu vertreten und so Einfluss auf die Tourismuspolitik zu nehmen. Auf oberster Ebene steht der **Bundesverband der Deutschen Tourismuswirtschaft e.V. (BTW)**, dessen Mitglieder sich aus rund 40 der größten Unternehmen und aus der Tourismuswirtschaft in Deutschland zusammensetzen. Sein primäres Ziel ist es, Mobilität zu erhalten und zu optimieren. Weitere Themen, die der BTW fördern will, sind eine bedarfsgerechte Infrastruktur, fairen Wettbewerb, Klimaschutz sowie Verbraucherschutz. Aber auch die Steuer- und Arbeitspolitik sind Bereiche, auf die der BTW Einfluss nehmen will.

Spitzenverbände auf Bundesebene sind *DZT, DTV, DRV* und *DEHOGA*.[50]

---

[47] BMWi (2008), S. 7.
[48] Vgl. Freyer (2011), S. 383.
[49] Vgl. ebd., S. 383 f.
[50] Zu den einzelnen Verbänden, ihrer Mitglieder und Ziele vgl. Schulz et al. (2010), S. 61 f.

DZT Deutsche Zentrale für Tourismus e.V.	Die DZT ist in erster Linie eine Marketingorganisation, die Deutschland als Reiseland im In- und Ausland vermarktet. Ihre eigens deklarierten Ziele sind die Steigerung des Reiseaufkommens, die Erhöhung der Deviseneinnahmen, die Stärkung des Wirtschaftsstandorts Deutschland und die Positionierung Deutschlands als vielfältiges und attraktives Reiseland. Zu seinen Mitgliedern zählen unter anderem die Verbände DTV, DRV und DEHOGA, Unternehmen der Tourismuswirtschaft sowie zahlreiche Marketingorganisationen der Bundesländer.
DTV Deutscher Tourismusverband e.V.	Im DTV haben sich lokale, regionale und nationale Tourismusorganisationen zusammengeschlossen. Seine Aufgaben sind die Vertretung seiner Mitglieder auf Bundes- und europäischer Ebene sowie das Angebot landesweiter Informations-, Beratungs- und Serviceleistungen für seine Mitglieder. Er stellt Statistiken zur Verfügung und macht auf eventuelle Probleme oder Hindernisse in der touristischen Entwicklung aufmerksam.
DRV Deutscher Reise-Verband e.V.	Der DRV ist die Interessenvertretung touristischer Unternehmen (Reiseveranstalter, Reisebüros, einzelne Leistungsträger etc.) gegenüber Politik und Wirtschaft im In- und Ausland. Er ist für die Stärkung organisierter Urlaubsreisen und professionell vermittelter Geschäftsreisen zuständig und informiert die Öffentlichkeit über seine Belange. Seinen Mitgliedern bietet er Informationen, Beratungsleistungen und Weiterbildungsmöglichkeiten an.
DEHOGA Deutscher Hotel- und Gaststättenverband e.V.	Der Bundesverband DEHOGA vertritt die Interessen der Hotellerie und der Gastronomie. Seine Ziele sind, die Verbesserung der politischen Rahmenbedingungen zu erwirken und eine gute Wirtschaftspolitik für seine Mitglieder zu gestalten. Außerdem führt er zahlreiche Marketingaktivitäten durch. Der Dachverband DEHOGA setzt sich aus 17 Verbänden der Bundesländer und weiteren drei Fachverbänden der Branche zusammen.

Auf Länderebene gibt es meist einen Landestourismusverband, der als Dachverband für die Regionalverbände auftritt. Letztere sind auf kommunaler Ebene aktiv. Die lokale Ebene wird durch Marketinggesellschaften oder Einzelbetriebe vertreten. Hier finden sich auch die halböffentlichen Institutionen in Form von Tourismus- bzw. Fremdenverkehrsvereinen oder Tourist-Informationsstellen.[51]

---

[51] Vgl. Schulz et al. (2010), S. 65.

1.4.3.3 Akteure der internationalen Tourismuspolitik

Die internationale Tourismuspolitik wird nur von wenigen Trägern vertreten. Deren Bestreben ist es, den weltweiten Tourismus aufzubauen, indem Beratungstätigkeiten angeboten werden, Netzwerke und Informationen zur Verfügung gestellt werden sowie Marktforschung betrieben wird.[52] Die folgende Tabelle gibt einen Überblick über einige der bedeutendsten staatlichen Institutionen.

UNWTO The World Tourism Organization	Die Welttourismusorganisation ist Teil der Vereinten Nationen und die bedeutendste internationale Tourismusorganisation. Zentrales Ziel ist die Förderung und Entwicklung eines verantwortungsvollen, nachhaltigen und universell zugänglichen Tourismus, wobei der Fokus auf Entwicklungsländern liegt. Dabei legt die Organisation darauf Wert, dass ein globaler Ethikkodex implementiert wird, der Mitgliedsländer, Destinationen und Unternehmen bei der Maximierung der positiven ökonomischen, sozialen und kulturellen Effekte durch den Tourismus unterstützt, während gleichzeitig die negativen sozialen und umweltbedingten Folgen so gering wie möglich gehalten werden.
OECD Organization for Economic Co-operation and Development	Die Organisation für wirtschaftliche Zusammenarbeit und Entwicklung ist nicht primär der Tourismuspolitik gewidmet. Sie beschäftigt sich in erster Linie mit der Förderung von Grundsätzen, die die weltweiten ökonomischen und sozialen Bedingungen verbessern. Das darin etablierte Tourismus Komitee soll als Dialogforum dienen, um sozio-ökonomisch, gewerblich, statistisch und analytisch touristische Belange zu diskutieren. Im Fokus steht dabei das Gespräch mit den beteiligten Regierungen zur Förderung einer nachhaltigen Tourismusentwicklung, einer besseren Integration und internationalen Kooperation der Tourismuspolitik insgesamt.
EU-Kommission	Die EU beschäftigt sich lediglich in Unterstrukturen mit dem Thema Tourismus und fördert den Tourismus durch verschiedene Maßnahmen und Programme. Als Kernaufgaben wurden durch die EU-Kommission drei Bereiche definiert: Harmonisierung der Maßnahmen, die den Tourismus betreffen, Förderung einer nachhaltigen Tourismusentwicklung, Verbesserung des Verständnisses und der Sichtbarkeit des Tourismus.

---

[52] Vgl. Schulz et al. (2010), S. 50.

1.4 Wirtschaftsordnung und Tourismuspolitik

Charakteristisch für die Organisationen ist, dass sie nur eine unterstützende, keinesfalls aber eine steuernde Funktion, ausüben können. Letztere muss durch die nationalen Träger ausgeführt werden.

Neben diesen staatlichen Stellen sind diverse internationale Dach- und Fachverbände aktiv, von denen nur eine kleine Auswahl hier vorgestellt werden soll.

FEMTEC Fédération Mondiale du Thermalisme et du Climatisme	Diese Vereinigung des Kur- und Bäderwesen vertritt sowohl öffentliche als auch private Heil- und Kurbäder und wird daher den halbstaatlichen Trägern zugerechnet. Ihre Ziele sind unter anderem die internationale Interessenvertretung seiner Mitglieder und die Kooperation mit wissenschaftlichen und anderen öffentlichen und privaten Organisationen, um Studien und Forschungsarbeiten sowie den internationalen Knowhow Austausch zu fördern sowie die Vermarktung der Heilbäder durchzuführen.
WTTC World Travel and Tourism Council	Der WTTC ist ein Zusammenschluss internationaler Führungspersönlichkeiten der Reise- und Tourismusindustrie, die dadurch die wirtschaftliche Bedeutung des Tourismus gegenüber der Politik verdeutlichen möchten. Insbesondere sollen die touristischen Marktbedingungen mitgestaltet werden.
IATA International Air Transport Association	Innerhalb der IATA sind Fluggesellschaften organisiert, um Einfluss auf die Steuerung des internationalen Flugverkehrs nehmen zu können. Ihre Prioritäten sind die Förderung der Sicherheit im Flugverkehr, die Unterstützung von Infrastrukturprojekten des Flugverkehrs, die Vereinfachung der Prozesse im Luftverkehr sowie die Unterstützung finanzieller wie auch regulatorischer Maßnahmen.

Auch andere touristische Leistungsträger wie Reiseveranstalter, Reisemittler, Transportunternehmen oder Hotel- und Gaststättenbetriebe haben sich in verschiedenen Verbänden und Vereinigungen organisiert, um international vertreten zu werden. Anzumerken ist jedoch, dass auch auf internationaler Ebene bisher noch keine übergreifende, tourismuspolitische Zieldefinition oder allgemeine tourismuspolitische Struktur geschaffen wurde, was Raum für zukünftige Entwicklungen lässt.

1.4.4 Stimmen aus der Praxis

- „Voraussetzung für eine erfolgreiche Tourismuspolitik [...] ist die noch engere Zusammenarbeit mit der Tourismuswirtschaft und die bessere Koordinierung innerhalb der Bundesressorts sowie zwischen Bund und Ländern."
  Staatssekretär Burgbacher, Beauftragter der Bundesregierung für Mittelstand und Tourismus (BMWi (2010): Konstituierende Sitzung des Beirats für Fragen des Tourismus beim BMWi, Pressemitteilung des BMWi vom 6.7.2010)

- „Aber auch in Deutschland und Europa ist der Tourismus ein wichtiger Arbeitsmarktfaktor. So sichert die Touristikbranche hierzulande 2,8 Millionen Arbeitsplätze. Um das Potenzial zu erhalten, sollte die Politik die Voraussetzungen für weiteres Wachstum in dieser Zukunftsbranche schaffen und die Anliegen der Reisebranche stärker berücksichtigen."
  *Klaus Laepple, ehemaliger Präsident des DRV
  (DRV (2010): Politikthema, Ausgabe 02–10, S. 1)*

- „Die Aufgabe der DZT wird auch in Zukunft darin bestehen, Trends, Entwicklungen und Potenziale im Tourismus zu erkennen und entsprechend zu reagieren. Im Austausch mit Wirtschaft und Politik gilt es, auf allen Ebenen Synergien aufzuspüren und zu nutzen."
  *Petra Hedorfer, Vorsitzende des Vorstands der DZT
  (DZT (2010): Jahresbericht 2010, S. 7)*

- „Tourismus ist in Deutschland Ländersache. Land, Kreis, Kommune – das Kirchturmdenken ist leider sehr verbreitet, und es wäre schon einmal sinnvoll, wenn es eine Person gäbe, die nur die Tourismuspolitik koordinierte. Aber das wird aufgrund der föderalen Strukturen sicher ein Wunschtraum bleiben."
  *Klaus Brähmig, Vorsitzender des Tourismusausschusses im Deutschen Bundestag
  (Deutscher Bundestag (2011): Serie „Die Ausschüsse der 17. Wahlperiode": Folge 8 Tourismusausschuss, Pressemitteilung vom 1.3.2011)*

Literatur

Freyer, Walter (2011): Tourismus, 10. Aufl., München

BMWi (2008): Tourismuspolitischer Bericht der Bundesregierung, Stand: Februar 2008

Deutscher Bundestag (2009): Koordinierungsrahmen der Gemeinschaftsaufgabe „Verbesserung der regionalen Wirtschaftsstruktur" ab 2009, Drucksache 16/13950 vom 08.09.2009

DZT (2011): RUHR.2010: Ein Magnet für die Nachbarn – über die Hälfte will wiederkommen, Presseinformation vom 17.01.2011, unter: http://www.deutschland-extranet.de/pdf/PM_Fazit_Ruhr.2010_Januar_2011.pdf, letzter Zugriff am 30. April 2011

o.V. (2010): Ruhr.2010, Entdecken Sie Deutschlands neue Hauptstadt, in: Spiegel Online, 08. April 2010, unter: http://www.spiegel.de/kultur/gesellschaft/0,1518,670855,00.html, letzter Zugriff am 30. April 2011

Scheller, Bernhard (2004): Verkehr und Tourismus, ADAC-Leitfaden für die Praxis, München

Schulz, Axel et al. (2010): Grundlagen des Tourismus, München

1.4 Wirtschaftsordnung und Tourismuspolitik

Weiterführende Literaturhinweise

BMWi (2009): Tourismuspolitische Leitlinien der Bundesregierung, Stand: März 2009.

Websites der vorgestellten tourismuspolitischen Träger

BTW: http://www.btw.de
DEHOGA: http://www.dehoga-bundesverband.de
DRV: http://www.drv.de
DTV: http://www.deutschertourismusverband.de
DZT: http://www.germany.travel/de/index.html oder http://www.deutschland-extranet.de/
FEMTEC: http://femteconline.org
IATA: http://www.iata.org
OECD: http://www.oecd.org
UNWTO: http://www.unwto.org
WTTC: http://www.wttc.org

1.5 Unternehmen im Wettbewerb

1.5.1	Fallbeispiel: Deutsche Bahn AG	50
1.5.2	Unternehmen	51
1.5.2.1	Definition und Begriffsabgrenzung	51
1.5.2.2	Arten von Unternehmen	53
1.5.2.2.1	Private Betriebe	53
1.5.2.2.2	Öffentliche Betriebe	61
1.5.2.3	Betriebe der Tourismusbranche	62
1.5.3	Wirtschaftliches Handeln	65
1.5.4	Wettbewerbsvorteile	70

Leitfragen
- Wie werden Unternehmen charakterisiert und durch welche Merkmale grenzen sie sich von Haushalten ab?
- Welche Rechtsformen existieren für private Betriebe? Ordnen sie diese anhand der Kriterien Haftungsumfang, Leitungs- und Kontrollbefugnis, Gewinn- und Verlustbeteiligung, Kapitalaufnahmemöglichkeiten, Rechnungslegung und Publizität ein.
- Wie können öffentliche Betriebe in rechtlicher Hinsicht systematisiert werden und wodurch unterscheiden sich die jeweiligen Gestaltungsformen?
- Welche Unternehmen der Tourismusbranche kennen Sie? Welche Rechtsformen weisen diese auf?
- Wodurch zeichnet sich wirtschaftliches Handeln aus? Erläutern Sie in diesem Zusammenhang das Wirtschaftlichkeitsprinzip.
- Durch welche Komponenten ist ein Entscheidungsproblem definiert?
- Für eine umfassende Zieldefinition müssen verschiedene Merkmale festgelegt werden. Welche sind das?
- Im Rahmen solch einer Zieldefinition können Formal- und Sachziele unterschieden werden. Wie sind diese jeweils abzugrenzen?
- Weshalb kommt es zu Interdependenzen zwischen unterschiedlichen Zielen und welcher Art können diese Relationen sein?
- Weshalb muss ein Unternehmen Wettbewerbsvorteile erzielen und welche Merkmale muss ein solcher erfüllen?

1. Grundlagen: Betriebswirtschaftslehre und Tourismus

1.5.1 Fallbeispiel: Deutsche Bahn AG

Der Ursprung der *Deutschen Bahn* geht zurück auf das Jahr 1949, als die „Bundesbahn" in Deutschland gegründet wurde. Zum damaligen Zeitpunkt war sie eine Behörde, die gemeinwirtschaftliche Aufgaben erfüllen und dabei nach kaufmännischen Grundsätzen wirtschaften sollte. Als Folge der Bahnreform, deren Absicht die Schaffung eines stärkeren Wettbewerbs zwischen Bahnunternehmen war, entstand 1994 durch die Zusammenführung der Bundesbahn und der Reichsbahn der DDR die *Deutsche Bahn* als Aktiengesellschaft. Durch diesen Schritt wurde aus den beiden Staatsbetrieben ein privatwirtschaftlich organisiertes und orientiertes Unternehmen. Zum damaligen Zeitpunkt war das Unternehmen vollständig in öffentlicher Hand und auch bis dato hat sich daran nichts geändert. Alle Aktien befinden sich nach wie vor im Eigentum der Bundesrepublik Deutschland. Die neue, privatwirtschaftliche Ausrichtung führte jedoch zu einer veränderten Zielsetzung: Nicht die gemeinwirtschaftliche Aufgabenerfüllung steht im Fokus, sondern die Gewinnerzielung in Verbindung mit einer starken Kunden- und Marktorientierung. Diese Verschiebung der Zielsetzung ist umso bedeutender, weil die Bundesbahn über Jahre hinweg mit einem wachsenden Defizit zu kämpfen hatte. Bis zum Jahr 1993 hatte das Unternehmen mehrere Milliarden DM Verlust angehäuft.

Dies änderte sich unter der Ära des Vorstandsvorsitzenden *Hartmut Mehdorn*, der die Wettbewerbsfähigkeit des Unternehmens *Deutsche Bahn AG* von 1999 an konsequent stärken wollte. Verschiedene Umstrukturierungen wie beispielsweise die Ausgliederung der Geschäftsbereiche Fern-, Nah- Ladungsverkehr und Fahrweg sowie Personenbahnhöfe als eigene Aktiengesellschaften, Sanierungs- und Investitionsprogramme wie auch der Ausbau weiterer Geschäftsbereiche führten schließlich dazu, dass im Jahr 2004 eine steigende Umsatzentwicklung und positive betriebliche Ergebniszahlen erreicht werden konnten. Als neues Ziel wurde das Unternehmenswachstum definiert.

Die erfolgreiche Unternehmensentwicklung der vergangenen Jahre hatte zur Konsequenz, dass sich Bundesregierung und Bundesrat dazu entschlossen, einen Teil ihrer Aktien an private Investoren zu veräußern. Hierzu wurde die *Deutsche Bahn Mobility Logistics* (DBML) AG als Teilkonzern gegründet, der die Mobilitäts- und Logistikaktivitäten des Konzerns bündelt. Die Infrastrukturaktivitäten verblieben unter dem Dach der *Deutschen Bahn AG*. Die 100%-ige Tochtergesellschaft der *Deutschen Bahn AG* DBML ist eine Aktiengesellschaft nach deutschem Recht mit einer dualen Führungs- und Kontrollstruktur: geschäftsführungsbefugter Vorstandsvorsitzende war Hartmut Mehdorn, der 2009 von Rüdiger Grube abgelöst wurde, und Aufsichtsratsvorsitzender ist Werner Müller, der ehemalige Wirtschaftsminister für Wirtschaft und Technologie. Mit dem Börsengang der *DBML AG* sollte im Oktober 2008 die Teilprivatisierung der *Deutschen Bahn AG* erfolgen. Bereits im Vorfeld wurde die Zielsetzung ausgerufen, ertragreiche betriebswirtschaftliche Zahlen zu erzeugen, um den Börsengang zu ermöglichen. Aufgrund der schwierigen Börsenlage bedingt durch die Finanz- und Wirtschaftskrise wurde der Börsengang jedoch wieder abgesagt.

Im Jahr 2009/2010 geriet der Konzern unter öffentlichen Druck. Qualitative Mängel im Personenverkehr, insbesondere der Ausfall der Klimaanlagen in ICE-Zügen bei Überschreiten bestimmter Temperaturen im Sommer 2010, und das als mangelhaft empfundene Krisenmanagement führten zur öffentlichen Empörung. Kritiker sahen die Mängel als eine Folge des angestrebten Börsengangs. Durch Kostendruck und Rationalisierungsmaßnahmen konnten zwar die Ertragsziele, die für den Börsengang notwendig waren, erreicht werden. Allerdings wirkte sich das auf die Qualität aus, so dass Pannen und technische Probleme die Konsequenz waren. Von der Öffentlichkeit wurde daher ein neues Unternehmensziel gefordert. „Qualität vor Dividende" verkündete der Bundesverkehrsminister Ramsauer.[53]

Das Unternehmen selbst hat sich zum langfristigen Ziel gesetzt, das weltweit führende Mobilitäts- und Logistikunternehmen zu werden. In den jeweiligen Geschäftssparten konkurriert es gegen internationale Konzerne wie *SNCF/Keolis* (Personenverkehr) oder *DHL* (Transport & Logistik). Um gegen diese Wettbewerber bestehen zu können, konzentriert sich der Konzern mit finanzwirtschaftlichen Zielgrößen auf die nachhaltige Steigerung des Unternehmenswertes. Als zentrales Steuerungsinstrument dient der Return on Capital Employed (ROCE), ein Renditemaßstab, der das Betriebsergebnis ins Verhältnis zum Kapitaleinsatz setzt. Mit dieser Maßgabe hat es der Teilkonzern geschafft, sich – gemessen am Umsatz – im internationalen Wettbewerb einen Platz unter den ersten fünf seiner Konkurrenten zu sichern.

1.5.2 Unternehmen

1.5.2.1 Definition und Begriffsabgrenzung

Als Betriebe eines Wirtschaftssystems existieren Unternehmen auf der einen und Haushalte auf der anderen Seite.

> **Definition**
> Ein **Unternehmen** ist eine „ökonomische, technische, soziale und umweltbezogene Einheit mit der Aufgabe der Fremdbedarfsdeckung, mit selbständigen Entscheidungen und eigenen Risiken."[54]

Das wichtigste Merkmal dieser Definition in Abgrenzung zu Haushalten ist die **Fremdbedarfsdeckung**. Ein Unternehmen ist also dafür zuständig, die Bedürfnisse Dritter zu befriedigen, indem es Produkte und Dienstleistungen anbietet. Im Gegensatz dazu sind **Haushalte** Betriebe der **Eigenbedarfsdeckung**. Das heißt Haushalte stellen die eigenen Bedürfnisse bzw. die ihrer Mitglieder zufrieden. Das Merkmal der selbständigen Entscheidungen drückt aus, dass ein

---

[53] Vgl. o.V. (2010).
[54] Bea, Schweitzer (2009), S. 29.

Unternehmen seine ökonomischen, technischen, sozialen und umweltbezogenen Ziele nicht nur eigenständig setzt, sondern auch autonome Entscheidungen trifft, um diese zu erreichen. Da eine Zielerreichung grundsätzlich auf die Zukunft gerichtet ist, besteht die Gefahr dass die getroffenen Entscheidungen nicht die gewünschten Ziele liefern. Als drittes Element dieser Definition kann das Unternehmen dieses Risiko nicht auf Dritte abwälzen, sondern muss es selbst tragen.

Um das Konglomerat der verschiedenen Betriebe zu typologisieren, stehen diverse Kriterien zur Auswahl:

- die Eigentümer (privat, öffentlich)
- die Rechtsform (OHG, GmbH, AG, etc.)
- die Branchenzugehörigkeit (Industrie, Dienstleistungsbranche, etc.)
- die Größenklasse (klein, mittel, groß)
- der geographische Standort (Inland, Ausland, International, etc.)

Zweckmäßig ist eine Einordnung nach der Eigentümerschaft und/oder der Rechtsform. Die Rechtsformwahl ist eine konstitutive Entscheidung, die die Rechtsbeziehungen des Betriebes im Innenverhältnis (Gesellschafter untereinander) und im Außenverhältnis (Unternehmen und Umwelt) regelt. Die Rechtsform muss aus dem Firmennamen ersichtlich sein, so dass Dritte schnell auf die damit verbundenen Rechte und Pflichten schließen können. Diese sind im Einzelnen:[55]

- Haftungsumfang der Eigenkapitalgeber
- Leitungs- und Kontrollbefugnis
- Gewinn- und Verlustbeteiligung
- Möglichkeiten der Kapitalaufnahme
- Rechnungslegung und Publizität
- Steuerbelastung
- Rechtsformabhängige Aufwendungen
- Fragen der Unternehmenskontinuität

Wenngleich die Wahl der Rechtsform eine langfristige Entscheidung ist, ist sie nicht dauerhaft determiniert. Tatsächlich durchlaufen Unternehmen in ihrem Lebenszyklus mehrere Gesellschaftsformen – abhängig von aktuellen Marktentwicklungen und betriebsinternen Gegebenheiten –, wie dies auch im einleitenden Fallbeispiel der *Deutsche Bahn AG* zu sehen ist.

Gemäß der Auflistung wird im Folgenden auf erster Ebene nach der Eigentümerschaft in private und öffentliche Betriebe unterschieden, um auf zweiter Ebene dann auf die einzelnen Rechtsformen einzugehen. Diese werden anhand der ersten fünf der oben angesprochenen Rechte und Pflichten beschrieben.

---

[55] Vgl. Bea, Schweitzer (2009), S. 380.

1.5.2.2 Arten von Unternehmen

1.5.2.2.1 Private Betriebe

Private Betriebe befinden sich im Eigentum von Privatpersonen oder privaten Gesellschaften. Charakteristisch für diese ist die Verfolgung **privatwirtschaftlicher Ziele**, worunter beispielsweise die langfristige Maximierung der Rentabilität fällt. Auf weitere Zielsetzungen und deren Festlegung wird später in diesem Abschnitt noch eingegangen. Hier werden zunächst Rechtsformen privater Unternehmen diskutiert, deren Systematisierung in Abbildung 7 wiedergegeben ist.

	Gesellschaftsunternehmen			
	Personen-unternehmen	Kapital-gesellschaften	Mischformen	Sonstige
Einzel-unternehmen	GbR	GmbH	GmbH & Co. KG	Stille Gesellschaft
	OHG	AG	KGaA	Genossenschaft
	KG	SE		Stiftung

Abbildung 7: Rechtsformen privater Unternehmen[56]

Ein **Einzelunternehmen** ist rechtlich nicht verselbständigt und wird nach §§ 1–104 HGB von einer Einzelperson, dem Kaufmann, gegründet. Dieser haftet mit seinem gesamten persönlichen Vermögen und ihm obliegt alleinig die Leitung des Unternehmens. Ebenso hat der Kaufmann als Einziger Anspruch auf den Gewinn des Unternehmens, muss aber auch dessen Verlust vollständig tragen. Als Eigenkapitalfinanzierungsoption hat der Kaufmann sein Privatvermögen. Da dieses beschränkt ist, limitiert es gleichzeitig die Kapitalaufnahmemöglichkeit des Einzelunternehmens. Der Kaufmann kann aber auch Kapital von externen Quellen beziehen (z. B. von Banken). Bei der Entscheidung über die Kapitalvergabe werden diese jedoch ebenfalls die Person des Einzelunternehmers und dessen Vermögen berücksichtigen, so dass die externe Kapitalaufnahme ebenfalls nur eingeschränkt möglich ist. Einzelunternehmen unterliegen einfachen Rechnungslegungsvorschriften. Insbesondere hat der Kaufmann nach §§ 238 ff. HGB einen Jahresabschluss aufzustellen. Publizitätsvorschriften existieren nicht.

Im Gegensatz zum Einzelunternehmen können an einem Gesellschaftsunternehmen zwei oder mehr Personen beteiligt sein. Den **Personenunternehmen** ist gemein, dass – wie beim Einzelunternehmen – die Person des Gesellschafters im Vordergrund steht, da die Gesellschaft selbst keine eigene Rechtspersönlichkeit darstellt. Das bedeutet, dass sich Dritte mit ihren Belangen nicht an die Gesellschaft, sondern immer an die Person des Gesellschafters (oder der

---

[56] In Anlehnung an Jung (2009), S. 84.

Gesellschafter) wenden müssen. Das Unternehmen wird folglich durch die Gesellschafter nach außen vertreten und letztere tragen die persönliche Haftung.

Die **Gesellschaft bürgerlichen Rechts (GbR)**, auch BGB-Gesellschaft genannt, ist eine sehr weit gefasste Rechtsform. Sie ist ein vertraglicher Zusammenschluss mehrerer Personen, die einen gemeinsamen Zweck verfolgen. Da die entsprechenden Vorschriften §§ 705 ff. im Bürgerlichen Gesetzbuch (BGB) einen breiten Handlungsspielraum zulassen, kommt die GbR bei verschiedensten Unterfangen zum Einsatz. Man findet sie typischerweise bei Rechtsanwaltssozietäten, Arzt-Gemeinschaftspraxen oder anderen Interessengemeinschaften. Aber auch Gelegenheitsgesellschaften, welche auf eine befristete Zeitdauer angelegt sind, wählen diese Rechtsform wie beispielsweise Arbeitsgemeinschaften im Baugewerbe oder Bankenkonsortien bei einer Wertpapieremission. Die Gesellschafter haften mit ihrem persönlichen Vermögen als Gesamtschuldner. Rechnungslegungs- und Publizitätsvorschriften existieren nicht. Im Übrigen gilt das für das Einzelunternehmen Gesagte.

Die Gründung der **Offenen Handelsgesellschaft (OHG)** erfordert gemäß den gesetzlichen Vorschriften §§ 105–160 des Handelsgesetzbuchs (HGB) ein Gesellschaftervertrag mit mindestens zwei Gesellschaftern. Auch hier haften die Gesellschafter persönlich mit ihrem Privatvermögen und ihnen obliegt die Leitung des Unternehmens. Die Gewinn- und Verlustbeteiligung ist gesetzlich geregelt in der Form der Gewinnentnahme bis zu 4 % des Kapitalanteils und der Verteilung des Restgewinns nach Köpfen. Abweichendes kann im Gesellschaftervertrag geregelt werden. Die Eigenkapitalaufnahme kann entweder durch eine Einlage der bisherigen Gesellschafter erfolgen oder durch die Aufnahme neuer Gesellschafter. Durch die enge persönliche Bindung und dem hierfür nötigen gegenseitigen Vertrauen der Gesellschafter untereinander gestaltet sich letzteres jedoch nicht ganz unproblematisch. Durch die persönliche Haftung der Gesellschafter genießt die OHG zwar eine hohe Kreditwürdigkeit. Dennoch sind die Fremdfinanzierungsmöglichkeiten eingeschränkt, da auch hier das begrenzte Privatvermögen und die enge Bindung der Gesellschafter an die Gesellschaft eine Rolle spielt. Rechnungslegungsvorschriften sind wenig streng. Publizitätsvorschriften bestehen nur für Großunternehmen.

Für die **Kommanditgesellschaft (KG)** gelten die zur OHG ergänzenden Vorschriften §§ 161–177a HGB. Charakteristisch ist die Existenz zweier Gesellschaftertypen:

- Der **Komplementär** haftet persönlich und erhält die Geschäftsführungsbefugnis.
- Der **Kommanditist** haftet nur mit seiner Vermögenseinlage und ist von der Geschäftsführung ausgeschlossen.

Daraus folgt, dass die Gründung einer KG mindestens zwei Gesellschafter erfordert, wovon mindestens einer die Rolle des Komplementärs übernehmen muss. Die Kommanditisten haben hinsichtlich der Geschäftsführung ein Kontroll- und Widerspruchsrecht bei außergewöhnlichen Geschäften (z. B. Veräußerung von Grundstücken, Eingehen außerordentlich hoher Verbindlichkeiten). Gewinn- und Verlustteilhabe des Komplementärs entspricht der der OHG. Die Kommanditisten erhalten gesetzlich eine 4 %-ige Verzinsung auf ihren Kapitalanteil und eine Restgewinnverteilung in einem angemessenen Verhältnis, sofern im Gesellschaftervertrag nichts anderes geregelt ist. Die Aufnahme neuer Kommanditisten und damit neuen Eigenkapitals ist aufgrund der eingeschränkten Haftung leichter als bei der OHG. So können viele kleinvolumige Kommanditistenanteile eingesammelt werden. Die Kreditwürdigkeit der KG hängt stark von der Höhe des privaten Haftungskapitals des Komplementärs ab. Rechnungslegungs- und Publizitätsvorschriften entsprechen denen der OHG.

Im Unterschied zu den Personengesellschaften liegt bei **Kapitalgesellschaften** eine Trennung von Person und Kapital vor. Im Vordergrund steht bei ihnen nicht mehr die Person des Gesellschafters sondern die Kapitalbeteiligung, da die Haftung grundsätzlich auf dieses eingebrachte Kapital beschränkt ist. Das private Vermögen der Gesellschafter spielt daher kaum eine Rolle mehr. Die Kapitalgesellschaft besitzt eine eigene Rechtspersönlichkeit und wird als „juristische Person" bezeichnet, was impliziert, dass sie im eigenen Namen Dritten gegenüber auftritt. Gläubiger können ihre Ansprüche also nur gegenüber der Gesellschaft geltend machen. Sie haben keinen Durchgriff auf die Gesellschafter, wie dies bei den Personengesellschaften der Fall ist. Das Risiko der Gesellschafter ist damit auf das Kapital beschränkt. Während bei Personengesellschaften alle Gesellschafter zur Unternehmensführung berechtigt und verpflichtet sind (Selbstorganschaft), liegt bei Kapitalgesellschaften eine Fremdorganschaft vor. Das bedeutet, dass die Geschäftsführung einem Organ übertragen und nicht von den Mitgliedern selbst wahrgenommen wird.

Die Gründung einer **Gesellschaft mit beschränkter Haftung (GmbH)** erfordert einen Mindestbetrag, der als Haftungskapital zur Deckung von Verbindlichkeiten dient. Diese sogenannte **Stammeinlage** muss von den Gesellschaftern in Form von Geld- oder Sachwerten eingebracht werden und beträgt mindestens 25.000 €, wobei die Einlage der einzelnen Gesellschafter nicht weniger als 100 € betragen darf. Rechtliche Grundlage ist das Gesetz betreffend die Gesellschaften mit beschränkter Haftung (GmbHG). Die GmbH selbst handelt durch ihre Organe. Diese sind die Gesellschafterversammlung, die Geschäftsführung und ggfs. der Aufsichtsrat. Im wichtigsten Beschlussorgan, der **Gesellschafterversammlung**, sind die Inhaber des Unternehmens vertreten. Sie bestellt den Geschäftsführer und kann ihn abberufen, entscheidet über die Gewinnverwendung und trifft weitere grundsätzliche unternehmenspolitische Beschlüsse. Der oder die **Geschäftsführer** übernehmen die operative Leitung und vertreten das Unternehmen nach außen hin.[57] Die Geschäftsführung kann von externen Dritten oder von den Gesellschaftern übernommen werden. Bei mehr als 500 Arbeitnehmern ist zudem die Installation eines **Aufsichtsrats** verpflichtend, der eine Überwachungsfunktion gegenüber der Geschäftsführung übernimmt. Die Gewinn- und Verlustteilhabe regelt sich gemäß der Kapitalanteile. Wie schon bei der KG erfolgt die Eigenkapitalzufuhr entweder durch bisherige Gesellschafter oder durch die Aufnahme neuer Gesellschafter. Da es keinen

---

[57] GmbHs können auch nur einen Gesellschafter haben (Ein-Personen-GmbH), der Eigentümer und zugleich Geschäftsführer ist. Dennoch ist auch hier streng zwischen dessen Handeln als Eigentümer und dessen Vertretung der GmbH zu unterscheiden. Vgl. Paul (2007), S. 216.

organisierten Markt für GmbH-Anteile gibt und deren Übertragung notariell beurkundet werden muss, ist die Handelbarkeit jedoch stark eingeschränkt und die Aufnahme neuer Gesellschafter aufwändig. Die GmbH unterliegt strengeren Rechnungslegungsvorschriften. Große GmbHs müssen einen vollständigen Jahresabschluss und einen Lagebericht erstellen und publizieren. Für kleine und mittelgroße GmbHs existieren Erleichterungen.

Seit 2008 existiert eine Unterform der GmbH, die **Unternehmergesellschaft (haftungsbeschränkt) (UG haftungsbeschränkt)**. Diese Rechtsform wurde im Zuge des Gesetzes zur Modernisierung des GmbH-Rechts und zur Bekämpfung von Missbräuchen (MoMiG) eingeführt, um Unternehmensgründungen zu erleichtern und zu beschleunigen. Die UG ist eine Art Einstiegsvariante zur GmbH, da zunächst kein Stammkapital erforderlich ist. Damit wurde dem Umstand Rechnung getragen, dass viele Unternehmensgründer eine haftungsbeschränkte Gesellschaftsform wählen wollten aber das dafür notwendige Kapital nicht aufbringen konnten. Sie wichen daher häufig auf die haftungsbeschränkte englische Limited (Ltd.) aus, die ohne eine Mindesteinlage gegründet werden kann. Um dieser Konkurrenz in Deutschland zu begegnen, wurde die umgangssprachliche Mini-GmbH eingeführt, bei der eine Mindesteinlage von 1 € genügt. Allerdings muss die UG so lange 25 % ihres Jahresüberschusses einbehalten, bis das Stammkapital 25.000 € beträgt. Dann kann die UG in eine GmbH umgewandelt werden, muss dies aber nicht. Um die eingeschränkte Haftungsbasis nach außen zu signalisieren, ist die UG verpflichtet, den ausgeschriebenen Zusatz „haftungsbeschränkt" im Namen zu tragen.

Die Vorschriften der **Aktiengesellschaft (AG)** sind im Aktiengesetz (AktG) geregelt. Die Gesellschafter einer AG sind die Aktionäre, deren Haftung ebenfalls auf die Kapitaleinlage beschränkt ist. Gegründet werden kann die AG mit bereits einem Aktionär, wobei 50.000 € als Mindestkapital erforderlich ist. Dieses **Grundkapital** wird in der Bilanz als sogenanntes **gezeichnetes Kapital** als Bestandteil des Eigenkapitalkontos ausgewiesen. Im Gegenzug werden Aktien ausgegeben, die die Beteiligung am Unternehmen und die damit verbundenen Rechte und Pflichten verbriefen. Die Gewinn- und Verlustbeteiligung der Aktionäre erfolgt dann gemäß der Beteiligung am Grundkapital. Vor allem für Unternehmen mit einem hohen Kapitalbedarf eignet sich die Rechtsform der AG, da eine Aufspaltung des Kapitalbetrags auf eine sehr große Anzahl an Kapitalgebern möglich ist. Da die Anteile zudem meist leicht weiterveräußert werden können, trägt der einzelne Aktionär ein nur geringes Risiko. Das gilt insbesondere für **emissionsfähige** AGs, also solchen Gesellschaften, deren Wertpapiere an einem organisierten Markt – wie beispielsweise der Börse – zum Handel zugelassen sind. Die Aktiengesellschaft kann je nach Erfordernis verschiedene Aktienarten ausgeben, die sich nach den folgenden Merkmalen differenzieren:

- **Stückelung: Nennwertaktien** lauten auf 1 € (Nennwert) oder ein Vielfaches davon und verbriefen den monetären Anteil, den der Aktionär am Grundkapital der Gesellschaft hält (Anteil = Nennwert Aktie / Grundkapital). **Stückaktien** haben keinen Nennwert und verbriefen den Anteil am Grundkapital der sich aus der Anzahl an Aktien, die der Aktionär besitzt, ergibt (Anteil =

Aktienanzahl Aktionär/Gesamtanzahl Unternehmensaktien). Stückaktien sind in Deutschland erst seit 1998 zugelassen. Seitdem ist ihre Verbreitung rasant angestiegen, so dass Nennwertaktien praktisch völlig an Bedeutung verloren haben.

- **Übertragungsmöglichkeit: Inhaberaktien** sind in Deutschland der Regelfall und berechtigen den Inhaber. Sie sind zweckmäßig für den Börsenhandel, da sie sehr einfach durch Einigung und Übergabe übertragen werden können. Die **Namensaktie** ist auf den Namen des Aktionärs ausgestellt, welcher in das Aktienregister eingetragen wird. Insofern ist deren Übertragbarkeit gegenüber der Inhaberaktie eingeschränkt. Neben diesem Nachteil kann die Gesellschaft aber einen verbesserten Kontakt zu ihren jetzt namentlich bekannten Aktionären aufbauen und dadurch ihre Investorenbeziehungen (Investor Relations) besser pflegen. Bei der **vinkulierten Namensaktie** ist die Übertragung an die Zustimmung der Gesellschaft gebunden. Dadurch ist es der AG möglich, auf die Zusammensetzung ihres Eigentümerkreises Einfluss zu nehmen. In bestimmten Branchen ist die Ausgabe von (vinkulierten) Namensaktien zwingend vorgeschrieben, um die Einhaltung bestimmter Vorschriften und Regularien zu gewährleisten. Hierzu gehören beispielsweise die Rüstungsindustrie, der Luftverkehr oder Wirtschaftsprüfungs- und Steuerberatungsfirmen.
- **Umfang der verbrieften Rechte**: die Aktiengattung der **Stammaktien** verbrieft Vermögensrechte wie ein Dividendenrecht, ein Anteilsrecht am Liquidationserlös oder ein Aktienbezugsrecht bei der Kapitalerhöhung sowie Verwaltungsrechte wie das Teilnahme- und Stimmrecht auf der Hauptversammlung oder das Auskunfts- und Informationsrecht. **Vorzugsaktien** beinhalten bestimmte Vorteile gegenüber den Stammaktien. Das kann sich z. B. auf eine bevorrechtigte Behandlung bei der Gewinnverteilung oder der Verteilung des Liquidationserlöses beziehen. Häufig sind Vorzugsaktionäre dafür bei anderen Rechten einschränkt. Weit verbreitet sind stimmrechtslose Vorzugsaktien, die eine höhere Dividende gegenüber Stammaktien beziehen aber das Stimmrecht auf der Hauptversammlung ausschließen.

Die Organe der AG sind die Hauptversammlung, der Vorstand und der Aufsichtsrat. Die **Hauptversammlung** ist die Versammlung der Aktionäre und das oberste Beschlussorgan. Sie entscheidet beispielsweise über die Gewinnverwendung, entlastet Vorstand und Aufsichtsrat, beschließt Satzungsänderungen und wählt den Abschlussprüfer. Der **Vorstand** repräsentiert das leitende Organ. Er wird vom Aufsichtsrat für die Dauer von höchstens 5 Jahren bestellt und kann wiederbestellt werden. Er führt eigenverantwortlich die Geschäfte der AG und vertritt sie nach außen. Seine Aufgaben umfassen u. a. die Vorbereitung und Ausführung von Hauptversammlungsbeschlüssen, die Berichterstattung an den Aufsichtsrat, die Aufstellung und Bekanntmachung des Jahresabschlusses und die Einberufung der Hauptversammlung. Der **Aufsichtsrat** ist das den Vorstand überwachende Organ. Er hat übergeordnete Beschluss- und Kontrollrechte. Der Aufsichtsrat wird von der Hauptversammlung und den Mitarbeitern für maximal 4 Jahre gewählt und besteht aus 3 bis 21 Personen. Das folgende Schema verdeutlicht das dargestellte Trennungsmodell von Eigentum (Aktionäre), Leitungsbefugnis (Vorstand) und Kontrolle (Aufsichtsrat).

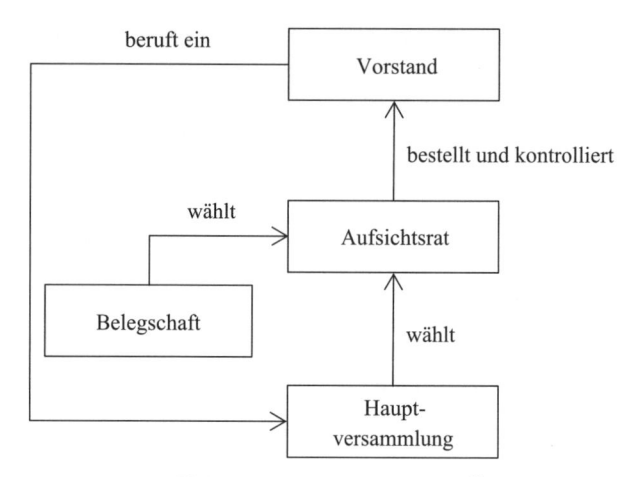

Abbildung 8: Trennmodell der AG[58]

Aktiengesellschaften unterliegen sehr strengen Rechnungslegungs- und Publizitätsvorschriften, wodurch sich unter anderem die Kreditwürdigkeit der Gesellschaft erhöht. Allerdings existieren diverse größenabhängige Erleichterungen.

Die **Europäische Aktiengesellschaft – Societas Europaea (SE)** ist ebenfalls haftungsbeschränkt auf das Gesellschaftsvermögen. Die umgangssprachliche „Europa AG" wurde 2004 eingeführt und soll die Geschäftstätigkeiten europaweit agierender AGs harmonisieren und vereinfachen. Gesetzlich wurde hierzu ein europäisch einheitliches Rahmenwerk geschaffen, welches durch nationale Vorschriften ergänzt wird. Bei fehlenden Vorschriften greift die nationale Gesetzgebung. Die SE besitzt nicht nur eine eigene Rechtspersönlichkeit, sondern kann innerhalb der gesamten EU als rechtliche Einheit auftreten. Auf diese Weise muss die Gesellschaft nicht das jeweilige Landesrecht ihrer Tochtergesellschaften umsetzen, sondern kann sich auf die einheitlichen Vorschriften der SE stützen. Die Gründung erfolgt durch juristische Personen, insbesondere AGs, GmbHs oder SEs mit einem gezeichneten Kapital von mindestens 120.000 €, wobei Gesellschaften aus mindestens zwei Mitgliedstaaten involviert sein müssen. Der Sitz der SE ist der Mitgliedstaat der EU, in dem das Unternehmen seine Hauptverwaltung hat. Die Sitzverlegung oder grenzüberschreitende Fusionen sind bei einer SE vereinfacht durchzuführen. Bezüglich der Organe besteht ein Wahlrecht. Die SE kann entweder ein dualistisches System wählen, bei dem das Trennmodell zwischen Vorstand, Aufsichtsrat und Hauptversammlung der zuvor dargestellten Aktiengesellschaft zum Einsatz kommt. Die SE kann aber auch ein monistisches System wählen, bei dem Leitung und Kontrolle in einem Organ – dem Verwaltungsrat – zusammengefasst sind.

Neben diesen reinen Rechtsformen existieren noch Misch- und Sonderformen. Die **GmbH & Co. KG** ist eine Kommanditgesellschaft, deren Komplementär eine GmbH ist. Auf diese Weise wird die volle Haftung des Komple-

---

[58] Vgl. Jung (2009), S. 101.

mentärs ausgeschlossen. Im Übrigen gelten die Vorschriften für KGs und GmbHs.

Die **Kommanditgesellschaft auf Aktien (KGaA)** hat ebenfalls den Aufbau einer Kommanditgesellschaft mit Komplementären und Kommanditisten. Die Kommanditisten sind aber über Aktien am Grundkapital der Gesellschaft beteiligt. Sie ist daher eine Mischform zwischen einer KG und einer AG, ist in ihrer Struktur aber der AG ähnlicher.

Für die **stille Gesellschaft** gelten die Regelungen zur GbR aus dem BGB. Sie werden um die Vorschriften §§ 230–236 im HGB ergänzt. Eine stille Gesellschaft ist nach außen hin nicht ersichtlich, sondern betrifft Regelungen im Innenverhältnis. Sie ist keine eigene Rechtsform, sondern kann innerhalb jeder der zuvor diskutierten Rechtsformen auftreten, so dass auch die dort diskutierten Kapitalaufnahmemöglichkeiten sowie Rechnungslegungs- und Publizitätsvorschriften gelten. Eine stille Gesellschaft entsteht, wenn eine natürliche oder juristische Person eine Einlage leistet, die in das Eigenkapital der Gesellschaft übergeht. Der stille Gesellschafter ist somit am Unternehmen beteiligt, haftet mit seiner Einlage, hat jedoch kein Mitspracherecht. Ihm kommen lediglich gewisse Einsichtrechte zu. In dieser handelsrechtlichen Grundform handelt es sich um eine **typische stille Gesellschaft**. Hiervon zu unterscheiden ist die **atypische stille Gesellschaft**, bei der der stille Gesellschafter gewisse Beteiligungsrechte an der Geschäftsführung besitzt und ein erweitertes Einsichtrecht erhält.

Die **eingetragene Genossenschaft (eG)** besitzt eine eigene Rechtspersönlichkeit, deren gesetzliche Grundlage das Genossenschaftsgesetz (GenG) ist. Genossenschaften sind „Gesellschaften von nicht geschlossener Mitgliederzahl, deren Zweck darauf gerichtet ist, den Erwerb oder die Wirtschaft ihrer Mitglieder oder deren soziale oder kulturelle Belange durch gemeinschaftlichen Geschäftsbetrieb zu fördern."[59] Im Mittelpunkt steht somit die gegenseitige Unterstützung der Mitglieder – der Genossen. Der freie Eintritt und Austritt von Genossen ist möglich, wobei eine Einlage zu leisten ist. Ein Mindestkapital ist nicht vorgeschrieben. Die Genossen haften begrenzt mit ihrem Geschäftsanteil, nach dessen Maßgabe sich die Gewinn- und Verlustbeteiligung gestaltet. Da Mitglieder ein- und austreten können, ist die Haftungsbasis Schwankungen unterworfen, woraus ein Finanzierungsnachteil gegenüber der AG und der GmbH resultiert.[60] Die eG hat wie die AG drei Organe: Vorstand, der aus mindestens zwei Personen besteht, Aufsichtsrat als Überwachungsorgan mit mindestens drei Mitgliedern und Generalversammlung, welche Vorstand und Aufsichtsrat wählt. Letztere ist das oberste Organ, das über wichtige Geschäftsangelegenheiten wie die Gewinnverwendung bestimmt. Eine eG besteht aus mindestens sieben Mitgliedern, die alle gleichberechtigt sind. Auf der Generalversammlung hat jedes Mitglied eine Stimme unabhängig davon, wie hoch der Geschäftsanteil ist. Jahresabschlüsse sind zu prüfen.

Eine **Stiftung** des privaten Rechts ist eine juristische Person, die vom Stifter mit Vermögen ausgestattet wird, welches einem dauerhaften Zweck gewidmet ist.

---

[59] § 1 GenG.
[60] Vgl. Wöhe, Döring (2010), S. 238.

1. Grundlagen: Betriebswirtschaftslehre und Tourismus

Dieses Vermögen darf ausschließlich für den in der Satzung festgelegten Zweck verwendet werden, auch der Stifter hat keine freie Verfügungsgewalt mehr über das Vermögen. Ein häufiger Stiftungszweck ist die Existenzsicherung der Stiftungsunternehmen wie dies beispielsweise bei der Bertelsmann-Stiftung der Fall ist. Hier soll die Kontinuität des Unternehmens unabhängig von den Zielen der Familie gewährleistet bleiben.[61] Stiftungen haben keine Mitglieder und gehören niemandem. Sie sind haftungsbeschränkt, werden von einem Vorstand geführt und unterliegen keinen Publizitätsvorschriften.

Abbildung 9 zeigt die Anzahl und die Umsätze steuerpflichtiger Unternehmen im Jahr 2009 aufgegliedert nach der Rechtsform.

Rechtsform	Anzahl	in %	Umsatz (€ Mio.)	in %
Einzelunternehmen	2.173.332	69,3%	507.222	16,2%
GbR	193.748	6,2%	102.551	2,1%
OHG	72.390	2,3%	116.078	2,4%
KG	138.946	4,4%	1.141.043	23,3%
davon GmbH & Co. KG	*119.080*	*3,8%*	*951.077*	*19,4%*
GmbH	473.782	15,1%	1.761.949	36,0%
AG	7.939	0,3%	891.398	18,2%
Erwerbs- und Wirtschaftsgenossenschaften	5.169	0,2%	59.043	1,2%
Betriebe gewerblicher Art von Körperschaften des öffentlichen Rechts	6.293	0,2%	37.359	0,8%
Sonstige	63.943	2,0%	281.295	5,7%
Gesamt	**3.135.542**	**100,0%**	**4.897.937**	**100,0%**

Abbildung 9: Umsatzsteuerpflichtige Unternehmen nach Rechtsform in 2009[62]

Neben den vorgestellten Rechtsformen der privaten Unternehmen gibt es **Private Haushalte**. Diese sind unterteilt in ursprüngliche Haushalte (Familienhaushalte, Einzelpersonenhaushalte) und abgeleitete Haushalte.[63] Zu Letzteren gehören Vereine, Verbände oder auch private Schulen und Heime. **Vereine** sind im BGB geregelt und stellen dauerhafte Personenvereinigungen dar, die ein gemeinsames Ziel verfolgen.

Der **Verein** wird durch einen Vorstand geführt und vertreten, der durch die Mitgliederversammlung gewählt wird. Die Mitglieder eines Vereins haften nicht persönlich, sondern hierfür steht das Vereinsvermögen zur Verfügung. Ein Mitgliederwechsel ist möglich, ohne dass das Bestehen des Vereins beeinträchtigt wird. **Verbände** stellen keine eigene Rechtsform dar. Sie sind lediglich Zusammenschlüsse von Unternehmen, um eine gemeinsame Interessenver-

---

[61] Vgl. Bea, Schweitzer (2009), S. 410.
[62] Vgl. Statistisches Bundesamt (2011), S. 613. Erfasst werden nur Unternehmen mit Lieferungen und Leistungen von über 17.500 €.
[63] Vgl. Bea, Schweitzer (2009), S. 37.

tretung gegenüber der Öffentlichkeit zu etablieren. Der Verband kann die Koordination von betrieblichen Hauptfunktionen wie Werbung, Erhebung von Marktdaten etc. übernehmen. Da sie den Vereinen sehr ähnlich sind, werden Verbände teilweise als Vereine geführt.

1.5.2.2.2 Öffentliche Betriebe

> **Definition**
> Öffentliche Betriebe stehen komplett oder zum Teil im **Eigentum** der öffentlichen Hand (Bund, Länder, Gemeinden). Sie unterliegen einer **gemeinwirtschaftlichen Zielsetzung**,[64] was bedeutet, dass die Interessen der Allgemeinheit gewahrt werden sollen.

Im Operativen geht es bei einer gemeinwirtschaftlichen Zielsetzung eher um eine Kostendeckung oder Verlustreduktion als um die Gewinn- oder Rentabilitätsmaximierung, wie dies bei privatwirtschaftlichen Zielen der Fall ist.

In rechtlicher Hinsicht können öffentliche Betriebe als Konstrukt ohne oder mit eigener Rechtspersönlichkeit organisiert sein.

```
                      Öffentliche Betriebe
              ┌──────────────┴──────────────┐
         Ohne                              Mit
   Rechtspersönlichkeit            Rechtspersönlichkeit
      ┌───────┴────────┐              ┌──────┴──────┐
   Reine        Verselbständigte   Privat-rechtl.  Öffentl.-rechtl.
Regiebetriebe    Regiebetriebe      Gestaltung      Gestaltung
```

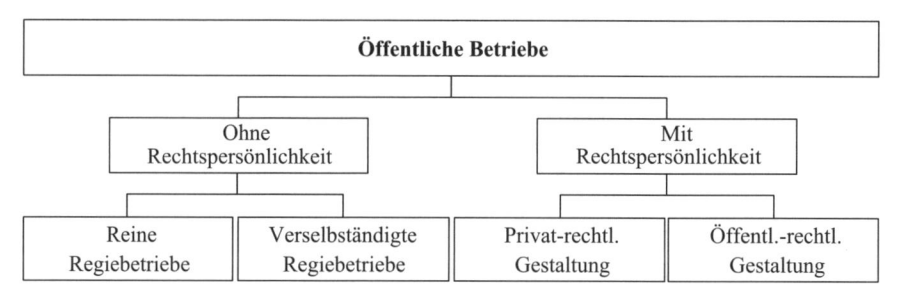

Abbildung 10: Systematisierung öffentlicher Betriebe[65]

Keine eigene Rechtspersönlichkeit haben sogenannte **Regiebetriebe**. Reine Regiebetriebe sind ausgegliederte, organisatorisch und rechtlich unselbständige Einheiten der öffentlichen Verwaltung. Hierzu gehören meist die städtische Müllabfuhr, Theater oder Stadtbibliotheken. Wenn Regiebetriebe mit organisatorischer Selbständigkeit ausgestattet sind, spricht man von verselbständigten Regiebetrieben. Kommunale **Eigenbetriebe** wie die städtischen Versorgungs- und Verkehrsbetriebe fallen hierunter.

Öffentliche Betriebe mit eigener Rechtspersönlichkeit können wiederum unterteilt werden nach ihrer rechtlichen Gestaltung. Zu den privatrechtlichen Gestaltungsformen gehören alle im vorherigen Kapital besprochenen Rechtsformen (AG, GmbH, OHG, Genossenschaft, etc.). Körperschaften, Anstalten und Stiftungen sind hingegen öffentlich-rechtliche Gestaltungsformen, die zu den Haushalten zählen. Sie nehmen eine konkrete öffentliche Aufgabe wahr.

---

[64] Vgl. Bea, Schweitzer (2009), S. 410.
[65] Vgl. Jung (2009), S. 120.

Körperschaften des öffentlichen Rechts haben Mitglieder, wozu Industrie- und Handelskammern oder Gemeinde- und Zweckverbände beispielsweise zählen. Auch Universitäten und Fachhochschulen können als Körperschaften strukturiert sein. **Anstalten** haben hingegen keine Mitglieder sondern Träger. Sie bündeln Sach- und Personalmittel der öffentlichen Hand. Unterteilt nach den Trägern ist eine Bundesanstalt beispielsweise die Versorgungsanstalt des Bundes und der Länder oder die Bundesanstalt für Finanzdienstleistungsaufsicht (BaFin). Auf Länderebene sind die Landesbanken oder die Landesrundfunkanstalten (ARD) zu nennen. Sparkassen, Studentenwerke oder öffentliche Krankenhäuser sind häufig als Anstalten öffentlichen Rechts auf kommunaler Ebene organisiert. Zu den **Stiftungen** des öffentlichen Rechts zählen z. B. Kultur- oder Kunststiftungen (Museen, Bibliotheken). Zum Teil befinden sich auch Universitäten oder Hochschulen in der Trägerschaft einer Stiftung des öffentlichen Rechts. Wie schon bei den privatrechtlichen Stiftungen darf der Vermögensbestand ausschließlich dem vom Stifter festgelegten Zweck zugutekommen.

Öffentliche Betriebe sind zum Teil **Erwerbsbetriebe**. Das heißt sie verfolgen das Ziel, einen Gewinn zu erwirtschaften und sind in dieser Hinsicht mit privatwirtschaftlichen Unternehmen vergleichbar. Erwerbsbetriebe wie Landesbanken oder Elektrizitätswerke, stellen Einnahmequellen für die öffentliche Hand dar. Die wirtschaftliche Zielsetzung öffentlicher Betriebe ist zum Teil aber auch nur, kostendeckend zu arbeiten. Diese **kostendeckenden Betriebe** haben die Befriedigung eines kollektiven Bedarfs zum Ziel. Kommunale Einrichtungen wie Stadtwerke oder Schwimmbäder fallen unter diese Kategorie. Schließlich sind **Zuschussbetriebe** zwar ebenfalls bedarfsdeckungsorientiert, erheben aber keine oder so geringe Entgelte, so dass sie nicht kostendeckend arbeiten. Sie sind daher auf Zuschüsse angewiesen. Beispiele sind Museen, Theater oder (Hoch-)Schulen.

1.5.2.3 Betriebe der Tourismusbranche

Grundsätzlich können touristische Unternehmen und Haushalte die gesamte Palette der privaten und öffentlichen Betriebsformen ausschöpfen. Die letztendliche Entscheidung für eine Gestaltungsart basiert auf den für die jeweilige Rechtsform relevanten Kriterien.

Einzel- und insbesondere Personenunternehmen finden sich vor allem im kleinen und mittelständischen Bereich der Tourismusbranche. Als Beispiel soll hier zunächst die Hotellerie in Deutschland dienen. Die Branche ist stark mittelständisch geprägt und viele Häuser sind inhabergeführt.[66] Die Person des Eigentümers und dessen persönliches Engagement im Unternehmen spielt eine bedeutende Rolle und nicht selten besteht ein enger Kontakt zu den Gästen. Viele Unternehmen der Beherbergungsbranche wie Pensionen, Gasthöfe oder die Individualhotellerie sind daher in der Rechtsform einer Personengesellschaft geführt. Daneben sind kleine und mittelgroße Betriebe des touristischen Transportwesens, des Reisemittlerbereichs (Einzelreisebüros oder Reisebüros

---
[66] Vgl. IHA (2009), S. 26.

1.5 Unternehmen im Wettbewerb

mit wenigen Filialen), des Reiseveranstalterbereichs (vornehmlich kleinere Spezial- oder Regionalveranstalter) sowie Anbieter touristischer Nebenleistungen häufig als Personengesellschaft organisiert.[67]

Sobald ein Unternehmen eine gewisse Größe erreicht und einen größeren Kapitalbedarf hat, wird meist die Rechtsform der **Kapitalgesellschaft** bzw. einer Mischform gewählt. Im **Beherbergungswesen** sind das die großen Hotelketten: *Starwood Hotels & Resorts Worldwide* in den USA, *Intercontinental Hotels Group* in Großbritannien oder die *Accor Gruppe* in Frankreich sind beispielsweise alle börsennotierte Aktiengesellschaften. Auch die deutsche Markenhotellerie ist weitgehend durch Kapitalgesellschaften geprägt, wozu beispielsweise *Accor Hotellerie Deutschland GmbH, Best Western Hotels Deutschland GmbH, Steigenberger Hotels AG* oder *Maritim Hotelgesellschaft mbH* gehören.

Auch im **Transportwesen** sind die größeren Betriebe Kapitalgesellschaften. Deutsche Luftverkehrsgesellschaften sind im Wesentlichen die *Lufthansa AG* und die *airberlin plc*. Die *Lufthansa* wurde in den 90er-Jahren vollständig privatisiert, was im Jahr 1997 im Börsengang der Gesellschaft gipfelte.[68] Im Jahr 2011 betrug das Grundkapital 1,172 Mrd. €, aufgeteilt in rund 458 Mio. Stückaktien in den Händen von 347.000 Aktionären.[69] Investoren können ausschließlich vinkulierte Namensaktien der *Lufthansa AG* erwerben, denn das Luftverkehrsnachweissicherungsgesetz (LuftNaSiG) schreibt vor, dass Luftverkehrsgesellschaften nur vinkulierte Namensaktien ausgeben dürfen. Hierdurch soll sichergestellt werden, dass börsennotierte deutsche Luftverkehrsgesellschaften den Vorschriften ihrer länderbezogenen Luftverkehrsrechte gerecht werden: Gemäß Luftverkehrsabkommen und den EU-Richtlinien muss die Gesellschaft mehrheitlich in deutschem Besitz sein. Durch die Namensaktien ist gewährleistet, dass die Lufthansa ihre Aktionäre kennt und somit diesen Nachweis erbringen kann. Das Unternehmen muss hierzu quartalsweise seine Aktionärsstruktur nach Nationalitäten melden. Die Vinkulierung stellt sicher, dass das Unternehmen dem Kauf und Verkauf von Aktien zustimmen muss. Falls der Anteil der deutschen Aktionäre zu gering würde und somit die luftverkehrsrechtlichen Befugnisse nicht aufrechterhalten werden könnten, darf die *Lufthansa* den Aktienhandel verweigern.

Die *airberlin* ist ebenfalls ein börsennotierter Konzern allerdings in der Rechtsform einer „public limited company" (plc), welches das britische Pendant zur deutschen Aktiengesellschaft ist. Die *airberlin* war zunächst in der Mischform einer GmbH & Co. KG organisiert und wandelte sich im Zuge des Börsengangs im Jahr 2006 in eine plc & Co. KG um. Hierbei ist der Komplementär eine Aktiengesellschaft nach britischem Recht. Ein bemerkenswerter Unterschied zwischen der deutschen AG und der britischen plc ist die Organvertretung. Während in Deutschland die Fremdorganschaft durch eine Trennung von Leitung, Eigentum und Kontrolle vorliegt, basiert die plc auf einem Vereinigungsmodell, welches im Übrigen auch für die US-amerikanische Aktiengesellschaft – die Corporation (Corp., Inc.) – gilt. Nach diesem angelsächsischen System findet

---

[67] Vgl. Rudolph (2002), S. 47 f.
[68] Zur Geschichte der Lufthansa vgl. im Detail Trunz (2008).
[69] Vgl. Lufthansa (2011).

keine Trennung zwischen Leitung und Kontrolle statt. Vielmehr leitet und kontrolliert das „Board of Directors", welches von den Aktionären gewählt wird, die Gesellschaft. Es existiert somit ein „single-tier" System im Vergleich zu dem „two-tier" System in Deutschland. Das Board of Directors besteht wiederum aus geschäftsführenden Direktoren (Executive Directors), wozu die oberste Führungsebene wie der Vorstandsvorsitzende, der Finanzvorstand oder der Strategievorstand gehören. Sie sind insofern vergleichbar mit dem Vorstand einer deutschen Aktiengesellschaft und führen das operative Geschäft aus. Nicht-geschäftsführende Direktoren (Non-Executive Directors) kontrollieren und beraten die geschäftsführenden Direktoren, üben hauptberuflich aber anderweitige Tätigkeiten aus.

Im Bereich der **Reisemittler** kann man schon kleinere Büros finden, die als Kapitalgesellschaften ausgestaltet sind. Insbesondere sind Kapitalgesellschaften aber bei größeren Reisebüros, Reisebüroketten oder Büros, die in Kooperations- oder Franchisevereinbarungen geführt sind, anzutreffen. So ist die Franchiseorganisation der Lufthansa City Center eine GmbH mit dem Namen *Lufthansa City Center Reisebüropartner GmbH*. Ein weiteres Beispiel ist die Reisebüro-Kooperation *TSS Touristik Service System GmbH*, die zusammen mit der *onlineweg. de Touristik GmbH* und der Vertriebsorganisation *AER* die Kooperation *TMCV (Touristik-Multi-Channel-Vertriebsorganisation) GmbH* bildet. Zudem unterhalten die großen Reiseveranstalter Reisebüros in Form von Kapitalgesellschaften. Die *TUI Leisure Travel GmbH*, eine 100 %-ige Tochter der *TUI AG*, vereint unter ihrem Dach unter anderem *TUI ReiseCenter, First Reisebüro* und *Hapag-Lloyd Reisebüro* als Marken des Eigenvertriebs.

Die großen europäischen **Reiseveranstalter** *TUI, Thomas Cook* und *REWE* weisen unterschiedliche Rechtsformen auf. Die Muttergesellschaft der *TUI* – die *TUI AG* – ist ein an der Deutschen Börse notierter Konzern mit Sitz in Hannover. Im Kerngeschäft der Touristik fasst die Gesellschaft drei Geschäftsbereiche zusammen: TUI Travel, TUI Hotels & Resorts sowie Kreuzfahrten. Die Reiseveranstalteraktivitäten sind in der *TUI Travel plc* gebündelt, an der die *TUI AG* 57,5 % hält (Stand: April 2011). Die *TUI Travel plc* ist nach dem angelsächsischen Modell der Aktiengesellschaft strukturiert und an der Londoner Börse notiert. Die *Thomas Cook Group* ist wie die *TUI Travel plc* eine britische public limited company, die an der Londoner Börse gelistet ist. Die *REWE Group* ist eine Genossenschaft, deren Genossen die selbständigen Einzelhändler sind. Die *REWE Touristik GmbH* als Teil der *REWE Group* fasst alle touristischen Aktivitäten des Handelskonzerns zusammen. Hierzu gehört der Veranstalterbereich sowie die touristischen Vertriebs- und Hotelaktivitäten.

Für den touristischen Bereich sind hinsichtlich der **privaten Haushalte** vor allem abgeleitete Haushalte in Form von Verbänden und Vereinen von Bedeutung. Auf internationaler, nationaler und lokaler Ebene existieren verschiedenste Interessensgruppen, die in Form von Verbänden (Abschnitt 1.4) zusammengeschlossen sind. Im Gastgewerbe ist der *Deutsche Hotel- und Gaststätten Bundesverband* (DEHOGA) richtungsweisend. Der *Deutsche Reiseverband* (DRV) vertritt hingegen Reiseveranstalter und Reisebüros. Im Bundesverband der Deutschen Fluggesellschaften (BDF) ist der Großteil der deutschen Fluggesellschaften repräsentiert. Im Destinationsbereich wird beispielsweise der Dachverband des oberbayerischen Tourismus *„Tourismusverband München-Oberbayern"* als eingetragener Verein geführt.

Auch öffentliche Betriebe finden sich im touristischen Bereich. Zahlreiche Fremdenverkehrsämter sind als Regiebetriebe strukturiert. Das Tourismusamt München ist z. B. dem Referat für Arbeit und Wirtschaft der Stadt München zugeordnet. Allerdings ist zu beobachten, dass die Tourismusstellen zunehmend in eigenständige und flexiblere Organisationsformen überführt werden. So ist der *Münchner Verkehrs- und Tarifverbund* (*MVV*) eine GmbH, deren Gesellschafter der Freistaat Bayern, die Stadt München sowie weitere 8 umliegende Landkreise sind. Er ist somit zu 100 % in öffentlichem Besitz, hat jedoch eine privatrechtliche Ausgestaltung. Dasselbe gilt für die *Deutsche Bahn Aktiengesellschaft* wie aus der Fallstudie eingangs hervorgeht.

Die *Berliner Verkehrsbetriebe* (*BVG*) fallen hingegen in den Bereich der öffentlichen Haushalte, da sie in der Form einer Anstalt öffentlichen Rechts geführt werden. Auch städtische Bäder können als Anstalt des öffentlichen Rechts organisiert sein. Körperschaften des öffentlichen Rechts findet man hingegen im Destinationsbereich in Form der Tourismusverbände. In einigen Bundesländern Österreichs ist dies sogar zwingend vorgeschrieben.[70] Schließlich trifft man im Kunst- und Kulturbereich auf Stiftungen des öffentlichen Rechts. Eine sehr bekannte ist die „Stiftung Preußischer Kulturbesitz" mit Sitz in Berlin. Unter ihrem Dach sind die Staatlichen Museen zu Berlin, die Staatsbibliothek zu Berlin, das Geheime Staatsarchiv Preußischer Kulturbesitz, das Ibero-Amerikanische Institut und das Staatliche Institut für Musikforschung vereint. In ihrem Stiftungsgesetz heißt es zu deren Zweck: „Die Stiftung hat den Zweck, (…) die ihr übertragenen preußischen Kulturgüter für das deutsche Volk zu bewahren, zu pflegen und zu ergänzen, unter Beachtung der Tradition den sinnvollen Zusammenhang der Sammlungen zu erhalten und eine Auswertung dieses Kulturbesitzes für die Interessen der Allgemeinheit in Wissenschaft und Bildung und für den Kulturaustausch zwischen den Völkern zu gewährleisten."[71]

1.5.3 Wirtschaftliches Handeln

Nachdem die konstitutive Entscheidung der Rechtsformwahl getroffen ist, nimmt der Betrieb seine Tätigkeiten auf. Es muss sich also darüber Gedanken gemacht werden, wie der Leistungserstellungsprozess grundsätzlich gestaltet werden kann. Für die Leistungserstellung benötigt der Betrieb diverse Ressourcen, die sich meist dadurch auszeichnen, dass sie knapp sind. Das heißt, nicht alle Nachfrager können die Ressource nutzen. Es handelt sich um sogenannte

---

[70] Vgl. Grabner, Koller (2007), S. 372.
[71] § 3 Abs. 1 des Gesetztes zur Errichtung einer Stiftung *„Preußischer Kulturbesitz"* und zur Übertragung von Vermögenswerten des ehemaligen Landes Preußen auf die Stiftung.

private Güter, die etwas abstrakter formuliert durch zwei Merkmale charakterisiert sind:[72]

- Ausschließbarkeit: Einzelne Akteure können von dem Konsum des Gutes ausgeschlossen werden. Nur wenn sie einen Preis dafür entrichten, können sie es konsumieren.
- Rivalität: Die Akteure konkurrieren um das Gut. Wird es von einem Nachfrager konsumiert, steht es für die übrigen nicht mehr zur Verfügung.

Unternehmen[73] sind somit gezwungen, die knappen Ressourcen bestmöglich einzusetzen, um den Leistungserstellungsprozess effizient zu gestalten. Man sagt, das Unternehmen muss wirtschaftlich Handeln.

> **Definition**
> **Wirtschaftliches Handeln** heißt, dass die knappen Ressourcen so zu allokieren sind, dass sie die Zielsetzung des Unternehmens optimal erfüllen.

Hierfür stehen zwei Möglichkeiten zur Verfügung, die unter dem Begriff des **Wirtschaftlichkeitsprinzips** oder **ökonomischen Prinzips** zusammengefasst sind. Entweder kann nach dem **Maximum-Prinzip** bei einem gegebenen Input (Ressourcen, die der Leistungserstellung dienen) der Output maximiert werden – hier geht es also um die Ertragsmaximierung. Oder es wird nach dem **Minimum-Prinzip** bei einem gegebenen Output, der hierfür erforderliche Input minimiert, so dass der kleinstmögliche Mitteleinsatzes das Ziel ist.

Zur Umsetzung des ökonomischen Prinzips stehen verschiedene Wege offen und das Unternehmen muss sich für die beste Alternative entscheiden. Es sieht sich mit einem **Entscheidungsproblem** konfrontiert, welches durch **rationales Handeln** gelöst werden soll. Entscheidungsprobleme sind grundsätzlich gekennzeichnet durch die Merkmale Umweltzustände, Ziele und Alternativen.

- „**Umweltzustände** (auch Daten genannt) sind reale Sachverhalte, die durch den Entscheidungsträger innerhalb des Planungshorizontes nicht beeinflussbar bzw. kontrollierbar sind."[74] Für ein touristisches Unternehmen relevante Umweltzustände können beispielsweise die Wetterlage oder die Entwicklung eines Wechselkurses sein.
- Ein **Ziel** ist das Ergebnis eines Entscheidungsproblems, das vom Entscheider festgelegt wurde.
- Eine **Alternative** ist ein Handlungsweg, der zur Zielerreichung führt.

Rational handelt der Entscheider nun, wenn er unter Berücksichtigung aller relevanten Umweltzustände diejenige Alternative auswählt, die seine Zielsetzung am besten erfüllt. Abbildung 11 zeigt wie sich der Prozess des wirtschaftlichen Handelns gestaltet.

---

[72] Im Tourismus existieren auch viele öffentliche Güter, die weitgehend nicht produziert werden können: Landschaft, Klima, Brauchtum, Gastfreundschaft, Mentalität, Verkehrswege, Kulturdenkmäler etc.
[73] Im weiteren Verlauf wird nur noch von Unternehmen gesprochen. Die dargestellten Sachverhalte gelten für Haushalte jedoch gleichermaßen.
[74] Bea, Schweitzer (2009), S. 334.

1.5 Unternehmen im Wettbewerb

Chancen/Probleme identifizieren → Ziele formulieren → Alternativen suchen und bewerten → Alternativen vergleichen und entscheiden → Entscheidung umsetzen und kontrollieren

Abbildung 11: Prozess des wirtschaftlichen Handelns[75]

Am Anfang der Prozesskette steht die Identifikation von Chancen oder Problemen, mit denen sich das Unternehmen auseinander setzen muss. Beispielsweise könnte ein Reiseveranstalter eine neue Zielgruppe – die Best Ager – als neue Marktchance entdeckt haben, für die er nun spezifisch zugeschnittene Reisen anbieten möchte. Im nächsten Schritt muss der Reiseveranstalter das Ziel festlegen, welches er mit dem neuen Produktangebot erreichen möchte. Ein naheliegendes Ziel wäre die Maximierung des mit dem Verkauf der Reisen erzielten Gewinns. Aber auch andere Ziele, wie die Erhöhung der Eigenkapitalrendite oder die Steigerung des Umsatzes, sind denkbar. Neben diesen monetären Zieldefinitionen ist natürlich auch die Etablierung eines Bekanntheitsgrades für Best Ager Reisen, die Erhöhung der Kundenzufriedenheit oder die Steigerung der Produktauswahl vorstellbar.

Bereits aus diesen Beispielen geht hervor, dass Ziele individuell verschieden sein können. Beim wirtschaftlichen Handeln geht es also auch um die individuelle Ausgestaltung des rationalen Vorgehens. Allerdings wäre eine Zieldefinition gemäß den genannten Beispielen noch unvollständig, da sie nur ein Kriterium – den Zielinhalt – beschreibt. Für eine adäquate Definition sind jedoch alle der folgenden vier Merkmale zu definieren:[76]

- Der **Zielinhalt** legt die Zielgröße fest, welche im Rahmen des Entscheidungsproblems verändert werden soll.
- Der **Zeitbezug** definiert, in welchem Zeitrahmen oder zu welchem Zeitpunkt das Ziel erreicht werden soll.
- Der **Geltungsbereich** legt den Zielträger fest. Die Ziele können sich auf Individuen wie den einzelnen Mitarbeiter beziehen, auf einzelne oder mehrere Unternehmensbereiche oder auf das gesamte Unternehmen.
- Das **Zielausmaß** gibt Antwort auf die Frage der Größenveränderung des Zielinhalts. Die **Extremierung** umfasst eine Minimierung oder Maximierung also beispielsweise die Maximierung des Gewinns oder die Minimierung der Kosten, die aus dem Verkauf der Reisen an Best Ager resultieren. Eine **Fixierung** definiert einen bestimmten Punkt, an dem das Ziel erreicht ist. Die

---
[75] In Anlehnung an Hutzschenreuter (2011), S. 15.
[76] Vgl. Bea, Schweitzer (2009), S. 338 f.

Steigerung des Gewinns um 5 % wäre solch ein Fixierungsziel. Bei der **Satisifizierung** soll eine bestimmte Untergrenze nicht unterschritten bzw. eine Obergrenze nicht überschritten werden. Eine Durchdringung des Best Ager Reisemarktes von mindestens 8 % ist ein Beispiel für ein Satisfizierungsziel.

Ursprünglich galt die langfristige Gewinnmaximierung als oberstes Ziel und Leitmaxime. Mittlerweile spricht man hingegen von einem ganzen Zielsystem, welches die Einzelziele eines Unternehmens in eine bestimmte Rangordnung bringt, wie aus Abbildung 12 hervorgeht.

Formalziele			Oberziele
Produktivität	Wirtschaftlichkeit	Rentabilität	↓
Sachziele			Zwischenziele
			↓
			Unterziele

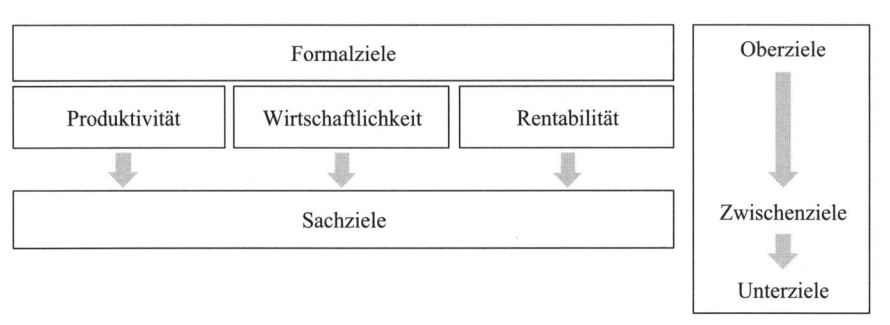

Abbildung 12: Zielhierarchie

Auf der Makroebene stehen die Formalziele Produktivität (Output/Input), Wirtschaftlichkeit (Ertrag/Aufwand) und Rentabilität (Gewinn/Ø Kapital).[77] Diese übergeordneten Ziele fußen alle auf dem ökonomischen Prinzip. Darauf basierend werden Sachziele definiert, die alle Bereiche der Betriebstätigkeit (ökonomische, organisatorische, finanzielle, technische, soziale, ökologische) abdecken können. Sachziele geben konkrete operative Handlungsanweisungen vor, die die Formalziele in den einzelnen Unternehmensbereichen umsetzen. Auch diese Ziele der Mikroebene können wieder in eine Rangfolge gebracht werden, so dass insgesamt Ober-, Zwischen- und Unterziele eine klare Hierarchie definieren. Das Oberziel des Best-Ager Reiseveranstalters kann beispielsweise lauten, die Rentabilität zu maximieren. Nach dem ökonomischen Prinzip soll dabei bei gegebenem Kapitaleinsatz der Gewinn maximiert werden. Das Zwischenziel für das Produktmanagement könnte dann heißen, auf Basis einer Mengenvorgabe eine adäquate Preisstrategie für das neu aufzunehmende Best Ager Programm zu entwickeln. Als Unterziel könnte die für den Hotelbetteneinkauf zuständige Abteilung beauftragt werden, für das Programm konkurrenzfähige Hotelraten für die kommende Saison auszuhandeln, wobei bestimmte Höchstgrenzen des Satisfizierungsziels nicht überschritten werden dürfen.

Dieses Beispiel zeigt, dass Unternehmen im Regelfall eine Mehrzielplanung betreiben, d. h. dass zeitgleich mehrere Ziele verfolgt werden. Unter Umständen kann das jedoch problematisch werden, wenn sich nämlich die Ziele in ungünstiger Weise gegenseitig beeinflussen. Mögliche **Interdependenzrelationen**

---

[77] Vgl. Thommen, Achleitner (2009), S. 120 f.

1.5 Unternehmen im Wettbewerb

von Zielen skizziert Abbildung 13. Je nach Art der gegenseitigen Beeinflussung spricht man von komplementären, konkurrierenden oder indifferenten Zielen. Idealerweise liegen **komplementäre Ziele** vor, denn dann begünstigen sich die Bestrebungen zweier Zielerreichungen gegenseitig. Die Kostensenkung im Hoteleinkauf führt beispielsweise zur Gewinnerhöhung auf Gesamtunternehmensebene. Aus Sicht des Unternehmens sind Komplementärziele ideal.

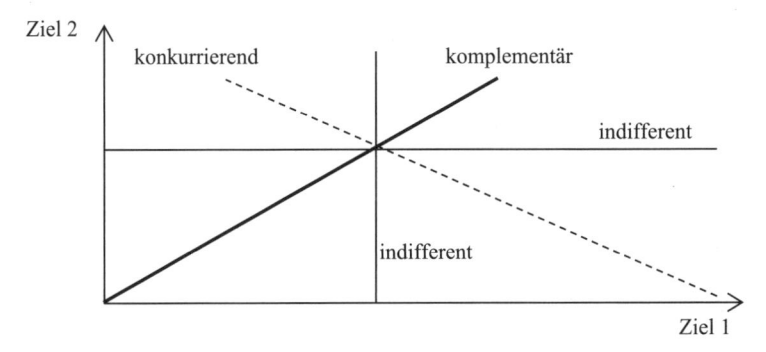

Abbildung 13: Interdependenzrelationen von Zielen

Schwieriger wird es bei **konkurrierenden Zielen**, denn die stehen im Konflikt zueinander. Eine Erhöhung der Marketingausgaben zur Durchdringung des Marktes für Best Ager bewirkt zunächst einen sinkenden Gewinn und steht damit konfliktionär zum Ziel der Rentabilitätsmaximierung. **Indifferente Ziele** beeinflussen sich hingegen nicht. Das Ziel, den Markt für Best Ager zu erschließen, beeinflusst die Zielsetzung der Personalabteilung, die Mitarbeitermotivation zu erhöhen, nicht. Es besteht Zielneutralität.

Sind schließlich die Ziele formuliert, geht das Unternehmen in den nächsten Schritt der Prozesskette des wirtschaftlichen Handelns über: es muss Alternativen finden und bewerten, die Alternativen vergleichen und sich schließlich für eine entscheiden. Da die Zielerreichung und die Folgen der Alternativenwahl in der Zukunft liegen, ist die Entscheidung mit Unsicherheit behaftet. Insbesondere müssen Umweltzustände identifiziert werden, anhand derer die Alternativen beurteilt werden. Im vorangegangenen Beispiel spielen sicherlich die aus der demografischen Entwicklung potenziell resultierenden Umweltzustände eine Rolle. Da nur beschränkte Informationen über die zukünftigen Umweltzustände vorliegen, trifft der Entscheider nach Abbildung 14 eine Entscheidung unter Ungewissheit.

Kann der Entscheider eine subjektive oder objektive Aussage darüber treffen, wie wahrscheinlich es ist, dass ein bestimmter Umweltzustand eintreten wird, spricht man von einer Entscheidung unter Risiko. In diesem Fall stehen diverse Entscheidungsregeln zur Verfügung, nach denen sich der Akteur richten kann. Am bekanntesten ist die Berechnung von Erwartungswerten. Dabei wird die Zielgröße mit der Wahrscheinlichkeit des Umweltzustandes gewichtet und diejenige Alternative gewählt, die den höchsten Erwartungswert liefert. Kann er dagegen keine Einschätzung hinsichtlich der Eintrittswahrscheinlichkeiten

1. Grundlagen: Betriebswirtschaftslehre und Tourismus

```
                        Umweltzustände
    ┌───────────────────────┼───────────────────────┐
 Eintritt bekannt     Eintritts-              Eintritts-
                      wahrscheinlichkeit      wahrscheinlichkeit
                      bekannt                 unbekannt
        ⇓                   ⇓                       ⇓
  Entscheidung       Entscheidung           Entscheidung unter
  unter Sicherheit   unter Risiko           Unsicherheit
                            ⇓                       ⇓
                    Entscheidung unter Ungewissheit
```

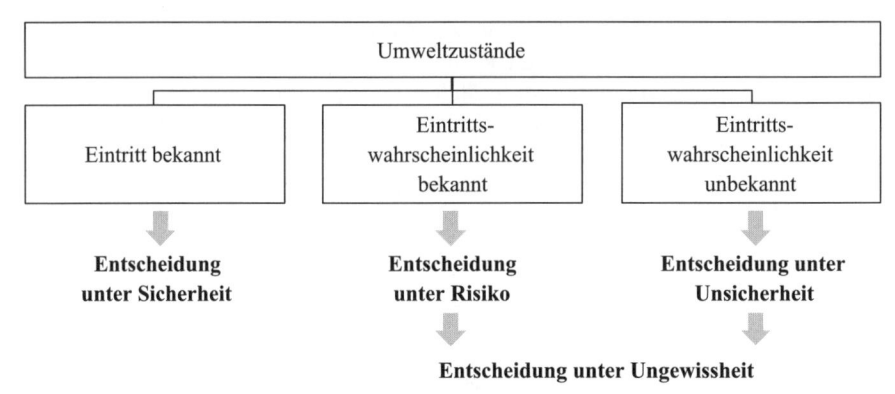

Abbildung 14: Entscheidungsarten[78]

treffen, muss er die Alternativenauswahl unter Unsicherheit vornehmen. Auch hier stehen diverse ökonomische Entscheidungsregeln zur Auswahl, um die bestmögliche Alternative zu selektieren.

1.5.4 Wettbewerbsvorteile

Im Regelfall werden gleiche oder ähnliche Leistungen von mehreren Unternehmen gleichzeitig angeboten. In solchen Märkten entsteht Wettbewerb. Er tritt immer dann auf, wenn die von den Unternehmen nachgefragten Elemente beschränkt sind und nicht allen am Markt operierenden Unternehmen zur Verfügung stehen. Dieser Aspekt kam im vorangegangenen Kapitel bereits zur Sprache. Dort wurde es als Grund für die Notwendigkeit des wirtschaftlichen Handelns erwähnt. Knappe Ressourcen bestmöglich einzusetzen bedeutet aber auch, diese besser zu nutzen als die Mitbewerber. Denn nur diese Unternehmen schaffen es, sich gegenüber ihren Konkurrenten durchzusetzen und ihre individuellen Ziele zu erreichen. Dabei geht es nicht nur um materielle Güter, sondern gemeint sind jegliche Elemente innerhalb des unternehmerischen Wettbewerbsumfelds: Kapital, Mitarbeiter, Kunden etc. Beispielsweise stellt der Kerosin-Lieferant die Lieferung an die Fluggesellschaft ein, wenn deren Zahlungsfähigkeit nicht mehr gegeben ist und auch die Bank wird keinen neuen Kredit mehr zur Verfügung stellen. Ebenso konkurrieren Unternehmen um die qualifiziertesten Mitarbeiter auf dem Markt. Kann ein Unternehmen einem fähigen Mitarbeiter keine Perspektive mehr bieten, wird dieser zum Wettbewerber wechseln. Unternehmen konkurrieren natürlich auch um Kunden. Dies gilt umso mehr, wenn ein Käufermarkt vorliegt, das Angebot die Nachfrage also deutlich übersteigt. Genau diese Gegebenheit findet sich häufig auf dem weitgehend gesättigten Tourismusmarkt. Eine sinnvolle Strategieauswahl ist somit unerlässlich, um **Wettbewerbsvorteile** zu erzielen.[79] Wettbewerbsvorteile

---

[78] In Anlehnung an Hutzschenreuter (2011), S. 17.
[79] Zu möglichen Strategien auf Geschäftsfeld- als auch Gesamtunternehmensebene vgl. insbesondere die Abschnitte 2.4 und 4.2.2.

sind Positionierungsvorteile einzelner Geschäftsfelder eines Unternehmens gegenüber Wettbewerbern, die im gleichen Geschäftsfeld agieren. Sie sind daher immer relativ zu sehen und folglich von beschränkter zeitlicher Dauer, da Wettbewerber gleichziehen oder gar den Marktführer überholen können.[80] Damit die Positionierung tatsächlich als Wettbewerbsvorteil wahrgenommen wird, müssen folgende Merkmale kumulativ gegeben sein:

- Der Vorteil muss ein Leistungsmerkmal betreffen, das für den Kunden eine gewisse Bedeutung besitzt. Beispielsweise könnte gewissen Hotelgästen ein exklusiver Zugang zum Wellness- und Spa-Bereich des Hotels gewährt werden. Ist der Gast allerdings nur auf kurzfristiger Geschäftsreise und hat daher kein Interesse am Wellness- und Spa-Bereich, wird er dieses Produktangebot auch nicht als Vorzug des Hotels einstufen.
- Der Vorteil muss vom Kunden auch tatsächlich wahrgenommen werden. Befinden sich im oben angeführten Beispiel noch andere Gästegruppen im Wellness- und Spa-Bereich, so kann der Hotelgast die Exklusivität des Angebots nicht erkennen und ordnet folglich dem Hotel keinen Positionierungsvorteil in diesem Geschäftsbereich zu.
- Der Vorteil darf von den Wettbewerbern nicht zu schnell einholbar sein, so dass dieser vom Unternehmen eine gewisse Zeit gehalten und beim Kunden bekannt gemacht werden kann. Ein Beispiel hierfür wäre ein Hotel, welches eine einzigartige Lage innehat, bei der aufgrund von Bauverboten o.ä. auch keine Vergleichsangebote zu erwarten sind.

Literatur

Bea, Franz Xaver; Schweitzer, Marcell (2009): Allgemeine Betriebswirtschaftslehre. Band 1: Grundfragen. 10. Aufl., Stuttgart

Grabner, Sigrid; Koller, Tanja (2007): Tourismusrecht, in: *Holoubek, Michael; Potacs, Michael* (Hrsg.): Handbuch des öffentlichen Wirtschaftsrecht, Band I, 2. Aufl., Wien, New York

Hutzschenreuter, Thomas (2011): Allgemeine Betriebswirtschaftslehre, 4. Aufl., Wiesbaden

IHA Hotelverband Deutschland (2009): Hotelmarkt Deutschland, Berlin

Jung, Hans (2009): Allgemeine Betriebswirtschaftslehre, 10. Aufl., München

Lufthansa (2011): Die Lufthansa Aktie, unter: http://investor-relations.lufthansa.com/de/aktie/basisinformationen.html, letzter Zugriff am 07. September 2011.

o.V. (2010): Bahn-Börsengang, Ramsauer verlangt von Bahn Qualität vor Dividende, in: Die Zeit online, 10.02.2010, unter: http://www.zeit.de/wirtschaft/unternehmen/2010-02/ramsauer-bahn-boersengang, letzter Zugriff am 10. April 2012

Paul, Joachim (2007): Einführung in die Allgemeine Betriebswirtschaftslehre, Wiesbaden

Porter, Michael (2008), Wettbewerbsstrategie, 10. Aufl., Frankfurt, New York

Rudolph, Harry (2002): Tourismus-Betriebswirtschaftslehre, 2. Aufl., München

Statistisches Bundesamt (2011): Statistisches Jahrbuch 2011. Wiesbaden

Steinmann, Horst; Schreyögg, Georg (2005): Management. Grundlagen der Unternehmensführung. 6. Aufl., Wiesbaden

Thommen, Jean-Paul; Achleitner, Ann-Kristin (2009): Allgemeine Betriebswirtschaftslehre, 6. Aufl., Wiesbaden

---

[80] Vgl. Steinmann, Schreyögg (2005), S. 214 f. und S. 257.

1. Grundlagen: Betriebswirtschaftslehre und Tourismus

Trunz, Helmut (2008): Die Geschichte der Lufthansa: Luftfahrtlegende seit 1926, München

Wöhe, Günter; Döring, Ulrich (2010): Einführung in die Allgemeine Betriebswirtschaftslehre, 24. Aufl., München

Weiterführende Literaturhinweise

Domschke, Wolfgang; Scholl, Armin (2008): Grundlagen der Betriebswirtschaftslehre, 4. Aufl., Berlin, Heidelberg, New York

Fließ, Sabine (2009): Dienstleistungsmanagement, Wiesbaden

Hierl, Susanne; Huber, Steffen (2008): Rechtsformen und Rechtsformwahl, Wiesbaden

König, Rolf; Maßbaum, Alexandra; Sureth, Caren (2009): Besteuerung und Rechtsformwahl, 4. Aufl., Herne

Oehlrich, Marcus (2010): Betriebswirtschaftslehre, 2. Aufl., München

Schierenbeck, Henner; Wöhle, Claudia (2008): Grundzüge der Betriebswirtschaftslehre, 17. Aufl., München

Weber, Wolfgang; Kabst, Rüdiger (2009): Einführung in die Betriebswirtschaftslehre, 7. Aufl., Wiesbaden

Vahs, Dietmar; Schäfer-Kunz (2007): Einführung in die Betriebswirtschaftslehre, 5. Aufl., Stuttgart

2. Funktionsbereiche:
Kernelemente touristischer Wertschöpfung

2. Funktionsbereiche: Kernelemente touristischer Wertschöpfung

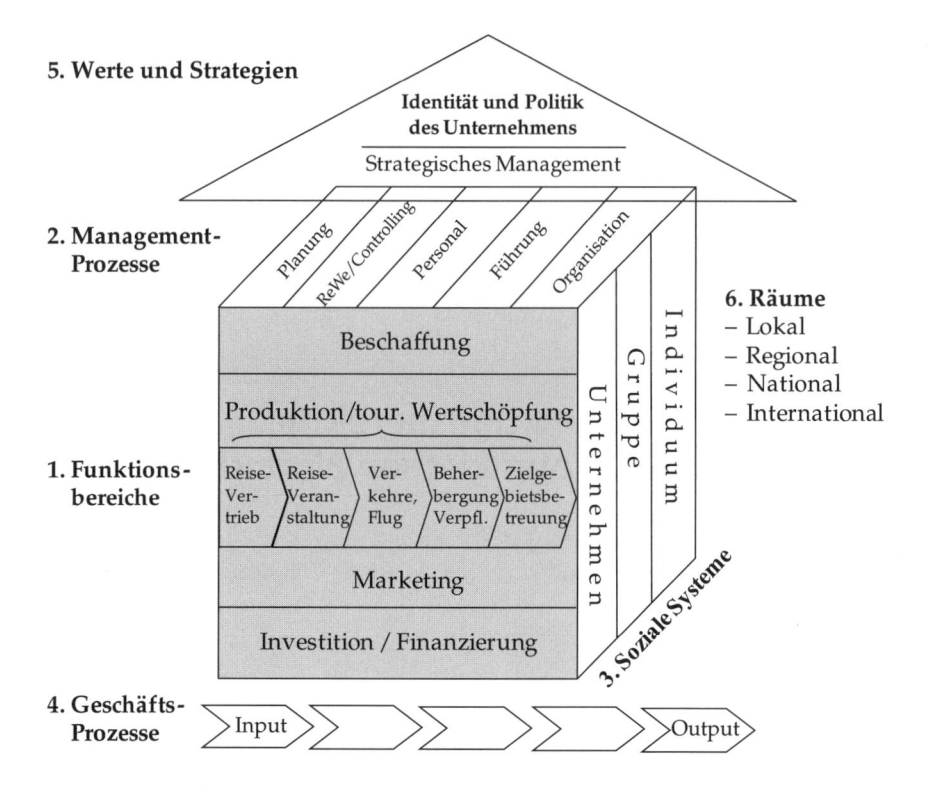

5. Werte und Strategien
- Identität und Politik des Unternehmens
- Strategisches Management

2. Management-Prozesse
- Planung
- ReWe/Controlling
- Personal
- Führung
- Organisation

6. Räume
- Lokal
- Regional
- National
- International

1. Funktionsbereiche
- Beschaffung
- Produktion/tour. Wertschöpfung
  - Reise-Vertrieb
  - Reise-Veranstaltung
  - Verkehre, Flug
  - Beherbergung/Verpfl.
  - Zielgebietsbetreuung
- Marketing
- Investition / Finanzierung

3. Soziale Systeme
- Individuum
- Gruppe
- Unternehmen

4. Geschäfts-Prozesse
Input ≫ ≫ ≫ ≫ Output

Das zweite Kapitel beschäftigt sich insbesondere mit der 1. Dimension des bereits vorgestellten Management-Würfels – den Funktionsbereichen Investition und Finanzierung, Beschaffung, Produktion und Marketing. Wenngleich diese Bereiche nun aus ökonomischer und touristischer Sicht im Detail betrachtet werden, sollen gemäß der integrierten Sichtweise, die diesem Buch zugrunde liegt, die übrigen Dimensionen des Würfels nicht außer Acht gelassen werden. So finden sich bspw. auch bei Investitions- und Finanzierungstätigkeiten Geschäftsprozesse (Abschnitt 2.1), die in bestimmten Räumen durchgeführt werden. Oder aber im Bereich der Beschaffung und Produktion muss die strategische Frage nach der Wertschöpfungstiefe im Tourismus geklärt werden (Abschnitt 2.2 und Abschnitt 2.3).

2.1 Investition und Finanzierung

2.1.1	Fallbeispiel: Deutsche Lufthansa zum Ersten	76
2.1.2	Die betriebliche Finanzwirtschaft	77
2.1.2.1	Einordnung des Investitionsbegriffs	77
2.1.2.2	Definition und Notwendigkeit der Finanzierung	77
2.1.2.3	Die Finanzplanung	79
2.1.3	Investitionsrechnung	80
2.1.3.1	Einführung	80
2.1.3.2	Statische Investitionsrechenverfahren	81
2.1.3.3	Dynamische Investitionsrechenverfahren	85
2.1.4	Finanzierung	89
2.1.4.1	Überblick der Kapitalarten	89
2.1.4.2	Außenfinanzierung	92
2.1.4.3	Innenfinanzierung	93
2.1.4.4	Kapitalkosten	95
2.1.5	Kennzahlen der finanzwirtschaftlichen Analyse	96
2.1.6	Stimmen aus der Praxis	99
2.1.6.1	Achim von der Lahr, UniCredit Bank AG	99
2.1.6.2	Dieter Semmelroth, TUI AG	100

Leitfragen

- Wie sind Investitionen und Finanzierungen gekennzeichnet und mit welchen Fragestellungen setzen sie sich jeweils auseinander?
- Mit welchen Rechenverfahren können Investitionsentscheidungen beurteilt werden?
- Zur Beurteilung von Investitionen dienen das Vorteilhaftigkeitskriterium, der Vorteilhaftigkeitsvergleich und die Nutzungsdauerentscheidung. Was sagen diese aus?
- Worin unterscheiden sich statische und dynamische Rechenverfahren? Gehen Sie dabei auf den Zeitwert des Geldes ein.
- Welche statischen und dynamischen Investitionsrechenverfahren existieren? Wie funktionieren diese und zu welcher Aussage führen Sie jeweils?
- Wie können die verschiedenen Kapitalarten klassifiziert werden?
- Worin unterscheidet sich Eigenkapital von Fremdkapital? Wie ist die Außenfinanzierung von der Innenfinanzierung abgegrenzt?
- Welche Arten von Kapitalkosten gibt es? Was versteht man unter den gewogenen Kapitalkosten?
- Zur finanzwirtschaftlichen Analyse können verschiedene Kennzahlen herangezogen werden. Welche kennen Sie?

2.1.1 Fallbeispiel: Deutsche Lufthansa (1)

Die wohl wichtigsten Arbeitsmittel der deutschen Fluggesellschaft *Lufthansa AG* sind ihre Flugzeuge. Zum Erhalt und zur Erneuerung ihrer Flotte tätigt die *Lufthansa* daher immer wieder Investitionen. Ein sehr bedeutendes und kapitalintensives dieser Investitionsprojekte ist die Erweiterung der Langstreckenflotte um das Großraumflugzeug A380 der Firma *Airbus*. Bereits im Jahr 2001 hatte der *Lufthansa*-Konzern eine Bestellung über 15 Flugzeuge mit einer Option für 5 weitere aufgegeben. Während die erste Auslieferung ursprünglich für das Jahr 2007 geplant war, wurde die erste Maschine mit dem Namen „Frankfurt" dann mit erheblicher Verzögerung im Mai 2010 an die *Lufthansa* übergeben. Im Juli erfolgte die Auslieferung des zweiten Jets mit dem Namen „München" und zwei weitere Auslieferungen fanden noch im selben Jahr statt. Die übrigen Flugzeuge werden sukzessive bis zum Jahr 2015 ausgeliefert. Der Wert eines einzelnen A380 beträgt rund $350 Millionen. Unter anderem um den Kapitalbedarf dieser umfangreichen Investition zu sichern, führte die *Lufthansa* im Jahr 2004 eine Kapitalerhöhung durch, welche ihr 752 Mio. € an liquiden Mitteln sicherte.

Neben diesem langfristigen Investitionsprojekt führt der Konzern laufend mittel- und kurzfristige Investitionsmaßnahmen durch. Um einen Überblick über alle Zahlungsströme wahren zu können und diese effizient zu steuern, hat der Konzern ein zentrales Finanzmanagement etabliert, in dem alle Ein- und Auszahlungen zusammenlaufen. Diese integrierte Finanz- und Liquiditätsplanung liefert zu jedem Zeitpunkt ein verlässliches Bild über die vorhandene und zukünftig benötigte Liquidität im Unternehmen. Im Geschäftsjahr 2011 investierte die *Lufthansa* 2,6 Mrd. €. Der Großteil dieses Betrages, nämlich 2,1 Mrd. €, entfiel auf den Geschäftsbereich Passage – der Passagierbeförderung der deutschen Fluggesellschaft – und wurde vor allem für neues Fluggerät verwendet. Die Finanzierung der Investitionen erfolgte zu einem großen Teil aus den bereits vorhandenen und im Geschäftsjahr generierten internen liquiden Mitteln, was aus der Innenfinanzierungsquote von 91,8 % hervorgeht. Aufgrund des hohen Investitionsvolumens greift die *Lufthansa* aber nicht nur auf ihre Innenfinanzierungskraft zurück, sondern ist auch auf die Aufnahme von externen Finanzmitteln angewiesen. Hierzu bedient sie sich einerseits der für Fluggesellschaften speziellen Instrumente der Flugzeugfinanzierung und andererseits der Kapitalmarkttransaktionen sowie der Bankkreditfinanzierungen.

Durch die Innen- und Außenfinanzierungsmaßnahmen beschafft sich der Konzern Eigenkapital wie auch Fremdkapital, deren Gegenüberstellung Aufschluss über die Verschuldung und die zukünftige Kapitalaufnahmemöglichkeit eines Unternehmens gibt. Beispielsweise betrug die Eigenkapitalquote im Jahr 2011 28,6 %, wobei zukünftig eine dauerhafte Quote von 30 % angestrebt wird. Auf der anderen Seite stehen die Fremdkapitalinstrumente. Betrachtet man lediglich die Kreditfinanzierung, so ist im Geschäftsbericht ein Verschuldungsgrad von 8,3 % ausgewiesen.

2.1.2 Die betriebliche Finanzwirtschaft

2.1.2.1 Einordnung des Investitionsbegriffs

Am Anfang eines betrieblichen Wertschöpfungsprozesses steht die Investitionstätigkeit. Unternehmen müssen zunächst einmal Ressourcen erwerben, um den Leistungserstellungsprozess in Gang zu setzen. Beispielsweise investiert ein neu gegründetes Unternehmen anfänglich, indem es Büroräume anmietet, PCs und relevante Software erwirbt, Forschungs- und Entwicklungstätigkeiten durchführt, Marketingaktivitäten startet und vieles mehr. Aber auch bereits länger am Markt agierende Unternehmen unterliegen der Notwendigkeit, laufend Investitionen durchzuführen, um am Markt bestehen und wachsen zu können. Sie tätigen

- Sachinvestitionen (Maschinen, Vorräte, Gebäude, etc.),
- Immaterielle Investitionen (Lizenzen, Markennamen, Schulungsprogramme etc.) oder
- Finanzinvestitionen (Wertpapiere, Beteiligungen, etc.).

So führte die *Lufthansa* im Geschäftsjahr 2011 Sachinvestitionen in Flugzeuge sowie technische Anlagen und Maschinen durch. Immaterielle Investitionen betrafen Ausgaben für Lizenzen und Geschäfts- und Firmenwerte. Finanzinvestitionen führte die Fluggesellschaft in Form von Kapitalausstattungen von Beteiligungen und Ausleihungen sowie kleineren Anteilserwerben durch.[81]

> **Definition**
> Allgemein gesprochen ist eine **Investition** definiert als die Verwendung finanzieller Mittel zur Beschaffung von Ressourcen.[82] Sie beantwortet damit die Frage nach der **Kapitalverwendung** in einem Unternehmen.

Die Kapitalverwendungsfunktion lässt sich auch in der Unternehmensbilanz ablesen, denn eine Investition stellt einen Aktivtausch dar, bei dem liquide Mittel in Anlagevermögen umgewandelt werden.

2.1.2.2 Definition und Notwendigkeit der Finanzierung

Im Zusammenhang mit Investitionsvorhaben steht immer auch die Überlegung, wie hoch der dafür benötigte Kapitalbedarf ist und aus welchen Quellen dieser stammt – also der Finanzierung des Vorhabens.

> **Definition**
> Eine **Finanzierung** ist die Bereitstellung finanzieller Mittel zur Realisierung des betrieblichen Wertschöpfungsprozesses.[83] Sie beantwortet die Frage nach der **Kapitalherkunft**.

---

[81] Vgl. Lufthansa (2010), S. 69.
[82] Vgl. Jung (2009), S. 810.
[83] Vgl. ebd., S. 718.

2. Funktionsbereiche: Kernelemente touristischer Wertschöpfung

Auch die Kapitalherkunftsfunktion ist wiederum aus der Bilanz ersichtlich: es entstehen Verbindlichkeiten auf der Passivseite, was zu einer Erhöhung der liquiden Mittel führt.

Im güterwirtschaftlichen Bereich ist eine Finanzierung überhaupt erst notwendig, da Auszahlungen, die zur Leistungserstellung notwendig sind, getätigt werden müssen bevor aus der Leistungsverwertung Einzahlungen resultieren: zunächst muss in eine Maschine investiert werden (Auszahlung), um ein Produkt zu produzieren. Erst mit einer gewissen zeitlichen Verzögerung wird dieses Produkt anschließend am Markt abgesetzt (Einzahlung). Daher wird beispielsweise vorab ein Kredit aufgenommen, der später durch die liquiden Mittel aus dem Verkaufsprozess zurückgezahlt werden kann.

Leistungsbereich	Input	Leistung	Output
Finanzbereich	Auszahlung	Investition	Einzahlung
	Einzahlung	Finanzierung	Auszahlung

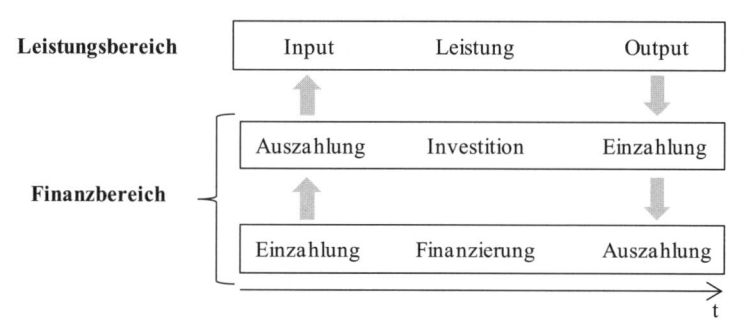

Abbildung 15: Leistungs- und Zahlungsströme[84]

Für touristische Dienstleistungen gilt jedoch das uno-actu-Prinzip[85], gemäß dem Produktion und Konsum zeitlich zusammen fallen. Die temporäre Diskrepanz zwischen Auszahlungen und Einzahlungen entfällt damit augenscheinlich. Dennoch steht auch hier die Ressourcenbeschaffung meist vorne an: Personal muss eingestellt werden, Flugzeuge müssen erworben werden, ein Hotel muss gebaut werden, Destinationen müssen in ihre Entwicklung investieren, etc. Erst wenn die Beherbergungs-, die Verpflegungs- oder die Verkehrsleistung an den Reisenden verkauft ist, kommt es zu korrespondierenden Einzahlungen. Insofern muss auch hier über Finanzierungsmaßnahmen nachgedacht werden.

Bei Unternehmen des Reiseveranstalterbereichs zeigt sich hingegen eine Besonderheit: Da Kunden üblicherweise bereits vor Reiseantritt ihre Rechnung begleichen, die Leistungsträger üblicherweise aber erst nach Reiseabschluss bezahlt werden, dreht sich der zeitliche Strom von Aus- und Einzahlungen gerade um.[86] So fallen diese zeitlich zwar auseinander aber eine Finanzierung entfällt auf den ersten Blick, weil aus den zufließenden Einzahlungen die später folgende Auszahlung finanziert werden kann. Da dies jedoch ein kontinuierlicher Prozess ist, ist nichtsdestotrotz eine detaillierte Liquiditätsplanung erforderlich, um eventuelle Finanzierungslücken, d. h. Zeiträume, in denen die Auszahlungen die Einzahlungen übertreffen, aufzudecken und zu überbrücken. Dies gilt

---

[84] In Anlehnung an Wöhe, Döring (2010), S. 519.
[85] Vgl. Abschnitt 1.2.2.1
[86] Vgl. Mundt (2007), S. 274.

umso mehr als dass der Reiseveranstalter eventuell selbst auch Vorauszahlungen tätigt (bspw. an Hoteliers), die die Kundenanzahlungen übersteigen.

Wie aus den obigen Ausführungen hervorgeht, dürfen Investitions- und Finanzierungsentscheidungen nicht unabhängig voneinander betrachtet werden, sondern müssen aufeinander abgestimmt sein. Daher sollen in der betrieblichen Finanzwirtschaft die folgenden beiden Fragestellungen simultan beantwortet werden:

- Welche Investitionen soll ein Unternehmen durchführen (Investition)?
- Durch welche Kapitalmittel sollen diese Investitionen bezahlt werden (Finanzierung)?

Das übergeordnete Ziel ist dabei die Wertschaffung im Unternehmen, d. h. die Rentabilität muss gewährleistet sein.

2.1.2.3 Die Finanzplanung

Um den **Kapitalbedarf** zu ermitteln, werden zukünftig erwartete Ein- und Auszahlungen eines Zeitraums in einem sogenannten Finanzplan gegenübergestellt.[87] Finanzpläne können kontinuierlich erstellt werden zur Abbildung der Zahlungsströme aus dem laufenden operativen Geschäft. Sie können aber auch einmalig anlässlich einer bestimmten Investitionsentscheidung (beispielsweise Unternehmensgründung oder Investition in ein Großprojekt wie den Bau eines Flughafens oder Hotelresorts) aufgestellt werden. Je nach Fristigkeit können sie langfristiger (mehrere Jahre), mittelfristiger (mehrere Monate bis wenige Jahre) oder kurzfristiger (ein Tag bis wenige Monate) Natur sein. Der primäre Zweck dient der Sicherstellung der **Liquidität**. Im Gegensatz zur Kapitalflussrechnung, die rückblickend Aufschluss über die Zahlungsstromentwicklung einer Berichtsperiode gibt, ist die Finanzplanung auf zukünftige Entwicklungen gerichtet und somit mit Unsicherheit behaftet. Der sekundäre Zweck einer Finanzplanung ist daher die **Reduktion der Unsicherheit**. Schließlich dient sie noch der Überwachung des übergeordneten Ziels der Finanzwirtschaft, der **Sicherstellung der Wertschaffung oder Rentabilität**. In diesem Zusammenhang soll eine Optimierung der Zahlungsströme erfolgen, worunter Entscheidungen fallen wie:

- Welche Investitionsmöglichkeiten versprechen den wertmäßig höchsten Zahlungsrückfluss?
- Welche Investitionsmöglichkeiten sind am sichersten?
- Wann müssen finanzielle Mittel aufgenommen werden?
- Welche finanziellen Mittel sind am günstigsten?

Gerade im Tourismus kommt der Finanzplanung eine entscheidende Bedeutung zu. Nicht selten fordern Investitionen der touristischen Unternehmen einen hohen Kapitalbedarf und zudem sind die Mittel häufig langfristig gebunden. Hinzu kommt eine hohe Unsicherheit sowie Schwankungen bei der Planung der Zahlungsströme. Eine sorgfältige und umfassende Finanzplanung ist daher besonders im touristischen Bereich unumgänglich.

---

[87] Vgl. Jung (2009), S. 726.

2.1.3 Investitionsrechnung

2.1.3.1 Einführung

Die Investitionsrechnung beschäftigt sich mit der Vorteilhaftigkeit einer Investitionsmöglichkeit. Sie überprüft mittels verschiedener Rechenverfahren, ob die Investition einen wertmäßigen Vorteil schafft oder nicht. Die Rechenverfahren aus Abb. 16 sind unterschiedlich aufwändig und setzen zum Teil auf einer unterschiedlichen Datenbasis auf.

```
                    Investitionsrechenverfahren
                    ┌──────────┴──────────┐
            Statische Verfahren      Dynamische Verfahren
```

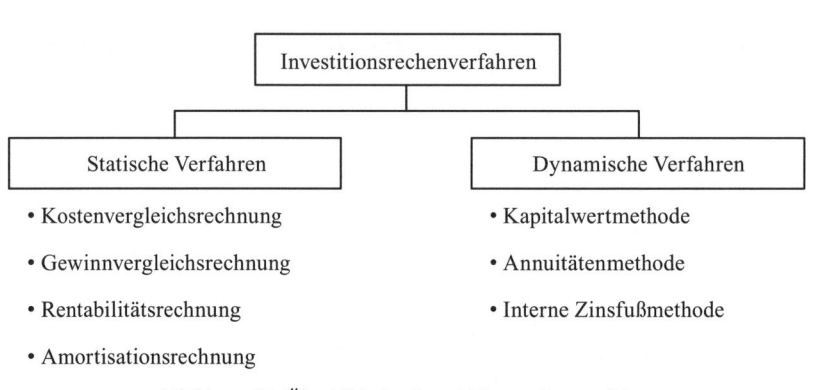

- Kostenvergleichsrechnung
- Gewinnvergleichsrechnung
- Rentabilitätsrechnung
- Amortisationsrechnung

- Kapitalwertmethode
- Annuitätenmethode
- Interne Zinsfußmethode

Abbildung 16: Überblick der Investitionsrechenverfahren

Die verschiedenen Verfahren werden in den folgenden beiden Kapiteln anhand von konkreten Beispielen vorgestellt.

Als Ausgangspunkt dient folgender Fall:

Beispiel

Ein Freizeitpark überlegt sich, in eine Seilbahn zu investieren, damit dessen Besucher schnell vom Nord- zum Südende des Parks gelangen können. Der Geschäftsleitung stehen zwei Modelle zur Auswahl, zu denen die folgenden Daten gegeben seien.

in €, falls nicht anders angegeben	Modell Gondola	Modell Panorama
Anschaffungsauszahlungen	420.000	330.000
Instandhaltung/Wartung p. a.	24.000	15.000
Personalkosten p. a.	12.000	12.000
Sonstige Betriebskosten p. a.	54.000	48.000
Nutzungsdauer in Jahren	12	15
Zins p. a.	8 %	8 %
⌀ erwartete Fahrgäste p. a.	100.000	80.000
Fahrpreis pro Gast	1,80	1,80

Das Modell Gondola hat ein komfortableres Design und eine etwas ausgereiftere Technik. Sie ist daher teurer im Unterhalt. Dafür geht die Geschäftsleitung davon aus, dass mehr Fahrgäste pro Jahr (per annum = p. a.) die Bahn nutzen. Für beide Modelle wird mit einem Fahrpreis von 1,80 € kalkuliert. Der Erwerb der Seilbahn soll über einen Bankkredit finanziert werden, der mit 8 % p. a. zu verzinsen ist.

Die Beurteilung der vorzustellenden Verfahren erfolgt vor dem Hintergrund dreier Fragestellungen:

- Ist die Investitionsmöglichkeit vorteilhaft (**Vorteilhaftigkeitskriterium**)?
- Welche von mehreren sich gegenseitig ausschließenden Investitionsmöglichkeiten soll durchgeführt werden (**Vorteilhaftigkeitsvergleich**)?
- Über welchen Zeitraum amortisiert sich die Investitionsmöglichkeit (**Nutzungsdauerentscheidung**)?

2.1.3.2 Statische Investitionsrechenverfahren

Der Name der statischen Verfahren leitet sich daraus ab, dass der konkrete Zeitpunkt, zu dem eine Investition spezifische Kosten verursacht und Erträge erwirtschaftet bzw. Auszahlungen und Einzahlungen erzeugt, unberücksichtigt bleibt. Vielmehr wird eine repräsentative Periode mit durchschnittlichen Kosten, Erlösen oder Zahlungsströmen betrachtet. Wenngleich diese Herangehensweise nicht unbedingt realen Gegebenheiten entspricht, sind die Verfahren jedoch leicht anwendbar und werden daher häufig als erste Annäherung an die Investitionsproblematik eingesetzt.

Die **Kostenvergleichsrechnung** geht der Frage nach, welche Investitionsalternative die geringsten Kosten verursacht. Es sind sowohl Betriebskosten (Personal, Material, Instandhaltung, Energie, etc.) als auch Kapitalkosten (kalkulatorische Abschreibungen, kalkulatorische Zinsen) in Form eines Periodendurchschnittswerts – im vorliegenden Fall ein Jahresdurchschnittswert – zu berücksichtigen. Instandhaltungs- und Wartungskosten, Personalkosten sowie sonstige Betriebskosten pro Jahr sind aus der Tabelle direkt ablesbar. Die kalkulatorischen Abschreibungen verteilen vereinfachend die Anschaffungsauszahlungen gleichmäßig (linear) auf die Nutzungsdauer und ergeben sich aus:

(1) Kalkulatorische Abschreibungen $= \dfrac{A_0}{n}$ mit

n = Periodenanzahl
A_0 = Anschaffungsauszahlung der Periode 0.

Im Beispiel ergibt sich für das Modell Gondola ein durchschnittlicher Abschreibungsbetrag pro Jahr in Höhe von $\frac{420.000\,€}{12} = 35.000\,€$.

Die kalkulatorischen Finanzierungskosten berechnet man durch Multiplikation des Zinssatzes mit dem durchschnittlich gebundenen Kapital. Auch hier wird vereinfachend angenommen, dass das eingesetzte Kapital kontinuierlich bis zum Ende des Betrachtungszeitraums zurückgezahlt wird, so dass das durchschnittlich in der Investition gebundene Kapital $\frac{A_0}{2}$ beträgt. Für die Finanzierungskosten folgt

2. Funktionsbereiche: Kernelemente touristischer Wertschöpfung

(2) Kalkulatorische Finanzierungskosten $= \dfrac{A_0}{2} \cdot i$, mit $i = $ Zinssatz p.a.

Das Modell Gondola verursacht somit $\dfrac{420.000\,€}{2} \cdot 8\,\% = 16.800\,€$ an durchschnittlichen Finanzierungskosten.

Führt man schließlich eine komplette Kostenvergleichsrechnung für beide Modelle durch, ergibt sich folgendes Bild:

in €, falls nicht anders angegeben	Modell Gondola	Modell Panorama
Instandhaltung/Wartung p.a.	24.000	15.000
Personalkosten p.a.	12.000	12.000
Sonstige Betriebskosten p.a.	54.000	48.000
Abschreibungen p.a.	35.000	22.000
Finanzierungskosten p.a.	16.800	13.200
Gesamtkosten p.a.	141.800	110.200

Das Modell Panorama verursacht durchschnittlich weniger Kosten pro Periode als das Modell Gondola, so dass die Entscheidung nach der Kostenvergleichsrechnung daher für das Modell Panorama fällt. Allerdings kann dieser Ansatz die Frage nach der Vorteilhaftigkeit des einzelnen Projektes nicht beantworten, da die Erlöse nicht berücksichtigt sind. Weil nur die Kostenseite betrachtet wird, bleibt unklar, ob die Investitionsprojekte überhaupt einen Gewinn abwerfen. Zudem ist nicht geklärt, welche Alternative den höheren Gewinn erwirtschaftet und realisiert werden sollte. Es findet also lediglich ein Vorteilhaftigkeitsvergleich auf Kostenbasis statt. Das Vorteilhaftigkeitskriterium kommt nicht zur Anwendung. Diese Nachteile heilt die Gewinnvergleichsrechnung.

Bei der **Gewinnvergleichsrechnung** werden die Erlöse in das Entscheidungskalkül miteinbezogen, indem der durchschnittliche Periodengewinn gemäß der folgenden Darstellung berechnet wird.

in €, falls nicht anders angegeben	Modell Gondola	Modell Panorama
⌀ erwartete Fahreranzahl p.a.	100.000	80.000
Fahrpreis pro Kunde	1,80	1,80
Gesamterlöse p.a.	180.000	144.000
Gesamtkosten p.a.	141.800	110.200
Gewinn p.a.	38.200	33.800

Zunächst zeigt sich, dass beide Modellvarianten einen Gewinn erwirtschaften und daher beide durchgeführt werden könnten (Vorteilhaftigkeitskriterium). Da der Freizeitpark aber nur in der Lage ist, eine Seilbahn zu installieren, d.h. die beiden Investitionsalternativen schließen sich gegenseitig aus, sollte er das

Modell Gondola vorziehen, denn es erwirtschaftet einen durchschnittlich höheren Gewinn (Vorteilhaftigkeitsvergleich).

Wenngleich das Modell Gondola zu einem höheren Gewinn führt, muss das Unternehmen zum Investitionszeitpunkt 90.000 € mehr aufbringen als beim Modell Panorama. Um den höheren Gewinn zu vereinnahmen ist folglich auch ein höherer Kapitaleinsatz notwendig. Dies kann zum Problem werden, falls der Park nur beschränkte Kapitalmittel zur Verfügung hat, also zum Investitionszeitpunkt nicht unbegrenzt Kapital aufbringen kann. Die konkreten Zeitpunkte, zu denen Aus- und Einzahlungen anfallen, sind also durchaus relevant und die Betrachtung von Periodendurchschnittsergebnissen ist nicht unbedingt hilfreich. Die **Rentabilitätsrechnung** trägt diesem Sachverhalt Rechnung, indem sie die unterschiedlichen Anschaffungsauszahlungen explizit berücksichtigt, anstatt diese wie bei den Methoden zuvor über die Nutzungsdauer zu verteilen. Das Rechenverfahren setzt den erwirtschafteten Gewinn ins Verhältnis zum durchschnittlichen Kapitaleinsatz, welcher gleichbedeutend mit dem durchschnittlich gebundenen Kapital $\frac{A_0}{2}$ ist.

$$(3) \quad \text{Rentabilität} = \frac{\text{Gewinn vor Zinsen p.a.}}{\varnothing \text{ Kapitaleinsatz}}$$

Die ermittelte Kennzahl entspricht der **Gesamtkapitalrendite**, welche auch bekannt ist unter dem Namen Return on Investment oder Return on Capital Employed.[88] Als Betrachtungsgröße wird der Gewinn vor Abzug der Finanzierungskosten verwendet. Der Grund dafür findet sich im Nenner der Gleichung: hier wird das gesamte eingesetzte Kapital – also sowohl von Eigen- als auch von Fremdkapitalgebern – als Bezugsgröße verwendet. Deshalb muss auch im Zähler eine Gewinngröße verwendet werden, aus der beide Kapitalgeber bedient werden. Würde als Betrachtungsgröße der Gewinn nach Abzug der Finanzierungskosten herangezogen werden, wäre dies eine Größe, die nur an die Eigenkapitalgeber fließt, denn die Fremdkapitalgeber sind durch die Finanzierungszahlungen schon bedient worden. Folglich dürfte im Nenner auch nur das Eigenkapital berücksichtigt werden. In letzterem Fall gibt die errechnete Kennzahl die Eigenkapitalrentabilität (Return on Equity) wieder.

Aufbauend auf der Gewinnvergleichsrechnung liefert die Rentabilitätsrechnung folgende Größen für das Fallbeispiel.

in €, falls nicht anders angegeben	**Modell Gondola**	**Modell Panorama**
Gewinn p. a.	38.200	33.800
Finanzierungskosten p. a.	16.800	13.200
Gewinn vor Zinsen p. a.	55.000	47.000
∅ Kapitaleinsatz	210.000	165.000
Rentabilität	26,2 %	28,5 %

---

[88] Vgl. hierzu Abschnitt 3.2.

2. Funktionsbereiche: Kernelemente touristischer Wertschöpfung

Beide Investitionsobjekte rentieren sich zwar aber es muss noch geprüft werden, ob die Rentabilität auch die Finanzierungskosten deckt. Im betrachteten Beispiel liegen diese bei 8 %, so dass die Durchführung beider Projekte vorteilhaft wäre. Allerdings sollte dem Modell Panorama der Vorzug gegeben werden, da sich dort das eingesetzte Kapital mehr rentiert. Auch dieses Investitionskalkül schenkt folglich sowohl dem Vorteilhaftigkeitskriterium als auch dem Vorteilhaftigkeitsvergleich Beachtung.

Was bisher noch nicht beantwortet wurde ist die Frage, wann sich die beiden Investitionsalternativen amortisieren und damit die Frage nach der Nutzungsdauerentscheidung. Die **Amortisationsrechnung** greift diesen Aspekt auf, indem sie eine Aussage darüber trifft, wie lange es dauert, bis dass die Rückflüsse aus dem Investitionsprojekt mindestens die Anschaffungsauszahlungen decken. Hier tritt ein entscheidender Unterschied zu den bisher besprochenen Verfahren zu Tage: die Amortisationsrechnung basiert auf Einzahlungen und Auszahlungen während zuvor Erlöse und Kosten zugrunde gelegt wurden. Die Amortisationsdauer in Jahren berechnet sich nach

(4) $\text{Amortisationsdauer} = \dfrac{\text{Anschaffungsauszahlungen}}{\text{Einzahlungsüberschuss p.a.}}$

Im Beispiel sind die Anschaffungsauszahlungen gegeben, nicht jedoch die Einzahlungsüberschüsse. Hierfür werden ausgehend vom Gewinn pro Periode die nicht zahlungswirksamen Kosten (Abschnitt 3.2) wieder hinzuaddiert. Im vorliegenden Fall betrifft dies lediglich die Abschreibungen, so dass sich für die beiden Investitionsalternativen folgende Amortisationsdauer ergibt:

in €, falls nicht anders angegeben	Modell Gondola	Modell Panorama
Gewinn p.a.	38.200	33.800
Abschreibungen p.a.	35.000	22.000
Einzahlungsüberschuss p.a.	73.200	55.800
Anschaffungsauszahlung	420.000	330.000
Amortisationsdauer	5,74 Jahre	5,91 Jahre

Für das Modell Gondola gilt folgender Gedankengang: die Seilbahn muss mindestens 5,74 Jahre betrieben werden, bis dass die Einzahlungsüberschüsse die Anfangsauszahlungen mindestens decken und sich die Investition damit amortisiert hat. Da die Nutzungsdauer 12 Jahre beträgt, ist die Investition in jedem Fall lohnend und sollte durchgeführt werden. Dasselbe gilt für das Modell Panorama. Da sich der Freizeitpark für eines der beiden Modelle entscheiden muss, sollte er nach diesem Verfahren das Modell Gondola wählen, da es eine kürzere Amortisationsdauer hat. Die Amortisationsrechnung geht damit auf alle drei der anfänglich erwähnten Fragestellungen ein.

Insgesamt sind die statischen Verfahren jedoch mit einigen Nachteilen verbunden, wovon die folgenden am schwerwiegendsten sind:

- Die Betrachtung von Kosten und Erlösen anstelle von Zahlungsströmen bei der Kosten-, Gewinn- und Rentabilitätsrechnung

- Die Annahme durchschnittlicher Periodengrößen
- Die Vernachlässigung des exakten Zeitpunktes, zu dem Erlöse und Kosten bzw. Ein- und Auszahlungen tatsächlich anfallen

Aus diesen Gründen sind statische Investitionsrechenverfahren zwar für eine schnelle und einfache Annäherung an ein Investitionsproblem anwendbar und daher in der Praxis weit verbreitet. Für eine fundierte Investitionsentscheidung insbesondere komplexer und längerfristiger Projekte sind sie aufgrund ihrer mangelnden Plangenauigkeit jedoch nur sehr eingeschränkt geeignet. In solchen Fällen ist es sinnvoller auf die dynamischen Investitionsrechenverfahren zurückzugreifen.

2.1.3.3 Dynamische Investitionsrechenverfahren

Die dynamischen Investitionsrechenverfahren untergliedern sich in die
- Kapitalwertmethode
- Annuitätenmethode und
- Interne Zinsfußmethode,

wobei sich die drei Verfahren in ihrem grundlegenden Konzept nicht unterscheiden. Sie stellen lediglich die Betrachtung eines Problems aus unterschiedlichen Blickwinkeln dar. Ihnen allen ist gemein, dass sie auf Zahlungsströmen basieren, eine explizite Periodenbetrachtung durchführen und den zeitlichen Anfall der Ein- und Auszahlungen berücksichtigen und damit die genannten Nachteile der statischen Verfahren eliminieren.

Die Notwendigkeit den genauen Zeitpunkt, zu dem Zahlungsströme anfallen, zu betrachten, fußt auf dem Grundsatz, dass Geld heute mehr wert ist als Geld morgen. Es gibt also einen sogenannten **Zeitwert des Geldes**. Hierzu ein einfaches Beispiel: ein Investor steht vor der Wahl, entweder heute eine Einzahlung von 100 € zu erhalten oder eine Periode später. Bekommt er die 100 € sofort, kann er den Betrag „erhöhen", indem er ihn z. B. bei der Bank anlegt und verzinst bekommt. Bei einem Zinssatz von 10 % hat er eine Periode später einen Betrag von 100 € · (1 + 10 %) = 110 €. Aufgrund der Verzinsung ist es für ihn immer besser, den Betrag sofort in Empfang zu nehmen anstatt zu einem späteren Zeitpunkt. Die heutigen 100 € sind demnach in der nächsten Periode 110 € wert. Umgekehrt kann man auch einen Betrag, der zukünftig gezahlt wird, zum heutigen Zeitpunkt bewerten. Erhält der Investor die 100 € erst in einer Periode, so sind sie zum jetzigen Zeitpunkt nur $\frac{100\,€}{(1+10\,\%)}$ = 90,91 € wert. Anders ausgedrückt müsste er heute 90,91 € zu 10 % anlegen, um in einer Periode 100 € zu erhalten. Auch so wird deutlich, dass es besser für ihn ist, die Zahlungsmittel von 100 € sofort zu vereinnahmen als zu einem späteren Zeitpunkt. Je nach betrachtetem Zeitpunkt weist das Geld aufgrund der Verzinsung also einen unterschiedlichen Wert auf.

Das dargestellte Prinzip liegt der **Kapitalwertmethode** zugrunde. Zahlungsströme, die zu unterschiedlichen Zeitpunkten anfallen, werden aufgezinst oder im umgekehrten Fall abgezinst (diskontiert) auf einen gemeinsamen Zeitpunkt, um sie vergleichbar zu machen. Allgemein berechnet sich der Kapitalwert einer Investition nach der folgenden Formel:

(5) $\text{Kapitalwert} = K_0 = -A_0 + \sum_{t=1}^{n} \frac{E_t - A_t}{(1+i)^t}$, mit

t = Periode (0,1,...,n)
A_t = Auszahlung zum Zeitpunkt t
E_t = Einzahlung zum Zeitpunkt t
i = Kalkulationszinsfuß

Er gibt den in Euro bewerteten Überschuss aus der Investition an.

Um das Verfahren zu verdeutlichen, dient wieder das Beispiel des Freizeitparks aber in leicht abgeänderter Form.

Beispiel

Der Freizeitpark möchte die Vorteilhaftigkeit des Modells Gondola nun mittels der Kapitalwertmethode überprüfen. Hierzu plant er detailliert die erwarteten Zahlungsmittelzu- und abgänge in einem Planungszeitraum der nächsten 5 Jahre.[89] Seine Bank bietet ihm einen Zins von 5 %. Er erwartet die folgenden Zahlungen:

in €, falls nicht anders angegeben		Modell Gondola	
Periode	Einzahlung Et	Auszahlung At	Netto: Et–At
0		420.000	−420.000
1	180.000	106.800	73.200
2	220.000	108.300	111.700
3	260.000	112.500	147.500
4	190.000	115.200	74.800
5	220.000	118.400	101.600

Es werden nun keine Periodendurchschnittswerte mehr betrachtet, sondern die unterschiedliche Entwicklung der Zahlungsströme in den einzelnen Perioden fließt explizit in die Rechnung mit ein. Gemäß der Formel (5) erhält man einen Kapitalwert von

$$K_0 = -420.000 + \frac{73.200}{(1+5\%)^1} + \frac{111.700}{(1+5\%)^2} + \frac{147.500}{(1+5\%)^3} + \frac{74.800}{(1+5\%)^4} + \frac{101.600}{(1+5\%)^5}$$
$$= -420.000 + 419.589,93 = 19.589,93$$

Der Kapitalwert in Höhe von 19.589,93 € ergibt sich aus dem sogenannten **Barwert** aller zukünftigen Ein- und Auszahlungen (419.589,93 €) abzüglich der Anschaffungsauszahlung und stellt den heutigen Wert (in Euro) der Investitionsmöglichkeit dar.[90] Abbildung 17 verdeutlicht das Prinzip der Kapitalwertmethode grafisch.

---

[89] Es wird kein Unterschied zwischen einem Anlage- und einem Verschuldenzins gemacht. Sowohl die Geldaufnahme als auch die Geldanlage ist zu 5 % möglich.
[90] Die Begriffe Kapitalwert und Barwert werden häufig synonym verwendet. Zum Teil werden diskontierte Zahlungsströme, die das gleiche Vorzeichen haben, als Barwerte

2.1 Investition und Finanzierung

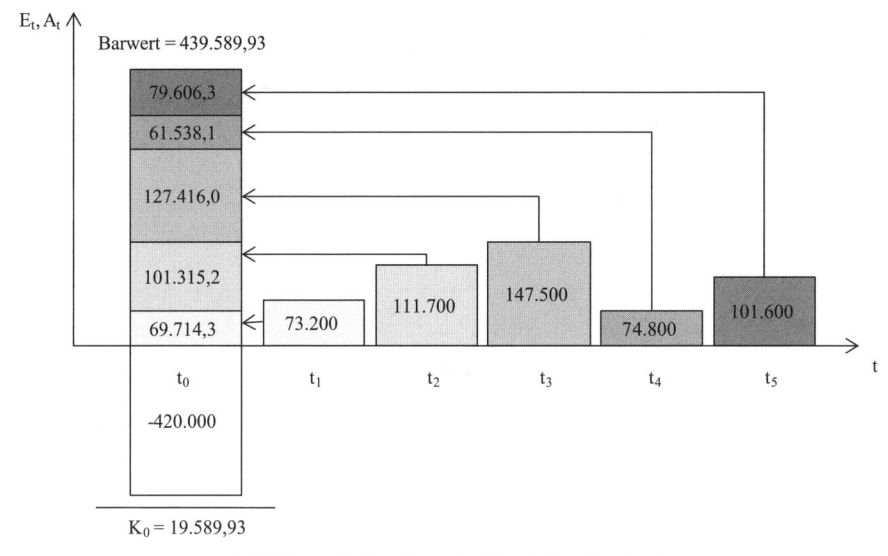

E_t, A_t

Barwert = 439.589,93

79.606,3
61.538,1
127.416,0
101.315,2
69.714,3   73.200   111.700   147.500   74.800   101.600

t_0 t_1 t_2 t_3 t_4 t_5 t

-420.000

$K_0 = 19.589,93$

Abbildung 17: Verfahren der Kapitalwertmethode

Die einzelnen Zahlungsströme wurden durch die Diskontierung vergleichbar gemacht, indem ihr jeweiliger Wert zum Zeitpunkt t=0 berechnet wurde. Da der Kapitalwert im Betrachtungszeitraum positiv ist, ist die Investition in das Modell Gondola vorteilhaft und sollte durchgeführt werden – unter der Voraussetzung eines 5-periodigen Planungszeitraums und einer Geldaufnahmemöglichkeit von 5 %. In einem zweiten Schritt sollte eine detaillierte Periodenplanung für das Modell Panorama erfolgen und die Kapitalwerte der beiden Modelle verglichen werden. Auch hier muss ein Planungszeitraums von 5 Perioden und ein Kalkulationszinsfuß von 5 % zugrunde gelegt werden, um eine einheitliche Basis zu schaffen. Das Modell mit dem höheren Kapitalwert ist lohnender und sollte realisiert werden.

Die **Annuitätenmethode** ist eine Variante der Kapitalwertmethode, die auf demselben Prinzip der Diskontierung von Zahlungsströmen beruht. Die Methode wandelt den Kapitalwert in eine Reihe gleich bleibender Zahlungen über eine bestimmte Anzahl an Perioden um. Die gleich bleibenden Zahlungen nennt man **Annuität**. Der Kapitalwert einer Annuität ist damit gleich dem Kapitalwert der ursprünglichen Zahlungsreihe.

Zurück zum Beispiel: die Annuitätenmethode transformiert also den Kapitalwert 19.589,93 € in eine Reihe gleich bleibender Zahlungen in der Zukunft mittels der folgenden Rechenmethodik:

(6) $\text{Annuität} = a = K_0 \cdot ANF_{i,n} = K_0 \cdot \dfrac{(1+i)^n \cdot i}{(1+i)^n - 1}$, mit

$ANF_{i,n}$ = **Annuitätenfaktor** mit Zins i und Periodenanzahl n.

---

bezeichnet. Der Kapitalwert einer Investition entspricht in letzterem Fall dem Barwert der Zahlungsmittelzugänge abzüglich des Barwerts der Zahlungsmittelabgänge.

2. Funktionsbereiche: Kernelemente touristischer Wertschöpfung

Das ergibt für das Beispiel $a = 19.589{,}93 \cdot \frac{(1+5\%)^5 \cdot 5\%}{(1+5\%)^5 - 1} = 4.524{,}78$ und der folgenden grafischen Veranschaulichung.

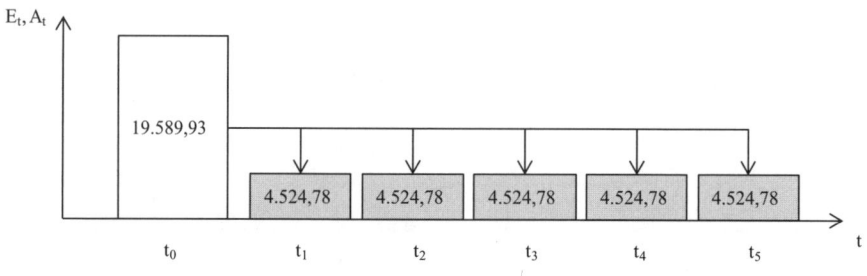

Abbildung 18: Verfahren der Annuitätenmethode

Eine Interpretation dieser Rechnung ist: aus einer Kapitalanlage von 19.589,93 € lässt sich bei einem Zins von 5 % in den nächsten 5 Jahren ein Betrag von jährlich 4.524,78 € entnehmen, bis dass der Betrag aufgebraucht ist. Oder bezogen auf das Beispiel: Beim Bau der Seilbahn Gondola bliebe dem Freizeitpark jährlich ein Betrag von 4.524,78 € als Überschuss aus den Einzahlungen.

Während Kapitalwertmethode und Annuitätenmethode einen (Euro-)Betrag als Ergebnis liefern, resultiert aus der **internen Zinsfußmethode** die Rentabilität des Investitionskapitals. Die Annahme eines Kalkulationszinsfußes wird nun aufgegeben. Stattdessen wird ermittelt, mit welchem Prozentsatz sich das in der Investition gebundene Kapital verzinst. Hierfür wird die Kapitalwertformel aus (5) Null gesetzt und nach dem Zinsfuß aufgelöst.

(7) $K_0 = -A_0 + \sum_{t=1}^{n} \frac{E_t - A_t}{(1+IZF)^t} \overset{!}{=} 0$, mit IZF = *Interner Zinsfuß*

Gemäß des Kapitalwertkalküls ist eine Investition immer dann lohnend, wenn der Kapitalwert positiv ist. Bei einem Kapitalwert von Null ist der Entscheider gerade indifferent, so dass der interne Zinsfuß den Wendepunkt darstellt, bei dem eine zuvor nicht lohnenswerte Investition ins Vorteilhafte umschlägt. Ist die interne Verzinsung, die der Investor auf das eingesetzte Kapital erhält, dann größer als eine vom Investor geforderte Verzinsung, so ist das Projekt für ihn vorteilhaft und sollte durchgeführt werden.

Betrachtet man das Beispiel des Freizeitparks stellt man fest, dass die Auflösung der Gleichung nach i zu einem erheblichen Rechenaufwand führt. In der Praxis behilft man sich mit entsprechender IT und erhält für das Modell Gondola einen internen Zinsfuß von IZF = 6,64 %. Diese Verzinsung vergleicht der Park nun mit seiner geforderten Verzinsung. Diese kann beispielsweise die 5 %-ige Geldanlage bei der Bank sein. Da IZF > 5 % ist, ist die Investition in die Seilbahn Gondola vorteilhaft. Der Zusammenhang zwischen dem Kapitalwert und verschiedenen Kalkulationszinsfüßen wird in der Abbildung 19 veranschaulicht.

2.1 Investition und Finanzierung

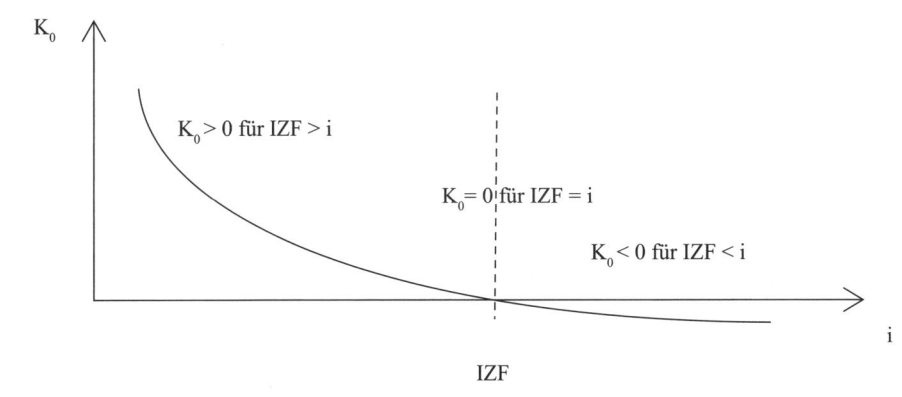

```
K₀
 ↑
 |    K₀ > 0 für IZF > i
 |                           |
 |                           |  K₀ = 0 für IZF = i
 |                           |
 |                           |      K₀ < 0 für IZF < i
 |                           |
 |_____|_____→ i
                            IZF
```

Abbildung 19: Kapitalwert bei unterschiedlichen Kalkulationszinsfüßen

Bei zwei sich gegenseitig ausschließenden Investitionsmöglichkeiten gilt zwar grundsätzlich, dass diejenige zu wählen ist, die die höchste interne Verzinsung aufweist. Allerdings führt diese Entscheidungsgrundlage unter Umständen zu problematischen Ergebnissen, so dass die Resultate der internen Zinsfußmethode sorgfältig geprüft werden sollten.[91]

Zusammenfassend liefern die dynamischen Investitionsrechenverfahren fundierte Aussagen bezüglich der Vorteilhaftigkeit einer Investition. Sie finden beispielsweise in der Kreditanalyse von Banken oder im Rahmen von Machbarkeitsüberprüfungen touristischer Projekte – sogenannten Feasibility Studies – Anwendung. Voraussetzung ist jedoch, dass die zukünftigen Zahlungsströme verlässlich geschätzt werden können und – im Fall der Kapitalwertmethode oder Annuitätenmethode – ein Kalkulationszinsfuß zuverlässig ermittelt werden kann.

2.1.4 Finanzierung

2.1.4.1 Überblick über die Kapitalarten

Die Finanzierung befasst sich mit der Mittelherkunft, also der Frage, welche Kapitalquellen überhaupt zur Verfügung stehen und welche letztendlich zur Finanzierung einer Investition eingesetzt werden sollen. Die Finanzierungsstruktur eines Unternehmens kann auf der Passivseite der Bilanz abgelesen werden. So stellte sich die Bilanz der Fluggesellschaft *airberlin* zum 31. März 2010 folgendermaßen dar:

---

[91] Dies gilt insbesondere für sich schneidenden Kapitalwertkurven. Außerdem kann die IZF-Methode zu mathematischen Problemen führen, wenn eine Zahlungsreihe betrachtet wird, die einen mehrmaligen Vorzeichenwechsel in den verschiedenen Perioden aufweist.

2. Funktionsbereiche: Kernelemente touristischer Wertschöpfung

Passiva	31/03/2010 € 000
Eigenkapital	
Gezeichnetes Kapital	21.379
Kapitalrücklage	373.923
Eigenkapitalkomponente der Wandelanleihe	51.598
Sonstige Rücklagen	217.056
Gewinnrücklage und Jahresergebnis	(155.910)
Marktbewertung der Sicherungsinstrumente, nach Steuern	29.277
Ausgleichsposten aus Währungsdifferenzen	914
Gesamt Eigenkapital – den Eigentümern der Gesellschaft zuzurechnen	538.237
Langfristige Verpflichtungen	
Verbindlichkeiten aus forfaitierten Leasingraten	482.834
Finanzschulden	277.442
Rückstellungen	9.223
Verbindlichkeiten aus Lieferungen und Leistungen und sonstige Verbindlichkeiten	42.877
Latente Steuerverbindlichkeiten	0
Negativer Marktwert von Derivaten	36.777
Langfristige Verpflichtungen	849.153
Kurzfristige Verpflichtungen	
Verbindlichkeiten aus forfaitierten Leasingraten	200.009
Finanzschulden	14.634
Ertragsteuerverbindlichkeiten	6.426
Rückstellungen	5.880
Verbindlichkeiten aus Lieferungen und Leistungen und sonstige Verbindlichkeiten	364.757
Negativer Marktwert von Derivaten	18.656
Rechnungsabgrenzungen	66.585
Erhaltene Anzahlungen	485.655
Kurzfristige Verpflichtungen	1.162.602
Bilanzsumme	2.549.992

Abbildung 20: Passivseite der Bilanz der airberlin plc[92]

Der Aufbau unterscheidet zwischen zwei Kapitalarten: Eigenkapital und Fremdkapital. Kapital der Unternehmenseigentümer taucht unter der Rubrik **Eigenkapital** auf. Unternehmensfremde finden ihre Kapitalmittel unter den langfristigen und kurzfristigen Verbindlichkeiten wieder, welche als **Fremdkapital** zusammengefasst werden (Abschnitt 3.2). Die beiden Kapitalarten weisen nach Abbildung 21 einige grundsätzliche Unterschiede auf.

Von Eigenkapitalgebern spricht man – je nach Rechtsform –, wenn Eigentümer, Teilhaber oder Gesellschafter eines Unternehmens Kapital zur Verfügung stellen. Die Finanzierungskapazität ist dabei durch das private Vermögen des Eigenkapitalgebers begrenzt. Handelt es sich bei dem Unternehmen um eine Personenhandelsgesellschaft, so haften die Eigentümer voll mit ihrem persönlichen Vermögen. Bei Kapitalgesellschaften ist die Haftung auf die Kapitaleinlage der Eigentümer beschränkt, so dass im Gegensatz zu Personengesellschaften ein vermindertes Risiko der Kapitaleinlage vorliegt. Risiko, welches Eigenkapitalgeber zu tragen haben, kommt ebenfalls bei der Gewinn- und Verlustteilhabe zum Ausdruck. Sie haben Residualansprüche, was bedeutet, dass ihre Zahlungsansprüche erst dann bedient werden, wenn die Verpflichtungen

---

[92] Vgl. airberlin (2010), S. 29.

Merkmal	Eigenkapital	Fremdkapital
Rechtsstellung	Eigentümer, Teilhaber oder Gesellschafter auf Basis des Gesellschaftervertrages	Gläubiger auf Basis des Kreditvertrages
Haftung	Persönlich (Personengesellschaften) oder in Höhe der Einlage (Kapitalgesellschaften)	Keine Haftung
Ertragsansprüche	Residualansprüche	Kontraktbestimmte Ansprüche
Mitsprache- und Kontrollrechte	In der Regel ja	In der Regel nein
Steuerliche Belastung	Gewinn besteuert	Zinszahlungen steuerlich absetzbar
Zeitliche Verfügbarkeit	Zeitlich unbeschränkt	In der Regel beschränkt

Abbildung 21: Grundlegende Charakteristika von Eigen- und Fremdkapital[93]

gegenüber allen anderen Kapitalgebern beglichen wurden. Eigenkapitalgeber haben folglich nachrangige Ansprüche und können dadurch einerseits voll an möglichen Gewinnsteigerungen partizipieren. Andererseits besteht auch die Möglichkeit eines vollständigen Kapitalverlusts. Um dieses Risiko abzumildern, stehen den Unternehmenseigentümern gewisse Mitsprache- und Kontrollrechte zu. So sind beispielsweise die Aktionäre einer Aktiengesellschaft gemäß §118 AktG berechtigt, auf der Hauptversammlung ihre Rechte, insbesondere ihr Stimmrecht, auszuüben. Weiterhin ist der Unternehmensgewinn, aus dem die Ausschüttungen an die Unternehmenseigentümer getätigt werden, voll zu besteuern. Eigenkapital wird schließlich ohne eine Rückzahlungsverpflichtung gewährt, so dass es zeitlich unbeschränkt zur Verfügung steht.

Allgemein signalisiert hohes Eigenkapital eine solide Finanzbasis. Unternehmen mit hohem Eigenkapital können dieses einsetzen, um auch Perioden schwacher Geschäftsentwicklung zu überstehen, ohne in eine Zahlungsunfähigkeit zu geraten. Da dies Vertrauen gegenüber Investoren und Kreditgebern schafft, erhalten eigenkapitalstarke Unternehmen eher günstiges Kapital als eigenkapitalschwache.

Im Gegensatz dazu basiert Fremdkapital auf einem schuldrechtlichen Vertrag, dem Kreditvertrag, der den Kapitalgeber zum Gläubiger des Unternehmens macht. Als solcher haftet er nicht für Unternehmensverbindlichkeiten. Seine Ansprüche ergeben sich aus dem Kreditvertrag und sind im Regelfall durch vertraglich fixierte Zins- und Tilgungszahlungen gekennzeichnet. Der Fremdkapitalgeber hat somit nicht die Möglichkeit, Gewinnsteigerungen zu verein-

---

[93] In Anlehnung an Perridon, Steiner (2009), S. 358.

nahmen, trägt aber im Gegenzug auch kein vollständiges Verlustrisiko. Da die Zins- und Tilgungszahlungen zudem vorrangig den Eigenkapitalansprüchen gegenüber bedient werden, folgt auch hieraus ein gegenüber dem Eigenkapital vermindertes Risiko. Zinszahlungen stellen auf Unternehmensebene Aufwendungen dar, so dass sie in gewissem Rahmen steuerlich absetzbar sind. Schließlich steht das Fremdkapital nur zeitlich befristet zur Verfügung, denn im Kreditvertrag ist üblicherweise eine Tilgungsfrist vereinbart.

Zusammenfassend geht es bei einer Finanzierung nicht nur um die Aufnahme finanzieller Mittel, sondern es werden zugleich Zahlungs-, Informations-, Kontroll- und Sicherungsbeziehung zwischen Unternehmen und Finanzier festgelegt.[94]

Neben dem Kriterium der Rechtsstellung können Kapitalquellen nach der Mittelherkunft in Außen- und Innenfinanzierungsquellen unterschieden werden.

	Außenfinanzierung	Innenfinanzierung
Eigenfinanzierung	Beteiligungsfinanzierung	Überschussfinanzierung Vermögensumschichtung
Fremdfinanzierung	Kreditfinanzierung	Rückstellungsfinanzierung

Abbildung 22: Finanzierungsquellen nach Kapitalart und -herkunft

2.1.4.2 Außenfinanzierung

Die Außenfinanzierung umfasst sämtliche Kapitalmittel, die einem Unternehmen von extern zufließen, die es also nicht selbst durch seinen Leistungserstellungsprozess generiert. Als Kapitalgeber können die verschiedensten Gruppen auftreten: Eigentümer, Banken, Lieferanten, Kunden, etc.

Werden Zahlungsmittel von bisherigen oder neuen Eigentümern des Unternehmens zur Verfügung gestellt, so spricht man von einer **Beteiligungsfinanzierung**. Je nach Rechtsform des Unternehmens ist diese mehr oder weniger zur Kapitalaufnahme geeignet. Da die Eigenkapitalgeber von Personengesellschaften eine persönliche Haftung zu tragen haben und die Finanzierungskapazität zudem durch das persönliche Vermögen des Kapitalgebers begrenzt ist, weist die Beteiligungsfinanzierung in der Regel ein deutlich geringeres Volumen auf als bei Kapitalgesellschaften. Bei Letzteren gilt zwar eine begrenzte Haftung. Für GmbHs ist der Rückgriff auf eine Beteiligungsfinanzierung dennoch schwierig. Das liegt daran, dass GmbH-Anteile an keinem organisierten Markt gehandelt werden und eine Übertragung notariell beurkundet werden muss. Die Beteiligungsfinanzierung eignet sich hingegen insbesondere für emissionsfähige Unternehmen, als solche, die einen Zugang zur Börse haben. Hierzu

---

[94] Vgl. Drukarczyk (2006), S. 402.

2.1 Investition und Finanzierung

zählen unter anderem die KGaA und die AG. Deren Anteile sind meist breit gestreut und zudem sehr fungibel. Das bedeutet, dass Kapitalgeber sich bereits mit einem kleinen Betrag beteiligen können und in der Lage sind, ihre Anteile leicht weiter zu veräußern, so dass sie nur ein eingeschränktes Risiko auf sich nehmen.[95] Die Aufnahme von Eigenkapital von emissionsfähigen Unternehmen erfolgt über eine **Kapitalerhöhung**, welche in den §§ 182–220 AktG geregelt ist. Der Normalfall ist die **ordentliche Kapitalerhöhung** der §§ 182–191 des AktG, bei der das Grundkapital der Gesellschaft durch die Ausgabe neuer (junger) Aktien steigt. Interessierte Investoren können die neuen **Aktien zeichnen** und leisten im Gegenzug eine Bar- oder auch eine Sacheinlage an die Gesellschaft und werden so zu Miteigentümern.

> „Die Air Berlin PLC hat die heute morgen angekündigte Kapitalerhöhung erfolgreich abgeschlossen und insgesamt 23 Millionen Euro durch die Ausgabe neuer Aktien eingenommen. Durch die Ausgabe der Aktien wird das Grundkapital um rund 10 Prozent erhöht. Die Erlöse der Transaktion sollen für allgemeine Unternehmenszwecke verwendet werden." (Pressemeldung der Air Berlin vom 4.6.2009.)

Die **Kreditfinanzierung** ist eine Form der Außenfinanzierung, bei der es sich um Fremdkapital handelt. Diese spielt in Deutschland eine weitaus größere Rolle als die Beteiligungsfinanzierung. Aufgrund der breit gefächerten Ausgestaltung von Kreditfinanzierungen ist es nahezu unmöglich, eine vollständige Klassifikation der verschiedenen Formen vorzunehmen. Ihnen allen ist jedoch gemein, dass kreditnehmende Unternehmen im Regelfall eine planmäßige Zinszahlung zu leisten und den ausgeliehenen Betrag gemäß eines vereinbarten Tilgungsplans zurückzuzahlen haben. Eine genauere Unterscheidung ist nach den folgenden Kriterien möglich, wobei dies keine vollständige Auflistung darstellt:

- Laufzeit (kurz-, mittel-, langfristig, unbefristet)
- Tilgungsstruktur (endfällig, Raten-, Annuitätenzahlung)
- Zahlungsrang (vorrangig, nachrangig)
- Besicherung (blanko, Personensicherheit, Sachsicherheit)
- Zinszahlung (fix, variabel, erfolgsabhängig)
- Währung (Heimat-, Fremdwährung)
- Verwendungsart (Konsumenten-, Investitions-, Außenhandelskredit)
- Kapitalgeber (Kreditinstitute, Kunden, Kapitalmarkt, Gesellschafter)

2.1.4.3 Innenfinanzierung

Die Innenfinanzierung umfasst sämtliche Zahlungsmittel, die das Unternehmen selbst generieren kann. Handelt es sich dabei um die aus dem Leistungserstellungsprozess erwirtschafteten Überschüsse eines Unternehmens, so spricht man von einer **Überschussfinanzierung**. Diese kann weiter in die Selbstfinanzierung und die Abschreibungsfinanzierung untergliedert werden. **Selbstfinanzierung** bedeutet die Thesaurierung von Gewinnen. Erwirtschaftete

---

[95] Zu den verschiedenen Unternehmensrechtsformen sowie den Aktienformen vgl. Abschnitt 1.5.

Überschüsse werden also nicht an die Gesellschafter ausgeschüttet, sondern verbleiben im Unternehmen und werden reinvestiert. So ist im Geschäftsbericht der airberlin für das Jahr 2009 zu lesen:

> „Zur **FINANZIERUNG IHRES WACHSTUMS** und ihrer Investitionen mit einer möglichst hohen Quote an selbst erwirtschafteten Mitteln sowie zur Stärkung ihrer Bilanz wird airberlin aller Voraussicht nach erzielte Gewinne in den nächsten Jahren reinvestieren." (airberlin, Geschäftsbericht 2010, S. 28.)

Die **Abschreibungsfinanzierung** macht sich die Zahlungsunwirksamkeit von Abschreibungen zunutze. Abschreibungen stellen den Werteverzehr eines Vermögensgegenstandes dar und werden beim Verkauf einer darauf basierenden Leistung in deren Verkaufspreis mit einberechnet. Dem Unternehmen fließen auf diese Weise liquide Mittel in Höhe der Abschreibungsgegenwerte zu. In der Finanzbuchführung hingegen stellen Abschreibungen eine Aufwandsposition der Berichtsperiode dar. Sie wirken gewinnmindernd, so dass die korrespondierenden liquiden Mittel nicht an die Anteilseigner ausgeschüttet werden können, sondern im Unternehmen verbleiben. Kurz: Abschreibungen sind Aufwendungen einer Periode, die erst in zukünftigen Perioden auszahlungswirksam werden.[96] In der Zwischenzeit stehen die liquiden Mittel der Abschreibungsgegenwerte dem Unternehmen für Finanzierungszwecke zur Verfügung und man spricht von einer Abschreibungsfinanzierung.

Bei der **Vermögensumschichtung** handelt es sich um die Umwandlung von gebundenem Vermögen in liquide Mittel. Ein Beispiel hierfür ist der Verkauf von nicht betriebsnotwendigen Vermögen wie beispielsweise die Veräußerung eines nicht mehr benötigten Grundstücks einer Hotelgesellschaft. Hierdurch verringert sich das Sachanlagevermögen und die liquiden Mittel steigen im selben Ausmaß an. Aus betriebswirtschaftlicher Sicht wird nicht das für Finanzierungszwecke benötigte Kapital erhöht, sondern es wird lediglich freigesetzt. Auch die Freisetzung von gebundenem Kapital durch Rationalisierungsmaßnahmen fällt unter die Vermögensumschichtung. Hierzu zählen auch Outsourcing-Maßnahmen wie die Übertragung der Reinigungsdienste an externe Dienstleister oder der automatisierte Check-in in der Budget Hotellerie.[97]

Die **Finanzierung aus Rückstellungen** verläuft nach demselben Prinzip wie die Finanzierung aus Abschreibungsgegenwerten. Die Bildung von Rückstellungen mindert den Jahresüberschuss. Sofern der Gegenwert durch die Umsatzerlöse erwirtschaftet wird, steht dieser dem Unternehmen als liquide Mittel zur Verfügung – so lange, bis die Rückstellungen aufgelöst bzw. in Anspruch werden. Erst dann kommt es zu einer Auszahlung, durch die das Kapital wieder abfließt. Insofern hat die Fristigkeit der Rückstellungen einen entscheidenden Einfluss auf die Finanzierungsdauer. Zu den kurz- und mittelfristigen Rückstellungen gehören beispielsweise Steuerrückstellungen, Rückstellungen für unterlassene Instandhaltung oder Gewährleistungsrückstellungen. Langfristige Rückstellungen sind typischerweise Pensionsrückstellungen. In der Bilanz finden sich

---

[96] Zum Unterschied zwischen Ausgabe, Auszahlung und Aufwand vgl. Abschnitt 3.2.
[97] Vgl. Schumacher, Weisinger (2009), S. 75.

Rückstellungen als Bestandteil der Verbindlichkeiten und stellen folglich Verpflichtungen gegenüber Dritten dar. Die Finanzierung aus Rückstellung ist also eine innerbetriebliche Fremdfinanzierung.

Abbildung 23 zeigt die Finanzierungsquellen deutscher Unternehmen (ohne Finanzinstitute) für das Jahr 2008:

Position	Betrag (in Mrd. €)
Innenfinanzierung	279,2
Selbstfinanzierung	73,1
Abschreibungsfinanzierung	206,2
Außenfinanzierung	104,2
davon bei Banken	50,2
davon über Pensionsrückstellungen	2,9

Abbildung 23: Finanzierungsquellen in Deutschland in 2008[98]

Die vorangegangene Vorstellung der einzelnen Instrumente ist nicht abschließend. Insbesondere kommen im touristischen Bereich häufig spezielle Finanzierungsinstrumente wie beispielsweise Leasing-Konstruktionen im Bereich der Flugzeug- oder auch Schiffsfinanzierung zum Einsatz (Abschnitt 2.2). Ebenso treten häufig öffentliche Institutionen als externe Kapitalgeber auf, die zinsgünstige Darlehen oder Subventionen gewähren (Abschnitt 1.4). Schließlich kommen bei der Finanzierung von touristischen Großprojekten spezifische Finanzierungsformen wie zum Beispiel die Projektfinanzierung zum Einsatz.[99]

2.1.4.4 Kapitalkosten

Die Aufnahme von Kapital verursacht Kosten beim Kapitalnehmer. Im Rahmen der Investitionsrechnung finden sich die Kapitalkosten als Kalkulationszinsfuß wieder, welcher zur Beurteilung der Vorteilhaftigkeit einer Investition notwendig ist. Im Beispiel des Freizeitparks wurde eine vollständige Fremdfinanzierung angenommen, so dass die Kapitalkosten dem Bankfinanzierungszins entsprochen haben. Es handelt sich ausschließlich um **Fremdkapitalkosten**, die mit dem Gläubiger im Kreditkontrakt in Form der Finanzierungszinsen vereinbart werden.

Doch auch die Eigenkapitalaufnahme verursacht Kosten beim Unternehmen, obwohl keine vertraglich vereinbarten Zahlungsverpflichtungen zu leisten

---

[98] Vgl. Deutsche Bundesbank (2008). Die aktuellere Statistik für das Jahr 2009 ist aufgrund der Finanz- und Wirtschaftskrise nicht repräsentativ, weshalb auf ihre Darstellung an dieser Stelle verzichtet wurde.
[99] Vgl. hierzu Böttcher, Blattner (2010).

sind. Die Frage ist jedoch: weshalb sollten Eigenkapitalgeber ihr Kapital dem Unternehmen überlassen, wenn sich ihnen noch andere Anlagemöglichkeiten bieten? Das werden sie nämlich nur dann tun, wenn sie für die Kapitalbereitstellung und das damit implizit übernommene Risiko mit einer angemessenen Rendite entlohnt werden. Diese muss mindestens so hoch sein, wie die beste Alternativanlagemöglichkeit der Eigenkapitalgeber, um diese dazu bewegen, ihr Kapital in das Unternehmen zu investieren. Insofern sind **Eigenkapitalkosten** die **Opportunitätskosten**, die das Unternehmen dem Investor vergütet, da er auf eine alternative (risikoadäquate) Anlagemöglichkeit verzichtet.

In aller Regel bestehen die Finanzierungsmittel eines Unternehmens sowohl aus Eigen- als auch aus Fremdkapital. Es trägt damit sowohl Eigenkapitalkosten (i_e) als auch Fremdkapitalkosten (i_F). Die Gesamtkosten entsprechen den **gewogenen durchschnittlichen Kapitalkosten** oder **Weighted Average Cost of Capital (WACC)**

$$(8) \quad WACC = i_E \cdot \frac{Eigenkapital}{Gesamtkapital} + i_F \cdot \frac{Fremdkapital}{Gesamtkapital}, \text{ mit}$$

Gesamtkapital = Eigenkapital + Fremdkapital,

wobei hier von Steuern abstrahiert wurde. Grundsätzlich gilt: je höher das Risiko eines Zahlungsausfalls beurteilt wird, desto höher sind die Kapitalkosten, da der Investor eine höhere Vergütung für das übernommene Risiko fordert.[100] So betrugen die Kapitalkosten des *TUI* Konzerns im Geschäftsjahr 2010/2011 10,75 %, während sie im Vorjahr noch bei 10,5 % lagen.[101] Da Eigenkapital haftet, keine vertraglich vereinbarten Zahlungen existieren und zudem erst nach dem Fremdkapital bedient wird, ist dieses riskanter als Fremdkapital. Regelmäßig übersteigen daher die Eigenkapitalkosten die Fremdkapitalkosten.

2.1.5 Kennzahlen der finanzwirtschaftlichen Analyse

Zur Beurteilung der finanzwirtschaftlichen Leistung eines Unternehmens werden bestimmte Kennzahlen herangezogen. Von der Vielzahl an Kennzahlen, die existieren, werden einige bekannte hier vorgestellt. Sie können übergeordnet in die Gruppe der Liquiditätskennzahlen, der Kapitalstrukturkennzahlen sowie der Vermögenskennzahlen eingeordnet werden.

Wie eingangs erwähnt, stellen Unternehmen Finanzpläne auf, um Ein- und Auszahlungen zu prognostizieren, Investitionsmöglichkeiten zu evaluieren und Finanzierungsmittel zu prüfen. Im Rahmen der Berechnung und Steuerung der Zahlungsströme ist es wichtig, jederzeit eine ausreichende Liquidität zu

---

[100] Mit der Beurteilung der Zahlungsfähigkeit beschäftigt sich auch das sogenannte Rating von Banken oder Ratingagenturen. Hierbei werden mittels analytischer Verfahren Ausfallwahrscheinlichkeiten berechnet. Daraus leitet sich eine bestimmte Kreditwürdigkeit (Bonität) ab, der ein Code – das Rating – zugeordnet wird. Auf diese Weise werden Unternehmen und Institutionen gemäß ihrer Bonität in bestimmte Risikokategorien eingeordnet, nach denen sich die Zinszahlungen richten.
[101] Vgl. TUI (2011), S. 60.

2.1 Investition und Finanzierung

gewährleisten, um eine aufgrund von Zahlungsunfähigkeit drohende Insolvenz zu vermeiden. Zur Beurteilung der Liquidität stehen **Liquiditätskennzahlen** zur Verfügung, wobei insbesondere die Liquidität 1., 2. und 3. Grades gebräuchlich sind. Diese Kennzahlen treffen eine Aussage darüber, inwieweit kurzfristige Zahlungsverpflichtungen durch kurzfristige Liquidität gedeckt sind. Die **Liquidität 1. Grades**

(9) $\text{Liquidität 1. Grades (Cash Ratio)} = \dfrac{\text{Zahlungsmittel}}{\text{kurzfristige Verbindlichkeiten}} \cdot 100\%$

beschreibt die Fähigkeit, die kurzfristigen Zahlungsverbindlichkeiten durch die vorhandenen Barmittel zu begleichen. Bei der **Liquidität 2. Grades**

(10) $\text{Liquidität 2. Grades (Quick Ratio)} = \dfrac{\text{monetäres Umlaufvermögen}}{\text{kurzfristige Verbindlichkeiten}} \cdot 100\%$

bezieht man zur Deckung der kurzfristigen Verbindlichkeiten auch noch die Vermögensgegenstände mit ein, bei denen in Kürze mit einem Liquiditätseingang zu rechnen ist. Das trifft auf die kurzfristigen Forderungen zu, so dass das monetäre Umlaufvermögen als Zahlungsmittelbestand zuzüglich der kurzfristigen Forderungen definiert ist. Die **Liquidität 3. Grades**

(11) $\text{Liquidität 3. Grades (Current Ratio)} = \dfrac{\text{kurzfristiges Umlaufvermögen}}{\text{kurzfristige Verbindlichkeiten}} \cdot 100\%$

berücksichtigt auch solche Vermögensgegenstände, bei denen der erwartete Zahlungseingang noch etwas weiter in der Zukunft liegt, wozu die Vorräte zählen. Um zum kurzfristigen Umlaufvermögen zu gelangen, subtrahiert man vom gesamten Umlaufvermögen die Bestandteile, die nicht binnen Jahresfrist liquidiert werden können.

Wenngleich als Faustregel für die Liquidität 2. Grades eine 100%-ige Deckung und für die Liquidität 3. Grades eine 200%-ige Deckung vorgeschlagen wird, sind die Kennzahlen von Branche zu Branche verschieden. Vor allem in der Touristik können die Liquiditätskennzahlen innerhalb eines Jahres stark schwanken aufgrund der Besonderheiten des zeitlichen Anfalls von Ein- und Auszahlungen im Reiseveranstalterbereich.

Kapitalstrukturkennzahlen treffen eine Aussage über die Kapitalarten in einem Unternehmen. Hierbei sind die vertikalen und die horizontalen Strukturkennzahlen zu unterscheiden.[102] Von **vertikalen Kapitalstrukturkennzahlen** spricht man, wenn Kennzahlen in Beziehung gesetzt werden, die in derselben Bilanzspalte stehen. Da hier die Finanzierungsstruktur im Mittelpunkt der Betrachtung steht, geht es um die Passivseite der Bilanz. Vertikale Kapitalstrukturkennzahlen geben Aufschluss darüber wie stark das Unternehmen verschuldet ist. Unter diese Kennzahlen fallen die Verschuldungsgrade I und II mit

(12) $\text{Verschuldungsgrad I} = \dfrac{\text{Fremdkapital}}{\text{Eigenkapital}} \cdot 100\%$ und

---

[102] Vgl. Schierenbeck, Lister (2002), S. 127.

2. Funktionsbereiche: Kernelemente touristischer Wertschöpfung

(13) $\text{Verschuldungsgrad II} = \dfrac{\text{Fremdkapital}}{\text{Gesamtkapital}} \cdot 100\%$,

die die Höhe des Fremdkapitals in Relation zum Eigen- bzw. Gesamtkapital setzen. Während die statischen Verschuldungsgrade eine zeitpunktbezogene Betrachtung sind, gibt der **dynamische Verschuldungsgrad**

(14) $\text{Dynamischer Verschuldungsgrad} = \dfrac{\text{Fremdkapital}}{\text{Cash Flow}} \cdot 100\%$

an, inwiefern das Fremdkapital durch den generierten Cash Flow (Abschnitt 3.2.3.4) der Periode getilgt werden kann.[103] Er ist somit ein Indikator für die Schuldendienstfähigkeit des Unternehmens.

Weiterhin kann die **Eigenkapitalquote** von Interesse sein

(15) $\text{Eigenkapitalquote} = \dfrac{\text{Eigenkapital}}{\text{Gesamtkapital}} \cdot 100\%$,

da sie ein Maß für die finanzielle Unabhängigkeit des Unternehmens ist.

Die **horizontalen Kapitalstrukturkennzahlen** setzen die Aktivseite der Bilanz in Beziehung zu deren Passivseite. Sie treffen eine Aussage darüber, inwieweit das Anlagevermögen eines Unternehmens durch finanzielle Mittel gedeckt ist. Mit **Deckung** meint man die Finanzierung des Anlagevermögens. Je nachdem ob dabei nur das Eigenkapital oder das gesamte langfristige Kapital betrachtet wird, unterscheidet man zwischen dem Anlagedeckungsgrad I und II.

(16) $\text{Anlagedeckungsgrad I} = \dfrac{\text{Eigenkapital}}{\text{Anlagevermögen}} \cdot 100\%$

(17) $\text{Anlagedeckungsgrad II} = \dfrac{\text{Eigenkapital} + \text{langfristiges Fremdkapital}}{\text{Anlagevermögen}} \cdot 100\%$

Eigenkapital bietet die sicherste Deckung, da es im Gegensatz zum Fremdkapital von den Finanziers nicht zurückgefordert wird. Da eine vollständige Deckung durch Eigenkapital in der Praxis meist nicht möglich ist, sollte der verbleibende Betrag mit langfristigem Fremdkapital ausgeglichen werden. Das ergibt sich aus der Forderung einer **fristenkongruenten Finanzierung**. Die auch als **goldene Finanzierungsregel** bekannte Forderung besagt, dass kurzfristige Vermögensgegenstände durch kurzfristige Kapitalmittel und langfristige Vermögensgegenstände durch langfristiges Kapital finanziert werden sollen. Diese Aussage manifestiert sich in der **goldenen Bilanzregel**, wonach Anlagevermögen durch Eigenkapital gedeckt sein sollte (enge Fassung) bzw. Anlagevermögen und langfristig gebundenes Umlaufvermögen durch Eigenkapital und langfristiges Fremdkapital (weite Fassung).[104] Die Anlagedeckungsgrade spiegeln also die goldene Bilanzregel in ihrer engen und weiten Fassung wieder.

---

[103] Streng genommen fällt der dynamische Verschuldungsgrad nicht unter die vertikalen Bilanzkennzahlen, da der Cash Flow nicht in der Bilanz eines Unternehmens abzulesen ist. Da er jedoch eng mit den statischen Verschuldungsgraden zusammenhängt, ist er hier mit aufgeführt.
[104] Vgl. Wöhe, Döring (2010), S. 659 f.

2.1.6 Stimmen aus der Praxis

Achim von der Lahr, UniCredit Bank AG

*Achim von der Lahr
Corporate Finance &
Investment Banking,
UniCredit Bank AG
Managing Director und
Head of Transport, Tourism,
Machinery and Steel*

Die Touristikbranche ist einerseits weiterhin von globalem Wachstum gekennzeichnet, andererseits aber sehr stark von externen Schocks beeinträchtigt. Insbesondere in den letzten 10 Jahren – beginnend mit den Ereignissen des 11. September 2001, dem Irakkrieg, Naturkatastrophen wie Tsunami oder Vulkaneruption, globalen Krankheitswellen wie SARS, bis hin zu Bürgerkriegen in Nordafrika – mussten die Manager von Touristikunternehmen lernen, sich immer besser auf diese Situationen vorzubereiten. Andernfalls wäre die Profitabilität des Unternehmens stark gefährdet.

Aufgrund der genannten Volatilität sowie geringer Gewinnmargen ist die Verschuldungsfähigkeit von Touristikunternehmen eher gering. Bezüglich der Finanzierung bedeutet dies, dass ein Touristikveranstalter das Ziel haben sollte, tendenziell frei von Nettofinanzschulden zu sein. Dies schließt jedoch Saisonlinien (insbesondere über den kritischen, weil liquiditätsschwachen Zeitraum von Dezember bis Februar) nicht aus.

Investitionen in betriebsnotwendige Assets wie Flugzeuge, Hotels oder Kreuzfahrtschiffe bringen erhebliche Finanzierungserfordernisse mit sich. Diese werden tendenziell Off-Balance, insbesondere über Leasingstrukturen finanziert. Das jeweilige Asset dient dabei dem Finanzier als Sicherheit, sodass dieser nicht ausschließlich von der operativen Performance des Unternehmens abhängig ist.

Für die langfristige On-Balance-Finanzierung haben sich – Kapitalfähigkeit des Unternehmens vorausgesetzt – Kapitalmarktprodukte wie Anleihen und Wandelanleihen als sinnvolle Eckpfeiler bewiesen.

Aufgrund der zahlreichen Besonderheiten dieser Branche, ist es für die Unternehmen aber auch besonders wichtig, eine stabile Kernbankengruppe zu haben, die die Branche sehr gut versteht und bereit ist, die damit verbundenen Risiken (z. B. über syndizierte Kredite) zu tragen.

Der Grund dafür, dass die Nettoverschuldung einiger Unternehmen heute dennoch relativ hoch ist, liegt vor allem an der anhaltenden Konsolidierungswelle in Europa. Durch zahlreiche, primär fremdfinanzierte Übernahmen, wurde diese aufgebaut und ist aufgrund der nicht ausreichenden Profitabilität nur sehr langsam abzubauen.

Dieter Semmelroth, TUI AG

Dieter Semmelroth
Leiter Hotelfinanzierung
TUI AG

In einer Zeit globaler Schuldenkrisen und Rettungsschirme kommen Aspekte der Finanzierung und Investitionen auch in der Privatwirtschaft eine wachsende Bedeutung zu. Dies gilt auch für den Tourismus, in dem traditionell häufig Fragestellungen des Marketing und der Kundenbindung im Vordergrund des Interesses stehen.

Lange Zeit schenkte die Tourismusbranche Aspekten der Investition- oder Finanzierung keine besondere Bedeutung. Gerade in aufstrebenden ausländischen Tourismusmärkten investieren teilweise Branchenfremde in Hotels und/oder Freizeiteinrichtung im Glauben, dass es ich um einfache Gebäude oder Einrichtungen handelt, für die sich schon genügend Nachfrage finden und eine konventionelle Finanzierung ausreichend wird. Dabei wird von Investoren und Fremdkapitalgebern die Komplexität touristischer Leistungsbeziehungen unterschätzt. Die Praxis zeigt, dass u. a. sorgfältige Analysen und Planungen im Vorfeld, angemessene Investitions- und Finanzierungsentscheidungen und eine frühzeitige Kooperation mit Nachfragern touristischer Produkte nötig sind, um erfolgreiche Projekte durchzuführen.

Das vorliegende Lehrbuch zu den betriebswirtschaftlichen Grundlagen des Tourismus- Management ist für Studenten und interessierte Praktiker gleichermaßen eine Bereicherung. Im Kapitel Finanzierung und Investitionen werden alle wesentlichen Aspekte behandelt und für den Leser gut aufbereitet. Die Grundlagen der Finanzierung und Investition werden für Touristiker in einer leicht verständlichen Sprache aufbereitet und durch aktuelle praxisnahe Fallbeispiele gut illustriert.

Aus meiner Sicht stellt dieses Kapitel grundlegende Theoreme und Zusammenhänge der Finanzierung und Investition in der Tourismuswirtschaft anschaulich dar und ist somit sowohl für Studierende als auch die interessierte Fachöffentlichkeit zu empfehlen.

Literatur

airberlin (2010): Geschäftsbericht 2010

Böttcher, Jörg; Blattner, Peter (2010): Projektfinanzierung, 2. Aufl., München

Deutsche Bundesbank (2009): Statistik „Vermögensbildung der Sektoren und ihre Finanzierung 2008", Datenstand April 2009

Drukarczyk, Jochen (2006): Finanzierung, in: *Bea, Franz Xaver; Friedl, Birgit; Schweitzer, Marcell* (Hrsg.): Allgemeine Betriebswirtschaftslehre, Band 3: Leistungsprozess, 9. Aufl., Stuttgart

Jung, Hans (2009): Allgemeine Betriebswirtschaftslehre, 11. Aufl., München

Lufthansa AG (2011): Geschäftsbericht 2011

Mundt, Jörn (2007): Reiseveranstaltung, 6. Aufl., München

Perridon, Louis; Steiner, Manfred (2009): Finanzwirtschaft der Unternehmung, 15. Aufl., München

Schierenbeck, Henner; Lister, Michael (2002): Value Controlling: Grundlagen wertorientierter Unternehmensführung, 2. Aufl., München

Schumacher, Martin; Wiesinger, Manuela (2009): Finanzmanagement im Tourismus, Wien

TUI AG (2011): Geschäftsbericht 2010/2011

Wöhe, Günter; Döring, Ulrich (2010): Einführung in die Allgemeine Betriebswirtschaftslehre, 24. Aufl., München

Weiterführende Literaturhinweise

Becker, Hans Paul (2010): Investition und Finanzierung, 2. Aufl., Wiesbaden

Bieg, Hartmut; Kußmaul, Heinz (2009): Finanzierung, 2. Aufl., München

Bleis, Christian (2009): Grundlagen Investition und Finanzierung, 2. Aufl., München

Bösch, Martin (2009): Finanzwirtschaft, München

Braun, Thomas (2009): Investition und Finanzierung, Berlin, Heidelberg

Breuer, Wolfgang (2008): Finanzierung, 2. Aufl., Wiesbaden

Drukarczyk, Jochen (2008): Finanzierung, 10. Aufl., Stuttgart

Franke, Günter; Hax, Herbert (2009): Finanzwirtschaft des Unternehmens und Kapitalmarkt, 6. Aufl., Berlin u. a.

Götze, Uwe (2008): Investitionsrechnung, Berlin, Heidelberg

Gräfer, Horst; Schiller, Bettina; Rösner, Sabrina (2008): Finanzierung, 6. Aufl., Berlin

Hirth, Hans (2008): Grundzüge der Finanzierung und Investition, 2. Aufl., München

Kruschwitz, Lutz (2009): Investitionsrechnung, 12. Aufl., München

Kruschwitz, Lutz (2009): Finanzierung und Investition, 6. Aufl., München

Olfert, Klaus (2008): Finanzierung, 14. Aufl., Ludwigshafen (Rhein)

Olfert, Klaus (2009): Investition, 11. Aufl., Ludwigshafen (Rhein)

Pape, Ulrich (2009): Grundlagen der Finanzierung und Investition, München

Rehkugler, Heinz (2007): Grundzüge der Finanzwirtschaft, München

Rudolph, Bernd (2006): Unternehmensfinanzierung und Kapitalmarkt, Tübingen

Spremann, Klaus (2010): Finance, 4. Aufl., München

Wöhe, Günter et al. (2009): Grundzüge der Unternehmensfinanzierung, 10. Aufl., München

Zantow, Roger (2008): Finanzwirtschaft der Unternehmung, 2. Aufl., München u. a.

2.2 Beschaffung

2.2.1	Fallbeispiel: Deutsche Lufthansa (2)	104
2.2.2	Überblick: Zu beschaffende Güter und Dienstleistungen im Tourismus...	105
2.2.3	Investitionsgüterbeschaffung...........................	107
2.2.4	Materialbeschaffung und Wareneinkauf	108
2.2.4.1	Analyse der zu beschaffenden Güter und Materialien.........	108
2.2.4.2	Lieferantenauswahl	110
2.2.4.3	Festlegung von Bestellmengen und -rhythmen bei kontinuierlichem Verbrauch.............................	112
2.2.4.4	Festlegung von Bestellzeitpunkten bei schwankendem Verbrauch	114
2.2.5	Dienstleistungsbeschaffung............................	116
2.2.5.1	Segmente unternehmensbezogener Dienstleistungen	116
2.2.5.2	Optimierung der Dienstleistungsbeschaffung	117
2.2.6	Touristischer Leistungsträgereinkauf	118
2.2.7	Eine zentrale Frage im Tourismus: Selber produzieren oder fremd beziehen?	120
2.2.7.1	Die Make or Buy-Entscheidung	120
2.2.7.2	Operativer Aspekt: Kostenvergleichsrechnung am Beispiel eines Flugeinkaufs	121
2.2.7.3	Strategischer Aspekt: Die Frage der Wertschöpfungstiefe im Tourismus...	124
2.2.8	Stimmen aus der Praxis: Heike Pabst, FTI Touristik GmbH	126

Leitfragen
- Worin liegen die operative und die strategische Bedeutung der Beschaffung?
- Was muss im touristischen Geschäft eingekauft, also beschafft werden?
- Welche Bereiche umfasst der touristische Leistungsträgereinkauf? Wie ist seine Stellung in der Struktur der Beschaffungsobjekte?
- Welche Alternativen bestehen bei der Beschaffung von Investitionsgütern?
- Wonach richtet sich die Entscheidung, ob man Leistungen bezieht oder selbst produziert?
- Wie werden bei Sachgütern optimaler Bestellzeitpunkt und optimale Bestellmenge ermittelt?
- Warum gehen mit Investitionsbeschaffungen oftmals weitere Dienstleistungsbeschaffungen einher?
- Was unterscheidet operative von strategischen Beschaffungsfragen?
- Wie wählt man Lieferanten aus und unterhält Beziehungen zu ihnen?
- Welche Zusammenhänge bestehen speziell im Tourismus zwischen Beschaffung und Produktion?
- Welche Arten von Beschaffungszusammenhängen können in Unternehmen existieren?

2.2.1 Fallbeispiel: Deutsche Lufthansa (2)

Die *Deutsche Lufthansa AG* als weltweit operierendes Luftverkehrsunternehmen hat die Aktivitäten des Konzerns in fünf Geschäftsfelder gegliedert: **Passage Airline Gruppe** (Lufthansa Passage, *Swiss, Austrian* und *Germanwings* sowie Beteiligungen an *Brussels Airlines, JetBlue* und *SunExpress*), **Logistik/Luftfracht** (Lufthansa Cargo), **Technik** (Lufthansa Technik), **IT Services** (Lufthansa Systems) und **Catering** (LSG Sky Chefs).[105]

In allen fünf Geschäftsbereichen haben Beschaffungsprozesse eine herausragende Bedeutung und weisen eine große Vielfalt auf. Zudem treten die Geschäftsbereiche nicht nur als Einkäufer von Gütern und Dienstleistungen auf, sondern auch als Lieferanten. Die Dienstleistungen der Sparten Technik, IT Services und Catering werden dabei nicht nur konzernintern von den Fluggesellschaften der Lufthansa Passage Group und von Lufthansa Cargo nachgefragt, sondern auch von anderen Fluggesellschaften eingekauft.

Für die **Lufthansa Passage** Gruppe werden unterschiedlichste Güter beschafft, von ganzen Flugzeugen über Kerosin bis hin zu Handelswaren für den Bordverkauf und Seife für die Waschräume an Bord. Allein die Aufwendungen für Treibstoffe betrugen im Geschäftsjahr 2010 knapp 5,2 Mrd. € und waren im Vergleich zum Vorjahr um 41,5 % gestiegen. Die Produkte der Lufthansa Passage, vor allem die Linienflüge, werden nicht nur von Endkunden gebucht. Sie stellen auch wichtige touristische Teilleistungen etwa für Reiseveranstalter dar, die diese Flüge einkaufen und zusammen mit anderen Leistungen zu Flugpauschalreisen kombinieren. **Lufthansa Cargo** liefert nicht nur Standard- und Expressfracht, sondern auch Spezialfracht (Lebende Tiere, Wertfracht, Post, Gefahrgut und temperatursensible Güter). Lufthansa Cargo stellt durch ihr Geschäft die Beschaffungsprozesse zahlreicher Branchen sicher. Die dafür nötige Kapazität wird zu 46 % durch Lufthansa Passage gestellt. **Lufthansa Technik** hat mit zahlreichen Fluggesellschaften langlaufende Komponentenversorgungsverträge, unter anderem über 10 Jahre für die 35 Maschinen umfassende, neue B787-Flotte der japanischen Fluggesellschaft *ANA*. Parallel dazu bezieht Lufthansa Technik natürlich Komponenten unterschiedlichster Art bei den Herstellern, von ganzen Baugruppen (Triebwerken) bis zu kleinen Ersatzteilen. Zu den über 300 Kunden von **Lufthansa Systems** zählen mehr als 200 Fluggesellschaften, die verschiedene IT-Dienstleistungen beziehen, unter anderem Beratung, Anwendungsentwicklung, Softwareanpassung und Anwendungsbetreuung im Routinebetrieb. Mit 75 Mio. € im Jahr 2010 spielt der Materialaufwand dieser Sparte naturgemäß im Lufthansa-Konzern eine untergeordnete Rolle. **LSG Sky Chefs** zählt fast alle internationalen sowie viele nationale und regionale Fluggesellschaften zu ihren Kunden: „Die größten Kunden werden innerhalb einer oder mehrerer Regionen an nahezu allen Stationen mit Catering versorgt und beziehen darüber hinaus Dienstleistungen wie die Entwicklung,

---

[105] Vgl. hierzu und im Folgenden Lufthansa (2011a), S. 78–117 und Lufthansa (2011b), S. 12–23.

Beschaffung und Logistik von Bordartikeln."[106] Dabei gelten verschiedene Vertragslaufzeiten, die von wenigen Monaten bis zu mehreren Jahren reichen. LSG Sky Chefs beschafft ihre Materialien (unter anderem Frischwaren, vorgefertigte Lebensmittel, Backwaren, Tiefkühlkost) über ein weit verzweigtes, weltweites Netz aus mehrstufigen Lieferketten und Kooperationspartnern. Dieser Materialaufwand betrug im Jahr 2010 knapp eine Mrd. €.

Für den Gesamtkonzern hat *Lufthansa* im Jahr 2009 das Projekt „Procurement Leadership" aufgesetzt, um die konzernweiten Beschaffungsprozesse weiter zu professionalisieren. Durch die Einführung eines strategischen Warengruppenmanagements sollten die Einkaufsbereiche der Sparten bis 2011 rund 300 Mio. € pro Jahr zum operativen Ergebnis beitragen. *Lufthansa* sieht sich in seinem Lieferantennetzwerk als „Procurement Leader" und will künftig verbindliche Verantwortungskriterien konzernweit in allen Verträgen und internen Richtlinien verankern.

2.2.2 Überblick: Zu beschaffende Güter und Dienstleistungen im Tourismus

Die bereits geschilderte Vielfalt touristischer Produkte bringt es mit sich, dass die für die Produktion zu beschaffenden Güter und Dienstleistungen eine große Bandbreite aufweisen:[107]

Ebene	Güter		Dienstleistungen	
Ausprägung	Anlagegüter/ Betriebsmittel	a) Produktionsmaterial: - RHB - Komponenten b) Handelswaren	Allgemeine Dienstleistungen im Rahmen der betrieblichen Leistungserstellung	Touristische Leistungen, die Teil des eigenen Produktes werden
Funktion/ Tätigkeit	Investitionsgüter-Beschaffung (Abschnitt 2.2.3)	Material-Beschaffung und Wareneinkauf (Abschnitt 2.2.4)	Dienstleistungs-Beschaffung (Abschnitt 2.2.5)	Touristischer Leistungsträger-Einkauf (Abschnitt 2.2.6)
Beispiele	• Flugzeuge • Kücheneinrichtung • Tretboote	• Kerosin • Ersatzteile • Bordverkaufswaren	• Flugzeugwartung • IT-Services • Reinigung	• Linien-/Charterflug • Catering • Hotelübernachtung

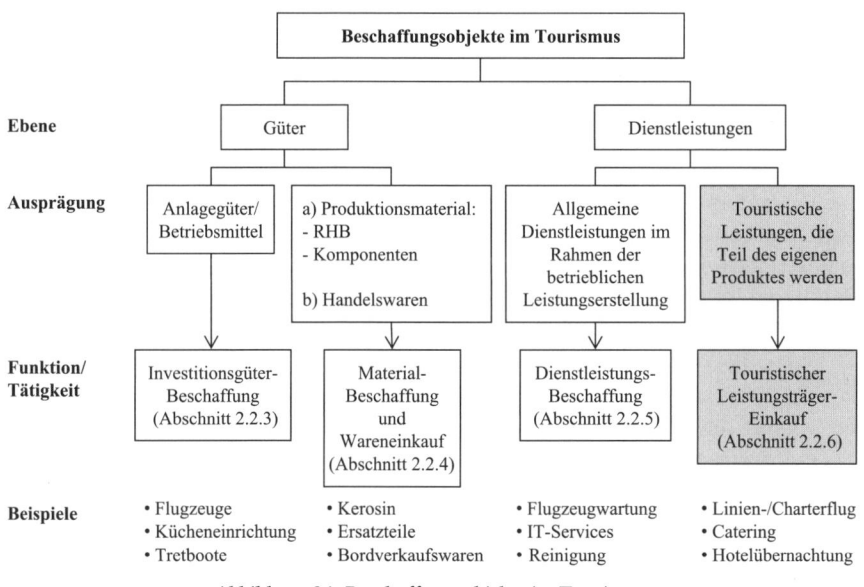

Abbildung 24: Beschaffungsobjekte im Tourismus

---

[106] Lufthansa (2011a), S. 115.
[107] Vgl. aufbauend auf (ohne Tourismusbezug) Large (2009), S. 8.

2. Funktionsbereiche: Kernelemente touristischer Wertschöpfung

Auf der **Güterebene** wird zunächst in Anlagegüter und Produktionsmaterial unterschieden.[108] **Anlagegüter**, auch Betriebsmittel oder Investitionsgüter genannt, werden nicht Teile des eigenen Produktes, sondern dienen über einen längeren Zeitraum der eigenen Produktion.

Die Aufteilung des **Produktionsmaterials** in Roh-, Hilfs- und Betriebsstoffe (RHB, auch Verbrauchsmaterial genannt) und Komponenten erfolgt nach dem Grad des Fertigungsfortschritts. **Komponenten**, auch Fertigerzeugnisse genannt, werden weitgehend ohne Änderung der Gestalt in ein Endprodukt eingebaut. Sie können auch Investitionsgut-Charakter haben, etwa wenn hochwertige Ersatzteile in ein Investitionsgut (Flugzeug) eingebaut werden. Insgesamt spielt die Komponentenbeschaffung in der Tourismusbranche eine untergeordnete Rolle. Allerdings ist ihre Erwähnung hier angebracht, da der touristische Leistungsträgereinkauf in der Tourismusbranche gleichsam die Analogie zum Komponenteneinkauf des Verarbeitenden Gewerbes darstellt. Die Unterteilung der **RHB** erfolgt anhand des Kriteriums, ob und – wenn ja – mit welcher Bedeutung sie in das Endprodukt eingehen. In der Gastronomie könnte ein Lachsfilet als Rohstoff in ein 5-Gänge-Menü eingehen und hat darin eine zentrale Bedeutung. Der Hilfsstoff Bootslack dagegen geht zwar beim Bootshersteller oder dem Bootsbetreiber in das Produkt ein, hat dort jedoch einen ergänzenden Charakter. Das Kerosin wird als Betriebsstoff während der Produktion einer Fluggesellschaft (Flugbetrieb) verbraucht.

Handelswaren sind Güter, die bezogen und ohne Veränderungen weiterverkauft werden. Sie ergänzen das eigene Kern-Produkt, wie etwa Bordverkaufsartikel im Flugzeug oder Reise-DVDs im Reisebüro.

Güter müssen nicht nur beschafft, sondern auch transportiert und gelagert werden (Logistik). Die Beschaffung und Logistik von Produktionsmaterial und Handelswaren wird unter dem Begriff der **Materialwirtschaft** zusammengefasst.

Auf der **Dienstleistungsebene** werden die Besonderheiten der Tourismusbranche besonders deutlich, denn hier besteht neben der Beschaffung allgemeiner Dienstleistungen eine eigene, tourismusspezifische Form des Einkaufs, der touristische Leistungsträgereinkauf. Hier zeigt sich bereits eine der Kernfragestellungen touristischer Leistungserstellung: Welche Teile meines touristischen Produktes (z. B. Pauschalreise)

- … produziere ich selbst – und muss dann die dafür nötigen einzelnen Güter selbst einkaufen (z. B. Flugzeuge, Kerosin, …) und ggf. betreiben?
- … kaufe ich zu – und muss dann diese touristische Teilleistung von einem Dritten (fremde Fluggesellschaft) als komplette Dienstleistung einkaufen?

Diese Frage ist auch in kleinerem Maßstab von nicht minder zentraler Bedeutung. So kann etwa der Veranstalter eines Events überlegen, die gastronomische Verpflegung selbst sicher zu stellen oder komplett als Catering-Dienstleistung zuzukaufen. Die Grundfrage ist stets dieselbe: **make or buy?** In Abschnitt 2.2.7.1 wird hierauf noch ausführlich eingegangen.

---

[108] Vgl. hierzu und im Folgenden: Hutzschenreuter (2011), S. 213f. und Large (2009), S. 8–13.

2.2 Beschaffung

Unabhängig von der Art des Beschaffungsobjektes hat die Beschaffung immer **Ziele**, die teilweise in Widerspruch zu einander stehen:

- Günstige Einkaufspreise, geringe Beschaffungskosten
- Hohe Qualität der Beschaffungsobjekte, hohe Lieferbereitschaft
- Geringe Kapitalbindung, hohe Liquidität

Neben den genannten Ebenen und Ausprägungen der Beschaffung gibt es im Unternehmen weitere, spezielle Formen, die nicht in die Aufteilung nach Gütern und Dienstleistungen passen.[109] Hierzu zählen die Beschaffung geeigneter Mitarbeiter (Personalbeschaffung) und die Beschaffung finanzieller Mittel (Finanzierung). Auf diese **Sonderformen der Beschaffung** wurde bzw. wird in den jeweiligen Abschnitten zur Finanzierung (Abschnitt 2.1) und zum Personalmanagement (Abschnitt 3.3) eingegangen.

Nachdem nun die Beschaffungsobjekte im Tourismus strukturiert sind, werden nachfolgend die im Rahmen der Beschaffung relevanten Prozesse, gegliedert nach den Beschaffungsobjekten, dargestellt.

2.2.3 Investitionsgüterbeschaffung

Ein Investitionsgut wird in der Regel von Unternehmen nachgefragt, um damit Konsumgüter herzustellen oder die Produktion von Dienstleistungen zu ermöglichen. Hierzu zählen Maschinen, Aggregate, Anlagen und Systeme (IT).[110] Auch Immobilien haben meist den Charakter eines Investitionsgutes.

Die Entscheidungsprozesse der Käufer auf Investitionsgütermärkten unterscheiden sich stark von denen auf Konsumgüter- oder Dienstleistungsmärkten.[111] Bei sehr teuren Investitionsgütern wie Hotelimmobilien, Kreuzfahrtschiffen und Flugzeugen stellt sich regelmäßig die Frage, ob diese tatsächlich gekauft werden müssen und damit viel Kapital binden, oder ob sie geleast werden sollten.[112]

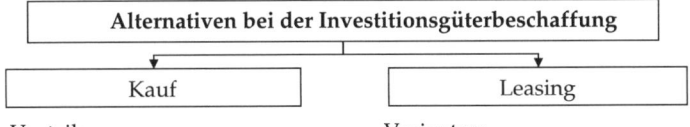

```
                Alternativen bei der Investitionsgüterbeschaffung
                         │                              │
                       Kauf                          Leasing
```

Vorteile:
- Kundenorientierte Auslegung des Investitionsgutes möglich
- Nutzung von Abschreibungsmöglichkeiten

Nachteile:
- Hohe Kapitalbindung
- Opportunitätskosten
- Zeitversetzte Lieferung

Varianten:
a) Financial Lease („on balance")
   → kaufähnliche Vertragsgestaltung, Nutzung von Steuervorteilen

b) Operating Lease („off balance")
   → mietähnliche Vertragsgestaltung, z.B. Dry Lease oder Wet Lease bei Flugzeugen

Abbildung 25: Investitionsgüterbeschaffung

---

[109] Vgl. Large (2009), S. 14.
[110] Vgl. Oberstebrink (2009), S. 15–21.
[111] Vgl. Jung (2010), S. 558.
[112] Vgl. am Beispiel von Flugzeugen Berg (2006), S. 231 f.

2. Funktionsbereiche: Kernelemente touristischer Wertschöpfung

In beiden Fällen trägt der Kunde das wirtschaftliche Auslastungsrisiko in Bezug auf das Investitionsgut. Allerdings ergeben sich unterschiedliche Konsequenzen bilanzieller Art, und es stellen sich grundsätzliche Fragen der Finanzierung derartiger Investitionen.[113]

Im Bereich des Luftverkehrsmanagements gibt es anschauliche Beispiele, wie Fluggesellschaften die in Abb. 25 gezeigten Alternativen im Rahmen der Flugzeugbeschaffung parallel einsetzen und variieren: Im Eigentum befindliche Flugzeuge werden verkauft, zurück gemietet („Sale & Lease back") und evtl. später wieder zurück erworben.[114] Auch werden Maschinen konzernintern an Tochter-Fluggesellschaften weitervermietet.

Für langlebige und teure Investitionsgüter sollten laufend die Märkte beobachtet werden. Diese Güter werden meist nicht regelmäßig beschafft, sondern im Rahmen einer Wachstumsstrategie, wenn Ersatzbedarfe entstehen oder wenn sich kurzfristig Marktgelegenheiten bieten. Einige dieser Güter, wie etwa Flugzeuge oder Kreuzfahrtschiffe, müssen, wenn sie neu erworben werden sollen, meist mit einem Vorlauf von mehreren Jahren bestellt werden. Die Unsicherheit im Rahmen solcher Bestellungen ist enorm: In welche konjunkturelle Phase fällt die Auslieferung und In-Dienst-Stellung? Ist zu diesem Zeitpunkt der touristische Markt überhaupt ausreichend stark, um das Investitionsgut sinnvoll einzusetzen?

2.2.4 Materialbeschaffung und Wareneinkauf

2.2.4.1 Analyse der zu beschaffenden Güter und Materialien

Materialien stellen Verbrauchsfaktoren dar, die als Roh-, Hilfs- und Betriebsstoffe in den betrieblichen Leistungsprozess eingehen, vgl. Abb. 24. Auch Energie und Wasser fallen darunter. Die Beschaffungsprozesse von Handelswaren, die beispielsweise in Flugzeugen, in Hotels oder Kreuzfahrtschiffen weiterverkauft werden, ähneln in einigen Grundlagen denen der Materialien, so dass sie nachfolgend „mitgeführt", aber nicht gesondert erwähnt werden.[115]

Für Verbrauchsmaterialien, die vorwiegend regelmäßig beschafft werden, bietet sich als vorbereitendes Instrument der Beschaffungsplanung die **ABC-Analyse** an. Bei dieser wird das Material nach dem Mengenanteil relativ zum Wertanteil in Gruppen (A-, B- und C-Materialien) zusammengefasst:[116]

---

[113] Vgl. zur Bilanz Abschnitt 3.2 und zur Finanzierung Abschnitt 2.1.
[114] Vgl. Sterzenbach, Conrady, Fichert (2009), S. 144–147 und Morrell (2007), S. 196–205.
[115] In anderen Managementbereichen sind die Unterschiede dagegen bedeutsamer. So können etwa Qualitätsdefizite der beschafften Materialien die Qualität des eigenen Produktes und das Image des Unternehmens weitaus stärker schädigen als Handelswaren von minderer Qualität, da das Unternehmen beim Verkauf von Handelswaren nicht als Produzent, sondern „nur" als Händler auftritt. Dies hat große Unterschiede etwa bei Qualitätsprüfung (Eingangskontrollen) und Lieferantenmanagement zur Folge.
[116] Vgl. hierzu und im folgenden Hutzschenreuter (2011), S. 214 f. und Jung (2010), S. 325–327.

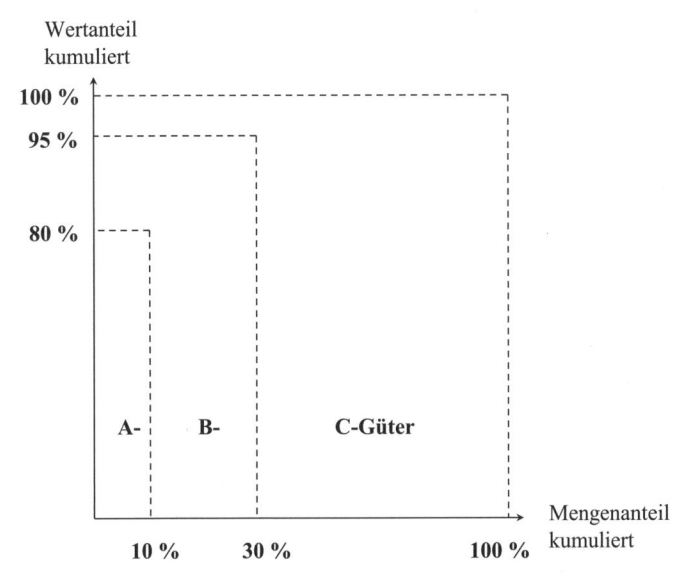

Abbildung 26: Strukturierung des Materials: ABC-Analyse

Diese Informationen dienen u. a. dazu, die Bevorratungs- und Beschaffungsverfahren zu planen und ggf. anzupassen. So wird man die Beschaffung und Bevorratung von A-Gütern besonders sorgfältig planen, denn A-Güter stellen nur einen geringen Anteil an der Menge aller Materialien, machen aber 80 % des Wertes aus. Die C-Güter besitzen dagegen einen hohen Mengen-, aber nur einen geringen Wertanteil. Die jeweiligen Mengen- und Wertgrenzen zu B-Gütern sind je nach Branche und Unternehmen verschieden festzulegen.

Beispielsweise stellen manche Ersatzteile für Flugzeuge, wie etwa die aus Titanlegierungen bestehenden Verdichterschaufeln eines Triebwerks, typische **A-Materialien** dar. Sie haben nicht nur einen besonders hohen Wert, sondern müssen zudem so bevorratet werden, dass sie nicht nur im Rahmen eines regulären, präventiven Austausches zur Verfügung stehen, sondern im Falle auftretender Schäden im Einsatz innerhalb einer möglichst kurzen Zeit an alle relevanten Flughäfen gebracht werden können. Häufig wird gleich das gesamte Triebwerk getauscht – der Austausch einzelner Verdichterschaufeln würde mitsamt den Testläufen zu viel Zeit in Anspruch nehmen. Dieses A-Gut besitzt folglich nicht nur einen hohen Materialwert (Bilanz), sondern auch eine erhebliche Kostenrelevanz (Gewinn und Verlustrechnung) durch seine planmäßige Abschreibung oder im Falle seines außerplanmäßigen Ausfalls.[117]

Als **C-Güter** könnten für eine Fluggesellschaft Decken oder „amenity bags" gelten, die den Reisenden auf langen Strecken in höheren Buchungsklassen gewährt werden.

---

[117] Zur Bilanz und Gewinn- und Verlustrechnung vgl. Abschnitt 3.2.

2.2.4.2 Lieferantenauswahl

Grundsätzliche Möglichkeiten

Hinsichtlich der **Anzahl der Lieferanten** kann unterschieden werden in **Multiple Sourcing** und **Single Sourcing**.[118] Bei Belieferung durch mehrere Lieferanten hat man bei den Preisverhandlungen als Abnehmer meist eine bessere Position. Außerdem sinkt das Ausfallrisiko für das zu liefernde Gut. Als Nachteil schlägt ein höherer Aufwand zu Buche für Verhandlungen, Qualitätskontrollen und ggf. Lagerhaltung. Dieser Aufwand ist bei Beschränkung auf nur einen Lieferanten naturgemäß geringer. Außerdem kann man diesen Lieferanten eng in die Produktion integrieren bis hin zur gemeinsamen Produktplanung. Dem stehen allerdings ein höheres Ausfallrisiko und die Gefahr gegenüber, vom Lieferanten die Preise gleichsam „diktiert" zu bekommen.

Solche „Exklusivitäten" lassen sich auch „in die andere Richtung" vereinbaren. Ein **Single Selling** ist gerade im Tourismus bei ansonsten austauschbaren Produkten von großer Bedeutung. Beispielsweise könnte eine Kreuzfahrtlinie für das Unterhaltungsprogramm eines Luxusliners einen bestimmten hochrangigen Konzertpianisten exklusiv verpflichten, der dann nicht auch bei anderen Linien auftritt. Ein weiteres Beispiel stellen Clubhotelmarken dar, deren Anlagen exklusiv nur im deutschsprachigen Raum vermarktet werden.

Nach der **regionalen Dimension** der Beschaffung lassen sich **Local Sourcing**, **Regional Sourcing** und **Global Sourcing** voneinander abgrenzen. Eine Beschränkung auf ein ganz bestimmtes, lokal begrenztes Bezugsgebiet erfolgt entweder alternativlos (eine lokale Thermalquelle, Münchener Bier auf dem Oktoberfest) oder ganz bewusst mit den Zielen der Transportkostenminimierung oder der Förderung einzelner Betriebe (Fleisch für das Restaurant kommt aus der Metzgerei des Schwagers).

Bei Belieferung aus einer bestimmten größeren Region können neben Kostenaspekten (z. B. Lohnniveau für IT-Dienstleister in Indien, Strukturförderprogramme) auch Qualitäts- und Sicherheitskriterien (z. B. EU-Normen) eine Rolle spielen. Bisweilen ist die regionale Herkunft sogar ein zentrales Produktmerkmal wie etwa beim Wein aus bestimmten Anbaugebieten in der Gastronomie. Oder sie wird innerhalb eines bestimmten Produktes, etwa einer Studienreise, zum wichtigen Personenmerkmal, wenn der Reiseleiter in der Region aufgewachsen ist (kultureller Hintergrund) und in Deutschland (Sprachlichkeit) studiert hat.

Globale Bezugsquellen finden sich häufig dann, wenn das eigene Geschäft ebenfalls global ausgerichtet ist. Zum Beispiel wird eine global agierende Fluggesellschaft auf zahlreiche lokale Bezugsquellen für Catering, Kerosin und Reinigungsdienstleistungen zurückgreifen, die in ihrer Summe eine globale Bezugsquelle darstellen. Neben großen Fluggesellschaften rekrutieren auch große Hotelketten ihr Personal global, um möglichst viele Sprachen und kulturelle Spezifika abzudecken.

---

[118] Vgl. nachfolgend Hutzschenreuter (2011), S. 217 f.

Es lassen sich viele Kombinationen aus diesen grundsätzlichen Bezugsmöglichkeiten bilden. Beispielsweise kann ein Restaurant seine Forellen von einem ganz bestimmten Lieferanten (Single Sourcing) aus der fränkischen Schweiz (Regional Sourcing) beziehen. Sei es, weil dieser Lieferant eine besondere Form nachhaltiger Fischzucht betreibt (Produktmerkmal), oder weil es sich schlichtweg um den Onkel des Kochs handelt (Lieferantenpflege).

Vorgehen bei der Auswahl

Hier ist zu unterscheiden, ob ein Unternehmen im Rahmen einer Beschaffung erstmalig einen Lieferanten auswählt, oder ob aus verschiedenen Gründen ein Lieferantenwechsel geplant ist. Darüber hinaus ist eine Verbreiterung oder Verschmälerung des Lieferantenpools denkbar.

Vor einer Entscheidung für oder gegen bestimmte Lieferanten können mögliche Lieferanten anhand verschiedener Kriterien beurteilt werden, ob sie als Geschäftspartner in Frage kommen.[119] Hierzu können **Scoring-Modelle** herangezogen werden, die in tabellarischer Form die Leistungsfähigkeit eines potentiellen Lieferanten transparent machen. Dabei werden vorab K.O.-Kriterien definiert, deren Nicht-Erfüllung zur umgehenden Nichtberücksichtigung des Lieferanten führen. Solche K.O.-Kriterien könnten etwa in einer mangelnden Bonität des Lieferanten, in fehlenden Zertifizierungen (Qualitätsmanagement, Umweltmanagement oder andere) und mangelnden Vorerfahrungen des Lieferanten liegen. Sind diese K.O.-Kriterien erfüllt, werden die verbleibenden Lieferanten anhand gewichteter Kostenkriterien (z. B. Preis, Transportkosten, Ausfallkosten) und Nutzenkriterien (Qualität, Garantien, Termintreue) in eine Rangordnung gebracht.

Bei den Kostenkriterien spielen zunehmend **Risikofaktoren** eine Rolle. Diese Faktoren lassen sich in zwei Bereiche aufteilen:

- **Interne Risiken / Compliance**: Einer Studie des *Deutschen Instituts für Interne Revision e.V. (IIR)* aus dem Jahre 2006 folgend, zählt der Einkauf zu den anfälligsten Funktionsbereichen für Korruption und Wettbewerbsdelikte.[120]
- **Externe Risiken**: Hierzu zählen insbesondere Naturgefahren[121] und politische Unruhen, die zu einem Zusammenbrechen der Lieferketten führen können, sowie Währungsschwankungen.

Die letztliche Entscheidung für einen bestimmten Lieferanten kann verschiedene **Grade** aufweisen:

- **Auf Probe**: Fiel die Entscheidung zwischen verschiedenen Lieferanten knapp aus oder wurden selbst beim Besten nicht alle Kriterien angemessen erfüllt, sollte man die zukünftige Belieferung besonders aufmerksam verfolgen und ggf. zu einem späteren Zeitpunkt neu entscheiden.
- **Temporär**: Es kann auch von vornherein geplant sein, den Bezug von einem Lieferanten zeitlich zu begrenzen. Beispiele sind die nötige Abdeckung von Spitzenbedarfen – etwa für Flugkapazitäten – in Hochsaisonzeiten für eine

---

[119] Vgl. hierzu und im Folgenden Hutzschenreuter (2011), S. 228 f.
[120] Vgl. IIR (2006), S. 32–45.
[121] Ein anschauliches Beispiel stellten im Frühjahr 2011 die zusammenbrechenden globalen Lieferketten in Folge des Erdbebens in Japan dar, vgl. Fink (2011), S. 39.

2. Funktionsbereiche: Kernelemente touristischer Wertschöpfung

bestimmte, unerwartet gut laufende Destination, oder das Einspringen eines anderen Catering-Unternehmens bei einem kurzfristig auszurichtenden Firmenevents, wenn der „reguläre" Caterer nicht zur Verfügung steht.
- **Mittel- und langfristig:** In diesen Fällen können enge Kooperationen mit den Lieferanten entstehen. Sie können enger in die eigene Qualitätsstrategie einbezogen werden, und es können Rahmen- oder Abrufverträge vereinbart werden. Solche engen Bindungen bedürfen eines sorgfältigen Lieferantenmanagements, damit der Nutzen aus der vertrauensvollen Beziehung gegenüber den Nachteilen aus einer Abhängigkeit stets überwiegt.

2.2.4.3 Festlegung von Bestellmengen und -rhythmen bei kontinuierlichem Verbrauch

Die beschriebene Analyse der zu beschaffenden Güter und Materialien und die Lieferantenauswahl dienen vorwiegend langfristigen Zielen. Dagegen gehören die Festlegung der Bestellmengen und die Planung der zeitlichen Abfolge von Bestellungen (Bestellrhythmen) und Bestellzeitpunkten zu den operativen Entscheidungen im Beschaffungsmanagement.

```
                  Operative Verfahren der Beschaffung bei ...
                  ┌──────────────────┴──────────────────┐
    ... konstantem kontinuierlichen Verbrauch    ... schwankendem Verbrauch
              (= Abschnitt 2.2.4.3)                (= Abschnitt 2.2.4.4)
```

a) Optimierung von Bestellmenge und Bestellrhythmus

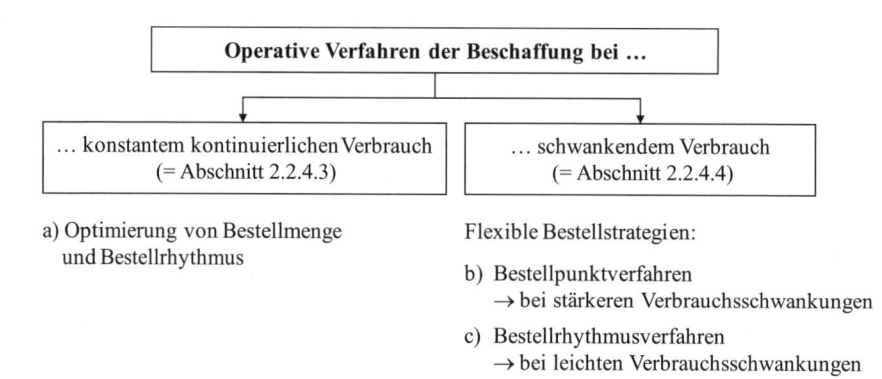

Flexible Bestellstrategien:
b) Bestellpunktverfahren
   → bei stärkeren Verbrauchsschwankungen
c) Bestellrhythmusverfahren
   → bei leichten Verbrauchsschwankungen

Abbildung 27: Operative Verfahren der Beschaffung

Bei einem kontinuierlichen Verbrauch gilt die Annahme, dass durchschnittlich die Hälfte der Bestellmenge x im Lager ist:

Ø Lagerbestand wertmäßig: $\frac{x \cdot p}{2}$

Bestellmenge: x

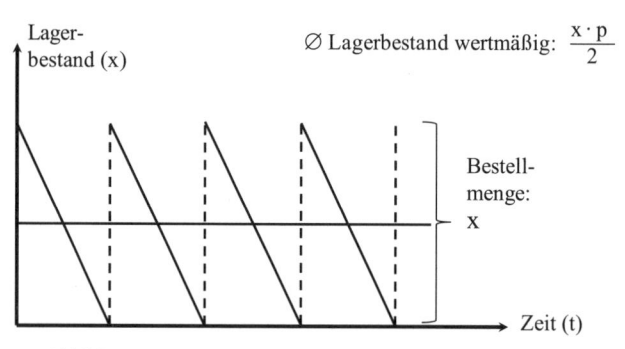

Abbildung 28: Lagerzugänge und konstante Verbrauchsläufe

2.2 Beschaffung

Die pro Beschaffungsvorgang zu bestellende Menge x kann unter Kostengesichtspunkten optimiert werden. Hierfür sind zunächst alle relevanten Beschaffungskosten zu erfassen.[122] Dies kann mit Hilfe folgender Variablen erfolgen:

B = Jahresbedarf
p = Preis pro Mengeneinheit
K_f = Fixe Kosten einer einzelnen Bestellung
i = Zinskostensatz pro Jahr für die Kapitalbindung
l = Lagerkostensatz pro Jahr für die Lagerhaltung
K_{ges} = Gesamtkosten der Beschaffung pro Jahr

Unmittelbare Beschaffungskosten entstehen direkt durch den Kauf und ergeben sich aus dem Produkt von Menge und Preis:

(1) $K_U = B \cdot p$

Mittelbare Beschaffungskosten (Bestellabwicklungs- oder Transaktionskosten) stehen in einem direkten Zusammenhang mit der Bestellung. Hierzu zählen z. B. Kosten für Wareneingangs- und Rechnungsprüfung, Versand- oder Mindermengenzuschläge:

(2) $K_M = K_f \cdot \dfrac{B}{x}$

Lagerhaltungskosten umfassen zwei Blöcke: Zum einen sind dies die Lagerkosten (Handling und Pflege der eingelagerten Produkte), für die ein Lagerhaltungskostensatz l unterstellt wird. Zum anderen sind Kapitalbindungskosten zu berücksichtigen, welche durch die von der Lagerhaltung verursachte Kapitalbindung entstehen und mit der Höhe des Kalkulationszinssatzes i sowie mit der Lagerdauer variieren:

(3) $K_L = \dfrac{x \cdot p}{2} \cdot (i + l)$

Fehlmengenkosten entstehen, wenn aufgrund unzureichender Bevorratung der Produktionsprozess unterbrochen wird. So mussten beispielsweise an verschiedenen Flughäfen im harten Winter 2010/2011 zahlreiche Flüge ausfallen, da an Flughäfen das Enteisungsmittel aufgebraucht war.

Vernachlässigt man die Fehlmengenkosten, weil deren Entstehung ja nicht geplant ist, ergeben sich folgende **Gesamtkosten** als Funktion in Abhängigkeit von der Bestellmenge x durch Summierung von (1) bis (3):

(4) $K_{ges} = B \cdot p + K_f \cdot \dfrac{B}{x} + \dfrac{x \cdot p}{2} \cdot (i + l) \rightarrow \min!$

Mit zunehmender Bestellmenge x sinken zwar die mittelbaren Beschaffungskosten degressiv, die Lagerhaltungskosten steigen jedoch linear an. Daher muss zur Beantwortung der Frage, bei welcher Bestellmenge x die Gesamtkosten am niedrigsten sind, die erste Ableitung dieser Funktion gleich null gesetzt werden und sichergestellt sein, dass die zweite Ableitung positiv ist.

---

[122] Vgl. hierzu und im Folgenden Hutzschenreuter (2011), S. 221–224 sowie Jung (2010), S. 387–389.

2. Funktionsbereiche: Kernelemente touristischer Wertschöpfung

Löst man die auf null gesetzte erste Ableitung nach x auf, ergibt sich für die **optimale Bestellmenge**:[123]

(5) $x_{opt} = \sqrt{\dfrac{2 \cdot B \cdot K_f}{p \cdot (i+1)}}$

Die **optimale Bestellhäufigkeit** für diese Bestellmenge beträgt dann:

(5) $y_{opt} = \dfrac{B}{x_{opt}}$

2.2.4.4 Festlegung von Bestellzeitpunkten bei schwankendem Verbrauch

Im Tourismus sind viele Produktionsprozesse von saisonalen und untersaisonalen Schwankungen geprägt. Dadurch unterliegt die Beschaffung der für die Produktion nötigen Sachgüter ebenfalls diesen Schwankungen, wofür zahlreiche Beispiele aus touristischen Teilbranchen angeführt werden können.

So ergeben sich in der Hotellerie und Gastronomie jahreszeitliche Schwankungen durch den Einsatz bestimmter frischer Lebensmittel, durch das Geschäft mit Weihnachtsfeiern oder in der Ballsaison. Untersaisonal können Beschaffungsprozesse zudem stark von exogenen Faktoren abhängen: Die Bevorratung von Berggasthöfen und -hütten variiert stark mit dem Wetter. Kreuzfahrtschiffe richten den Bezug frischer Lebensmittel häufig danach aus, wann und wo Häfen mit entsprechender Versorgungsmöglichkeit angelaufen werden.[124] Für Großveranstaltungen kultureller oder sportlicher Art wird dagegen so gut wie gar nicht bevorratet. Denn hier sind es in aller Regel Einmalvorgänge, selbst wenn sich solche Events in gewissen Abständen wiederholen.

Findet eine Vorratshaltung bei schwankendem Verbrauch statt, versucht man die Risiken einer zu großen oder zu geringen Bevorratung durch flexible Bestellverfahren zu minimieren.[125]

Beim **Bestellpunktverfahren** wird die Bestellmenge x festgelegt, der Zeitpunkt der Bestellung hingegen offen gelassen. Hierzu muss als Mindestlagermenge ein Meldebestand M festgelegt werden, bei dessen Unterschreitung eine Bestellung ausgelöst wird. Bei dessen Festlegung müssen natürlich die Lieferzeit und ein „eiserner" Bestand für unerwartete, noch stärkere Verbrauchsschwankungen berücksichtigt werden.

Der schwankende Verbrauch ist in Abb. 29 durch unterschiedliche Neigungen der Verbrauchsgraden und die dadurch unterschiedlichen Abstände der Meldezeitpunkte dargestellt. Als Beispiele können Schiffsdieseltanks dienen, deren Sensoren bei Unterschreitung einer Mindestmenge die Schiffsleitung warnen,

---

[123] In Anlehnung an den Ingenieur *Kurt Andler*, der diesen Zusammenhang im Jahr 1929 im deutschsprachigen Raum in seiner Dissertation bekannt machte, wird diese Formel auch „Andler'sche Losgrößenformel" genannt, vgl. Andler (1929).
[124] Zum Einkauf für **Kreuzfahrtschiffe** und den dabei zu beschaffenden, enormen Mengen vgl. Schulz, Auer (2010), S. 144 f.
[125] Vgl. hierzu und im Folgenden Hutzschenreuter (2011), S. 227 f.

2.2 Beschaffung

Abbildung 29: Bestellpunktverfahren

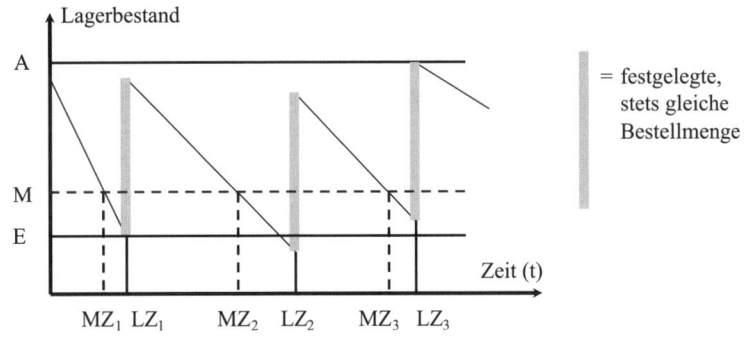

A = Maximale Lagerkapazität
M = Meldebestand
E = „Eiserner Bestand", Reserve
MZ = Meldezeitpunkte
LZ = Lieferzeitpunkte

oder das Weinlager eines Restaurants, wo bei Unterschreitung einer bestimmten Flaschenzahl einer Sorte im Warenwirtschaftssystem eine Bestellnotwendigkeit angezeigt wird.

Beim **Bestellrhythmusverfahren** werden umgekehrt die Bestellzeitpunkte bzw. -rhythmen festgelegt. Die Bestellmenge hingegen variiert mit der Menge des tatsächlichen Verbrauchs, da hier die Annahme getroffen wird, dass das Lager bei jeder Lieferung immer bis zur Kapazitätsgrenze aufgefüllt wird.

BZ = Bestellzeitpunkte

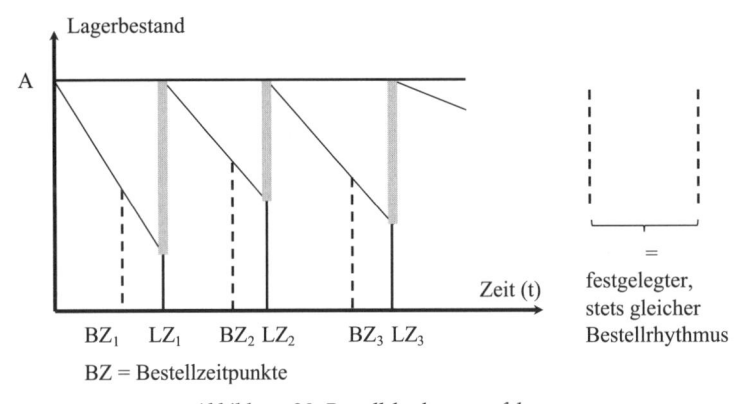

Abbildung 30: Bestellrhythmusverfahren

In der Praxis werden diese Verfahren häufig kombiniert und variiert. So ist bei stärkeren Verbrauchsschwankungen denkbar, sowohl mit Meldezeitpunkten als auch mit der Auffüllung bis zur Kapazitätsgrenze bei Lieferung zu arbeiten. Dies gilt z. B. dann, wenn beim zu beschaffenden Gut besondere Knappheiten bestehen oder befürchtet werden (Treibstoffe bestimmter Güte, Weine bestimmter Jahrgänge, …).

2.2.5 Dienstleistungsbeschaffung

2.2.5.1 Segmente unternehmensbezogener Dienstleistungen

Werden Dienstleistungen nicht von Privathaushalten nachgefragt, sondern von Unternehmen für die Zwecke der Produktionsunterstützung, stellen sie „Produktivdienstleistungen" dar.[126] Die Zwecke können von einer unterstützenden Wirkung bis zu einem unentbehrlichen Produktionsfaktor reichen.

Diese allgemeinen Dienstleistungen im Rahmen der betrieblichen Leistungserstellung (Abb. 31) lassen sich wie folgt systematisieren:

Dienstleistungssegment	Dienstleistungen
Marketing und Media	Mediendienste, Eventmarketing, Public Relations und andere Kommunikationsdienstleistungen
Beratung	Management-, Strategie-, Rechts-, IT- und Steuerberatung, Auditierungen, Ingenieurdienstleistungen
Facility Management	Sicherheitsdienste, Entsorgung, Bewirtung, Verpflegungsautomaten, Winterdienste
Personal	Weiterbildung, Trainings, Leih- und Zeitarbeit
Informationen	Auskunfteien, Marktforschungen
Travel Management	Geschäftsreiseorganisation und -abwicklung
IT	Hard- und Softwarebetreuung, Helpdesks
Logistikdienstleistungen	Kurier- und Transportdienstleistungen

Abbildung 31: Dienstleistungssegmente und ihre Dienstleistungen[127]

Am Beispiel der **IT-Dienstleistungen** lässt sich zeigen, dass die Beschaffung von Dienstleistungen eng verbunden sein kann mit dem Investitionsgütereinkauf. So beinhalten IT-Dienstleistungsverträge häufig auch die Hardware, die gemietet oder gekauft wird. Umgekehrt bieten Investitionsgüterhersteller oftmals umfangreiche Servicedienstleistungen rund um den Erwerb des Investitionsgutes an. Diese können beispielsweise bei der Beschaffung von Flugzeugen von der Finanzierungsunterstützung über Trainings bis zu Wartungsdienstleistungen reichen.

Letztlich sind verschiedene Beschaffungs-Kombinationen aus Sachgütern und Servicedienstleistungen denkbar. Zudem können die Servicedienstleistun-

---

[126] Vgl. Thiell (2008), S. 83 und 86.
[127] Vgl. Ernst&Young (2009), S. 4 und Thiell (2008), S. 85.

gen in verschiedenen Graden bezogen werden. Insbesondere bei IT-Dienstleistungen legen Einkäufer und Lieferant in Service Level Agreements (SLA) fest, welche Elemente die Servicedienstleistungen umfassen (Hotline, Wartung, Austausch, Kundendienst), wie groß die einzelnen Leistungsumfänge sind und welche Reaktionszeiten der Dienstleister einzuhalten hat.

Für die Lieferantenauswahl gelten für Dienstleistungen viele der bereits für die Materialbeschaffung gezeigten Prinzipien.

2.2.5.2 Optimierung der Dienstleistungsbeschaffung

Auch wenn der Markt für unternehmensbezogene Dienstleistungen der am schnellsten wachsende Markt in den Industrieländern ist, wird die Beschaffung dieser immateriellen Produkte von den Unternehmen häufig nicht als originäre Aufgabe des Einkaufs wahrgenommen. Dies hat zur Folge, dass die Beschaffung von Dienstleistungen oftmals nicht mit der gleichen Professionalität wie die Beschaffung von Investitionsgütern und Materialien erfolgt.

Einer Studie der Wirtschaftsprüfungs- und Beratungsgesellschaft *Ernst&Young* aus dem Jahr 2006 zufolge[128] gestalten über 80 % der Unternehmen die Beschaffung von Dienstleistungen operativ mit Rahmenverträgen, denen ausführliche Preisvergleiche vorausgehen. Eine dokumentierte Lieferantenstrategie für Dienstleistungen findet sich allerdings nur in etwa der Hälfte aller Unternehmen. Bei einem guten Drittel der Unternehmen erfolgt die Beschaffung von Dienstleistungen individuell durch deren Nutzer im Unternehmen, ohne Einbindung des Einkaufs und teilweise auch aufgrund bestehender Präferenzen.

Die Beschaffung von Dienstleistungen lässt sich auf der strategischen Ebene optimieren durch die Ausarbeitung einer Beschaffungsstrategie und eine bereichsübergreifende Beschaffungsmarktforschung durch den Einkauf. Im operativen Tagesgeschäft sollte der Einkauf durch die Fachabteilungen frühzeitig eingebunden werden. In großen Unternehmen können ein Warengruppenmanagement und ein systematisches Einkaufscontrolling die Transparenz in diesem sensiblen Bereich deutlich erhöhen.

Neben dem Bezug einzelner Dienstleistungen lassen sich ganze Unternehmensfunktionen auslagern, die fortan als Dienstleistungen fremdbezogen werden. Beispiele hierfür sind Buchhaltung, IT (u.a. Rechenleistung, Datensicherung, Programmierung), Callcenter und Aktenmanagement. Dieses **Outsourcing** lohnt sich allerdings nur, wenn die betreffende Leistung im Unternehmen zu selten nachgefragt wird und/oder bestimmte Spezialqualifikationen erfordert.[129] Ferner dürfen dem Unternehmen dadurch keine Kernkompetenzen verloren gehen.

---

[128] Vgl. hierzu und im Folgenden Ernst&Young (2009), S. 4 und S. 6 f. Befragt wurden 100 Einkaufsleiter in Deutschland ansässiger Unternehmen zu ihrem Beschaffungsverhalten bei Dienstleistungen.
[129] Vgl. Thommen, Achleitner (2009), S. 887.

2.2.6 Touristischer Leistungsträgereinkauf

Wie bereits in Abb. 24 gezeigt, „nehmen touristische Leistungen" eine Sonderstellung in der Systematik der Beschaffungsobjekte ein. Im Rahmen der Produktion eines Reiseveranstalters haben die einzukaufenden touristischen Leistungen – in Analogie zur Sachgüterbeschaffung – einen Komponentencharakter für das eigene Produkt, etwa eine Flugpauschalreise.

Aus Reiseveranstaltersicht verfügen nur große, veranstalterdominierte Tourismuskonzerne über Eigentum oder größere Beteiligungen an touristischen Leistungsträgern, also den Unternehmen, die touristische Leistungen entweder im Zielgebiet selbst (Hotels, Zielgebietsagenturen) oder „auf dem Weg dorthin" (Verkehrsträger, insbes. Fluggesellschaften) anbieten. Beispiele sind die Fluggesellschaften *TUIfly* (TUI-Konzern) und *Condor* (*Thomas Cook*-Konzern), deren Flugleistungen den Reiseveranstaltern der Konzerne zur Verfügung stehen und ihnen über konzerninterne Verrechnungspreise berechnet werden. In der Regel aber müssen Reiseveranstalter die Flugleistungen „bei Dritten", also fremden Fluggesellschaften aushandeln und zu Marktpreisen einkaufen. Dabei bestehen in den touristischen Wertschöpfungsketten große wechselseitige Abhängigkeiten zwischen den Zulieferern und den Abnehmern:

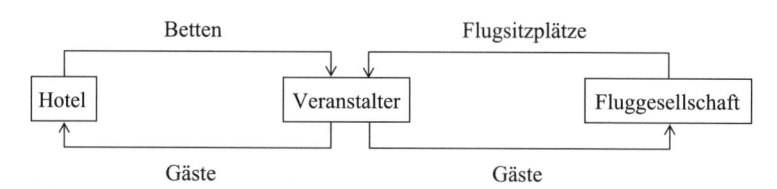

```
              Betten              Flugsitzplätze
         ┌─────────┐            ┌──────────┐
         │         ▼            ▼          │
    ┌────┴─┐    ┌──────────┐    ┌──────────────┐
    │ Hotel│    │Veranstalter│  │Fluggesellschaft│
    └──▲───┘    └──────────┘    └──────▲───────┘
       │                               │
       └───────────┐      ┌────────────┘
              Gäste              Gäste
```

Abbildung 32: Beispielhafte Lieferanten- und Abnehmerrollen im Tourismus

Am Beispiel einer Flugpauschalreise können folgende Teilbereiche des touristischen Leistungsträgereinkaufs unterschieden werden:

- **Flugeinkauf:** Hier werden bei größeren Volumen häufig Charterverträge abgeschlossen: Beim **Vollcharter** wird die gesamte Kapazität eines oder mehrerer Flugzeuge von einem Veranstalter (Charterer) vertraglich gebunden.[130] Beim **Teilcharter** (Splitcharter) bietet die Fluggesellschaft die Kapazität mehreren Veranstaltern an und/oder verkauft Teile ihrer Kontingente direkt an Endkunden, wodurch die Grenzen zwischen Charter und Linienflugverkehr verschwimmen. Beim **Subcharter** wird die Kapazität einer Maschine von einem Veranstalter als Hauptcharterer unter Vertrag genommen. Er kann dann überzählige Plätze über Unterchartervertägge anderen Veranstaltern anbieten. Charterverträge verlieren bei Überkapazitäten im Flugbereich zwar an Bedeutung, sie finden sich aber auch bei anderen Verkehrsträgern wie etwa Bussen oder im Yachtbereich.[131]

---

[130] Vgl. hierzu und im Folgenden Mundt (2011), S. 129, Gabler (2011b), Schulz (2009), S. 24 und S. 98, Berg (2006), S. 93–97 sowie Bastian (2004), S. 45 f.
[131] Zum Yachtcharter vgl. Schulz, Auer (2010), S. 311–318.

2.2 Beschaffung

- **Hoteleinkauf:** Hoteleinkauf und der Einkauf von Zielgebietsagenturleistungen machen zusammen den Zielgebietseinkauf aus. Zusätzlich zum Auslastungsrisiko, das schon beim Flugeinkauf ein wichtiges Kriterium darstellt, kommen beim Zielgebietseinkauf Länder- oder Regionsrisiken hinzu. Politische Unruhen, Unwetter, Währungsrisiken und Korruption stellen in vielen touristisch relevanten Ländern mehr oder weniger regelmäßige Tatbestände dar. Ziel des Hoteleinkaufes muss es daher sein, unter Qualitäts-, Preis- und Risikogesichtspunkten die richtigen Leistungsträger auszuwählen und zu binden. Diese drei Kriterien müssen allerdings je nach Quellmarktherkunft der Gäste unterschiedlich interpretiert, ausdifferenziert und gewichtet werden.[132] Vertraglich fixiert werden im Hoteleinkauf die folgenden **Sachverhalte:**[133] Zeitraum, Leistungen, Volumen, Zeitpunkt des Risikoüberganges an den Veranstalter (Verfallsfrist) und Zahlungsmodalitäten. Die häufigste Vertragsform ist der Kontingentvertrag (Allotmentvertrag), bei dem der Hotelier zunächst das Auslastungsrisiko trägt. Der Einfluss des Reiseveranstalters auf den Hotelier ist in diesem Fall gering, etwa in Bezug auf die Frage, welche Konkurrenzveranstalter ebenfalls Kontingente in diesem Hotel belegen können. Dabei gilt der **Grundsatz**, dass dem Veranstalter umso mehr Einflussnahme zusteht, je mehr und früher er das Auslastungsrisiko übernimmt. Häufig sichern Veranstalter dem Hotelier zusätzlich **Vorauszahlungen** vertraglich zu, mit denen der Hotelier in der schwachen Vorsaisonzeit oder einer Schließungszeit Renovierungsarbeiten beauftragen und die fixen Teile der Personal- und Betriebskosten decken kann. Dies führt bei Reiseveranstaltern nicht nur zu Zinsverlusten und Währungsrisiken, sondern gerade in Wintern mit schleppend anlaufenden Buchungen für den kommenden Sommer häufig auch zu einem bedrohlichen Rückgang der eigenen Liquidität, da den Vorauszahlungen zu wenig Kundenanzahlungen oder andere Mittelzuflüsse gegenüberstehen.
- **Einkauf von Zielgebietsagenturleistungen:** Hierzu zählen die Gästebetreuung (u.a. Empfang, Transfers, Reiseleitung, Information, Notfall- und Beschwerdemanagement) und die Qualitätssicherung vor Ort (u.a. Hotels, Transfers, Katalogkorrekturen).[134] Mitunter nehmen veranstaltereigene Zielgebietsagenturen auch den lokalen Hoteleinkauf wahr.

Während beim Einkauf touristischer Leistungen bei externen Dritten **Marktpreise** ausgehandelt und bezahlt werden müssen, würden bei Nutzung eigener Ressourcen interne **Verrechnungspreise** anfallen.[135] Bei grenzüberschreitenden, internationalen Verrechnungspreissystemen bieten sich zwar in bestimmtem Maße steueroptimierende Möglichkeiten der Gewinnverlagerung, auf der anderen Seite ergeben sich Probleme bei der Erfolgsermittlung, der Motivation und der Koordination.

---

[132] Vgl. Steckel, Hovenbitzer (2004), S. 272 f.
[133] Vgl. hierzu und im Folgenden Mundt (2011), S. 137 und S. 142 f. sowie Berg (2006), S. 88–93.
[134] Vgl. Mundt (2011), S. 147, Berg (2006), S. 97 f. und Harling, Weiss (2004), S. 289.
[135] Vgl. Wöhe, Döring (2010), S. 213–215 sowie ausführlich Oestreicher (2003).

2.2.7 Eine zentrale Frage im Tourismus: Selber produzieren oder fremd beziehen?

2.2.7.1 Die Make or Buy-Entscheidung

Die Make or Buy-Entscheidung ist die Entscheidung über die vertikale Produktions- und Leistungstiefe eines Unternehmens.[136] Konkret stellt sich zu verschiedenen Anlässen die Frage, ob bestimmte Güter oder Leistungen innerhalb des betrieblichen Leistungsprozesses selbst erstellt („make" = Produktion) oder zugekauft („buy" = Beschaffung) werden sollen. Daher ist es sinnvoll, diese Frage genau zum Abschluss des Beschaffungskapitels als Übergang zum Produktionskapitel aufzuwerfen.

Auch die Entscheidung für eine eigene Produktion zieht unweigerlich Beschaffungsprozesse nach sich. Insofern ist die Make or Buy-Entscheidung nur teilweise eine „entweder oder"-Frage, deren Beantwortung die nachfolgenden Beschaffungsprozesse lediglich auf unterschiedlichen Ebenen auslöst. Zudem kann diese Auswahlentscheidung langfristiger (strategischer) oder kurzfristiger (operativer) Natur sein, wobei jeweils unterschiedliche Entscheidungskriterien zu Grunde liegen.

Diese Zusammenhänge lassen sich für die Tourismusbranche sehr gut anhand eines Vergleiches mit Beispielen aus dem Verarbeitenden Gewerbe veranschaulichen:

Branche: Verarbeitendes Gewerbe (Automobilhersteller)		
	Entscheidung	Konsequenzen für die Beschaffung (Beispiele)
Strategisch	Make: Getriebe eines neuen Modells selbst herstellen	Investitionsgütereinkauf: Fertigungsanlagen Materialbeschaffung: Rohstoffe, Komponententeile Dienstleistungseinkauf: Service, Wartung, Werksschutz
	Buy: Getriebe für das neue Modell zukaufen	Komponenteneinkauf: Evtl. Getriebe zusammen mit Lieferanten entwickeln
Operativ (selten)	Make: Training für neue Maschinen in-house durch eigenes Personal	Materialbeschaffung: Büromaterial, Strom, Flipcharts
	Buy: Training für neue Maschinen ex-house beim Hersteller	Dienstleistungseinkauf: Weiterbildungsmaßnahme

---

[136] Vgl. ausführlich Abschnitt 4.2.2.2.4 sowie Jung (2010), S. 330.

Branche: Tourismus (Reiseveranstalter)		
Strategisch	**Make:** Eine eigene Fluggesellschaft betreiben	Investitionsgütereinkauf: Flugzeuge Dienstleistungseinkauf: Versicherung, Wartung
	Buy: a) (Voll-)Charter b) Bezug einzelner Flüge	Leistungsträgereinkauf: Flüge (langfr. Kooperationen, Rahmenverträge)
Operativ (häufig)	**Make:** Flug in der kommenden Saison selbst fliegen	Materialbeschaffung: Kerosin, Wasser, WC-Papier Dienstleistungseinkauf: Start- und Landerechte
	Buy: Flug für bestimmte Strecke fremd vergeben	Leistungsträgereinkauf: Flüge (einzelne Kontingente)

Abbildung 33: Strategische und operative Make or Buy-Entscheidungen

Es wird deutlich, dass die Make or Buy-Entscheidung im operativen Bereich in der Tourismusbranche deutlich häufiger zu treffen ist als im Verarbeitenden Gewerbe. Hierfür gibt es zwei Gründe:
- Die Vielfalt möglicher touristischer Teilleistungen und deren Zugehörigkeit zu verschiedenen Wertschöpfungsstufen
- Der häufig saisonal geprägte Verlauf des touristischen Geschäfts, der immer wieder – von Saison zu Saison – eine Neuentscheidung ermöglicht.

Dies gilt nicht nur für Reiseveranstalter, sondern auch für viele andere touristische Unternehmensformen.

Nachfolgend wird sowohl für den operativen als auch den strategischen Bereich anhand von Beispielen gezeigt, wie die Make or Buy-Entscheidung getroffen werden kann. In beiden Fällen soll deutlich werden, dass diese Entscheidung – wenn sie betriebswirtschaftlich-rational erfolgen soll – immer von bestimmten **Kriterien** abhängig ist, die der Entscheidungsträger vorab festzulegen hat.

2.2.7.2 Operativer Aspekt: Kostenvergleichsrechnung am Beispiel eines Flugeinkaufs

Hierzu wird das in Abb. 33 bereits angedeutete Beispiel einer Reiseveranstalterentscheidung in zwei Schritten weiter ausgeführt:[137]

---

[137] Die verwendeten Kostenbegriffe sind in Abschnitt 2.3.3.2 erläutert. Das Beispiel selbst fußt auf einer Darstellung für das verarbeitende Gewerbe bei Hutzschenreuter (2011), S. 217–221.

2. Funktionsbereiche: Kernelemente touristischer Wertschöpfung

> **Beispiel 1**
> Der große Reiseveranstalter SCHNELLWECH nimmt eine neue Destination in sein Sortiment auf. Er überlegt, ob die Gäste mit seiner eigenen Fluggesellschaft dorthin fliegen oder ob auf die zuverlässige Fluggesellschaft FLYAWAY zurückgegriffen werden soll. FLYAWAY bietet pro Gast einen Flugpreis p von 225 € an.
> Die fixen Kosten K_f der eigenen einzusetzenden Maschinen setzen sich aus 2.700.000 € und fixen Personalkosten von 800.000 € zusammen. Die variablen Kosten k_v pro selbst geflogenem Fluggast betragen 170 €.
> Für die erste Saison wird eine Gästezahl x = 55.000 erwartet.
> Was lohnt sich – die Flugleistung selbst erstellen oder fremd zu beziehen?

Stellt man die Kosten der beiden Alternativen gegenüber, ergibt sich folgendes Bild:

Kosten des Fremdbezuges („buy"):

(7) $K_{Fb}(x) = p \cdot x$
    $= 225 \text{ €} \cdot 55.000 =$ **12.375.000 €**

Kosten der Eigenerstellung der Flugleistung („make"):

(8) $K_{Ee}(x) = K_f + k_v \cdot x$
    $= 2.700.000 \text{ €} + 800.000 \text{ €} + 170 \text{ €} \cdot 55.000 =$ **12.850.000 €**

In dieser Konstellation wäre es für SCHNELLWECH folglich günstiger, seine Gäste mit der Fluggesellschaft FLYAWAY befördern zu lassen.

Es ist zu vermuten, dass sich die Eigenerstellung der Flugleistung erst ab einer bestimmten Mindestzahl an Gästen lohnt, da mit steigender Gästezahl nur die variablen Kosten der Eigenerstellung mitsteigen, während die Kosten des Fremdbezuges insgesamt stärker steigen (höhere Grenzkosten). Diese Gästezahl, bei der die Kosten des Fremdbezugs und die Kosten der selbst erstellten Flugleistung genau gleich sind, ab der sich also die Eigenerstellung lohnt, nennt man **Indifferenzmenge**.

Für deren Berechnung sind die beiden Kostenblöcke gleichzusetzen, also

(9) $K_{Fb} = K_{Ee} \Leftrightarrow p \cdot x = K_f + k_v \cdot x$

Wird nach x aufgelöst, ergibt sich als Indifferenzmenge x*:

(10) $x^* = \dfrac{K_f}{p - k_v} = \dfrac{3.500.000 \text{ €}}{225 \text{ €} - 170 \text{ €}} =$ **63.636 Gäste**

Ist die fremde Fluggesellschaft sehr groß, kann sie in der Produktion Größeneffekte nutzen („Economies of scale", Abschnitt 2.3.3.4) und meist einen Preis pro Fluggast anbieten, der noch niedriger ist als nur die variablen Kosten einer Eigenerstellung. In diesem Fall ergäbe sich rechnerisch eine negative Menge x*, d.h. selbst fliegen lohnt in solch einer Konstellation nie.

In der Praxis kann es häufig bei Fremdbezug einer Leistung von einem **neuen Lieferanten** zu zusätzlichen Transaktionskosten kommen. Als Beispiele lassen sich fixe Kosten T für Lieferantensuche und -verhandlung sowie variable Kosten t_v für laufende Kontroll- und Qualitätssicherung anführen. Mit diesen wird das obige Beispiel nun erweitert:

Beispiel 2 (Mit Transaktionskosten)
Die Fluggesellschaft FLYAWAY musste zwischenzeitlich Konkurs anmelden, so dass sich der Veranstalter SCHNELLWECH nach einem adäquaten Ersatz umsehen muss. Als Alternative böte sich die in der neuen Destination ansässige Fluggesellschaft COMEDOWN.com an.
Leider liegen bislang kaum Erfahrungen hinsichtlich der Zuverlässigkeit von COMEDOWN.com vor, so dass pro Fluggast im Schnitt 10 € Qualitätskosten veranschlagt werden müssen.
Darüber hinaus schlagen langwierige Vertragsverhandlungen mit einem Einmalbetrag von 65.000 € zu Buche.
Wie würde die Make or Buy – Entscheidung jetzt ausfallen?

Die Kosten des Fremdbezugs („buy") nehmen zu:

(11) $K_{Fb} = p \cdot x + T + t_v \cdot x$
  $= 225 \text{ €} \cdot 55.000 + 65.000 \text{ €} + 55.000 \cdot 10 \text{ €} = \mathbf{12.990.000 \text{ €}}$

Die Kosten der Eigenerstellung der Flugleistung („make") bleiben unverändert:

(12) $K_{Ee} = K_f + k_v \cdot x$
  $= 2.700.000 \text{ €} + 800.000 \text{ €} + 170 \text{ €} \cdot 55.000 = \mathbf{12.850.000 \text{ €}}$

Durch den Einbezug sowohl variabler als auch fixer Transaktionskosten liegen die Kosten des Fremdbezugs der Flugleistung über denen der Eigenerstellung. Deutlich wird dies auch durch die Abnahme der Indifferenzmenge:

(13) $x^* = \dfrac{K_f - T}{(p + t_v) - k_v} = \dfrac{3.500.000 \text{ €} - 65.000 \text{ €}}{225 \text{ €} + 10 \text{ €} - 170 \text{ €}} = \mathbf{52.846 \text{ Gäste}}$

Der Gesamtzusammenhang lässt sich auch graphisch darstellen:

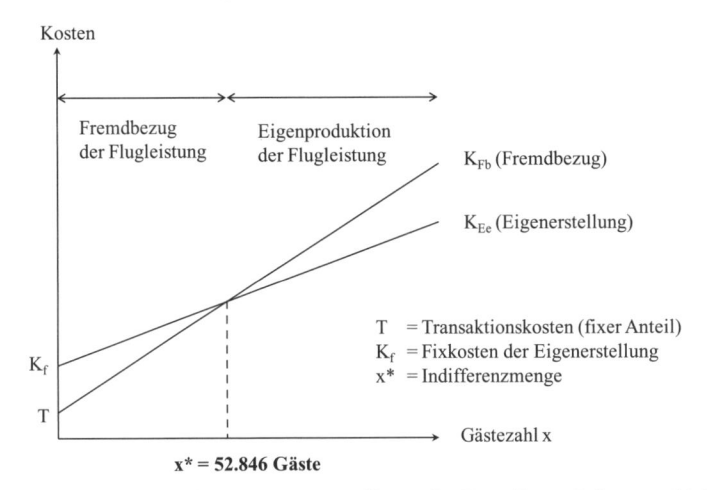

Abbildung 34: Vorteilhaftigkeit von Eigenerstellung oder Fremdbezug bei unterschiedlichen Gästezahlen[138]

---
[138] Aufbauend auf Hutzschenreuter (2011), S. 221.

2. Funktionsbereiche: Kernelemente touristischer Wertschöpfung

In der Realität spielen bei derartigen Entscheidungssituationen neben dem Kostenkriterium natürlich weitere Faktoren eine Rolle: Qualität, Zuverlässigkeit, Zertifizierungen, Image, Exklusivität des Zielgebietes usw. Ferner kann diese Entscheidung auch differenziert nach Saison- oder Tageszeiten getroffen werden, indem Spitzenzeiten mit hoher Auslastungssicherheit selbst oder im Vollcharter geflogen werden, Randzeiten eher fremd vergeben oder als Teil- bzw. Subcharter abgewickelt werden.

2.2.7.3 Strategischer Aspekt: Die Frage der Wertschöpfungstiefe im Tourismus

Auch in langfristiger Perspektive sind alle Fragestellungen, die sich mit der Abgrenzung der fremd zu beziehenden von den selbst zu produzierenden Leistungen beschäftigen, von großer Tragweite. Allerdings verschieben sich dann die Entscheidungskriterien weg von kurzfristigen Kosten-/Nutzenkalkülen hin zu langfristigen Zielen wie beispielsweise der Sicherung von Ressourcen, einer Profilbildung mit eigenen Kernkompetenzen und der Durchsetzung einer Qualitätsstrategie.

Mustergültig lassen sich diese Strategien an sehr großen touristischen Unternehmen zeigen. Die hinter diesen Strategien liegenden Grundideen lassen sich auch gut auf mittelständische und kleine Tourismusunternehmen übertragen.

Große, als Konzerne organisierte Unternehmen kann man zunächst hinsichtlich des Kriteriums, wie breit (etwa in Bezug auf Kundengruppen oder Länder) und tief (in Bezug auf die für sie relevante Wertschöpfungskette) sie ihre eigenen Geschäftsaktivitäten entfalten, idealtypisch in vertikal integrierte, horizontal integrierte und diversifizierte Konzerntypen unterscheiden:

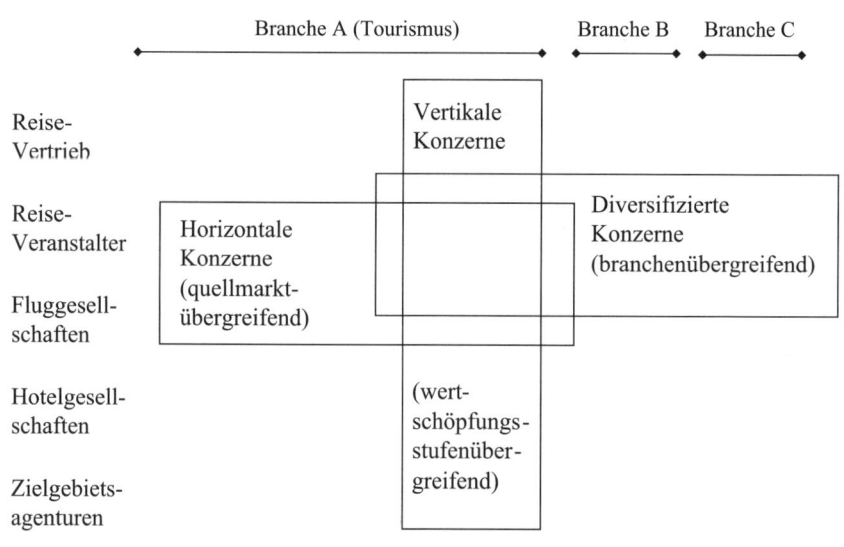

Abbildung 35: Konzerntypen im Tourismus

Tourismuskonzerne haben diese Fragen in den letzten 15 Jahren sehr unterschiedlich für sich beantwortet. Hier bestehen vertikal und horizontal stark integrierte Tourismuskonzerne wie der *TUI*-Konzern und die *Thomas Cook* Group parallel zu Konzernen wie *Alltours*, *FTI* oder *airberlin*, die eher als horizontal integriert bezeichnet werden können. Dahinter liegen letztlich zwei unterschiedliche Geschäftsstrategien mit unterschiedlichen Prioritäten:

- **„Philosophie des vertikal integrierten Tourismus"**: Das Unternehmen möchte möglichst viele Geschäfte entlang der touristischen Wertschöpfungskette aus einer Hand erstellen, um Qualität und Ergebnisse besser steuern zu können. Dabei ist auch bedeutendes Anlagevermögen (engl.: assets) etwa in Form von Fluggesellschaften oder Hotelunternehmen im Eigentum des Unternehmens. Vorteile kann dieses Geschäftsmodell insbesondere in Boomzeiten oder bei Besitz von exklusiven Anlagen haben, da diese Ressourcen dann häufig knapp sind. Auch der Lufthansa-Konzern besitzt, wie im einführenden Fallbeispiel gezeigt, eine hohe Wertschöpfungstiefe in seinem Geschäftsfeld Luftverkehr.
- **„Credo des dezentralen Tourismus"** (asset light/asset free tourism): Das Unternehmen konzentriert sich auf die eigenen Kernkompetenzen im Bereich Vertrieb/Veranstaltung. Für den Zugriff auf Flug- und Bettenkapazitäten wird das Eigentum an ihnen nicht als notwendig angesehen. Vielmehr setzt man intern auf schlanke Strukturen und extern auf Flexibilität, um in konjunkturell schwachen Zeiten weniger Auslastungsrisiken tragen zu müssen. Für viele Reiseveranstalter dieser Prägung ist der Einkauf von Leistungsträgern daher so wichtig, dass er als zentraler Teil der Produktion angesehen werden kann.

Konzerne setzen diese Strategien vor allem durch **externes Wachstum** um, vorzugsweise über Zukäufe von Unternehmen (Mergers & Acquisitions, M&A), die fortan als Tochtergesellschaften mit geführt werden müssen. Kleine und mittelständische Tourismusunternehmen müssen diese Strategien intern umsetzen: Die Vertiefung und Verbreitung der eigenen Aktivitätsfelder erfolgt über **internes Wachstum** (Investitionen in Mitarbeiter, Gebäude, IT, …). Die umgekehrte Strategie einer Reduktion der eigenen Aktivitätsfelder wäre dagegen durch Auslagerung (Outsourcing) oder Desinvestitionen (Verkauf von Tochtergesellschaften, Verkleinerung, Schließungen, Entlassungen) umzusetzen.

Weitere strategisch relevante Aspekte im Beschaffungsbereich ergeben sich durch **Beschaffungszusammenhänge** interner und externer Art. Im Unternehmen selbst hängen viele Beschaffungsvorgänge sachlich und zeitlich eng zusammen. So resultieren aus der Beschaffung eines Flugzeuges automatisch weitere Beschaffungsvorgänge für Kerosin, Fremdwährungen, Personal und Uniformen. Über die Unternehmensgrenzen hinweg entstehen integrierte Logistikketten, deren Steuerung **(Supply-Chain-Management)** die enge Bindung der Lieferanten und Vorlieferanten zum Ziel hat. Dieses kann in kleinerem Rahmen u. a. über Qualitätsvorgaben und -kontrollen beim Lieferanten geschehen, aber auch bis hin zur frühzeitigen Einbeziehung zukünftiger Lieferanten in die Entwicklung neuer Produkte reichen.[139] Dadurch entsteht eine noch engere Verzahnung der Beschaffung mit den Produktionsprozessen.

---

[139] Vgl. Gabler (2011c) und Hutzschenreuter (2011), S. 234 f.

2.2.8 Stimmen aus der Praxis: Heike Pabst, FTI Touristik GmbH

Die FTI Group ist der viertgrößte Touristikkonzern in Deutschland und Nummer neun in Europa. Das Unternehmen mit Sitz in München beschäftigt weltweit rund 2.500 Mitarbeiter und ist mit einer Niederlassung in Österreich sowie einem Tochterunternehmen in der Schweiz vertreten. Im Geschäftsjahr 2010/2011 verzeichnete der Gesamtkonzern FTI Touristik einen konsolidierten Konzernumsatz von 1,47 Mrd. €. Der Reiseveranstalter FTI Touristik bietet ein umfassendes Programm für Pauschal- und Bausteinreisen.

Heike Pabst
Group Destination Director North America and FTI's Luxury Brand „Gold by FTI", FTI Touristik GmbH

Darüber hinaus ergänzen der Kurzfristveranstalter 5vorFlug, der Mietwagenbroker driveFTI, das Online-Portal fly.de und der größte deutsche Sprachreisenveranstalter LAL Sprachreisen das Portfolio. Unter der Dachmarke Meeting Point International (MPI) bündelt FTI seine Destination Management Companies (DMCs), die an mehr als 15 Standorten weltweit vertreten sind, darunter in Dubai, in Nordamerika, Asien, Ägypten, im Libanon und in Deutschland.

Der Einkauf von touristischen Leistungen in den Zielgebieten ist von großer Bedeutung für das Gesamtprodukt „Reise". Schließlich müssen aus Sicht des Gastes Qualität und Preis der Leistungen stimmen. Aus diesem Grund ist die **Einkaufsfunktion** bei FTI vorwiegend bei den Produktmanagern angesiedelt, was deren Gesamtverantwortung für ihre Produkte unterstreicht. Die Eigenschaften, die Produktmanager für den Einkauf touristischer Leistungen brauchen, kann man sicherlich nicht schon zu Beginn dieser Tätigkeit vollständig „mitbringen". Vielmehr muss man sie im Laufe der Zeit weiterentwickeln. Was einen „guten Leistungsträgereinkauf" auszeichnet, sind:

- **Marktkenntnis und Zahlengeschick:** Dieses sollte Detailwissen auch hinsichtlich der Konkurrenzangebote umfassen, sowohl verkaufsseitig als auch im Zielgebiet: Welche Hotels sind gleichwertig, welche Incoming-Agenturen arbeiten mit den Hotels, wie ist die Situation bei Kontingenten und Specials (Frühbucher, Kinder etc.)? Methodisch setzt dies einen sicheren Umgang mit Statistiken und Analysetools voraus, z. B. für Vergleiche zwischen Zielgebieten und der Einschätzung der Bedeutung einzelner Hotels im eigenen Portfolio und denen der Konkurrenz.
- **Menschenkenntnis und Verhandlungsgeschick:** Durch gute und langjährige Beziehungen zu den Hotels und sonstigen Vertretern im Zielgebiet entsteht ein auf Vertrauen und Professionalität basierendes Netzwerk. Nur dadurch ist es möglich, die Erfüllung der Kriterien, die ein Reiseveranstalter im Rahmen seiner Auswahl an Hotels und Incoming-Agenturen stellt, realistisch einzuschätzen.

- **Verhandlungssichere Sprache und interkulturelle Kompetenz:** Die Sprachbeherrschung kommt einer Basisanforderung gleich. Allerdings sind es bei Verhandlungen oft nicht die Vokabeln, die den Ausschlag geben, sondern die „interkulturelle Grammatik": Beim Einkauf in den USA beispielsweise ist „Smalltalk" das A&O, in Großbritannien dagegen muss man sehr formell auftreten und kommunizieren. In Australien und Neuseeland gilt auch bei Verhandlungen die Devise „hang loose", ganz anders als in Asien: Hier gibt es kein „shake hands", sondern man erwartet bei einer höflichen Begrüßung den Austausch der Visitenkarten (mit beiden Händen und Blick in die Augen). In Ägypten sind Geschäftstermine sonntags willkommen, freitags hingegen steht man vor verschlossener Türe.

Je nach Zielgebiet und Zielgruppe müssen wir sehr **unterschiedliche touristische Leistungen** einkaufen. Bei standardisierten Volumenprodukten in einem klassischen Charterzielgebiet wie der Türkei liegt das Hauptaugenmerk auf dem Hoteleinkauf. Die Incoming-Agentur sorgt dann für die Transfers und die Ausflüge vor Ort. In Bausteinzielgebieten wie z. B. den USA sind neben dem Key-Produkt Hotel auch Mietwagen, Camper, Bus- und Mietwagenrundreisen wichtige Umsatzbringer. City-Sightseeing, Transfers, Musicals, Helikopterflüge etc. runden das Programm ab. Der Einkauf der Hotels, Ausflüge, Transfers sowie Bus- u. Mietwagenrundreisen wird über die Incoming-Agentur abgewickelt. Mietwagen, Bikes & Camper hingegen werden im Direkteinkauf verhandelt.

In den letzten Jahren hat sich durch die fortschreitende **technologische Entwicklung** die bis dahin bekannte Konkurrenzsituation „Klassischer Katalogveranstalter ist im Wettbewerb mit klassischem Katalogveranstalter" teilweise aufgelöst. Neu am Markt agierende virtuelle Veranstalter, Bettenbanken und Flugportale erfordern von Reiseveranstalterseite funktionierende Technik und optimale Buchbarkeit auf allen Kanälen. Für einen Veranstalter bedeutet dies zweierlei: Zum einen muss er auch selbst diese neuen Wege gehen, um im Volumensegment ein umfangreiches Produktportfolio zu konkurrenzfähigen Preisen anbieten zu können. Zum anderen kann er – nicht zuletzt durch seine Stärken im Einkauf – in höherwertigen Produktsegmenten auch exklusive Angebote und Mehrwerte für den Gast schaffen, und diese in weitaus mehr Vertriebskanälen zugänglich machen, als dies in der Vergangenheit der Fall war.

Literatur

Andler, Kurt (1929): Rationalisierung der Fabrikation und optimale Losgrösse. München

Bastian, Harald (2004): Die touristischen Kernprozesse des Reiseveranstalters; in: *Bastian, Harald; Born, Karl* (Hrsg.): Der integrierte Touristikkonzern. Strategien, Erfolgsfaktoren und Aufgaben. München, Wien, S. 33–68

Berg, Waldemar (2006): Tourismusmanagement. Ludwigshafen

Ernst&Young (2009): Beschaffung von Dienstleistungen. Erfolgsfaktoren, Herausforderungen und „Leading Practices". Online unter http://www.ey.com/Publication/vwLUAssets/Beschaffung_von_Dienstleistungen_2009/$FILE/Studie_BeschaffungvonDienstleistungen_2009.pdf, letzter Zugriff am 26. November 2011

Fink, Pierre-Christian (2011): Irgendwo auf der Welt. Seit dem Erdbeben von Japan haben Forscher Neues über die globalen Lieferketten gelernt; in: DIE ZEIT, Nr. 41 vom 6. Oktober 2011, S. 39

Gabler Verlag (2011b) (Hrsg.): Gabler Wirtschaftslexikon, Stichwort: Charterverkehr, online im Internet: http://wirtschaftslexikon.gabler.de/Archiv/78679/charterverkehr-v8.html, letzter Zugriff am 12. April 2012

Gabler Verlag (2011c) (Hrsg.): Gabler Wirtschaftslexikon, Stichwort: Supply Chain Management, online im Internet: http://wirtschaftslexikon.gabler.de/Archiv/56470/supply-chain-management-scm-v7.html, letzter Zugriff am 12. April 2012

Harling, Christiane; Weiss, Sandra (2004): Internationale Reiseleitung im integrierten Touristikkonzern; in: *Bastian, Harald; Born, Karl* (Hrsg.): Der integrierte Touristikkonzern. Strategien, Erfolgsfaktoren und Aufgaben. München, Wien, S. 283–296

Hutzschenreuter, Thomas (2011): Allgemeine Betriebswirtschaftslehre, 4. Aufl., Wiesbaden

IIR (2006): Wirtschaftskriminalität und Korruption in Deutschland, in Österreich und in der Schweiz. Freiburg

Jung, Hans (2010): Allgemeine Betriebswirtschaftslehre, 12. Aufl., München

Large, Rudolf (2009): Strategisches Beschaffungsmanagement: Eine praxisorientierte Einführung. Mit Fallstudien. 4. Aufl., Wiesbaden

Lufthansa (2011a): Geschäftsbericht 2010

Lufthansa (2011b): 3. Zwischenbericht Januar – September 2011

Morrell, Peter S. (2007): Airline Finance. Aldershot

Mundt, Jörn W. (2011): Reiseveranstaltung. Lehr und Handbuch. 7. Aufl., München

Oberstebrink, Tim (2009): So verkaufen Sie Investitionsgüter: Von der Commodity bis zum Anlagenbau: Wie Sie im harten Wettbewerb neue Kunden gewinnen. Wiesbaden

Oestreicher, Andreas (Hrsg.) (2003): Internationale Verrechnungspreise. Beiträge zu einer Ringveranstaltung an der Universität Göttingen im Sommersemester 2002, Herne, Berlin

Schulz, Axel; Auer, Josef (2010): Kreuzfahrten und Schiffsverkehr im Tourismus. München

Schulz, Axel (2009): Verkehrsträger im Tourismus. Luftverkehr – Bahnverkehr – Straßenverkehr – Schiffsverkehr. München

Steckel, Thomas; Hovenbitzer, Dieter (2004): Internationaler Hoteleinkauf – Das Organisationskonzept der TUI Contracting; in: *Bastian, Harald; Born, Karl* (Hrsg.): Der integrierte Touristikkonzern. Strategien, Erfolgsfaktoren und Aufgaben. München, Wien, S. 269–276

Sterzenbach, Rüdiger; Conrady, Roland; Fichert, Frank (2009): Luftverkehr. Betriebswirtschaftliches Lehr- und Handbuch. 4. Aufl., München

Thiell, Marcus (2008): Strategische Beschaffung von Dienstleistungen: Eine Grundlegung und Untersuchung der Implikationen dienstleistungsspezifischer Objektmerkmale auf Basis institutionenökonomischer Ansätze. Saarbrücken

Thommen, Jean-Paul; Achleitner, Ann-Kristin (2009): Allgemeine Betriebswirtschaftslehre. Umfassende Einführung aus managementorientierter Sicht. 6. Aufl., Wiesbaden

Wöhe, Günter; Döring, Ulrich (2010): Einführung in die Allgemeine Betriebswirtschaftslehre. 24. Aufl., München

Weiterführende Literaturhinweise

Gabath, Christoph (Hrsg.) (2011): Innovatives Beschaffungsmanagement: Trends, Herausforderungen, Handlungsansätze. Wiesbaden

Krampf, Peter (2012): Beschaffungsmanagement: Eine praxisorientierte Einführung in Einkauf und Materialwirtschaft. München

Kummer, Sebastian; Grün, Oskar; Jammernegg, Werner (2009): Grundzüge der Beschaffung, Produktion und Logistik. 2. Aufl., München. Teil II: Beschaffung, S. 87–169

2.3 Produktion

2.3.1	Fallbeispiel: Touropa – TUI – Touropa.	130
2.3.2	Produktionsprozesse	132
2.3.2.1	Überblick: Struktur der Produktionsprozesse	132
2.3.2.2	Besonderheiten in der Produktion touristischer Dienstleistungen.	133
2.3.2.3	Ausgewählte Produktionsprozesse im Tourismus	135
2.3.2.3.1	Reiseveranstalter: Produktion einer Pauschalreise	135
2.3.2.3.2	Hotellerie: Produktion einer Übernachtungsleistung.	137
2.3.2.3.3	Fluggesellschaften: Produktion eines Linienfluges	138
2.3.2.3.4	Event-Agenturen: Produktion einer Großveranstaltung	140
2.3.2.3.5	Schifffahrtsunternehmen: Produktion einer Kreuzfahrt.	141
2.3.3	Grundlegende Elemente der Produktionstheorie	142
2.3.3.1	Produktionsfaktoren und Produktionsfunktionen	142
2.3.3.2	Kostenfunktionen, -begriffe und -verläufe	144
2.3.3.3	Produktion als kostenminimale Faktorkombination	147
2.3.3.4	Economies of Scale, Economies of Scope.	148
2.3.4	Produktionsstandorte im Tourismus.	150
2.3.5	Stimmen aus der Praxis: Marcus Minzlaff, TUI Deutschland GmbH	152

Leitfragen

- Nach welchen Kriterien lassen sich Produktionsprozesse strukturieren? Welche Beispiele lassen sich in der Tourismusbranche für unterschiedliche Produktionsprozesse finden?
- Warum gelten für die Produktion touristischer Dienstleistungen Besonderheiten – und worin äußern sie sich?
- Welches sind die Kernprozesse in der Produktion eines Reiseveranstalters?
- Was kann – in Abgrenzung zu anderen touristischen Produktionsprozessen – als Hauptmerkmal der Produktion von Übernachtungsleistungen in der Hotellerie angesehen werden?
- Auch wenn die Reisedurchführung durch die touristischen Leistungsträger sichergestellt wird: Welche Aufgaben können sich hier für den Reiseveranstalter ergeben?
- Bei einer Fluggesellschaft treffen der Produktionsprozess der Airline und der Konsumtionsprozess des Fluggastes aufeinander. Welche Interaktionen laufen zwischen beiden ab?
- Warum sind die Produktionsstrukturen bei Event-Agenturen oft nur temporärer Natur?

- Die Produktion einer Kreuzfahrt weist Produkt- und Prozesselemente von Reiseveranstaltern, Hotelunternehmen, Verkehrsträgern und Eventagenturen auf. Was ist dann ein Kreuzfahrtschiff?
- Worin unterscheiden sich die betriebswirtschaftlichen Produktionsfaktoren von den Produktionsfaktoren aus volkswirtschaftlicher Sicht?
- Was stellt eine Produktionsfunktion dar?
- Was versteht man unter einer partiellen Faktorsubstitution?
- In eine touristische Dienstleistung gehen meist verschiedene Leistungselemente als Faktoren ein. Sind diese untereinander substituierbar?
- Wie kann man einen degressiven Verlauf von Grenzkosten beschreiben?
- Die Gestaltung der Produktionsabläufe kann einen großen Einfluss auf die Kostenentwicklung haben. Welche Beispiele lassen sich aus der Tourismusbranche anführen?
- Warum steht eine Minimalkostenkombination für eine gleichermaßen technisch effiziente wie kostenminimale Produktionsweise?
- Welche grundsätzlichen Standortstrategien lassen sich in der Tourismusbranche identifizieren?
- Warum gibt es Mischformen dieser Strategien?

2.3.1 Fallbeispiel: Touropa – TUI – Touropa

Im Oktober 1948 gründete sich in München eine Arbeitsgemeinschaft aus *Deutsches Reisebüro (DER)*, *Hapag-Lloyd Reisebüro*, *Amtl. Bayer. Reisebüro (ABR)* und *Reisebüro Dr. Carl Degener*. Ab 1951 firmierte diese Arbeitsgemeinschaft als Reiseveranstalter mit dem Namen *Touropa*. 1968/69 erfolgte die Fusion mit den Veranstaltern *Scharnow*, *Hummel* und *Dr. Tigges* zur *Touristik Union International* – die *TUI* war geboren.[140] Der Markenname *Touropa* verschwand anschließend nach und nach.

Pauschalreisen waren in den Nachkriegsjahren zunächst ein neues Produkt, das rasant an Bekanntheit und Bedeutung gewann, so dass das Nachrichtenmagazin „DER SPIEGEL" im Juli 1956 titelte: „Gesellligkeitsreisen von der Stange".[141] Die „Stange", von dem der Urlauber die Reise nehmen konnte, war der Reisekatalog.

Details zu diesem neuen Reiseprodukt „Gesellligkeitsreise" mussten den potentiellen Kunden im Reisekatalog eine Zeit lang noch erklärt werden. So hieß es etwa im „Touropa Ferienführer 1953" zu den oberbayerischen Zielorten: „An einem oder mehreren Abenden (…) finden sich die Gesellligkeit liebenden Teilnehmer mit den Einheimischen zu einem Heimatabend oder einer sonstigen Unterhaltung zusammen. Alle diese Veranstaltungen stehen zur Auswahl, niemand aber ist auch nur im leisesten dazu gezwungen, daran teilzunehmen."[142]

---

[140] Vgl. Schneider (2001), S. 71–74 und S. 103 f.
[141] Vgl. DER SPIEGEL (1956), Titelseite und den sehr lesenswerten Leitartikel auf S. 20–27.
[142] Touropa Ferienführer (1953), S. 2.

2.3 Produktion

Touropa 1958
- Klassischer Reiseveranstalter
- Vorratsproduktion

Touropa 2012
- Virtueller Reiseveranstalter
- Kundenindividuelle Auftragsproduktion

Abbildung 36: Produktionsmodelle der Touropa 1958 und der Touropa 2012[143]

Touropa will „(…) einer ständig wachsenden Zahl von Reisefreunden eine Ferienreise gestalten, die bei einem Minimum an Kosten ein Maximum an Erholung und weit über die Urlaubstage hinausstrahlende Lebensfreude beschert. Wie aber ist ein niedriger Preis bei hoher Qualität der Reise möglich?"[144]

Die letzte Frage hatte auch im Jahr 2004 nicht an Bedeutung verloren, als wieder ein neu gegründetes Unternehmen mit der Marke *Touropa* an den Start ging: touropa.com. Es handelte sich um ein Joint Venture der *TUI* mit dem Unternehmer und früheren *TUI*-Manager *Georg Eisenreich*. Auf der website touropa.com heißt es zur Unternehmensphilosophie: „touropa.com hat alle Abläufe der Veranstalterreise online ins Web übersetzt und realisiert dadurch Vorteile in punkto Geschwindigkeit, Prozesskosten und bei der Informationsqualität."[145]

Egal ob klassische Katalogproduktion oder „virtuelle Produktion" von Reisen im Internet, die betriebswirtschaftliche Kernfrage in der Produktion bleibt stets dieselbe: Wie können Kosten und Preis klein gehalten werden, ohne dass die Produktqualität leidet, um im Markt wettbewerbsfähig zu sein? Nur wird diese Frage heute anders beantwortet als vor 60 Jahren.

---

[143] Titelbild des Reisekatalogs „Touropa Ferienführer 1958" und die Website der Touropa. com im Februar 2012.
[144] Touropa Ferienführer (1953), S. 1.
[145] Touropa (2012).

2.3.2 Produktionsprozesse

2.3.2.1 Überblick: Struktur der Produktionsprozesse

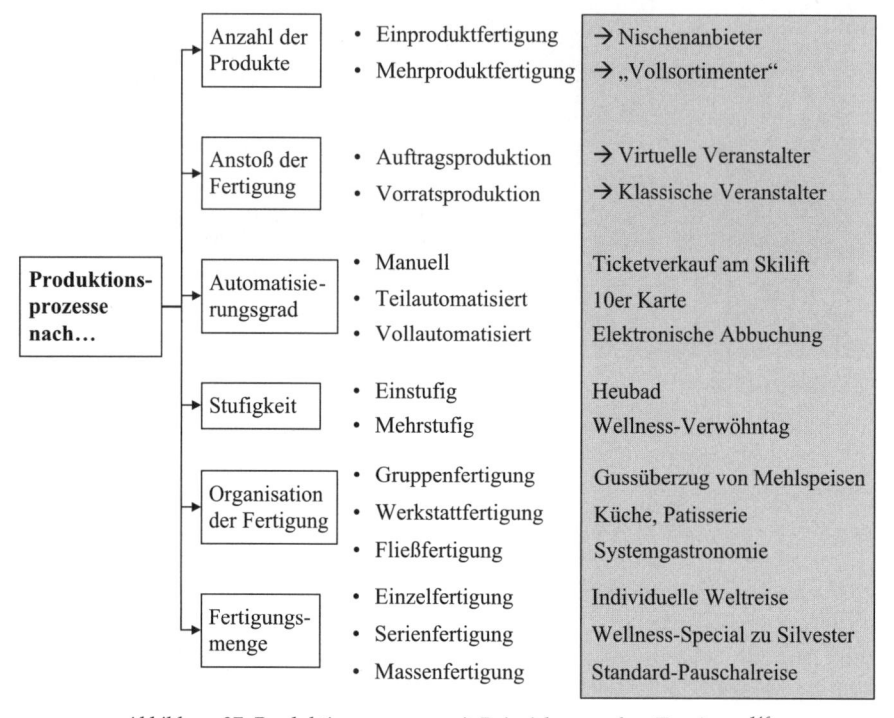

Produktionsprozesse nach…			
Anzahl der Produkte	• Einproduktfertigung	→ Nischenanbieter	
	• Mehrproduktfertigung	→ „Vollsortimenter"	
Anstoß der Fertigung	• Auftragsproduktion	→ Virtuelle Veranstalter	
	• Vorratsproduktion	→ Klassische Veranstalter	
Automatisierungsgrad	• Manuell	Ticketverkauf am Skilift	
	• Teilautomatisiert	10er Karte	
	• Vollautomatisiert	Elektronische Abbuchung	
Stufigkeit	• Einstufig	Heubad	
	• Mehrstufig	Wellness-Verwöhntag	
Organisation der Fertigung	• Gruppenfertigung	Gussüberzug von Mehlspeisen	
	• Werkstattfertigung	Küche, Patisserie	
	• Fließfertigung	Systemgastronomie	
Fertigungsmenge	• Einzelfertigung	Individuelle Weltreise	
	• Serienfertigung	Wellness-Special zu Silvester	
	• Massenfertigung	Standard-Pauschalreise	

Abbildung 37: Produktionsprozesse mit Beispielen aus dem Tourismus[146]

Produktionsprozesse lassen sich nach vielen Kriterien systematisieren (Abbildung 37).[146]

Die Auswahl und die Anwendung einer bestimmten Prozessart hängen stark davon ab, welche Ziele der Produktion zu Grunde liegen sollen. Wesentliche Ziele können in einer hohen **Qualität**, möglichst niedrigen **Kosten** und einer angemessen **Umweltverträglichkeit** gesehen werden. Da Zielkonflikte schon bei diesen noch recht grob gefassten Hauptzielen offensichtlich sind, kann die Entscheidung für ein bestimmtes Qualitäts-, Kosten- und Umweltverträglichkeitsniveau nur **strategisch** aus der Produktpolitik[147] heraus getroffen werden.

Allerdings ist bei der Produktion von touristischen Dienstleistungen zu beachten, dass die Produktqualität hinsichtlich Definition, Normierung und Messung deutlich schwerer zu „fassen" ist als etwa die Produktqualität industriell gefertigter Sachgüter.[148] Was heißt beispielsweise „hohe Qualität" einer Übernach-

---
[146] Aufbauend auf Hutzschenreuter (2011), S. 241 und Dettmer, Hausmann (2008), S. 137.
[147] Vgl. Abschnitt 2.4.4.1.
[148] Zu Qualitätsdimensionen touristischer Dienstleistungen vgl. Mundt (2011), S. 491.

2.3 Produktion

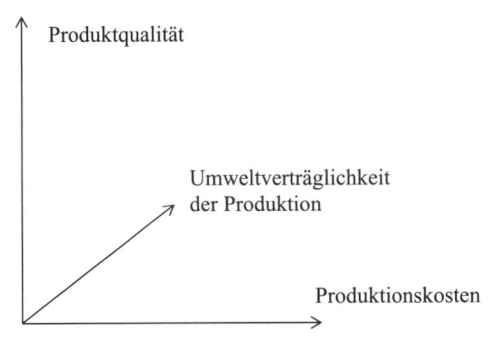

Abbildung 38: Zielkonflikte in der Produktion

tungsleistung? Ein Aufenthalt im 2** Hotel kann von höherer Qualität sein und beim gleichen Gast mehr Zufriedenheit erzeugen als ein Aufenthalt im 4**** Hotel. Es kommt bei der touristischen Dienstleistungsproduktion vor allem auf die **relative Qualität** an, also die aus Sicht des Gastes erreichte Qualitätsstufe im Vergleich zu seinen Erwartungen, mit denen er angereist ist.

Wie jedes andere Qualitätsmanagement- oder Zertifizierungssystem im Dienstleistungsbereich stellt das Beispiel der Sterne-Zertifizierung in der Hotellerie keinen Produkt-Qualitätsmaßstab dar, sondern nur eine Messlatte für das Vorhandensein bestimmter Leistungsmerkmale und Rahmenbedingungen. Wie „gut" diese Leistungen tatsächlich erbracht werden, ist damit noch nicht ausgesagt. Für das Tourismusmanagement folgt daraus die Herausforderung, dass Kundenunzufriedenheit (Diskrepanz zwischen Erwartung und Erfüllung) im höherpreisigen Tourismus oft deutlicher ausfällt als bei Low Cost-Angeboten und vom Gast auch artikuliert wird.

Bei einmal gewählten Produktionsverfahren steht fortan **operativ** die **Kostenoptimierung** im Mittelpunkt. Nicht zuletzt stellen die Produktionskosten die Basis für die Kalkulation der Produkt-Verkaufspreise[149] dar. Zum einen zeigt dies die traditionell enge Bindung zwischen Produktions- und Kostentheorie in der BWL, die auch in der Herleitung von Kostenfunktionen aus Produktionsfunktionen deutlich wird. Zum anderen zeigt sich die große Bedeutung des Marketings für die Produktionsplanung, insbesondere in der Produktpolitik und Preispolitik.

Daher wird auf die Kostenoptimierung der Produktion im Folgenden das Hauptaugenmerk gerichtet. Zuvor sollen jedoch noch einige spezielle Produktionsprozesse aus der Tourismusbranche mit ihren Unterschieden, aber auch mit ihren Gemeinsamkeiten vorgestellt werden.

2.3.2.2 Besonderheiten in der Produktion touristischer Dienstleistungen

Das Fallbeispiel zu Beginn dieses Abschnitts zeigte bereits die verschiedenen Ausprägungen des Prozess-Kriteriums „Anstoß der Produktion" anhand eines

---

[149] Vgl. Abschnitt 3.2.4.2 zur Kostenrechnung.

Reiseveranstalters. Eine Katalogproduktion „auf Vorrat" und eine Online-Produktion „in Echtzeit" – größer können die Unterschiede innerhalb einer touristischen Teilbranche kaum sein. Aber auch viele andere Beispiele aus dem Tourismus zeigen, dass in dieser Branche die Dienstleistungsproduktion viele Besonderheiten mit sich bringt.

Zudem ist die klassische Produktionslehre der BWL sehr stark an die industrielle Massenfertigung von Sachgütern angelehnt, was die Übertragung in die touristische Dienstleistungsbranche nicht in allen Bereichen möglich bzw. sinnvoll erscheinen lässt. Dennoch ist die kostenoptimale Gestaltung der touristischen Produktion existenziell wichtig. Daraus ergeben sich für die Betrachtung der touristischen Produktion in diesem Grundlagenwerk zwei Notwendigkeiten:

- Beschränkung auf diejenigen Bereiche der klassischen Produktionstheorie, deren Verständnis auch für die touristische Dienstleistungsproduktion erforderlich ist
- Erweiterung der Perspektive im Sinne der Berücksichtigung der sehr unterschiedlichen touristischen Leistungen, deren Produktion in den einzelnen Wertschöpfungsstufen ebenfalls sehr verschieden organisiert ist.

Bei einigen touristischen Unternehmen gehen die Besonderheiten so weit, dass die Grenzen von Beschaffung und Produktion verschwimmen. Dies gilt etwa für Reiseveranstalter, bei denen der Leistungsträgereinkauf eine große Rolle spielt: Die Beschaffung der touristischen Teilleistungen, die Teil des eigenen Produktes werden, ist ein wichtiger Teil der Produktion.[150]

Die Produktion einer touristischen Dienstleistung lässt sich zeitlich in drei Abschnitte gliedern:[151]

1. **Produktionsschritte im Vorfeld der Reise:** Hier stehen planerische, kalkulierende und vermarktende Managementaufgaben im Vordergrund.
2. **Produktionsschritte während der Reise:** In der Gegenwart des Gastes geht es vor allem um dessen Betreuung, im Hintergrund aber auch um Organisation und die Führung der Mitarbeiter.
3. **Produktionsschritte nach der Reise:** Nach Abreise des Gastes folgen für den Anbieter vor allem analysierende Aktivitäten (Gästezufriedenheit, kaufmännischer Erfolg, Produktverbesserungen).

Im folgenden Abschnitt wird gezeigt, wie diese grundlegenden Schritte bei unterschiedlichen Unternehmen der Tourismusbranche ausgestaltet werden.

---

[150] Vgl. Abschnitt 2.2.6 zum Leistungsträgereinkauf.
[151] Vgl. am Beispiel der Reiseveranstalter-Produktion Hohmeister (2004), S. 255.

2.3.2.3 Ausgewählte Produktionsprozesse im Tourismus

2.3.2.3.1 Reiseveranstalter: Produktion einer Pauschalreise

> **Hauptmerkmal**
> Die Produktionsprozesse während der Reise („am Gast") werden nicht vom Reiseveranstalter selbst, sondern **von anderen** erbracht (Leistungsträger).

Bei Reiseveranstaltern gibt es unterschiedliche Produktionslogiken: Klassischen Reiseveranstaltern mit einer Vorab-Katalogproduktion von Pauschal- und Bausteinreisen stehen flexible Produktionsstrukturen im Internet gegenüber.[152] Viele Reiseveranstalter lassen sich mittlerweile nicht mehr zur Gänze der „alten" oder „neuen" Produktionslogik zuordnen. Klassische Veranstalter mischen auch im Online-Geschäft mit, und so mancher Online-Reiseveranstalter sichert sich vorab Kontingente bei Leistungsträgern oder gibt sogar Kataloge heraus. Der Erfolg dieser unterschiedlichen Produktionsmodelle hängt zudem sehr von den konjunkturellen Rahmenbedingungen ab. In Boom-Zeiten ist der Zugriff auf exklusive Kapazitäten ungleich wichtiger als in Rezessionen, wenn Überkapazitäten die Märkte dominieren.

Folgende Schritte machen den Produktionsprozess eines klassischen Reiseveranstalters aus:[153]

1. **Produktentwicklung und -planung**
   - Informationsanalyse: Trends, Zielgruppen, Konkurrenz, Zielgebiete, …
   - Einbezug strategischer Vorgaben für Produkt und ggf. Marke („was?")
   - Objektplanung („wo?" und „wie?")
   - Vorgaben für Einkauf und Kalkulation
2. **Einkauf**
   - Vorbereitungen und Vorverhandlungen mit Leistungsträgern
   - Ggf. Abstimmung mit Leistungsnehmern (Produktmanagement)
   - Vertragsverhandlung und Abschluss, Dokumentation
   - Kontingentverteilung und Leistungspreisbildung
3. **Produktzusammenstellung und Kalkulation**
   - Produktaufbau aus den Einzelkomponenten, Leistungsfestlegungen
   - Preisbildung: Preisdifferenzierung nach Leistungsmerkmalen (Zimmerarten, Services, Transfers, …), Zeiten (Haupt-/Nebensaison) und ggf. Marken
   - Kontingentaufteilung inkl. Frühbuchungs- und Last Minute-Zeiträumen
4. **Katalogerstellung**
   - Katalogkonzeption und -planung
   - Katalogseiten- und Preistabellenerstellung
   - Katalogprüfung und Katalogdruck

---

[152] Vgl. Mundt (2011), S. 41–46.
[153] Vgl. Mundt (2011), S. 116–125 und Bastian (2004), S. 38–68.

5. **Vermarktung und Vertrieb**
   - Vermarktungsanalysen und Vertriebsplanung
   - Festlegung der Vertriebskonditionen (Provisionen) und Vertriebsmaßnahmen
   - Katalog- und Werbemitteldistribution
   - Verkauf an Endkunden
6. **Untersaisonale Steuerung**
   - Laufende Analyse von Markt- und Buchungssituation
   - Yield Management:[154] Laufende Optimierung von Kapazitäten und Preisen
   - Ggf. Änderung von Kontingenten, Konditionen und Leistungsmerkmalen
7. **Abwicklung**
   - Sonderabwicklungen: Leistungskorrekturen und Modifikationen
   - Bearbeitung von Reisebüro- und Kundenanfragen
   - Datenübermittlung in Zielgebiete und Sicherstellung der gebuchten Leistungen
   - Reiseunterlagenerstellung und -versand
8. **Reisedurchführung** – erfolgt im Einzelnen durch die Leistungsträger, aber:
   - Notfall- und Krisenmanagement: präventiv (Notfall-Pläne) und reaktiv
   - Handling individueller Fälle (auch bei Krankheit, Tod)
   - Management übergreifender Problemlagen (Streiks, Attentate, Unglücke, Naturkatastrophen)
9. **Kundennachbetreuung**
   - Rückabwicklung von Reiseleistungen (Storno), häufig durch Reisebüro
   - Erfassung der Kundenanliegen und Entscheidungsfindung (u. a. Kulanz)
   - Regressabwicklung (in Schadenersatzfällen)
   - Nachkaufmarketing (Customer Relation Management, CRM)

Die Grenzen zwischen einigen dieser Produktionsstufen sind fließend, überschneiden sich in einer laufenden Saison teilweise und weisen Iterationen[155] auf: Das Yield Management stößt Nachverhandlungen bei Hoteliers an, Kunden beschweren sich gleich zu Reisebeginn und die Katalogproduktion für die kommende Saison muss in der laufenden Saison bereits abgeschlossen sein.

Bei großen Reiseveranstaltern sind die Produktionsstufen auf einzelne Abteilungen verteilt, die sehr eng zusammen arbeiten müssen. Bei kleinen Veranstaltern müssen mehr Aufgaben in Personalunion abgearbeitet werden, was im Jahresablauf zu diversen Belastungsspitzen führt.[156]

---

[154] Als **Yield Management** bezeichnet man den Prozess einer dynamischen Preis-Mengensteuerung, bei dem mit Hilfe integrierter Informationstechnologien und unter Berücksichtigung des Nachfrageverhaltens eine ertragsoptimale (im Gegensatz zu einer nur auslastungsoptimalen) Nutzung der Kapazitäten angestrebt wird, vgl. Bertsch (1996), Sp. 2257. Zur **Bedeutung im Tourismus** vgl. Berg (2006), S. 481–486.
[155] Von lat. iterare: wiederholen.
[156] Vgl. Mundt (2011), S. 117.

2.3.2.3.2 Hotellerie: Produktion einer Übernachtungsleistung

> **Hauptmerkmal**
> Von allen touristischen Produktionsprozessen weist derjenige einer Hotelübernachtung die meisten Zeitanteile auf, bei denen der Gast während der Produktion **anwesend** ist.

Im Gegensatz zum Reiseveranstalter findet der Produktionsprozess bei einem touristischen Leistungsträger zum großen Teil in Gegenwart des Gastes statt (uno-actu-Prinzip). Dieses Zusammentreffen von Produktionsprozess des Anbieters (Hotel) und Konsumtionsprozess des Nachfragers (Gast) führt zu zahlreichen Interaktionen zwischen beiden und zu zwei wichtigen Feststellungen:

- **Für die Hotellerie** ergeben sich besondere Anforderungen an die Mitarbeiterführung und -qualität.[157] Dennoch besitzen Teile der Hotellerie hier einen eher schlechten Ruf und sehen sich einer hohen Personalfluktuation gegenüber.
- **Für den Gast** stellt das „Erleben vor Ort" die mit Abstand wichtigste Komponente für seine abschließende Beurteilung der Produktqualität dar. Dies

Produktionsprozess des Hotels

- Kapazitätsplanung
- Pricing
- Kontingentaufteilung
- Buchbarmachung
- Personaleinsatzplanung
- Yield Management

Konsumtionsprozess des Gastes

- Information
- Buchung
- Ggf. Kontaktaufnahme

Interaktionsprozesse während des Aufenthaltes

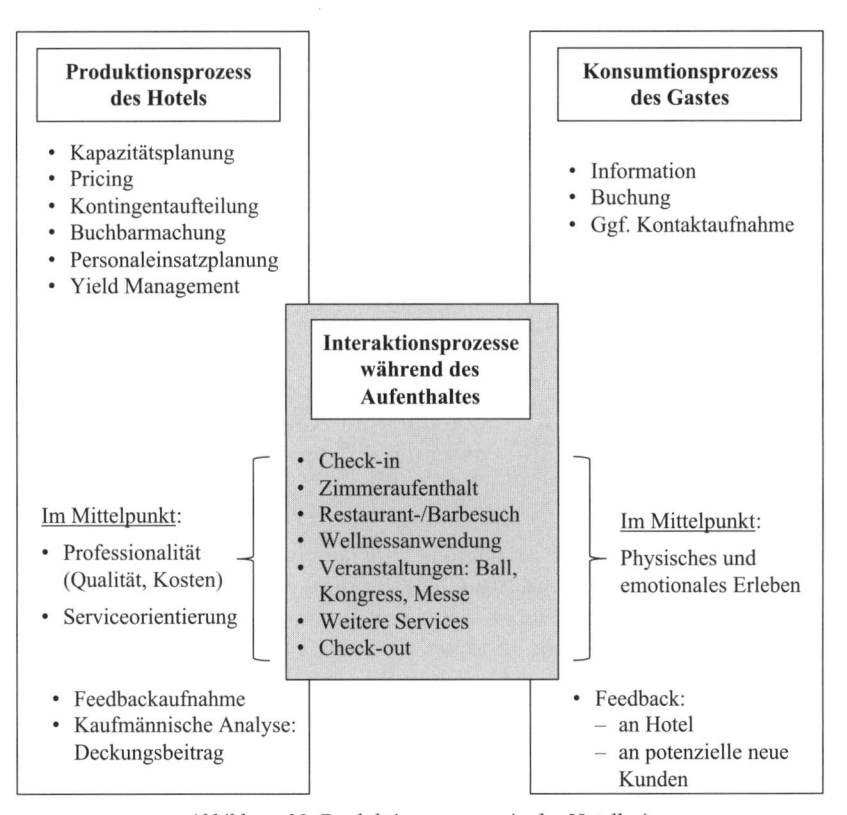

- Check-in
- Zimmeraufenthalt
- Restaurant-/Barbesuch
- Wellnessanwendung
- Veranstaltungen: Ball, Kongress, Messe
- Weitere Services
- Check-out

Im Mittelpunkt:
- Professionalität (Qualität, Kosten)
- Serviceorientierung

Im Mittelpunkt:
Physisches und emotionales Erleben

- Feedbackaufnahme
- Kaufmännische Analyse: Deckungsbeitrag

- Feedback:
  - an Hotel
  - an potenzielle neue Kunden

Abbildung 39: Produktionsprozesse in der Hotellerie

---

[157] Vgl. von Freyberg, Gruner, Lang (2012), S. 56–58.

2. Funktionsbereiche: Kernelemente touristischer Wertschöpfung

gilt auch für komplexere Reiseprodukte im Bereich der Pauschal- und Bausteinreisen.

Der Zusammenhang von **Mitarbeiterzufriedenheit** und **Kundenzufriedenheit** scheint hier genauso offenkundig wie unterschätzt zu sein.

Die Branche begegnet dieser Herausforderung u. a. dadurch, dass sie bei Planung und Gestaltung ihrer Dienstleistungsprozesse („Service Design") die Aktivitäten in Gegenwart des Kunden („Interactive Part") von den unterstützenden Aktivitäten („Support Part") trennt und die Mitarbeiter entsprechend einstellt, ausbildet und operativ einteilt. Aufgrund der großen Bedeutung eines reibungslosen Funktionierens und Ineinandergreifens dieser Produktionsprozesse werden sie häufig in „Service blueprints" dokumentiert,[158] was der Geschäftsführung die Bildung einer passenden Aufbauorganisation und die Möglichkeit klarer Sollvorgaben ermöglicht. Darüber hinaus werden dem internen Qualitätsmanagement und einer externen Zertifizierung messbare Indikatoren an die Hand gegeben.[159]

2.3.2.3.3 Fluggesellschaften: Produktion eines Linienfluges

> **Hauptmerkmal**
> Die Produktion eines Linienfluges ist extrem stark reglementiert durch gesetzliche Vorgaben, durch Knappheiten in der Luft und am Boden sowie durch Unwägbarkeiten am Produktionstag (Wetter, Streiks, Naturereignisse, …), was den Produktionsprozess vor allem zu einem **Koordinationsprozess** macht.

Im Gegensatz zum Produktionsprozess mit der Immobilie „Hotel" setzt die Produktion mit dem mobilen Produktionsfaktor „Flugzeug" deutlich umfangreichere Vorplanungen und **Abstimmungsprozesse** voraus. Die Fluggesellschaft muss in Zusammenarbeit mit Flughäfen und ggf. Kooperationsairlines (Allianzen) ihr Streckennetz planen und die dafür nötigen Slots vorhalten.

Ähnlich wie die Produktion in der Hotellerie ist die Produktion im Luftverkehr aufgrund der hohen Kapitalbindung im Anlagevermögen stark **auslastungsgetrieben**. Dies führt in Verbindung mit der fehlenden Möglichkeit, die Produktionsleistung kontinuierlich zu variieren[160] (feste Sitzplatzanzahl in den Maschinen), zu starkem, teilweise ruinösem Preiswettbewerb.

Auch wenn der Gastaufenthalt in einem Flugzeug in aller Regel deutlich kürzer ist als der in einem Hotel, gibt es auch bei der Flugproduktion einen wichtigen Abschnitt, bei dem Produktionsprozess und Konsumtionsprozess zusammenfallen. Das **Kundenurteil** am Ende des Produktionsprozesses („Wie war Dein Flug?") wird auch von den Leistungen wichtiger Kooperationspartner geprägt, auf deren Qualität die Fluggesellschaft nicht immer Einfluss hat. Die Tatsache,

---

[158] Vgl. für die Hotellerie Gardini (2009), S. 365–371 sowie allgemein im Dienstleistungsmanagement Fließ (2009), S. 194–206.
[159] Vgl. von Freyberg, Gruner, Lang (2012), S. 151–155 und Freyer (2011), S. 270–284.
[160] Vgl. Berg (2006), S. 227.

2.3 Produktion

dass die Fälle von beschädigtem oder verlorenem Fluggepäck vom Schadensmanagement der Fluggesellschaft abgewickelt werden, auch wenn sie meist dem Ground Handling des Flughafens zuzurechnen sind, trägt mit zu dieser Wahrnehmung bei. Die Zahl der externen **Kooperationspartner**, deren Leistungen von der Fluggesellschaft vorab einzukaufen sind und in der Wahrnehmung des Fluggastes zum Bestandteil des Flugproduktes werden, ist sehr hoch.[161]

Produktionsprozess der Fluggesellschaft	Konsumtionsprozess des Fluggastes
• Kapazitätsplanung • Slot-, Netz- und Hubmanagement • Pricing • Flugplanung • Buchbarmachung • Personaleinsatzplanung • Yield Management • Crewvorbereitung (ca. 90 min. vor Abflug)	• Information • Buchung • Ggf. Kontaktaufnahme
Interaktionsprozesse während des Aufenthaltes	
Im Mittelpunkt: • Professionalität (Qualität, Kosten) • Serviceorientierung • Regelkonformität	• Passagierabfertigung: Check-in bis Boarding • Flugzeugabfertigung • On Board-Services • Bordverkauf von Handelswaren • Verabschiedung, ggf. Anschlussmanagement	Im Mittelpunkt: – Geschwindigkeit, Sicherheit
• Feedbackaufnahme • Kaufmännische Analyse: Deckungsbeitrag	• Feedback: – an Airline – an potenzielle neue Kunden

Abbildung 40: Produktionsprozess eines Linienfluges[162]

Bei keinem anderen touristischen Produkt spielt für den Gast der Aspekt der **Sicherheit** eine so große Rolle wie beim Flugprodukt. Die Produktion einer Luftverkehrsleistung weist zudem Elemente einer **Kuppelproduktion** auf, da Passagiere zusammen mit Luftfracht und Luftpost geflogen werden.[163]

---

[161] Vgl. das Fallbeispiel Deutsche Lufthansa zu Beginn des Abschnitts 2.2.
[162] Zu den einzelnen Prozessstufen der Flugproduktion vgl. Sterzenbach, Conrady, Fichert (2009), S. 309–381, Maurer (2006), S. 282–305 und Lufthansa (2000), S. 10 f.
[163] Vgl. ebd.

2.3.2.3.4 Event-Agenturen: Produktion einer Großveranstaltung

> **Hauptmerkmal**
> Events sind sehr inhomogene Tourismusprodukte mit häufig einmaligem Charakter; daher stellen sie aus Anbietersicht **Projekte** dar, deren Produktionsstrukturen oft temporärer Natur sind (Projektmanagement).

Heute bieten Event-Agenturen die Produktion von Events in allen denkbaren Größen und Variationen an: Vom privaten Naturerlebnis-Kindergeburtstag mit abendlicher Zaubervorstellung zuhause für 2.000 € bis zum Produkt-Launch eines Automobil-Konzerns für 800.000 €.

Unabhängig von Größenordnung, Anlass oder Inszenierung[164] erfolgen Vorbereitung und Durchführung eines Events in aller Regel als **Projekt** unter Hinzuziehung von externen Experten und freien Mitarbeitern.[165]

Folgende Produktionsschritte lassen sich im Eventmanagement unterscheiden:[166]

1. **Initiierung und Start:**
   - Vision, Zielsetzung
   - Konzepterstellung, Informationsbeschaffung
   - Strategie, Zielgruppenplanung, Konzept für Vorbereitung und Ablauf
2. **Vorbereitung und Anlauf:**
   - Planung der Aufgaben und Prozesse: Vorlauf, Ablauf, Nachbereitung
   - Event an sich: Inhalt, Teilnehmer, Marketing
   - Logistik: Personen, Besucher, Material
   - Risikoanalyse, Prozessstrukturierung und -organisation
3. **Aktivitäten während des Events:**
   - Teilnehmerbegrüßung, Betreuung und Verabschiedung
   - Fortlaufende Überwachung
4. **Nachlauf und Nachbereitung**:
   - Abbau
   - Dokumentation
   - Rückmeldungs-Auswertung, ggf. Verbesserungen für Folgeprojekte initiieren
   - Freie Mitarbeiter verabschieden

Während bei Event-Agenturen diese Prozesse auf Dauer angelegt sind, stehen Unternehmen bei firmeneigenen Events oft vor der Herausforderung, diese auch in Eigenregie durchführen zu müssen, wenn die Kosten einer professionellen Unterstützung durch eine Agentur nicht anfallen sollen.

---

[164] Zur Systematisierung von Events vgl. Nufer (2012), S. 39–44.
[165] Vgl. hierzu und im Folgenden Nufer (2012), S. 46 und Holzbaur (2010), S. 24–26.
[166] Vgl. Holzbaur (2010), S. 26.

2.3.2.3.5 Schifffahrtsunternehmen: Produktion einer Kreuzfahrt

> **Hauptmerkmal**
> Die Produktion einer Kreuzfahrt **vereint Produkt- und Prozesselemente** von Reiseveranstaltern, Hotelunternehmen, Verkehrsträgern und Eventagenturen.

Kreuzfahrten nehmen in der Systematik der touristischen Dienstleistungsprodukte eine Sonderstellung ein. Die Anbieter sind entweder Reedereien oder Seereiseveranstalter. Das Schiff selbst ist gleichzeitig touristischer Attraktor und eine **eigenständige Urlaubsdestination** samt Infrastruktur. Es steuert auf seiner Fahrtroute wiederum andere Destinationen an. Die angesteuerten Destinationen haben bei geographisch orientierten Themenkreuzfahrten eine sehr hohe Bedeutung, z. B. bei den Nordlandfahrten oder den Flusskreuzfahrten auf dem Nil. Bei vielen Kreuzfahrten sind sie weitaus weniger wichtig als die auf dem Schiff angebotenen Attraktionen oder der Genuss von Seetagen („Der Weg ist das Ziel").

Ein großes Hochseekreuzfahrtschiff ist „Transportmittel, Hotel, Restaurant und Theater"[167]. Es bietet zudem Möglichkeiten sportlicher Betätigung, diverse Restaurants, kulturelle Veranstaltungen und die Möglichkeit zusätzlicher Aktivitäten bei Landausflügen. Die Produktion einer Kreuzfahrtreise kann daher Elemente aus allen bereits beschriebenen Produktionsketten von Veranstaltern, Hotellerie, Eventagenturen und Verkehrsträgern umfassen. Zudem erfolgt die Produktion in Kooperation mit zahlreichen externen Partnern, angefangen von Konzessionären an Bord (Läden) über Künstler im Showprogramm bis hin zu den Incoming-Agenturen in den angelaufenen Häfen.

Spezielle Schritte im Produktionsprozess einer Kreuzfahrt sind im operativen Bereich die Planung kosten- und zeitminimaler Routen (Routing) sowie in strategischer Hinsicht die Flotten- und Flaggenpolitik.[168]

Im Gegensatz zur Linienschifffahrt sind Kreuzfahrten der Bedarfsschifffahrt zuzurechnen. Die Kreuzfahrt selbst ist eine **Pauschalreise mit einer Mindestteilnehmerzahl**.[169] Sie basiert auf einer Verknüpfung der beiden Grundelemente Schiff und Fahrtroute. Vieles im Produktionsprozess ähnelt der Produktion des Reiseveranstalters. Zum Verkehrsträgerbereich und zur Hotellerie finden sich

- **formale Analogien** bei den Klassenkonzepten und Preisdifferenzierungen nach Kategorien und Saisonzeiten sowie
- **materielle Ähnlichkeiten** durch die Gegenwart des Gastes während der Produktion und die damit einhergehenden Interaktionsprozesse.

Die Kreuzfahrtgesellschaften haben vor allem im Luxus- und Nischensegment (noch) die Macht über die eher knappen Kapazitäten. Dagegen sind klassische Kreuzfahrten immer mehr von Überkapazitäten und entsprechendem Preisverfall geprägt, den die Anbieter durch Massenproduktion auf immer größeren

---
[167] Schulz, Auer (2010), S. 7.
[168] Vgl. Schulz, Auer (2010), S. 95–99.
[169] Vgl. Schulz (2009), S. 135–137 und Berg (2006), S. 282.

2. Funktionsbereiche: Kernelemente touristischer Wertschöpfung

Schiffstypen („Mega-Liner" mit über 6.000 Passagieren) und andere Kosteneinsparungen zu kompensieren versuchen (Stückkostendegression).[170]

2.3.3 Grundlegende Elemente der Produktionstheorie

2.3.3.1 Produktionsfaktoren und Produktionsfunktionen

Unabhängig von der touristischen Teilbranche, in der produziert wird, sind grundlegende Kenntnisse der betriebswirtschaftlichen Produktionstheorie und der daraus ableitbaren Kostenstrukturen und -verläufe unerlässlich, wenn man ein touristisches Produkt ertragreich produzieren und verkaufen möchte.

Die viel geforderte „Begeisterung" eines Gastes mit einer touristischen Dienstleistung ist schließlich nur dann erzeugbar, wenn man dieses Produkt so kostengünstig produziert und damit preisgünstig anbieten kann, dass der Gast überhaupt kommt.

Daher werden nachfolgend diejenigen Kernelemente der betriebswirtschaftlichen Produktionstheorie angesprochen, die für das kostenorientierte Denken im Tourismusmanagement notwendig sind.

In Abschnitt 1.2 wurde bereits aus **volkswirtschaftlicher Sicht** aufgezeigt, dass sich neben den klassischen, allgemeinen Produktionsfaktoren der Volkswirtschaftslehre (Arbeit, Kapital, Boden und Wissen/technischer Fortschritt) auch spezielle touristische Produktionsfaktoren (Natur, Kultur oder tradiertes Wissen) definieren lassen. Das Zusammenwirken von Faktoren aus beiden Gruppen prägt die **touristischen** Märkte.

Für das Verständnis der Produktion touristischer Produkte aus der **betriebswirtschaftlichen Perspektive** muss auf die Produktionsfaktoren zurückgegriffen werden, wie sie für die Betriebswirtschaftslehre von *Erich Gutenberg* 1951 definiert wurden:

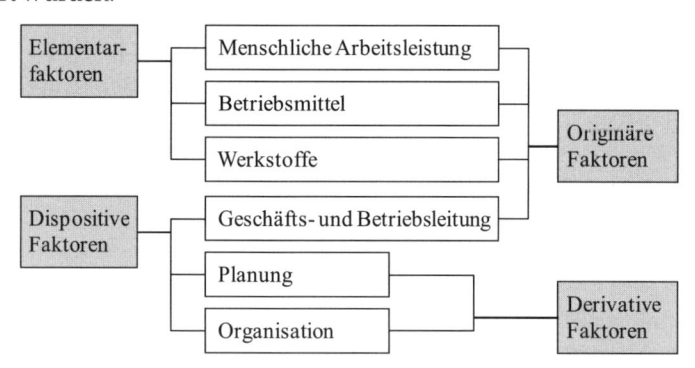

```
Elementar-         ┌─ Menschliche Arbeitsleistung ─┐
faktoren      ─────┼─ Betriebsmittel               ─┼─ Originäre
                   └─ Werkstoffe                   ─┘  Faktoren

Dispositive        ┌─ Geschäfts- und Betriebsleitung ─┐
Faktoren      ─────┼─ Planung                         ─┼─ Derivative
                   └─ Organisation                    ─┘  Faktoren
```

Abbildung 41: Produktionsfaktoren in der Betriebswirtschaft[171]

---

[170] Zu den verschiedenen Kreuzfahrttypen sowie deren Geschäftsmodellen und Marktsegmenten vgl. Schulz, Auer (2010), S. 82–94.
[171] Vgl. Jung (2010), S. 431 f. und Thommen, Achleitner (2009), S. 39. Zur herausragenden Bedeutung *Erich Gutenbergs* in der Produktionstheorie vgl. Bea, Schweitzer (2009), S. 104–111.

Produkte stellen für Produzenten und Konsumenten Werte dar. Diese Werte müssen produziert werden, weswegen man auch von einer **Wertschöpfung** spricht.

Nur wenn ein Produkt

- für die Konsumenten beim Kauf einen „Nutzen-Mehrwert" bietet, sei es im Vergleich zu einem Konkurrenzprodukt oder im Vergleich einer anderen Verwendung des zu zahlenden Verkaufspreises, **und**
- für den Produzenten beim Verkauf einen „Kosten-Mehrwert" erbringt, also einen Verkaufspreis, der die Produktionskosten deckt und einen darüber hinausgehenden Gewinn abwirft,

dann wird es produziert.

Daher stellt die **Produktion** den zentralen Input-Output-Prozess im Unternehmen dar. Folgerichtig ist das **Produktionsmanagement** – die kostenoptimale Gestaltung der Produktionsstrukturen sowie der innerhalb dieser Strukturen ablaufenden **Produktionsprozesse** – eine der Kernaufgaben und ältesten Funktionsbereichslehren der Betriebswirtschaftslehre.

In der Theorie versucht man dieses Ziel über die mathematische Abbildung der Produktionsprozesse in **Produktionsfunktionen** zu erreichen. In solchen Produktionsfunktionen werden die zu produzierenden Outputmengen (Produkte) den dafür nötigen Inputmengen **(Produktionsfaktoren)** gegenübergestellt:[172]

(1) $x = f(r_1, r_2, \ldots, r_m)$

x = Outputmenge des Produktes
$r_1, r_2, \ldots, r_m$ = Produktionsfaktoren (Inputfaktoren, Faktoreinsatzmengen)

Müssen Produktionsfaktoren im Produktionsprozess stets in einem festen Mengenverhältnis eingesetzt werden, handelt es sich um **limitationale Produktionsfaktoren**. Beispiele hierfür liefern chemische Formeln für die Produktion bestimmter Stoffe.

Stehen die Produktionsfaktoren dagegen in keinem festen Verhältnis zur Outputmenge, kann also eine Reduktion eines Produktionsfaktors durch vermehrten Einsatz eines anderen bei konstanter Outpunktmenge ausgeglichen werden, spricht man von **substitutionalen Produktionsfaktoren**, vgl. Abb. 42. Als Beispiel könnten Kuchenrezepte gelten, bei denen Hefe durch andere Triebmittel (Backpulver etc.) substituiert, also ersetzt werden kann.

Touristische Dienstleistungen entstehen allerdings nicht auf Basis chemischer Formeln oder Rezepte. Und es stellt sich natürlich die Frage, ob und inwieweit bestimmte, in eine Dienstleistung eingehende Faktoren **aus Sicht des Gastes** substituierbar sind: Kann eine verschmutzte Dusche im Hotelzimmer durch sehr freundliches Servicepersonal an der Rezeption „aufgewogen" werden? Wohl kaum.

---

[172] Vgl. hierzu und im Folgenden Hutzschenreuter (2011), S. 248–251 und Jung (2010), S. 438 f.

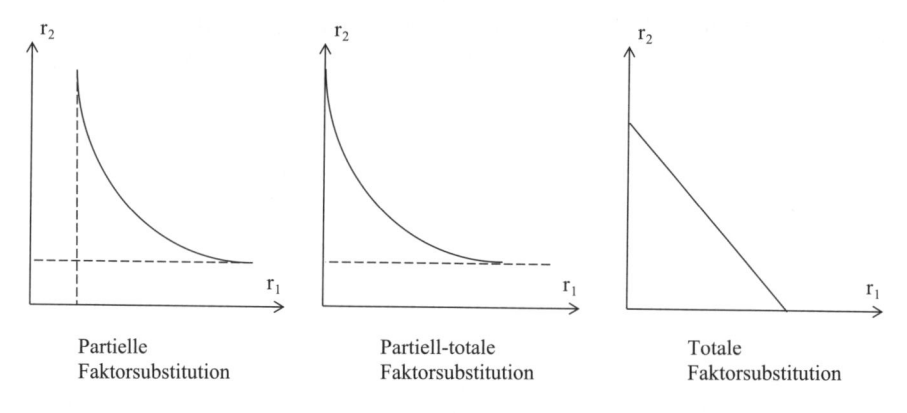

| Partielle | Partiell-totale | Totale |
| Faktorsubstitution | Faktorsubstitution | Faktorsubstitution |

----- = Einzusetzende Mindestmenge

Abbildung 42: Formen der Faktorsubstitution[173]

Allerdings spielt der Grundgedanke einer möglichen Substitution von Einzelkomponenten oder -leistungen auch bei der touristischen Produktion durchaus eine große Rolle:

- **Regelmäßig** gilt dies bei der Zusammenstellung der Produktkomponenten bei Reiseveranstaltern.
- **Fallweise** Beispiele liefert das Beschwerdemanagement: Konnte einem Gast ein für ihn wichtiger Nutzenfaktor, etwa die versprochene Ruhe im Waldhotel, aufgrund von Baulärm nicht geboten werden, kann dieser nachträglich zwar nicht substituiert, wohl aber in Teilen kompensiert werden mit Wirkung für die Zukunft (Gutschein, Wellnessanwendung).

2.3.3.2 Kostenfunktionen, -begriffe und -verläufe

Kaufleute interessiert vor allem, wie sich Kosten „entwickeln". Der Begriff der **Kostenentwicklung** hat zum einen eine zeitliche Komponente („Wie können wir in den nächsten zwei Jahren 10% Personalkosten einsparen?"), zum anderen eine produktionstheoretische Bedeutung („Wie steigen die Kosten an, wenn wir 120 statt 100 Gäste zum Bankett erwarten?"). Im Alltag des Tourismusmanagements ist es unerlässlich, Kostenentwicklungen kaufmännisch angemessen beschreiben zu können. Ohne diese Fähigkeit können wirtschaftliche Entscheidungen weder fundiert getroffen, noch angemessen kommuniziert werden.

Daher werden nachfolgend die Kosten mit den Produktionsmengen in Beziehung gesetzt (**Kostenfunktionen**), darauf aufbauend als wesentliche **Kostenbegriffe** Gesamtkosten, Stückkosten und Grenzkosten voneinander abgegrenzt und abschließend mögliche **Kostenverläufe** in Abhängigkeit von der Produktionsmenge beschrieben.

---

[173] Vgl. Hutzschenreuter (2011), S. 251.

2.3 Produktion

Die im vorherigen Abschnitt gezeigten Produktionsfunktionen stellen rein „technische" Mengenbetrachtungen dar. Aus kaufmännischer Sicht müssen zusätzlich die Inputmengen mit ihren jeweiligen Beschaffungspreisen bewertet werden. Kehrt man anschließend die Produktionsfunktion um, entstehen **Kostenfunktionen**. Sie beschreiben die Produktionskosten in Abhängigkeit von der zu produzierenden Produktmenge x. Wie bereits für den Funktionsbereich „Beschaffung" gezeigt, beinhalten Kostenfunktionen immer fixe und variable Bestandteile:[174]

(2) $K(x) = K_f + K_v(x)$

K_f = Fixe Kosten, die während der Produktion unabhängig von der Outputmenge, also auch bei Stillstand (x = 0), anfallen

$K_v(x)$ = Variable Kosten, die während der Produktion in Abhängigkeit von der Outputmenge anfallen

Der Großbuchstabe K zeigt, dass diese Kostenfunktion auf **Gesamtkosten** für die Produktion der gesamten Produktmenge x basiert. Folglich lassen sich **Durchschnitts-** bzw. **Stückkosten** – die durchschnittlichen Kosten einer **einzelnen** produzierten Einheit des Gutes x – wie folgt darstellen:

(3) $k(x) = k_f + k_v(x)$

Die Ermittlung von Stückkosten erfolgt auf einfachem Wege durch Division der Gesamtkosten K(x) durch die Menge x.

Grenzkosten schließlich, die zusätzlichen Kosten **einer weiteren** produzierten Einheit des Gutes x, werden durch die erste Ableitung der Gesamtkostenfunktion nach der produzierten Menge x ermittelt:

(4) $K'(x) = \dfrac{dK(x)}{dx} = \dfrac{dK_f}{dx} + \dfrac{dK_v(x)}{dx} = \dfrac{dK_v(x)}{dx}$

Die verschiedenen Kostenbegriffe zeigen, dass sich Kostenfunktionen und das letztlich dahinter stehende kostenorientierte Denken vielseitig einsetzen lassen. Dies gilt in der Tourismusbranche etwa im Rahmen von Kostenvergleichsrechnungen für verschiedene Produktvarianten eines Reiseveranstalters oder zur Klärung der Frage, welche zusätzlichen Kosten durch eine weitere angebotene Kreuzfahrt entstehen.

Diese und viele ähnliche Fragestellungen führen zu den Begriffen, mit denen man **Kostenverläufe** adäquat beschreiben kann. Hier sind proportionale von degressiven und progressiven Kostenverläufen abzugrenzen, die sich jeweils für Gesamt-, Durchschnitts- und Grenzkosten graphisch einprägsam darstellen lassen:

---

[174] Vgl. hierzu und im Folgenden Hutzschenreuter (2011), S. 259 f. und Jung 2010, S. 441 f.

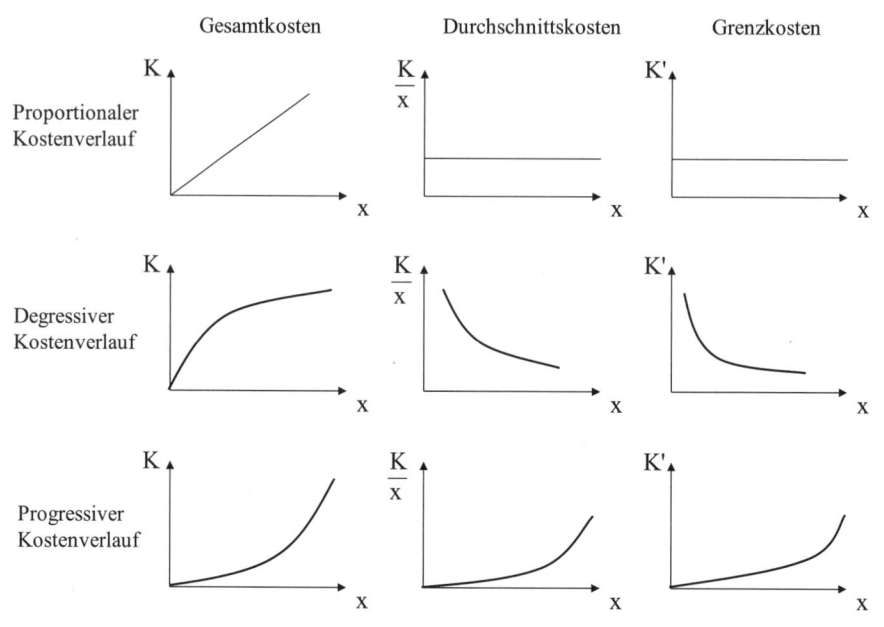

2. Funktionsbereiche: Kernelemente touristischer Wertschöpfung

Abbildung 43: Mögliche Kostenverläufe bei steigender Produktionsmenge[175]

Wie sich Kosten in konkreten Fällen entwickeln, hängt dabei in erster Linie von folgenden faktorbezogenen **Kosteneinflussgrößen** ab:[176]

- **Faktorqualitäten**: Für touristische Dienstleistungen steht die Qualität der menschlichen Arbeitsleistung im Vordergrund. Für die Gastronomie spielt natürlich die Güte der eingesetzten Lebensmittel eine entscheidende Rolle.
- **Faktorproportionen**: Als Beispiel für kostenoptimale Einsatzverhältnisse kann aus dem Flugbereich eine bestimmte Mischung aus selbst geflogenen Strecken und solchen der Allianzpartner gelten.
- **Faktorpreise**: Bei aktuell stark schwankenden und/oder insgesamt unsicheren Preisen etwa für Flugbenzin oder Schiffsdiesel wird die Kostenkalkulation für zukünftige touristische Saisonzeiträume deutlich erschwert.

Sofern die nachfolgenden, von den Produktionsfaktoren losgelösten Tatbestände variabel sind, wirken sie ebenfalls auf Kostenstrukturen und -verläufe ein:

- **Unternehmensgröße**: Diese kann durch Zukäufe/Verkäufe variiert werden. Viele Übernahmen haben explizit Kostensenkungseffekte durch Größenwachstum zum Ziel (Economies of Scale). Die Airlinebranche liefert hier zahlreiche Beispiele.
- **Produktionsprogramm**: Die Zahl der angebotenen Produktvarianten sowie der Mengen pro Variante sind entscheidende Kostenstellgrößen insbesondere bei Reiseveranstaltern.

---

[175] Vgl. Hutzschenreuter (2011), S. 260 und Jung (2010), S. 443.
[176] Vgl. Hutzschenreuter (2011), S. 259.

- **Produktionsablauf:** Hier reichen die Spektren etwa in der Gastronomie von handwerklichen (Feinschmeckerrestaurant) bis großindustriellen (Systemgastronomie) Fertigungsprozessen und im Reiseveranstalterbereich von klassischen Katalogproduktionen bis zu On Demand-Produktionen in Echtzeit im Internet. In jeder dieser Strukturen gilt es, die Kosten durch Maßnahmen der Ablauforganisation zu optimieren. Sind diese Maßnahmen ausgereizt, können weitere Kosteneinsparungen nur durch einen Wechsel der Produktionsweise erzielt werden.

2.3.3.3 Produktion als kostenminimale Faktorkombination

Das Ziel einer möglichst kostenminimalen Produktion kann aus dem Minimum-Prinzip[177] abgeleitet werden: Eine gegebene Produktionsmenge soll kostenminimal, d.h. ohne unnötigen Mehrverbrauch von Einsatzfaktoren, hergestellt werden. Graphisch lässt sich dies für zwei Produktionsfaktoren im Sinne einer **Minimalkostenkombination** darstellen:

Budgetgerade = „Punkte gleicher Gesamtkosten K"
Steigungsmaß: $-p_1/p_2$

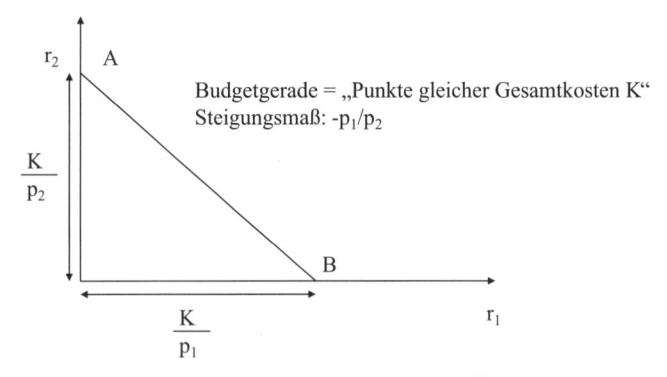

Abbildung 44: Die Budgetgerade[178]

Hier ergeben sich für eine festgelegte Produktionsmenge die Gesamtkosten K durch Multiplikation der beiden Inputfaktoren r_1 und r_2 mit ihren zugehörigen Faktorpreisen p_1 und p_2:

(5) $K = r_1 \cdot p_1 + r_2 \cdot p_2$

In Fortführung des Beispiels zur Make or Buy-Entscheidung aus dem Beschaffungsbereich könnte gelten:

r_1 = Selbst produzierte Flüge zum „Preis" p_1

r_2 = Zugekaufte Flüge zum Preis p_2

An jedem Punkt auf der **Budgetgerade** wird zu den gleichen Gesamtkosten K produziert. Eine Produktion auf einem Punkt links von der Budgetgerade wäre ineffizient, eine Produktion auf einem Punkt rechts von der Budgetgerade wäre nicht erreichbar („außerhalb des Budgets").

---

[177] Vgl. Abschnitt 1.5.3.
[178] Vgl. Hutzschenreuter (2011), S. 262.

2. Funktionsbereiche: Kernelemente touristischer Wertschöpfung

Kombiniert man nun graphisch die Budgetgerade mit der Kurve einer möglichen Faktorsubstitution ergibt sich folgende Darstellung:

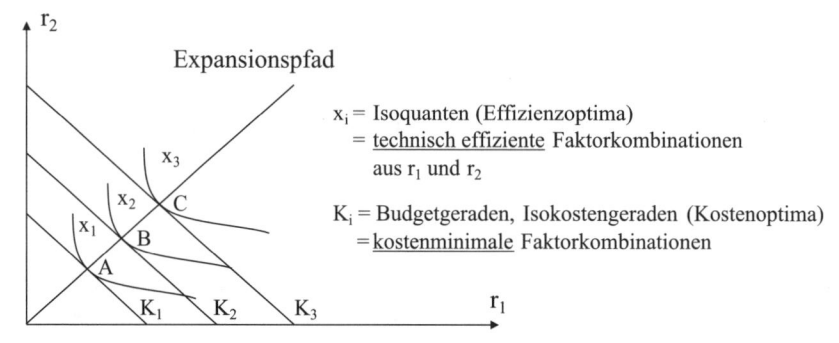

Abbildung 45: Minimalkostenkombination bei substitutionalen Produktionsfaktoren[179]

Hier ist die Budgetgerade als Tangente an die Isoquante[180] angelegt. Die dadurch entstehenden Tangentialpunkte (A, B und C) beschreiben die Punkte einer gleichermaßen technisch effizienten wie kostenminimalen Produktion einer gegebenen Produktionsmenge. Durch ein Wachstum der Produktionsmenge verschiebt sich die Budgetgerade nach außen (z. B. $K_1 \rightarrow K_2 \rightarrow K_3$), so dass neue Tangentialpunkte (A $\rightarrow$ B $\rightarrow$ C) zu den Isoquanten erreicht werden. Die Verbindung dieser Tangentialpunkte stellt den **Expansionspfad** dar.

2.3.3.4 Economies of Scale, Economies of Scope

Ein dauerhaftes Wachstum der Produktionsmenge ist Ausdruck einer **Wachstumsstrategie**. Da sich das Wachstum immer auf ein bestimmtes Produkt bezieht, das auf dem gegenwärtigen Markt angeboten wird oder auf neuen Märkten angeboten werden soll, gehören die Wachstumsstrategien zu den Wettbewerbsstrategien.[181] Insbesondere dann, wenn als Wettbewerbsstrategie eine Preis-Mengen-Strategie gewählt wird, ist es nötig, das Produkt im Vergleich zur Konkurrenz zu unterdurchschnittlichen Kosten zu produzieren.

Hierfür bieten sich zwei unterschiedliche Stoßrichtungen an: Mit **Economies of Scale** wird der Effekt beschrieben, dass bei einer Erhöhung der Produktmenge x die Durchschnittskosten k(x) stark sinken und die Steigerungsrate der Gesamtkosten abnimmt:

---

[179] Vgl. Hutzschenreuter (2011), S. 262 und Jung (2010), S. 441.
[180] Vorsilbe „Iso-" aus dem Griechischen für „mengenmäßig gleich", vgl. z. B. Isobare = Linien gleichen Luftdrucks in Wetterkarten.
[181] Vgl. Abschnitt 2.4.3.3.

2.3 Produktion

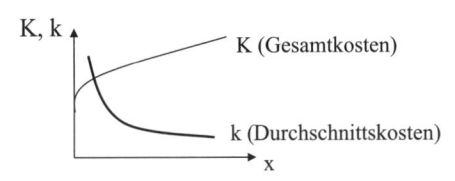

Abbildung 46: Economies of Scale[182]

Dies hat zwei Ursachen:

- **Fixkostendegression:**
  Verteilung der Fixkosten auf mehr produzierte Einheiten

- **Erfahrungskurveneffekt:**
  Reduzierung der variablen Stückkosten, u.a. durch Lernen

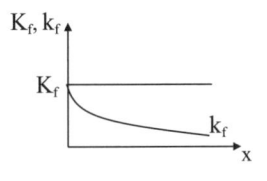

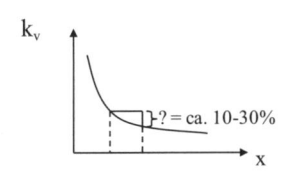

Abbildung 47: Ursachen für den Effekt der Economies of Scale[183]

Bei einem Großevent wie einem Open Air-Konzert dürfte bei einer starken Zunahme der Teilnehmerzahl eine ganz erhebliche **Fixkostendegression** erzielt werden. Bei einem Linienflug sind dagegen Sprünge in der Gesamtkostenentwicklung zu erwarten, da die Aufnahme einer weiteren Verbindung bzw. Maschine mit einem Schlag die Kosten deutlich erhöht, die dann mit zunehmender Auslastung der neu eingeplanten Maschine wieder sinken. Das Ausmaß der durch den **Erfahrungskurveneffekt** möglichen Senkung der variablen Stückkosten ist von Branche zu Branche sehr verschieden. Die in der Theorie häufig genannte Verringerung von 20–30 % bei einer Verdoppelung der Produktionsmenge x stellt bereits eine gewisse Bandbreite dar.[184] In der Tourismusbranche sind diesbezüglich verschiedene Verläufe denkbar. Bei den serviceintensiven Dienstleistungen an Bord eines Luxus-Kreuzfahrtschiffes sind auch Effekte von weniger als 20 % denkbar.

Mit **Economies of Scope** wird der Sachverhalt beschrieben, dass sich Fixkosten auf mehrere Produkte verteilen lassen, wenn in deren Produktion bestimmte Produktionsfaktoren gemeinsam genutzt werden können.[185] So nutzt der Automobilhersteller *BMW* für Komponenten der 1er und 3er-Serie zum Teil dieselben Produktionsanlagen. Und die Fluggesellschaft *TUIfly* fliegt konzernübergreifend Gäste von *TUI Deutschland*, *12fly* und *Robinson* gemeinsam nach Ägypten.

---

[182] Vgl. Hutzschenreuter (2011), S. 402.
[183] Vgl. ebd.
[184] Vgl. Wöhe, Döring (2010), S. 87 f., Thommen, Achleitner (2009), S. 1016–1019 und Vahs, Schäfer-Kunz (2007), S. 276 f., die jeweils die Bandbreite 20–30 % nennen. Für personalintensive Dienstleistungsbereiche sollte sie auf 10–30 % erweitert werden.
[185] Vgl. Hutzschenreuter (2011), S. 402.

2.3.4 Produktionsstandorte im Tourismus

Eine wesentliche strategische Frage der touristischen Produktion, nämlich die nach der „optimalen" Wertschöpfungstiefe im Tourismus, wurde bereits am Ende des Abschnitts zur Beschaffung diskutiert. Da die (eigene) Produktion („Make") eines touristischen Produktes oder einer seiner Teilleistungen die gegenteilige Antwort zum Fremdbezug („Buy") darstellt, müssen Beschaffung und Produktion immer im selben strategischen Zusammenhang gesehen werden.

Für die Produktion stellt sich nach der Grundsatzfrage, ob man überhaupt produziert, umgehend die Frage „Wo wollen wir produzieren?"

In der allgemeinen Produktionstheorie ist der **Standort** des Unternehmens der geographische Ort, an dem Produktionsfaktoren eingesetzt werden, um Leistungen zu erstellen.[186]

Aus der speziellen Sicht der touristischen Produktion ist die Standortfrage natürlich ein ganz zentraler Entscheidungstatbestand, da das Tourismusgeschäft grundsätzlich auf einer geographisch geprägten Aufteilung basiert, nämlich der Trennung der wertschöpfenden Aktivitäten in **Quellmarkttourismus** und Destinations- bzw. **Zielgebietstourismus**. Eine Pauschalreise hat somit mehrere Produktionsstandorte, da die Wertschöpfung an unterschiedlichen geographischen Orten erfolgt.

Standorte unterscheiden sich hinsichtlich ihrer Eignung für Produktionszwecke in vielerlei Hinsicht. Ressourcen sind unterschiedlich verteilt, und es bestehen Unterschiede in den Rechtsnormen (u. a. Steuerrecht[187]) sowie der Mobilität der Produktionsfaktoren. Diese und zahlreiche weitere **Standortfaktoren** bewirken, dass Standorte verschiedene Eignungsgrade besitzen.[188]

Grundsätzliche **Standortentscheidungen** gehören zu den konstitutiven Entscheidungen[189] der Unternehmen und stehen branchenunabhängig aus unterschiedlichen Anlässen an:

- Zu Beginn einer unternehmerischen Tätigkeit im Rahmen der Gründung
- Bei einer Verlagerung des Unternehmens oder von Unternehmensteilen

In der Tourismusbranche kommen regelmäßig zahlreiche weitere Standortentscheidungen hinzu, deren zeitliche Tragweite und unternehmerisches Risiko unterschiedlich groß sein können. Beispiele hierfür wären:

- Stationierung von drei weiteren Maschinen für die kommende Flugplansaison am Flughafen Nürnberg

---

[186] Vgl. Bea, Schweitzer (2009), S. 366.
[187] Auch der Begriff der „Steueroase" hat einen gewissen touristischen Beiklang. Vielleicht stellen Steueroasen ja Zielgebiete für Erholung suchendes Geld dar.
[188] In den Wirtschaftswissenschaften existieren zahlreiche, sowohl volkswirtschaftlich (z. B. nach Weber aus dem Jahr 1909) als auch betriebswirtschaftlich geprägte (z. B. nach Behrens aus dem Jahr 1969) Kataloge von **Standortfaktoren**, vgl. Bea, Schweitzer (2009), S. 368–371 sowie ausführlich Störmann (2009), S. 39–67.
[189] Zu den **konstitutiven Entscheidungen** zählen ferner Gründung, Sanierung, Liquidation, Rechtsformwahl und Unternehmenszusammenschluss, vgl. Bea, Schweitzer (2009), S. 359.

2.3 Produktion 151

- Betrieb eines Drehkreuzes am Flughafen Palma de Mallorca während der Sommermonate
- Aufnahme der Destination Libyen in einen Veranstalterkatalog
- Stationierung eigener Reiseleiter und weiterer Incoming-Services auf Kreta
- Saisonaler Betrieb einer Almwirtschaft durch ein Wellness-Hotel

Anhand unterschiedlicher Ziele lassen sich quellmarktbezogene von destinationsorientierten **touristischen Standortstrategien** abgrenzen.

```
                    Standortstrategien im Tourismus
                   ┌──────────────┴──────────────┐
            In Quellmärkten                In Destinationen

            Primärziel:                    Primärziel:
            „Ubiquität"                    „Exklusivität"

• Reisebüros und andere Vertriebe       • Hotels
• Reiseveranstalter                     • Gästebetreuung
• Fluggesellschaften
```

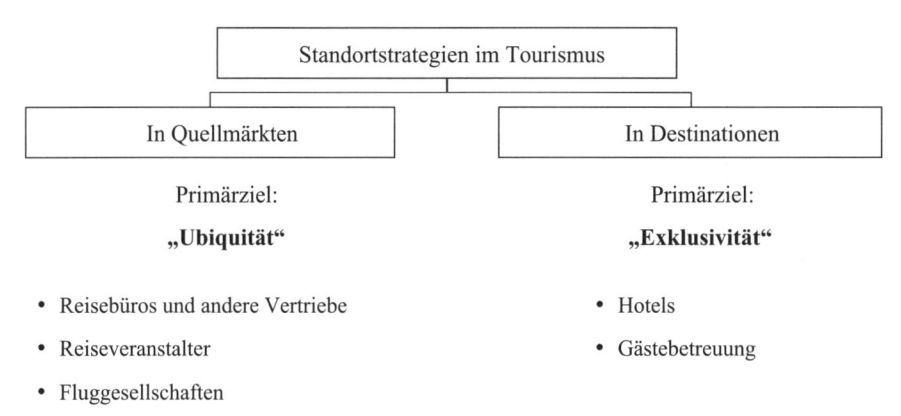

Abbildung 48: Grundsätzliche Standortstrategien im Tourismus

Ubiquität im Sinne einer „Überall-Erhältlichkeit" prägt als Idee beispielsweise die Werbung von Fluggesellschaften mit ihren Streckennetzdarstellungen, Pauschalreiseprodukte mit möglichst vielen Abflughäfen oder die Franchisesysteme vieler Reisevertriebe, die möglichst viele urbane Räume abdecken wollen.

Dagegen versuchen sich Destinationen und die in ihnen ansässigen touristischen Betriebe vor allem hinsichtlich **exklusiver Faktoren** voneinander im Produkt oder, wenn es das Produkt nicht hergibt, einfach nur in der Werbung voneinander abzugrenzen. Dies erfolgt unter anderem hinsichtlich Lage, lokaler touristischer Attraktoren (Schlösser, Heilquellen, Traditionen, …), besonderer Leistungsmerkmale und Erreichbarkeit.

Allerdings gibt es zwischen diesen beiden strategischen Grundmustern auch Mischformen. So sind Reiseversicherungen häufig nur in bestimmten Quellmärkten buchbar, bieten aber im Produkt weltweite Assistance-Dienste an. Und auch das Beispiel „weltweiter exklusiver Loungezugänge" für die höheren Buchungsklassen bei Fluggesellschaften weist auf ein Phänomen hin: Im Tourismusmanagement kann es eine sehr erfolgreiche Strategie sein, in der Kundenansprache die Elemente Exklusivität und Ubiquität geschickt miteinander zu verbinden. Beide Elemente sind für sich betrachtet psychologisch positiv besetzt und sprechen zwei wichtige Bedürfnisse an: Individualität und Vielfalt.

2.3.5 Stimmen aus der Praxis: Marcus Minzlaff, TUI Deutschland GmbH

Marcus Minzlaff
Leiter Kundenservice,
TUI Deutschland GmbH

Der Produktionsprozess und damit auch die Wertschöpfung von Reiseveranstaltern durchlaufen einen fundamentalen Wandel. In der Vergangenheit lag die Wertschöpfung eines Reiseveranstalters darin, dass touristische Leistungen wie Transport und Unterkunft für die Kunden beschrieben, paketiert und buchbar gemacht wurden. Seit längerem schon ist zu beobachten, dass neben dieser ursprünglichen, klassischen Produktionslogik von vorab konfigurierten und kalkulierten Pauschalpaketen zunehmend Reisebausteine einzeln angeboten werden, die der Kunde nach eigenen Vorstellungen kombinieren kann.

Die Reisebausteine werden dabei längst nicht mehr nur von Veranstaltern angeboten, sondern auch direkt von den Leistungsträgern wie zum Beispiel den Fluglinien oder Hotels.

Keine der beiden Produktionsweisen jedoch hat sich gegenüber der anderen als überlegen erwiesen und dominiert den Markt. Im Gegenteil – der Wandel hat in den letzten Jahren eine immense Dynamik entwickelt und führt zu neuen Formen der Produktion. Hier sind **zwei sehr unterschiedliche Richtungen** zu beobachten: Auf der einen Seite die dynamische Paketierung – hier wird das Paket erst direkt bei Buchung aus zu diesem Zeitpunkt vorhandenen Reisebausteinen konfiguriert. Auf der anderen Seite gestalten die Reiseveranstalter zunehmend über die Produktentwicklung Leistungen selbst. Das heißt, sie nehmen mit ihren Kenntnissen der Zielgruppen maßgeblichen Einfluss auf die Leistungsträger, binden diese an sich und schaffen dadurch Produkte, mit denen sie sich im Wettbewerb von anderen Reiseveranstaltern abheben können.

Was heißt das nun für die Produktionsprozesse?

Bei der **dynamischen Produktion** verschwimmt die Grenze von Produktentwicklung, Einkauf und Produktzusammenstellung. Flugleistungen, und in zunehmendem Maße auch Unterkunftsleistungen, werden nicht mehr einzeln geplant, eingekauft und im Reservierungssystem des Veranstalters als Paket aufgebaut. Die Reservierungssysteme bedienen sich über automatisierte Schnittstellen aus Flug- und Bettendatenbanken, in denen ein sehr umfangreiches Angebot verfügbar ist. Das Angebot wird entweder von Vermittlern oder sogar direkt von den Leistungsträgern zu tagesaktuellen Preisen in diese Datenbanken eingestellt. Erst im Moment der Buchung werden die Leistungen im Reservierungssystem des Veranstalters zu einem Paket gebündelt und automatisch mit einem Paketpreis versehen. Vermarktung und Vertrieb finden prinzipiell über alle an das Reservierungssystem angebundenen Kanäle statt. Neben dem Reisebüro spielen hier vor allem Online-Kanäle wie die eigenen

Veranstalter-Webseiten und auch Portale von Dritten eine große Rolle. Aufgrund dieser Produktionslogik wird in der Branche häufig auch von der „X-Produktion" gesprochen.

Das Ziel dieser Produktionslogik besteht darin, ein größtmögliches Angebot kostengünstig und effizient zu produzieren. Dafür müssen viele Teilprozesse in der Produktion neu geschaffen und fortlaufend optimiert werden.

Im oben geschilderten zweiten Fall, der **Leistungsgestaltung durch den Veranstalter**, liegt die Wertschöpfung des Veranstalters – betriebswirtschaftlich gesagt – in der Kapitalisierung seiner Zielgruppen-Kenntnisse. Die Analyse der Kunden und ihrer Bedürfnisse sowie eine intelligente Zielgruppensegmentierung sind eine unverzichtbare Basis für die maßgebliche Rolle des Veranstalters in der Produktentwicklung. Dieses Wissen fließt ein in die Entwicklung von Produktkonzepten, wie zum Beispiel eigenen Produktlinien für Paare, die Ruhe und Komfort suchen oder für Familien, die entdeckungsfreudig ihr Urlaubsland kennenlernen möchten. Die Konzepte werden im Rahmen des Einkaufs mit den Leistungsträgern vor Ort zur Umsetzung gebracht. Der Einkauf beschränkt sich in diesem Fall daher nicht nur auf die Vereinbarung von Kontingenten und Preisen, sondern beinhaltet auch eine enge, längerfristige Bindung des Leistungsträgers an den Veranstalter. Häufig wird dabei ein separater Franchise-Vertrag abgeschlossen, der die Nutzung des Konzepts und der Markenrechte regelt.

Die Kalkulation, die Katalogausschreibung und die Vermarktung sind sehr genau auf die Zielgruppen zugeschnitten. Das bedeutet zum Beispiel, dass für Produkte, die exklusiv auf Familien ausgerichtet sind, besondere Preisanreize außerhalb der Schulferienzeiten gesetzt werden müssen. Dagegen spielen im Vermarktungsmix von Produkten, die vor allem für eine jüngere, unternehmungslustige Zielgruppe gedacht sind, Online-Aktivitäten und Präsenz in den „Social Media" wie *facebook* eine größere Rolle. In allen Fällen geht es jedoch darum, das Alleinstellungsmerkmal, das sich der Veranstalter mit einer Produktlinie geschaffen hat, deutlich herauszustellen. Daraus ergibt sich auch, dass die untersaisonale Steuerung grundsätzlich eine geringere Rolle spielt, da die Nachfrage weniger preisgetrieben ist. In den Produktionsschritten Abwicklung, Reisedurchführung und Kundennachbetreuung kommt es vor allem darauf an, den Kunden ein hohes Maß an Individualität und generell einen hohen Service-Level zu bieten, ohne an Effizienz in den Prozessen zu verlieren. Das umfasst beispielsweise die Abwicklung von Sonderanfragen der Kunden oder auch die zielgruppengerechte Ansprache und kulante Regelung bei eventuellen Beanstandungen. Das Ziel besteht darin, das Produkterlebnis für die Kunden bestmöglich zu gestalten und so die Kunden an den Veranstalter zu binden.

Abschließend ist festzuhalten, dass die beiden geschilderten Produktionslogiken zwar sehr unterschiedliche Anforderungen an den Reiseveranstalter stellen, sie aber keinesfalls überschneidungsfrei sind. Es liegt auf der Hand, dass eine vom Veranstalter maßgeblich gestaltete Produktlinie letztlich auch dynamisch paketiert werden kann. Die Herausforderung liegt insbesondere für große Reiseveranstalter darin, sich parallel in beide Richtungen konsequent weiterzuentwickeln.

Literatur

Bastian, Harald (2004): Die touristischen Kernprozesse des Reiseveranstalters; in: *Bastian, Harald; Born, Karl* (Hrsg.): Der integrierte Touristikkonzern. Strategien, Erfolgsfaktoren und Aufgaben. München, Wien, S. 33–68

Bea, Franz Xaver; Schweitzer, Marcell: Allgemeine Betriebswirtschaftslehre. Band 1: Grundfragen. 10. Aufl., Stuttgart

Berg, Waldemar (2006): Tourismusmanagement. Ludwigshafen

Bertsch, Ludwig H. (1996): Yield Management; in: Kern, Werner; Schröder, Hans-Horst; Weber, Jürgen (Hrsg.): Handwörterbuch der Produktionswirtschaft, 2. Aufl., Stuttgart, Sp. 2257 (Enzyklopädie der Betriebswirtschaftslehre; Bd. 7)

DER SPIEGEL (1956): Geselligkeitsreisen von der Stange / Der Urlaubstrust; in: DER SPIEGEL, 10. Jg. 1956, Nr. 29, S. 20–27

Dettmer, Harald; Hausmann, Thomas (2008): Betriebswirtschaftslehre für das Gastgewerbe, managementorientiert. Hamburg

Fließ, Sabine (2009): Dienstleistungsmanagement, Wiesbaden

von Freyberg, Burkhard; Gruner, Axel; Lang, Marina (2012): ErfolgReich in der Privathotellerie. Impulse für Profilierung und Profit. Stuttgart

Freyer, Walter (2011): Tourismus-Marketing. Marktorientiertes Management im Mikro- und Makrobereich der Tourismuswirtschaft. 7. Aufl., München

Gardini, Marco A. (2009): Marketing-Management in der Hotellerie. 2. Aufl., München

Hohmeister, Harry (2004): Integrierte Kapazitätsplanung und -steuerung im Touristikkonzern; in: *Bastian, Harald; Born, Karl* (Hrsg.): Der integrierte Touristikkonzern. Strategien, Erfolgsfaktoren und Aufgaben. München, Wien, S. 247–267

Holzbaur, Ulrich (2010): Eventmanagement. Veranstaltungen professionell zum Erfolg führen. 4. Aufl., Berlin, Heidelberg

Hutzschenreuter, Thomas (2011): Allgemeine Betriebswirtschaftslehre, 4. Aufl., Wiesbaden

Jung, Hans (2010): Allgemeine Betriebswirtschaftslehre, 12. Aufl., München

Lufthansa (2000): Lufthansa Report: Zusammenspiel. Die Produktion eines Linienfluges. Frankfurt am Main

Maurer, Peter (2006): Luftverkehrsmanagement. Basiswissen. 4. Aufl., München, Wien

Mundt, Jörn W. (2011): Reiseveranstaltung. Lehr- und Handbuch. 7. Aufl., München

Nufer, Gerd (2012): Event-Marketing und -Management. Grundlagen – Planung – Wirkungen – Weiterentwicklungen. 4. Aufl., Wiesbaden

Schneider, Otto (2001): Die Ferien-Macher. Eine gründliche und grundsätzliche Betrachtung über das Jahrhundert des Tourismus. Hamburg

Schulz, Axel; Auer, Josef (2010): Kreuzfahrten und Schiffsverkehr im Tourismus. München

Sterzenbach, Rüdiger; Conrady, Roland; Fichert, Frank (2009): Luftverkehr. Betriebswirtschaftliches Lehr- und Handbuch. 4. Aufl., München

Störmann, Wiebke (2009): Regionalökonomik. Theorie und Politik. München

Thommen, Jean-Paul; Achleitner, Ann-Kristin (2009): Allgemeine Betriebswirtschaftslehre. Umfassende Einführung aus managementorientierter Sicht. 6. Aufl., Wiesbaden

Touropa Ferienführer (1953), Hrsg: TOUROPA Arbeitsgemeinschaft DER-Gesellschaftsreisen, München

Touropa (2012): Von der Emanzipation der Reiseveranstaltung – Die Geschichte der Touropa; online unter http://blog.touropa.com/von-der-emanzipation-der-reiseveranstaltung-die-geschichte-der-touropa/, letzter Zugriff am 15. Februar 2012

Vahs, Dietmar; Schäfer-Kunz, Jan (2007): Einführung in die Betriebswirtschaftslehre. 5. Aufl., Stuttgart

2.3 Produktion

Wöhe, Günter; Döring, Ulrich (2010): Einführung in die Allgemeine Betriebswirtschaftslehre. 24. Aufl., München

Weiterführende Literaturhinweise

Bea, Franz Xaver; Friedl, Birgit; Schweitzer, Marcell (2006): Allgemeine Betriebswirtschaftslehre. Band 3: Leistungsprozess. 9. Aufl., Stuttgart. Insbesondere Abschnitt zur Produktion (S. 183–252)

Bea, Franz Xaver; Scheurer, Steffen; Hesselmann, Sabine (2008): Projektmanagement. Stuttgart. Teil 2: Management von Projekten und Teil 4: Das projektorientierte Unternehmen

Busse von Colbe, Walther; Laßmann, Gerd (1991): Betriebswirtschaftstheorie. Band 1: Grundlagen, Produktions- und Kostentheorie. 5. Aufl., Berlin, Heidelberg

Kummer, Sebastian; Grün, Oskar; Jammernegg, Werner (2009): Grundzüge der Beschaffung, Produktion und Logistik. 2. Aufl., München. Teil III: Produktion

2.4 Marketing

2.4.1	Fallbeispiel: weg.de	158
2.4.2	Grundlagen des Marketing	160
2.4.2.1	Marketingbegriff und Besonderheiten im Tourismus	160
2.4.2.2	Die Marktorientierung	161
2.4.2.3	Die Kundenorientierung	162
2.4.3	Der Marketing-Prozess	163
2.4.3.1	Überblick über den Marketing-Prozess	163
2.4.3.2	Information und Analyse	164
2.4.3.3	Strategisches Marketing	165
2.4.3.4	Operatives Marketing	169
2.4.3.5	Integration, Umsetzung und Kontrolle	170
2.4.4	Der Marketing-Mix	170
2.4.4.1	Produktpolitik	170
2.4.4.1.1	Produkt- und Programmgestaltung	170
2.4.4.1.2	Produktanalyse	171
2.4.4.1.3	Grenzen der Produktpolitik im Tourismus	173
2.4.4.2	Preispolitik	174
2.4.4.2.1	Preisfestsetzung	174
2.4.4.2.2	Preispolitische Handlungsoptionen	175
2.4.4.3	Kommunikationspolitik	177
2.4.4.3.1	Ziele	177
2.4.4.3.2	Kommunikationswege	178
2.4.4.4	Distributionspolitik	179
2.4.5	Stimmen aus der Praxis	180
2.4.5.1	Katrin Köhler, Comvel GmbH	180
2.4.5.2	Burkhard von Freyberg, Zarges von Freyberg Hotel Consulting	181

Leitfragen
- Wie lautet das moderne Marketingverständnis? Welche Besonderheiten weist das touristische Marketing demgegenüber auf?
- Welche Rolle spielt die Marktorientierung und die Kundenorientierung im Marketing?
- Der Managementprozess des Marketing startet mit der Informations- und Analysephase. Welche Schritte sind zu tätigen und welcher Unternehmensbereich beschäftigt sich damit?
- Weshalb ist eine Zieldefinition im Rahmen des strategischen Marketings im Tourismus ein vergleichsweise komplexer Prozess?
- Wodurch zeichnen sich die vier strategischen Grundausrichtungen, die in der strategischen Marketingphase durchdacht werden, aus?
- Definieren Sie Bereiche der Produktpolitik. An welche Grenzen stößt Letztere im Tourismus?
- Wozu dient die Lebenszyklusanalyse? Beschreiben Sie einen typischen Produkt-Lebenszyklus und die produktpolitischen Handlungsfelder der jeweiligen Phasen.
- Welche preispolitischen Strategien kennen Sie? Welche Bedeutung besitzen vor diesem Hintergrund die im touristischen Umfeld häufig angewendete Preisdifferenzierung und das Yield Management?
- Was ist das AIDA-Modell und der Kommunikationsprozess nach Lasswell? Welchem Zweck dienen Kommunikationsinstrumente und welche kennen Sie?
- Welche Bedeutung besitzt die Distributionspolitik im Tourismus generell? Welche indirekten Vertriebswege gibt es im Tourismus und welche Vor- und Nachteile haben diese?

2.4.1 Fallbeispiel: weg.de

Die *Comvel GmbH* ist ein Touristikunternehmen, das unter anderem das deutsche Internet-Reisebüro *weg.de* betreibt. Über 70 Reiseveranstalter, über 450 Fluggesellschaften und über 80.000 Hotels nutzen weg.de als indirekten Distributionsweg.

weg.de wurde 2005 gegründet und ist damit der jüngste Online-Reisemittler unter den großen Portalen. Seit seiner Gründung beobachtet und evaluiert das Unternehmen daher kontinuierlich seinen Markt und überprüft seine Wettbewerbspositionierung gegenüber *expedia, opodo, Holidaycheck* u. a. Um in dem intensiven Wettbewerbsumfeld bestehen zu können, ergreift weg.de umfangreiche Kommunikationsmaßnahmen. Dadurch sollen bestehende und neue Kunden angesprochen, Marktanteile ausgeweitet und mit innovativen Angeboten eventuell sogar neue Marktsegmente geschaffen werden. Der Online-Reisemittler nutzt hierzu nicht nur Online-Maßnahmen sondern auch Plakate, Messen, Fernseh- und Radiospots, um Kunden auf sich aufmerksam zu machen, seine

Markenpräsenz zu stärken und seine Produktangebote zu vermitteln. Damit diese Ziele erreicht werden, arbeitet *weg.de* zudem mit verschiedenen Partnern zusammen – in Abbildung 49 ist dies die Destination Kärnten.

Abbildung 49: Plakatwerbung des Online-Reisemittlers weg.de

Hinsichtlich des angebotenen Produktprogramms offeriert *weg.de* eine sehr breite Palette an Leistungen: Pauschalreisen, Städtereisen und nur-Flugreisen werden ebenso angeboten wie Hotels, Ferienwohnungen oder Mietwagen. Damit spricht es einerseits ein sehr breites Publikum an. Andererseits versucht das Unternehmen aber auch zielgruppenspezifische Angebote zu gestalten, bspw. durch differenzierte Familienurlaubsangebote oder Wellnesshotelangeboten. Spezielle Nischen (Hochzeitsreise in die Karibik, Sprachurlaub in Spanien, etc.) deckt *weg.de* durch sein „Special Service Team" ab und geht dadurch konzentriert auf individuelle Kundenwünsche ein.

Natürlich spielt auch der Preis eine wichtige Rolle beim Verkauf der Leistungen. Hierzu bietet das Unternehmen zwar eine Tiefpreisgarantie auf seiner Website an, die garantiert, dass Kunden, die eine identische Reise bei einem anderen Anbieter günstiger finden, den Differenzbetrag von *weg.de* erstattet bekommen. Dennoch hat der Online-Reisemittler kaum Spielraum für eigene preispolitische Aktivitäten, da die Preise der dort angebotenen Produkte und Produktbestandteile im Regelfall durch die Reiseveranstalter und den Leistungsträger selbst gestaltet werden.

Mit seiner Marketingstrategie hat es *weg.de* geschafft in nur drei Jahren – bemessen nach Umsatz und Markenbekanntheit – zu einem der größten und relevantesten Online-Reisebüros aufzusteigen.

2.4.2 Grundlagen des Marketing

2.4.2.1 Marketingbegriff und Besonderheiten im Tourismus

Früher wurde der Begriff „Marketing" mit „Absatzwirtschaft" gleichgesetzt und bezog sich damit vornehmlich auf den Verkauf von Produkten und Dienstleistungen. Mittlerweile ist jedoch der **Markt** zum Leitgedanken des modernen Marketings geworden, an dem sich alle Aktivitäten auszurichten haben.

> **Definition**
> Das moderne Marketing dreht sich nicht nur um den Verkauf des angebotenen Leistungsprogramms, sondern auch um dessen Überarbeitung und Anpassung, um existierende **Kundenwünsche** zu erfüllen und neue zu wecken.[190]

Die touristische Leistungserstellung weist einige Besonderheiten auf,[191] was dazu führt, dass auch an das touristische Marketing sehr spezifische Anforderungen zu stellen sind.

Zunächst spielt die **Immaterialität** der zu erbringenden Leistung eine Rolle. Im Gegensatz zu Sachgütern kann das touristische Produkt nicht vorab vom Kunden getestet werden. Er muss sich auf Informationen verlassen, die ihm vor Antritt der Reise zur Verfügung stehen: Bilder des Hotels oder der Destination, das Renommee eines Busunternehmens über einen sicheren, angenehmen und pünktlichen Transport oder das Versprechen des Reiseveranstalters über die herausragende Qualität der Reiseleitung. Die Leistung des Marketings besteht also darin, dem Kunden mittels geeigneter Maßnahmen **Expertise und Vertrauen** bezüglich der Dienstleistung zu vermitteln.

Weiterhin ist die Integration des **externen Faktors** kennzeichnend für das touristische Produkt. Das bedeutet, dass der Kunde bei der Leistungserstellung anwesend und zudem daran mitwirken muss: der Reisende muss sich zunächst zur gewählten Destination begeben, um dort die gebuchten Beherbergungs-, Verpflegungs- und Exkursionsleistungen in Anspruch zu nehmen. Der Erfolg der Reise selbst ist seine subjektive Empfindung, wobei sein eigenes Verhalten und das der Mitreisenden wesentlich zum Gelingen beitragen. Das touristische Marketing muss somit die **Bereitschaft zum Zusammenwirken** beim Kunden anregen und ihm die Leistungsspanne des Serviceangebots klar vermitteln.

Schließlich ist die **variierende Servicequalität** aufzugreifen. Verschiedene Aspekte können dazu führen, dass das Serviceniveau nicht immer konstant hoch ist:[192] die Erstellung der Dienstleistung und deren Konsum erfolgen gleichzeitig, was die Phase der Qualitätskontrolle stark einschränkt; Die saisonal und konjunkturell schwankende Nachfrage erschwert es, eine gleichbleibend hohe Servicequalität in nachfragestarken Zeiten bereit zu stellen; Die hohe Interak-

---

[190] Vgl. Meffert, Burmann, Kirchgeorg (2008), S. 15 f.
[191] Vgl. hierzu insbesondere die Abschnitte 1.2, 1.3 und 1.5.3.
[192] Vgl. Kotler, Bowen, Makens (2010), S. 37.

tion zwischen Mitarbeiter und Kunde bedingt, dass die Dienstleistungsqualität stark von den Fähigkeiten des Mitarbeiters beeinflusst wird. Insgesamt kann daraus die Anforderung an das touristische Marketing abgeleitet werden, während des gesamten Reiseprozesses eine konstant **hohe Servicequalität** zu gewährleisten.[193]

2.4.2.2 Die Marktorientierung

Definitionsgemäß sollen sich alle Marketingaktivitäten am Markt ausrichten, mit dem übergeordneten Ziel, Kundenbedürfnisse zu befriedigen. Folglich ist es für das Unternehmen essenziell, die Wünsche und Bedürfnisse seiner existierenden und potenziellen Kunden zu kennen. Da die Gruppe der Kunden jedoch sehr heterogen sein kann, ist es zweckmäßig, den Markt in möglichst homogene Kundensegmente aufzuteilen, um die unterschiedlichen Kundenwünsche ableiten und die Erfolgsaussichten im jeweiligen Segment evaluieren zu können.

Bei der sogenannten **Marktsegmentierung** wird der Gesamtmarkt also so unterteilt, dass Teilmärkte mit möglichst ähnlichen Kundengruppen zusammengefasst sind, die gezielt bearbeitet werden können. Hierzu können vielfältige Merkmale, wie beispielsweise geographische, demographische, soziale oder verhaltensbezogene Kriterien, herangezogen werden. So bietet zum Beispiel der Reiseveranstalter *FTI* Familienreisen an, die als Bausteine u. a. spezielle Familienhotels beinhalten:

> „Familyhotels"
> Sie möchten mit der ganzen Familie in den Urlaub fliegen? Kein Problem. Mit unseren speziellen Familyhotels liegen Sie garantiert richtig. In allen Hotels wird für Groß & Klein etwas geboten, so dass jedes Familienmitglied einen tollen Urlaub verleben kann." (*FTI* Website unter http://www.fti.de/fti-family/familyhotels.html, letzter Zugriff am 17. Februar 2011.)

Die Marktsegmentierung hat zum Ziel, das Produkt möglichst effizient und erfolgreich im jeweiligen Teilmarkt platzieren zu können. So vereint die französische Hotel-Gruppe *Accor* unterschiedlichste Marken unter ihrem Dach, um das Luxussegment genauso wie das Low Budget-Segment oder Geschäftsreisende genauso wie Erholungsreisende bedienen zu können. Einen Überblick über die aktuell insgesamt 15 Marken gibt Abbildung 50.

Während *Sofitel* das Luxussegment abdeckt, bedient die Marke *Pullman* gehobene Ansprüche von Geschäftsreisenden in Großstädten. Die Marke Etap Hotel/Formule1 ist im Budget-Segment angesiedelt, genauso wie die Marke *Motel 6*, welche allerdings nur in Nordamerika zu finden ist. *Accor* zieht folglich unterschiedliche Kriterien zur Marktsegmentierung heran: geographische und berufliche Kriterien, Anlass der Reise und Einkommen bzw. sozialer Status der Reisenden.

Um im nächsten Schritt die Erfolgsaussichten auf einem Markt abzuwägen, ist es notwendig, die Marktgröße zu evaluieren. Die hierfür relevanten Größen sind das Marktpotenzial, das Marktvolumen und der Marktanteil.[194] Das **Markt-**

---

[193] Vgl. Freyer (2011), S. 75 und S. 77 f.
[194] Vgl. Thommen, Achleitner (2009), S. 149–155.

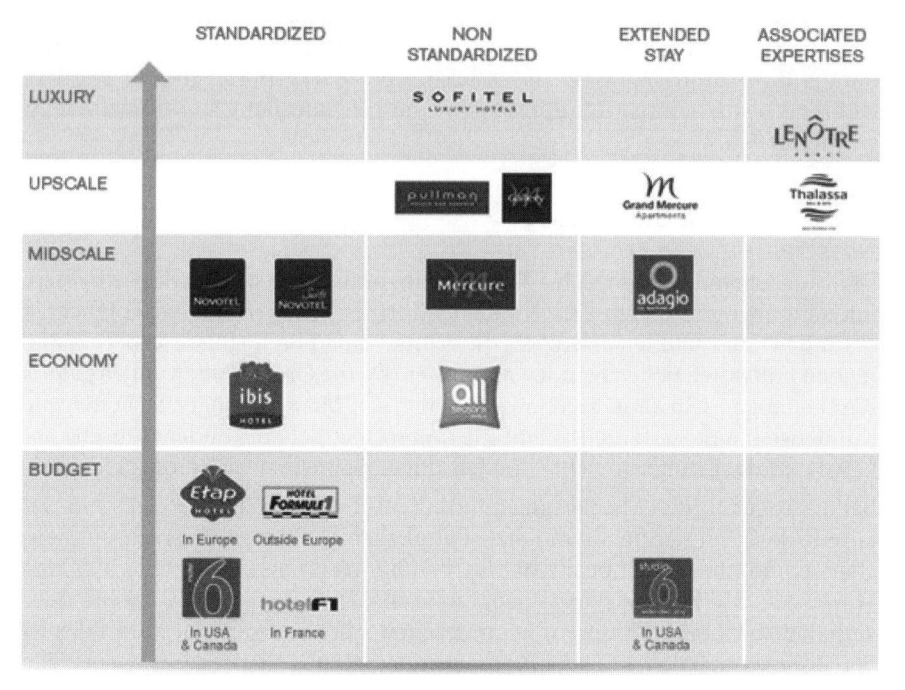

2. Funktionsbereiche: Kernelemente touristischer Wertschöpfung

Abbildung 50: Marksegmentierung der Accor Hotelgruppe[195]

potenzial ist die maximale Menge eines Produktes oder einer Dienstleistung, die in einem Markt abgesetzt werden kann, vorausgesetzt, alle Konsumenten möchten und können das Produkt erwerben. Es gibt also die maximale mögliche Nachfrage an. Das **Marktvolumen** beschreibt hingegen die aktuelle oder erwartete Nachfrage. Der **Marktanteil** bezieht sich schließlich auf das Unternehmen selbst und gibt den Umsatzanteil des Unternehmens am Marktvolumen an. Hierdurch gewinnt das Unternehmen Aufschluss über seine Stellung gegenüber den Konkurrenzunternehmen.

Stark wachsende Märkte weisen eine große Differenz zwischen Markpotenzial und Marktvolumen auf, während die beiden Größen in gesättigten und stagnierenden Märkten nah zusammen liegen. Letzteres ist in vielen touristischen Teilmärkten der Fall.

2.4.2.3 Die Kundenorientierung

Die Evaluierung und Abschätzung des Marktes führt gleichzeitig zu der Analyse und dem Verständnis der Kundenbedürfnisse, so dass die Marktorientierung auch gleichzeitig eine Kundenorientierung bedingt. Wie bereits erläutert, ist die gewinnbringende Gestaltung der Beziehung zum Kunden – dem externen Faktor – gerade im Dienstleistungssegment entscheidend. Dessen individuelle Bedürfnisse und Wünsche sollen daher im Fokus der Marketingaktivitäten ste-

---

[195] Accor (2011).

hen, so wie es auch der Studienreiseveranstalter *Studiosus* erklärt: „Zufriedene Kunden" – so lautet das wichtigste Unternehmensziel bei *Studiosus*."[196]
Zusammenfassendes Ziel des Marketings ist somit die erfolgreiche Etablierung und in Folge der weitere Ausbau einer Kundenbindung. In diesem Zusammenhang hat sich das **Customer Relationship Management (CRM)** als zentraler Ansatz herausgebildet, welcher sich mit dem Aufbau, der Pflege und dem Ausbau von Kundenbeziehungen beschäftigt und in der Konsequenz eine hohe Kundenloyalität schaffen soll. Das Vielfliegerprogramm „Miles & More" der *Lufthansa AG* ist ein prominentes Beispiel des CRM. Mitglieder dieses Programms können über Flüge bei *Lufthansa* und anderen (Airline-)Partnern Meilen sammeln, die sie anschließend einerseits in unterschiedliche Prämien einlösen und durch die sie andererseits ihren „Status" erhöhen können. Letzterer ist abhängig von den gesammelten Statusmeilen, welche sich nach den Flugaktivitäten der Vergangenheit bemessen. Aufsteigend nach den möglichen Status Miles & More Teilnehmer, Frequent Traveller, Senator oder HON Circle Member erhält der Kunde diverse Zusatzleistungen. Da die *Lufthansa* auf diese Weise die Aktivitäten ihrer Kunden exakt dokumentieren und verfolgen kann, dient ihr dieses Instrument der Kundenanalyse dazu, die Kundenbeziehungen erfolgreicher zu lenken.[197] Zudem schafft der Konzern eine wirksame Kundenbindung und etabliert eine loyale Kundenbeziehung, da sich mit der Anzahl der gesammelten Meilen, die Prämien bzw. der Status des Kunden erhöht. Ein Wechsel der Fluggesellschaft wäre dann nur unter Inkaufnahme hoher Kosten für den Kunden möglich.

2.4.3 Der Marketing-Prozess

2.4.3.1 Überblick über den Marketing-Prozess

Auch im Bereich des Marketings wird ein mehrstufiger Management-Prozess durchlaufen, der sich grob in Planung, Steuerung und Kontrolle gliedert. Eine detailliertere Darstellung zeigt Abbildung 51.

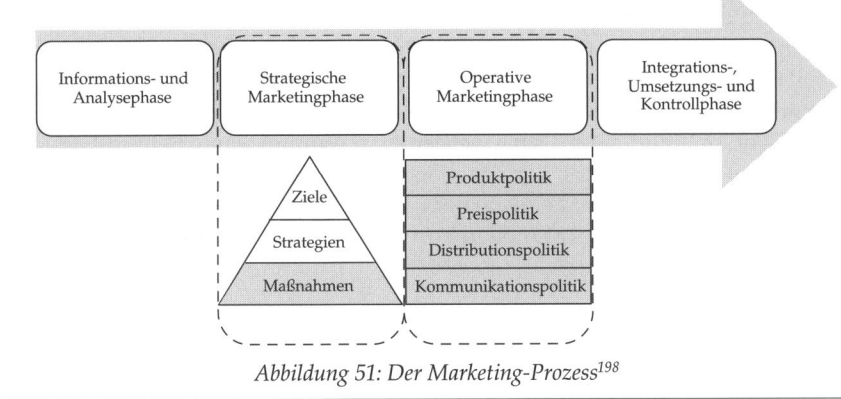

Abbildung 51: Der Marketing-Prozess[198]

---
[196] Vgl. Studiosus (2011).
[197] Vgl. Eisenächer, Backofen, Hilverkus (2006), S. 783.
[198] In Anlehnung an Freyer (2011), S. 111 und Meffert, Burmann, Kirchgeorg (2008), S. 20.

2.4.3.2 Information und Analyse

Während der Informations- und Analysephase werden Daten gesammelt und ausgewertet, die das Unternehmen in den folgenden Phasen unterstützen sollen. Dieses Marketinggebiet deckt die sogenannte **Marktforschung** ab. Sie erfolgt üblicherweise in drei zunehmend konkreter werdenden Schritten: einer Umfeld-, einer Markt- und einer Unternehmensanalyse.

Die **Umfeldanalyse** beschäftigt sich sehr allgemein mit den gesamtwirtschaftlichen, für das Unternehmen relevanten Zusammenhängen und Einflüssen. Einerseits wird das Makroumfeld zum Untersuchungsgegenstand, indem politisch-rechtliche, makroökonomische, natürliche, sozio-kulturelle oder technologische Einflussfaktoren evaluiert werden. Andererseits ist das Mikroumfeld, also die Lieferanten, Kunden, Konkurrenzunternehmen, Kapitalgeber oder Absatzmittler, von Interesse. Im Ergebnis erhält das touristische Unternehmen entscheidungsrelevante Informationen über beispielsweise konjunkturelle und saisonale Rahmenbedingungen, das Einkommen oder die Arbeitszeit und Freizeit der Bevölkerung oder die Mobilität und die natürlichen Ressourcen vor Ort.[199]

Zielgedanke der **Marktanalyse** ist es, den für das Unternehmen interessanten Markt zu definieren und die dort relevanten Einflussgrößen zusammenzustellen. Sie wertet die in der allgemeinen Umfeldanalyse gesammelten Daten im Hinblick auf einen spezifischen Markt aus. Deshalb wird zunächst ein spezifischer Markt abgegrenzt, wozu die Parameter Marktpotenzial, Marktvolumen und Marktanteil dienen. Innerhalb dieses Marktes wird auf der einen Seite eine **Konsumenten- und Kaufverhaltensforschung** durchgeführt. Touristische relevante Untersuchungsparameter können dabei die Gästestruktur (Alter, Herkunft, Einkommen), das Gästeverhalten (Informationssuche, Reisegründe, Aufenthaltsdauer, Reiseverhalten) oder die Gästezufriedenheit (Häufigkeit und Gründe der Reklamation) sein. Auf der anderen Seite steht eine **Konkurrenzanalyse**. Touristische Themenfelder aus diesem Bereich können z. B. Preise, Kapazität und Auslastung, Mitarbeiteranzahl und -ausbildung, Distributionswege oder Geschäftsberichte der Wettbewerber sein.

Die Marktanalyse ist die Grundlage, um den Status Quo und das Geschäftspotenzial des eigenen Unternehmens aufzudecken. Es schließt sich demnach die **Unternehmensanalyse** an, die die gesammelten Informationen in Bezug zum eigenen Unternehmen setzt. Dabei werden marketingrelevante Betriebsbereiche detailliert analysiert und mit den Ergebnissen der Umfeld- und Marktanalyse in Beziehung gesetzt. Themenbereiche der Unternehmensanalyse ist beispielsweise die Durchleuchtung des aktuellen Portfolios des Unternehmens und dessen Optimierungsmöglichkeiten.

---

[199] Vgl. Freyer (2011), S. 120.

2.4.3.3 Strategisches Marketing

In dieser Phase wird eine mittel- bis langfristige strategische Ausrichtung entwickelt und in einem konkreten Marketing-Konzept verankert. Zunächst werden hierzu Ziele formuliert, die die zukünftige Ausrichtung des Unternehmensmarketings vorgeben, und die gleichzeitig mit dem allgemeinen Unternehmenszielsystem konform gehen. Zum besseren Verständnis ein kurzes Beispiel: Im Rahmen einer ökonomischen Formalzielbildung wird eine bestimmte Rentabilität auf Gesamtunternehmensebene angestrebt. Diese schlägt sich dann auf Sachzielebene im Marketingbereich in der Form einer Maximierung des Return on Investment (Abschnitt 3.2.5) nieder, der durch die Erschließung neuer, zukunftsträchtiger Marktsegmente erreicht werden soll.

Freyer merkt zu Recht an, dass eine Zieldefinition nicht nur rein betriebsbezogen erfolgen darf. Vielmehr weisen touristische Betriebe und ihre Leistungen einen „Verbundcharakter" auf, weshalb das touristische Gesamtumfeld in keinem Fall vernachlässigt werden darf.[200] Die Nationalparkregion Harz definiert zum Beispiel ihre allgemeinen touristischen Entwicklungsziele wie folgt:

> „Der Tourismus in der Nationalparkregion Harz wird so entwickelt, dass wirtschaftlicher Erfolg, ökologische Verträglichkeit und hohe soziale Qualität Hand in Hand gehen.
>
> Er soll einen wesentlichen Beitrag zu einer nachhaltigen Entwicklung der Region leisten und positive Wechselwirkungen mit Naturschutz, Forstwirtschaft, Handel und Gewerbe entfalten.
>
> Die touristische Entwicklung im Nationalpark Harz und den angrenzenden Tourismusgemeinden orientiert sich an folgenden allgemeinen Zielen:
>
> Wirtschaftlich orientierte Ziele (…)
>
> Natur- und umweltbezogene Ziele (…)
>
> Soziale und kulturelle Ziele (…)"
>
> (Nationalpark Harz (2005), S. 17.)

Und nicht nur die regionalen Gegebenheiten sind von Belang. Für die Leistungsträger spielen auch nationale (beispielsweise durch das *Bundesministeriums für Wirtschaft und Technologie*) oder internationale (beispielsweise durch die Welttourismusorganisation *UNWTO*) tourismuspolitische Vorgaben eine Rolle, so dass sich die Zielformulierung insbesondere in touristischen Unternehmen als überaus komplexer Prozess gestaltet.

Aufbauend auf den definierten Zielen, entwickelt das touristische Unternehmen eine Strategie zu deren Umsetzung. Üblicherweise werden in diesem Zusammenhang vier strategische Grundausrichtungen unterschieden, die sich gemäß der Marketingdefinition vor allem auf die Kundensicht – also auf die Frage, welche Produkte am Markt angeboten werden – beziehen: Marktfeld- oder Produktstrategien, Wettbewerbsstrategien, Marktsegmentierungs- und Marktarealstrategien.[201]

---

[200] Vgl. Freyer (2011), S. 345 f.
[201] Im Abschnitt 4.2 geht es dagegen unter anderem um Strategien auf Gesamtunternehmensebene.

2. Funktionsbereiche: Kernelemente touristischer Wertschöpfung

Marktfeld- oder Produktstrategien

Hier geht es um die Problemstellung, neue Wachstumsquellen zu erschließen, um im intensiven touristischen Wettbewerbsumfeld bestehen zu können. Unterschieden wird, ob mit neuen oder bestehenden Produkten auf neuen oder bestehenden Märkten konkurriert wird. Daraus ergibt sich eine Produkt-Markt-Matrix, aus der sich nach *Ansoff* unterschiedliche strategische Stoßrichtungen ableiten lassen.

		Märkte	
		Bestehende	Neue
Produkte	Bestehende	Marktdurchdringung	Marktentwicklung
	Neue	Produktentwicklung	Diversifikation

Abbildung 52: Produkt-Markt-Matrix nach Ansoff[202]

Um auf Märkten, auf denen ein Unternehmen bereits präsent ist, mit bestehenden Produkten wachsen zu können, muss die **Marktdurchdringung** erhöht werden. Es gibt zwei Fallunterscheidungen: In Wachstumsmärkten (Marktpotenzial > Marktvolumen) kann das Marktvolumen erhöht werden, in gesättigten Märkten der Marktanteil. Im ersten Fall bieten sich die Neukundengewinnung oder die Konsumsteigerung der Altkunden als mögliche Handlungsansätze an. Der zweite Fall kann durch Abwerben von Kunden zulasten der Konkurrenz realisiert werden.[203] Die **Marktentwicklung** beschreibt die Chance, sich mit bisherigen Produkten auf neuen Märkten zu positionieren. Eine Möglichkeit ist die geographische Geschäftsausweitung. Eine weitere Option stellt die Erschließung neuer Marksegmente dar, indem bestehende Produkte neuen Zielgruppen angeboten werden: Kreuzfahrten, die ursprünglich v. a. von älteren, gut situierten Kunden gebucht wurden, werden mittlerweile als Club-Kreuzfahrten auch dem jüngeren, preissensiblen Publikum zugänglich gemacht. Innovationen sind strategische Wege der **Produktentwicklung**, bei denen eine überlegene Wettbewerbsposition auf Märkten, auf denen das Unternehmen bereits präsent ist, erzielt werden soll. Die unterschiedlichen Ausprägungen von Innovationen werden ausführlich im Abschnitt 4.2 diskutiert. Die größte strategische Veränderung stellt die Produktneuentwicklung dar, mit der das Unternehmen auf neuen Märkten auftreten möchte. Je nachdem, wie sich die Produktneuentwicklung in die Wertekette des Unternehmens einfügt, lässt sich diese produktportfoliobezogene **Diversifikation** in drei Formen untergliedern:

- **Horizontale Diversifikation:** bei der Neuentwicklung handelt es sich um Produkte, die den sich bereits im Leistungsprogramm befindlichen Produkten ähneln. Die Produkte bzw. Dienstleistungen stehen dabei auf derselben hierarchischen Wertschöpfungsstufe. Beispiel: Der Reiseveranstalter *TUI*

---

[202] Vgl. Ansoff (1965), S. 109.
[203] Vgl. Jung (2009), S. 577 f.

hat in seinem Portfolio neben seinen etablierten Einzelkomponenten- und Pauschalreiseangeboten einen Geschäftsbereich, der sich auf Spezialreiseveranstalter fokussiert sowie einen weiteren Bereich, der die Geschäftssegmente Marine, Adventure, Ski, Student & Sport umfasst.[204]
- **Vertikale Diversifikation:** dies betrifft eine Entwicklung auf unterschiedlichen Wertschöpfungsstufen, indem vor- oder nachgelagerte Produktebenen integriert werden. Beispiel: Der Reiseveranstalter *TUI* besitzt neben seinem klassischen Reiseveranstaltergeschäft verschiedene Hotelbeteiligungen in seiner Geschäftssparte *TUI Hotels & Resorts*.
- **Laterale Diversifikation:** die Neuentwicklung steht in keinem Zusammenhang mit dem bisherigen Leistungsangebot des Unternehmens. Beispiel: Der Reiseveranstalter *TUI* besitzt derzeit noch eine Beteiligung an dem Containerschifffahrtsunternehmen *Hapag Lloyd*.

Wettbewerbsstrategien

Wettbewerbsstrategien grenzen das Leistungsprogramm eines Unternehmens vorteilhaft gegenüber den Wettbewerbern ab und stellen Strategien auf der Geschäftsfeldebene dar. Das Ziel der Strategien ist die Erreichung und die Verteidigung von Wettbewerbsvorteilen.

Um Wettbewerbsvorteile zu erzielen, sind zwei grundsätzliche, konfliktionär geprägte Strategierichtungen denkbar:[205] die Differenzierung oder die Preis-Mengen-Strategie.

Bei der **Differenzierung** bietet das Unternehmen eine im Vergleich zum Wettbewerb bessere Leistung zu einem vergleichbaren oder sogar höheren Preis an. Der Preis wird gerechtfertigt, indem zusätzliche oder einzigartige Produktmerkmale (Unique Selling Propositions – USPs) herausgestellt werden. Diese Produktmerkmale können sich auf die Qualität bzw. den Service beziehen (Qualitätsführerschaft) aber ebenso auf z. B. Image, Stil oder Marke. Zu beachten ist, dass die Differenzierung keine Kostensteigerung bedingt, da ansonsten ein höherer Preis gefordert werden müsste und dadurch die angestrebte Nachfragesteigerung nicht erreicht werden könnte. Die Präferenzstrategie konkurriert also nicht über den Preis, sondern will bestimmte Vorzüge beim Kunden gegenüber dem Produkt wecken. Die Fluggesellschaft *Lufthansa* verfolgt eine Präferenzstrategie, indem sie sich durch ihr Image, ihre Marke und ihren Service gegenüber der Konkurrenz abzugrenzen versucht. „Qualität und Innovation, Sicherheit und Zuverlässigkeit stehen […] im Mittelpunkt", ist auf ihrer Website zu lesen.[206]

Demgegenüber erfolgt die Wettbewerbspositionierung einer **Preis-Mengen-Strategie** über den Preis. Ein Standardprodukt wird zu einem relativ geringen Verkaufspreis angeboten. Um diesen Absatzpreis ermöglichen zu können, ohne den Unternehmensgewinn zu belasten, ist es notwendig, unterdurchschnittliche Kosten zur Erstellung des Produkts oder der Dienstleistung zu realisieren.

---

[204] Vgl. TUI (2010), S. 50.
[205] Vgl. Porter (2008), S. 71–77. Darüber hinaus existieren auch kooperative Strategien. Vgl. beispielsweise Meffert, Burmann, Kirchgeorg (2008), S. 310 f.
[206] Lufthansa (2011).

Daher spricht man bei der Preis-Mengen-Strategie auch von einer Kostenführerschaft. Zeitgleich erhofft man sich eine preisinduzierte größere Nachfrage, was zur Folge hat, dass der Gewinn im Vergleich zur Konkurrenz sogar noch erhöht werden kann. Marketingmaßnahmen bei dieser Strategie beinhalten in erster Linie preispolitische Aktivitäten. Diese Strategie verfolgen die Billigfluggesellschaften wie *Ryanair* oder *easyJet*, indem sie unter anderem eine Kostensenkung durch das „No frills"-Konzept erreichen. Hierbei wird ausschließlich die reine Transportleistung verkauft. Jegliche Extras wie Mahlzeiten, Inflight Entertainment oder andere Komfortleistungen werden nicht automatisch angeboten, sondern müssen separat bezahlt werden. Der Low-Cost-Carrier *Ryanair* deklariert seine Strategie folgendermaßen: „*Ryanair's* objective is to firmly establish itself as Europe's leading low-fare scheduled passenger airline through continued improvements and expanded offerings of its low-fares services. *Ryanair* aims to offer low fares that generate increased passenger traffic while maintaining a continuous focus on cost-containment and operating efficiency."[207] *Ryanair* wendet eine klare Preis-Mengen-Strategie an.

Marktsegmentierungsstrategien

Mit dem Thema der Marktsegmentierung beschäftigte sich bereits Abschnitt 1.2 dieses Kapitels, in dem die zielgruppenorientierte Aufteilung des Gesamtmarktes, also die Abgrenzung einzelner Marktsegmente, diskutiert wurde. Im Rahmen der Marktsegmentierungsstrategie dreht es sich nun um die Festlegung der angemessenen Strategie zur Bearbeitung dieses Teilmarkts. „Wie sollen die Kunden dieses Marktsegments angesprochen werden?", ist hierbei die zentrale Frage. Insofern ist die Strategiephase als Konkretisierung der Marktorientierung zu sehen.[208]

Man unterscheidet drei Basisstrategien zur Kundenansprache. Das **undifferenzierte Marketing**, auch als Massenmarktstrategie oder Schrotflintenkonzept bekannt, richtet sich an den Gesamtmarkt und versucht, durch ein einheitliches Konzept eine Vielzahl an Kundenansprüchen zu befriedigen (z. B. Pauschalreise in eine Warmwasserdestination). Der Vorgabe einer Zielgruppenorientierung folgt das **differenzierte Marketing** oder Scharfschützenkonzept. Diese Strategie stellt zwar ebenfalls auf den Gesamtmarkt ab, richtet sich mit ihrem Marketingkonzept aber nach spezifischen Kundengruppen aus (z. B. Reisen für Familien, für Singles, für Senioren etc.). Schließlich orientiert sich das **konzentrierte Marketing** an wenigen kleinen oder nur einem einzelnen Marktsegment.[209] Das kann ein spezieller geographischer Markt, eine spezifische Kundengruppe oder ein bestimmtes Produkt sein. Das Unternehmen deckt also nicht mehr den gesamten Markt ab, sondern fokussiert sich auf einen bestimmten Ausschnitt des Marktes, weshalb diese Strategie auch häufig als Nischenstrategie bezeichnet wird. Das Unternehmen sichert sich mit seinem Spezialwissen eine günstige Wettbewerbsposition. Innerhalb des Marktsegments kann dann wieder eine bestimmte Wettbewerbsstrategie verfolgt werden. Der Reiseveranstalter *L'Tur*

---

[207] Ryanair (2011), S. 1.
[208] Vgl. Wöhe, Döring (2010), S. 411–414 oder auch Freyer (2007), S. 391.
[209] *Porter* subsumiert diese Strategie zusammen mit den aufgeführten Wettbewerbsstrategien unter die generischen Unternehmensstrategien. Vgl. Porter (2008), S. 71–77.

fokussiert sich mit dieser Strategie auf Last-Minute Reiseangebote oder der Veranstalter Designreisen auf das Segment der Luxusreisen.

Marktarealstrategien

Marktarealstrategien bearbeiten verschiedene geographisch segmentierte Märkte: lokal, regional, national, übernational. Da Entscheidungen innerhalb dieser Strategieform vor allem auf Gesamtunternehmensebene getroffen werden, werden diese im Abschnitt 4.2.2 in der Aufteilung der internationalen, multinationalen, globalen und transnationalen Strategien näher beleuchtet.

Nach Festlegung der strategischen Ausrichtung werden Aufgaben für verschiedene Marketingbereiche definiert und Maßnahmen festgelegt, die zur Aufgabenerfüllung beitragen. An dieser Stelle geht die strategische Marketingphase in die operative Phase über, die das operative Marketing sowie die Integration, Umsetzung und Kontrolle der marketingpolitischen Aktivitäten umfasst.

2.4.3.4 Operatives Marketing

Die operative Marketingphase dient der Umsetzung der langfristig strategischen Ausrichtung. Sie konkretisiert die zuvor definierten Maßnahmen in Form von differenziert ausgestalteten Instrumenten, welche die Produkt-, Preis- und Konditionen-, Kommunikations- und Distributionspolitik betreffen. Miteinander kombiniert bilden diese Instrumente den sogenannten **Marketing-Mix**, der in der Abbildung 53 dargestellt ist.

Marketing-Mix			
Produktpolitik	Preis- und Konditionenpolitik	Kommunikationspolitik	Distributionspolitik
Produktinnovation	Preis	Werbung	Vertriebswege
Produktvariation	Rabatt	Verkaufsförderung	Verkaufsorgane
Leistungsprogramm	Boni	Public Relations	Physische Distribution
Serviceleistung	Zahlungsbedingungen	Direktmarketing	Logistiksysteme

Abbildung 53: Instrumente des Marketing-Mix[210]

Nach den englischen Begrifflichkeiten „Product", „Price", „Promotion" und „Place" bezeichnet man die dargestellten Marketing Maßnahmen auch als „**4Ps**". Teilweise wird dieser klassische Marketing-Mix im Tourismus auch noch auf weitere zwei oder gar drei Elemente ausgeweitet, die in dieser Branche einen entscheidenden Einfluss haben:
- **People** bezieht sich auf die Bedeutung der Mitarbeiter im serviceorientierten Dienstleistungssegment.

---

[210] Vgl. Ansoff (1965), S. 109.

2. Funktionsbereiche: Kernelemente touristischer Wertschöpfung

- **Physical Environment** beschreibt die Notwendigkeit des Vorhandenseins physischer Attraktoren, um das Wohlbefinden und persönliche Erlebnis des Kunden zu befriedigen.
- **Process** fordert das Aufstellen bestimmter prozessualer Standards, um die Servicequalität auf kontinuierlich hohen Niveau sicherzustellen.

2.4.3.5 Integration, Umsetzung und Kontrolle

Sind die einzelnen Marketing Instrumente fixiert, gilt es, diese zu einem optimalen Mix zu kombinieren. Der Begriff „Mix" bezieht sich dabei einerseits auf das Zusammenspiel der Instrumente innerhalb der einzelnen Maßnahmen – also den Produktmix, den Preismix, den Kommunikationsmix und den Distributionsmix. Andererseits betrifft er als „Marketing-Mix" die Kombination und bestmögliche Integration der verschiedenen marketingpolitischen Maßnahmen als Ganzes. Allerdings stößt man bei der Optimierung des Marketing Mix auf diverse Probleme. Das wohl schwerwiegendste ist die Vielzahl an Kombinationsmöglichkeiten der Instrumente und ihrer Einzelmaßnahmen, die zudem interdependent sind. Die Zusammenstellung des Marketing Mix kann daher schnell zu einem komplexen Optimierungsproblem werden.

Zur Implementierung und Umsetzung der Instrumente innerhalb des Unternehmens ist eine geeignete Suborganisation aufzubauen und in die Gesamtunternehmensorganisation einzubetten. Dabei müssen die Personal-, Zeit- und Finanzressourcen entsprechend eingeteilt werden.

Der Prozess schließt mit der Kontrollfunktion. Die Kontrolle dient der Überprüfung, ob die anfangs definierten Ziele erreicht wurden. Gegebenenfalls muss der Marketing-Prozess überarbeitet und angepasst werden kann.

2.4.4 Der Marketing-Mix

2.4.4.1 Produktpolitik

2.4.4.1.1 Produkt- und Programmgestaltung

Die Produktpolitik beschäftigt sich mit der Gestaltung einzelner Produkte sowie des gesamten Leistungsprogramms eines Unternehmens und den angebotenen Serviceleistungen. Bei der Gestaltung einzelner Produkte ist eine Unterscheidung zwischen dem Grundnutzen und dem Zusatznutzen zu treffen. Der **Grundnutzen** betrifft streng genommen nur die zentrale, funktionale Leistung eines Produktes, also die eigentliche Übernachtungsleistung des Hotels oder die Transportleistung der Fluggesellschaft. Mittlerweile ist die Entwicklung jedoch dahingehend fortgeschritten, dass die Kernleistung zur Selbstverständlichkeit geworden ist und mehr und mehr Zusatzleistungen, wie beispielsweise Schlechtwetterangebote in Destinationen oder Kinderservice bei Fluggesellschaften, in die Hauptleistung integriert werden.[211] Insofern dehnt

---

[211] Vgl. Freyer (2011), S. 456 f.

sich der Grundnutzen immer weiter aus. Einen **Zusatznutzen** erlangt der Kunde aus Leistungen, die das Produkt von denen der Konkurrenz abheben. Dies kann sich auf verschiedene Bereiche beziehen, wie zusätzliche Serviceleistungen, ein spezifisches Design, eine spezielle Marke oder auch ein besonderes Renommee des Produktes. Ein vergleichsweise komfortabler Eincheck-Service bei Flugleistungen, der Kranich als Erkennungsmerkmal der *Lufthansa*, ein besonders einfacher und kundenfreundlicher Buchungsvorgang oder eine qualitativ hochwertige Reisebetreuung sind Beispiele, die einen Zusatznutzen schaffen.

Neben der Ausgestaltung des einzelnen Produktes muss das Unternehmen auch eine Entscheidung über das gesamte Produktprogramm treffen. Hierbei sind die Programmbreite und die Programmtiefe zu definieren. Die **Programmbreite** legt die Anzahl der Produkte bzw. **Produktlinien** im Angebot fest. Die Anzahl der Produktvarianten innerhalb einer Produktlinie wird durch die **Programmtiefe** definiert. Zum besseren Verständnis wird das Angebot des Autovermieters *Europcar* herangezogen. Abbildung 54 zeigt eine Auswahl seiner im Angebot befindlichen Fahrzeugflotte. Vergleichbare Produkte sind in **Produktgruppen** eingeteilt.

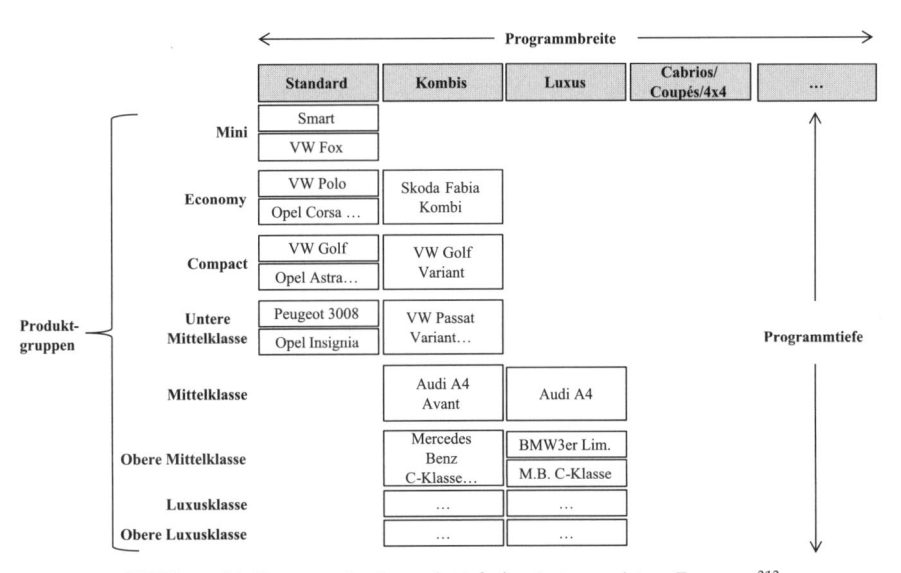

Produktgruppen		Standard	Kombis	Luxus	Cabrios/ Coupés/4x4	...
	Mini	Smart				
		VW Fox				
	Economy	VW Polo	Skoda Fabia Kombi			
		Opel Corsa ...				
	Compact	VW Golf	VW Golf Variant			
		Opel Astra...				
	Untere Mittelklasse	Peugeot 3008	VW Passat Variant...			
		Opel Insignia				
	Mittelklasse		Audi A4 Avant	Audi A4		
	Obere Mittelklasse		Mercedes Benz C-Klasse...	BMW 3er Lim. M.B. C-Klasse		
	Luxusklasse		...	...		
	Obere Luxusklasse		...	...		

Abbildung 54: Programmbreite und -tiefe des Autovermieters Europcar[212]

2.4.4.1.2 Produktanalyse

In einem wettbewerbsintensiven Umfeld muss ein Unternehmen sein Leistungsprogramm kontinuierlich überprüfen und gegebenenfalls mittels produktpolitischer Mittel anpassen. Zur Überprüfung und Analyse des Produktprogramms existiert eine Vielzahl an Methoden, wie beispielsweise Produktbewertungsanalysen, Programmstrukturanalysen oder Portfolioanalysen. Eine der bekann-

---

[212] Vgl. Europcar (2011).

2. Funktionsbereiche: Kernelemente touristischer Wertschöpfung

testen Methoden ist die **Lebenszyklusanalyse**. Sie basiert auf dem Grundgedanken, dass jedes Produkt innerhalb seiner Lebensdauer Phasen durchläuft, in denen sich Umsatz und Gewinn nach einem typischen Muster entwickeln. Abhängig von der Lebensphase des Produkts können dann bestimmte produktpolitische Handlungen ergriffen werden, um dem Konkurrenzdruck zu begegnen, wie Abb. 55 wiedergibt.

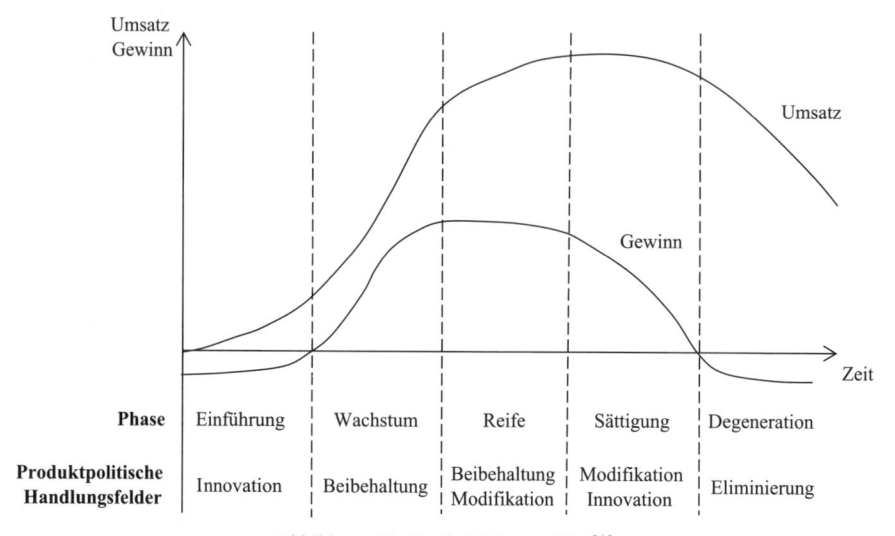

Phase	Einführung	Wachstum	Reife	Sättigung	Degeneration
Produktpolitische Handlungsfelder	Innovation	Beibehaltung	Beibehaltung Modifikation	Modifikation Innovation	Eliminierung

Abbildung 55: Produktlebenszyklus[213]

In der **Einführungsphase** wird ein neu entwickeltes Produkt zum ersten Mal am Markt abgesetzt. Während anfänglich in erster Linie Investitionskosten zur Produktentwicklung und -testung angefallen sind, kann im weiteren Verlauf ein gewisser Umsatz erzielt werden. Dieser steigt jedoch nur langsam an, da das Produkt noch vergleichsweise unbekannt bei den Kunden ist. Um das Produkt bekannt zu machen, fallen hohe Marketingkosten an, weshalb der Gewinn in dieser Phase noch negativ ist.

Die **Wachstumsphase** zeichnet sich durch ein starkes Umsatzwachstum aus, sofern das Produkt am Markt akzeptiert wird. Das Marktvolumen weitet sich aus und es entstehen erste Konkurrenzprodukte. Zum Beginn der Wachstumsphase wird die Gewinnschwelle überschritten. Zwar müssen nach wie vor Marketinginvestitionen getätigt werden, doch es stellen sich erste Skaleneffekte ein, so dass das Gewinnwachstum überproportional ansteigt. Für die Produktpolitik bedeutet das, dass das Produkt beibehalten werden soll, um die Gewinnmöglichkeiten abzuschöpfen.

In der **Reifephase** flacht das Umsatzwachstum erkennbar ab, da sich der Konkurrenzdruck deutlich verschärft. Das Gewinnniveau ist zum Anfang der Phase zwar noch auf dem höchsten Stand, reduziert sich im Verlauf aber, da

---

[213] In Anlehnung an Jung (2009), S. 618.

intensive Investitionen in die Produktmodifikation getätigt werden müssen, um neue Kundengruppen anzusprechen und sich gegenüber den Wettbewerbern abzugrenzen. Ist das Produkt gut am Markt etabliert, ist denkbar, das Produkt auch in der ursprünglichen Form beizubehalten.

In der **Sättigungsphase** kann das Marktvolumen nicht weiter ausgeweitet werden. Der Wettbewerbskampf ist intensiv und das Unternehmen kann in dieser Phase nur wachsen, indem es seinen Marktanteil erhöht. Das Umsatzwachstum stagniert und wird im Verlauf sogar negativ. Um der Degenerationsphase zu entkommen sind nun hohe Marketingausgaben erforderlich, bedeutende Produktmodifikationen oder gar -innovationen werden unumgänglich. Aus diesem Grunde nimmt die Umsatzrentabilität signifikant ab.

Zeigen entsprechende Marketingmaßnahmen keinen Erfolg, können die Kundenwünsche nicht mehr erfüllt werden und der Lebenszyklus kommt zum Ende. In dieser **Degenerationsphase** sollte das Produkt vom Markt genommen werden, um keine Verluste zu akkumulieren.

2.4.4.1.3 Grenzen der Produktpolitik im Tourismus

Hinsichtlich des zuvor dargestellten Lebenszyklusverlaufs muss beachtet werden, dass das übergeordnete Produkt „Reisen" als solches nicht in die Analyse einfließen kann. Um die Produkte ihrer Phase zuordnen zu können, ist eine klare Abgrenzung nötig: während die klassische Pauschalreise eher der Sättigungs- und Degenerationsphase zuzuordnen ist, befinden sich Club-Kreuzfahrten bis dato im Übergang von der Wachstums- in die Reifephase und spezielle Nischenangebote des Öko- und Nachhaltigkeitstourismus in der Einführungs- bzw. Wachstumsphase.

Problematisch ist allerdings, dass an der Erstellung des touristischen Gesamtprodukts verschiedene Leistungsträger beteiligt sind. Deren produktpolitische Maßnahmen beeinflussen sich gegenseitig, so dass eine klare Abgrenzung der Einzelkomponenten und deren produktpolitischen Erfordernisse meist nicht möglich ist. Sinnvoll wäre daher eine Produktpolitik auf Ebene des Gesamtproduktes. Dies findet meist jedoch nicht statt:[214]

> Beispiel **Pauschalreise**: Die Pauschalreise setzt sich als Paket der verschiedensten Leistungsträger, die jeweils ihre eigenen produktpolitischen Ziele und Maßnahmen verfolgen, zusammen. Die Produktpolitik ist also nicht auf Ebene des Pauschalreiseveranstalters angesiedelt. Dessen Maßnahmen beschränken sich nur noch auf die Auswahl der Leistungsträger oder die Präsentation der angebotenen Leistung (beispielsweise in Katalogen, im Internet etc.).

Eine weitere Einschränkung in der touristischen Produktpolitik ist die Tatsache, dass viele Angebotsfaktoren nicht beeinflusst werden können:

> Beispiel **Destination**: Die natürlichen Angebotsfaktoren einer Destination, wie Landschaft, Klima aber auch der Faktor Mensch, sind vom touristischen Unternehmen praktisch nicht zu verändern. Allenfalls eine entsprechende

---

[214] Vgl. Freyer (2011), S. 472f.

Landschaftsgestaltung oder die Aufklärung und Schulung von Menschen und Personal lässt eine gewisse Beeinflussung zu.

2.4.4.2 Preispolitik

2.4.4.2.1 Preisfestsetzung

Die Preispolitik beschäftigt sich mit der Preisfestsetzung von Produkten. Diesen Problemkreis behandelt die mikroökonomische Preistheorie, die von einer funktionalen Beziehung zwischen Preis und Absatzmenge ausgeht. Als Teilgebiet der Volkswirtschaftslehre wird die Preistheorie an dieser Stelle jedoch nicht weiter vertieft.[215] In der Praxis sind die in Abb. 56 aufgeführten Formen der Preisbestimmung zu beobachten.

Formen der Preisfestsetzung				
Gewinn-orientiert	Kosten-orientiert	Nachfrage-orientiert	Konkurrenz-orientiert	Staatliche/ Institutionelle Vorgaben

Abbildung 56: Formen der Preisfestsetzung in der Praxis[216]

Bei der **gewinnorientierten Preisfestsetzung** gibt das Unternehmen ein angestrebtes Gewinnziel vor, aus dem retrograd auf den dafür erforderlichen Produktpreis geschlossen wird. Weiter verbreitet als dieses Preisfestsetzungsverfahren sind jedoch die kosten-, nachfrage- und konkurrenzorientierten. Die **kostenorientierte Preisfestlegung** setzt auf den Kosten, die das Unternehmen zur Erstellung des Produktes trägt, auf und addiert einen gewünschten Gewinnzuschlag. So wird sichergestellt, dass der Preis nicht kleiner ist als die Kosten der Leistungserstellung. Problematisch ist diese Variante der Preisfestsetzung im Tourismus, wenn[217]

- in das angebotene Produkt, mehrere Leistungskomponenten einfließen, wie das beispielsweise bei einer Pauschalreise der Fall ist, da dann die Summe über alle Kostenkomponenten nur schwer zu ermitteln ist.
- öffentliche Güter (Landschaft, Klima etc.) und immaterielle Elemente (Image, Exklusivität etc.) Bestandteile des Produktes sind, da diese kostenseitig kaum zu bewerten sind.

Diese Nachteile heilt die **nachfrageorientierte Preisfestlegung.** Sie ist eng mit der mikroökonomischen Preistheorie verbunden, da sie ebenfalls eine gewisse Preis-Nachfrage(r)-Relation unterstellt. Konkret geht sie der Frage nach, welchen Nutzen die potenziellen Käufer einem Produktangebot zuordnen und welchen Preis sie bereit sind, dafür zu zahlen. Der Unterschied zur klassischen

---

[215] Zu einer Einführung in die Preistheorie vgl. beispielsweise Wöhe, Döring (2010), S. 447–466 oder auch Schierenbeck, Wöhle (2008), S. 324–331.
[216] In Anlehnung an Jung (2009), S. 635.
[217] Vgl. Freyer (2011), S. 490–492.

Preistheorie besteht also darin, den Kundennutzen anstelle der Absatzmenge zu evaluieren. Dies stellt zugleich die Schwierigkeit dieses Verfahrens dar, da der Kundennutzen analytisch nur sehr schwer zu beziffern ist.

Ein Unternehmen folgt der **konkurrenzorientierten Preisfestsetzung**, wenn es seinen Absatzpreis an dem des Marktführers (sog. Leitpreis) oder am Branchendurchschnitt festmacht. Diese Form der Preisbildung findet sich häufig auf Märkten mit sehr homogenen Gütern. Bei der konkurrenzorientierten Preisfestsetzung kommt es zum Teil zu einem existenzvernichtenden Preiswettbewerb. Die *Stuttgarter Zeitung* titelte im Jahr der Wirtschaftskrise 2009:

„Urlaubsreisen sind so billig wie lange nicht mehr
Der Preiskampf in der krisengeplagten Reisebranche verschärft sich. Auch Marktführer Tui reagiert mit hohen Nachlässen auf die flaue Nachfrage und drastische Buchungseinbrüche. (…)

In jüngster Zeit haben auch die Nummer 2 und 3 der Branche, Rewe Touristik und Thomas Cook, ähnlich hohe Preisabschläge angekündigt. Trotz der sinkenden Katalogpreise und vieler aktueller Preisaktionen will Volker Böttcher, Chef von Tui Deutschland, nicht von einer Preisschlacht reden. „Wir werden uns auch künftig nicht an ruinösen Preiskämpfen beteiligen, für uns geht Marge vor Menge", betont der Manager mit Blick auf die Konkurrenz." (vgl. *Wüpper* (2009), S. 11.)

Schließlich können noch **staatliche oder institutionelle Vorgaben** die Preisfestlegung beeinflussen. Als Beispiel können hier die *IATA*-Vorschriften im Flugverkehr oder Kurabgaben in touristischen Destinationen genannt werden.

Im Zusammenhang mit den Möglichkeiten der Preisfestsetzung muss ein besonderes Augenmerk auf Reisemittler geworfen werden, denn sie haben keinen oder nur geringen Gestaltungsspielraum. Diese Unternehmen vermitteln lediglich ein Leistungsangebot, die Preise der Bausteine werden hingegen von den Leistungsträgern selbst festgelegt. Preispolitik spielt für Reisemittler also kaum eine Rolle, wie auch schon das einleitende Fallbeispiel zeigte.

2.4.4.2.2 Preispolitische Handlungsoptionen

Bei der Preisfestsetzung ist zu differenzieren, ob es sich um eine langfristig orientierte, grundsätzliche Entscheidung handelt oder um eine kurzfristige, nachfragebedingte Preisanpassung. Im ersten Fall spricht man von strategischer und im zweiten Fall von operativer Preispolitik. Im Tourismus erfolgt meist lange Zeit vor der eigentlichen Leistungserbringung die Kommunikation der zugehörigen Preise (Katalogpreise bei Pauschalreisen, Übernachtungspreise im Beherbergungswesen), was in den Bereich der **strategischen Preispolitik** fällt. Ändern sich in der Zwischenzeit die Kalkulationsparameter (geringe Nachfrage, Ölpreiserhöhung), kann es im Rahmen der **operativen Preispolitik** zu kurzfristigen Preisänderungen kommen.

Politische Handlungsmöglichkeiten der strategischen Preispolitik sind die Prämien- und Promotionsstrategie sowie die Penetrations- und Abschöpfungsstrategie, die sich im Wesentlichen durch die Höhe des Preises und die Dauer der Preisfestlegung unterscheiden. Die **Prämienstrategie** verfolgt das Ziel, dauerhaft hohe Preise zu setzen (Hochpreispolitik), was mit der hohen Qualität und Ex-

2. Funktionsbereiche: Kernelemente touristischer Wertschöpfung

klusivität des angebotenen Produktes begründet wird (z. B. Reiseveranstalter *Airtours*, Destination Malediven). Die **Promotionsstrategie** setzt dagegen dauerhaft verhältnismäßig geringe Preise (Niedrigpreispolitik), um das Bild eines Budgetangebots zu erzeugen (z. B. Fluggesellschaft *Ryanair*, *Formule 1 Hotels* von *Accor*).

Die **Penetrationsstrategie** versucht, mit relativ geringen Preisen möglichst schnell einen neuen Markt zu erschließen und sich so gegenüber den Wettbewerbern durchzusetzen. Im weiteren Verlauf kann abhängig von der Konkurrenzsituation der Preis nach oben angepasst werden. Die **Abschöpfungsstrategie** wählt den entgegen gesetzten Ansatz: mit verhältnismäßig hohen Preisen wird ein Produkt am Markt eingeführt, dessen Preis im Verlauf des zunehmenden Sättigungsgrades schrittweise gesenkt wird.

Ein Verfahren, das häufig im touristischen Geschäft zu beobachten ist, ist die **Preisdifferenzierung**. Dabei wird ein Produkt zu unterschiedlichen Preisen angeboten mit dem Ziel, verschiedene Käufergruppen zu erreichen und die Konsumentenrente abzuschöpfen.[218] Man unterscheidet je nach Art der Differenzierung:

- **Räumliche Preisdifferenzierung:** Das Produkt wird auf örtlich aufgeteilten Teilmärkten zu unterschiedlichen Preisen angeboten (Unterschiedliche Abflughäfen).
- **Zeitliche Preisdifferenzierung:** Die Produktpreise differieren nach Angebotszeiten (Hauptsaison/Nebensaison, Midweekpreise/Wochenendpreise).
- **Personelle Preisdifferenzierung:** Unterschiedliche Kundengruppen zahlen verschiedene Preise (Studenten-, Rentner-, Familienpreise).
- **Mengenbezogene Preisdifferenzierung:** Ab einer bestimmten Abnahmemenge sinkt der Preis pro Einheit (Reisegruppen, Kontingentpreise).
- **Gestaltungsbezogene Preisdifferenzierung:** Kleine Variationen der Produktmerkmale führen zu unterschiedlichen Preisen (Meer-/Poolblick).[219]

Eng verbunden mit der Preisdifferenzierung ist das operative preispolitische Instrument des **Yield Managements**. „Das Yield Management bezeichnet eine kapazitätsabhängige Preisdifferenzierung im Dienstleistungssektor. Die Preise unterscheiden sich je nach Buchungszeitpunkt und freien Kapazitäten des Anbieters",[220] wodurch Erlöse gesteigert werden sollen. Beispielsweise werden für Flugtickets unterschiedliche Preise verlangt abhängig vom Zeitpunkt der Buchung (Frühbucherrabatt, Last-Minute Angebote) und der aktuellen Auslastung des Fluges. Die Methode des Yield Managements findet auch in anderen Bereichen der Tourismusbranche wie z. B. in der Hotelindustrie Anwendung.

---

[218] Die Konsumentenrente ist die Differenz zwischen der Zahlungsbereitschaft eines Konsumenten und dem Marktpreis.
[219] Die Abgrenzung ist nicht immer trennscharf, da zum Teil argumentiert werden kann, dass nicht das identische Produkt angeboten wird. Beim Verkauf eines Zimmers mit Meer- oder Poolblick in der Urlaubsdestination ist zwar die Übernachtungsleistung identisch, das Zimmer unterscheidet sich jedoch in seinen Merkmalen. Vgl. Freyer (2011), S. 511.
[220] Meffert, Burmann, Kirchgeorg (2008), S. 517.

Zum Bereich der Preispolitik wird in der Literatur meist noch die Konditionenpolitik gerechnet. Darunter fallen Elemente, die zusätzlich zum Verkaufspreis das Leistungsentgelt beeinflussen wie Rabatte und Prämien oder Lieferungs- und Zahlungsbedingungen.

2.4.4.3 Kommunikationspolitik

2.4.4.3.1 Ziele

Bei der Kommunikationspolitik geht es um die Kommunikation des Unternehmens mit dem Markt und den dort agierenden aktuellen und potenziellen Kunden. Definitionsgemäß beschäftigt sie sich mit dem „Einsatz aller marketingpolitischen Instrumente (…), die als Träger auf den Absatzmarkt gerichteter Informationen eines Unternehmens eingesetzt werden können."[221]

Gerade im Tourismus ist die Kommunikationspolitik relevant für eine erfolgreiche Unternehmensführung. Die Besonderheiten des touristischen Produktes, insbesondere die Immaterialität, machen es notwendig, Vertrauen zu schaffen, Emotionen zu wecken und Verständnis für das Leistungsangebot zu erzeugen, um den zukünftigen Kunden von dem Produkt zu überzeugen. All diese Aufgaben übernimmt die Kommunikationspolitik. Das letztendliche Ziel soll dabei aber nicht nur sein, den Kunden zum Kauf des Produktes zu bewegen. Schon allein Interesse und positive Emotionen gegenüber dem Produkt zu wecken, können Zielsetzungen der Kommunikationspolitik sein. Ebenso sind die Steigerung des Bekanntheitsgrades, die Markenbildung oder die Unterscheidung gegenüber anderen Anbietern denkbare Ziele.

Um die Ziele verwirklichen zu können, muss das Unternehmen wissen, wie die Zielgruppe der Kommunikationsmaßnahme die übermittelten Informationen verarbeitet. Hierzu wird häufig das **AIDA-Modell** herangezogen, gemäß dem die Informationsverarbeitung mehrere Stufen durchläuft:

1) **Attention** (Reisewunsch entsteht)
   Möglicher Kunde wird informiert, Aufmerksamkeit entsteht, Bekanntheit wird gesteigert, Image wird kreiert
2) **Interest** (Reisewunsch konkretisiert sich)
   Information weckt Interesse
3) **Desire** (Kunde geht zum Reisebüro)
   Potenzieller Käufer möchte das Produkt näher kennen lernen, genauere Informationen werden eingeholt
4) **Action** (Reise wird gebucht/durchgeführt)
   Das Produkt wird gekauft

Kommunikationspolitische Maßnahmen sollten auf diesen Informationsverarbeitungsprozess abgestimmt werden, um erfolgreich zu sein. Die Maßnahmen können anhand verschiedenster Instrumente – Werbung, Verkaufsförderung, Public Relations, etc. – umgesetzt werden, wobei sich die konkrete Ausgestaltung der einzelnen Instrumente an einem strukturierten Verfahren orientieren

---

[221] Jung (2009), S. 650.

2. Funktionsbereiche: Kernelemente touristischer Wertschöpfung

sollte. Üblicherweise lehnt man sich dazu an den folgenden Kommunikationsprozess nach *Lasswell* an.

• **Wer**	(Unternehmen)
• sagt **was**	(Kommunikationsinhalt)
• unter welchen **Bedingungen**	(Umwelt-, Wettbewerbssituation)
• über welche **Kanäle**	(Kommunikationswege)
• zu **wem**	(Zielgruppe)
• mit welcher **Wirkung**	(Kommunikationserfolg)?

Abbildung 57: Grundfragen des Kommunikationsprozesses[222]

2.4.4.3.2 Kommunikationswege

Gemäß dem Kommunikationsprozess nach *Lasswell* ist eine der Entscheidungskomponenten der Kanal, über den der Kommunikationsinhalt übermittelt wird. Dem Unternehmen stehen dazu verschiedene Kommunikationsinstrumente zur Verfügung, von denen einige beispielhaft in der folgenden Übersicht aufgeführt sind.

Kommunikations-instrumente	Klassische Werbung, persönlicher Verkauf, Verkaufsförderung, Public Relations, Sponsoring, Direktmarketing, Messen, Ausstellungen, Events, Product Placement, etc.
Kommunikations-mittel	Inserate, Werbebriefe, Plakate, Kataloge, Prospekte, Filme, Fernsehspots, Radiospots, Werbegeschenke, etc.
Kommunikations-träger	(Tages-)zeitungen, Fernsehen, Werbung per Post, Magazine, Fachzeitschriften, Radio, Online-Medien, etc.

Abbildung 58: Kommunikationsinstrumente, -mittel und -träger

Ist das Instrument ausgewählt, muss der Kommunikationsinhalt mit Hilfe der **Kommunikationsmittel** für den Kunden wahrnehmbar dargestellt werden. Sie übersetzen die Information in Text, Bild, Ton und/oder Bewegung.[223] Damit der Kommunikationsinhalt schließlich beim Kunden ankommt, sind **Kommunikationsträger** notwendig. In diesem Zusammenhang gewann und gewinnt die Online Kommunikation immer mehr an Bedeutung. Die Unternehmenshomepage, E-Mail Marketing, Bannerwerbung, Suchmaschinenwerbung oder das Web 2.0 mit seinen sozialen Netzwerken hat sich mittlerweile als feste Größe im kommunikationspolitischen Marketingbereich etabliert. Um im Wettbewerbskampf bestehen zu können ist es für Unternehmen heutzuta-

---

[222] Vgl. Lasswell (1967), S. 178.
[223] Vgl. Thommen, Achleitner (2009), S. 275.

ge nahezu unerlässlich, an dieser Entwicklung mittels Online-Videofilmen, Chats, *facebook*-Auftritten, *Twitter* etc. zu partizipieren und mit dem Kunden zu interagieren.

2.4.4.4 Distributionspolitik

Die Distributionspolitik definiert den Weg eines Produktes zwischen Hersteller und Kunde und determiniert den Vertriebsprozess. Es werden üblicherweise zwei Varianten unterschieden: die **akquisitorische Distribution** und die physische Distribution. Bei Ersterer handelt es sich um die Entscheidung welche Absatzwege bzw. Absatzkanäle zum Einsatz kommen. Die **physische Distribution** beschäftigt sich hingegen mit der Auftragsabwicklung, also mit dem Transport- und Lagerwesen sowie der Auslieferung der Leistung.

Anhand dieser Definition wird bereits deutlich, dass die physische Distribution im Tourismus praktisch keine Rolle spielt. Wegen der Immaterialität der Dienstleistung findet weder ein Transport, noch eine Lagerung oder Auslieferung des Produkts statt. Aufgrund des uno-actu-Prinzips entfällt die Logistik, wie sie bei Sachgütern zu finden ist. Zudem muss sich der Käufer an den Ort des Dienstleisters begeben, um seine Leistung in Anspruch zu nehmen, so dass auch vor diesem Hintergrund eine physische Distribution des touristischen Produktes obsolet ist. Sie findet allenfalls bei der Auslieferung von Vouchers und anderen Reiseunterlagen statt.

Die akquisitorische Distribution spielt hingegen auch im Tourismus eine Rolle. Der Vertrieb kann dabei direkt oder indirekt erfolgen. Von einem **direkten Vertriebsweg** spricht man, wenn der Käufer die Leistung unmittelbar beim Hersteller reserviert bzw. bucht (Übernachtungsleistung wird direkt beim Hotel beispielsweise telefonisch oder im Internet gebucht). Sind dagegen eine oder mehrere wirtschaftlich selbständige Stellen – die Absatz- oder Reisemittler – dazwischen geschaltet, handelt es sich um einen **indirekten Vertriebsweg** (Übernachtungsleistung wird in einem unabhängigen Reisebüro gebucht).

Um die Vorteile beider Vertriebsstrategien zu vereinen, verfolgen viele touristische Unternehmen mittlerweile eine **Multi-Channel-Strategie**, d. h. sie nutzen beide Absatzwege. So können Übernachtungsleistungen in Hotels inzwischen sowohl über das Internet, telefonisch oder persönlich gebucht werden (direkt) als auch über unabhängige Reisebüros, Online-Reisemittler oder über **Central Reservation Systems (CRS)** (indirekt). Bei CRS handelt es sich um elektronische Reservierungssysteme zur Verwaltung freier Plätze von Leistungsträgern. Der potenzielle Käufer wird über Vakanzen, Preise und Buchungsbedingungen informiert und kann eine Reservierung bzw. Buchung direkt vornehmen. Somit sind sie zwar keine eigenen Vertriebswege im herkömmlichen Sinne. Da sie aber der Distributionsaufgabe von Reisemittlern mittlerweile sehr ähnlich sind, werden sie häufig als Sonderform eines touristischen Distributionswegs angesehen.[224]

---

[224] Vgl. Freyer (2011), S. 542.

2.4.5 Stimmen aus der Praxis

Katrin Köhler, Comvel GmbH

*Katrin Köhler
Director Marketing,
Comvel GmbH*

Wir setzen im Kommunikations-Mix für unsere Marke weg.de auf eine Mischung aus Online Kampagnen, die sich zum Großteil direkt nach Rentabilität messen und bewerten lassen und Marketing Maßnahmen zum Markenaufbau, vor allem im Bereich Plakat. Ohne Marke operiert man, im transparenten, homogenen Online-Tourismus-Markt mit großem Wettbewerb, meist an den Grenzkosten. Um nachhaltig am Markt bestehen zu können, sind Investitionen in die Marke unerlässlich. Über die Bekanntheit und Positionierung der Marke wird der Zielgruppe vermittelt, wofür weg.de steht und welchen Nutzen der Kunde davon hat. weg.de positioniert sich in der Frühbucher Kampagne 2012 auf das Thema Kundenservice.

Burkhard von Freyberg, Zarges von Freyberg Hotel Consulting

Burkhard von Freyberg
Geschäftsführer, Zarges von Freyberg Hotel Consulting
Professor im Bereich Hospitality Management, Fakultät für Tourismus, Hochschule München

Der anhaltende Trend zu einer immer stärker individualisierten und immer besser informierten Gesellschaft hat in der deutschsprachigen Hotellerie deutliche Spuren hinterlassen: Die Ansprüche der zumeist reiseerfahrenen Gäste sind vernehmlich gestiegen, durch eine Vielzahl von Informations- und Vergleichsportalen besteht preisseitig eine sehr hohe Transparenz und um die spezifischen Bedürfnisse der jeweiligen Zielgruppen befriedigen zu können, müssen Hoteliers im hart umkämpften Wettbewerb eine scharfe Positionierung mit herausragenden Alleinstellungsmerkmalen aufweisen.

Die Vielzahl an Herausforderungen hat allerdings auch dem Thema Marketing in der Hotellerie zu einer erheblich größeren Beachtung verholfen. Dies bedeutet vor allem, dass Marketing nicht mehr nur als reine Steuerung der Werbe- und Verkaufsmaßnahmen gesehen, sondern als Instrument zur ganzheitlichen Unternehmensführung genutzt wird. Als besonders hilfreich hat sich dabei die Orientierung an den sieben Elementen (7 P's) des Marketing-Mix erwiesen: **Produkt**seitig muss ein individuelles Angebot entsprechend der Bedürfnisse der spezifischen Zielgruppen eines Hotels geschaffen werden, während eine dynamische **Preis**findung durch Yield_Management den ständigen Schwankungen von Angebot und Nachfrage Rechnung trägt. Die Auswahl der **Kommunikations**- und **Vertriebs**wege umfasst die klassischen Kanäle (offline) gleichermaßen, wie die noch jungen, zumeist internetbasierten Möglichkeiten (online, beispielsweise über Social Media) und berücksichtigt dabei jeweils die individuellen Informations- und Buchungsgewohnheiten der gewünschten Gäste. Die zunehmend komplexer werdende Führung von Hotels bedarf daher geeigneter Mitarbeiter **(Personal)**, die nicht nur eine herzliche und sachkundige Gästebetreuung gewährleisten, sondern auch Gelegenheiten zum Zusatzverkauf wahrnehmen. Unterstützt werden Sie dabei durch sorgfältige vorbereitete **Prozesse**, die in Form von Standards und Drehbüchern einen Leitfaden für das Tagesgeschäft bilden. Zuletzt rundet die Atmosphäre **(Physical Environment)** die Wahrnehmung des Gesamterlebnisses Hotel für jeden Gast ganz individuell ab.

Erfolgreiche Beispiele aus der Privathotellerie, die kontinuierlich an der Optimierung der 7 P's arbeiten, sind das Hotel Bayerischer Hof in München, der Thurnher's Alpenhof in Zürs am Arlberg oder das Hotel Waldhaus Sils-Maria im Engadin.

Literatur

Accor (2011): Company Profile, unter: http://www.accor.com/en/group/accor-company-profile.html, letzter Zugriff am 18. Februar 2011

Ansoff, Harry Igor (1965): Corporate Strategy, Business Policy for Growth and Expansion, New York u. a.

Eisenächer, Harald; Backofen, Olaf; Hilverkus, Sascia (2006): Zielkundenmanagement als Erfolgsfaktor für nachhaltigen Unternehmenserfolg am Beispiel der Lufthansa, in: Günter, Bernd/Helm, Sabrina (Hrsg.): Kundenwert, 3. Aufl., Wiesbaden, S. 781–797

Europcar (2011): Fahrzeugflotte, unter: http://germany.europcar.de/fleetguide/, letzter Zugriff am 25. März 2011

Freyer, Walter (2011): Tourismus-Marketing, 7. Aufl., München

Jung, Hans (2009): Allgemeine Betriebswirtschaftslehre, 11. Aufl., München

Kotler, Philip; Bown, John T.; Makens, James C. (2010): Marketing for Hospitality and Tourism, 5. Aufl., Boston u. a.

Lasswell, Harold D. (1967): The Structure and Function of Communication in Society, in: Berelson, Bernard; Janowitz, Morris (Hrsg.): Reader in Public Opinion Communication, 2. Aufl., New York, London, S. 178–192

Lufthansa (2011). Unternehmen, unter: http://konzern.lufthansa.com/de/unternehmen.html, letzter Zugriff am 04. März 2011

Meffert, Heribert; Burmann, Christoph; Kirchgeorg, Manfred (2008): Marketing, Grundlagen marktorientierter Unternehmensführung, 10. Aufl., Wiesbaden

Nationalpark Harz (2005): Europäische Charta für nachhaltigen Tourismus in Schutzgebieten; Tourismusleitbild der Nationalparkregion Harz, März 2005, unter: http://www.nationalpark-harz.de/de/downloads/?we_objectID=472, letzter Zugriff am 01. März 2011

Porter, Michael (2008), Wettbewerbsstrategie, 10. Aufl., Frankfurt, New York

Ryanair (2011): Our strategy, unter: http://www.ryanair.com/de/investor/investor-faqs, letzter Zugriff am 04. März 2011

Schierenbeck, Heiner; Wöhle, Claudia (2008): Grundzüge der Betriebswirtschaftslehre, 17. Aufl., München

Studiosus (2011): Qualität, unter: http://www.studiosus.com/Ueber-Studiosus, letzter Zugriff am 28. Februar 2011

Thommen, Jean-Paul; Achleitner, Ann-Kristin (2009): Allgemeine Betriebswirtschaftslehre, 6. Aufl., Wiesbaden

TUI (2010): Geschäftsbericht 2009/2010

Wöhe, Günter; Döring, Ulrich (2010): Einführung in die Allgemeine Betriebswirtschaftslehre, 24. Aufl., München

Wüpper, Thomas (2009): Urlaubsreisen sind so billig wie lange nicht mehr, in: Stuttgarter Zeitung, 6.11.2009, S. 11

Weiterführende Literaturhinweise

Gardini, Marco (2009): Marketing-Management in der Hotellerie, 2. Aufl., München

Hausmann, Thomas (2005): Betriebswirtschaftslehre für das Gastgewerbe, 4. Aufl., Hamburg

Meffert, Heribert; Bruhn, Manfred (2009): Dienstleistungsmarketing, 6. Aufl., Wiesbaden

Oh, Haemoon; Pizam, Abraham (Hrsg.) (2008): Handbook of Hospitality Marketing Management, Oxford, Burlington, MA

Roth, Peter; Schrand, Axel (Hrsg.) (2003): Touristikmarketing: Das Marketing der Tourismusdestinationen, Verkehrsträger und Reiseveranstalter, 4. Aufl., München

Seitz, Erwin; Rossmann, Dominik (Hrsg.) (2007): Fallstudien zum Tourismus-Marketing, 2. Aufl., München

Wiesner, Knut (2006): Strategisches Tourismusmarketing, Berlin

Wolf, Kurt; Heckmann, Roland (2008): Marketing für Hotellerie und Gastronomie, Stuttgart

3. Managementprozesse:
Lenken und Entscheiden im Tourismus

3. Managementprozesse: Lenken und Entscheiden im Tourismus

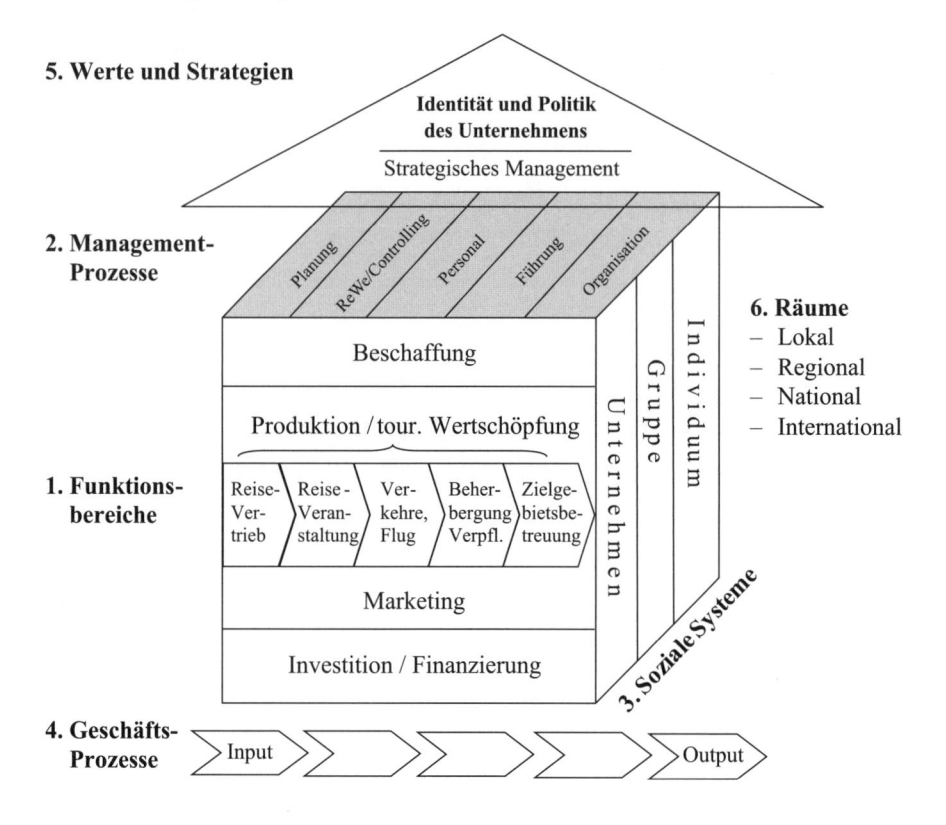

5. Werte und Strategien

Identität und Politik des Unternehmens

Strategisches Management

2. Management-Prozesse

Planung / ReWe/Controlling / Personal / Führung / Organisation

Beschaffung

Produktion / tour. Wertschöpfung

1. Funktionsbereiche

Reise-Vertrieb / Reise-Veranstaltung / Verkehre, Flug / Beherbergung / Verpfl. / Zielgebietsbetreuung

Marketing

Investition / Finanzierung

Individuum / Gruppe / Unternehmen

3. Soziale Systeme

6. Räume
- Lokal
- Regional
- National
- International

4. Geschäfts-Prozesse Input ⟩⟩⟩⟩⟩ Output

Das dritte Kapitel betrachtet die 2. Dimension des Management-Würfels: Die **Managementprozesse** Planung, Rechnungswesen/Controlling, Personal (zusammen mit Führung) und Organisation. Vieles im Unternehmen muss gelenkt werden: Einzelne Funktionsbereiche, Produkte und Mitarbeiter. Die Bedeutung der Managementprozesse in der Praxis ist sehr hoch, gleiches gilt aber auch für die oft damit verbundenen Probleme:

„Frage einen Manager, was er tut, so wird er Dir mit großer Wahrscheinlichkeit sagen, dass er plant, organisiert, koordiniert und kontrolliert. Dann beobachte, was er wirklich tut. Sei nicht überrascht, wenn Du das, was Du siehst, in keinem Bezug zu diesen vier Wörtern bringen kannst."[225]

---

[225] Minzberg (1975), S. 49.

3.1 Planung

3.1.1	Fallbeispiel: Carnival Corporation & plc.	186
3.1.2	Grundlegende Begriffe zur Planung	188
3.1.3	Strategische Planung	190
3.1.3.1	Strategiebegriff	190
3.1.3.2	Strategieentwicklung	192
3.1.3.2.1	Anspruch und Ablauf der Strategieentwicklung	192
3.1.3.2.2	Strategische Analyse von Umwelt und Unternehmen	193
3.1.3.2.3	Strategische Optionen	196
3.1.3.2.4	Strategische Wahl und Umsetzung	197
3.1.4	Operative Planung	198
3.1.4.1	Ziele und Inhalte der operativen Planung	198
3.1.4.2	Ablauf der operativen Planung	199
3.1.4.3	Budgetierung	200
3.1.4.3.1	Ziele und Arten von Budgets	200
3.1.4.3.2	Spezialfälle: Budgetierung bei Start-Ups und in der öffentlichen Verwaltung	202
3.1.5	Grenzen der Planung im Tourismus	203
3.1.5.1	Grenzen der strategischen Planung	203
3.1.5.2	Grenzen der operativen Planung	203
3.1.6	Stimmen aus der Praxis: Dr. Michael Frenzel, TUI AG	204

Leitfragen

- Welche Elemente sollte ein unternehmerischer Plan umfassen?
- Wie sind strategische und operative Planung voneinander abzugrenzen?
- Warum wird die operative Planung auch als Strategieumsetzung bezeichnet?
- Welche Phasen umfasst der Prozess einer Strategieentwicklung?
- Warum ist der Strategieentwicklungsprozess als idealtypisch anzusehen?
- Welche aktuellen Entwicklungen vollziehen sich momentan in den für Tourismusunternehmen besonders relevanten Umwelten?
- Wie kann das Management die Umsetzung einer Strategie unterstützen?
- Warum laufen Strategien dennoch oftmals „ins Leere"?
- Warum erfolgen die operativen Planungen meist sukzessiv?
- Welche Budgetarten können unterschieden werden? Welche Beispiele aus dem Tourismusbereich könnten jeweils angeführt werden?
- Warum spielt Budgetierung auch bei Unternehmensneugründungen (Start-Ups) eine große Rolle?
- Wie erfolgt die Budgetierung öffentlich-rechtlicher Instanzen?
- Welchen Grenzen sieht sich die strategische Planung in der Tourismusbranche gegenüber?
- Warum kann auf die operative Planung, trotz vieler Defizite, nicht verzichtet werden?

3.1.1 Fallbeispiel: Carnival Corporation & plc

Der *Carnival*-Konzern ist die größte Kreuzfahrt-Unternehmensgruppe der Welt. Der britisch-amerikanische Konzern erzielte mit seinen zehn Hauptmarken im Jahr 2011 bei einem Umsatz von 15,8 Mrd. USD einen Jahresüberschuss von 1,9 Mrd. USD. Insgesamt wurden 2011 auf den 101 Schiffen des Konzerns ca. 8,5 Mio. Gäste begrüßt. Wählt man einen beliebigen Zeitpunkt, so werden gerade von den etwa 70.000 Mitarbeitern des Bordpersonals im Schnitt knapp 200.000 Gäste betreut. Die Muttergesellschaft *Carnival Corporation & plc* ist eine „dual listed company"[226]. Die *Carnival Corporation* hat ihren Sitz in Panama-Stadt (Panama), ihre Hauptverwaltung in Miami (USA) und ist an der Börse in New York (NYSE) gelistet. Die *Carnival plc* hat ihren Sitz in London (UK), einen Teil der Hauptverwaltung in Southampton (UK) und wird an der Londoner Börse (LSE) gehandelt.

Gesellschaften/ Marken im Carnival-Konzern	Haupt-Quellmärkte	Marktsegment	Schiffe Ende 2011	Neue Schiffe bis 2016
Carnival Cruise Lines	Nordamerika	Zeitgemäß	22	1
Princess Cruises	Nordamerika	Komfort	17	2
Holland America Line	Nordamerika	Komfort	15	
Costa Crociere	I, D, F	Zeitgemäß	15	2
P&O Cruises	UK	Zeitgemäß	7	1
Cunard	UK, Nordamerika	Luxus	3	
Seabourn	Nordamerika	Luxus	6	
AIDA	D	Club	8	4
P&O Cruises Australia	Australien	Zeitgemäß	4	
Iberocruceros	Spanien, Südamerika	Fun/Club	4	
		Summe:	101	10

Abbildung 59: Marken und Schiffe im Carnival-Konzern[227]

Die Planung eines solchen Konzerns stellt die Leitung vor enorme Herausforderungen. Die vorwiegend zentral organisierte **strategische Planung** widmet sich

---

[226] So bezeichnet man eine Struktur mit zwei registrierten Muttergesellschaften und unterschiedlichen Eigentümern (Aktionären), die das operative Geschäft der Gruppe gemeinsam betreiben.
[227] Vgl. Carnival (2011a), S. 9, Carnival (2011b) und Schulz, Auer (2010), S. 84–94.

3.1 Planung

unter anderem den langfristigen Fragen der Flotten- und Markenentwicklung: Mit welchen Erwartungen an die Zukunft bestellt man heute Schiffe, die erst in fünf bis sechs Jahren ausgeliefert werden? In welchen Destinationen sollen die neuen Schiffe eingesetzt, in welchen Quellmärkten und Marktsegmenten vermarktet werden? Wie wird im Jahr 2016 die Konjunktur in den Quellmärkten verlaufen, in denen die Hauptmarken aktiv sind?

Der *Carnival*-Konzern muss die strategischen Entscheidungen unter großer Ungewissheit treffen, da sich die relevanten, rahmensetzenden Umwelten sehr schnell verändern. Zu diesen Umwelten zählen insbesondere die Gesellschaft, die Finanzmärkte, die makroökonomische und die natürliche Umwelt sowie der schärfer werdende Wettbewerb in der Kreuzfahrtbranche. Die Bestellzyklen für Schiffe bei den großen Werften laufen häufig genau entgegengesetzt zu den Einsatzzyklen der Reedereien: In Krisenzeiten werden weniger Neubauten bestellt, die dann bei ihrer Auslieferung eventuell auf eine sehr hohe, boomende Nachfrage treffen und umgekehrt.[228]

Abbildung 60: Die AIDAmar entsteht auf der Papenburger Meyer Werft, März 2012[229]

In der **operativen Planung** wird in den Tochtergesellschaften jedes Jahr die Produktion hunderter Kreuzfahrten mit zahllosen Produktvarianten koordiniert. Darunter fallen auch die Planung der komplexen Beschaffungsvorgänge für die 101 Schiffe, die Marketingplanung und die Finanzplanung.

Trotz aller Professionalität stößt auch ein Konzern wie der *Carnival*-Konzern an **Grenzen der Planung**: Unvorhersehbare **Ereignisse** wie die Unfälle im Frühjahr 2012 bei der Tochtergesellschaft *Costa Crociere* (Kentern der *Costa Concordia* vor der toskanischen Küste, Brand auf der *Costa Allegra* im indischen Ozean) oder Naturkatastrophen zeigen, dass auch für Eventualitäten geplant werden muss. Hier ist das operative Krisenmanagement angesprochen, das auf lange vorher entwickelte Notfallpläne zurückgreifen können muss. Für unwägbare **Entwick-**

---

[228] Vgl. Masuhr (2011).
[229] Bildquelle: MEYER WERFT GmbH.

lungen (z. B. Finanzkrisen, Konjunkturausschläge) lassen sich dagegen kaum Vorabplanungen erstellen. Hier können allenfalls zur Absicherung verschiedene Szenarien in die strategische Planung integriert werden.

3.1.2 Grundlegende Begriffe zur Planung

Als Managementprozess bedeutet Planung „ein systematisches, zukunftsbezogenes Durchdenken und Festlegen von Zielen, Maßnahmen und Wegen zur zukünftigen Zielerreichung."[230]

Ein formal vollständiger Plan umfasst folgende Elemente, die jeweils bestimmte Kernfragen beantworten:[231]

1. Ziele („Was?", „Wie viel?", „Bis wann?")
2. Prämissen („Unter welchen Bedingungen?")
3. Problemstellung („Warum?")
4. Maßnahmen („Wie?")
5. Ressourcen („Womit?")
6. Termine („Wann?")
7. Träger („Wer?")
8. Ergebnisse („Mit welchen Auswirkungen?")

Durch die explizite Zielorientierung ist Planung immer **präskriptiver Natur** – es werden gewünschte Soll-Vorstellungen entwickelt. Damit entsteht zwangsläufig eine enge Bindung der Planung an die Managementprozesse Rechnungswesen und Controlling, denn eine „Planung ohne Kontrolle ist (...) sinnlos, Kontrolle ohne Planung unmöglich."[232] Erst durch das Zusammenspiel von Planung, Rechnungswesen und Controlling entsteht **Steuerung**.

Planungen in Unternehmen können anhand verschiedener Kriterien strukturiert werden. Nach **Planungsfristigkeit**[233]**, -inhalt und -zeitpunkt** sind zu unterscheiden:[234]

- **Strategische Planung:** Sie verfolgt langfristige Ziele für das **gesamte Unternehmen** und einzelne **Geschäftsbereiche** (Segmente). Diese Ziele sind aus der Unternehmenspolitik[235] abzuleiten. Als Minimalziel gilt die Existenzsicherung, es sollen aber vor allem Potentiale für Wettbewerbsvorteile und messbares Wachstum gelegt werden. Der Zeithorizont liegt in der Praxis meist bei drei bis fünf Jahren.[236] Längere Horizonte erscheinen für Pläne, die die o.g. Anforderungen erfüllen, aufgrund der in immer kürzerer Folge

---

[230] Vgl. Wild (1982), S. 13.
[231] Vgl. Horváth (2011), S. 149 und Wild (1982), S. 51.
[232] Wild (1982), S. 44. Zur Sicht von Planung und Kontrolle als Einheit vgl. auch Horváth (2011), S. 150–160.
[233] Fristigkeit: Zeitliche Gültigkeit des Plans.
[234] Vgl. Hammer (2011), S. 66–69, Steinmann, Schreyögg (2005), S. 169 f. und S. 299–306 sowie Ulrich, Fluri (1995), S. 133.
[235] Zur Unternehmenspolitik vgl. Abschnitt 4.1.
[236] In der Literatur finden sich Zeithorizonte von bis zu 15 Jahren, wobei dann eine **taktische Planung** (Frist: 5 Jahre) die Lücke zur operativen Planung schließt.

ablaufenden Veränderungsprozesse in einer weitgehend globalisierten Wirtschaftswelt kaum mehr möglich.
- **Operative Planung:** Sie dient kurzfristigen Zielen vorwiegend auf Ebene der **Funktionsbereiche** im Unternehmen.[237] Die Hauptziele können in der Wirtschaftlichkeit und Effizienz der operativen Abläufe in den Funktionsbereichen und dem Beitrag der angebotenen Produkte zu Gewinn und Rentabilität gesehen werden. Der Zeithorizont der kurzfristigen Planung umfasst maximal das Ende des kommenden Geschäftsjahres. Unterjährig sind in der Tourismusbranche zusätzliche saisonale, an die Jahreszeiten geknüpfte Planungen wichtig.

Beide Planungen finden zu unterschiedlichen Zeitpunkten im Jahresablauf statt, so dass sich folgendes Bild ergibt:

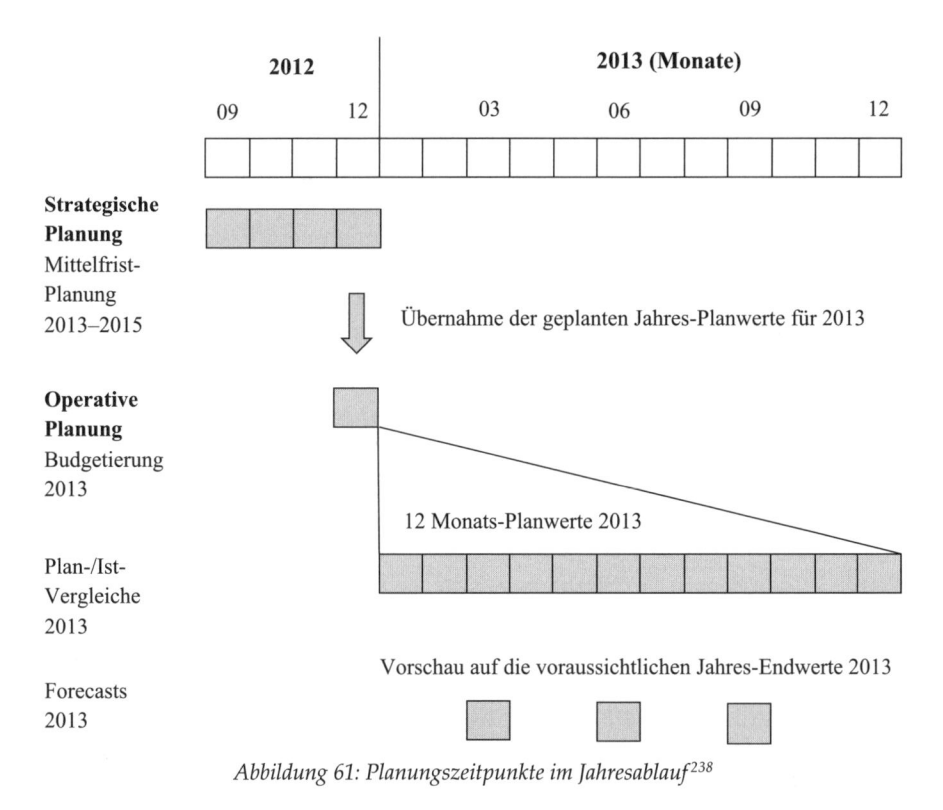

Abbildung 61: Planungszeitpunkte im Jahresablauf[238]

Die strategische Planung beginnt meist in der zweiten Hälfte eines Geschäftsjahres. Sie ist eine **rollierende Planung**: so wird bspw. das Jahr 2015 dreimal ge-

---
[237] Daher wird die Planung hier als erster der Managementprozesse vorgestellt, direkt im Anschluss an die Darstellung der Funktionsbereiche im zweiten Abschnitt des Buches.
[238] Auf Plan-Ist-Vergleiche und Vorschauwerte (Forecasts) wird in Abschnitt 3.2.5 eingegangen.

plant, in den Jahren 2012, 2013 und 2014.[239] Dabei nimmt natürlich die Sicherheit hinsichtlich der Erwartungen für das Jahr 2015 stetig zu.

In touristischen Unternehmen liegen die Hauptplanungsaktivitäten häufig ausgerechnet in der Hauptsaison. Das Urlaubshotel ist voller Gäste, und gleichzeitig müssen in enger Abstimmung mit Reiseveranstaltern, einer Muttergesellschaft und diversen Vertriebskanälen die kommenden Jahre und die nächste Saison geplant werden.

Die Einfügung der Planungsprozesse in den ohnehin zeitlich engen Geschäftsalltag zeigt, dass auch die Planung selbst geplant werden muss[240] („Meta-Planung"). Schließlich darf sie keinen zu breiten Raum einnehmen, sondern muss auch Raum für Spontaneität und Intuition lassen.

Nach dem **Instanzenweg**, den eine Planung als Prozess durchläuft, kann unterschieden werden in:[241]

- **Top down-Planung:** Die Planung erfolgt auf der obersten Ebene der Geschäftsführung und wird anschließend verbindlich „heruntergebrochen" bis in die operativen Bereiche.
- **Bottom up-Planung:** Die Planung erfolgt zuerst in den operativen Bereichen. Die operativen Teilpläne werden in der Folge nach oben aggregiert, so dass ein Gesamtplan entsteht.
- **Planung im Gegenstromverfahren:** Die Unternehmensleitung erlässt „top down" Planungsvorgaben, anhand derer die operativen Bereiche „bottom up" ihre Planungen ausarbeiten. In mehreren Runden erfolgen Planungsgespräche mit Genehmigungen oder Ablehnungen durch die Unternehmensleitung.

3.1.3 Strategische Planung

3.1.3.1 Strategiebegriff

Man hört den Begriff der Strategie in Unternehmen sehr häufig, allerdings in unterschiedlichen Kontexten und Bedeutungen. Einige Beispiele:
- „Das können wir so einfach nicht lösen. Da müssen wir strategisch vorgehen." (→ Im Sinne von: *„geplant", „nicht kurzfristig"*)
- „Du willst der Geschäftsführung die kalte Schulter zeigen? Hältst Du das für eine gute Strategie?" (→ Im Sinne einer *Vorgehensweise*)
- „Beim Kauf dieses Unternehmens wurde eine strategische Prämie gezahlt." (→ Im Sinne von *Inkaufnahme eines Risikos*)
- „Ich weiß eigentlich gar nicht, welche Strategie unser Unternehmen verfolgt!" (→ Im Sinne eines *langfristigen Ziels*)

Das Wort „Strategie" hat seine etymologischen Wurzeln im Griechischen, wo ‚strategos' für einen Heerführer stand, und der Begriff ‚strategem' eine Kriegs-

---

[239] Vgl. Thommen, Achleitner (2009), S. 957.
[240] Vgl. Horváth (2011), S. 147.
[241] Vgl. Thommen, Achleitner (2009), S. 956 f. und Vahs, Schäfer-Kunz (2007), S. 283.

list beschrieb. Zu Beginn des 20. Jahrhunderts fand der Begriff Eingang in das preußische **Militärwesen**. *Helmuth von Moltke*[242] definierte eine Strategie 1910 als „Fortbildung des ursprünglich leitenden Gedankens entsprechend den stets sich ändernden Verhältnissen." Interessanterweise eine völlig unmilitärische Definition, die auch im wirtschaftlichen Kontext durchaus noch modern erscheint.[243] Ab 1920 spielen Strategien in der **Spieltheorie** eine große Rolle, weil in ihr die Handlungsalternativen (Pläne) eines Entscheidungssubjektes in Abhängigkeit von denen anderer Spieler (Konkurrenz) mit eigenen Zielen und Interessen gesetzt werden.[244]

Das ab den 1950er-Jahren entwickelte moderne Verständnis einer **Unternehmensstrategie** fasst diese historischen Definitionslinien des Strategiebegriffs zusammen und setzt sie in den betriebswirtschaftlichen Kontext. Es betont als wesentliche Merkmale die **Langfristigkeit** im Sinne der Fortbildung des leitenden Gedankens, die **Proaktivität** im Sinne eines Planes, die **Potential- bzw. Wettbewerbsorientierung** im Sinne des Ziels erfolgsversprechender Stärken und die **Umweltabhängigkeit** der Strategie.[245]

Eine Definition, die gleichermaßen Offenheit, Zielorientierung und Gewicht unterstreicht, liefert das Konzept der Unternehmensstrategie der *Harvard Business School*:

> **Definition**
> „… **Corporate strategy** is the pattern of major objectives, purposes, or goals and essential policies and plans for achieving those goals, stated in such a way as to define what business the company is in or is to be in and the kind of company it is or is to be."[246]

In der zweiten Hälfte des 20. Jahrhunderts gewann das **strategische Denken** („Tun wir die richtigen Dinge?") neben dem **operativen Denken** („Tun wir die Dinge richtig?") in den Unternehmen eine immer größere Bedeutung.[247] In der betriebswirtschaftlichen Praxis sind strategische und operative Sachverhalte untrennbar miteinander verbunden. Allerdings finden sich bei den Menschen, die mit diesen Sachverhalten umgehen müssen, durchaus verschiedene Charaktere. Da gibt es die „Strategen", die gerne konzeptionell und mit Weitsicht arbeiten, und es gibt die das operative Geschäft liebenden Individuen, die in der Tourismusbranche „nah beim Gast" bzw. „in den Operations" (Zielgebiete, Flug, Hotel …) wirken.

---

[242] Helmuth von Moltke (1848–1916), Generaloberst, Chef des preußischen Generalstabes.
[243] von Moltke (1912), S. 1. Zur Interpretation dieser Definition im betriebswirtschaftlichen Zusammenhang vgl. ausführlich Hinterhuber (2011), S. 157–159.
[244] Vgl. Staehle (1994), S. 574 f.
[245] Vgl. Kolbeck (1997), S. 144.
[246] Andrews (1971), S. 28.
[247] Vgl. Horváth (2011), S. 222.

3. Managementprozesse: Lenken und Entscheiden im Tourismus

3.1.3.2 Strategieentwicklung

3.1.3.2.1 Anspruch und Ablauf der Strategieentwicklung

Wie kommt man zu einer Strategie? Und am besten zu einer, die besser ist als die der Konkurrenz? Wie mache ich die Strategie im Unternehmen bekannt, und wie setze ich sie durch? Diese und ähnliche Fragen zeigen drei Sachverhalte auf:

- Die Strategieentwicklung erfolgt nicht losgelöst vom unternehmerischen Alltag, sondern ist eingebettet in ein umfassendes **strategisches Management**.[248]
- Die Strategieentwicklung ist eine **anspruchsvolle intellektuelle Leistung**, die analytische Fähigkeiten, Entscheidungsfreude, gestalterische Kreativität, kommunikatives Talent und Umsetzungsstärke erfordert. In kleineren Unternehmen müssen diese Eigenschaften in wenigen Köpfen vereint sein. Große Unternehmen bilden hierfür Teams und lassen sich bei der Strategieentwicklung von Unternehmensberatungen unterstützen.
- Die Strategieentwicklung stellt die wichtigsten **Weichen** für eine mögliche Erzielung von Wettbewerbsvorteilen.

Der Prozess der Strategieentwicklung umfasst analysierende, entscheidende und gestaltende Elemente.

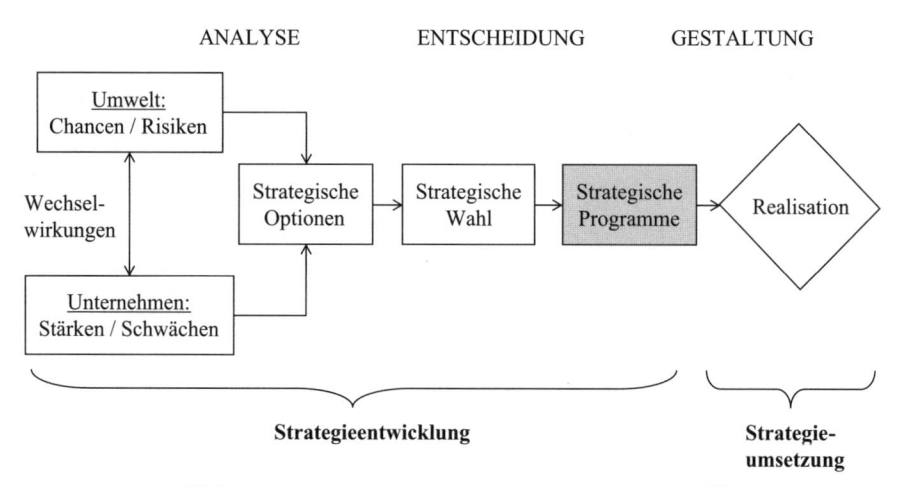

Abbildung 62: Der Prozess des strategischen Managements[249]

Der Prozess des strategischen Managements ist in vielerlei Hinsicht eine idealtypische Vorstellung. Er geht davon aus, dass die einzelnen Prozessstufen systematisch, nacheinander und mit ausreichend Zeit und Personal abgearbeitet werden können. Diese Prämissen gelten meist nur in großen Unternehmen und in Zeiten relativer Ruhe.

---

[248] Vgl. Ulrich, Fluri (1995), S. 125–131.
[249] Aufbauend auf Steinmann, Schreyögg (2005), S. 172 und dem bei Staehle (1994), S. 576 wiedergegebenen Harvard-Konzept der Strategieentwicklung. Nach *Steinmann* und *Schreyögg* stellt die strategische Kontrolle den letzten Teilschritt im Prozess des strategischen Managements dar.

In der Realität stellen sich strategische Handlungsnotwendigkeiten dagegen häufig plötzlich und in sehr unsicheren Zeiten ein. Eine Strategie muss dann unter Umständen sehr zügig entwickelt und umgesetzt werden, wobei dieser Prozess hektisch und iterativ ablaufen kann.

Dennoch ist der Strategieentwicklungsprozess auch in seiner idealtypischen Form sehr gut geeignet, in der unternehmerischen Praxis als Denkhaltung und Prozessunterstützung zu fungieren. Dies gilt für **Unternehmen** jeder Größe, Branche und Rechtsform. Auch **touristische Destinationen** sollten systematisch Strategien entwickeln, um damit ihre Destinationsentwicklung systematisch und frei von Illusionen voran zu treiben.

3.1.3.2.2 Strategische Analyse von Umwelt und Unternehmen

Zu Beginn einer Strategieentwicklung muss sich das Unternehmen die Frage stellen, wie es momentan „dasteht", sowohl im Wettbewerb als auch in weiteren Bereichen der umgebenden Umwelt.[250]

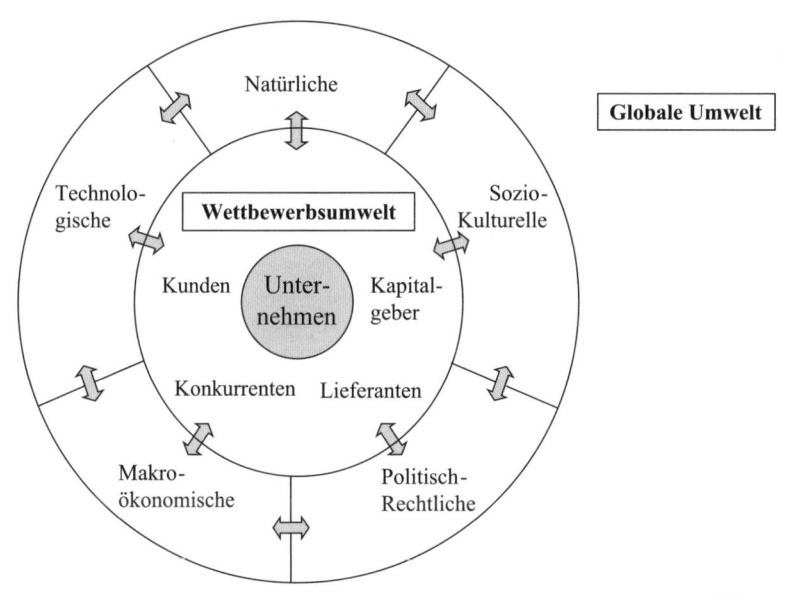

Abbildung 63: Die „Umwelten" des Unternehmens: Bereiche und Akteure[251]

Die einzelnen Bereiche der globalen Umwelt stehen sowohl untereinander als auch zur Wettbewerbsumwelt in zahlreichen Austauschbeziehungen. Oft ist der Druck aus einer oder mehrerer dieser Umwelten so groß geworden, dass dadurch die Hinterfragung der alten Strategien und ggf. deren Neuentwicklung angestoßen wurde.

---

[250] Zur Analyse von Umwelt und Unternehmen vgl. ausführlich Hammer (2011), S. 131–144.
[251] Aufbauend auf den „Umweltsphären" des St. Galler Managementmodells, vgl. Thommen, Achleitner (2009), S. 946 f., Vahs, Schäfer-Kunz (2007), S. 41 f. und Steinmann, Schreyögg (2005), S. 178.

3. Managementprozesse: Lenken und Entscheiden im Tourismus

> **Definition**
> In der **Umweltanalyse** verfolgt ein Unternehmen laufend die relevanten Bereiche der globalen Umwelt, um Informationen daraus zu sammeln, zu Szenarien zu verdichten und daraus Trends im Sinne von Chancen und/oder Risiken für die eigene Entwicklung abzuleiten.

Die Tourismusbranche wird an vielen Stellen aus den globalen Umwelten beeinflusst. Im Bereich der **makroökonomischen Umwelt** sind die Veränderungen von BIP, Inflation und Kaufkraft der Bevölkerung sowohl in touristischen Quellmärkten als auch in den touristischen Destinationen von großer Bedeutung. Die Entwicklung der Rohölpreise hat enorme Auswirkungen auf den Wettbewerb der verschiedenen Verkehrsträger und die Steuerung von Fluggesellschaften (Sicherungsgeschäfte, Fuel Hedging). Wechselkursveränderungen beeinflussen jede denkbare Form des internationalen Tourismusgeschäfts. Im Bereich der **technologischen Umwelt** verkürzen sich die Lebenszyklen vieler Technologien immer mehr. Das Internet prägt nicht nur Reiseveranstalter und -vertriebe, sondern auch Destinationen (Routenführer, Navigation, Geo-Caching, ...). Die **politisch-rechtliche Umwelt** wirkt vor allem in Form von Gesetzen, Richtlinien und Verordnungen auf die Tourismusunternehmen ein. Dies kann von lokalen Vorschriften zum Trinkwasserschutz über nationale Steuergesetze (z. B. Umsatzsteuersätze in der Hotellerie) bis zu EU-Förderprogrammen für Infrastrukturprojekte reichen. Finanzkrisen, die enormen Verschuldungsgrade vieler Staaten im Mittelmeerraum und politische Umwälzungen in den arabischen Staaten tun ein übriges, um die strategische Planung von in diesen Regionen tätigen Tourismusunternehmen schwierig zu gestalten. Die **sozio-kulturelle Umwelt** bringt veränderte Wertestrukturen und Lebensstile hervor, die auch das Reiseverhalten dauerhaft verändern. Demographische Wandel führen in vielen klassischen Quellmärkten zu einer alternden und/oder schrumpfenden Bevölkerung, während in neueren Quellmärkten und vielen exotischen Destinationen Bevölkerungswachstum und -verjüngung dominieren. Die **natürliche Umwelt** stellt für die Tourismusbranche eine wichtige Ressource („Intakte" Landschaften, Erholungswert), aber auch ein Sinnbild enormer Verantwortung (CO_2-Produktion durch Reisen, Raubbau, Flächenversiegelung, ...) dar.

Entscheidend ist, dass für die wichtigsten Faktoren aus den relevanten Umwelten alternative **Zukunftsszenarien** entwickelt werden,[252] denen man im besten Fall auch Eintrittswahrscheinlichkeiten zuordnen kann. Ein allen Beteiligten besonders wahrscheinlich erscheinendes Szenario sollte dem Fortgang der Strategieentwicklung zu Grunde gelegt werden.[253] Zur Absicherung können für weitere Szenarien vereinfachte Eventual-Pläne („Schubladen-Pläne") abgeleitet werden.

---

[252] Zum dafür nötigen Einsatz der Szenario-Technik vgl. Geschka (1999), S. 518–545.
[253] Vgl. Hinterhuber (2011), S. 119–124 sowie Fink, Schlake, Siebe (2001), S. 74–95 und S. 154–159.

3.1 Planung

> **Definition**
> Die **Unternehmensanalyse** hat zum Ziel, die Stärken und Schwächen des Unternehmens hinsichtlich der in der Umweltanalyse erkannten Chancen und Risiken zu erkennen und zu beurteilen.

Wie in der Definition zum Ausdruck kommt, sind Umwelt- und Unternehmensanalyse als Einheit zu betrachten. Das eine macht ohne das andere keinen tieferen Sinn.[254]

Die **Unternehmensanalyse** sollte daher immer auch Analysen der wichtigsten Konkurrenten und Kundengruppen mit einschließen. Dadurch kann die eigene Situation am Markt relativ zu den wichtigsten Konkurrenten erkannt und objektiviert werden, da zwei Perspektiven eingenommen werden:[255]

- **Innen-Außen-Perspektive:** Durch diese produktionsorientierte Sicht werden die im Unternehmen gegenwärtig vorhandenen Ressourcen und zukunftsrelevanten Ressourcen relativ zur Konkurrenz sichtbar.
- **Außen-Innen-Perspektive:** Die kundenorientierte Sicht zeigt auf, welche kritischen Erfolgsfaktoren den Absatzmarkt auszeichnen, und wie gut das eigene Unternehmen und die Konkurrenten diese Marktbedingungen momentan erfüllen.

	Positive Faktoren	Negative Faktoren
Unternehmensinterne Faktoren	**S**trengths Wo liegen die derzeitigen, wesentlichen Stärken des Unternehmens?	**W**eaknesses Wo liegen die derzeitigen, wesentlichen Schwächen des Unternehmens?
Unternehmensexterne Faktoren	**O**pportunities In Richtung welcher Chancen sollte das Unternehmen seine Stärken weiter ausbauen und seine Schwächen reduzieren?	**T**hreats Welche Risiken drohen dem Unternehmen, wenn es seine Stärken nicht nutzt und seine Schwächen bestehen bleiben?

Abbildung 64: Grundmuster einer SWOT-Analyse mit beispielhaften Analysefragen[256]

---

[254] Zu den Inhalten einer Umwelt- und Unternehmensanalyse in der **Hotellerie** vgl. Gardini (2009), S. 145–158 und Pircher-Friedrich (2000), S. 43–76.
[255] Vgl. hierzu und im Folgenden ausführlich Steinmann, Schreyögg (2005), S. 204–219.
[256] Aufbauend auf Vahs, Schäfer-Kunz (2007), S. 260. Zur Analyse von Chancen und Risiken sowie deren engen Beziehungen vgl. Bea, Scheurer, Hesselmann (2008), S. 352–359.

3. Managementprozesse: Lenken und Entscheiden im Tourismus

In Umwelt- und Unternehmensanalyse kann eine Vielzahl von Analyseinstrumenten zum Einsatz kommen.[257] Ein wichtiges Instrument zur Objektivierung und Visualisierung der Ergebnisse von Umwelt- und Unternehmensanalyse stellt die **SWOT-Analyse** dar, vgl. Abb. 64.[258] Sie setzt die Stärken (Strengths) und Schwächen (Weaknesses) des Unternehmens mit den in der Umweltanalyse identifizierten Chancen (Opportunities) und Risiken (Threats) in Beziehung.

Wichtig ist bei der Nutzung einer SWOT-Analyse, dass aus der zunächst rein beschreibenden Darstellung heraus die richtigen Analysefragen gestellt („Warum ist die Lage so?") und Schlüsse gezogen werden („Wo wollen wir hin? Und wie kommen wir dahin?"). Nur dann können aus einer solchen Analyse auch Handlungsalternativen im Sinne grundlegender Strategieoptionen für den Fortgang der Strategieentwicklung abgeleitet werden.

3.1.3.2.3 Strategische Optionen

Vor dem Hintergrund der entwickelten Zukunftsszenarien sind nun mögliche Handlungsalternativen („Strategische Optionen") zu entwickeln. Dabei sind Strategien auf Geschäftsfeldebene (Wettbewerbsstrategien) von Strategien auf der Gesamtunternehmensebene (Unternehmensstrategien) zu unterscheiden. Da in diesem Abschnitt zum Managementprozess der Planung der **Prozess** der Strategieentwicklung im Vordergrund steht, wird auf diese und weitere **Strategietypen** später im Abschnitt zum Strategischen Management (Abschnitt 4.2) eingegangen.

Waren bei der Umwelt- und Unternehmensanalyse noch vor allem analytisches Gespür und Objektivität wichtig, sind bei der Suche nach strategischen Optionen vor allem **Kreativität** und **Realistik** gefragt, und zwar zu gleichen Anteilen. Oft wird dieser Prozess daher zweigeteilt in eine kreative Ideensuche und eine anschließende kritische Überprüfung ihrer Sinnhaftigkeit und Umsetzbarkeit.

Ziel ist eine möglichst vollständige Liste von maximal vier bis fünf grundsätzlichen **Strategieoptionen**. Dazu sind Kriterienkataloge nötig, anhand derer die in die Liste aufzunehmenden Strategien herausgefiltert werden können. Zu diesen Kriterien zählen unter anderem Konkretisierungsgrad, Realistik, Nachhaltigkeit, die Konformität zur Unternehmenspolitik sowie die Erreichbarkeit bestimmter strategischer Ziele unter den gegebenen Rahmenbedingungen.[259]

Für die Phase der Suche nach geeigneten Strategieoptionen bietet es sich an, Workshops durchzuführen, die räumlich und zeitlich vom Tagesgeschäft losgelöst werden.[260] In solchen **Strategieworkshops** können die für die Strategieentwicklung verantwortlichen Führungskräfte und Mitarbeiter auf verschiedene Techniken der Ideenfindung (Kreativitätstechniken) zurückgreifen.[261] Große

---

[257] Ausführlich beschrieben bei Kreikebaum, Gilbert, Behnam (2011), S. 199–271.
[258] Vgl. hierzu und im Folgenden Kreikebaum, Gilbert, Behnam (2011), S. 248–253 und Vahs, Schäfer-Kunz (2007), S. 259 f. sowie als Beispiel für die Hotellerie Gardini (2009), S. 154 f.
[259] Vgl. Kreikebaum, Gilbert, Behnam (2011), S. 157–159.
[260] Vgl. Steinle, Lawa, Kolbeck (1999), S. 28–41.
[261] Viele praxisgeeignete Kreativitätstechniken zeigt anschaulich Knieß (2006), S. 37–203.

Unternehmen leisten sich hierfür die Unterstützung durch externe, speziell geschulte Moderatoren oder Unternehmensberatungen. Die Suche nach strategischen Optionen in Teamarbeit hat den Vorteil, dass verschiedene Charaktere, Bildungshintergründe und Erfahrungen zusammenkommen, die ein möglichst ganzheitliches Vorgehen bei der Ideenfindung gewährleisten. Zudem zeigen Erkenntnisse aus der Persönlichkeits- und Neuropsychologie, dass logisches, analytisches und planerisches Denken eher in der linken Hemisphäre des menschlichen Gehirns angesiedelt sind. Dagegen sind die Fähigkeit zu ganzheitlichem Erfassen, zu Intuition und Kreativität der rechten Gehirnhälfte zuzuordnen.[262] Menschen sind in der Regel nicht in beiden Bereichen gleich „stark". Durch eine geschickte Teamzusammensetzung können die unterschiedlichen Stärken und die damit verbundenen unterschiedlichen Herangehensweisen an die anspruchsvolle Aufgabe der Strategieentwicklung sinnvoll verknüpft werden.

3.1.3.2.4 Strategische Wahl und Umsetzung

Durch die finale Auswahl einer der strategischen Alternativen entsteht Führung: Mit dieser **Entscheidung** wird die zukünftige Richtung des Unternehmens oder eines seiner Geschäftsfelder vorgegeben. Dazu bedarf es mehrerer Voraussetzungen:

- **Entscheidungsfreude:** Man sollte nicht warten, bis man „alle nötigen Informationen" für eine Strategie-Entscheidung zusammengetragen hat, denn dieser Zustand wird nie eintreten. Strategische Entscheidungen gehören zu den Entscheidungen mit der größten Ungewissheit und sind damit Entscheidungen des Top-Managements, die nicht delegierbar sind.
- **Prioritätensetzung** und **Entscheidungsunterstützung:** Zur Absicherung einer strategischen Entscheidung können sich die Entscheidungsträger einiger Hilfsmittel bedienen. Diese reichen von einfachen Scoring-Modellen bis hin zu computergestützten Entscheidungsunterstützungssystemen (Decision Support Systems, DSS).[263]

In der Regel wird man sich nicht für genau „eine Strategie" entscheiden, sondern für ein Set aus mehreren Teilstrategien, ein Strategiebündel. Deren Konkretisierung und Umsetzung erfolgt durch die Ableitung einzelner **strategischer Programme**, etwa für die inhaltlichen Bereiche Finanzierung, Produkte und Vermarktung in Verbindung mit formalen Festlegungen bezüglich Zeitplan (Teilschritte), Controlling und Verantwortlichkeiten.

Wie erfährt nun das Unternehmen von seiner neuen Strategie, oder gar seiner kompletten strategischen Neuausrichtung? Die **Kommunikation der Strategie** hängt zum einen von der Unternehmenskultur[264] ab, zum anderen davon, wie schnell die neue Strategie Eingang in die operative Planung des Unternehmens Eingang finden soll. Letzteres zeigt auch den Instrumentalcharakter der Strate-

---

[262] Vgl. ausführlich Watzlawik (2011), S. 184–191 und Steinle, Eggers, Kolbeck (1999), S. 29.
[263] Vgl. Steinmann, Schreyögg (2005), S. 416 f.
[264] Vgl. zur Unternehmenskultur Abschnitt 4.1.2.1.

gie auf – die Strategie muss Eingang finden in die operativen Funktionsbereiche und das Tagesgeschäft.

Die Forderung, dass eine Unternehmensleitung „immer alles möglichst offen und transparent kommunizieren" solle, ist ebenso abzulehnen wie die Einstellung vieler Unternehmensleitungen, die Strategie als „Geheimwissen" anzusehen, das die Mitarbeiter gar nicht bräuchten. Die Art des einzuschlagenden Mittelwegs bei der Strategiekommunikation hängt sehr von der Art der Strategie ab. Bei strategischen Zukäufen und Übernahmen anderer Unternehmen ist zunächst Geheimhaltung, dann aber sehr viel Kommunikation, und vor allem kommunikatives Fingerspitzengefühl gefragt. Denn in diesen Fällen kommt es immer zu emotionalen Reaktionen auf die neue Strategie. Liegt die Strategie in einer neuen Preis- und Konditionenpolitik, deren Kenntnis die Konkurrenz sicherlich freuen würde, sollte die Unternehmensleitung diese ungleich zurückhaltender kommunizieren, nämlich primär mit den Abteilungen, die diese Strategie im Produkt- oder Lieferantenmanagement umzusetzen haben.

Ein geeignetes Visualierungs- und Unterstützungsinstrument bei der Umsetzung komplexer strategischer Programme stellt die **Balanced Scorecard** dar.[265] In ihr wird die Zielerreichung der Strategie anhand von Kennzahlverläufen aus vier Perspektiven (Finanziell, Interne Geschäftsprozesse, Kunde und Lernen/Entwicklung) sichtbar gemacht.

3.1.4 Operative Planung

3.1.4.1 Ziele und Inhalte der operativen Planung

Innerhalb des Gesamtsystems unternehmerischer Planungen dient die operative Planung zunächst dazu, die in den strategischen Programmen definierten Maßnahmen und Projekte umzusetzen.[266] Viele Strategien „versanden", d.h. sie werden nicht konsequent umsetzt, stoßen auf unüberwindbare Hindernisse oder verlassen, wenn das Top-Management geht, gleichsam das Haus. „Bridging the Awful Gap Between Strategy and Action"[267], so beschrieb 1984 ein Aufsatztitel treffend, was gleichzeitig Aufgabe und Dilemma der operativen Planung ist.

In der Praxis vollziehen sich die operativen Planungen meist in den Realgüter- und Wertumlaufprozessen der einzelnen Funktionsbereiche, also durch[268]

- Investitions- und Finanzplanung,
- Beschaffungsplanung,

---

[265] Die amerikanischen Wirtschaftswissenschaftler *Robert S. Kaplan* und *David P. Norton* entwickelten das **Konzept der Balanced Scorecard** in den 90er-Jahren an der *Harvard Business School*. Zum Konzept selbst vgl. Horváth (2011), S. 232–234, zur Anwendung in der Hotellerie vgl. von Freyberg (2010), S. 90–96.
[266] Vgl. Hammer (2011), S. 185–189 und Steinmann, Schreyögg (2005), S. 305–307.
[267] Wernham (1984), S. 34.
[268] Vgl. Steinmann, Schreyögg (2005), S. 307–313 und Abschnitt 2 dieses Buches.

- Produktionsplanung sowie
- Marketing- und Absatzplanung.

Da bereits ausführlich auf die betrieblichen Funktionsbereiche und die Einzelthemen der in ihnen ablaufenden Planungen eingegangen wurde, soll an dieser Stelle zusammenführend auf die **Koordinierung** der vielen operativen Teilplanungen eingegangen werden, sowie auf den **Ablauf** der operativen Gesamtplanung und die Fixierung der Ergebnisse der operativen Planungen in **Budgets**.

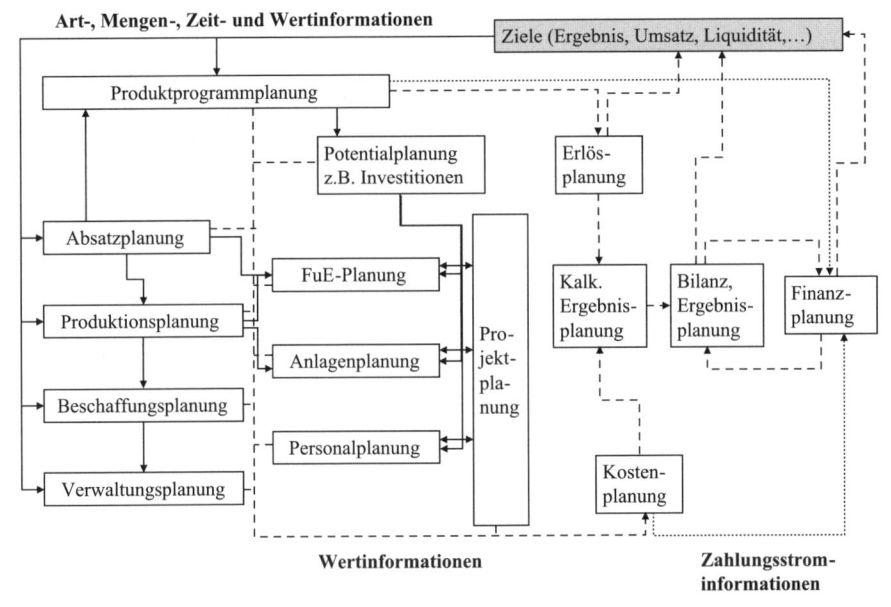

Abbildung 65: Das Zusammenspiel der operativen Teilplanungen[269]

Die meisten operativen Pläne sind wechselseitig voneinander abhängig. Das gilt sowohl für die Inhalte (materielle Planung) als auch den zeitlichen Ablauf der Planungen (formaler Planungsprozess).

3.1.4.2 Ablauf der operativen Planung

Theoretisch könnte der zeitliche Ablauf auf zweierlei Art erfolgen:
- **Simultane Planung:** Die gleichzeitige Planung der operativen Teilpläne scheitert allerdings in größeren Unternehmen an der Komplexität sozialer Systeme. Gerade in der Tourismusbranche, wo nicht nur interne, sondern auch zahlreiche Planungen externer Instanzen (Kooperationspartner, Leistungsträger, Vertriebskanäle) mit in die eigenen Planungen einzubeziehen sind, ist dies unmöglich.

---

[269] Vgl. Steinmann, Schreyögg (2005), S. 316.

Sukzessive Planung: Die zeitlich gestaffelte Planung sieht zunächst eine Grobplanung vor, die zentrale Eckdaten liefert und alle wesentlichen Interdependenzen im Vorfeld erfasst. Anschließend wird die Planung in mehreren Durchgängen verfeinert und koordiniert. Meist beginnt die inhaltliche sukzessive Planung mit der Absatzplanung (Marktorientierung), aus der dann die Eckdaten für die Produktions- und Beschaffungsplanung abgeleitet werden.

Am Beispiel großer Tourismuskonzerne, in denen eine Vielzahl sehr unterschiedlicher sowohl strategischer, als auch operativer Teilpläne gleich mehrerer Unternehmen zu koordinieren ist, wird dies besonders anschaulich.

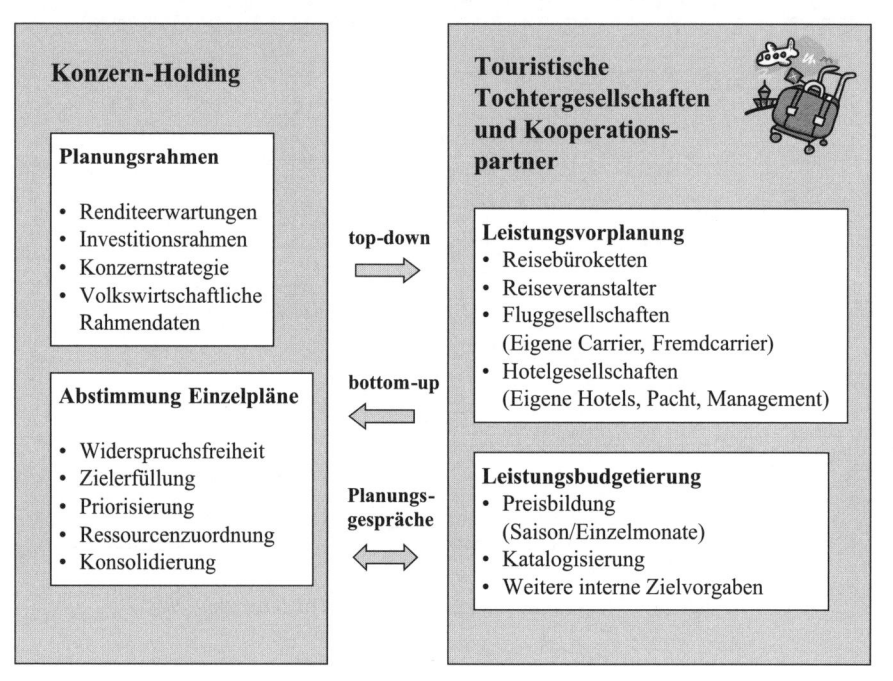

Konzern-Holding		Touristische Tochtergesellschaften und Kooperationspartner

Planungsrahmen
• Renditeerwartungen
• Investitionsrahmen
• Konzernstrategie
• Volkswirtschaftliche Rahmendaten
	top-down ⟹	**Leistungsvorplanung**
		• Reisebüroketten
		• Reiseveranstalter
		• Fluggesellschaften
		  (Eigene Carrier, Fremdcarrier)
		• Hotelgesellschaften
		  (Eigene Hotels, Pacht, Management)

Abstimmung Einzelpläne • Widerspruchsfreiheit • Zielerfüllung • Priorisierung • Ressourcenzuordnung • Konsolidierung	bottom-up ⟸ Planungs- gespräche ⟺	**Leistungsbudgetierung** • Preisbildung (Saison/Einzelmonate) • Katalogisierung • Weitere interne Zielvorgaben

Abbildung 66: Planungsprozesse in großen Tourismuskonzernen

Dieses Bild lässt sich auch auf einzelne Unternehmen übertragen, in denen der mehrstufige Abstimmungsprozess zwischen der Geschäftsleitung und den Bereichs- bzw. Abteilungsleitungen abläuft. Bei großen Unternehmen finden sich häufig separate, unterstützende Planungsstellen, die den Planungsprozess steuern.

3.1.4.3 Budgetierung

3.1.4.3.1 Ziele und Arten von Budgets

Die materiellen Ergebnisse der operativen Planungen stellen für jede geplante Einheit das **Budget** dar. Die budgetierten Werte sind die zu erreichenden Zielwerte, an denen die Führungskräfte der betroffenen Bereiche gemessen

3.1 Planung

werden.[270] Auch die Mitarbeiter können im Rahmen einer Zielvereinbarung einen auf sie fallenden Teil des Budgets zugewiesen bekommen. Im besten Fall entsteht so ein durchgehendes, hierarchisches Planungssystem von der Unternehmensstrategie bis herunter zum einzelnen Mitarbeiter. Aufgrund der enormen Bedeutung des Budgets wird der Gesamtprozess der operativen Planung auch als **Budgetierung** bezeichnet.

Budgets erfüllen mehrere **Zwecke**.[271] Für die Unternehmensleitung bedeutet die Budgetierung den Zwang zur Präzisierung und Konkretisierung ihrer Ziele. Zugleich gibt sie damit Anstöße und schafft sich Kontrollmöglichkeiten. Für die geführten Bereiche und deren Mitarbeiter stellen die Budgets zunächst nüchterne Sollvorgaben dar. Sie können aber auch für Ansporn und Motivation stehen, wenn die Zielwerte fair, transparent und vielleicht sogar mit den Mitarbeitern zusammen entwickelt wurden. Aus der Budgetierung erwächst für die Mitarbeiter auch eine Berichtspflicht.[272]

Es sind verschiedene **Budgetarten** zu unterscheiden, was anhand verschiedener Kriterien geschehen kann:

Kriterium Objekt/Wertdimension:

- **Kostenbudgets:** „Etats", Marketing- und EDV-Budgets, Personalkosten
- **Leistungsbudgets:** Produktions- und Verkaufsmengen
- **Bedarfsbudgets:** Einkaufsmengen, Personalbedarfe, Finanzmittel

Kriterium Verfahrenstechnik:

- Budgetierung auf **Basis der Vorjahres-Planwerte**
- Budgetierung auf **Basis der Vorjahres-Istwerte**
- **Zero Base Budgeting (ZBB):** Auch vorhandene Funktionen und Prozesse müssen von Grund auf neu gerechtfertigt werden, Musterbeispiel: Projekte

Kriterium Verbindlichkeitsgrad:

- **Starre Budgets:** Feste Vorgaben, keine Ermessensspielräume
- **Flexible Budgets:** Orientierungsgrößen, anpassbar an veränderte Rahmenbedingungen wie etwa Beschäftigungsschwankungen oder Ölpreisentwicklungen

Die vielfältigen Möglichkeiten der Budgetierung zeigen zwar auf der einen Seite die Zielgerichtetheit, Machtfülle und Stringenz auf, die Planung in Unternehmen entfalten kann. Sie stehen aber gleichzeitig für **Risiken** und **unerwünschte Nebeneffekte**, die eine übertriebene Planungsorientierung oder unpassende Planungsinstrumente im Unternehmen haben können. Auf diese Grenzen der Planung wird zum Ende dieses Kapitels noch einzugehen sein.

---

[270] Vgl. Wöhe, Döring (2010), S. 204.
[271] Vgl. hierzu und im Folgenden Wöhe, Döring (2010), S. 205 und Steinmann, Schreyögg (2005), S. 393–402.
[272] Zu diesen internen Berichten und den Plan-Ist-Vergleichen im Controlling vgl. Abschnitt 3.2.4.1.

3.1.4.3.2 Spezialfälle: Budgetierung bei Start-Ups und in der öffentlichen Verwaltung

Bei der **Gründung eines neuen Unternehmens** liegen in aller Regel keine ausgefeilten Planungs- und Budgetierungsprozesse vor. Deren Funktion übernimmt der Business-Plan, in dem neben strategischen Planungen (bis zum dritten Geschäftsjahr) mindestens auch operative Planungen für das erste Geschäftsjahr enthalten sein sollten.[273] Dieser „Budget-Vorschlag" dient den Gründern vor allem der **Objektivierung** und **Validierung** der Geschäftsidee. Mögliche Risikokapitalgeber (Banken, Private Equity-Firmen) nutzen den Business-Plan, um ihn an ihren branchenbezogenen Geschäftserfahrungen und Risikoeinschätzungen zu messen und damit die Entscheidung vorzubereiten, ob das Start-Up seine Finanzierung überhaupt erhält.[274]

Da viele Tourismusaktivitäten, vor allem im Bereich der Vermarktung, von öffentlich-rechtlichen Instanzen auf verschiedenen Ebenen der Gebietskörperschaften wahrgenommen werden,[275] sollen an dieser Stelle auch kurz einige Besonderheiten der Budgetierung öffentlicher Haushalte angesprochen werden. Bei den Budgets öffentlich-rechtlicher Instanzen handelt es sich in aller Regel um Kostenbudgets. Die Planung in der öffentlichen **Verwaltung** vollzieht sich auf den Verwaltungsebenen Bund, Länder, Mittelstufe (Bezirke, Regionen, Landkreise) und Ortsebene.[276] Die für den Tourismus sehr wichtige Planungsebene zwischen Land und Gemeinden stimmt teilweise mit der Verwaltungsstruktur überein (Regierungsbezirke, Landkreise), es sind aber auch davon abweichende „Regionen" gebildet worden, vor allem für die Raumordnung. Hinsichtlich der Planungszeiträume wird im öffentlichen Bereich unterschieden in:

- **Langfristige Planung:** I. d. R. über fünf Jahre
- **Mittelfristige Planung:** Auf Basis einer Einnahmenschätzung (insbes. Steuerschätzung) und der bereits festliegenden Ausgabenbedarfe erfolgt eine auf vier bis fünf Jahre ausgerichtete, mittelfristige Finanzplanung.
- **Kurzfristige Planung:** Aus der mittelfristigen Finanzplanung wird der für ein oder zwei Jahre aufzustellende Haushaltsplan abgeleitet, der aufgrund seiner Feststellung Rechtsverbindlichkeit erlangt. Die staatlichen Haushaltspläne sind vertikal nach Ressorts (Einzelpläne) und Verwaltungszweigen (Kapitel) sowie horizontal nach Aufgaben (Titel) gegliedert.

Die in den Buchführungen der Gebietskörperschaften noch dominierende Einnahmen- und Ausgabenrechnung (Einfache Buchführung, Kameralistik) wurde in der jüngeren Vergangenheit ergänzt um die betriebswirtschaftlichen Methoden der Budgetierung, der Kosten- und Leistungsrechnung und des Controllings. Ziele dieser Entwicklung sind, die Wirtschaftlichkeit des (Haushalts-)Mitteleinsatzes zu erhöhen, betriebswirtschaftliches Denken und Handeln in der Verwaltung zu fördern und die Leistungsfähigkeit staatlicher Instanzen besser steuern zu können.

---

[273] Vgl. evobis (2012), S. 107–117 und Zelewski, Akca, Günes (2010), S. 62–92.
[274] Vgl. evobis (2012), S. 9 f., S. 16 und S. 32 sowie Credit Suisse (2008), S. 5 f.
[275] Vgl. den Überblick bei Freyer (2011), S. 672–684.
[276] Vgl. hierzu und im Folgenden Schmidt (2006), S. 46–71.

3.1.5 Grenzen der Planung im Tourismus

3.1.5.1 Grenzen der strategischen Planung

„Planung bedeutet die Ersetzung des Zufalls durch den Irrtum", so liest man häufig abschätzig zur unternehmerischen Planung. Abgesehen davon, dass die Alternative einer „zufallsgesteuerten Unternehmensführung" auch nicht zweckdienlich erscheint, kommt in diesem Zitat eine wichtige Frage zum Ausdruck: Wie reagieren die Entscheidungsträger im Unternehmen, wenn sich der geplante Weg als Irrweg herausstellt? Auf der einen Seite wird häufig viel zu lange an falschen Planungen festgehalten, auf der anderen Seite werden auch strategische Entscheidungen viel zu schnell wieder von gegenteiligen Kurssetzungen abgelöst. Dies sind letztlich auf der menschlichen **Psychologie** beruhende Fehlentscheidungen.

Die Betriebswirtschaftslehre mit ihren Managementmodellen und Strategieentwicklungsprozessen liefert **keine inhaltlichen Lösungen**.[277] Sie kann in der Tourismusbranche touristisches Know How, Intuition, Spontaneität und Menschenkenntnis nicht ersetzen. Daher gilt, dass Strategien durchaus das Ergebnis eines systematischen Planungsprozesses sein können, aber keineswegs sein müssen.[278]

Weitere Grenzen ergeben sich aus der **mangelnden Planbarkeit vieler tourismusrelevanter Sachverhalte**. Eine dienstleistungsorientierte Grundeinstellung der Mitarbeiter im operativen Geschäft, das Wetter bei Events und viele andere Faktoren liegen weitgehend außerhalb unternehmerischer Planbarkeit. Auch wird im strategischen Bereich die Zukunft in den für die Tourismusunternehmen relevanten Umwelten immer schwerer vorhersehbar, so dass selbst relativ kurzfristige Szenarien nicht mehr seriös mit Eintrittswahrscheinlichkeiten hinterlegbar sind.

Dennoch liefert das Instrument der strategischen Planung einen wichtigen Rahmen, um strategische Entscheidungen in den richtigen Bahnen vorzubereiten, zu kommunizieren und umzusetzen.

3.1.5.2 Grenzen der operativen Planung

Das **schnelllebige Tourismusgeschäft** bringt es mit sich, dass das Management immer flexibler werden muss, um angemessen auf kurzfristige Änderungsnotwendigkeiten reagieren zu können. Selbst strategische Veränderungsmöglichkeiten können sich sehr plötzlich ergeben: Sachverhalte wie die Übernahme von Teilen eines insolventen Konkurrenten oder der spontane Verkauf eines Flugzeuges aufgrund einer günstigen Gelegenheit dürfen nicht an einer Denkhaltung wie dieser scheitern: „Aber das haben wir doch so gar nicht budgetiert ..."

---

[277] Vgl. Thommen, Achleitner (2009), S. 947.
[278] Vgl. Steinmann, Schreyögg (2005), S. 169.

Die **Kritik an der Budgetierung** gründet sich auf folgende, in der Praxis häufig anzutreffende Phänomene:[279]

- **Budgetary Slacks:** Es werden bei Kostenbudgets „komfortable" Budgets mit Sicherheitspolstern vereinbart. Bei Leistungsbudgets wird dagegen gerne zu vorsichtig budgetiert, um im Folgejahr mit positiven Planabweichungen glänzen zu können.
- **Budget Wasting:** Bei Kostenbudgets finden sich immer wieder am Jahresende Ausgabespitzen, um den Budgetanspruch für das Folgejahr zu sichern („Dezemberfieber", vor allem bei öffentlichen Haushalten).
- **Gefahr der Kurzfrist-Orientierung:** Diese Gefahr stellt sich bei vielen Bonussystemen, bei denen individuelle Bonuszahlungen an die Erreichung kurzfristiger Ziele gekoppelt sind.
- **Isoliertes Bereichsdenken:** Die Erreichung der eigenen Budgetziele überlagert die Sicht auf das Gesamtunternehmen.

Aus diesen und weiteren Erkenntnissen heraus erfolgten zahlreiche Versuche, die Budgetierung zielkonform weiterzuentwickeln („Better Budgeting") oder gar ganz durch evolutionäre, neue Konzepte abzulösen („Beyond Budgeting"). In letzter Konsequenz wird man aber nie auf kurzfristig gültige und wirkende Planungen verzichten können. Denn Budgetierung ist „richtig angewandt eines der besten Instrumente für wirksame Führung"[280].

In modernen Ansätzen des Controllings wird daher versucht, den Mängeln klassischer Budgetierung durch flexible Erweiterungen zu begegnen.

3.1.6 Stimmen aus der Praxis: Dr. Michael Frenzel, TUI AG

Dr. Michael Frenzel
Vorsitzender des Vorstands
der TUI AG

Die TUI AG ist Europas führender Touristikkonzern. Mit unseren Marken bieten wir das gesamte Spektrum an Dienstleistungen rund um Urlaub und Reise an. Die drei Geschäftsbereiche TUI Travel (Veranstalter-, Vertriebs-, Flug- und Zielgebietsaktivitäten), TUI Hotels & Resorts und TUI Kreuzfahrten bilden die World of TUI. Im Geschäftsjahr 2010/11 erzielte die TUI einen Umsatz von 17,5 Mrd. € und ein operatives Ergebnis (bereinigtes EBITA) von 600 Mio. €.

Zu unserem Selbstverständnis gehört, dass wir für unsere jährlich rund 30 Mio. Gäste vor Ort präsent sind. Dies gilt sowohl für die Heimatländer unserer Gäste als auch für die Urlaubsorte in den Destinationen. Aus diesem Grund gliedert sich der TUI-Konzern in 45 inländische Gesellschaften und 721 Gesellschaften mit Sitz im Ausland. Weltweit unvergessliche Urlaubserlebnisse zu schaffen – diesem Anspruch

---

[279] Vgl. Wöhe, Döring (2010), S. 207 f. und Steinmann, Schreyögg (2005), S. 394 f.
[280] Malik (2009), S. 334.

3.1 Planung

versuchen wir Tag für Tag mit unseren rund 74.000 Mitarbeitern gerecht zu werden.

Als Konzernleitung stehen wir in der Verantwortung für unsere Gäste, für unsere Mitarbeiter und für die Eigentümer des Unternehmens, unseren Aktionären. Unternehmerische Verantwortung zu tragen bedeutet an erster Stelle, planvoll vorzugehen. Planlosigkeit ist fahrlässig. Das gilt im Tourismus natürlich nicht nur in Krisen, sondern genauso im Tagesgeschäft. Dieses Geschäft langfristig abzusichern und auszubauen, diesen Zielen dient unsere strategische Unternehmensplanung „TUI Strategic Planning" (TSP).

Unsere umfangreiche Konzernstruktur stellt hohe Anforderungen an die Planung: Einerseits soll der Planungsprozess vom formalen Aufwand her möglichst „schlank" sein, andererseits muss die Planung trotz der Tiefe und Breite des Konzerns eine einheitliche Zielrichtung und Wertorientierung aufweisen. Nur so kann bei allen Beteiligten eine hohe Akzeptanz der strategischen Planung gewährleistet werden. TSP basiert daher unter anderem auf folgenden **Prinzipien:**

- **Strategisches Denken:** Zunächst werden die kritischen strategischen Fragestellungen untersucht. Um kreative Ideen im Strategieentwicklungsprozess nicht zu unterdrücken, findet die Finanzplanung separat in einem zweiten Schritt statt.
- **Wertorientierung:** Die strategischen Alternativen werden hinsichtlich ihres möglichen Beitrags zur Steigerung des Unternehmenswertes analysiert. Ziel ist es, durch Auswahl der wertsteigernden Alternativen die Ressourcen im Konzern optimal zu verteilen.
- **Dialogkultur:** Im Vordergrund steht die inhaltliche Diskussion zwischen den Geschäftseinheiten und dem Konzernvorstand. Planungsunterlagen und -formate dienen vor allem dazu, diesen Dialog zu fördern.

Der Planungszeitraum umfasst die kommenden drei Geschäftsjahre. Umgesetzt wird der strategische Planungsprozess in folgenden, zusammengefassten **Bausteinen:**

- **Strategische Faktenbasis:** Für unsere wesentlichen Märkte werden Erfolgsfaktoren und Trends erfasst. Dabei vergleichen wir unsere eigene Position mit denen der Wettbewerber und leiten daraus entscheidungsrelevante Fakten ab.
- **Möglichkeiten und Alternativen:** Jede strategische Geschäftseinheit benennt ihre fünf wesentlichen aktuellen Herausforderungen und entwickelt zu ihnen passende strategische Lösungsansätze. Diese werden nicht nur qualitativ formuliert, sondern auch hinsichtlich ihrer finanziellen Auswirkungen auf Umsatz, Gewinn, Investitionen, Cash Flow und ihren Wertbeitrag bewertet. In einem iterativen Prozess werden die Pläne mit dem Konzernvorstand diskutiert, Entscheidungen getroffen und die Einzelplanungen zu einer Konzernsicht zusammengefasst.
- **Strategische Finanzplanung:** Um auch die längerfristigen Auswirkungen der vorgeschlagenen Strategien bewerten zu können, deckt die Finanzplanung einen Zeitraum von fünf Jahren ab. Die Finanzplanung ist weniger detailliert, zeigt dafür aber die Ursachen für bestimmte Entwicklungen auf. Durch

Berücksichtigung der Kosten des eingesetzten Kapitals wird die Wertorientierung in TSP manifestiert.

Die aktuell sehr große Unsicherheit der Entwicklung in zahlreichen für die TUI wichtigen Umfeldern können wir nicht mindern. Aber durch TSP haben wir eine Planungsmethode, die uns dabei hilft, dass wir uns über die zentralen Chancen und Risiken unseres Weges stets im Klaren sind.

Literatur

Andrews, Kenneth R. (1971): The Concept of Corporate Strategy. Homewood/Illinois

Bea, Franz Xaver; Scheurer, Steffen; Hesselmann, Sabine (2008): Projektmanagement. Stuttgart. Teil 2: Management von Projekten und Teil 4: Das projektorientierte Unternehmen

Carnival (2011a): Carnival Corporation & plc 2010 Annual Report

Carnival (2011b): Our brands, unter http://phx.corporate-ir.net/phoenix.zhtml?c=200767&p=irol-products, letzter Zugriff am 05. März 2012

Credit Suisse (2008): Der Business-Plan. Eine praxisorientierte Wegleitung. Zürich

evobis (2012): Handbuch Businessplan-Erstellung. Der Weg zum erfolgreichen Unternehmen. 8. Aufl., München. unter http://www.evobis.de/fileadmin/user_upload/content/Handbuch/evobis-BP-Handbuch-Web.pdf, letzter Zugriff am 14. März 2012

Fink, Alexander; Schlake, Oliver; Siebe, Andreas (2001): Erfolg durch Szenario-Management. Prinzip und Werkzeuge der strategischen Vorausschau. Frankfurt am Main, New York

von Freyberg, Burkhard (2010): Ausgewählte Instrumente des Hospitality Controlling; in: *von Freyberg, Burkhard* (Hrsg.): Hospitality Controlling. Erfolgreiche Konzepte für die Hotellerie. Berlin, S. 75–97

Freyer, Walter (2011): Tourismus-Marketing. Marktorientiertes Management im Mikro- und Makrobereich der Tourismuswirtschaft. 7. Aufl., München

Gardini, Marco A. (2009): Marketing-Management in der Hotellerie. 2. Aufl., München

Geschka, Horst (1999): Die Szenariotechnik in der strategischen Unternehmensplanung, in: *Hahn, D.; Taylor, B.* (Hrsg.): Strategische Unternehmungsplanung – Strategische Unternehmungsführung. Stand und Entwicklungstendenzen. 8. Aufl., Heidelberg, S. 518–545

Hammer, Richard (2011): Planung und Führung. 8. Aufl., München

Hinterhuber, Hans H. (2011): Strategische Unternehmensführung. I. Strategisches Denken. Vision – Ziele – Strategie. 8. Aufl., Berlin

Horváth, Peter (2011): Controlling. 12. Aufl., München

Knieß, Peter (2006): Kreativitätstechniken. Methoden und Übungen. München

Kolbeck, Felix (1997): Entwicklung eines integrierten Umweltmanagementsystems. Konzeption, Empirie und Ausgestaltung. München, Mering

Kreikebaum, Hartmut; Gilbert, Dirk Ulrich; Behnam, Michael (2011): Strategisches Management. 7. Aufl., Stuttgart

Malik, Fredmund (2009). Führen Leisten Leben. Wirksames Management für eine neue Zeit. Neuausgabe, Frankfurt am Main

Masuhr, Jens (2011): Carnival – Alles an Bord! Unter http://www.focus.de/finanzen/boerse/carnival-alles-an-bord_aid_589363.html, letzter Zugriff am 05. April 2012

Minzberg, Henry (1975): The managers's job. Folklore and fact; in: Harvard Business Review, 53. Jg. 1975, Heft 4, S. 49–61

von Moltke. Helmuth (1912): Militärische Werke. IV Kriegslehren. Dritter Teil, Berlin

Pircher-Friedrich, Annemarie (2000): Strategisches Management in der Hotellerie. Planung, Organisation, Kontrolle. Frankfurt am Main.

Schmidt, Jürgen (2006): Wirtschaftlichkeit in der öffentlichen Verwaltung. 7. Aufl., Berlin

Schulz, Axel; Auer, Josef (2010): Kreuzfahrten und Schiffsverkehr im Tourismus. München

Staehle, Wolfgang H. (1994): Management. Eine verhaltenswissenschaftliche Perspektive. 7. Aufl., München

Steinle, Claus; Eggers, Bernd; Kolbeck, Felix (1999): Wandel planen und umsetzen mit PUZZLE. Herausforderungen erfolgreich mit einer ganzheitlichen Methodik nutzen. Frankfurt

Steinmann, Horst; Schreyögg, Georg (2005): Management. Grundlagen der Unternehmensführung. 6. Aufl., Wiesbaden

Thommen, Jean-Paul; Achleitner, Ann-Kristin (2009): Allgemeine Betriebswirtschaftslehre. Umfassende Einführung aus managementorientierter Sicht. 6. Aufl., Wiesbaden

Ulrich, Peter; Fluri, Edgar (1995): Management. Eine konzentrierte Einführung. 7. Aufl., Bern, Stuttgart, Wien

Vahs, Dietmar; Schäfer-Kunz, Jan (2007): Einführung in die Betriebswirtschaftslehre. 5. Aufl., Stuttgart

Watzlawik, Paul (2011). Man kann nicht nicht kommunizieren. Das Lesebuch. Herausgegeben von Trude Trunk. Bern

Wernham, Roy (1984): Bridging the Awful Gap Between Strategy and Action; in: Long Range Planning, Vol 17 (1984), No. 6, pp. 34–42

Wild, Jürgen (1982): Grundlagen der Unternehmungsplanung. 4. Aufl. Opladen

Wöhe, Günter; Döring, Ulrich (2010): Einführung in die Allgemeine Betriebswirtschaftslehre. 24. Aufl., München.

Zelewski, Stephan; Akca, Naciye; Günes, Nazif (2010): Rahmenwerk zum Business-Plan; in: *Günes, Nazif; Akca, Naciye; Zelewski, Stephan* (Hrsg.). Business-Plan-Guide. Grundlagen – Anschauungsbeispiele – Vorgehensmodell. Berlin

Weiterführende Literaturhinweise

Fink, Alexander; Siebe, Andreas (2006): Handbuch Zukunftsmanagement. Werkzeuge der strategischen Planung und Früherkennung. Frankfurt am Main

Krystek, Ulrich; Müller-Stewens, Günter (1999): Strategische Frühaufklärung; in: *Hahn, D.; Taylor, B.* (Hrsg.): Strategische Unternehmungsplanung – Strategische Unternehmungsführung. Stand und Entwicklungstendenzen. 8. Aufl., Heidelberg, S. 497–517

3.2 Rechnungswesen und Controlling

3.2.1	Fallbeispiel: airberlin	210
3.2.2	Überblick: Financial Management	211
3.2.2.1	Bereiche und Aufgaben des Rechnungswesens	211
3.2.2.2	Monetäre Wertgrößen eines Unternehmens	212
3.2.3	Elemente der externen Rechnungslegung	214
3.2.3.1	Bestandteile des Jahresabschlusses im Überblick	214
3.2.3.2	Der Blick auf das Vermögen: Die Bilanz	215
3.2.3.2.1	Aufbau und Lesart einer Bilanz	215
3.2.3.2.2	Die buchhalterische Grundlage der Bilanz	216
3.2.3.2.3	Der Prozess der Bilanzierung	218
3.2.3.3	Der Blick auf den Erfolg: Die Gewinn- und Verlustrechnung (GuV)	219
3.2.3.4	Der Blick in die Kasse: Die Cash Flow-Rechnung	220
3.2.4	Elemente des internen Rechnungswesens	222
3.2.4.1	Controlling ist nicht Kontrolle	222
3.2.4.2	Grundzüge der Kosten- und Leistungsrechnung	224
3.2.4.3	Ergebnisrechnung auf Vollkostenbasis und Deckungsbeitragsrechnung	227
3.2.4.4	Besonderheiten der Controlling-Sicht auf das Geschäft	230
3.2.5	Kennzahlen der bilanziellen und erfolgswirtschaftlichen Analyse	231
3.2.6	Stimmen aus der Praxis: Susanne Wübbeling, Starwood Hotels & Resorts Worldwide Inc.	234

Leitfragen

- Warum müssen im Rahmen des Financial Managements drei Perspektiven eingenommen werden?
- Welche Funktionen erfüllen externe Rechnungslegung und internes Rechnungswesen für die Unternehmensleitung?
- Worin unterscheiden sich Aufwendungen von Ausgaben und Auszahlungen?
- Aus welchen Bestandteilen setzt sich ein Jahresabschluss zusammen?
- Wie läuft der Prozess der Bilanzierung ab?
- Wie kann man aus einer Gewinn- und Verlustrechnung „Erfolg" ablesen?
- Aus welchen Quellen kann ein Unternehmen finanzielle Mittel (Cash Flow) erwirtschaften?
- Was sind die Hauptunterschiede von Controlling und externer Rechnungslegung?
- Brauchen kleine Unternehmen ein Controlling?

- Wie sind Kostenartenrechnung, Kostenstellenrechnung und Kostenträgerrechnung abzugrenzen? Wozu dient die Kosten- und Leistungsrechnung?
- Was sind die Vorteile der Deckungsbeitragsrechnung gegenüber der Ergebnisrechnung auf Vollkostenbasis?
- Wie kann man mit den Größen aus der Deckungsbeitragsrechnung „steuern"?
- Mit welchen Besonderheiten hat das Controlling in Tourismusunternehmen häufig zu tun?
- Welche Kennzahlen kann man für erfolgswirtschaftliche Analysen heranziehen?
- Wonach sollte sich bei einer Analyse die Auswahl von Kennzahlen richten?

3.2.1 Fallbeispiel: airberlin

Als zweitgrößte deutsche Fluggesellschaft steht die börsennotierte *airberlin*[281] sehr im Blickpunkt des öffentlichen Interesses. Als Leistungsträger ist *airberlin* ein wichtiger Kooperationspartner für Reiseveranstalter, Mietwagenunternehmen und Hotels.[282]

Das Geschäftsjahr 2011 war ein düsteres Jahr für die Fluggesellschaft. Trotz eines um 377 Mio. € auf 4.227 Mrd. € gestiegenen Umsatzes hat sich der Verlust in Höhe von 271 Mio. € im Vergleich zum Vorjahr knapp verdreifacht.

In Folge des hohen Verlustes fiel die Eigenkapitalquote zum Ende des Jahres 2011 auf 11 % von zuvor 21 %. Das Unternehmen hat daher umfangreiche Einsparungs- und Restrukturierungsmaßnahmen beschlossen, deren positive Wirkungen sich in den Geschäftszahlen des zweiten Halbjahres 2012 niederschlagen sollen. Schon für das erste Quartal 2012 wird mit einer Verbesserung des Gewinns vor Zinsen und Steuern um 25 Mio. € gerechnet.

Neben diesen kurzfristig wirkenden Maßnahmen zur Verbesserung des operativen Ergebnisses versucht *airberlin* durch neue strategische Partnerschaften auch langfristige Erfolgspotentiale zu sichern. Der Beitritt zur Luftverkehrsallianz *oneworld* verursacht zwar zunächst Kosten, soll aber der Fluggesellschaft ebenso wie die Partnerschaft mit der *Etihad Airways*[283] durch ein attraktiveres Langstreckennetz zu höherer Profitabilität verhelfen. Durch die Kooperation mit *Etihad Airways* flossen airberlin zudem 73 Mio. € an finanziellen Mitteln zu, die in Verbindung mit weiteren, von *Etihad Airways* zugesagten Finanzierungslinien von bis zu 255 Mio. $ den finanziellen Handlungsspielraum der Fluggesellschaft sicherstellen.

Das Beispiel zeigt anschaulich, dass die betriebswirtschaftliche Steuerung eines Unternehmens nicht nur auf verschiedene **zeitliche** Horizonte (strategische

---

[281] *Air Berlin PLC & Co. Luftverkehrs KG.*
[282] Vgl. hierzu und im Folgenden airberlin (2012), S. 3 f. und S. 107–109.
[283] „Nationale Fluggesellschaft der Vereinigten Arabischen Emirate" mit Sitz in Abu Dhabi.

Planung, operative Planung) hin ausgerichtet ist. Sie fußt zudem auf einem Zusammenspiel unterschiedlicher **inhaltlicher** Perspektiven: Der **Erfolg** eines Unternehmens wird kontinuierlich geplant, gemessen und kommuniziert. Erfolge und Misserfolge verändern das **Vermögen** des Unternehmens. Permanent muss das Unternehmen seine **Liquidität** im Auge behalten, um zu allen Zeitpunkten seine Zahlungsfähigkeit sicher zu stellen. Die Wahrung dieser drei Perspektiven wird durch ein **Financial Management** sichergestellt, das die Bereiche Rechnungslegung, Controlling und Finanzmanagement abdeckt.

3.2.2 Überblick: Financial Management

3.2.2.1 Bereiche und Aufgaben des Rechnungswesens

Die Bereiche des Rechnungswesens, die externe Rechnungslegung, das Finanzwesen und das interne Rechnungswesen sind eng miteinander verflochten. In kleinen Unternehmen fallen diese Bereiche organisatorisch und personell meist zusammen. In großen Unternehmen finden sich oft eigene Abteilungen oder Experten für jeden dieser Bereiche.

	Externe Rechnungslegung	**Finanzwesen**	**Internes Rechnungswesen**
Instrumente	• Buchhaltung • Bilanzierung/Jahresabschluss	• Liquiditätsrechnung • Unternehmens-Bewertung	• Kosten-/Leistungsrechnung Deckungsbeitragsrechnung • Controlling
Wertgrößen	(2) Ausgaben/Einnahmen (3) Aufwendungen/Erträge	(1) Auszahlungen/Einzahlungen	(4) Kosten/Leistungen
Fokus	• Korrektheit • Risikoreduzierung	• Existenzsicherung • Angemessenheit	• Erfolg • Wirtschaftlichkeit
Regelung	• Von extern: HGB, Steuerrecht, IAS	• Intern • Teilweise von extern	• Intern (vertraulich)
Tätigkeiten	erfassen, prüfen, konsolidieren	rechnen, planen	analysieren, planen

→ **Leitung/Management** ←

Vertretung des Unternehmens nach außen (Aktionäre, Kapitalmarkt, Finanzverwaltung, allg. Öffentlichkeit)

Steuerung/Lenkung des Unternehmens „nach innen" (Konzern, Beteiligungen, Divisionen, Abteilungen, Mitarbeiter)

Abbildung 67: Bereiche und Aufgaben des Rechnungswesens[284]

---

[284] Aufbauend auf: Hutzschenreuter (2011), S. 308, Benz (2011), S. 11 und Jung (2010), S. 1021.

3. Managementprozesse: Lenken und Entscheiden im Tourismus

Das grundlegende Verständnis des Rechnungswesens ist eine **unentbehrliche Voraussetzung für jedes verantwortliche Arbeiten** in einem Unternehmen. Denn die Daten und Informationen des Rechnungswesens sind niemals Selbstzweck, sondern zentrale Ressourcen für die Führung eines Unternehmens, eines Produktes, einer Abteilung oder etwa einer Werbekampagne.

Neben der Mitarbeit bei der Erstellung bspw. einer Bilanz ist es vor allem die Fähigkeit, die in einer Bilanz enthaltenen Information richtig zu **lesen** und zu **interpretieren**, der im betriebswirtschaftlichen Alltag eine große Bedeutung zukommt. Das grundsätzliche Wissen um „die Zahlen" des Unternehmens, in dem man arbeitet, erleichtert sehr das Verständnis für die Entscheidungen der Geschäftsleitung, die Entwicklung des Unternehmens und die eigene Rolle darin.

Aufgrund der großen Bedeutung und seiner Relevanz in allen Unternehmensfunktionen lässt sich das Rechnungswesen als Managementprozess ansehen, der eine Vielzahl von Teilprozessen in sich vereint. Hierzu zählen u. a. Buchhaltung, Bilanzierung, Konsolidierung, Bewertungen, Analysen und Controlling.

3.2.2.2 Monetäre Wertgrößen eines Unternehmens

Das Zahlenmaterial, mit dem das Rechnungswesen arbeitet, wird in den meisten Fällen in Geldeinheiten bestimmter Währungen ausgedrückt. Es handelt

Bestandsgrößen (Zeitpunktbezogen)			
Zahlungsmittelbestand	Geldvermögen	Gesamtvermögen (Reinvermögen)	Betriebsnotwendiges Vermögen
=	=	=	=
Kassenbestand + jederzeit verfügbare Bankguthaben	Zahlungsmittelbestand + Forderungen − Verbindlichkeiten	Geldvermögen + Sachvermögen	Reinvermögen − nicht betriebsnotwendiges Vermögen
Einzahlung ⇑ Auszahlung ⇓	Einnahme ⇑ Ausgabe ⇓	Ertrag ⇑ Aufwand ⇓	Leistung ⇑ Kosten ⇓

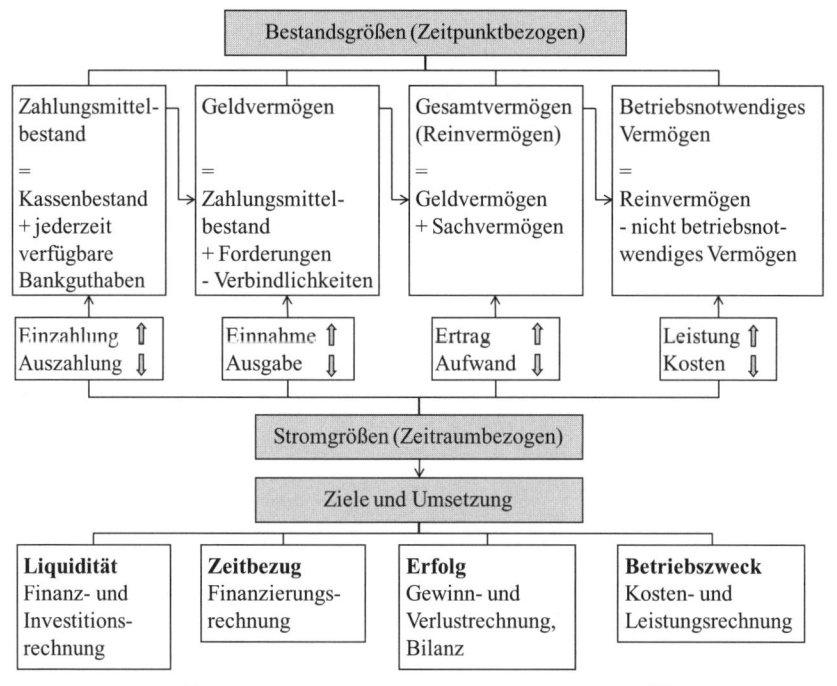

Stromgrößen (Zeitraumbezogen)			
Ziele und Umsetzung			
Liquidität Finanz- und Investitionsrechnung	**Zeitbezug** Finanzierungsrechnung	**Erfolg** Gewinn- und Verlustrechnung, Bilanz	**Betriebszweck** Kosten- und Leistungsrechnung

Abbildung 68: Monetäre Größen im Rechnungswesen[285]

---

[285] Aufbauend auf Hutzschenreuter (2011), S. 92 und Wöhe, Döring (2010), S. 696–698.

3.2 Rechnungswesen und Controlling

sich daher um monetäre[286] Wertgrößen, mit denen die Geschäftsaktivitäten des Unternehmens dargestellt werden.[287]

Diese Größen lassen sich in Bestandgrößen und Stromgrößen unterscheiden. Die auf einen bestimmten Zeitraum bezogenen **Stromgrößen** (z. B. Auszahlungen des Monats Mai) bewirken Veränderungen an den stichtagsbezogenen **Bestandsgrößen** (z. B. Zahlungsmittelbestand am 31. Mai).

Bei den Stromgrößen bezeichnen **Aufwendungen** einen bewerteten Verbrauch von Produktionsfaktoren, die im Rahmen des Leistungserstellungsprozess eingesetzt werden, um **Erträge** in einer Geschäftsperiode zu erzeugen. **Leistungen** stehen für eine bewertete, betriebszweckbezogene Güterentstehung. Mit **Kosten** bezeichnet man einen bewerteten, betriebszweckbezogenen Güterverzehr.

Betrachtet man nun verschiedene, im Rechnungswesen abzubildende Geschäftsvorfälle, so wird deutlich, dass ein Vorfall Auswirkungen auf mehr als eine Stromgröße haben kann. Insgesamt lassen sich neun verschiedene Basis-Geschäftsvorfälle abgrenzen:

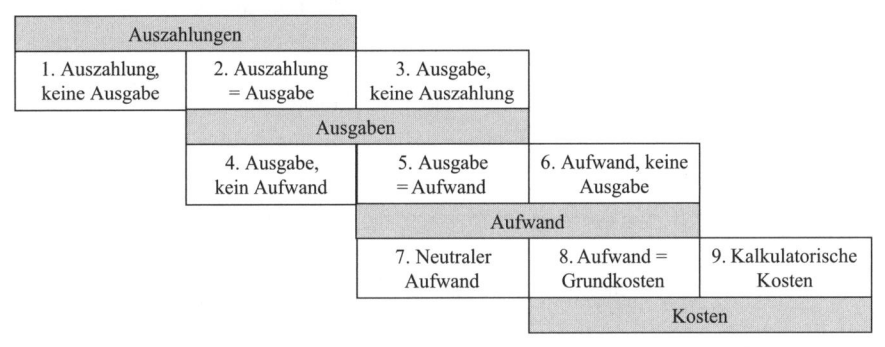

Auszahlungen					
1. Auszahlung, keine Ausgabe	2. Auszahlung = Ausgabe	3. Ausgabe, keine Auszahlung			
	Ausgaben				
	4. Ausgabe, kein Aufwand	5. Ausgabe = Aufwand	6. Aufwand, keine Ausgabe		
		Aufwand			
		7. Neutraler Aufwand	8. Aufwand = Grundkosten	9. Kalkulatorische Kosten	
			Kosten		

Abbildung 69: Abgrenzung der Stromgrößen und Geschäftsvorfälle[288]

Beispiele:
1. Tilgung Verbindlichkeit
2. Kauf von Material gegen Barzahlung
3. Entstehung einer Verbindlichkeit (Kauf auf Ziel)
4. Barkauf eines Produktionsfaktors und Einlagerung
5. Einkauf eines Produktionsfaktors und Verbrauch in gleicher Periode
6. Verbrauch eines Produktionsfaktors, der in einer früheren Periode bezahlt wurde
7. Nicht betriebszweckbezogener Aufwand, daher auch keine Kosten: Spende
8. Verbrauch eines Produktionsfaktors
9. Kalkulatorische Abschreibungen, „Anderskosten"

---

[286] von lat. *moneta* = Münze.
[287] Vgl. Hutzschenreuter (2011), S. 92.
[288] Aufbauend auf: Hutzschenreuter (2011), S. 96. Analog ergeben sich neun verschiedene Geschäftsvorfälle bei den Stromgrößen Einzahlung, Einnahme, Ertrag und Leistung, vgl. Jung (2010), S. 1025. Weitere Fallbeispiele finden sich bei Hutzschenreuter (2011), S. 95–99.

> **Beispiel**
> Die „Good Cook GmbH" ist ein Anbieter von Airline Catering Dienstleistungen und beliefert u. a. die Fluggesellschaft „Blue Sky First" mit Mahlzeiten. Folgender, aus mehreren Einzelfällen bestehender Geschäftsvorgang kann den einzelnen betriebswirtschaftlichen Stromgrößen zugeordnet werden:
>
> 15. März:
> Einkauf von Zutaten gegen Barzahlung, Einlagerung der Produkte
> = Auszahlung und Ausgabe
>
> 23. März:
> Verkauf von Mahlzeiten an Blue Sky First mit Zahlungsziel 90 Tage
> = Einnahme, Ertrag und Leistung
>
> 25. März:
> Lagerentnahme der Zutaten, Weiterverarbeitung zu Mahlzeiten und Auslieferung der Mahlzeiten an Blue Sky First
> = Aufwand und Kosten
>
> 3. April:
> Aufnahme eines Überbrückungskredits in Höhe des Verkaufspreises
> = Einzahlung
>
> 10. Juni:
> Zahlungseingang Blue Sky First und Rückführung des Kredits
> = Einzahlung und Auszahlung taggleich

3.2.3 Elemente der externen Rechnungslegung

3.2.3.1 Bestandteile des Jahresabschlusses im Überblick

Maßgeblich für den Jahresabschluss eines Einzel-Unternehmens ist das dritte Buch („Handelsbücher") des **Handelsgesetzbuches (HGB)**. Demnach ist jeder Kaufmann nach § 238 (1) HGB zur Buchführung und nach § 242 (1) HGB zur Aufstellung eines Jahresabschlusses verpflichtet. Der Jahresabschluss soll „(…) ein den tatsächlichen Verhältnissen entsprechendes Bild der Vermögens-, Finanz- und Ertragslage (…)"[289] des Unternehmens vermitteln. Damit ist der Jahresabschluss in erster Linie eine Sammlung der wesentlichen Daten, die für die Beurteilung der wirtschaftlichen Lage nötig sind.

Dem Jahresabschluss kommen eine **Zahlungsbemessungs-** und eine **Informationsfunktion** zu. Anhand des im Abschluss publizierten Unternehmensergebnisses bemessen sich die Steuerzahlungen an das Finanzamt (steuerrechtlicher Abschluss, „Steuerbilanz") und die Ausschüttungen an die Eigentümer.[290] Zudem erhalten weitere Adressaten (Gläubiger, Wettbewerber, Medien, allg. Öffentlichkeit etc.) durch den Jahresabschluss wertvolle Informationen. Die sinnvolle Nutzung der Informationen des Jahresabschlusses setzt voraus, dass die Adressaten in der Lage sind, die Informationen des Jahresabschlusses richtig zu lesen und zu interpretieren.

---

[289] § 264 (2) Satz 1 HGB, Vorschrift für Kapitalgesellschaften.
[290] Vgl. hierzu und im Folgenden Coenenberg, Haller, Schultze (2009), S. 16–23.

Mit einer steigenden Unternehmensgröße geht auch eine höhere Bedeutung des Unternehmens für die oben genannten Adressaten der externen Rechnungslegung einher. Deswegen sind die Vorschriften für den Jahresabschluss bei den Rechtsformen der **Kapitalgesellschaft** und der Unternehmensstruktur des **Konzerns** deutlich umfangreicher als diejenigen, die für alle Unternehmen und somit auch für die Personengesellschaften gelten.

Konzerne müssen zusätzlich zu den Einzelabschlüssen der zum Konzern gehörenden Unternehmen auch einen **Konzernabschluss** vorlegen, der in aller Regel nicht auf Basis eines nationalen Gesetzes wie dem HGB, sondern anhand internationaler Rechnungslegungsnormen wie den **International Accounting Standards (IAS)** bzw. **International Financial Reporting Standards (IFRS)** aufzustellen ist. Dies sichert die Verständlichkeit und Vergleichbarkeit dieser Abschlüsse auf internationaler Ebene.

Unternehmen	Bestandteile des Jahresabschlusses	Zusätzliche Inhalte im Geschäftsbericht (obligatorisch)	Zusätzliche Inhalte (fakultativ)
Jedes Unternehmen §§238–263	§ 242 (3) HGB: Bilanz und GuV		
Kapitalgesellschaften zusätzlich §§264–289a	§ 264 (1) HGB: Bilanz, GuV und Anhang	Lagebericht	
Konzernmütter zusätzlich §§290–315a	§ 297 (1) HGB: Konzern-Bilanz, -GuV und -Anhang, Kapitalflussrechnung, Segmentberichterstattung, Eigenkapitalveränderungsrechnung	§ 290 (1) und § 315 HGB: Konzern-Lagebericht	Zusätzliche Informationen für Investoren

Abbildung 70: Bestandteile des Jahresabschlusses nach HGB

Bilanz, Gewinn- und Verlustrechnung (GuV) und Anhang sind als Einheit zu sehen. Dagegen der zählt der Lagebericht nicht zum Jahresabschluss selbst, sondern ist neben dem Jahresabschluss Teil des Geschäftsberichts.

3.2.3.2 Der Blick auf das Vermögen: Die Bilanz

3.2.3.2.1 Aufbau und Lesart einer Bilanz

Die Bilanz eines Unternehmens bildet zu einem bestimmten **Stichtag** (Geschäftsjahres- oder Quartalsende) die aktuelle Vermögenssituation des Unternehmens ab. Vermögenswerte können grundsätzlich dahingehend analysiert werden, von wem sie ins Unternehmen eingebracht wurden (Mittelherkunft), und wo sie im Unternehmen investiert sind (Mittelverwendung).

Die **Mittelherkunft** wird auf der **Passivseite** der Bilanz gezeigt. Alle dort aufgeführten Positionen haben Schuldencharakter: Das Eigenkapital (EK) schuldet das Unternehmen den Eigentümern, etwa den Aktionären bei einer Aktiengesellschaft. Das Fremdkapital hingegen wird den Gläubigern geschuldet, seien es Banken, Anleihegläubiger oder das Finanzamt.

Die **Mittelverwendung** auf der **Aktivseite** der Bilanz verdeutlicht, welche Vermögensteile langfristig im Unternehmen verbleiben sollen und daher im Anlagevermögen (AV) investiert sind, und welche Vermögen dem Unternehmen nur kurzfristig als Umlaufvermögen (UV) zur Verfügung stehen.

Man kann dann die in **Kontenform** aufzustellende Bilanz von rechts nach links lesen:

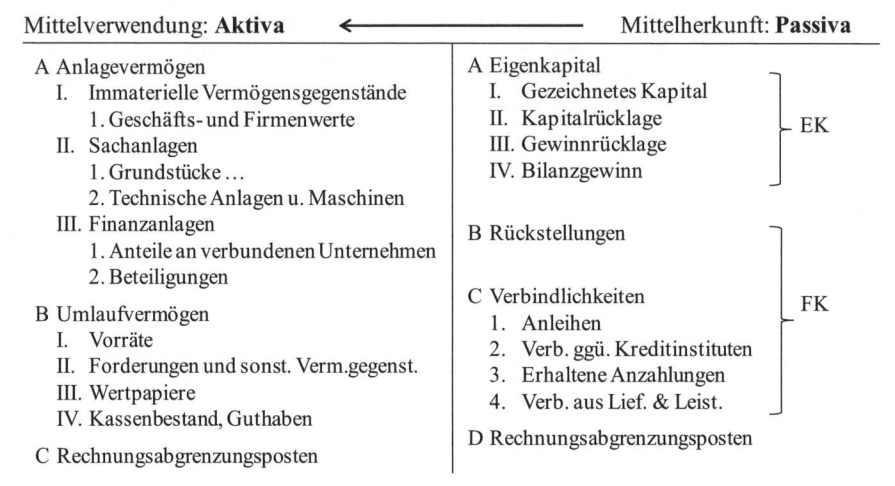

Mittelverwendung: **Aktiva** ←	──── Mittelherkunft: **Passiva**

A Anlagevermögen
  I. Immaterielle Vermögensgegenstände
    1. Geschäfts- und Firmenwerte
  II. Sachanlagen
    1. Grundstücke ...
    2. Technische Anlagen u. Maschinen
  III. Finanzanlagen
    1. Anteile an verbundenen Unternehmen
    2. Beteiligungen
B Umlaufvermögen
  I. Vorräte
  II. Forderungen und sonst. Verm.gegenst.
  III. Wertpapiere
  IV. Kassenbestand, Guthaben
C Rechnungsabgrenzungsposten
	A Eigenkapital
	  I. Gezeichnetes Kapital
	  II. Kapitalrücklage } EK
	  III. Gewinnrücklage
	  IV. Bilanzgewinn
	B Rückstellungen
	C Verbindlichkeiten } FK
	  1. Anleihen
	  2. Verb. ggü. Kreditinstituten
	  3. Erhaltene Anzahlungen
	  4. Verb. aus Lief. & Leist.
	D Rechnungsabgrenzungsposten

Abbildung 71: Die Bilanz. Gliederung für Kapitalgesellschaften nach § 266 HGB, verkürzt

Schon bei dieser grundlegenden Betrachtung wird deutlich, dass mehrere Anspruchsgruppen ein berechtigtes **Interesse** an dem Geld haben, das „im Unternehmen steckt". Die Eigentümer erwarten eine angemessene Rendite ihres investierten Kapitals, die Gläubiger Zinsen und Tilgung ihrer an das Unternehmen vergebenen Kredite. Das Finanzamt hat den ausgewiesenen Gewinn bereits um die Steuerlast geschmälert und erwartet auch für ein abgelaufenes Geschäftsjahr evtl. noch weitere Steuerzahlungen, die zum Bilanzstichtag der Höhe nach noch nicht feststanden. Dadurch ergeben sich naturgemäß **Zielkonflikte**. So lassen z. B. dauerhaft zu hohe Gewinnausschüttungen an die Eigentümer Gläubigerbanken zweifeln, ob ihre Kredite tatsächlich zurückgezahlt werden können.

3.2.3.2.2 Die buchhalterische Grundlage der Bilanz

Die Aufstellung des Jahresabschlusses hat unter Beachtung der Grundsätze ordnungsmäßiger Buchführung (GoB) zu erfolgen. Zu den GoB zählen:[291]

- Grundsatz der Richtigkeit und Willkürfreiheit,
- Grundsatz der Klarheit,

---

[291] Vgl. Wöhe, Döring (2010), S. 733–743 und Coenenberg, Haller, Schultze (2009), S. 36–44.

3.2 Rechnungswesen und Controlling

- Grundsatz der Vollständigkeit,
- Grundsatz der Stetigkeit,
- Grundsatz der Vorsicht und
- Abgrenzungsgrundsätze (Realisationsprinzip, Grundsätze der sachlichen und zeitlichen Abgrenzung, Imparitätsprinzip)

Die kaufmännische Buchhaltung (Finanzbuchhaltung) arbeitet nach dem Prinzip der **doppelten Buchführung**. Dabei werden alle Geschäftsvorfälle auf mindestens zwei Konten, also doppelt, verbucht. Im Gegensatz zu der u. a. bei öffentlichen Haushalten üblichen **einfachen Buchführung** der Einnahmen und Ausgaben, ermöglicht die doppelte Buchführung die periodengerechte Ermittlung des kaufmännischen **Erfolges**, da die Wertgrößen Ertrag und Aufwand berücksichtigt werden.[292]

Einfache Buchführung

Jahr 1:		Jahr 2–10:	
Einnahmen	1.000	Einnahmen	1.000
– Ausgaben (Maschinenkauf)	1.000	– Ausgaben (Maschinenkauf)	0
Saldo („Erfolg")	0	Saldo („Erfolg")	1.000

Doppelte Buchführung I: Erfolgsbetrachtung

GuV Jahr 1:		GuV Jahr 2–10:	
Ertrag	1.000	Einnahmen	1.000
– Aufwand (Abschreibung)	100	– Aufwand (Abschreibung)	100
Erfolg	900	Erfolg	900

Doppelte Buchführung II: Bestandsbetrachtung

	Anfangs-Bilanz Jahr 1			End-Bilanz Jahr 1	
Aktiva		Passiva	Aktiva		Passiva
Maschine	0	Eigen- und Fremdkapital	Maschine	1.000	Eigen- und Fremdkapital
Kasse	1.000		Kasse	0	
	1.000	1.000		1.000	1.000

Abbildung 72: Beispiel Maschinenkauf: Einfache und doppelte Buchführung im Vergleich[293]

Die doppelte Buchführung unterscheidet drei Arten von Grundkonten: **Bilanzkonten** zur Abbildung von Beständen und deren Veränderungen, **Erfolgskonten** zur Abbildung aller erfolgswirksamen Vorgänge sowie **Finanzkonten** zur Abbildung aller liquiditätswirksamen Vorgänge durch Einnahmen- und Ausgabenkonten.

---

[292] Vgl. Benz (2011), S. 14–16.
[293] Vgl. Hutzschenreuter (2011), S. 337 und Jung (2010), S. 1080.

3. Managementprozesse: Lenken und Entscheiden im Tourismus

Die konkrete Buchung dieser Konten im Laufe des Geschäftsjahres richtet sich danach, welcher Untertyp eines Grundkontos vorliegt. So müssen bei Bilanzkonten Zu- und Abgänge jeweils auf verschiedenen Kontenseiten gebucht werden; je nachdem, ob ein **Aktivkonto** (Darstellung des Bestandes auf der Aktivseite der Bilanz) oder ein **Passivkonto** (Darstellung des Bestandes auf der Passivseite der Bilanz) vorliegt:

	Aktivkonten			Passivkonten	
S	z.B. Grundstücke	H	S	z.B. Verbindlichkeiten	H
Anfangsbestand	Abgänge (–)		Abgänge (–)	Anfangsbestand	
Zugänge (+)				Zugänge (+)	

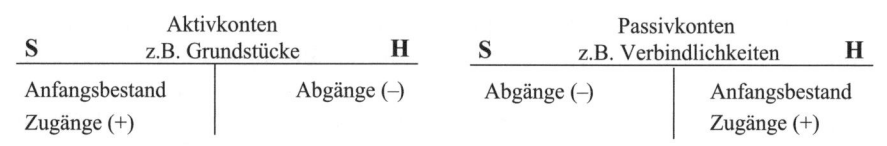

Abbildung 73: Buchungsvorgänge am Beispiel von Bilanzkonten[294]

Bei allen Grundkonten und deren Ausprägungen gilt, dass sich zum Ende eines Berichtszeitraumes der Endbestand aus dem Anfangsbestand zzgl. der Zugänge und abzgl. der Abgänge errechnet.[295] Durch diesen Abschluss aller Geschäftskonten und den Übertrag aller Endbestände auf die rechtlich vorgeschriebenen Abschlusskonten entsteht der **Jahresabschluss**.

3.2.3.2.3 Der Prozess der Bilanzierung

Die Bilanzierung zerfällt in mehrere Einzelprozesse, deren Durchlaufen in einer bestimmten Reihenfolge erforderlich ist:[296]

- **Ansatz** („Bilanzierung dem Grunde nach"): Welche Vermögensgegenstände (VGG) und Schulden müssen oder dürfen in der Bilanz angesetzt werden?

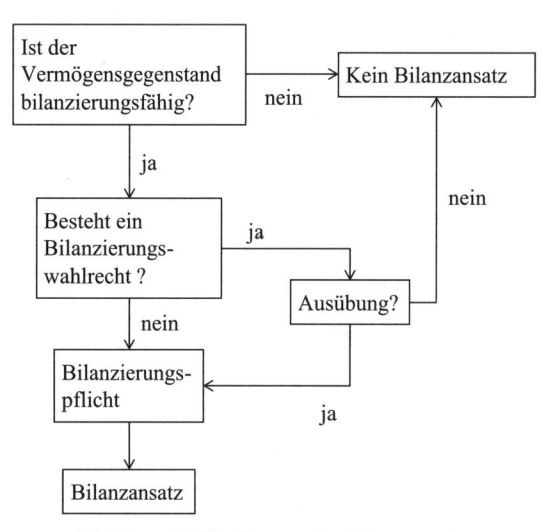

Abbildung 74: Der Prozess des Bilanzansatzes

---
[294] Aufbauend auf Jung (2010), S. 1080 und Döring, Buchholz (2009), S. 19.
[295] Ein einfaches Zahlenbeispiel für ein Reisebüro findet sich bei Bach (2008), S. 29–44.
[296] Vgl. Coenenberg, Haller, Schultze (2009), S. 77–149.

- **Bewertung** („Bilanzierung der Höhe nach"): Mit welchen Werten müssen diese VGG und Schulden gezeigt werden, wenn sie angesetzt sind?
- **Ausweis:** An welcher Stelle der Bilanz müssen diese VGG und Schulden ausgewiesen werden?

Münden diese drei Prozesse in einer sach- und wertmäßigen Aufnahme in die Aktiva der Bilanz an der vorgeschriebenen Position, spricht man von einer **Aktivierung**; im umgekehrten Fall einer sach- und wertmäßigen Aufnahme in die Passiva der Bilanz an der vorgeschriebenen Position von einer **Passivierung**.[297]

Für diese Einzelprozesse sehen die anzuwendenden Gesetze oder Rechnungslegungsnormen für jede Bilanzposition bestimmte Pflichten (Gebote), Verbote oder Wahlrechte vor. Diese müssen für jeden einzelnen Vermögensgegenstand geprüft werden, wodurch sich eine charakteristische Stufenfolge für den Bilanzierungsprozess ergibt, vgl. Abb. 74.

3.2.3.3 Der Blick auf den Erfolg: Die Gewinn- und Verlustrechnung (GuV)

In der Gewinn- und Verlustrechnung (GuV) werden alle Erträge einer Periode den entsprechenden Aufwendungen gegenübergestellt und als Saldo der Gewinn in Form des Jahresüberschusses ermittelt.

Kapitalgesellschaften haben ihre GuV grundsätzlich in **Staffelform** zu erstellen, gemäß folgendem Schema:

Gesamtkostenverfahren	Umsatzkostenverfahren
1. Umsatzerlöse 2. Erhöhung oder Verminderung des Bestandes an fertigen oder unfertigen Erzeugnissen 3. Andere aktivierte Eigenleistungen 4. Sonstige betriebliche Erträge 5. Materialaufwand 6. Personalaufwand 7. Abschreibungen (ohne Ziff. 12) 8. Sonstige betriebliche Aufwendungen	1. Umsatzerlöse 2. Herstellungskosten der zur Erzielung der Umsatzerlöse erbrachten Leistungen **3. Bruttoergebnis vom Umsatz** 4. Vertriebskosten 5. Allgemeine Verwaltungskosten 6. Sonstige betriebliche Erträge 7. Sonstige betriebliche Aufwendungen
Betriebsergebnis	
9. Erträge aus Beteiligungen 10. Erträge aus anderen Wertpapieren und Ausleihungen des Finanzanlagevermögens 11. Sonstige Zinsen und ähnliche Erträge 12. Abschreibungen auf Finanzanlagen und Wertpapiere des Umlaufvermögens 13. Zinsen und ähnliche Aufwendungen	8. 9. 10. 11. 12.
Finanzergebnis	
14. Ergebnis der gewöhnlichen Geschäftstätigkeit 15. Außerordentliche Erträge 16. Außerordentliche Aufwendungen **17. Außerordentliches Ergebnis** 18. Steuern vom Einkommen und vom Ertrag 19. Sonstige Steuern **20. Jahresüberschuss/Jahresfehlbetrag**	13. 14. 15. **16.** 17. 18. **19.**

Abbildung 75: Die GuV-Gliederung nach § 275 HGB[298]

---
[297] Vgl. Scheffler (2006), S. 28–32.
[298] Vgl. mit Zahlenbeispiel Jung (2010), S. 1054. Kleine und mittelgroße Kapitalgesellschaften genießen gem. § 276 HGB Erleichterungen, indem sie bestimmte Positionen zusammenfassen dürfen.

3. Managementprozesse: Lenken und Entscheiden im Tourismus

Die GuV bietet die Möglichkeit, drei **Quellen unternehmerischen Erfolgs** zu unterscheiden: Das **operative Geschäft**, die **finanziellen Aktivitäten** und die **außerordentlichen Effekte**.[299] Diese Unterscheidung ist enorm wichtig bei der Beurteilung von „Erfolgszahlen", die ein Unternehmen berichtet. Es gibt Situationen, in denen sind Unternehmen operativ sehr profitabel und kommunizieren dies auch gerne. Ein kritischer Blick in die GuV kann dann aber große Verluste im finanziellen Bereich oder durch außergewöhnliche Ereignisse offenbaren.

Das Gesamtkostenverfahren ist vornehmlich an der Finanzbuchhaltung orientiert, während das Umsatzkostenverfahren eher am Gedanken der Deckungsbeitragsrechnung (Abschnitt 3.2.4.3) des Controllings ausgerichtet ist. Gesamt- und Umsatzkostenverfahren führen jedoch stets zum gleichen Jahresüberschuss.

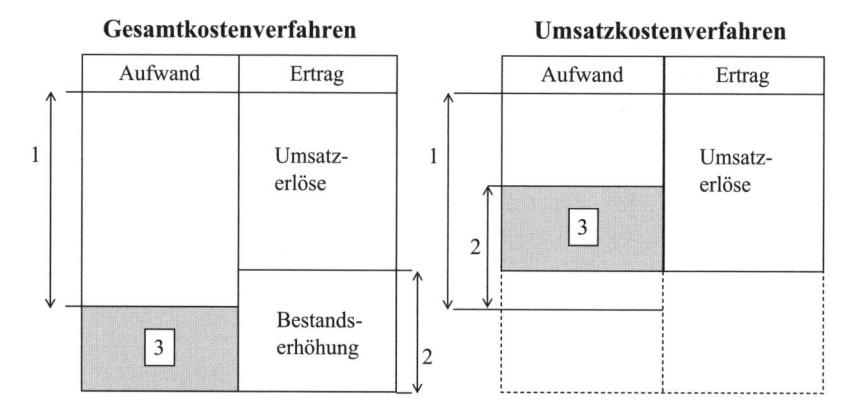

Gesamtkostenverfahren   **Umsatzkostenverfahren**

Aufwand	Ertrag
	Umsatzerlöse
3	Bestandserhöhung

Aufwand	Ertrag
	Umsatzerlöse
3	

1: Gesamter Periodenaufwand
2: Herstellungskosten der Bestandserhöhung
3: Jahresüberschuss (GKV) = Jahresüberschuss (UKV)

Abbildung 76: Ermittlung des Periodenergebnisses bei Gesamtkosten- und Umsatzkostenverfahren[300]

3.2.3.4 Der Blick in die Kasse: Die Cash Flow-Rechnung

Im Gegensatz zu den zukunftsorientierten Rechnungen der Finanzierung und Liquiditätsplanung[301] dient die Cash Flow- oder Kapitalflussrechnung der vergangenheitsorientierten Betrachtung, inwieweit und durch welche Zahlungsströme sich die Liquiditätssituation des Unternehmens in einer abgelaufenen Berichtsperiode verändert hat. Integriert man diese vergangenheitsbezogenen und zukunftsbezogenen Elemente, entsteht ein **Cash Management** aus systematischem Nachhalten und aktiver Steuerung der Hauptzahlungsströme eines Unternehmens. Dies ist insbesondere dann zwingend nötig, wenn wie

---

[299] Vgl. Coenenberg, Haller, Schultze (2009), S. 517–519 und Döring, Buchholz (2009), S. 37–39.
[300] Vgl. Coenenberg, Haller, Schultze (2009), S. 511.
[301] Vgl. Abschnitt 2.1.

im Tourismus stark schwankende Geschäftsverläufe mit stark schwankenden Zahlungsströmen einhergehen.[302]

Während bei Einzelunternehmen Erläuterungen zur Finanzlage ausreichend sind, ist die Erstellung einer ausführlichen Kapitalflussrechnung für Konzerne verpflichtend. Aber auch Einzelunternehmen können sich die Strukturvorgaben der Kapitalflussrechnung für Konzerne zu Eigen machen, wenn sie ihre Liquiditätsplanung zu einem umfassenden Cash Management ausbauen wollen.

Erst durch die Kapitalflussrechnung vervollständigt sich das Bild, das die Rechnungslegung vom Unternehmen abgeben soll:[303]

„Bild der Vermögens-, Finanz- und Ertragslage" (§264 (2) HGB)

⇩ ⇩ ⇩

Bilanz | Kapitalfluss-Rechnung | GuV

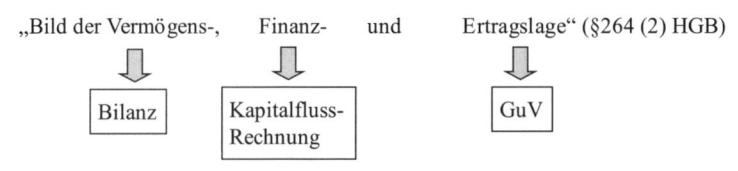

Abbildung 77: Das Zusammenspiel von Bilanz, GuV und Cash Flow-Rechnung

Die Cash Flow-Rechnung hat mehrere **Ziele**. Vor allem sollen Dritte Erkenntnisse gewinnen, ob der Konzern kurzfristig und dauerhaft seinen Zahlungsverpflichtungen nachkommen kann. Ferner eignet sich die Größe Cash Flow auch als langfristiger Indikator für „echtes" unternehmerisches Wachstum, das letztlich nur aus dauerhaften Einzahlungsüberschüssen resultieren kann.

Die monetären Wertgrößen der Kapitalflussrechnung können nur die liquiditätswirksamen sein, also die **Einzahlungen** und **Auszahlungen**. Damit besitzt die Kapitalflussrechnung gegenüber Bilanz und GuV einen großen Transparenzvorteil, denn Ein- und Auszahlungen kann man im Gegensatz zu Erträgen und Aufwendungen nicht bewerten: Ein Euro bleibt ein Euro.

Zahlungsströme können im Rahmen unternehmerischer Tätigkeit aus drei Quellen gespeist werden:[304]

- **Cash Flow aus Geschäftstätigkeit**,
  z. B. Erhalt von Kundenzahlungen, Bezahlen der Lieferanten
- **Cash Flow aus Investitionstätigkeit**,
  z. B. Bezahlen einer Rate für ein neues Kreuzfahrtschiff, Verkauf eines Flugzeuges
- **Cash Flow aus Finanzierungstätigkeit**,
  z. B. Gewährung eines Darlehens, Zahlung von Zinsen

Damit können diese drei Bereiche auch getrennt voneinander analysiert werden. Für die Liquiditätsplanung des Gesamtunternehmens ist natürlich die Gesamtsicht die vordringliche.

Der Cash Flow kann auf unterschiedliche Weise ermittelt werden. Am genauesten ist die Bildung des Saldos aller Einzahlungen mit allen Auszahlungen

---

[302] Zum Cash Management von **Reiseveranstaltern** vgl. Mundt (2011), S. 165–191.
[303] Vgl. Coenenberg, Haller, Schultze (2009), S. 769 f.
[304] Vgl. Scheffler (2006), S. 149–151.

einer Berichtsperiode. Diese **direkte Ermittlung** entspräche dem Bild eines Kontoauszuges. Allerdings stehen Unternehmensexternen diese Zahlungsdaten meist nicht zur Verfügung. Dann bietet es sich an, den Cash Flow auf einem vereinfachten Weg über die zugänglichen GuV-Daten zu ermitteln. Bei dieser **indirekten Ermittlung** wird der Jahresüberschuss der GuV um diejenigen Posten zurückgerechnet („bereinigt"), die zuvor bei der Berechnung des Jahresüberschusses eingegangen sind, aber zahlungsunwirksam waren.[305] Dazu zählen insbesondere die Abschreibungen und Rückstellungen. Diese Korrektur um alle nicht-zahlungswirksamen Effekte führt je nach Genauigkeit und Vollständigkeit der Korrekturen ebenfalls zum Cash Flow.

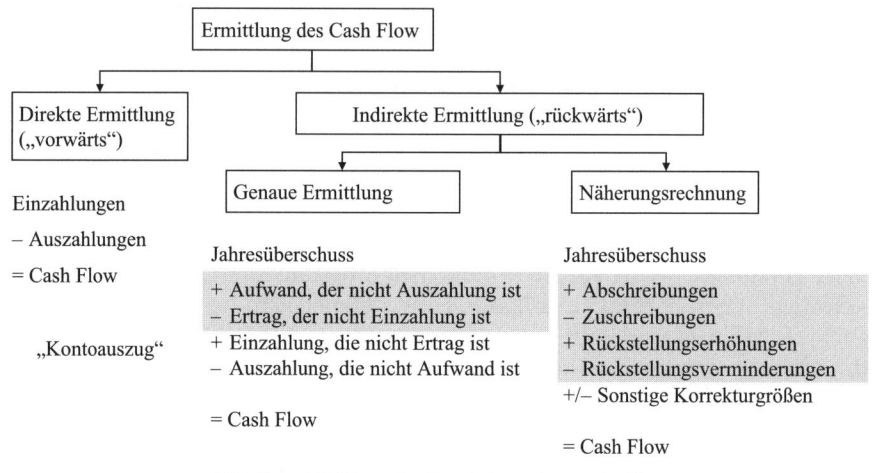

```
                    Ermittlung des Cash Flow
                    /                      \
Direkte Ermittlung          Indirekte Ermittlung („rückwärts")
(„vorwärts")                  /                    \
                      Genaue Ermittlung       Näherungsrechnung
Einzahlungen
– Auszahlungen        Jahresüberschuss        Jahresüberschuss
= Cash Flow
                      + Aufwand, der nicht Auszahlung ist    + Abschreibungen
                      – Ertrag, der nicht Einzahlung ist     – Zuschreibungen
„Kontoauszug"         + Einzahlung, die nicht Ertrag ist     + Rückstellungserhöhungen
                      – Auszahlung, die nicht Aufwand ist    – Rückstellungsverminderungen
                                                             +/– Sonstige Korrekturgrößen
                      = Cash Flow
                                              = Cash Flow
```

Abbildung 78: Wege der Ermittlung des Cash Flows

Für externe Leser von Jahresabschlüssen ist die Genauigkeit des Cash Flows meist weniger interessant als die Frage, wie sich der Cash Flow des Unternehmens **langfristig** entwickelt, auch im Verhältnis zur Verschuldung des Unternehmens (dynamischer Verschuldungsgrad[306]).

3.2.4 Elemente des internen Rechnungswesens

3.2.4.1 Controlling ist nicht Kontrolle

Für die interne Steuerung eines Unternehmens hat sich auch im deutschen Sprachraum der Begriff des Controllings[307] durchgesetzt. Die phonetische Ähnlichkeit zum deutschen Begriff Kontrolle führt allerdings immer noch zu Fehlinterpretationen des Controllings im Sinne einer zu engen Auslegung als reines internes Berichtsystem.

---

[305] Vgl. Reichmann (2011), S. 98 und Scheffler (2006), S. 150 f.
[306] Vgl. Abschnitt 2.1.5.
[307] Engl. to control = steuern, lenken, beherrschen.

3.2 Rechnungswesen und Controlling

Controlling ist mehr: Es ist ein wichtiger betriebswirtschaftlicher Managementprozess, der im Sinne eines Kreislaufes koordinierende (planende) und kontrollierende (berichtende) Elemente umfasst.[308] In mittleren und großen Unternehmen ist das Controlling oft als Abteilung institutionalisiert. Diese Abteilung hat dann zur Aufgabe, die **Führung ergebnisorientiert zu unterstützen**. Daraus folgen als Teilaufgaben das interne Berichtswesen, das Beteiligungscontrolling, das Projektcontrolling sowie weitere Führungsunterstützungs- und Servicefunktionen. Häufig haben einzelne Funktionsbereiche ein eigenes Controlling: Marketing-Controlling, Produktions-Controlling, Beschaffungs-Controlling und IT-Controlling sind besonders häufig anzutreffen.[309]

Das **interne Berichtswesen** umfasst dabei die Sammlung aller wesentlichen Größen, die zur kaufmännischen Steuerung des Unternehmens wichtig sind:[310] Das beinhaltet neben den aus der externen Rechnungslegung ableitbaren monetären Größen auch statistische Kenngrößen, auch **Key Performance Indicators (KPI)** genannt. Im Tourismus fallen hierunter z. B. die Gästezahlen, aus denen mittels Division durch Kapazitätswerte Auslastungszahlen errechnet werden können. Diese Daten werden im Unternehmen allen Personen zur Verfügung gestellt, die sie für ihre jeweiligen Steuerungszwecke benötigen. Hierzu zählen neben der Unternehmensleitung vor allem die Bereichs- oder Regionalleiter und die Produktmanager. Häufig ist diese Informationsversorgung als regelmäßiger Bericht organisiert, der monatlich oder für wichtige Kennzahlen (Buchungszahlen!) auch wöchentlich erfolgt. Neben diesen regelmäßigen Berichten kann das Controlling auch Systeme bereitstellen, aus denen die Verantwortlichen jederzeit aktuelle Daten selbständig abrufen können.

Für diese internen Informationen und deren Organisation gilt:

- **Geschwindigkeit vor Genauigkeit:** Wenn das Unternehmen schnell auf neue Erkenntnisse reagieren können soll, interessieren die Nachkommastellen weniger als die Aktualität der Daten. Das gilt insbesondere für schnelllebige Saisongeschäfte wie die des Tourismus, in denen oft sehr schnell bei Preisen, Kapazitäten und Destinationen „nachjustiert" werden muss.
- **Vertraulichkeit:** Während die Daten der externen Rechnungslegung zwingend publiziert werden müssen, wäre das bei den internen Controllingdaten geradezu fatal: Die Konkurrenz würde „mitlesen" und wäre sicherlich auch hocherfreut, mit der Preiskalkulation und anderen sensiblen Interna des Unternehmens vertraut zu sein.
- **Indivualität:** Im Gegensatz zur externen Rechnungslegung existieren für das interne Berichtswesen keinerlei Vorgaben im Sinne von Gesetzen und Normen. Auch wenn sich bestimmte Standards im Controlling durchgesetzt haben, muss jedes Unternehmen selbst regeln, welche Informationen es wie oft wem, wann und mit welchem Genauigkeitsgrad intern zur Verfügung stellt.
- **Weniger ist mehr:** Fragt man Führungskräfte, welche Informationen sie denn regelmäßig brauchen, kommen schnell lange Listen von Kennzahlen

---

[308] Vgl. Horváth (2011), S. 95–100, Reichmann (2011), S. 2 f. und Steinle (2005), S. 419–423.
[309] Zu diesen Bereichen vgl. ausführlich Reichmann (2011), S. 291–471.
[310] Zu Arten und zur Gestaltung von Berichten vgl. Horváth (2011), S. 534–546.

zusammen. Beobachtet man anschließend im Tagesgeschäft, welche Informationen tatsächlich genutzt werden, stellt sich Ernüchterung ein. Ein gutes internes Berichtswesen produziert keine „Datenfriedhöfe", sondern zeichnet sich durch eine Konzentration auf nachweisbar entscheidungsrelevante Sachverhalte aus. Diese Sachverhalte festzulegen ist eine Aufgabe der Geschäftsführung.

Als Faustregel kann gelten: Alle Sachverhalte und Zahlen, die in der **Planung** geplant wurden, müssen anschließend auch bis zur nächsten Planung fortlaufend berichtet werden. Erst durch das Berichtswesen werden Abweichungen von den Planwerten erkannt, analysiert und dienen als Basis für **Gegensteuerungsmaßnahmen**. Nur durch dieses Zusammenspiel aus Planung, Berichtswesen und initiierten kurzfristigen Maßnahmen entsteht **Steuerung**.[311] Aus diesem Grund liegt die Organisation der monetären Planung häufig wie das Berichtswesen in den Händen des Controllings.[312] Weitreichende Entscheidungsbefugnisse hat das Controlling allerdings nicht. Die Entscheidung über die (Gegen-)Maßnahmen obliegt der Geschäftsleitung.

Aus der Vielzahl möglicher Elemente und Varianten der internen Steuerung sollen nachfolgend zwei besonders interessante herausgegriffen werden. Zuerst wird die Kosten- und Leistungsrechnung gezeigt, da diese als planerische Basis für die Preisbildung von großer Bedeutung ist. Anschließend folgt ein Blick auf die Ergebnisrechnung (Deckungsbeitragsrechnung), deren „Verinnerlichung" ein wichtiger Baustein betriebswirtschaftlichen Denkens ist.

3.2.4.2 Grundzüge der Kosten- und Leistungsrechnung

Ein Unternehmen, das die Kosten seiner Produkte nicht oder nur näherungsweise kennt, kann sinnvolle Verkaufspreise für seine Produkte quasi nur „im Blindflug" bestimmen. Umgekehrt ermöglicht die Analyse der stückbezogenen Kosten eine akurate Kalkulation einer Preisuntergrenze, die – zusammen mit einer vom Markt gegebenen Preisobergrenze – einen mehr oder weniger breiten Spielraum für den Verkaufspreis eines Produktes ergeben, vgl. Abb. 79.

Das Unternehmen spürt „von unten" den **Kostendruck**, der aus seinen Beschaffungs- und Produktionsverfahren entsteht – der Endverkaufspreis p muss mindestens so hoch sein, dass die Kosten gedeckt, die Umsatzsteuer abgeführt und ein Gewinn (Marge) erzielt werden kann. „Von oben" wirkt der **Preisdruck** des Marktes – ein zu hoher Angebotspreis würde die Nachfrage nach dem Produkt deutlich zurück gehen lassen, was durch den Verlauf der Preis-Absatz-Funktion zum Ausdruck kommt.

Die **Kosten- und Leistungsrechnung (KLR)** hat daher das wichtige **Ziel**, die im Unternehmen anfallenden Kosten auf die Produkte („Leistungen") zu verteilen. Die Herausforderung besteht darin, nicht nur diejenigen Kosten auf die Produkte zu verteilen, bei denen die Zugehörigkeit eindeutig ist (Einzelkosten, z. B. Personalkosten für ein bestimmtes Event oder Flugkosten für eine Pauschalreise),

---

[311] Vgl. Abschnitt 3.1.2.
[312] Zur Planungsfunktion des Controllings vgl. Ziegenbein (2007), S. 81–83.

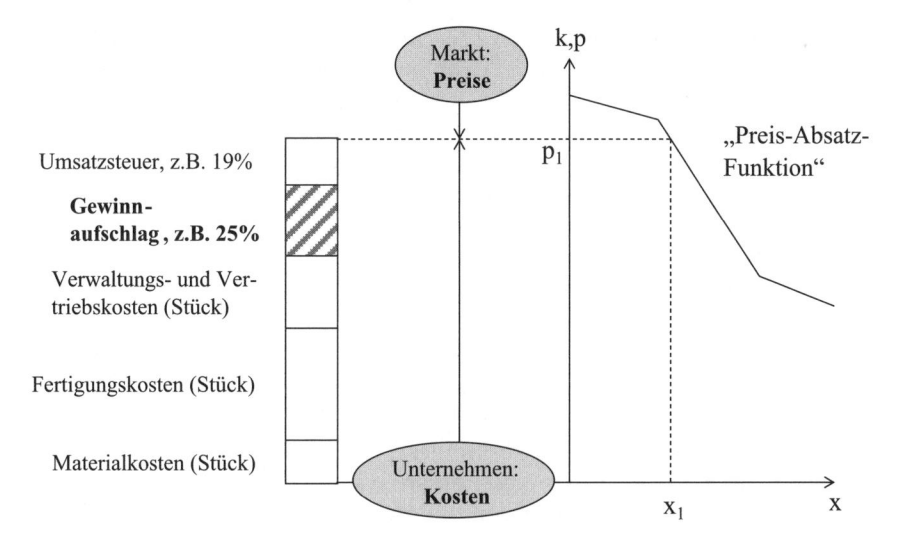

3.2 Rechnungswesen und Controlling

Abbildung 79: Preisbildung auf Basis der Kostenrechnung[313]

→ Geht das Unternehmen mit dem Preis p_1 auf den Markt, verkauft es davon die Menge x_1.

sondern auch die übergeordneten Kosten (Gemeinkosten, „Overheads") aus Bereichen wie Marketing und Verwaltung.

Die Aufgabe löst die Kosten- und Leistungsrechnung in **drei Schritten**:[314]

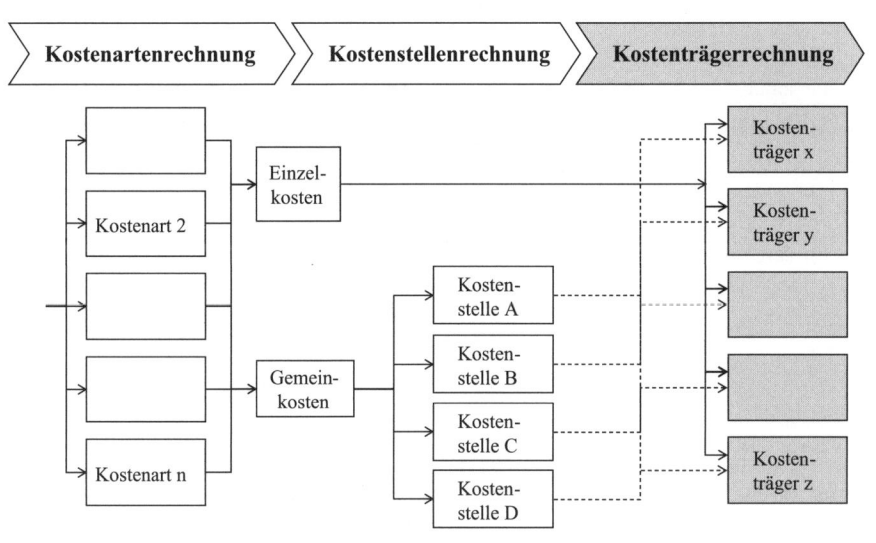

Abbildung 80: Ablauf der Kosten- und Leistungsrechnung

---

[313] Vgl. Hutzschenreuter (2011), S. 310. Ein **Zahlenbeispiel** zur Preiskalkulation findet sich bei Thommen, Achleitner (2009), S. 547.

[314] Vgl. Hutzschenreuter (2011), S. 312 f., Horváth (2011), S. 415–419 und Olfert (2010), S. 63–67.

- In der **Kostenartenrechnung** (Welche Kosten sind angefallen?) erfolgen das Erfassen der Kosten und deren Gruppierung zu Kostenarten entsprechend der Art der verbrauchten Güter. Die Einzelkosten werden direkt auf die Produkte (Kostenträger) verteilt. Die Gemeinkosten müssen hierfür über den Zwischenschritt der Kostenstellenrechnung gehen.
- Die **Kostenstellenrechnung** (Wo sind die Kosten angefallen?) verteilt die Gemeinkosten auf die Kostenstellen (Funktionsbereiche/Abteilungen im Unternehmen), in denen sie entstanden sind.
- In der **Kostenträgerrechnung** (Wofür sind die Kosten angefallen?) laufen die Einzelkosten sowie die über die Kostenstellenrechnung zugeordneten Gemeinkosten wieder zusammen und werden auf die Produkte verrechnet, für deren Erstellung die Kosten angefallen sind. Die summierten Kosten pro Produkt dienen anschließend als Basis für die Preisbildung.

Für diesen Prozess ist ein grundlegendes Verständnis verschiedener Kostenarten notwendig, die in den Abschnitten zur Beschaffung und Produktion teilweise bereits verwendet wurden und nachfolgend zusammengefasst wiedergegeben sind.

Kostenarten			
Nach der Art der verbrauchten Produktionsfaktoren	Nach dem betrieblichen Funktionsbereich	Nach der Abhängigkeit von der Outputmenge	Nach der Zurechenbarkeit auf Kostenträger
• Personalkosten • Materialkosten • Abschreibungen • Zinsen • Energiekosten • ...	• Beschaffungskosten • Fertigungskosten • Verwaltungskosten • Vertriebskosten • ...	• Variable Kosten: Hängen von der erzeugten Produktmenge ab. • Fixe Kosten: Fallen unabhängig von der Outputmenge an, auch bei Stillstand.	• Einzelkosten: Können dem einzelnen Produkt direkt zugeordnet werden. • Gemeinkosten: Fallen „gemeinsam" für unterstützende Leistungen an.

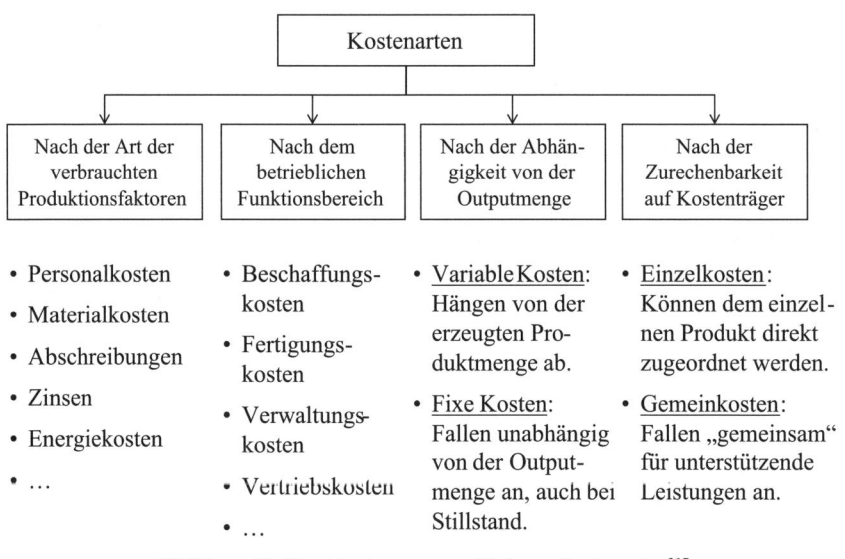

Abbildung 81: Strukturierung verschiedener Kostenarten[315]

Zu Beginn dieses Abschnitts wurde die ergebnisorientierte Führungsunterstützung als Hauptziel des Controllings definiert. Um diese erreichen zu können, muss die Kostenrechnung in eine **Ergebnisrechnung** überführt werden.

---

[315] Vgl. Hutzschenreuter (2011), S. 314. Zu den einzelnen Kostenarten vgl. Olfert (2010), S. 48–63.

3.2.4.3 Ergebnisrechnung auf Vollkostenbasis und Deckungsbeitragsrechnung

In der Ergebnisrechnung des Controllings werden den ermittelten Kosten pro Produkt oder Strategischer Geschäftseinheit (SGE)[316] die entsprechenden Erlöse gegenübergestellt. Analog zu Kostenarten lassen sich verschiedene Erlösarten unterscheiden:

```
                        Erlösarten
                       /          \
           Positive Erlösarten    Negative Erlösarten
```

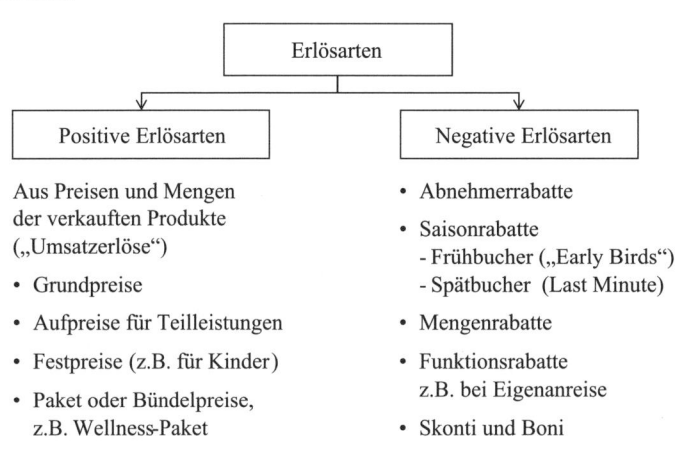

Positive Erlösarten:
- Aus Preisen und Mengen der verkauften Produkte („Umsatzerlöse")
- Grundpreise
- Aufpreise für Teilleistungen
- Festpreise (z.B. für Kinder)
- Paket oder Bündelpreise, z.B. Wellness-Paket

Negative Erlösarten:
- Abnehmerrabatte
- Saisonrabatte
  - Frühbucher („Early Birds")
  - Spätbucher (Last Minute)
- Mengenrabatte
- Funktionsrabatte z.B. bei Eigenanreise
- Skonti und Boni

Abbildung 82: Typische Erlösarten und Beispiele aus dem Tourismus[317]

Die unter den negativen Erlösarten aufgeführten Sachverhalte stellen keine Kosten dar, sondern werden als **Erlösschmälerungen** bezeichnet.

Erlöse und Kosten ergeben, zusammen betrachtet, die Erlösrechnung:

		Produkt A	Produkt B	Produkt C
	Absatzmenge (Stück)	4.000	2.500	1.000
	Erlöse (Umsatzerlöse)	280.000	375.000	300.000
Herstellkosten	* Materialkosten			
	- Materialeinzelkosten (MEK)	40.000	62.500	40.000
	- Materialgemeinkosten (MGK)	4.000	6.250	5.000
	* Fertigungskosten			
	- Fertigungseinzelkosten	56.000	93.750	85.000
	- Fertigungsgemeinkosten	80.000	137.500	135.000
Selbstkosten	- Sondereinzelkosten Fertigung	0	0	0
	* Verwaltungs- und Vertriebskosten	30.000	50.000	44.000
	Ergebnisbeitrag des Produktes	**70.000**	**25.000**	**−9.000**
	Betriebsergebnis gesamt		86.000	

Aussage zur Profitabilität <u>einzelner Produkte</u>

Aussage zur Profitabilität des <u>Gesamtunternehmens</u>

Abbildung 83: Ergebnisrechnung I: Auf Vollkostenbasis[318]

---

[316] Zur Definition einer SGE vgl. Abschnitt 4.2.2.1.
[317] Aufbauend auf Hutzschenreuter (2011), S. 331.
[318] Aufbauend auf ebd., S. 331.

3. Managementprozesse: Lenken und Entscheiden im Tourismus

Mit der Ergebnisrechnung kann die Unternehmensleitung die Wirtschaftlichkeit einzelner Produkte untersuchen und ggf. wichtige Entscheidungen daraus ableiten. Die in Abb. 83 gezeigte Ergebnisrechnung erfolgte auf **Vollkostenbasis**. Das bedeutet, dass alle Kosten (auch die fixen Kosten!) auf die Kostenträger verrechnet, also den Produkten belastet werden. Diese „Fixkosten-Proportionalisierung" hat einen bedeutenden Nachteil, denn sie kann zu Fehlentscheidungen führen. So könnte die Unternehmensleitung im obigen Beispiel auf die Idee kommen, das in der Vollkostenrechnung defizitäre Produkt C zu eliminieren. Allerdings lässt sich die Wirkung dieser Maßnahme auf das Betriebsergebnis nicht zweifelsfrei vorhersagen, da Kosten wegzufallen scheinen, die in Wirklichkeit aber weiterlaufen, insbesondere die fixen Kosten.

Die zweite Variante der Ergebnisrechnung, die **Deckungsbeitragsrechnung**, vermeidet gezielt diese Gefahr, in dem den Produkten nur die variablen Kosten zugeordnet werden.[319] Sie setzt natürlich voraus, dass zu Beginn der Kostenrechnung alle Kosten in fixe und variable Kosten aufgeteilt werden. Dies betrifft primär die Gemeinkosten, da die Einzelkosten hinsichtlich ihres kostendynamischen Verhaltens (Beschäftigungsabhängigkeit) meist variabel sind.[320] Den Produkten werden anschließend nur die variablen Kostenbestandteile angelastet, während die Fixkosten gesamthaft von den einzelnen Produktergebnissen abgezogen werden. Dadurch entsteht eine andere Sichtweise auf das Ergebnis, nämlich die eines produktbezogenen Deckungsbeitrags: In wie weit hilft der Ergebnisbeitrag eines Produktes, die fixen Kosten des Unternehmens abzudecken?[321]

Das Bild aus Kosten- und Ergebnisrechnung sieht bei Zugrundelegung einer Deckungsbeitragsrechnung wie folgt aus:

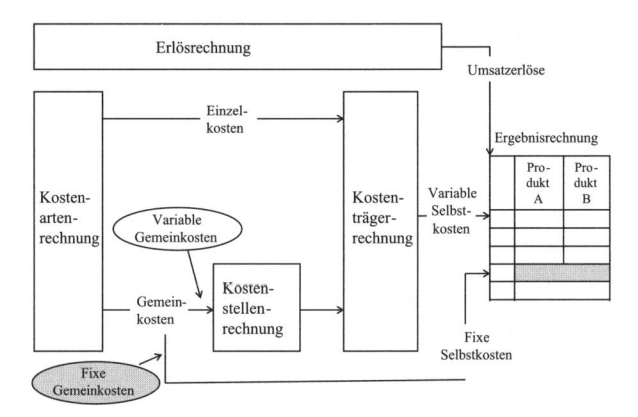

Abbildung 84: Ergebnisrechnung II: Als Deckungsbeitragsrechnung[322]

---

[319] Damit handelt es sich bei der Deckungsbeitragsrechnung um eine **Teilkostenrechnung**, vgl. Horváth (2011), S. 413, am Beispiel eines **Reisebüros** vgl. Bach (2008), S. 272–278.

[320] Ausnahmen bilden die sog. Sondereinzelkosten der Fertigung. Ein Beispiel sind Raumkosten für einen speziellen Kühlraum, der nur für einen bestimmten Kostenträger (Produkt) benötigt wird. Diese würden „fix weiterlaufen", auch wenn das Produkt in einer bestimmten Periode nicht produziert würde.

[321] Daher wird der Deckungsbeitrag in dieser Sicht auch „Fixkostendeckungsbeitrag" genannt.

[322] Vgl. Hutzschenreuter (2011), S. 334.

Werden die fixen Kosten nicht in einer, sondern in mehreren Stufen von den Deckungsbeiträgen abgezogen, spricht man von der **„Stufenweisen Deckungsbeitragsrechnung"**. Dieses Vorgehen trägt der Tatsache Rechnung, dass sich fixe Kosten zwar nicht verursachungsgerecht zurechnen, wohl aber bestimmten Ebenen zuordnen lassen.[323] Diese Ebenen können das Gesamtunternehmen, einzelne SGE oder Produktgruppen sein; im Ausnahmefall auch einzelne Produkte. Gerade bei solchen Tourismusunternehmen, die sich durch eine hohe Variantenvielfalt bei den Produkten auszeichnen, sind stufenweise Deckungsbeitragsrechnungen anspruchsvoll und notwendig zugleich. Eine typische, sehr verkürzte stufenweise Deckungsbeitragsrechnung eines Reiseveranstalters zeigt Abb. 85. Darin wird deutlich, dass mit jeder höheren Deckungsbeitragsstufe

		Kontenbeschreibung
		Veranstaltererlöse (Umsätze aus verkauften Reisen)
	+	Sonstige Erlöse
	+	Erlöse aus Unterverdcharterung (von Flugzeugen, Schiffen oder Bussen)
	=	* **Summe: Umsatzerlöse Reiseveranstalter**
	+	Stornoerlöse
	+	Sonstiger touristischer Umsatz
	–	Kulanzen und Gewährleistungen („Erlösschmälerungen")
	=	** **Gesamtumsatz**
		Unterkunfts- und Verpflegungskosten
	+	Beförderungskosten
	+	Transferkosten
	+	Betreuungskosten
–	=	* **Veranstalteraufwand („Touristische Kosten")**
=		**Deckungsbeitrag I**
		Werbeaufwendungen
	+	Katalogaufwendungen
	+	Provisionen an Reisebüros (für verkaufte Reisen)
	=	* **Marketingaufwand (brutto)**
	–	Werbekostenzuschüsse (erhalten Veranstalter von Leistungsträgern)
–	=	* **Marketingaufwand (netto)**
=		**Deckungsbeitrag II**
		Löhne und Gehälter allgemein
	+	Sonstige Personalkosten (Sozialversicherung etc.)
–	=	* **Personalaufwand**
	–	Abschreibungen
=		**Deckungsbeitrag III**
–		Sonstiger betrieblicher Aufwand (Raummieten, IT, …)
–		Sonstige Steuern
=		**Betriebsergebnis**

Abbildung 85: Muster für die stufenweise Deckungsbeitragsrechnung eines Reiseveranstalters

---

[323] Vgl. Thommen, Achleitner (2009), S. 553 f.

(z. B. III) die Zuordnungsfähigkeit der einfließenden Kosten (z. B. Personalkosten) zu einzelnen Produkten oder Produktgruppen sinkt.

Die mehrstufigen Ergebnisdarstellungen haben für ein Tourismusunternehmen entscheidende Vorteile. Zum einen steht eine fundierte Basis für die vorsaisonale **Produktpreiskalkulation**[324] und das untersaisonale **Yield Management** zur Verfügung. Zum anderen können die Verantwortlichkeiten für die Erreichung entsprechender **Ergebnisziele** vollständig und gerechter auf einzelne Bereiche und Personen verteilt werden. So bekommen Produktmanager häufig ihr persönliches, jahresbezogenes Ergebnisziel in Form eines Deckungsbeitrag II („DB II")-Ziels mit auf den Weg gegeben. Ein DB II-Ziel ist für den Produktmanager gerechter als etwa die Zielgrößen „Betriebsergebnis" oder gar „Jahresüberschuss des Gesamtunternehmens", denn in letztere gehen zu viele Kostenpositionen ein, die er durch sein Managementhandeln kaum oder gar nicht beeinflussen kann.

3.2.4.4 Besonderheiten der Controlling-Sicht auf das Geschäft

Im Sinne des Controlling-Kreislaufes werden alle Ergebnisziele und die wesentlichen darin einfließenden Umsatz- und Kostengrößen sowohl geplant als auch regelmäßig an die Geschäftsführung berichtet. Damit schließt sich der Kreis der Steuerung.

Mit der aus der externen Rechnungslegung bekannten GuV besitzt die interne Ergebnisrechnung des Controllings offensichtliche formale Ähnlichkeiten. Sie wird daher auch als „Controlling-GuV" oder als Sicht des **„Management Accounting"**[325] bezeichnet. Allerdings ist die Controlling-Ergebnisrechnung in der Tiefe (Anzahl Positionen) wesentlich differenzierter und in der Breite (Aufteilung nach Produkten oder Segmenten) deutlich flexibler und informativer. Zudem werden in den Ergebnisrechnungen des Controllings bestimmte **Abgrenzungen** vorgenommen: Einzelne Positionen werden nicht gemäß ihres zeitlichen **Anfalls** (buchhalterische Ansätze) erfasst, sondern hinsichtlich des zeitlichen **Nutzens** (kalkulatorische Ansätze) abgegrenzt.[326] Beispiele hierfür sind die Verteilung von Katalogaufwendungen auf die Monate der entsprechenden Saison oder der jährlichen Versicherungsprämien für Fluggeräte auf die zwölf Kalendermonate. Auch entsprechen die Herstellkosten der internen KLR nicht den in der externen Handels- und Steuerbilanz anzusetzenden Herstellungskosten.

Technisch werden Controlling-Ergebnisrechnungen häufig automatisch aus den Buchhaltungssystemen der externen Rechnungslegung generiert. Mit steigen-

---

[324] Vgl. die Kalkulationsbeispiele für **Reiseveranstalter** bei Mundt (2011), S. 153–162 und Bach (2008), S. 265–267.
[325] Als Abgrenzung zum Begriff des **„Statutory Accounting"**, der im Englischen für die externe Rechnungslegung steht, vgl. Horváth (2011), S. 129.
[326] Der Begriff der **Abgrenzung** meint hier die Verteilung einer Größe auf die Perioden der wirtschaftlichen Relevanz. Neben der periodenbezogenen Abgrenzung sind auch Abgrenzungen betriebsfremder und außerordentlicher Aufwendungen und Erträge relevant, vgl. Benz (2011), S. 42–51.

3.2 Rechnungswesen und Controlling

der Unternehmensgröße, Anzahl der Geschäftsfelder und Produktvarianten, und vor allem bei stark saisonal geprägten Geschäftsabläufen wie im Tourismus, wächst der Bedarf, die Controlling-Darstellungen mit deutlich **mehr** Daten anzureichen, als die Buchhaltung automatisch durch Überleitungen erzeugen kann. Zudem werden die Daten für die Zwecke des Controllings meist deutlich **häufiger** und **früher** benötigt: Ein Produktmanager muss bereits kurz nach Beginn eines neuen Monats – in der Regel vor Abschluss der Buchhaltung für den abgelaufenen Monat – wissen, wie der letzte Monat für sein Produkt „gelaufen ist", wo er gegensteuern kann und wie sich das schon in der kommenden Woche in neuen Zahlen niederschlägt. Daher bestehen in vielen Unternehmen unterschiedliche Berichtssysteme, -inhalte, und -termine parallel, was Abstimmungsbedarf erzeugt und die Steuerung noch anspruchsvoller macht.

Da es keine gesetzlichen oder anderweitigen Vorschriften für die Gestaltung der internen Ergebnisrechnung gibt, gehört es zu den **wichtigen kaufmännischen Kompetenzen**, diese Kalkulationen individuell für das eigene Unternehmen zu entwickeln, zu pflegen, eine Verbindlichkeit hierfür herzustellen und die Informationen der Ergebnisrechnungen sinnvoll einzusetzen. Das Arbeiten im Controlling erfordert daher nicht nur gutes Zahlenverständnis und analytische Fähigkeiten, sondern auch kommunikatives Geschick und Wissen um die Produkte, Märkte und Geschäftsprozesse des Unternehmens. Damit ist der Job des Controllers im Vergleich zu vielen anderen nicht nur relativ krisensicher, sondern kann auch ein Sprungbrett in Managementpositionen darstellen.

3.2.5 Kennzahlen der bilanziellen und erfolgswirtschaftlichen Analyse

Erfolg und Misserfolg sind in hohem Maße **subjektive Größen**, die sich letztlich nur durch Vergleich einer bestimmten geplanten Größe (Soll) mit einem erreichten Wert (Ist) ermitteln lassen („Soll-Ist-Vergleich")[327]. Erfolg muss nicht zwangsläufig mit einer monetären Größe beschrieben werden. Erfolg kann auch darin bestehen, dass ein Projekt sach- und zeitgerecht abgeschlossen wurde oder ein PR-Event mit einer positiven Medienresonanz endete.

Neben den Kennzahlen der finanzwirtschaftlichen Analyse[328] stellen die Kennzahlen der erfolgswirtschaftlichen Analyse zentrale betriebswirtschaftliche Rechen- und Arbeitsgrößen dar. Dies gilt sowohl für die interne Steuerung und Zielvorgabe, als auch für die externen Adressaten dieser Zahlen. So sehen sich z. B. große, börsennotierte Konzerne unter einem großen Druck, ständig „**gute Zahlen**" melden zu müssen, da sie nicht nur Jahresabschlüsse, sondern zusätzliche Quartalsabschlüsse vorlegen müssen. Für Tourismuskonzerne, deren Quartale hinsichtlich der Erfolgs- und Liquiditätskennzahlen sehr unterschiedlich ausfallen, ist die Kommunikation echter oder vermeintlich „**schlechter Zahlen**" jedes Mal eine Herausforderung.

---

[327] Synonym: Plan-Ist-Vergleich.
[328] Vgl. Abschnitt 2.1.5.

3. Managementprozesse: Lenken und Entscheiden im Tourismus

Die anfangs vorgestellten monetären Wertgrößen eines Unternehmens liegen zunächst nur in **absoluter Zahlenform** z. B. in Bilanz, GuV oder Cash Flow-Rechnung vor. Aus kaufmännischer Sicht wird eine absolute Zahl allerdings erst durch einen Vergleich mit einer anderen Zahl interessant. Mathematisch erfolgt die Inbezugsetzung einer Zahl zu einer anderen Zahl bekanntlich entweder durch Differenzbildung (absolute Abweichung) oder Division **(Rationale Zahlen)**. Für beides bieten sich inhaltlich im kaufmännischen Bereich folgende Einsatzzwecke an:

Vergleich über die Zeit: Die Gegenüberstellung mit Vorjahres-, Vorsaison- oder Vorschauwerten[329] gibt Aufschlüsse über vergangene oder zukünftige Entwicklungen.

Vergleich mit einem Planwert: Erst durch einen Soll-Ist-Vergleich (s. o.) lässt sich die Zielerreichung messen.

Vergleich mit der Konkurrenz oder Idealwerten: Die Gegenüberstellung der eigenen Leistung mit Standards (Benchmark) oder Daten der Konkurrenz liefern Erkenntnisse der eigenen Position im Wettbewerb.

Kennzahlen der **bilanziellen Analyse** teilen sich auf in solche, die sich vor allem auf die Aktivseite der Bilanz beziehen und andere, die sich aus den Positionen der Passivseite ermitteln lassen. Die letztgenannten wurden bereits im Abschnitt zu den Kennzahlen der finanzwirtschaftlichen Analyse vorgestellt.[330] Auf der Aktivseite der Bilanz interessiert bei touristischen Unternehmen oft die Anlagenintensität:

$$(1) \quad \text{Anlagenintensität} = \frac{\text{Anlagevermögen}}{\text{Gesamtvermögen}}$$

Generell ist die Anlagenintensität in Dienstleistungsbranchen geringer als die in Industrieunternehmen. Aber auch im Tourismus gibt es mit der Hotellerie, dem Luftverkehr und dem Kreuzfahrtwesen sehr anlageintensive Bereiche. Diese sind automatisch mit einem hohen Fixkostenanteil verbunden, da relativ viel Kapital in Flugzeugen und Hotels gebunden ist. Die Unternehmen müssen dieses Anlagevermögen permanent ertragsoptimal auslasten, unter anderem durch eine dynamische Preis- und Mengenplanung im Yield Management. Das Beispiel Anlageintensität zeigt sehr anschaulich, dass es nicht ausreicht und zu Fehlinterpretationen führt, eine Kennzahl isoliert zu betrachten und Unternehmen anhand dessen zu vergleichen. Denn verkauft bspw. eine Fluggesellschaft Flugzeuge, um sie anschließend für den Betrieb zurück zu mieten, geht zwar die Kennzahl Anlagenintensität zurück, aber die Kosten bleiben in anderer Form bestehen. Sie verschieben sich lediglich in der GuV von den Abschreibungen zum Mietaufwand. Vergleiche sollten daher immer **mehrere**

---

[329] **Vorschauwerte** (engl. Forecast) geben im Berichtswesen an, wie aus Sicht des Verantwortlichen der voraussichtliche Endwert (z. B. zum Jahresende) einer Berichtsgröße (z. B. Gästezahlen, Deckungsbeitrag) ausfallen wird. Vorschauwerte ändern sich daher im Laufe des Jahres und dürfen daher keinesfalls mit den **Planwerten** gleichgesetzt werden, die unverändert bleiben, vgl. Abschnitt 3.1.2.

[330] Vgl. die Übersicht über Bilanzkennzahlen bei Bach (2008), S. 226–230 und Abschnitt 2.1.5.

3.2 Rechnungswesen und Controlling

Kennzahlen einbeziehen und am **Geschäftsmodell** der betrachteten Unternehmen ausgerichtet werden.

Im Rahmen der **erfolgswirtschaftlichen Analyse** werden vor allem **Renditekennzahlen** betrachtet, die durch Division einer Erfolgsgröße (Jahresüberschuss, DB II, EBIT[331], ...) durch einen Kapitaleinsatz (Resultat: z. B. Eigenkapitalrendite) oder eine Leistungsgröße (Resultat: z. B. Umsatzrendite) berechnet werden.[332] Die bekannteste unter diesen Größen ist der **Return on Investment (ROI)**, der an der Spitze eines ganzen Kennzahlensystems steht:[333]

$$(2) \quad \text{Return on Investment} = \frac{\text{Gewinn}}{\text{Kapitaleinsatz}}$$

$$\text{Return on Investment} = \frac{\text{Gewinn}}{\text{Kapital}}$$

$$\text{Umsatzrentabilität} = \frac{\text{Gewinn}}{\text{Umsatz}} \quad \times \quad \text{Kapitalumschlag} = \frac{\text{Umsatz}}{\text{Kapital}}$$

Gewinn | Umsatz | Umsatz | Kapital (Vermögen)

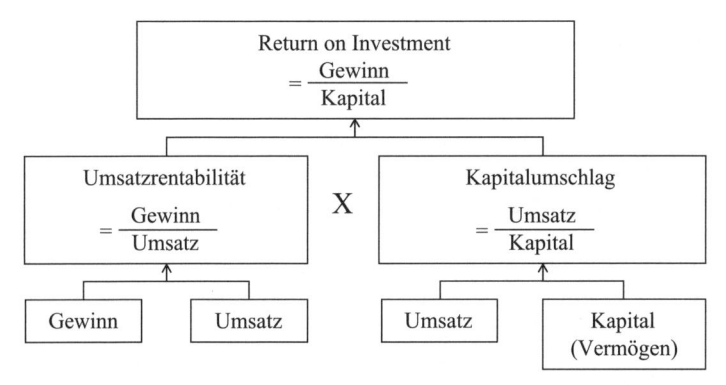

Abbildung 86: Der Return on Investment und seine Quellen[334]

Die Einsatzmöglichkeiten von Renditekennziffern sind fast unbegrenzt. In diesem Buch kamen sie bereits im Rahmen der statischen Investitionsrechenverfahren zum Einsatz. Die Auswahl der im Zähler einzusetzenden Gewinngrößen hängt vom Untersuchungszweck ab. Viele Unternehmen haben gerade in der Controlling-Sicht eigene, teilweise auch branchenbezogene Erfolgsgrößen. Als Beispiel kann der Gross Operating Profit (GOP) dienen, der in der Hotellerie als Gewinngröße zur Ermittlung der **Umsatzrendite** eingesetzt wird und Hotel-Betriebsvergleiche unabhängig von den Eigentumsverhältnissen ermöglicht:

$$(3) \quad \text{Umsatzrendite} = \frac{\text{Gewinn}}{\text{Umsatz}}$$

---

[331] EBIT: Earnings before Interest and Tax, Ergebnis vor Zinsen und Ertragssteuern
[332] Vgl. die Übersicht über Erfolgskennzahlen bei Bach (2008), S. 222–225.
[333] Zu diesem und weiteren Kennzahlensystemen im Controlling vgl. Reichmann (2011), S. 23–41, Vahs, Schäfer-Kunz (2007), S. 286–293 und Ziegenbein (2007), S. 164–168. Zur Bedeutung von Kennzahlensystemen in der **Hotellerie** vgl. von Freyberg (2010), S. 87–90, Dettmer, Hausmann (2008), S. 153–157 und Berg (2006), S. 412–418, zu Kennzahlen im **Luftverkehrsmanagement** vgl. Maurer (2006), S. 122–131.
[334] Vgl. Hutzschenreuter (2011), S. 104. Das dahinter stehende Du Pont-Kennzahlensystem geht auf den amerikanischen Chemiekonzern Du Pont zurück, vgl. Vahs, Schäfer-Kunz (2007), S. 287.

Weitere wichtige erfolgswirtschaftliche Kennzahlen sind **Produktivität** und **Wirtschaftlichkeit**:[335]

(4) $\text{Produktivität} = \dfrac{\text{Erzeugte Produktmenge}}{\text{Eingesetzte Faktormenge}}$

Bsp. $\text{Arbeitsproduktivität} = \dfrac{\text{Erzeugte Produktmenge}}{\text{Arbeitsstunden}}$

(5) $\text{Wirtschaftlichkeit} = \dfrac{\text{Sollkosten}}{\text{Istkosten}}$

Besonders aussagefähig für die betriebswirtschaftliche Steuerung sind zudem solche Relativkennzahlen, die durch Division von GuV-Größen mit **statistischen Kennzahlen** entstehen. Sie geben wichtige Hinweise in Bezug auf die Wirtschaftlichkeit des Mitteleinsatzes und darauf basierende Entscheidungen. Als Beispiel kann die Kennzahl Deckungsbeitrag pro Mitarbeiter im Reisebüro angeführt werden.

Wichtig ist auch der Zusammenhang zwischen den Renditekennzahlen und den Liquiditätskennzahlen. **Erfolg und Liquidität** können als die zentralen betriebswirtschaftlichen Zielgrößen aufgefasst werden. Die Liquidität, die ständige Zahlungsbereitschaft, stellt dabei die Grundvoraussetzung dar, die ein dauerhaftes Streben nach Erfolg erst ermöglicht.[336] Kann ein Unternehmen seine Zahlungsverpflichtungen nicht mehr erfüllen, besteht **Illiquidität**. Dauerhafte Verluste als Ausdruck der Erfolglosigkeit münden in einer **Überschuldung** des Unternehmens.[337] In beiden Fällen hat das Unternehmen **Insolvenz** anzumelden (§§ 17 und 19 Insolvenzordnung).

3.2.6 Stimmen aus der Praxis: Susanne Wübbeling, Starwood Hotels & Resorts Worldwide Inc.

Susanne Wübbeling
Area Director of Finance
Starwood Hotels &
Resorts, Germany South &
Switzerland

Starwood Hotels & Resorts Worldwide, Inc. ist mit mehr als 1.025 Hotels in 100 Ländern und 145.000 Mitarbeitern in eigenen Hotels & Managementbetrieben eine der führenden Hotelgesellschaften der Welt. Starwood ist Eigentümer, Betreiber und Franchisegeber von Hotels & Resorts internationaler Marken wie St. Regis, The Luxury Collection, W, Westin, Le Méridien, Sheraton, Four Points by Sheraton, Aloft und Element.

Die **Arabella Hospitality Group** ist die Führungsgesellschaft der Schörghuber Unternehmensgruppe für den Unternehmensbereich Hotel.

---

[335] Vgl. Olfert (2010), S. 42–48.
[336] Vgl. Hutzschenreuter (2011), S. 108.
[337] **Überschuldung:** In der Bilanz übersteigen die Schulden (= Passivseite) die Vermögenswerte (= Aktivseite). Das Eigenkapital ist durch fortwährende Verluste aufgezehrt.

Sie betreibt das Assetmanagement für die 23 im Eigentum befindlichen und gepachteten Hotels und vertritt die Interessen der Schörghuber Unternehmensgruppe gegenüber Starwood Hotels & Resorts. Beide Unternehmen verbindet seit 1998 eine enge Partnerschaft, die 2011 in die Übernahme des Managements für das Gros der Häuser durch Starwood Hotels & Resort mündete.

Die **Schörghuber Unternehmensgruppe** ist ein familiengeführtes Unternehmen mit Sitz in München. Es ist in den Geschäftsfeldern Bauen & Immobilien, Getränke sowie Hotel national und international erfolgreich tätig.

Im August 2010 beschloss der Holdingvorstand der Schörghuber Unternehmensgruppe, das Portfolio künftig auf eigene Immobilien zu limitieren und keine Management- oder Pachtverträge für fremde Hotelimmobilien mehr abzuschließen. Der Hotelbereich bleibt weiterhin eines der drei Geschäftsfelder der Schörghuber Unternehmensgruppe. Der Fokus wird jedoch zukünftig stärker im Besitz und im Assetmanagement von Hotelimmobilien als in deren Management liegen.

Diese Änderung der bisherigen Strategie wurde insbesondere durch eine für die Hotellerie wichtige Änderung im Bereich der Rechungslegung getrieben. Es war dies die – voraussichtlich zum 1. Januar 2013 in Kraft tretende – Neufassung des IFRS 17, die eine grundsätzliche Neuausrichtung der Wachstumsstrategie der Arabella Hospitality Group unumgänglich gemacht hatte.

IFRS 17 unterschiedet derzeit noch zwischen einem Finanzierungs-Leasing (finance lease) und dem operativen Leasing (operating lease). Mietverträge für Hotels werden bislang weit überwiegend als operating lease und damit als mietähnliche Leasingverträge in der Bilanz ausgewiesen. Für den Leasingnehmer hat dies den Vorteil, dass das Leasingobjekt in der Bilanz nicht als Vermögenswert oder Verbindlichkeit ausgewiesen werden muss. Der neue IFRS 17 trifft diese Unterscheidung nicht mehr. Leasingnehmer werden darin verpflichtet, sämtliche aus dem Leasingverhältnis resultierenden Vermögenswerte und Verbindlichkeiten in der Bilanz auszuweisen. Dies erhöht die Bilanzsumme und verringert damit die Eigenkapitalquote.

Diese Unternehmensentwicklung zeigt deutlich, welche Auswirkungen Änderungen der Bilanzierungsvorschriften auf die **Unternehmensstrategie** haben können. Insbesondere die hohe Kapitalbindung im Anlagevermögen bei Hotels hat entsprechende Auswirkungen auf die Renditekennzahlen (ROI, EK-Quote) und das Rating eines Konzerns, sodass tiefgreifende Strategieanpassungen nötig werden können.

Mit der Änderung der Strategie und der Umstrukturierung der Hotels auf das Starwood Management gingen auch Änderungen im Berichtswesen in den Hotels einher. Das **monatliche und quartärliche Reporting** wurde umfangreicher, kurzfristiger und stärker von Kennzahlen geprägt. Zentrales Rechnungswesen und Hotelcontrolling müssen noch enger zusammenarbeiten, denn Monatsabschlusszahlen müssen bereits am 2. Werktag eines Monats an die Zentrale der Starwood EAME[338] Division in Brüssel gemeldet werden. Diese Geschwindigkeit setzt die Erstellung eines Monatsabschlusses voraus, welcher zum Teil

---

[338] EAME: Europe, Africa, Middle East.

auf vorläufigen Daten basiert, die im Folgemonat entsprechend der aktuellen Werte angepasst werden. Damit unterstützt man das Ziel, internes und externes Berichtswesen kaum voneinander abweichen zu lassen.

In der internationalen Kettenhotellerie, und so auch bei Starwood Hotels & Resorts, hat sich der **Flow Through** als wichtige Kennzahl durchgesetzt. Diese Kennzahl analysiert, in welchem Verhältnis sich zusätzlich generierter Umsatz im Gewinn widerspiegelt. Umgekehrt erklärt die Kennzahl bei niedrigeren als geplanten Umsätzen, das Verhältnis der Kosteneinsparungen zur Erzielung des erwarteten Ergebnisses. Die Kennzahl stellt direkt das Kostenmanagement der einzelnen Abteilungen im Hotel dar und macht die Zielerreichung gegenüber Plan- oder Vorjahreszahlen messbar.

Durch die volle Integration in einen internationalen Hotelkonzern haben auch die Hotels der Arabella Hospitality Group jetzt Einblick und den direkten Vergleich mit den anderen Hotels der Starwood-Gruppe. Diese **Transparenz** eröffnet viele Möglichkeiten sich mit Kollegen auszutauschen und Synergien zu bündeln, aber auch zu bewerten, wo „mein Hotel" im Vergleich zu anderen Häusern steht. Konzernübergreifende Vergleiche zur Market Penetration, Average Rate oder dem Revenue Generating Index mit Hotels aus dem direkten Mitbewerberumfeld sind anonymisiert über unabhängige Beratungsfirmen wie z. B. STR Global erhältlich.

Controlling im Tourismus ist eine extrem spannende Aufgabe, die jeden Tag neue Herausforderungen mit sich bringt und viele Facetten hat. Es erfordert insbesondere in der Hotellerie viel Flexibilität und Branchenkenntnis. Viele Faktoren beeinflussen das operative Geschäft (Wirtschaftskrisen, Vulkanausbruch/Aschewolke, Unruhen in Feriendestination wie z. B. Ägypten, Tunesien, Wettersituation etc.) und verursachen ein stark schwankendes Geschäft mit ebensolchen Zahlungsströmen.

Planungssicherheit ist nur bedingt gegeben und bedingt daher insbesondere vom **Controlling auf operativer Ebene** einen schnellen analytischen Blick, Verständnis für das Geschäft und Unterstützung bei der Lösungsfindung. Schließlich dienen die vom Controlling erstellten Managementberichte und Ad-Hoc-Analysen der Geschäftsleitung zur Entscheidungsfindung. Das gelingt nur mit Systemen, die die geforderten Informationen kurzfristig zur Verfügung stellen können. Controlling ist auch ein großer Teil Datenbankpflege und erfordert daher eine Affinität zur IT.

Strategisches Controlling in der Hotellerie beschäftigt sich mit Marktanalysen und der entsprechenden Positionierung des Hotels im Markt oder auch mit der Bewertung von neuen Hotelprojekten sowie Auswirkungen von Änderungen in der Bilanzierung (siehe oben).

Literatur

Air Berlin (2012): Geschäftsbericht 2011, Berlin

Bach, Thomas (2008): Buchführung, Jahresabschluss und Controlling in Reiseverkehrsunternehmen. 3. Aufl., Frankfurt am Main

Benz, Christoph (2011): Touristikkostenrechnung. Management-Accounting für Touristik-Unternehmen. Wiesbaden

Berg, Waldemar (2006): Tourismusmanagement. Ludwigshafen

Coenenberg, Adolf G.; Haller, Axel; Schultze, Wolfgang (2009): Jahresabschluss und Jahresabschlussanalyse. Betriebswirtschaftliche, handelsrechtliche, steuerrechtliche und internationale Grundsätze. 21. Aufl., Stuttgart

Dettmer, Harald; Hausmann, Thomas (2008): Betriebswirtschaftslehre für das Gastgewerbe, managementorientiert. Hamburg

Döring, Ulrich; Buchholz, Rainer (2009). Buchhaltung und Jahresabschluss. Mit Aufgaben und Lösungen. 11. Aufl., Berlin

von Freyberg, Burkhard (2010): Ausgewählte Instrumente des Hospitality Controlling; in: *von Freyberg, Burkhard* (Hrsg.): Hospitality Controlling. Erfolgreiche Konzepte für die Hotellerie. Berlin, S. 75–97

Horváth, Peter (2011): Controlling. 12. Aufl., München

Hutzschenreuter, Thomas (2011): Allgemeine Betriebswirtschaftslehre, 4. Aufl., Wiesbaden

Jung, Hans (2010): Allgemeine Betriebswirtschaftslehre, 12. Aufl., München

Maurer, Peter (2006): Luftverkehrsmanagement. Basiswissen. 4. Aufl., München, Wien

Mundt, Jörn W. (2011): Reiseveranstaltung. Lehr und Handbuch. 7. Aufl., München

Olfert, Klaus (2010): Kostenrechnung. 16. Aufl., Herne

Reichmann, Thomas (2011): Controlling mit Kennzahlen. Die systemgestützte Controlling-Konzeption mit Analyse- und Reportinginstrumenten. 8. Aufl., München

Scheffler, Eberhard (2006): Bilanzen richtig lesen. Rechnungslegung nach HGB und IAS/IFRS. 7. Aufl., München

Steinle, Claus (2005): Ganzheitliches Management. Eine mehrdimensionale Sichtweise integrierter Unternehmensführung, Wiesbaden

Thommen, Jean-Paul; Achleitner, Ann-Kristin (2009): Allgemeine Betriebswirtschaftslehre. Umfassende Einführung aus managementorientierter Sicht. 6. Aufl., Wiesbaden

Vahs, Dietmar; Schäfer-Kunz, Jan (2007): Einführung in die Betriebswirtschaftslehre. 5. Aufl., Stuttgart

Wöhe, Günter; Döring, Ulrich (2010): Einführung in die Allgemeine Betriebswirtschaftslehre. 24. Aufl., München

Ziegenbein, Klaus (2007): Controlling. 9. Aufl., Ludwigshafen

Weiterführende Literaturhinweise

Jossé, Germann (2008): Basiswissen Kostenrechnung. Kostenarten, Kostenstellen, Kostenträger, Kostenmanagement. 5. Aufl., München

Horváth, Peter (Hrsg.) (2011): Exzellentes Controlling, exzellente Unternehmensleistung. Best Practice und Trends im Controlling, Stuttgart

Langenbeck, Jochen (2007). Kompakt-Training Bilanzanalyse. 3. Aufl., Ludwigshafen

Steinle, Claus; Daum, Andreas (Hrsg.) (2007): Controlling. Kompendium für Ausbildung und Praxis. 4. Aufl., Stuttgart. Insbesondere Abschnitt 5 (Grundlegende Teilsysteme und Werkzeuge des Controlling) und Abschnitt 7 (Jahresabschlussanalyse)

3.3 Personalmanagement

3.3.1	Fallbeispiel: Schindlerhof	240
3.3.2	Begriffsabgrenzung und Zieldefinition	241
3.3.3	Aufgaben der Personalwirtschaft	242
3.3.3.1	Überblick	242
3.3.3.2	Personalbedarfsermittlung	243
3.3.3.3	Personalbeschaffung	245
3.3.3.4	Personaleinsatz	247
3.3.3.5	Personalentlohnung	249
3.3.3.6	Personalentwicklung	251
3.3.3.7	Personalfreisetzung	252
3.3.4	Personalführung	255
3.3.4.1	Motivationstheorien	255
3.3.4.2	Führungsstile	258
3.3.4.3	Führungstechniken	260
3.3.5	Stimmen aus der Praxis: Andreas Graeber-Stuch, Eckelmann Hotels KG	261

Leitfragen

- Wie sind die Begriffe Personalmanagement, Personalwirtschaft und Personalführung gegeneinander abzugrenzen?
- Mit welchen Aufgaben beschäftigt sich die Personalwirtschaft?
- Der Personalbedarf kann nach bestimmten Kriterien ermittelt werden. Nach welchen?
- Welche Personalbeschaffungswege stehen einem Unternehmen offen und wodurch sind diese jeweils charakterisiert?
- Wie kann der Personaleinsatz geplant werden? Welche Bedeutung kommt dabei der Spezialisierung zu und welche Mittel stehen zur Ausweitung des Arbeitsinhalts zur Verfügung?
- Nach welchen Kriterien können Mitarbeiter entlohnt werden?
- Weshalb ist die Personalentwicklung von Bedeutung? Nennen Sie Möglichkeiten der Personalentwicklung.
- Wie kann Personal freigestellt werden und worauf ist jeweils zu achten?
- Weshalb ist die Mitarbeitermotivation von Bedeutung? Welche grundlegenden Theorien kennen Sie diesbezüglich?
- Erklären Sie ein- und mehrdimensionale Führungsstile. Welche Kriterien wendet das Kontinuum der Führungsstile nach Tannenbaum/Schmidt bzw. das Verhaltensgitter nach Blake/Mouton an und welche Führungsstile leiten sich daraus ab?
- Wozu dienen Führungstechniken? Wie funktioniert das in der Praxis weit verbreitete Management by Objectives-Verfahren?

3.3.1 Fallbeispiel: Schindlerhof

In Nürnberg-Boxdorf befindet sich der *Schindlerhof*, ein 1984 gegründetes preisgekröntes Tagungshotel. Das aus einem Bauernhof entstandene Hotel konnte im Laufe der Jahre ein stetiges Wachstum verzeichnen und wird mittlerweile in zweiter Generation von *Nicole Kobjoll* geführt. Einer der wichtigsten Erfolgsfaktoren für den *Schindlerhof* sind begeisterte und motivierte Mitarbeiter – kurz „die gute Stimmung an Bord", wie die Juniorchefin sagt. „Dann geschieht der Rest wie von selbst. Fühlen sich die Mitarbeiter gut, teilt sich das auch unseren Gästen mit."[339]

Doch wie erreicht man eine hohe Mitarbeiterbegeisterung? Angemessene Personalauswahl, Ausbildung, Motivation und Führung sind Teile des Konzepts, welches beim *Schindlerhof* dazu geführt hat, dass das Hotel aus einem Überangebot an Bewerbern die am besten geeigneten auswählen kann. Ein eher außergewöhnliches Werkzeug, welches der Schindlerhof zudem einsetzt, ist der Mitarbeiter-Aktienindex MAX. Er wurde 2003 eingeführt und wird aufgrund der hohen Akzeptanz mittlerweile von mehr als 100 Unternehmen genutzt. Im *Schindlerhof* startet dabei jeder Mitarbeiter mit einem Depot von 1000 sogenannten Pixeln. Pixel können mittels verschiedenster Parameter erhöht aber auch vermindert werden, wie z.B.

- Aktive Arbeit im Zeitplansystem
- Beteiligung am Vorschlagswesen
- Persönliche Fehlerquote
- Ergebnisse aus regelmäßig stattfindenden Beurteilungsgesprächen
- Freiwillige Mitarbeit an Projekten
- Pünktlichkeit
- Berufliche Weiterbildung in der Freizeit, etc.

Zusätzlich gibt es noch einen Teamindex (Hotel, Küche, Restaurant, Tagung etc.) und einen Community-Index (Reklamationskosten, Fortschritte bei der Jahreszielerreichung, täglich bilanzierte Umsätze, Wareneinsatz). Die Auswertung erfolgt jeweils zum Monatsende und die resultierende Rangfolge wird veröffentlicht.

Die Mitarbeiter selbst schätzen das zeitnahe und transparente Feedback. Die Konsequenzen aus der Nutzung des MAX sind eine hohe Eigeninitiative, ein branchenunterdurchschnittlicher Krankenstand, eine überdurchschnittliche Produktivität, eine geringe Fluktuations- sowie eine hohe Weiterbildungsquote.

Auch die Unternehmensführung engagiert sich persönlich. Das Loben der Mitarbeiter gehört zur Selbstverständlichkeit. Neue Mitarbeiter werden mit Blumen, eigenen Visitenkarten und einer intensiven Betreuung willkommen geheißen. Ein Wanderpreis (Mini-Cooper-Cabrio Leihwagen) für besondere Leistungen wurde geschaffen und weitere Anerkennungen für außergewöhnliche Leistungen werden fallweise gewährt. Zu Letzterem gehörte in der Ver-

---

[339] Bier (2008), S. 72. Vgl. zum Fallbeispiel Schindlerhof (2011).

gangenheit bspw. eine Wildwasserfahrt mit anschließendem Grillen oder auch einmal eine New York-Reise.

Diese Strategie der Mitarbeiterführung und -motivation zahlt sich für das Tagungshotel offenbar langfristig aus. Nicht nur, dass viele Ehemalige nach verschiedenen Stationen wieder zum *Schindlerhof* zurückkehren zeugt von einer hohen Loyalität und emotionalen Bindung dem Unternehmen gegenüber. Auch von extern wurde die Personalpolitik des *Schindlerhofs* mehrfach positiv geachtet. So bekam der *Schindlerhof* zahlreiche Preise und Auszeichnungen; unter anderem belegt er regelmäßig einen der vordersten Plätze bei „Deutschlands Beste Arbeitgeber" und ist bereits zum 9ten Mal in Folge als „Bestes Tagungshotel zum Wohlfühlen" ausgezeichnet worden.

3.3.2 Begriffsabgrenzung und Zieldefinition

Das Personalmanagement setzt sich aus den Teilbereichen der Personalwirtschaft und der Personalführung zusammen. Wie sind diese Teilbereiche nun genau einzuordnen?

> **Definition**
>
> „**Personalwirtschaft** ist die Gesamtheit der mitarbeiterbezogenen Gestaltungs- und Verwaltungsaufgaben im Unternehmen."[340]

Sie beschäftigt sich demnach mit dem Produktionsfaktor der menschlichen Arbeit, einer Ressource, die im Unternehmen nicht unbegrenzt verfügbar ist. Dem ökonomischen Prinzip folgend ist es das primäre Bestreben personalwirtschaftlicher Entscheidungen, die Ressource Arbeitskraft bestmöglich einzusetzen, um das wirtschaftliche Handeln im Unternehmen sicherzustellen.

Die Personalführung findet sich in der Literatur häufig als Unterbereich der Personalwirtschaft. Streng genommen beschäftigt sich die Personalführung jedoch mit der Menschenführung und ist als interdisziplinäre Fachrichtung eher der Unternehmensführung zuzuordnen. Sie fällt damit in den Zuständigkeitsbereich der Führungskräfte[341] und findet sich deshalb in der zweiten Dimension des Management-Kubus – den Management-Prozessen – wieder. Dort ist der „Führung" zwar eine eigene Kategorie gewidmet. Dabei geht es aber erstens um die Unternehmensführung im Allgemeinen und nicht nur um die Menschenführung. Außerdem ergibt sich zweitens eine gewisse Schnittmenge zwischen der Personalwirtschaft und der Personalführung, insbesondere wenn es um die Gestaltungsaufgaben geht: beispielsweise die Beurteilung und Förderung der Mitarbeiterqualifikationen oder die Mitarbeitermotivation. Auf dieser Argumentation aufbauend werden im vorliegenden Kapital die Personalwirtschaft und die Personalführung unter dem Oberbegriff „Personal-

---

[340] Olfert, Steinbuch (2001), S. 22.
[341] Vgl. Thielmann-Holzmayer (2005), S. 16.

management" zusammen gefasst und gemeinsam behandelt, aufgrund ihrer unterschiedlichen Zuordnungsbereiche aber dennoch in zwei Unterabschnitten getrennt betrachtet.

In der dienstleistungsorientierten Tourismusbranche beruht ein Großteil des Wertschöpfungsprozesses auf dem Inputfaktor der menschlichen Arbeit. Der Mensch und seine Arbeitsleistung tragen maßgeblich zum wirtschaftlichen Erfolg des Produktes bei. Das wird nicht zuletzt daran deutlich, dass die Personalkosten häufig den größten Kostenblock eines Dienstleistungsunternehmens darstellen. Insofern ist ein effizientes Personalmanagement in Form der Durchsetzung personalwirtschaftlicher Ziele gerade für ein touristisches Unternehmen entscheidend. Welche Ziele betrifft dies im Einzelnen?

Wie im Abschnitt 1.5 beschrieben, kann auch im Personalmanagement zwischen Formal- und Sachzielen unterschieden werden. **Formalziele** des Personalmanagements gliedern sich wiederum in wirtschaftliche und soziale Ziele. Im Rahmen der **wirtschaftlichen Ziele** strebt das Unternehmen gemäß des ökonomischen Prinzips an, die am besten geeigneten Mitarbeiter im Leistungserstellungsprozess einzusetzen. Zum einen geht es um die Bereitstellung der Personalressource, also um die Erhaltung bereits bestehenden Personals, um die Akquisition neuen Personals und um die Freisetzung nicht mehr benötigten Personals. Zum anderen betrifft es die Optimierung der Arbeitsleistung, also unter anderem um die Verbesserung der Personalleistung durch Fortbildungs-, Weiterbildungs- und Motivationsmaßnahmen.[342] **Soziale Ziele** sind auf die Verbesserung der Arbeitsbedingungen der Mitarbeiter ausgerichtet und konkurrieren daher zum Teil mit den wirtschaftlichen Zielen des Personalmanagements. Die **Sachziele** im Personalmanagement beziehen sich schließlich auf die Sicherstellung des betrieblichen Leistungserstellungsprozesses, indem in den entsprechenden Organisationseinheiten des Unternehmens quantitativ, qualitativ und zeitlich die passenden personellen Ressourcen eingesetzt werden.

3.3.3 Aufgaben der Personalwirtschaft

3.3.3.1 Überblick

Aus den angesprochenen Zielen lassen sich direkt die Aufgaben der Personalwirtschaft ableiten. Diese sind in der folgenden Grafik prozessual wiedergegeben.

Zunächst ist eine Analyse der Ausgangslage erforderlich, um Chancen und Probleme zu identifizieren. Dabei sind einerseits die Bedürfnisse des Unternehmens aber auch der bestehenden oder potenziellen Mitarbeiter zu berücksichtigen. Dieser Schritt wird in der Personalbedarfsermittlung vollzogen, welche sich mit der Prognose des zukünftigen Personalgeschehens im Unternehmen befasst. Im Anschluss daran werden im Rahmen der Personalbeschaffung Wege definiert, um die notwendige Arbeitsleistung in quantitativer, qualitativer und

---

[342] Vgl. Olfert, Steinbuch (2001), S. 24 f.

3.3 Personalmanagement

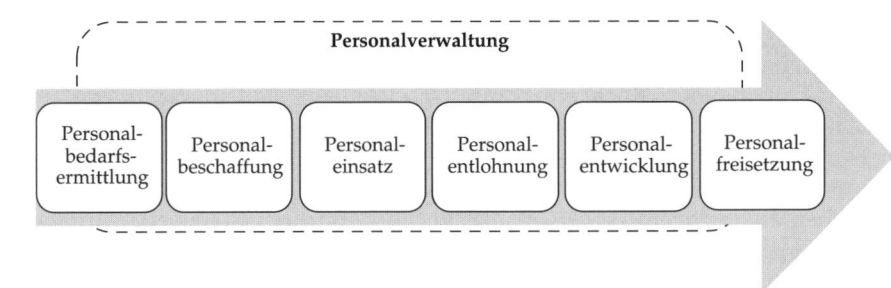

Abbildung 87: Aufgaben der Personalwirtschaft

zeitlicher Hinsicht an dem erforderlichen Ort bereitzustellen. Mit dem Eintritt eines Mitarbeiters in ein Unternehmen, beginnt dessen Personaleinsatz. Das Management des Personaleinsatzes soll sicherstellen, dass bestmögliche Ergebnisse erzielt und die Kosten minimiert werden. Für das zur Verfügung stellen seiner Arbeitsleistung erhält der Mitarbeiter eine Gegenleistung, womit sich die Personalentlohnung befasst. Das Fortkommen des Mitarbeiters wird in der Personalentwicklung unterstützt. Allgemein geht es um die Verbesserung der Mitarbeiterqualifikationen und damit der Mitarbeiterförderung. Schließlich kann es auch notwendig werden, bestehende Personalkapazitäten im Rahmen der Personalfreisetzung anzupassen, so dass Arbeitsverhältnisse verändert oder gar beendet werden müssen. Den einzelnen Aufgaben übergeordnet ist die Personalverwaltung. Diese erledigt die administrativen Aufgaben der Personalwirtschaft sowie das Personalcontrolling. Letzteres überwacht, kontrolliert und steuert das Personalgeschehen im Unternehmen.

3.3.3.2 Personalbedarfsermittlung

Die Personalbedarfsermittlung bemisst die benötigten Mitarbeiter in den einzelnen Bereichen der Unternehmung. Ausgangspunkt ist der aktuelle **Personalbestand**, welcher mit dem zukünftigen **Ist-Personalbedarf** abgeglichen wird.

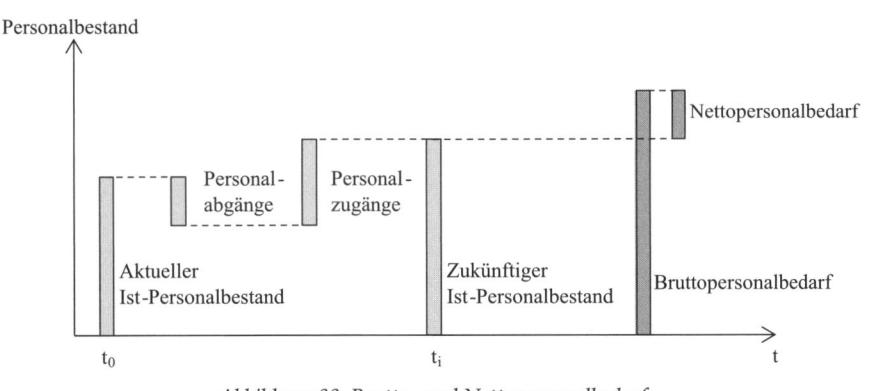

Abbildung 88: Brutto- und Nettopersonalbedarf

Ausgehend vom aktuellen Ist-Personalbestand ergeben sich zu erwartende Personalabgänge (Fluktuation, Pensionierungen) und -zugänge (Übernahme von Auszubildenden, Rückkehr von Mitarbeitern aus dem Ausland), was zu einem zukünftigen Ist-Personalbestand führt. Dieser wird mit dem **Bruttopersonalbedarf**, dem gesamten Personalbedarf eines Bereichs zu einem bestimmten zukünftigen Zeitpunkt (Soll-Personalbedarf), abgeglichen. Die Lücke zwischen zukünftigem Ist-Personalbestand und Bruttopersonalbedarf ergibt den **Nettopersonalbedarf**. Es kann dabei wie in der Grafik dargestellt zu einer Unterdeckung kommen, so dass eine Personalbeschaffung notwendig wird. Im umgekehrten Falle, der Überdeckung, zeigt dies den Bedarf einer Personalfreistellung an.

Der Abgleich zwischen Bestand und Bedarf erfolgt innerhalb der folgenden vier Dimensionen:

- **Quantitativ:** wie viele Mitarbeiter werden benötigt?
- **Qualitativ:** welche Fähigkeiten und Qualifikationen müssen die Mitarbeiter aufweisen?
- **Zeitlich:** ab wann bzw. in welchem Zeitraum werden die Mitarbeiter benötigt?
- **Räumlich:** an welchem Ort sind die Mitarbeiter einzusetzen?

Bei der quantitativen Einschätzung des Personalbedarfs können simple Schätzungen vorgenommen oder aufwendigere statistische, organisatorische oder monetäre Verfahren eingesetzt werden.[343]

Grundlage der qualitativen Bedarfsermittlung bildet die Arbeitsanalyse, welche „die systematische Untersuchung der zu lösenden Aufgaben in Bezug auf Arbeitsobjekt, Arbeitsmittel und Arbeitsvorgänge" bezeichnet.[344] Hieraus ergibt sich ein spezifisches Anforderungsprofil, das mit den Qualifikationen des bestehenden oder des potenziell neuen Mitarbeiters abgeglichen wird.

Die zeitliche Personalbedarfsermittlung spielt bei volatilen Geschäftsverläufen wie dem touristischen Saisongeschäft eine tragende Rolle: ein Skilift-Betreiber hat in der Sommersaison sicherlich einen anderen Personalbedarf als in der Wintersaison. Manche Hotels in europäischen Warmwasserdestinationen schließen gar während der ungemütlichen Wintermonate. Gleichzeitig muss während der Saison ein dauerhafter Betrieb gewährleistet sein, der auch Abend-, Nacht- und Feiertagszeiten umfasst. Aus den Beispielen ist bereits ersichtlich, dass der Personalbedarf nicht nur saisonabhängig geplant werden muss, sondern auch dessen Ermittlung ein verhältnismäßig komplexer Prozess ist.

Ebenso kann die räumliche Personalbedarfsermittlung relativ komplex ausfallen, was insbesondere für international agierende Touristik-Unternehmen mit vielen Tochtergesellschaften im Ausland oder auch für Fluggesellschaften mit internationalem Einsatzgebiet gilt.

---

[343] Vgl. detaillierter Jung (2006), S. 123–130.
[344] Thommen, Achleitner (2009), S. 762.

3.3.3.3 Personalbeschaffung

Eine aus der Personalbedarfsermittlung resultierende Unterdeckung in quantitativer, qualitativer, zeitlicher und/oder örtlicher Hinsicht kann mittels geeigneter Personalbeschaffungsmaßnahmen beseitigt werden. Der zugrunde liegende Prozess startet mit der Personalwerbung, bei der festgelegt werden muss, auf welche Art und Weise neue Mitarbeiter gewonnen werden sollen. Im zweiten Schritt, der Personalauswahl, wird derjenige Bewerber ausgesucht, welcher dem Anforderungsprofil der Stelle genügt. Im Anschluss daran erfolgt die Personaleinstellung.

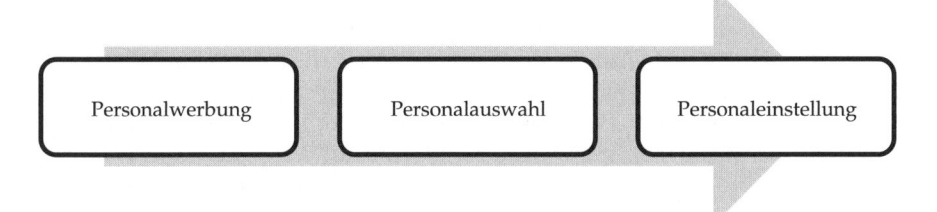

Abbildung 89: Prozess der Personalbeschaffung

Die Personalwerbung dient Informationszwecken und der Akquise geeigneter Personen. Hierfür stehen dem Unternehmen verschiedene unternehmensinterne und -externe Beschaffungswege offen.

Abbildung 90: Personalbeschaffungswege[345]

Die **interne Personalbeschaffung** akquiriert Mitarbeiter, die bereits im Unternehmen tätig sind. Es handelt sich also nicht um eine zahlenmäßige Erhöhung des Mitarbeiterbestands sondern lediglich um eine organisatorische oder

---

[345] Vgl. Olfert, Steinbuch (2001), S. 117.

qualitative Anpassung. Die bedeutendste Form der Personalwerbung dieser Kategorie ist die **innerbetriebliche Stellenausschreibung**. Hierbei können sich geeignete Mitarbeiter des Unternehmens auf Stellenanzeigen bewerben, die ausschließlich im Unternehmen selbst, nicht aber extern, veröffentlicht werden. Dies kann gemäß § 93 BetrVG vom Betriebsrat verlangt werden. Die **Personalentwicklung** bezieht sich auf die Deckung eines qualitativen Personalbedarfs. Hierunter fallen Bildungsmaßnahmen, die das Unternehmen seinen Mitarbeitern anbietet, um diese für eine zu besetzende Stelle zu qualifizieren.[346] Wird in einem Unternehmensbereich eine Personalüberdeckung identifiziert, während in einem anderen Bereich eine Unterdeckung vorliegt, kommt die **Versetzung** von Mitarbeitern in Betracht – also eine räumliche Anpassung. Eine Versetzung ist jedoch nicht ohne weiteres möglich, da gewisse rechtliche Voraussetzungen gegeben sein müssen. Die zeitliche Anpassung des Personalbestands durch **Mehrarbeit** erhöht die Arbeitskraftkapazitäten, ohne die Anzahl der Mitarbeiter zu verändern. Sie weitet die Arbeitszeit einzelner oder mehrerer Mitarbeiter aus. Diese Form der internen Personalbeschaffung bietet sich besonders an, wenn kurzfristige Spitzen – beispielsweise die Ferienzeit während der touristischen Saison – überbrückt werden müssen. Dasselbe gilt für die **Urlaubsverschiebung**. Mit diesem sehr flexiblen und kurzfristig einsetzbaren Instrument kann der Arbeitgeber personelle Kapazitäten zeitlich optimieren. Prinzipiell darf der Arbeitgeber zwar den Urlaub der Mitarbeiter einseitig festlegen, er hat aber dabei die Wünsche des Arbeitnehmers nach § 7 Abs. 1 BUrlG zu berücksichtigen.

Externe Personalbeschaffungsmaßnahmen erhöhen die Mitarbeiteranzahl im Unternehmen. Die **Bundesagentur für Arbeit** bietet Unternehmen Hilfe bei der Arbeitsvermittlung- und -förderung an. Darüber hinaus erbringt sie diverse Beratungs- und Sozialleistungen am Arbeitsmarkt. Hierfür stehen verschiedene Regionaldirektionen sowie die lokalen Agenturen für Arbeit zur Verfügung. Seit 1994 können **private Arbeitsvermittler** die Aufgabe der Zusammenführung von Arbeitssuchenden und Arbeitgebern übernehmen.[347] Die Tätigkeit ist nicht erlaubnispflichtig, unterliegt jedoch bestimmten Schutzvorschriften, deren Einhaltung von der Bundesagentur für Arbeit überwacht wird. Bei erfolgreicher Vermittlung kann eine Gebühr verlangt werden, die vom Arbeitssuchenden zu zahlen ist. Im Gegensatz dazu wird die Leistung eines **Personalberaters** von Seiten des Unternehmens in Anspruch genommen und dieses trägt auch die hierfür entstehenden Kosten. Neben generellen Beratungsdienstleistungen wie beispielsweise die Erstellung von Anforderungsprofilen, das Aufsetzen einer Stellenanzeige, die Unterstützung bei der Bewerberauswahl oder die Mithilfe bei der Vertragsgestaltung, bieten Personalberatungen ebenfalls Vermittlungsdienste an. Diese auch als Headhunting bezeichnete Leistung wird meist für die Besetzung von Führungspositionen in Anspruch genommen, bei denen sehr spezifische Kenntnisse und Qualifikationen vom Bewerber erwartet werden, die über den offenen Bewerbermarkt nur schwer zu akquirieren sind. Der Personalberater versucht daher, geeignete Bewerber durch direkte Ansprache für

---

[346] Vgl. hierzu ausführlicher Abschnitt 2.6.
[347] Vgl. hierzu beispielsweise Bundesverband Personalvermittlung e.V. unter www.bpv-info.de.

die zu besetzende Stelle zu gewinnen. Ein weiterer und sehr verbreiteter Weg der Personalwerbung sind **Stellenanzeigen**. Anzeigenträger, Anzeigentermin und Anzeigengestaltung sind die Elemente, die hierbei festzulegen sind. Zu beachten ist in diesem Zusammenhang, dass externe Stellenanzeigen – genau wie interne – im Sinne des Allgemeinen Gleichbehandlungsgesetzes (AGG) diskriminierungsfrei zu gestalten sind. Für eine kurzfristige und zeitlich begrenzte Personalakquisition steht das **Personalleasing** zur Verfügung. Das Unternehmen tritt dabei an einen Verleiher heran, der ihm Arbeitskräfte gegen eine Leihgebühr überlässt. Bei dieser sogenannten Arbeitnehmerüberlassung besteht ein Arbeitsvertrag zwischen dem Leiharbeitnehmer und dem Verleiher. Darüber hinaus stehen noch viele weitere Wege der Personalwerbung offen, wie beispielsweise das Hochschulmarketing, die Vermittlung durch bestehende Mitarbeiter und nicht zuletzt die Mund-zu-Mund Propaganda.

Nach erfolgreicher Umsetzung der Personalwerbung muss das Unternehmen aus den Bewerbern denjenigen oder diejenige herausfiltern, der/die dem Anforderungsprofil am besten entspricht. Bei der **Personalauswahl** werden regelmäßig nicht nur die fachlichen Qualifikationen überprüft, sondern auch persönliche Voraussetzungen wie Leistungsfähigkeit und -wille, Entwicklungspotenzial, sowie weitere Schlüsselqualifikationen, die für das Unternehmen und die zu besetzende Stelle von Bedeutung sind.

Ist schließlich ein geeigneter Bewerber ausfindig gemacht worden, kommt es zur **Personaleinstellung**. Gemäß §99 BetrVG muss der Betriebsrat in Unternehmen mit in der Regel mehr als zwanzig wahlberechtigten Arbeitnehmern über personelle Einzelmaßnahmen informiert werden und kann unter bestimmten Umständen die Zustimmung verweigern. Mit Unterzeichnung des Arbeitsvertrages ist der Prozess der Personalbeschaffung abgeschlossen. Der Arbeitsvertrag ist die rechtliche Basis der Beziehung zwischen Arbeitgeber und Arbeitnehmer. Inhaltlich enthält er Punkte wie den Vertragsbeginn, die vom Arbeitnehmer zu erbringende Tätigkeit, die Vergütung, Sozialleistungen, die Arbeits- und Urlaubszeit, die Probezeit und Kündigungsfristen.

3.3.3.4 Personaleinsatz

Der Personaleinsatz beschäftigt sich mit der optimalen Zuordnung der Mitarbeiter auf die im Unternehmen vorhandenen Stellen. Zu konkretisieren sind in diesem Zusammenhang der Arbeitsinhalt, der Arbeitsort sowie die Arbeitszeit.

Die Festlegung des **Arbeitsinhalts** ist direkt verknüpft mit der Frage, wie stark die Tätigkeit **spezialisiert** sein soll. In größeren Unternehmen liegt meist eine Arbeitsteilung vor, so dass die gesamte Leistungserstellung von vielen Mitarbeitern in unterschiedlichen Abteilungen erledigt wird. Wenn dabei die Aufgabe derart aufgeteilt wird, dass die Mitarbeiter jeweils die gleichen Tätigkeiten verrichten und somit jeder Einzelne ein komplettes Produkt anfertigt, spricht man von einer **Mengenteilung**.[348] Bei der **Artenteilung** wird die Gesamtaufgabe hingegen inhaltlich aufgesplittet, so dass die Mitarbeiter unterschiedliche

---

[348] Vgl. Olfert, Steinbuch (2001), S. 202.

Teilaufgaben verrichten – sie sind spezialisiert. Zur Verdeutlichung soll das Beispiel eines Catering Unternehmens dienen. Hat dieses Catering Unternehmen drei Mitarbeiter im kaufmännischen Bereich, von denen jeder die kompletten Tätigkeiten von der Budgeterstellung und -überwachung über die Kostenanalyse bis hin zur finalen Abrechnung und Rechnungsprüfung jeweils für bestimmte Veranstaltungen übernimmt, ist dies eine Mengenteilung. Beschäftigt sich hingegen ein Mitarbeiter mit der Budgeterstellung und -überwachung, ein weiterer mit der Kostenanalyse und ein dritter mit der Abrechnung und Rechnungsprüfung für alle Veranstaltung, liegt eine Artenteilung vor. Mittlerweile sind viele Unternehmen bestrebt, zwar einen gewissen Spezialisierungsgrad zu verfolgen aber gleichzeitig ihren Mitarbeitern eine abwechslungsreiche Aufgabengestaltung zu bieten.[349] Diesbezügliche Maßnahmen sind gemäß Abbildung 91 entweder individuell oder gruppenorientiert ausgestaltet und weiten entweder den operativen (horizontal) oder den Entscheidungs- und Kontrollspielraum (vertikal) des Mitarbeiters aus.

Ausweitung des Arbeitsinhalts	Individuell	Gruppenorientiert
Horizontal	Job Enlargement	Job Rotation
Vertikal	Job Enrichment	Teilautonome Gruppen

Abbildung 91: Ausweitung des Arbeitsinhalts[350]

Job Enlargement erweitert den Aufgabenbereich des Mitarbeiters, indem dieser zusätzliche qualitativ gleiche oder ähnliche Tätigkeiten übernimmt. So kann beispielsweise in der Hotellerie eine Servicekraft in verschiedenen Bereichen wie dem Etagen- und dem Bankettservice eingesetzt werden oder Mitarbeiter aus dem Empfangsbereich übernehmen Aufgaben in der Verwaltung. Neben einem motivierenden Effekt hilft solch ein Job Enlargement auch nachfrageschwache Zeiten im Hinblick auf die Personalplanung auszugleichen, da der Mitarbeitereinsatz flexibler erfolgen kann. **Job Rotation** bedeutet, dass der Mitarbeiter einen Arbeitsplatz- und damit verbunden einen Arbeitsinhaltswechsel durchführt. Eine Job Rotation hat die Mövenpick Hotelgruppe mit ihren Hoteldirektoren durchgeführt. Dabei waren die Führungskräfte im 14-tätigen Turnus in unterschiedlichen Häusern eingesetzt, um so neue Erfahrungen zu sammeln und in die verschiedenen Häuser einbringen zu können.[351] **Job Enrichment** erweitert zwar ebenfalls wie ein Job Enlargement den Aufgabenbereich des Mitarbeiters. Allerdings bezieht es sich in diesem Fall auf qualitativ höherwertige Aufgaben, das heißt der Mitarbeiter übt eine anspruchsvollere Tätigkeit aus. Schließlich können **teilautonome Gruppen** aus einer begrenzten Anzahl von Mitarbeitern gebildet werden, die einen weitgehend abgeschlossenen Arbeitsprozess überwiegend selbständig ausführen.

---

[349] Zu den Vor- und Nachteilen, die eine Spezialisierung und Aufgabenteilung mit sich bringt, vgl. Abschnitt 3.4.
[350] In Anlehnung an Jung (2006), S. 212.
[351] Vgl. Henschel (2008), S. 235 f.

"Der **Arbeitsort** ist der Ort, an dem der Arbeitnehmer vertragsgemäß seine Arbeitsleistung erbringt."[352] Zum einen ist das der konkrete Arbeitsplatz, der so gestaltet sein sollte, dass der Mitarbeiter eine optimale Leistung erbringen kann. Die Gestaltung der Arbeitsabläufe, die Wahl der Arbeitsmittel, die Ausgestaltung des Arbeitsumfelds sowie die Wahrung der Arbeitssicherheit fallen hierunter. Zum anderen ist unter dem Arbeitsort der Einsatzort zu verstehen. Dieser kann im Unternehmen, außerhalb des Unternehmens – etwa in Heim- oder Telearbeit – oder im Ausland sein. Für die internationale Tourismusbranche ist ein Auslandseinsatz eine wichtige Thematik. Differenziert werden kann in diesem Zusammenhang zwischen einer Delegation und einer befristeten oder unbefristeten Versetzung.[353] Bei der **Delegation** handelt es sich um einen kurzfristigen Auslandseinsatz (3–12 Monate) zur Erledigung eines spezifischen Auftrags. Der Mitarbeiter bleibt dabei Angestellter des entsendenden Unternehmens. Eine **befristete Versetzung** ist eine mittelfristige Auslandsentsendung (3–4 Jahre), bei der der Mitarbeiter Angestellter der Auslandsgesellschaft wird. Nach seiner Rückkehr lebt der ursprüngliche Arbeitsvertrag wieder auf. Bei einer **unbefristeten Versetzung** bleibt der Mitarbeiter ohne zeitliche Beschränkung im Auslandseinsatz. Der ursprüngliche Arbeitsvertrag in der Heimat ruht dauerhaft.

Nach § 2 Abs. 1 des Arbeitszeitgesetztes (ArbZG) ist die **Arbeitszeit** die Zeit vom Beginn bis zum Ende der Arbeit ohne die Ruhepausen. Bei der Arbeitszeitgestaltung muss ein Unternehmen die gesetzlichen und arbeitsvertraglichen Bestimmungen beachten. Während früher eine starre Vorgabe der Arbeitszeit, nach der sich alle Arbeitnehmer zu richten hatten, üblich war, ist mittlerweile eine zunehmende Flexibilisierung der Arbeitszeit zu beobachten. Gerade im Dienstleistungsbereich ist dies unumgänglich. Saisonale und witterungsbedingte Schwankungen führen zu unterschiedlichen Tages-, Wochen- und Jahresrhythmen, was hohe Anforderungen an die Personalplanung und den Personaleinsatz stellt. Während z. B. in der Hotellerie in der Vergangenheit vor allem der Schichtdienst, beispielsweise am Empfang, und der Teildienst mit 2 Arbeitseinsätzen am Tag, beispielsweise in Restaurant und Küche, starr vorgegeben war, geht man mittlerweile mehr und mehr zu einer flexibleren Handhabung der Arbeitszeiten über: Ein längerer Arbeitseinsatz während Spitzenzeiten kann dann in nachfrageschwachen Zeiten wieder ausgeglichen werden.

3.3.3.5 Personalentlohnung

Für die erbrachte Leistung erhält der Mitarbeiter im Gegenzug eine Entlohnung.[354] Hierunter sind sämtliche materiellen Zuwendungen zu verstehen, die das Unternehmen dem Mitarbeiter gewährt. Die Personalentlohnung basiert in

---

[352] Olfert, Steinbuch (2001), S. 208.
[353] Vgl. ebd., S. 220.
[354] Olfert, Steinbuch (2001), S. 323, weisen darauf hin, dass Lohn als Oberbegriff auch das Gehalt miteinschließt. Während im engen Sinne Lohn an Arbeiter gezahlt wird und Gehalt an Angestellte, folgen wir der Definition von Lohn im weiten Sinne.

der Regel sowohl auf einer Arbeitsbewertung als auch auf einer Leistungsbewertung. Die Anforderungen, die eine bestimmte Stelle aufweist, ist Grundlage der **Arbeitsbewertung**. Sie soll dem Grundsatz „gleicher Lohn für gleiche Arbeit" Rechnung tragen. Nichtsdestotrotz können verschiedene Mitarbeiter bei Aufgaben mit gleichem Schwierigkeitsgrad unterschiedliche Leistungen erbringen. Um den Grundsatz der Leistungsgerechtigkeit „gleicher Lohn für gleiche Leistung" umzusetzen, erfolgt daher meist zusätzlich eine **Leistungsbewertung**.

Die Höhe der Entlohnung ist im Arbeitsvertrag geregelt. Dabei sind gesetzliche Vorgaben sowie etwaige Tarifverträge oder Betriebsvereinbarungen zu berücksichtigen. Die Entlohnung kann verschiedene Bestandteile umfassen, wie sie in der folgenden Grafik dargestellt sind.

Monetäre Entlohnung			Nicht-monetäre Entlohnung
Grundvergütung	Ergänzende Vergütung	Erfolgsabhängige Vergütung	

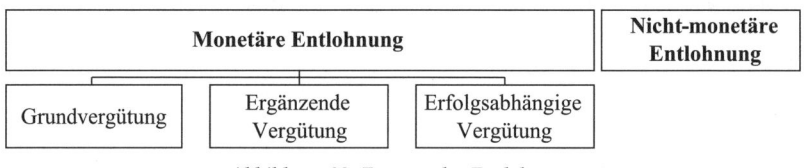

Abbildung 92: Formen der Entlohnung

Die **Grundvergütung** orientiert sich an der Leistungszeit oder der Leistungsmenge. Der **Zeitlohn** vergütet die Leistungszeit, also die vom Mitarbeiter aufgewendete Arbeitszeit, und entspricht damit einer Arbeitsbewertung. Der **Akkordlohn** orientiert sich hingegen an der Leistungsmenge, da er den Output der Leistungserbringung beurteilt. Er beinhaltet also eine Leistungsbewertung. Beim **Prämienlohn** erfolgen sowohl eine Arbeits- als auch eine Leistungsbewertung. Zunächst erhält der Mitarbeiter einen Grundlohn (beispielsweise Zeitlohn). Zusätzlich erhält er einen Zuschlag, die Prämie, die für eine über dem normalen Niveau liegende Mehrleistung bezahlt wird. Dieser leistungsbezogene Teil kann sich beispielsweise auf die erbrachte Menge oder die Qualität des Outputs beziehen. Unter **Ergänzenden Vergütungen** sind Zuschläge, Gratifikationen und andere Zuwendungen zu verstehen.[355] Ihnen ist gemein, dass Sie sich auf besondere Gegebenheiten beziehen und nicht auf die erbrachte Leistung. Beispiele für ergänzende Vergütungen sind Orts-, Alters- oder Kinderzuschläge sowie Weihnachts-, Urlaubs- oder Jubiläumsgratifikationen.

Zu den modernen Formen der leistungsabhängigen Vergütung zählen die **erfolgsabhängigen Vergütungen,** welche vor allem bei dispositiven Aufgaben zum Einsatz kommen. Sie beziehen sich in aller Regel nicht auf eine individuelle Leistungsvergütung eines Beschäftigten sondern auf den gesamten Unternehmenserfolg. Eine Variante ist die **Erfolgsbeteiligung**. Dabei erhält der Mitarbeiter eine variable Vergütung, deren Höhe sich nach der Erreichung eines bestimmten Unternehmensziels richtet. Als Bemessungsgrundlage kommen diverse finanzwirtschaftliche Größen (Gewinn, Ertrag, etc.) aber auch operative Kennzahlen (Marktanteil, Gästeanzahl, etc.) in Betracht. Demgegenüber erhalten Mitarbeiter bei einer **Kapitalbeteiligung** eine finanzielle Beteiligung

---

[355] Vgl. Olfert, Steinbuch (2001), S. 373.

am Unternehmen. Bei Aktiengesellschaften können Mitarbeiter beispielsweise über Mitarbeiteraktien an der Gewinn- und Verlustentwicklung des Unternehmens partizipieren. Die verschiedenen Vergütungsformen werden nicht selten auch in Kombination angewendet. So setzten sich die Bezüge der Vorstände der DAX-Konzerne im Geschäftsjahr 2010 aus einer fixen Grundvergütung (30 %), einer variablen Vergütung (48 %) sowie einer aktienbasierten Vergütung zusammen (21 %).[356]

Formen der **nicht-monetären Entlohnung** sind zahlreich. Sie können von Sachleistungen wie kostenlosem Kantinenessen oder Firmenwagen über betriebliche Sport- und Freizeiteinrichtungen und Betriebskindergärten bis hin zu Steuer-, Rechts- und Anlageberatungen oder Betriebsrenten reichen.[357]

3.3.3.6 Personalentwicklung

Die Personalentwicklung fördert die berufliche Weiterentwicklung der Mitarbeiter. Diesbezügliche Maßnahmen sollen den Mitarbeiter dazu befähigen, seine aktuellen und zukünftigen Aufgaben in qualitativer Hinsicht bewältigen zu können. Zum einen sichert sich das Unternehmen auf diese Weise einen qualifizierten Personalbestand. Zum anderen werden Personalentwicklungsmaßnahmen als nicht-monetäre Entlohnungsformen eingesetzt und stellen so einen Motivationsfaktor für den Mitarbeiter dar. Die im Rahmen der Personalentwicklung zu vermittelnden Qualifikationen umfassen zwei Aspekte: erstens soll die anforderungsspezifische Fachkompetenz erweitert und zweitens sollen die sogenannten „Soft Skills" des Mitarbeiters ausgebaut werden.[358] Soft Skills bezeichnen die persönlichen Einstellungen und Fähigkeiten des Mitarbeiters und umfassen Themen wie Kommunikations-, Führungs- oder Teamkompetenz.

Die Personalentwicklung ist in zwei Teilbereiche aufgespalten, dem Karrieremanagement sowie der Aus- und Weiterbildung.[359] Das **Karrieremanagement** beschäftigt sich mit dem im Zeitablauf möglichst optimalen Personaleinsatz des einzelnen Mitarbeiters, um dessen individuelle Ziele umzusetzen aber auch gleichzeitig die Unternehmensziele zu erreichen. So werden betriebliche Beförderungsmöglichkeiten angeboten und mögliche Aufstiegschancen für die Mitarbeiter individuell evaluiert. Die Kernaufgabe der Personalentwicklung ist jedoch die **Aus- und Weiterbildung**, die die planmäßige und zielgerichtete Weiterentwicklung der Kenntnisse, Fähigkeiten und Verhaltensweisen der Mitarbeiter zum Thema hat. Je nachdem an welchem Ort die Bildungsmaßnahme erfolgt, unterscheidet man zwischen dem On-the-Job und dem Off-the-Job Konzept. Ist eine Stelle neu zu besetzen, kommt häufig auch das Into-the-Job Konzept zum Tragen. Die folgende Tabelle gibt einen Überblick über Maßnahmen und beispielhafte Methoden, die bei dem jeweiligen Konzept angewendet werden können.

---

[356] Vgl. SdK (2011).
[357] Vgl. Holtbrügge (2007), S. 184.
[358] Vgl. Jung (2006), S. 262.
[359] Vgl. Thommen, Achleitner (2009), S. 827.

Konzept	Maßnahme	Methoden
Into-the-Job	Vorbereitung auf und Einarbeitung in eine neue Stelle und/oder Aufgabe	– Berufsausbildung – Trainee-Programme – Einführungsprogramme
On-the-Job	Bildung findet am Arbeitsplatz statt	– Anleitung durch Vorgesetzten – Job Rotation – Job Enrichment – Job Enlargement – Projektarbeit
Off-the-Job	Bildung findet in räumlicher Distanz zum Arbeitsplatz statt	– Seminare – Konferenzen – Fallstudien – Rollenspiele – Planspiele – Gruppendynamische Methoden – Assessment Center – Bildungsurlaub

Abbildung 93: Konzepte und Methoden der Personalentwicklung[360]

Der Lerntransfer beim Training On-the-Job ist meist kostengünstiger und kurzfristiger durchführbar als beim Training Off-the-Job. Durch die unmittelbare Umsetzung der Bildungsmaßnahmen am Arbeitsplatz kann der Mitarbeiter schnell Erfolge und Fehler erkennen. Dies setzt jedoch voraus, das der Trainer in der Lage ist, den Mitarbeiter systematisch an die neuen Anforderungen heranzuführen. Zudem besteht die Gefahr, dass sich der Mitarbeiter weitgehend nur unternehmensbezogenes Wissen aneignet, ohne in der Lage zu sein, dieses auf andere Arbeitsplätze übertragen zu können.

Im Rahmen von Off-the-Job Trainingsmaßnahmen wird Mitarbeitern ein planvolles Lernen in einem abgeschlossenen Umfeld außerhalb der Alltagsaufgaben ermöglicht. Meist werden die Maßnahmen von ausgewählten Experten durchgeführt und die Teilnehmer haben die Möglichkeit, sich mit anderen Kollegen auszutauschen und eine externe Sichtweise auf bestimmte Angelegenheiten zu entwickeln. Dabei muss jedoch gewährleistet werden, dass die betrieblichen Anforderungen im Training berücksichtigt sind und dass das Gelernte später am Arbeitsplatz umgesetzt werden kann. Andernfalls kann es zu Motivationsproblemen aufgrund eines fehlenden Anwendungsbezugs kommen.

3.3.3.7 Personalfreisetzung

Die Personalfreisetzung soll eine personelle Überdeckung in quantitativer, qualitativer, zeitlicher und räumlicher Hinsicht beseitigen.[361] Die Notwen-

---

[360] Vgl. Thommen, Achleitner (2009), S. 831 i.V.m. Jung (2006), S. 282.
[361] Vgl. Thommen, Achleitner (2009), S. 835.

digkeit einer Personalfreistellung kann sich beispielsweise aufgrund innerbetrieblicher Strukturveränderungen ergeben, aufgrund von saisonalen Nachfrageschwankungen oder auch aufgrund von Mitarbeiter-individuellen Gegebenheiten. Abhängig vom Anlass stehen verschiedene Maßnahmen zur Verfügung, die jedoch nicht notwendigerweise mit einem quantitativen Abbau von Mitarbeitern und damit einer Beendigung von Arbeitsverhältnissen verbunden sind. Teilweise kann eine personelle Überdeckung, wie Abbildung 94 zeigt, bereits durch eine reine Änderung bestehender Arbeitsverhältnisse beseitigt werden.

	Personalfreistellung	
Keine Änderung des Arbeitsverhältnisses	Änderung des Arbeitsverhältnisses	
Überstundenabbau	Veränderung	Beendigung
Urlaubsplanung	Arbeitszeitverkürzung	Fluktuation ausnutzen
Einstellungsstopp	Versetzung	Freiwilliges Ausscheiden
	Altersteilzeit	Kündigung

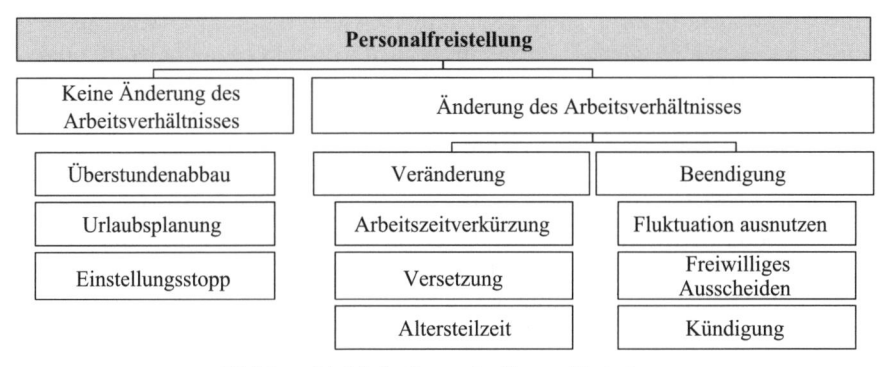

Abbildung 94: Maßnahmen der Personalfreisetzung

Am einfachsten durchzusetzen sind die Maßnahmen, die keiner Änderung des Arbeitsverhältnisses bedürfen. Hierunter fällt der **Abbau von Überstunden**. Sollte es im Zuge vorangegangener Mehrarbeit zum Aufbau von Überstunden gekommen sein, können diese bei einer folgenden personellen Überdeckung zunächst einmal abgebaut werden, bevor drastischere Maßnahmen ergriffen werden müssen. Auch die **Urlaubsplanung** kann entsprechend den Betriebsbedürfnissen erfolgen. Zu denken ist beispielsweise an das Vorziehen des Urlaubs durch einzelne Mitarbeiter, an Sonderurlaub oder unbezahlten Urlaub sowie an die Durchführung von Betriebsferien. Ein **Einstellungsstopp** soll einerseits verhindern, dass weitere personelle Überkapazitäten aufgebaut werden. Andererseits kann es durch eine natürliche Fluktuation der Mitarbeiter (Kündigung, Pensionierung, etc.) mittelfristig sogar zu einem Personalabbau kommen. Weitere Maßnahmen dieser Kategorie sind beispielsweise die Nichtverlängerung befristeter Arbeitsverträge oder die Arbeitszeitflexibilisierung.

Die **Arbeitszeitverkürzung** bedingt eine Veränderung des Arbeitsverhältnisses, da sie eine Herabsetzung der betriebsüblichen bzw. vertraglich geregelten Arbeitszeit bedeutet. Sie ist meist eine nur vorübergehende Maßnahme, die unter Umständen aber mit finanziellen Einbußen für die betroffenen Mitarbeiter verbunden ist. Im speziellen Fall der sogenannten Kurzarbeit, wie sie während der Finanzkrise 2009 in vielen Betrieben zum Einsatz kam, trägt die Arbeitslosenversicherung einen Teil der damit verbundenen Lohnausfälle. Bei einer **Versetzung** übt der Arbeitgeber sein Direktionsrecht aus und weist dem Mitarbeiter ein anderes Tätigkeitsfeld zu. Dies ist sinnvoll, wenn in anderen

Abteilungen des Unternehmens eine personelle Unterdeckung herrscht. Die **Altersteilzeit** stellt eine Möglichkeit für ältere Mitarbeiter dar, die Arbeitszeit zu reduzieren, um den Übergang in den Ruhestand vorzubereiten. Auch hier hat der Mitarbeiter finanzielle Einbußen hinzunehmen. Geht der Mitarbeiter unmittelbar in den vorzeitigen Ruhestand über, so handelt es sich um eine frühzeitige Pensionierung, die jedoch eine Beendigung des Arbeitsverhältnisses bedingt.

Das Ausnutzen der natürlichen **Fluktuation** wurde bereits im Zusammenhang mit dem Einstellungsstopp erwähnt. Die natürliche Personalreduktion infolge von Pensionierung, Kündigung des Arbeitnehmers, Invalidität, Tod, usw. ist nur dann wirksam, wenn diese Stellen nicht wiederbesetzt werden. Das **freiwillige Ausscheiden** eines Arbeitnehmers wird häufig bei einem identifizierten Personalabbaubedarf von Seiten des Arbeitgebers gefördert. Dazu kann der Arbeitgeber erstens älteren Mitarbeitern das vorzeitige Ausscheiden aus dem Unternehmen nahe legen und damit die frühzeitige Pensionierung ermöglichen. Zweitens ist häufig zu beobachten, dass eine finanzielle Abfindung bei freiwilliger Kündigung angeboten wird, um den Mitarbeiter zum Ausscheiden zu motivieren. Drittens kann der Arbeitgeber Unterstützungsleistungen bei der Suche nach einem neuen Arbeitsplatz anbieten. In diesem Zusammenhang werden mittlerweile **Outplacement**-Maßnahmen als wertvolles Instrument eingesetzt. Hierbei unterstützen externe Berater Arbeitnehmer bei der Suche nach einer neuen Stelle außerhalb des Unternehmens, während diese noch im Unternehmen angestellt sind. Der Mitarbeiter kann sich also aus einem bestehenden Arbeitsverhältnis heraus um eine neue Anstellung kümmern. Die Unterstützungsleistungen reichen von der gezielten Stellensuche, über die Zusammenstellung adäquater Bewerbungsunterlagen bis hin zur Vorbereitung auf Vorstellungsgespräche. Die dadurch entstehenden Kosten werden vom Arbeitgeber getragen. Die rigoroseste aller Maßnahmen ist die Beendigung des Arbeitsverhältnisses durch den Arbeitgeber in Form einer ordentlichen oder außerordentlichen **Kündigung**. Bei einer ordentlichen Kündigung sind Kündigungstermine und Kündigungsfristen zu beachten. Außerdem muss der Arbeitgeber diverse Kündigungsverbote berücksichtigen.[362] Vor allem darf eine ordentliche Kündigung nur aufgrund personenbedingter, verhaltensbedingter oder betriebsbedingter Gründe ausgesprochen werden. Personenbedingte Gründe beziehen sich auf die Konstitution, die Qualifikationen und die Fertigkeiten eines Mitarbeiters. Ist ein Mitarbeiter nach Beurteilung anhand dieser Kriterien für die für ihn vorgesehene Arbeit nicht geeignet, kann eine personenbedingte Kündigung folgen, sofern die Gründe nicht bereits bei der Einstellung bekannt waren. Verstößt ein Mitarbeiter gegen seine arbeitsvertraglichen Pflichten (Unpünktlichkeit, Arbeitsverweigerung, unentschuldigtes Fehlen, etc.), kann eine verhaltensbedingte Kündigung ausgesprochen werden. Betriebsbedingte Kündigungen können aufgrund von innerbetrieblichen (z. B. Rationalisierungsmaßnahmen) oder außerbetrieblichen (z. B. Auftragsmangel) Umständen vonnöten sein. Allgemein werden Arbeitnehmer durch ein umfassendes Kündigungsschutzgesetz geschützt. Insbesondere sind strenge soziale

---

[362] Vgl. Olfert, Steinbuch (2001), S. 480.

Kriterien zu beachten, andernfalls ist eine Kündigung seitens des Arbeitgebers unwirksam.

Gerade im Rahmen von innerbetrieblichen Restrukturierungen wird meist ein Paket an verschiedenen Maßnahmen der Personalfreisetzung geschnürt, um sozialverträgliche und individuelle Lösungen für die Mitarbeiter zu finden. Dies hat auch die *Austrian Airlines* versucht, wie sie in ihrem Geschäftsbericht 2006 schreibt:

> „Die im Berichtszeitraum notwendig gewordene Redimensionierung des Langstreckenangebots erfordert auch eine zielgerichtete Reduktion des Personalstandes in allen Bereichen. (…) Bei den PilotInnen werden die im direkten Produktionsbereich erforderlichen Freisetzungen nach derzeitigem Stand einvernehmlich erfolgen. Dazu wurde für diese Zielgruppe ein spezielles Maßnahmenpaket geschnürt. Es stellt sicher, dass die strukturbedingten Personalanpassungen fast zur Gänze ohne Kündigungen möglich sind. Für FlugbegleiterInnen setzt die Austrian Airlines Group neben dem Angebot zur einvernehmlichen Auflösung von Dienstverhältnissen auf sämtliche Aussteuerungsmaßnahmen – so etwa neue Teilzeitmodelle sowie fluktuationsbedingte Reduktionen. Auch bei den, aufgrund der Redimensionierung, notwendigen Personalanpassungen im kaufmännisch technischen Bereich, ist die Gruppe um größtmögliches soziales Augenmaß bemüht.
>
> Die optimale Umsetzung der geplanten Personalmaßnahmen ist der Austrian Airlines Group ebenso ein wichtiges Anliegen wie die sozialverträgliche Gestaltung unvermeidlicher Freisetzungen unter Einbindung der Belegschaftsvertretung. Auch begleitende Outplacement-Maßnahmen werden angeboten. Durch gezielte Zusammenarbeit mit anderen Unternehmen wird auch die Übernahme von Personal in andere gleichwertige Firmen in ähnlichen Funktionen angestrebt." (Austrian Airlines, Geschäftsbericht 2006, S. 56 f.)

3.3.4 Personalführung

3.3.4.1 Motivationstheorien

Menschen verfolgen bestimmte Ziele, die der Befriedigung ihrer Bedürfnisse dienen. Bezogen auf die Mitarbeiter eines Unternehmens verfolgen diese also individuelle Ziele, die mit denen des Unternehmens übereinstimmen können aber nicht notwendigerweise müssen. Daher müssen Mitarbeiter geeignet motiviert werden, um deren individuelle Ziele mit denen des Unternehmens in Einklang zu bringen.

> **Definition**
> Unter **Motivation** versteht man allgemein „die Aktivierung oder Erhöhung der Verhaltensbereitschaft eines Menschen, bestimmte Ziele, welche auf eine Bedürfnisbefriedigung ausgerichtet sind, zu erreichen."[363]

Für eine zielorientierte Personalführung ist es somit unerlässlich, die Faktoren zu kennen, die den Mitarbeiter motivieren. Hierzu haben sich einige

---

[363] Thommen, Achtleitner (2009), S. 790.

Motivationstheorien herausgebildet, die diese Faktoren zu beschreiben versuchen.

Eine der bekanntesten Theorien geht auf Abraham Maslow zurück, der bereits im Jahre 1943 seine Theorie der Bedürfnispyramide veröffentlichte. Demnach können menschliche Bedürfnisse auf fünf hierarchischen Ebenen kategorisiert werden.

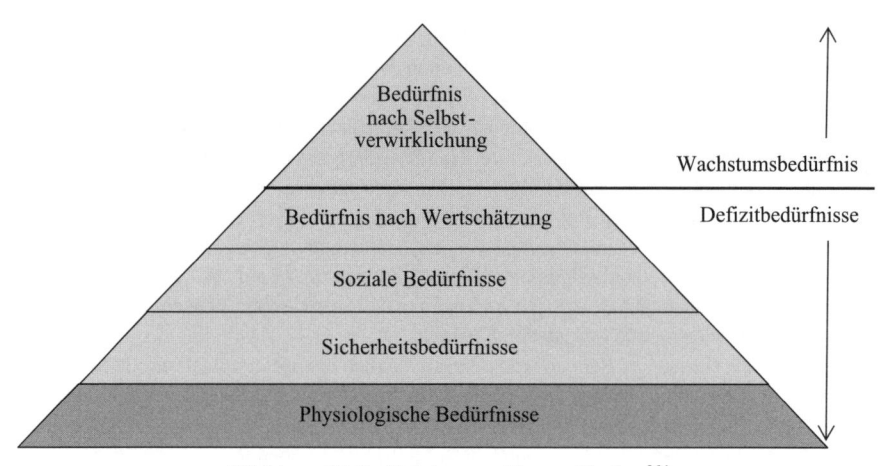

Abbildung 95: Bedürfnispyramide von Maslow[364]

Auf der untersten Ebene stehen die Grundbedürfnisse, die **physiologischen Bedürfnisse**, wie Nahrung, Schlaf oder körperliche Unversehrtheit, die das Überleben des Menschen sichern. Auf das Arbeitsleben übertragen bedeutet dies, dass der Mitarbeiter ein Einkommen erhält, um seine grundlegenden Lebensanforderungen befriedigen zu können. Auf der nächsten Stufe steht das **Sicherheitsbedürfnis**, also das Bedürfnis nach Schutz vor Bedrohung und Gefahr. Dem Mitarbeiter sollte ein sicherer Arbeitsplatz wie auch ein gesichertes Einkommen angeboten werden, um dieses Bedürfnis abzudecken. Die **sozialen Bedürfnisse** beziehen sich auf den Wunsch nach zwischenmenschlichen Beziehungen: Freundschaft, Zuwendung, Liebe oder Zusammengehörigkeitsgefühl. Am Arbeitsplatz äußert sich dies durch die Kontakte und die Kommunikation mit anderen Mitarbeitern und die Position innerhalb der Arbeitsgruppe. Die Anerkennung des Menschen durch seine Umwelt und durch sich selbst wird durch das **Bedürfnis nach Wertschätzung** ausgedrückt. Prestige, Macht und Beachtung in der Arbeitswelt beziehen sich hierauf. Auf der obersten Hierarchiestufe steht das **Bedürfnis nach Selbstverwirklichung**. Das bedeutet, dass der Mensch theoretisch in der Lage ist, all seine Ziele und Wünsche zu verwirklichen und dass er seine individuellen Möglichkeiten und Fähigkeiten voll ausschöpfen kann.

Die unteren vier Stufen sind sogenannte **Defizitbedürfnisse**, die hierarchisch aufeinander folgen. Demnach muss zunächst das jeweils untergeordnete Bedürfnis befriedigt werden, bevor das höher gestellte Bedürfnis motivierend

---

[364] Vgl. Maslow (1943).

3.3 Personalmanagement

wirkt. Der Mitarbeiter muss sich also zunächst in seinem sozialen Arbeitsumfeld wohl fühlen, bevor eine Beförderung zur Steigerung seines Prestiges und seiner Macht eine motivierende Wirkung entfaltet. Ist das Bedürfnis einer Hierarchiestufe befriedigt, so hört es auf, verhaltenswirksam zu sein. An seine Stelle tritt das Bedürfnis der nächsthöheren Stufe. Dies impliziert, dass die Defizitbedürfnisse vollständig befriedigt werden können. Nicht so das **Wachstumsbedürfnis** nach Selbstverwirklichung. Dieses Bedürfnis erreicht nach Maslow nie die Stufe vollständiger Befriedigung.

Wegen seiner Einfachheit und Übersichtlichkeit wird das Modell von Maslow nach wie vor zur Klärung motivierenden Verhaltens herangezogen, unterliegt aber gerade wegen seiner vereinfachten Sichtweise diversen Kritikpunkten. Aus diesem Grunde kam es zu weiterführenden Erklärungsmodellen wie der **Zwei-Faktoren-Theorie** von *Herzberg*. *Herzberg* fand empirisch heraus, dass bestimmte Faktoren zu Arbeitszufriedenheit und andere zu Arbeitsunzufriedenheit führen. Die sogenannten **Hygienefaktoren** bewirken, dass ein Mitarbeiter unzufrieden ist, falls sie vorhanden sind. Können die Hygienefaktoren beseitigt werden, fällt zwar die Unzufriedenheit weg, aber es tritt keine motivierende Wirkung ein. Demgegenüber existieren Motivatoren, die zu einer tatsächlichen Arbeitszufriedenheit führen und somit anreizwirksam sind.

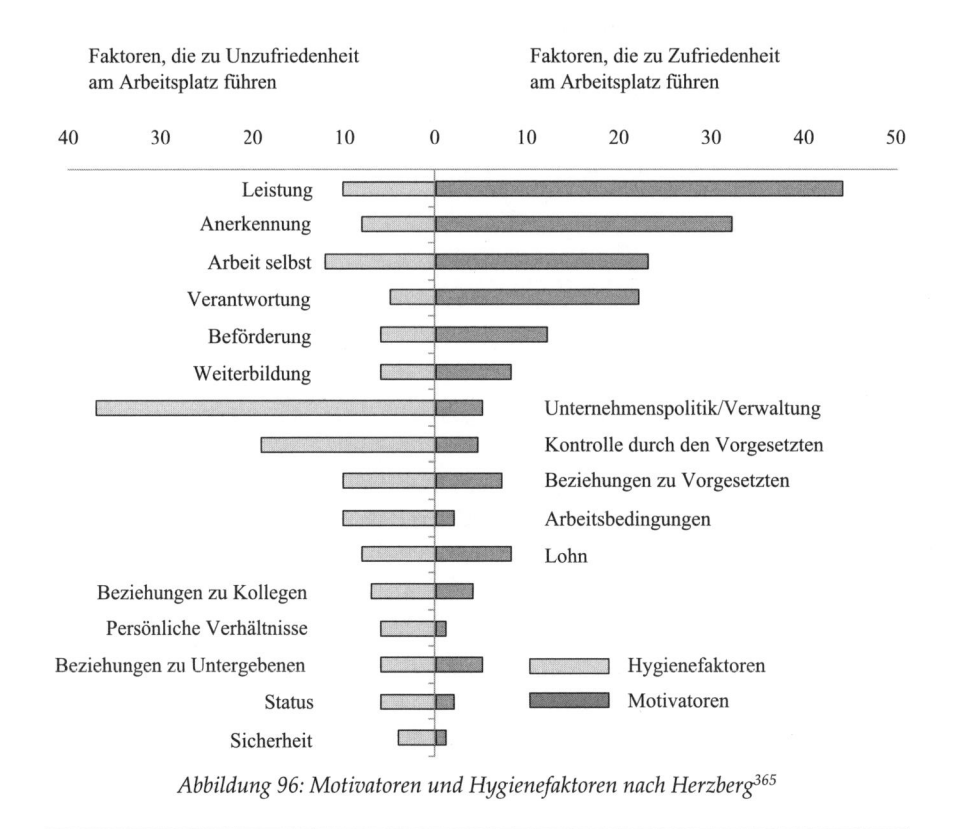

Abbildung 96: Motivatoren und Hygienefaktoren nach Herzberg[365]

---

[365] Vgl. Herzberg (1966), S. 57.

3. Managementprozesse: Lenken und Entscheiden im Tourismus

Auffallend an der Untersuchung, (Abbildung 96) ist, dass die Entlohnung kein dauerhafter Motivationsfaktor darstellt. Viel bedeutender ist es nach *Herzbergs* Zwei-Faktoren-Theorie, den Aufgaben- und Tätigkeitsbereich des Mitarbeiters interessant und anregend zu gestalten, um eine nachhaltig motivierende Wirkung zu erzielen. Dieser Aussage kommt gerade in der Tourismusindustrie eine spezielle Bedeutung zu. Die Branche ist geprägt von einem vergleichsweise niedrigen Gehaltsniveau, von kleinen und mittleren Betrieben, die nur eingeschränkte Karriere- und Aufstiegsmöglichkeiten bieten und von konjunkturell und saisonal bedingten unregelmäßigen Arbeitszeiten,[366] so dass die motivierende Aufgaben- und Tätigkeitsgestaltung besonders wichtig ist, um Mitarbeiter an das Unternehmen zu binden.

3.3.4.2 Führungsstile

Der Führungsstil beschreibt den Umgang des Vorgesetzten mit seinen Mitarbeitern, mit der Aufgabe, sie zu einer zielorientierten Arbeitsweise zu motivieren. Zur Klassifikation von Führungsstilen gibt es vielfache Ansätze, wobei in der Literatur zwei grundlegende verbreitet sind: das Führungsstilkontinuum nach *Tannenbaum/Schmidt* sowie das Verhaltensgitter nach *Blake/Mouton*.

Das **Kontinuum der Führungsstile nach** Tannenbaum/Schmidt ist eindimensional, da lediglich ein Kriterium zur Beurteilung des Führungsstils betrachtet wird, nämlich die Partizipationsmöglichkeit der Mitarbeiter am Entscheidungsprozess des Vorgesetzten.

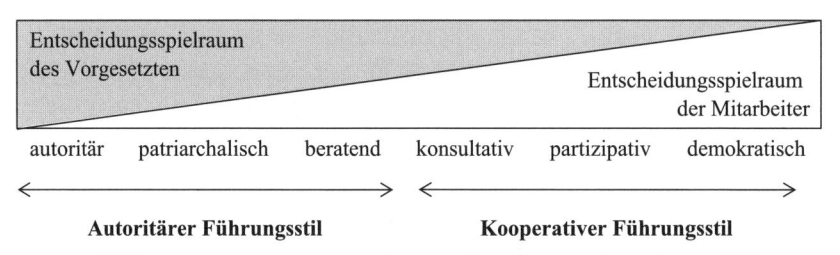

Abbildung 97: Kontinuum der Führungsstile nach Tannenbaum/Schmidt[367]

Autoritäre Führungsstile zeichnen sich dadurch aus, dass der Vorgesetzte Entscheidungen eigenständig trifft, ohne oder mit nur geringem Mitspracherecht seiner Mitarbeiter. Dem Nachteil der mangelnden Selbständigkeit und damit möglicherweise einhergehenden geringen Motivation der Mitarbeiter steht der Vorteil einer hohen Geschwindigkeit der Entscheidungsdurchsetzung gegenüber. Im Rahmen eines **kooperativen Führungsstils** werden Entscheidungen im Unternehmen in Abstimmung mit den Mitarbeitern getroffen. Die Mitarbeiter übernehmen eine hohe Verantwortung und nehmen aktiv am Führungsprozess teil. Die Führungsstile aus Abbildung 97 lassen sich im Einzelnen wie folgt charakterisieren:

---

[366] Vgl. Schulz u. a. (2010), S. 118 f.
[367] Vgl. Tannenbaum, Schmidt (1958), S. 96.

- **Autoritär:** Vorgesetzter entscheidet eigenständig und erteilt Weisungen. Der Entscheidungsweg geht von oben nach unten. Eine Mitsprachemöglichkeit der Mitarbeiter ist nicht vorhanden.
- **Patriarchalisch:** Vorgesetzter entscheidet eigenständig und erteilt Weisungen. Er möchte die Mitarbeiter jedoch von seinen Entscheidungen überzeugen, bevor er sie anordnet. Der Vorgesetzte repräsentiert die „Vaterfigur" im Unternehmen, fühlt eine Fürsorgepflicht gegenüber seinen Mitarbeitern und erwartet im Gegenzug unbedingte Loyalität.
- **Beratend:** Vorgesetzter entscheidet eigenständig. Er möchte jedoch, dass seine Mitarbeiter die Entscheidung verstehen und akzeptieren, indem er Fragen zulässt.
- **Konsultativ:** Vorgesetzter informiert zunächst seine Mitarbeiter über die beabsichtigte Entscheidung. Die Mitarbeiter haben die Möglichkeit, ihre Meinung zu äußern, bevor die letztendliche Entscheidung von der Führungskraft getroffen wird.
- **Partizipativ:** Vorgesetzter zeigt das Problem auf und es werden gemeinsam mit den Mitarbeitern Lösungsvorschläge entwickelt. Aus den kollektiv akzeptierten Problemlösungen wählt die Führungskraft die von ihm favorisierte aus.
- **Demokratisch:** Entscheidungsfindung liegt bei den Mitarbeitern. Dabei kann der Vorgesetzte entweder das Problem zunächst aufzeigen und die Grenzen des Entscheidungsspielraums festlegen oder aber er überlässt auch dies den Mitarbeitern. In letzterem Fall fungiert er nur noch als Koordinator.

Bei Betrachtung dieses eindimensionalen Führungsstilkontinuums wird schnell deutlich, dass eine Übertragung in die Praxis nur sehr eingeschränkt möglich ist. Denn realiter sind bei der Wahl eines angemessenen Führungsstils weit mehr Faktoren als nur der Entscheidungsspielraum des Mitarbeiters zu berücksichtigen. Aus diesem Grunde wird meist auf eine mehrdimensionale Betrachtung zur Konkretisierung von Führungsstilen zurückgegriffen. Das von *Blake* und *Mouton* entwickelte Verhaltensgitter ist gemäß Abbildung 98 zweidimensional. Einerseits wird die Dimension der **Aufgabenorientierung** betrachtet, bei der die Erfüllung der Arbeitsaufgaben im Vordergrund steht. Andererseits spielt die **Menschenorientierung** eine Rolle, die den Mitarbeiter und seine soziale Interaktion in den Mittelpunkt stellt.

Führungsstile finden sich in jedem Raster des Verhaltensgitters, wobei es nach *Blake/Mouton* fünf zentrale Führungsstile gibt.

- Der **1,1-Führungsstil** zeigt ein geringes Interesse des Vorgesetzten sowohl an der Sachaufgabe als auch an den Belangen seiner Mitarbeiter. Dieser Führungsstil wird auch als Laissez-Faire-Führungsstil bezeichnet, da die Führungskraft wenig oder keinen Einfluss auf die Mitarbeiter nimmt.
- Der **9,1-Führungsstil** ist in erster Linie auf die Erfüllung der Leistungsziele ausgerichtet und legt kaum Wert auf die zwischenmenschliche Beziehung zu den Mitarbeitern. Diese Führungskraft ist an einer maximalen Arbeitsleistung interessiert. Sie diktiert Entscheidungen, indem sie Macht und Autorität einsetzt. Das 9,1-Führungsverhalten ähnelt daher dem autoritären Führungsstil.

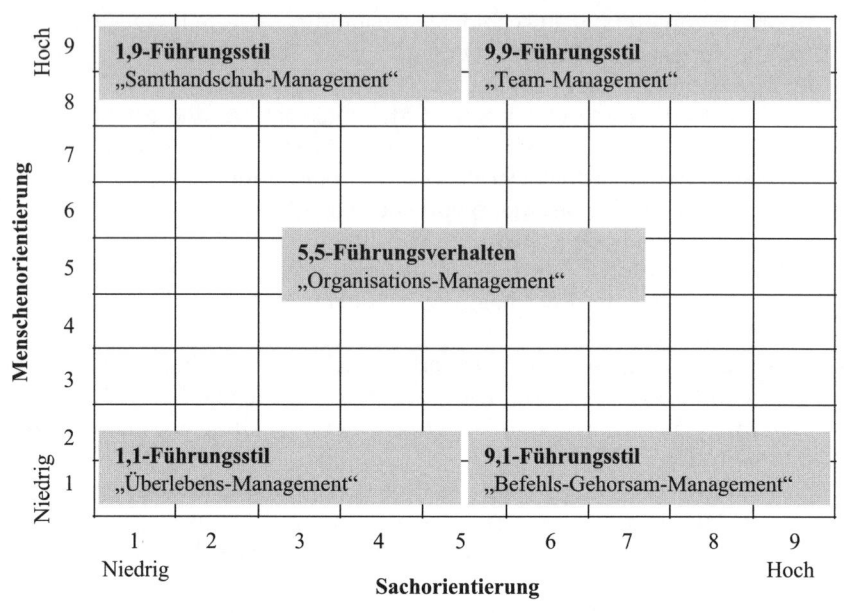

3. Managementprozesse: Lenken und Entscheiden im Tourismus

Abbildung 98: Verhaltensgitter nach Blake/Mouton[368]

- Ein **1,9-Führungsstil** ist geprägt von einer hohen Personenorientierung, Sachziele werden dabei vernachlässigt. Dieser Führungskraft ist ein gutes Betriebsklima sehr wichtig, selbst wenn dies zu Lasten der Ergebnisse geht. Sie gibt den Mitarbeitern Raum zur Selbstverwirklichung, was zu einer guten Leistung motivieren soll.
- Ein **9,9-Führungsstil** versucht, die Orientierung an der Sachaufgabe mit der Menschenorientierung zu kombinieren. Der Vorgesetzte strebt hochwertige Arbeitsergebnisse an, indem Verantwortung, Mitwirkung und gegenseitiges Vertrauen im Team gefördert werden.
- Der **5,5-Führungsstil** vereint eine mittlere Aufgabenorientierung mit einer mittleren Menschenorientierung und stellt damit einen Kompromiss zwischen den beiden Führungskriterien dar. Der Vorgesetzte geht davon aus, dass eine zielorientierte Aufgabenerfüllung nur schwer mit den persönlichen Wünschen und Bedürfnissen der Mitarbeiter in Einklang zu bringen sind und schlägt daher auf beiden Seiten einen Mittelweg ein.

3.3.4.3 Führungstechniken

Führungstechniken definieren die Mittel, mit denen der Vorgesetzte seine Mitarbeiter führt und seinen Führungsstil umsetzt. Bekannt geworden sind vor allem die sogenannten **„Management by"-Techniken**, die sich jedoch meist nur auf einen Teil des gesamten Führungsprozesses – der Zielformulierung, der Umsetzung und der Kontrolle – beziehen. Einen Ausschnitt aus den zahlreichen Varianten der Management by-Techniken zeigt die Abbildung 99.

---

[368] Blake, Mouton (1986), S. 28.

3.3 Personalmanagement

Phase des Führungsprozesses	Führungstechnik	Führungsmittel
Zielbildung	• Management by Objectives • Management by Participation • Management by Decision Rules	• Führen durch Zielvereinbarungen • Führen durch Partizipation • Führen durch Vorgabe von Entscheidungsregeln
Umsetzung	• Management by Exception • Management by Delegation • Management by Motivation	• Führen durch Eingreifen im Ausnahmefall • Führen durch Delegation • Führen durch Setzen geeigneter Anreize
Kontrolle	• Management by Results • Management by Control	• Führen durch Ergebnisüberprüfung • Führung durch Kontrolle

Abbildung 99: Management-by-Techniken[369]

In der Praxis erfreut sich die Führungstechnik **Management by Objectives (MbO)** großer Beliebtheit. Beim MbO-Konzept legt die Führungskraft in Zusammenarbeit mit dem Mitarbeiter Ziele fest, die innerhalb einer bestimmten Zeitspanne erreicht werden sollen. Es basiert somit auf einer zielorientierten Unternehmensorganisation.

„Das Mitarbeitergespräch für Mitarbeiter des Tarifbereichs ist ein wichtiges Führungsinstrument im Lufthansa Konzern. In einem Dialog zwischen Vorgesetztem und Mitarbeiter werden Arbeitsverhalten und Leistung bewertet sowie Ziele für die Zukunft formuliert. Das Instrument unterstützt damit die Weiterentwicklung der Mitarbeiter und die Umsetzung der Unternehmensziele."[370]

Über Mittel und Maßnahmen zur Zielerreichung kann der Mitarbeiter innerhalb seines Einflussbereichs weitgehend frei entscheiden. In regelmäßigen Abständen wird der Zielerreichungsgrad überprüft und Gründe für mögliche Abweichungen diskutiert. Gegebenenfalls werden Ziele revidiert oder neue festgelegt. Der Grad der Zielerreichung dient letztendlich der Beurteilung des Mitarbeiters und ist Grundlage für Entlohnung, Beförderung oder weitere Entwicklungsmaßnahmen. Entscheidend bei der Umsetzung des MbO-Konzepts ist es, dass die Unternehmung auf einem klaren, hierarchischen Zielsystem aufbaut, bei dem sich die Oberziele des Unternehmens auf operationalisierbare Unterziele für die einzelnen Abteilungen und deren Mitarbeiter herunter brechen lassen.

3.3.5 Stimmen aus der Praxis: Andreas Graeber-Stuch, Eckelmann Hotels KG

Appell an unsere Zukunft

Es wird momentan viel diskutiert: Wo geht der Hotelnachwuchs hin und warum existiert eine sich verschlechternde Stimmung in der Industrie? Wir befinden uns doch in der spannendsten Welt, die es gibt. Wo sonst kann man seine Leidenschaft nutzen, um in Teams zusammen Träume zu verkaufen und

---
[369] In Anlehnung an Jung (2009), S. 236.
[370] Lufthansa (2011).

Andreas Graeber-Stuch
Cocoon Manager, Hotel
Cocoon München,
Eckelmann Hotels KG

zu erfüllen? Die Serviceindustrie würde jedoch verkommen und durch ungerechte Arbeitszeiten oder Entlohnungen langsam aussterben, hören und lesen wir in letzter Zeit des Öfteren. Geht es uns wirklich so schlecht? Kämpfen wir um unser Image und werden den Nachwuchs kläglich an Berater, Werber oder sogar Investmentbanker verlieren?

Wie war das noch, als wir selbst uns dafür entschieden haben in diese Welt einzutauchen, mit unseren Kollegen viele Stunden aufbrachten, um Zimmer sauber zu machen, Cocktails zubereiten lernten, unzählige Gänge in Ballsälen servierten und nach kurzem Schlaf wieder aufstanden, um Stars und Sternchen zu betreuen. Immer mit dem Ziel jedem einzelnen Gast ein Lächeln ins Gesicht zu zaubern?

Es ist die Suche nach Perfektion – der sogenannten Extra Mile-, die uns im festen Glauben an das gesamte Team antreibt – verbunden mit dem Willen, die große Kunst der Gastfreundschaft zusammen zu leben und stets zu verbessern. Doch über die Zeit entstanden betriebswirtschaftliche Schlagwörter, die Schwerpunkte bekamen. Wichtige Begriffe, wie Return on Investment, Shareholder Value und Value based Management, die der menschlichen Seite viel Druck und Theorie zuführten. Es liegt nicht nur Negatives in all diesen Neuerungen, denn in wandelnden Zeiten bedarf es neuer Wege. Dennoch sollte man die wichtige menschliche Seite nicht vernachlässigen: Das sogenannte Personalmanagement.

Die Welt dreht sich schnell weiter! Bei all den modernen Lösungen der Social Media, der automatisierten Check-In-Counter und des Preisdrucks in den Märkten dürfen wir eines nicht vergessen: Eine Hotelimmobilie, eine Homepage oder ein Preis können noch so umwerfend sein – ohne die Leidenschaft innerhalb eines funktionierenden Teams werden sich weder unsere Gäste, noch wir, die sie lächeln sehen möchten, wohlfühlen. Daraus folgt die spannende Herausforderung für das Personalmanagement, Strategie und Umsetzung zu finden, um die Zukunft der Industrie zu bestimmen. Dazu gehören Stundenausgleich, überarbeitete Entlohnung und als wichtigster Punkt: ein offenes Ohr!

Literatur

Bier, Peter (2008): Vom Lächeln, das man hört, in: Brand Eins, Nr. 9, S. 68–73

Blake, Robert R.; Mouton, Jane S. (1986): Verhaltenspsychologie im Betrieb, 2. Aufl., Düsseldorf, Wien

Henschel, U. Karla (2008): Hotelmanagement, 3. Aufl., München

Herzberg, Frederick (1966): Work and the Nature of Man, Cleveland

Holtbrügge, Dirk (2007): Personalmanagement, 3. Aufl., Berlin, Heidelberg, New York

Jung, Hans (2006): Pesonalwirtschaft, 7. Aufl., München

Jung, Hans (2009): Allgemeine Betriebswirtschaftslehre, 11. Aufl., München

Lufthansa (2011): Beschäftigungspolitik, unter: http://verantwortung.lufthansa.com/fileadmin/ downloads/de/LH-Beschaeftigungspolitik.pdf, letzter Zugriff am 03. Februar 2011

Maslow, Abraham (1943): A Theory of Human Motivation, in: Psychological Review, Vol. 50, pp. 370- 396

Olfert, Klaus; Steinbuch, Pitter A. (2001): Personalwirtschaft, 9. Aufl., Ludwigshafen

Schindlerhof (2011): Grundsätze Spielkultur, unter: http://www.schindlerhof.de/schindlerhof.grundsaetze,8_14.html, letzter Zugriff am 26. November 2011

Schulz, Axel u. a. (2010): Grundlagen des Tourismus, München

SdK, Schutzgemeinschaft der Kapitalanleger (2011): Vergütungsstatistik DAX Vorstände, Geschäftsjahr 2010, online unter: http://www.sdk.org/statistiken.php?action=down&statID=65&stat=Vorstandsverg%FCtung, letzter Zugriff am 07. Juli 2012

Tannenbaum, Robert; Schmidt, Warren H. (1958): How to Choose a Leadership Pattern, in : Harvard Business Review, Vol. 36, No. 2, S. 95–101

Thielmann-Holzmayer, Claudia (2005): Das Personalvermögenskonzept als Grundlage einer zeitgemäßen und ökonomisch orientierten Personalwirtschaft, in: Mroß, Michael; Thielmann-Holzmayer, Claudia (Hrsg.): Zeitgemäßes Personalmanagement, Wiesbaden, S. 4–32

Thommen, Jean-Paul; Achleitner, Ann-Kristin (2009): Allgemeine Betriebswirtschaftslehre, 6. Aufl., Wiesbaden

Weiterführende Literaturhinweise

Bartscher, Thomas; Huber, Anne (2007): Praktische Personalwirtschaft, 2. Aufl., Wiesbaden

Bittner, Andreas; Reisch, Bernhard (1994): Interkulturelles Personalmanagement, Wiesbaden

Bröckermann, Reiner (2007): Personalwirtschaft, 4. Aufl., Stuttgart

Dettmer, Harald; Hausmann, Thomas (2009): Organisations-, Personalmanagement und Arbeitsrecht in Hotellerie und Gastronomie, 2. Aufl., Hamburg

Drumm, Hans Jürgen (2008): Personalwirtschaft, 6. Aufl., Berlin, Heidelberg

Kolb, Meinulf (2008): Personalmanagement, Wiesbaden

Scherm, Ewald; Süß, Stefan (2010): Personalmanagement, 2. Aufl., München

Wickel-Kirsch, Silke; Janusch, Matthias; Knorr, Elke (2008): Personalwirtschaft, Wiesbaden

3.4 Organisation

3.4.1	Fallbeispiel: Best Western	266
3.4.2	Organisationsbegriff und Elemente der Organisation	268
3.4.3	Organisationsformen	273
3.4.3.1	Aufbau- und Ablauforganisation im Vergleich	273
3.4.3.2	Aufbauorganisation	274
3.4.3.2.1	Aufgabenanalyse	274
3.4.3.2.2	Aufgabensynthese	276
3.4.3.3	Ablauforganisation	280
3.4.3.3.1	Arbeitsanalyse	280
3.4.3.3.2	Arbeitssynthese	281
3.4.4	Weitergehende Organisationstheorien	282
3.4.5	Stimmen aus der Praxis: Philipp Bessler, Treugast Unternehmensberatung	284

Leitfragen

- Welche Interpretationsmöglichkeiten des Organisationsbegriffs kennen Sie und welche geht auf eine klassisch betriebswirtschaftliche Definition zurück?
- Welche sind die fünf Parameter zur Spezifikation organisatorischer Strukturen?
- Adam Smith wies bereits 1776 auf die Vorteile der Spezialisierung hin. Wie hat er diese begründet?
- Was bedeutet Koordination und welche Rolle spielen in diesem Zusammenhang formelle und informelle Instrumente der Koordination.
- Welche Ausprägungen werden durch die Konfiguration oder das Leitungssystem in einer Organisation festgelegt und wie sind diese jeweils definiert?
- Wie funktioniert die organisatorische Delegation und welche Bedeutung besitzt das Kongruenzprinzip vor diesem Hintergrund?
- Weshalb kann eine Standardisierung organisatorischer Strukturen sinnvoll sein und wie kann diese erreicht werden?
- Worin unterscheiden sich Aufbau- und Ablauforganisation grundsätzlich und welche Gemeinsamkeiten weisen die Organisationsformen auf?
- Wie verläuft die Aufgabenanalyse der Aufbauorganisation? Nehmen Sie Stellung zu einer Aufgabengliederung nach der Verrichtung, nach dem Objekt, nach dem Rang, nach der Phase und nach der Zweckbeziehung.
- Wie sind Stellen und Abteilungen definiert und welche Rolle spielen sie bei der Aufgabensynthese der Aufbauorganisation? Welche Organisationsstrukturen der Aufbauorganisation kennen Sie und wie sind diese jeweils charakterisiert?

- Welcher Zusammenhang besteht zwischen der Aufgabenanalyse der Aufbauorganisation und der Arbeitsanalyse der Ablauforganisation?
- Nach welchen Kriterien kann die Arbeitssynthese der Ablauforganisationen durchgeführt werden?
- Was ist der entscheidungstheoretische Organisationsansatz?
- Auf welcher ökonomischen Strömung gründet die Principal-Agent-Theorie? Erläutern Sie diese unter Bezugnahme auf mögliche Informationsasymmetrien.

3.4.1 Fallbeispiel: Best Western

Susanne Steppat und Michael Lidl, TREUGAST Solutions Group, München

Das Best Western Hotel am Münster in Breisach ist ein 4-Sterne Hotel mit 70 Zimmern und 119 Betten. Es liegt im Dreiländereck Deutschland-Frankreich-Schweiz, ca. 30 km von Freiburg entfernt. Durch seine Lage auf dem Münsterberg bietet es einen herrlichen Rundblick über den Rhein, den Kaiserstuhl, das Markgräflerland und die Vogesen. Mit seinen fünf Tagungsräumen und Kapazitäten bis 150 Personen wird es gerne für Veranstaltungen gebucht, ist aufgrund seiner Lage aber auch für Feriengäste interessant.

In den 1990er-Jahren erwirtschaftete das Hotel gute Umsätze, musste jedoch im Folgenden aufgrund der sich verändernden Reisegewohnheiten im Speziellen der Ferientouristen immer stärker um Gäste kämpfen. Die stärkere Fokussierung (Abschnitt 4.2.2.2.2) auf Tagungsklientel sollte ein zusätzliches Standbein schaffen, um fehlende Urlauber auszugleichen. Durch eine unklare Profilierung verwässerte das Produkt in den darauffolgenden Jahren jedoch und die Gästezahlen sanken kontinuierlich. Dies löste zusätzlich einen Investitionsstau aus, was die negative Entwicklung verstärkte. Die Aufwendungen des Hotels konnten nicht in gleichem Maße angepasst werden, wie die Erträge abnahmen. Im Jahre 2009 lag als größter Kostenblock die Personalkostenquote bei über 65 % des Umsatzes.

Durch die Verschiebung der Zielgruppen wurden personalseitig Veränderungen vorgenommen und vor allem Führungskräfte eingestellt, ohne das Wegfallen anderer Tätigkeitsbereiche kompensieren zu können. Letztendlich war die Spezialisierung innerhalb der Führungsmannschaft so groß, dass es zu einem deutlichen Missverhältnis von Management zu operativer Mitarbeiterschaft kam. Hierdurch wurden operative Ineffizienzen hervorgerufen. Dies war einer der Hauptgründe für die unverhältnismäßig hohen Personalkosten.

Um die Arbeit effizienter zu gestalten, Kommunikationswege zu verkürzen und Personalkosten einzusparen, wurde eine Überarbeitung der Aufbauorganisation avisiert. Nach Analyse der einzelnen operativen Hotelbereiche kristallisierte sich hier vor allem der Food & Beverage Bereich (F&B) als ineffizient und problematisch heraus. Die Aufgaben waren hier auf drei Führungskräfte

3.4 Organisation

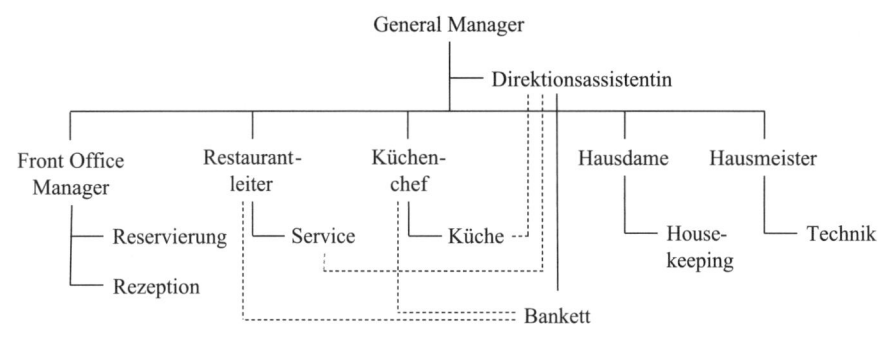

```
                        General Manager
                              │
                              ├── Direktionsassistentin
    ┌──────────┬──────────┬───┴───┬──────────┬──────────┐
Front Office  Restaurant-  Küchen-       Hausdame   Hausmeister
 Manager       leiter       chef
    │            │           │              │           │
    ├─ Reservierung  └─ Service  └─ Küche   └─ House-   └─ Technik
    │                                          keeping
    └─ Rezeption
                              ........ Bankett
```

Abbildung 100: Organisch gewachsene Struktur des Best Western Hotels bis 2009

verteilt, was – abgesehen vom General Manager des Hotels – die Hälfte der gesamten Führungsmannschaft ausmachte. Neben einem Restaurantleiter, der für den Gastronomieservice zuständig war, und einem Küchenchef, der für die Speisenplanung und -zubereitung verantwortlich zeichnete, kümmerte sich die Direktionsassistentin um den Bankett- und Cateringbereich. Hierbei kam es immer wieder zu Überschneidungen in den Kompetenzbereichen und Unklarheiten über Zuständigkeiten und Weisungsbefugnisse in Bezug auf das operative Personal.

Da die Größe des Betriebes die Synthese aller F&B-orientierten Führungsaufgaben in einer Abteilungsleiterstelle erlaubte, wurden die drei existierenden F&B-Stellen durch einen F&B-Manager ersetzt. Durch die neue Struktur der Aufbauorganisation wurden Aufgabenbereiche und Zuständigkeiten klar geregelt. Insgesamt konnten jährlich ca. 70.000 € an Personalkosten eingespart werden. Zusätzlich spiegelte die verschlankte Organisation deutlich besser die einzelnen Umsatzbereiche des Hotels wieder. Mit den effizienteren Arbeitsabläufen konnten in den folgenden zwei Jahren die Abteilungsergebnisse des F&B um 8,4 % bzw. 6,6 % gesteigert werden. Durch die zentralisierte Organisation des F&B-Bereichs gestaltet sich die Inanspruchnahme dieser Dienstleistung auch für die Gäste mit einem merklich verbesserten Ablauf, sodass sich ebenfalls die F&B-Umsätze um durchschnittlich 2,9 % bzw. 6,1 % steigern lassen konnten.

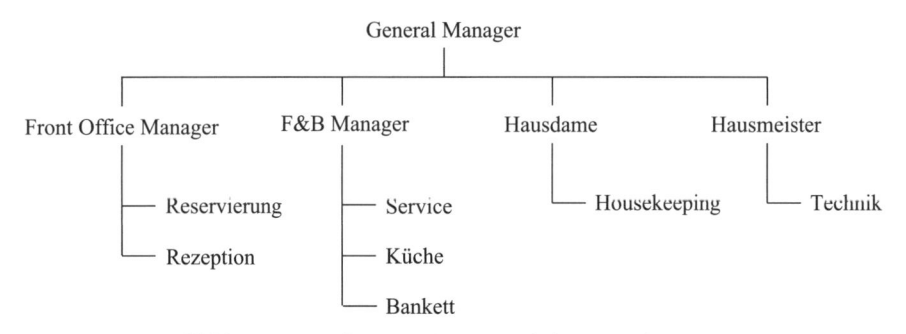

```
                        General Manager
                              │
    ┌──────────────┬──────────┴──────┬──────────────┐
Front Office   F&B Manager        Hausdame      Hausmeister
 Manager
    │              │                  │              │
    ├─ Reservierung  ├─ Service      └─ Housekeeping └─ Technik
    │              │
    └─ Rezeption   ├─ Küche
                   │
                   └─ Bankett
```

Abbildung 101: Aufbauorganisation nach der Restrukturierung

3.4.2 Organisationsbegriff und Elemente der Organisation

Die Organisation eines Betriebes ist ein zentrales Element, welches dessen reibungsloses Funktionieren gewährleisten soll. Nicht selten kommt es aber gerade in diesem Bereich zu Ineffizienzen mit der Konsequenz des Rückgangs des wirtschaftlichen Erfolgs, wie bereits das einleitende Fallbeispiel deutlich macht. Häufig werden dann externe Berater engagiert, die einzelne Stellschrauben in ausgesuchten Organisationseinheiten restrukturieren, ohne die Gesamtorganisation zu hinterfragen. Dies kann zwar kurzfristig Verbesserungen bewirken, langfristig bleibt der Erfolg aber meist dennoch aus. Doch nicht nur bei „hausgemachten" Problemen spielt die Organisationsstruktur eine Rolle, sondern auch bspw. bei Fusionen und Übernahmen, wie sie in der touristischen Branche in der Vergangenheit und Gegenwart häufig anzutreffen waren und sind, muss der organisatorische Aufbau und Ablauf eines Unternehmens neu überdacht werden, um Doppelungen und wirtschaftliche Ineffizienzen zu vermeiden. Ein klares Verständnis für die Organisation ist somit für das Management eines Unternehmens unerlässlich.

Der Organisationsbegriff selbst ist allerdings vielschichtig und lässt unterschiedliche Definitionsmöglichkeiten zu. In der Literatur haben sich drei wesentliche Interpretationswege herausgebildet, die den Organisationsbegriff aus verschiedenen Blickwinkeln heraus betrachten. Der **funktionale Ansatz** definiert Organisation als eine Tätigkeit im Unternehmen im Sinne von „das Unternehmen **wird** organisiert". Im Vordergrund steht also die Handlung des Organisierens. Als dispositive Aufgabe ist sie bei der Unternehmensführung anzusiedeln und stellt neben anderen Funktionen wie der Planung oder der Kontrolle eine Querschnittsaufgabe des Unternehmensmanagements dar.[371] Der **instrumentelle Ansatz** geht auf die klassische betriebswirtschaftliche Organisationstheorie zurück. Dieser Ansatz interpretiert den Begriff im Sinne von „das Unternehmen **hat** eine Organisation", so dass sie ein Werkzeug des Managements darstellt.

> **Definition**
> Nach dem **instrumentellen Ansatz** ist die Organisation eines Unternehmens ein langfristig geltendes Regelsystem, das der betrieblichen Aufgaben- und Zielerfüllung dient.[372]

Die Organisation gibt demnach einen unternehmerischen Handlungsrahmen vor, der durch generelle Regelungen die Strukturen (Aufbauorganisation) bzw. die Prozesse (Ablauforganisation) im Unternehmen beschreibt. Der **institutionelle Ansatz** folgt dem Verständnis „das Unternehmen **ist** eine Organisation".

---

[371] Vgl. Vahs (2007), S. 20 f.
[372] Vgl. Siedenbiedel (2010), S. 2.

3.4 Organisation

> **Definition**
> Gemäß dem **institutionellen Ansatz** ist die Organisation ein soziales Gesamtsystem, das mittels formaler Strukturen seine Mitglieder dahingehend lenkt, dass das Unternehmensziel realisiert wird.[373]

Im Weiteren wird dem instrumentellen Ansatz gefolgt, da dieser nach wie vor in Theorie und Praxis die vorherrschende Sichtweise ist, wenngleich die Definition des institutionellen Ansatzes mehr und mehr Einzug in das Organisationsverständnis der deutschen Betriebswirtschaftslehre hält. Ein kurzer Einblick in den institutionellen Ansatz findet sich am Kapitelende.

Organisatorische Strukturen werden durch verschiedene Parameter geschaffen. Deren Ausgestaltung implementiert die formale Organisationsstruktur. Die fünf grundlegenden Elemente sind:

- Spezialisierung
- Koordination
- Konfiguration/das Leitungssystem
- Delegation
- Standardisierung

Spezialisierung

Die Spezialisierung rührt von der arbeitsteiligen Organisation her, bei der verschiedene Personen jeweils nur Teile einer Gesamtaufgabe erledigen. Der Vater des Spezialisierungsgedankens ist *Adam Smith*, der bereits 1776 auf die damit verbundene signifikante Produktivitätssteigerung hingewiesen hat.

> „To take an example, therefore, from a very trifling manufacture; but one in which the division of labour has been very often taken notice of, the trade of the pin-maker; a workman not educated to this business (which the division of labour has rendered a distinct trade), nor acquainted with the use of the machinery employed in it (to the invention of which the same division of labour has probably given occasion), could scarce, perhaps, with his utmost industry, make one pin in a day, and certainly could not make twenty. But in the way in which this business is now carried on, not only the whole work is a peculiar trade, but it is divided into a number of branches, of which the greater part are likewise peculiar trades. One man draws out the wire, another straights it, a third cuts it, a fourth points it, a fifth grinds it at the top for receiving the head; to make the head requires two or three distinct operations; to put it on, is a peculiar business, to whiten the pins is another; it is even a trade by itself to put them into the paper; and the important business of making a pin is, in this manner, divided into about eighteen distinct operations, which, in some manufactories, are all performed by distinct hands, though in others the same man will sometimes perform two or three of them. I have seen a small manufactory of this kind where ten men only were employed, and where some of them consequently performed two or three distinct operations. But though they were very poor, and therefore but indifferently accommodated with the necessary machinery, they could, when they exerted themselves, make among them about twelve pounds of pins in a day. There are in a pound upwards of four thousand pins of a middling size. Those ten persons, therefore, could make among them upwards of forty-eight thousand pins in a day.

---

[373] Vgl. Siedenbiedel (2010), S. 4.

> Each person, therefore, making a tenth part of forty-eight thousand pins, might be considered as making four thousand eight hundred pins in a day. But if they had all wrought separately and independently, and without any of them having been educated to this peculiar business, they certainly could not each of them have made twenty, perhaps not one pin in a day; that is, certainly, not the two hundred and fortieth, perhaps not the four thousand eight hundredth part of what they are at present capable of performing, in consequence of a proper division and combination of their different operations." (Smith, Adam (1776): An Inquiry into the Nature and Causes of the Wealth of Nations, Book I, Chapter I).

Bei der Aufteilung der Stecknadelproduktion nach verschiedenen Tätigkeiten gemäß *Smiths* Beispiel handelt es sich um eine artmäßige Arbeitsteilung, wie sie bereits in Kapitel 3.3 vorgestellt wurde. Die **Art der Spezialisierung** kann zur genaueren Spezifikation der organisationalen Struktur weiter untergliedert werden in eine verrichtungsbezogene oder objektbezogene Spezialisierung.[374] Bei der verrichtungsbezogenen Variante handelt es sich um eine Gruppierung nach homogenen Tätigkeiten: Reiseberatung, Reisebuchung, Beschwerdemanagement etc. Im objektbezogenen Fall erfolgt die Aufteilung nach dem Gegenstand oder der Person, an dem/der die Tätigkeit vollzogen wird. Das können bestimmte Produktgruppen (Städtereisen, Badereisen, Fernreisen), Kundengruppen (Geschäftsreisende, Privatreisende) oder regionale Gruppierungen (europäische, afrikanische, asiatische/pazifische Destinationen) sein. Ein zweites Kriterium zur Spezifikation der Organisationsstruktur betrifft den **Umfang der Spezialisierung**. Dabei handelt es sich um die Anzahl der Aufgaben, die ein Mitarbeiter verrichtet. Bei stark spezialisierten Organisationen, wie das typischerweise bei der Fließbandarbeit der Fall ist, übernimmt der Mitarbeiter nur eine oder wenige Aufgaben. In kleineren Organisationen findet man hingegen Mitarbeiter, die eine ganze Reihe an Teilaufgaben wahrnehmen, so dass der Spezialisierungsumfang eher gering ausgeprägt ist: In einem kleinen Reisebüro mag es Mitarbeiter geben, die auf bestimmte Destinationen spezialisiert sind. Diese führen dann vom ersten Kundengespräch über die Reisebuchung und das anschließende Customer-Relationship-Management (CRM) alle Schritte selbständig durch. In einem größeren Betrieb übernimmt der Mitarbeiter hingegen nur das Gespräch und führt die Buchung durch, während ein zweiter für die Abwicklung und ein dritter für das CRM-Management zuständig ist.

Eine Organisation weist verschiedene Ebenen auf: Auf der untersten Ebene sind die Stellen, die über Abteilungen bis hinauf zur Unternehmensführung aggregiert werden. Eine **Stelle** ist definiert als kleinste organisatorische Einheit, die verschiedene Teilaufgaben in Aufgabenkomplexe zusammenfasst. **Abteilungen** bündeln wiederum mehrere Stellen mit zusammengehörigen Aufgaben und verfügen meist über eine Leitungsinstanz.[375] Eine Spezialisierung kann nun sowohl auf Stellen als auch auf Abteilungsebene erfolgen. Die Abteilungsspezialisierung fasst Aufgaben in größere organisatorische Einheiten zusammen und betrifft somit mehrere Stellen. Die Stellenspezialisierung bricht die Artenteilung noch weiter herunter, indem individuelle Aufgaben auf die persönlichen Stelleninhaber, also die einzelnen Organisationsmitglieder, zugeordnet werden.

---

[374] Vgl. Siedenbiedel (2010), S. 107.
[375] Vgl. Thommen, Achleitner (2009), S. 851 und S. 853.

Koordination

Eine zu kleinteilige Arbeitsteilung kann dazu führen, dass der Mitarbeiter den gesamten Leistungserstellungsprozess aus den Augen verliert und sich nur noch auf die Erfüllung seines eingeschränkten Aufgabenbereichs fokussiert. Um dem entgegen zu wirken, ist eine **Koordination** auf Unternehmensebene notwendig. Koordination heißt, die Einzelaktivitäten im Hinblick auf das Gesamtziel der Unternehmung abzustimmen und zu harmonisieren. Hierzu stehen verschiedene formelle und informelle Instrumente zur Verfügung. Formelle Mittel der Koordination sind die persönliche Weisung, die Selbstabstimmung, Programme oder Pläne.

- **Persönliche Weisung:** Die Leitungsinstanz übernimmt die Abstimmung und Koordinierung der Einzelaktivitäten; Informationen werden auf vertikaler Ebene weitergegeben.
- **Selbstabstimmung:** Die Koordination der Aktivitäten erfolgt eigeninitiativ durch die betroffenen Personen; Informationen werden auf horizontaler Ebene weitergegeben; Zur Formalisierung können entscheidungsbefugte Gremien eingerichtet werden.
- **Programme:** Klar festgelegte, meist schriftlich fixierte Verfahrensrichtlinien; Sie legen verbindliche Handlungsabläufe fest, damit jedes Organisationsmitglied einem einheitlichen Schema folgt.
- **Pläne:** Legen bestimmte Sollgrößen (Leistungsziele, Budgets etc.) fest, die bereits in der Planungsphase berücksichtigt werden müssen; Sie sind definitionsbedingt zeitlich befristet.

Neben diesen formellen Instrumenten verfügt jede Unternehmung zudem über gewisse informelle Regeln und Werte. Es handelt sich dabei um Wertvorstellungen, Normen und Gebräuche, die keiner offiziellen organisatorischen Regelung unterliegen aber dennoch von den Organisationsmitgliedern gemeinsam verfolgt werden. Unter diese Instrumente fällt der Umgang der Mitarbeiter untereinander ebenso wie bestimmte Verhaltensweisen, die von den Organisationsmitgliedern gepflegt und erwartet werden. Diese Regelungen prägen die Organisation stark und können eine hohe Identifikation der Teilnehmer mit dem Unternehmen schaffen, sofern eine gemeinsame Vorstellung darüber vorliegt. Informelle Regeln können die Organisation positiv beeinflussen, da sie die fixen formalen Regeln flexibilisieren und damit deren potenzielle Nachteile (allzu starren Vorgaben, Überbürokratisierung) beheben.[376]

Konfiguration/Leitungssystem

Die Anweisungsbefugnisse einer Organisation werden bei der **Konfiguration** oder dem **Leitungssystem** festgelegt. Konkret handelt es sich um die Leitungshierarchie und die Leitungsstruktur in der Unternehmung. Zu unterscheiden sind die Leitungstiefe, die Leitungsspanne und die Leitungsintensität, die das System näher konfigurieren. Die **Leitungstiefe** steht für die Anzahl der Hierarchiestufen in der Organisation und die **Leitungsspanne** für die Anzahl der Stellen, die einer Hierarchieebene direkt unterstehen, wie die folgende Abbildung verdeutlicht.

---

[376] Vgl. Schreyögg (2008), S. 13.

3. Managementprozesse: Lenken und Entscheiden im Tourismus

Geringe Leitungsspanne Steile Konfiguration	Große Leitungsspanne Flache Konfiguration
Leitungsspanne = 2 Leitungstiefe = 4 31 Stellen	Leitungsspanne = 4 Leitungstiefe = 2 21 Stellen

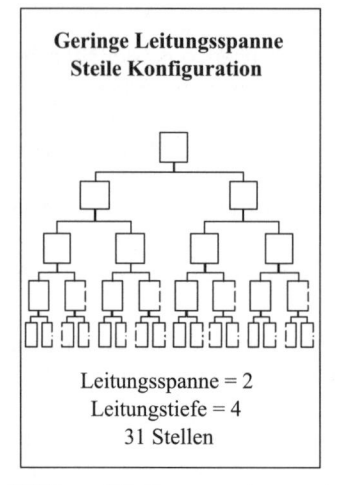

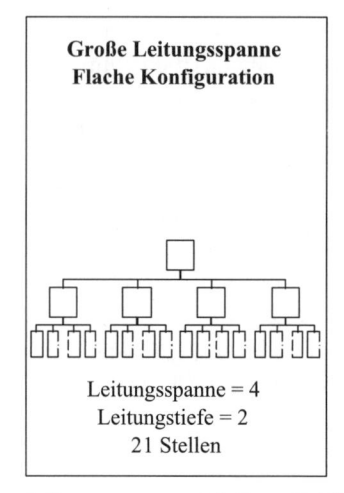

Abbildung 102: Zusammenhang zwischen Leitungsspanne und Leitungstiefe[377]

Die **Leitungsintensität** gibt an, wie stark hierarchisch die Organisation ist, d.h. wie das Verhältnis zwischen Leitungsstellen und ausführenden Stellen ist. Die ausführenden Stellen sind auf der untersten Hierarchieebene zu finden – in beiden Fällen der Abbildung 102 existieren 16 ausführende Stellen. Im linken Schaubild gibt es aber 15 Leitungsstellen und im rechten Fall, aufgrund der flacheren Konfiguration, nurmehr 5. Die Leitungsintensität ist im ersten Fall mit 0,94 daher viel höher als im zweiten Fall mit 0,31.

Delegation

Die **Delegation** als Parameter zur Strukturierung einer Organisation, umfasst die Zuordnung von Entscheidungsbefugnissen auf organisatorische Einheiten.[378] Darunter ist die Übertragung von Aufgaben verbunden mit der Zuweisung von Kompetenzen und Verantwortung zu verstehen, wobei die Kompetenz die formale Berechtigung eines Stelleninhabers ist. Es ist darauf zu achten, dass mit der Aufgabe sowohl Kompetenz als auch die entsprechende Verantwortung übertragen wird. Wird dieses sogenannte **Kongruenzprinzip** umgesetzt, heißt das, dass der Stelleninhaber die Folgen seiner (autorisierten) Handlungen zu tragen hat.[379] Wird ihm hingegen eine Aufgabe übertragen, für die er lediglich Verantwortung nicht aber die notwendige Kompetenz besitzt, muss er seine Handlungen verantworten, obwohl er diese mangels formaler Berechtigung nicht steuern kann. Aber auch andere Abweichungen vom Kongruenzprinzip wie die Aufgabenzuweisung ohne Kompetenz und Verantwortung oder die Kompetenzausübung außerhalb des eigenen Aufgabenbereichs und ohne Verantwortung führen zu Störungen in der Organisation.

---

[377] Vahs (2007), S. 105.
[378] Vgl. Schierenbeck, Wöhle (2008), S. 143.
[379] Vgl. Vahs (2008), S. 64 und S. 66.

Standardisierung

Bei häufig durchzuführenden, gleichartigen Tätigkeiten ist es sinnvoll, eine **Standardisierung** einzuführen. Dabei werden entweder Prozessanweisungen in Form von Richtlinien, Arbeitsregeln oder Prozessdiagrammen oder die Vorgabe von Ergebniserwartungen schriftlich festgelegt.[380] Auf diese Weise soll erreicht werden, dass die Prozesse bzw. Ergebnisse unabhängig von den ausführenden Personen immer einheitlich ausgeführt werden. Zum Teil lässt sich in der Praxis auch eine Standardisierung von Rollen beobachten, bei der das Mitarbeiterverhalten vereinheitlicht werden soll. Verhaltens- und Führungsrichtlinien, die das Unternehmen an die Mitarbeiter weitergibt, sind ein Beispiel dafür. Diese sind insbesondere in der Kettenhotellerie gängig. Beispielsweise sagt *Sheraton Hotels & Resorts* hierzu:

- Wir behandeln unsere Mitmenschen mit Einfühlungsvermögen und Respekt, und das menschliche Bedürfnis, dazuzugehören, liegt uns am Herzen.
- Wir wissen, dass Reisen anstrengend und unpersönlich sein kann, und bieten warme, persönliche und einladende Umgebungen, in denen sich unsere Gäste wie zuhause fühlen können.
- Wir suchen das Potenzial in anderen und in uns selbst und werden weiterhin den Menschen um uns herum Unterstützung und Ermutigung zukommen lassen.
- Wir bestimmen uns selbst mit Integrität und fördern Vertrauen auf allen Ebenen unserer Organisation.
- Wir sind verantwortlich für unser Verhalten und übernehmen die Verantwortung für unsere Handlungen.
- Wir sind neugierig und motiviert und suchen ständig Chancen, zu lernen, zu wachsen und uns zu entwickeln.

(vgl. Sheraton Careers (2011): Woran wir glauben, unter: http://www.starwoodhotels.com/sheraton/careers/believe/index.html, letzter Zugriff am 28. November 2011)

3.4.3 Organisationsformen

3.4.3.1 Aufbau- und Ablauforganisation im Vergleich

Die traditionelle, betriebswirtschaftlich orientierte Organisationslehre geht maßgeblich auf *Erich Kosiol* zurück und unterscheidet zwischen der Aufbauorganisation und der Ablauforganisation. Diese Betrachtung legt den Fokus auf innerbetriebliche Strukturen, eine Außenbetrachtung im Sinne einer Wettbewerbs-, Kunden- und Marktorientierung findet nicht statt.[381] Aufbau- wie auch Ablauforganisation folgen demselben Gliederungsprinzip: Sie beginnen bei der Gesamtaufgabe eines Unternehmens, zerlegen diese in Teile, die sie anschließend derart wieder zusammenführen, dass sich ein organisatorisch sinnvolles Gesamtgefüge ergibt. Die Zerlegung der Gesamtaufgabe verfolgen die Organisationsformen jedoch auf unterschiedliche Weise. Die Aufbauorganisation analysiert, bildet und ordnet einzelne Aufgaben und Kom-

---

[380] Vgl. Siedenbiedel (2010), S. 154–161.
[381] Kritik und Ergänzungsvorschläge hierzu äußern Picot, Dietl, Franck (2008), S. 25 f.

petenzen zu, so dass eine Stellen- und Abteilungshierarchie entsteht.[382] Die Ablauforganisation orientiert sich hingegen an Prozessen. Sie regelt „die inhaltliche, räumliche und zeitliche Folge der Arbeitsprozesse."[383] Die Vorgehensweise der Aufbau- und Ablauforganisation wird schematisch in Abbildung 103 gegenüber gestellt.

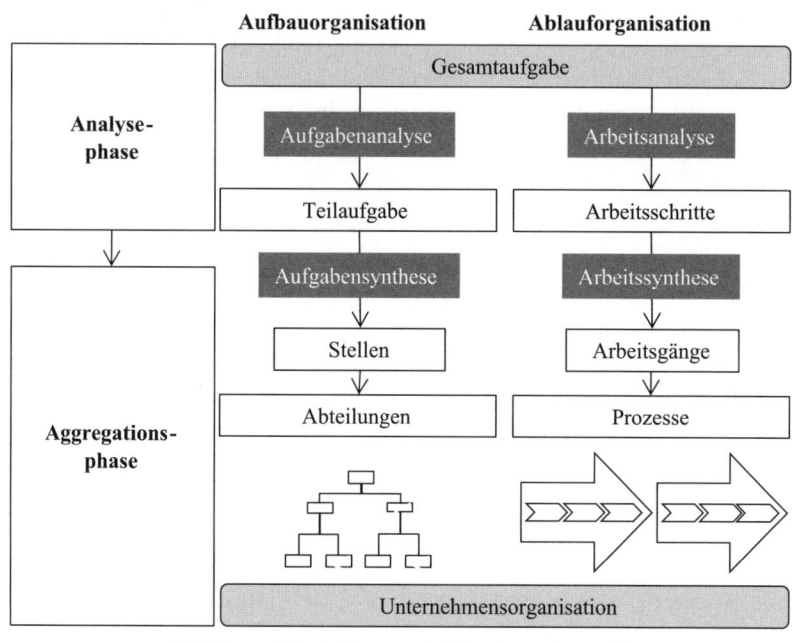

Abbildung 103: Aufbau- und Ablauforganisation[384]

3.4.3.2 Aufbauorganisation

3.4.3.2.1 Aufgabenanalyse

Bei der Aufbauorganisation wird die Gesamtaufgabe so weit aufgegliedert, dass sich die resultierenden Teilaufgaben – oder Elementaraufgaben – nicht weiter aufsplitten lassen. Dieser Vorgang nennt sich Aufgabenanalyse. Zur Identifikation der Elementaraufgaben können verschiedene Kriterien herangezogen werden, wie sie in der Abbildung 104 ausschnittsweise aufgeführt sind. Bei der Zerlegung der Aufgabe nach der Verrichtung, dem Objekt, dem Rang, der Phase oder der Zweckbeziehung resultiert jeweils ein hierarchisches System, an dessen Ende die identifizierten Elementaraufgaben stehen. Als Beispiel in Abbildung 104 dient ein Reiseveranstalter, der Wanderreisen inklusive des Bustransportes in deutschsprachige Destinationen organisiert und vertreibt.

---

[382] Vgl. Kosiol (1976), S. 32.
[383] Vahs (2007), S. 33.
[384] Vgl. ebd., S. 60 in Anlehnung an Bleicher (1991), S. 49.

3.4 Organisation

Gliederung nach der Verrichtung

- Wanderreise
  - Organisieren
    - Hotelbetten einkaufen
    - Bustransport arrangieren
    - Wandertouren ausgestalten
  - Bewerben
  - Verkaufen

Gliederung nach dem Objekt

- Wanderreise
  - Österreich
    - Tirol
    - Salzburger Land
    - Kärnten
  - Deutschland
  - Schweiz

Gliederung nach dem Rang

- Wanderreise
  - Komponenten einkaufen
    - Entscheidung über Hotelauswahl, Busunternehmen, etc.
    - Ausführung der Angebotseinholung
  - Destination & Route festlegen
    - Entscheidung über Destination & Route
    - Konkrete Route zusammenstellen

Gliederung nach der Phase

- Wanderreise
  - Organisieren
    - Planung
    - Durchführung
    - Kontrolle
  - Verkaufen
    - Planung
    - Durchführung
    - Kontrolle

Gliederung nach der Zweckbeziehung

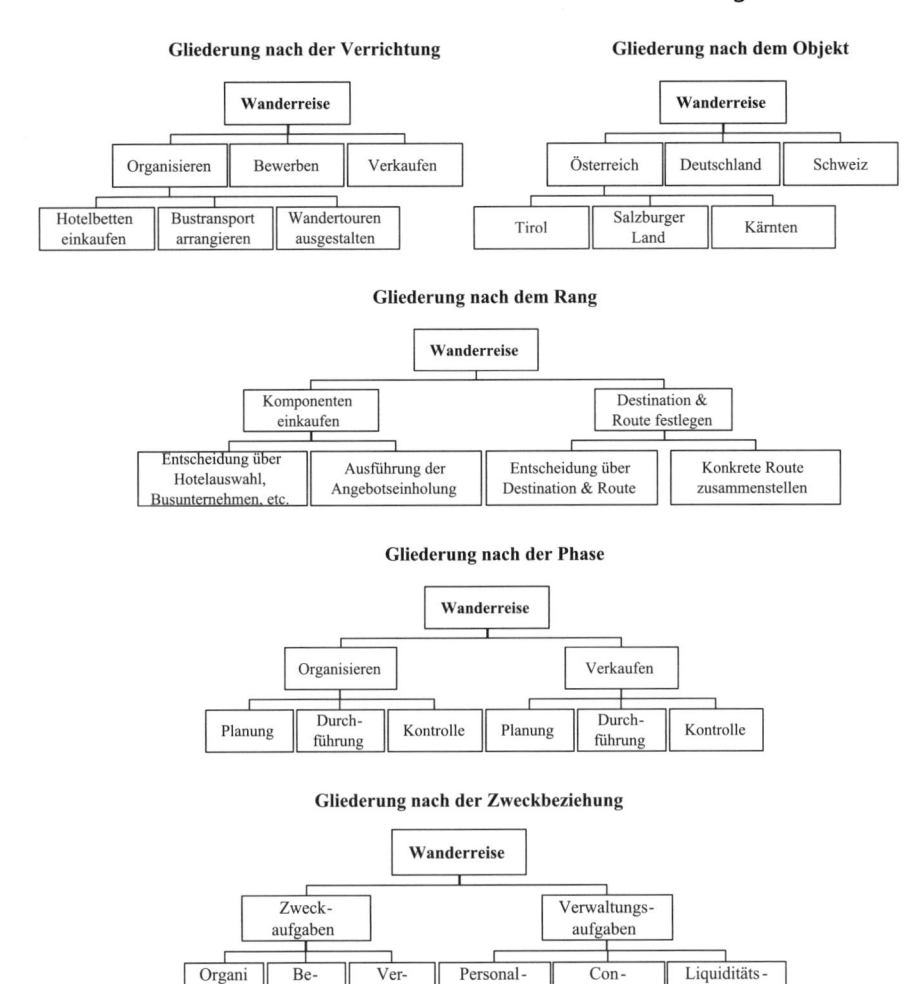

- Wanderreise
  - Zweckaufgaben
    - Organisieren
    - Bewerben
    - Verkaufen
  - Verwaltungsaufgaben
    - Personalverwaltung
    - Controlling
    - Liquiditätsmanagement

Abbildung 104: Kriterien der Aufgabenanalyse

Bei der Aufteilung nach der **Verrichtung** werden die Tätigkeiten, die für die Leistungserstellung notwendig sind, differenziert.

Das **Objekt**, an dem die Aufgabe durchgeführt wird, ist das ausschlaggebende Gliederungselement bei der Objektanalyse. Objekte können Produkte (Wanderreise, Fahrradreise, Städtetrips) oder Kunden (Kinder- und Jugendreisen, Familienreisen, Seniorenreisen) sein. Sie können aber auch nach regionalen Gesichtspunkten (Länder, Destinationen, Niederlassungen) aufgeteilt werden.

Die **Rang**analyse unterscheidet zwischen Entscheidungen und Ausführungsaufgaben. Jede hierarchisch übergeordnete Ebene endet also in Elementaraufgaben, die der Entscheidung dienen und solchen, die die Entscheidung ausführen.

3. Managementprozesse: Lenken und Entscheiden im Tourismus

Dies ist insbesondere für die folgende Stellenbildung und deren personellen Zuordnung zu Führungskräften und Mitarbeitern von Relevanz.[385]

Die Aufgliederung nach der **Phase** ordnet die Aufgabe nach ihrer zeitlichen Stellung in der Prozessfolge „Planung – Realisation – Kontrolle" ein. Jeder Gliederungsstrang endet somit in diesen drei Elementaraufgaben.

Bei der **Zweckbeziehung** geht es schließlich darum, ob die Aufgabe primär oder sekundär der Leistungserstellung zuzuordnen ist. Primäre Aufgaben ergeben sich direkt aus der Leistungserstellung (Hoteleinkauf), sekundäre Aufgaben haben eine unterstützende Funktion inne (Verwaltung).

3.4.3.2.2 Aufgabensynthese

Nach dem ersten Schritt – der Aufgabenanalyse – werden im zweiten Schritt – der Aufgabensynthese – die Teilaufgaben neu gebündelt, so dass organisatorisch und ökonomisch sinnvolle Aufgabenkomplexe entstehen. Den einzelnen Aufgabenkomplexen werden Stellen zugeordnet, die wiederum in Abteilungen zusammengefasst werden. Aus dieser Konfiguration entsteht gemäß Abbildung 105 ein System mit einer bestimmten Leitungsspanne und -tiefe, in dem Aufgaben, Kompetenzen und Verantwortungen festgelegt sind.

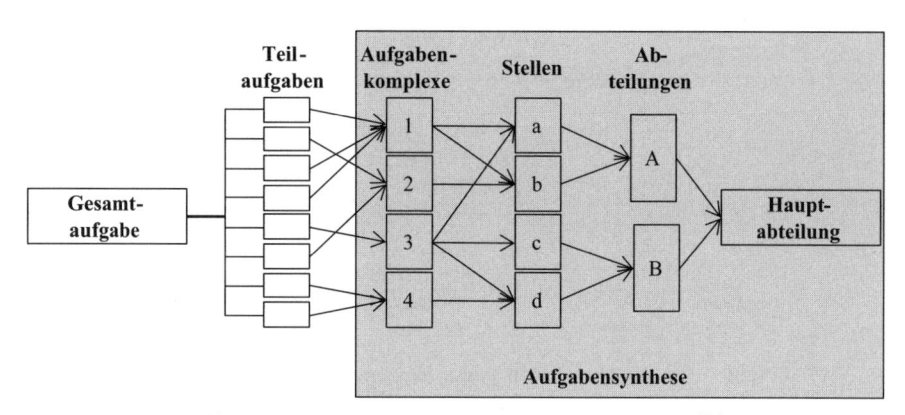

Abbildung 105: Aufgabenanalyse und Aufgabensynthese[386]

In der Grundform lassen sich sogenannte Einlinien- und Mehrliniensysteme einer Aufbauorganisation unterscheiden. Beim **Einliniensystem** hat jede Stelle genau eine zuordenbare Leitungsstelle, so dass die Verbindung auf den hierarchischen Ebenen auf nur einem Weg bzw. „einer Linie" verläuft. Beim **Mehrliniensystem** hingegen existieren mehrere Leitungsstellen pro untergeordneter Stelle, wie aus Abbildung 106 ersichtlich ist.

Das Mehrliniensystem geht auf das *Taylorsche* Funktionsmeisterprinzip zurück, nach dem für jeden Funktionsbereich ein „Meister" als Führungskraft existiert,

---
[385] Vgl. Vahs (2007), S. 53.
[386] Vgl. Schreyögg (2008), S. 105 nach Frese.

3.4 Organisation

Einliniensystem

```
                    Unternehmensleitung
           ┌──────────────┼──────────────┐
        Einkauf        Produktion      Vertrieb
         ╱  ╲           ╱   ╲           ╱   ╲
      Stelle Stelle  Stelle Stelle  Stelle Stelle
```

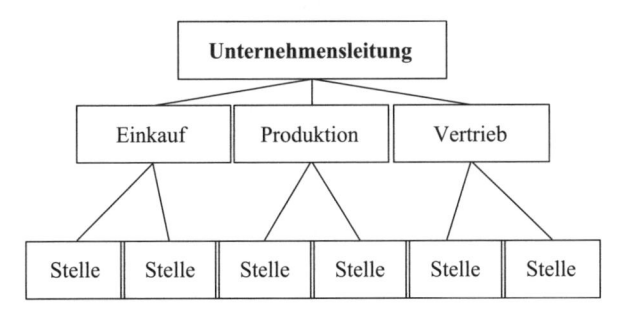

Mehrliniensystem

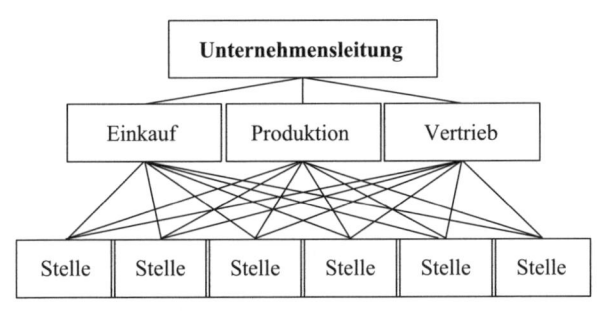

```
                    Unternehmensleitung
           ┌──────────────┼──────────────┐
        Einkauf        Produktion      Vertrieb
         (vernetzte Verbindungen zu allen Stellen)
      Stelle Stelle  Stelle Stelle  Stelle Stelle
```

Abbildung 106: Einlinien- und Mehrliniensystem

der gegenüber der ausführenden Stelle weisungsbefugt ist.[387] Das charakteristische dieses Meisters ist, dass er in seinem jeweiligen Bereich einen sehr hohen Spezialisierungsgrad aufweist. Betreffen nun die Aufgabenkomplexe der ausführenden Stellen mehrere Funktionsbereiche, sind auch mehrere Vorgesetzte dafür verantwortlich und der Stelleninhaber erhält Anweisungen von mehreren Leitungsstellen.

Die Aufgaben-, Verantwortungs- und Kompetenzzuweisung ist im Einlinienensystem einfach und klar gegliedert. Dem steht allerdings der Nachteil von verhältnismäßig langwierigen Informationswegen gegenüber, da die Kommunikation zwischen den organisatorischen Gliederungssträngen nicht direkt erfolgt, sondern immer den Weg über die höchste Hierarchieebene nehmen muss. Das führt zu einer gewissen Trägheit und Inflexibilität im System und kann die zwischengeschalteten Hierarchieebenen erheblich belasten. Nicht so im Mehrliniensystem. Dadurch, dass jede untergeordnete Stelle mit jeder für sie relevanten Leitungsstelle kommunizieren kann, sind die Informationswege kurz und schnell. Hier kann es allerdings zu Unklarheiten hinsichtlich der Aufgaben, Kompetenzen und Verantwortungen kommen, da Leitungsstellen für untergeordnete Ebenen übergreifend verantwortlich sind. Es entsteht daher ein vergleichsweise hoher Koordinationsaufwand.[388]

---

[387] Vgl. Taylor (1911).
[388] Vgl. Wöhe, Döring (2010), S. 119.

3. Managementprozesse: Lenken und Entscheiden im Tourismus

In der Praxis trifft man das Ein- oder Mehrliniensystem – gerade bei größeren Organisationen – nur selten an. Häufiger treten Stab-Linien-, Sparten-, Matrix- oder Tensor-Organisationen sowie andere spezielle Organisationsformen wie die Projektorganisation auf.

Die **Stab-Linien-Organisation** basiert auf dem Einliniensystem, entlastet aber die Leitungsstellen durch Zuordnung sogenannter Stabsstellen.

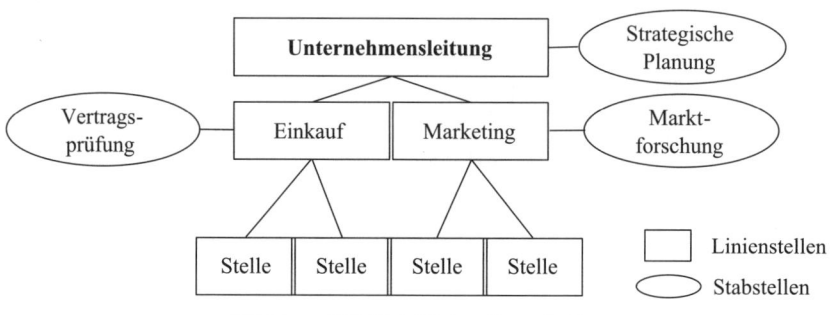

Abbildung 107: Stab-Linien-Organisation

Die Kompetenzen liegen nach wie vor bei den Leitungsstellen und nicht bei den Stabsstellen. Letztere üben rein unterstützende Tätigkeiten aus, d. h. sie bereiten Entscheidungen vor und nach. Die Entscheidungsbefugnis selbst liegt jedoch nicht bei ihnen. Die strategische Planung, Public Relations oder Rechtsabteilungen sind typische Bereiche, die von Stäben abgedeckt werden. Stellenübergreifende Dienstleistungsbereiche wie das Controlling, das Personalwesen oder die Finanzabteilung werden hingegen nicht den Stabsstellen zugerechnet, da sie nicht der Entscheidungsvorbereitung einer spezifischen Leitungsstelle dienen, sondern ihre Tätigkeiten die gesamte Organisation betreffen.[389] Man bezeichnet diese Abteilungen daher als Zentralbereiche.

Eng verwandt mit dem Einliniensystem ist die **Spartenorganisation**. Bei dieser Organisationsform ist die Unternehmung nicht nach der Verrichtung sondern nach Objekten gegliedert. Häufig findet sich auch der Terminus „divisionale Organisation" für die Spartenorganisation.

Die einzelnen Sparten sind eigenständig. Das hat den Vorteil, dass das Unternehmen in objektbezogene Teilbereiche aufgespalten werden kann, die unabhängig voneinander zu steuern sind. Das ist insbesondere für größere Unternehmen mit komplexen Organisationsstrukturen oder mit einem sehr heterogenen Leistungsangebot von Vorteil.[390] Häufig haben auch Spartenorganisationen Zentralbereiche, die übergreifende Tätigkeiten ausüben.

Die **Matrix-** bzw. **Tensor-Organisation** ist zwei- respektive dreidimensional in der Form ausgerichtet, dass zur Stellenbildung im Rahmen der Aufgabensynthese zwei oder drei Kriterien gleichzeitig herangezogen werden. In der folgenden Abbildung 109 handelt es sich um eine funktionsbezogene (Einkauf,

---

[389] Vgl. Schreyögg (2008), S. 126 f.
[390] Vgl. Wöhe, Döring (2010), S. 121.

3.4 Organisation

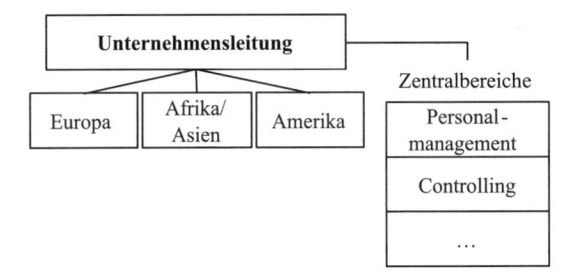

Diagramm: Unternehmensleitung mit Europa, Afrika/Asien, Amerika und Zentralbereichen (Personalmanagement, Controlling, ...)

Konzernstruktur der Lufthansa zum Vergleich

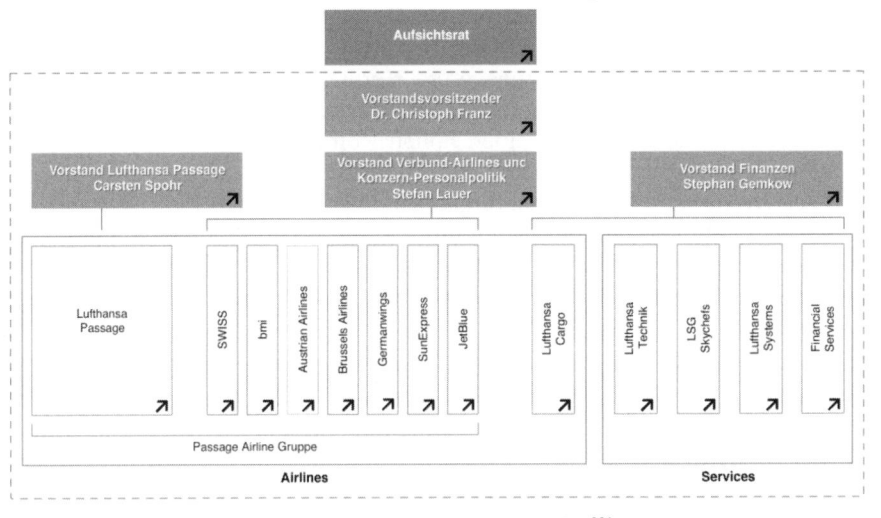

Organigramm: Aufsichtsrat → Vorstandsvorsitzender Dr. Christoph Franz; Vorstand Lufthansa Passage Carsten Spohr; Vorstand Verbund-Airlines und Konzern-Personalpolitik Stefan Lauer; Vorstand Finanzen Stephan Gemkow.

Airlines: Lufthansa Passage, SWISS, bmi, Austrian Airlines, Brussels Airlines, Germanwings, SunExpress, JetBlue, Lufthansa Cargo (Passage Airline Gruppe).

Services: Lufthansa Technik, LSG Skychefs, Lufthansa Systems, Financial Services.

Abbildung 108: Spartenorganisation[391]

Produktion, Vertrieb) und eine objektbezogene (Destinationen) Dimension, nach der die einzelnen Stellen gebildet werden.

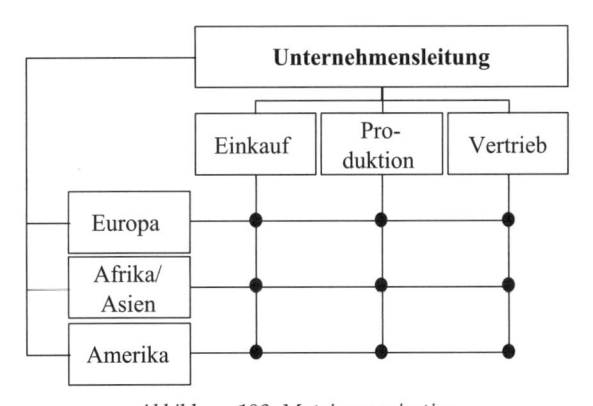

Diagramm: Matrixorganisation mit Unternehmensleitung, Einkauf, Produktion, Vertrieb (Spalten) und Europa, Afrika/Asien, Amerika (Zeilen).

Abbildung 109: Matrixorganisation

---

[391] Zur Konzernstruktur der Lufthansa vgl. Lufthansa (2011).

Die **Matrixorganisation** wurde entwickelt, um in komplexen Organisationen eine bessere Integration aller Teilbereiche und damit eine verbesserte Markt- und Kundenorientierung zu erreichen. Denn nicht selten fokussieren sich einzelne Abteilungen und Funktionsbereiche auf die nur sie betreffenden Gebiete des Leistungserstellungsprozesses, haben wenig Verständnis für andere Teilbereiche und verlieren im schlechtesten Fall das Unternehmensgesamtziel aus den Augen. Dem soll die Matrixorganisation durch ihre mehrdimensionale Vernetzung der einzelnen Stellen abhelfen. Die Stellen sind eigenständig, d. h. sie können ohne Einschaltung der Unternehmensleitung entscheiden: möchte das Destinationsteam „Amerika" beispielsweise verstärkt auf Online-Vertrieb setzen, kann es sich direkt an die Vertriebsabteilung wenden. Die Informationswege sind kurz. Da jedoch jeweils zwei Leitungsstellen gegenüber jeder Schnittstelle weisungsbefugt sind, kann es leicht zu Aufgaben-, Verantwortungs- und Kompetenzüberschneidungen kommen. Außerdem weist die Matrixorganisation einen hohen Komplexitätsgrad auf, der durch entsprechende Koordination und klare Entscheidungsdelegation eindeutig geregelt werden sollte. Die **Tensororganisation** erweitert das Matrixsystem um eine weitere Dimension, die sowohl hinsichtlich der funktionsorientierten als auch der objektorientierten Organisationseinheiten in Abbildung 109 Kompetenz besitzen. Zu denken ist hier wiederum an Zentralbereiche, die übergreifend agieren.

Neben den soeben vorgestellten gibt es noch zahlreiche weitere Organisationsformen, die sich als Konglomerat aus den Grundsystemen ergeben. Darüber hinaus greifen Unternehmen häufig auf spezielle Organisationsformen zurück, wenn neuartige Aufgaben, die in ihrer Dauer beschränkt sind, durchgeführt werden müssen. Hierfür eignet sich beispielsweise die Projektorganisation, die spezifisch auf das jeweilige Projekt zugeschnitten ist.

3.4.3.3 Ablauforganisation

3.4.3.3.1 Arbeitsanalyse

Die Ablauforganisation startet ebenfalls mit der Analyse der Gesamtaufgabe. Im Gegensatz zur Aufbauorganisation, die einzelne Aufgaben an das Ende der Analysekette stellt, filtert die Ablauforganisation Arbeitsprozesse und einzelne Arbeitsschritte heraus, die es durchzuführen gilt, um eine Aufgabe zu erledigen. Insofern basiert sie auf der Aufbauorganisation, da sie die Elementaraufgaben noch weiter zerlegt und zwar in der Form, dass einzelne Tätigkeiten herauskristallisiert werden, die zur Erfüllung der Aufgabe vonnöten sind. Insgesamt geht die Ablauforganisation dadurch sehr viel mehr ins Detail als die Aufbauorganisation, dadurch dass sie eine dynamische Analyse der organisatorischen Verbindungen durchführt. Aufbau- und Ablauforganisation bedingen sich also gegenseitig und können daher nicht unabhängig voneinander betrachtet werden. Abbildung 110 zeigt einen beispielhaften Ausschnitt einer Arbeitsanalyse.

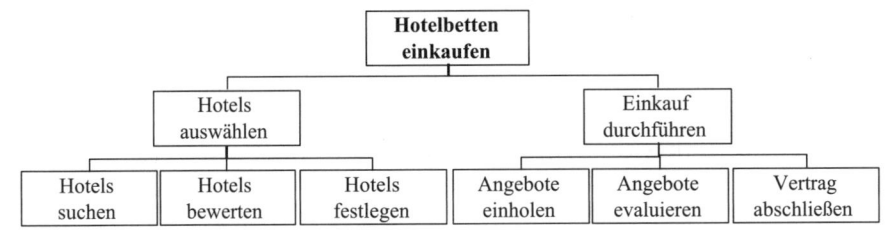

```
                    ┌──────────────────┐
                    │   Hotelbetten    │
                    │    einkaufen     │
                    └──────────────────┘
             ┌─────────────┴─────────────┐
        ┌─────────┐                 ┌─────────┐
        │ Hotels  │                 │ Einkauf │
        │auswählen│                 │durchführen│
        └─────────┘                 └─────────┘
    ┌───────┬───────┐           ┌────────┬────────┬────────┐
  Hotels  Hotels  Hotels    Angebote  Angebote  Vertrag
  suchen  bewerten festlegen einholen evaluieren abschließen
```

Abbildung 110: Ablauforganisatorische Zerlegung der Elementaraufgaben

Zur Gliederung der Arbeitsprozesse können wiederum die Kriterien Objekt, Verrichtung, Rang, Phase und Zweckbeziehung herangezogen werden. Allerdings steht die Aufteilung nach der Verrichtung augenscheinlich klar im Vordergrund. In der Praxis wird häufig auch das Objektmerkmal herangezogen.

Aus der Arbeitsanalyse geht hervor, wie die einzelnen Teilaufgaben räumlich, zeitlich und personell miteinander verknüpft sind, also welcher Stelleninhaber die Teilaufgabe wann, wo und mit welchen Sachmitteln erledigt.[392] In der Konsequenz ergeben sich Arbeitsschritte, die in der untersten Gliederungsebene in einzelne Handgriffe münden, die zur Erfüllung einer Aufgabe durchgeführt werden müssen.

3.4.3.3.2 Arbeitssynthese

Die Arbeitssynthese setzt die Arbeitsschritte, die aus der Arbeitsanalyse gewonnen wurden, wieder zusammen. Dadurch entstehen sogenannte Arbeitsgänge, die erneut zu ganzen Prozessen gebündelt werden. Die Kombination der Arbeitsprozesse zu Arbeitsgängen und Prozessen soll nach Kosiol anhand dreier Kriterien erfolgen:[393]

- **Personale Arbeitssynthese:** Die Arbeitsgänge und Prozesse werden auf (fiktive) Arbeitsträger – hierunter sind sowohl Personen als auch Sachmittel zu verstehen – übertragen. Dabei ist das Leistungsvermögen der Arbeitsträger zu berücksichtigen, um die Arbeitsgänge und Prozesse in ein bewältigbares Pensum zu bündeln.
- **Temporale Arbeitssynthese:** Hierbei geht es um die zeitlich optimale Festlegung und Abstimmung der Arbeitsgänge. Das heißt, die Arbeitsgänge sollen in einer möglichst minimalen Zeitspanne erledigt werden können. Vor diesem Hintergrund werden die Arbeitsprozesse aufeinander abgestimmt.
- **Lokale Arbeitssynthese:** Die optimale räumliche Anordnung und Ausstattung von Arbeitsplätzen steht hierbei im Zentrum. Die Arbeitsschritte werden dementsprechend so zusammengesetzt, dass die Wege innerhalb eines Unternehmens möglichst kurz sind.

Das Ziel der Arbeitssynthese kann also zusammengefasst werden als „optimale Gestaltung der Arbeitsabläufe unter Berücksichtigung der Arbeitsmenge,

---
[392] Vgl. Vahs (2007), S. 56.
[393] Vgl. Kosiol (1976), S. 212 ff.

des Leistungsvermögens der (gedachten) Arbeitskräfte und der verfügbaren Sachmittel."[394]

3.4.4 Weitergehende Organisationstheorien

Es haben sich neben dem klassisch betriebswirtschaftlich ausgerichteten Organisationsansatz noch weitere Organisationstheorien herausgebildet. Die Theorien sind in ihrer Gesamtheit vielschichtig und unterscheiden sich zum Teil erheblich voneinander, so dass eine vollumfängliche Darstellung an dieser Stelle nicht erfolgen kann. Exemplarisch werden daher zwei Theorien herausgegriffen: der entscheidungstheoretische Ansatz und die Principal-Agent-Theorie des neoinstitutionalistischen Ansatzes.

Im **entscheidungstheoretischen Organisationsansatz** stehen nicht Aufgaben oder Prozesse sondern Entscheidungen im Zentrum der Betrachtung. Das heißt, es wird einerseits untersucht, welche organisatorische Gestaltung die betriebliche Entscheidung optimal unterstützt. Andererseits wird auch umgekehrt analysiert, welchen Einfluss die organisatorische Gestaltung auf das Entscheidungsverhalten im Unternehmen hat. Der bekannteste Zweig dieser Organisationsströmung ist die mathematisch-analytisch orientierte Entscheidungstheorie. Sie ermittelt auf Basis von wahrscheinlichkeitsgewichteten Umweltzuständen, vorgegebenen Alternativen und daraus resultierenden Zielwerten die für den Entscheider bestmögliche Handlungsoption. Problematisch an dieser präskriptiven Vorgehensweise ist, dass alle Parameter bekannt und quantifizierbar sein müssen.

Die **Principal-Agent-Theorie** gründet auf dem Neoinstitutionalismus, der neben der Neoklassik eine fundamentale Richtung der Ökonomie darstellt. Beide Richtungen haben ein Grundprinzip gemein: Sie gehen davon aus, dass das Individuum als **Homo Oeconomicus** rational handelt und seine eigenen Ziele verfolgt, um seinen **individuellen Nutzen zu maximieren**. Die einzelnen Ziele decken sich nicht notwendigerweise mit den Zielen der anderen Akteure, so dass jedes Individuum rein opportunistisch handelt. Ein zentrales Unterscheidungskriterium der beiden Richtungen ist die Verteilung von Informationen. In der **Neoklassik** wird angenommen, dass die Akteure jederzeit über vollständige und sichere Informationen verfügen und damit gesamtwirtschaftlich immer optimal entscheiden können. Der **Neoinstitutionalismus** geht hingegen davon aus, dass nicht jeder Akteur alle notwendigen Informationen verfügbar hat. Stattdessen liegen den Individuen eingeschränkte Informationen vor. Es kommt zu Informationsvorsprüngen bei einzelnen Teilnehmern, die diese Vorsprünge zur Verwirklichung ihrer eigenen Ziele ausnutzen. Auf diese Weise kann es zu suboptimalen Handlungen aus Sicht der Unternehmung kommen. Ein Beispiel wäre in diesem Zusammenhang der Mitarbeiter, der für einen Pauschalreisebaustein das Hotel auswählt, das ihn im Rahmen einer Verkaufsförderung zu einer freien Übernachtung einlädt. So maximiert er seinen individuellen

---

[394] Vahs (2007), S. 59.

Nutzen, wählt aber möglicherweise nicht das Hotel mit den ansprechendsten Konditionen.

Aus diesen Überlegungen heraus hat sich die Principal-Agent-Theorie entwickelt. Danach existiert ein Agent (z. B. Mitarbeiter), der im Auftrag des Prinzipals (z. B. Geschäftsführung) agiert und dessen Handlungen sich auf den Nutzen des Prinzipals auswirken. Jeder Akteur versucht nun wieder, seinen individuellen Nutzen zu maximieren. Ein Problem entsteht dann, wenn der Agent nicht im Sinne des Prinzipals handelt – es liegt dann ein sogenannter **Principal-Agent-Konflikt** vor und es kommt zu einem Abweichen von der gesamtwirtschaftlich optimalen Lösung, wodurch **Agency-Kosten** entstehen. Das opportunistische Verhalten des Agenten ist durch eine Informationsasymmetrie begründet. Dabei sind drei unterschiedliche Konstellationen denkbar:[395]

- **Adverse Selection:** Informationsasymmetrie vor Vertragsabschluss
  Der Prinzipal kennt die Leistung des Agenten nicht und läuft Gefahr, einen unvorteilhaften Agenten auszuwählen.
- **Moral Hazard:** Informationsasymmetrie nach Vertragsabschluss
  Der Prinzipal kann die Leistung des Agenten nicht beobachten und kann nicht beurteilen, ob der Agent in seinem Sinne handelt.
- **Hold-up:** Informationsasymmetrie nach Vertragsabschluss
  Der Prinzipal kann die Leistung des Agenten beobachten aber nicht beeinflussen. Er ist in einem Abhängigkeitsverhältnis zum Agenten, so dass die Gefahr der Ausbeutung durch den Agenten besteht.

Es können verschiedene Mechanismen angewendet werden, um die Agency Probleme zu mindern oder zu lösen, was allerdings wiederum Agency-Kosten verursacht. Zum besseren Verständnis wird beispielhaft das Moral-Hazard Problem herausgegriffen, welches häufig zwischen Geschäftsführung und Mitarbeitern in der Fragestellung auftritt: „Wie können Mitarbeiter dazu bewegt werden, dem Unternehmen ihre optimale Arbeitsleistung zur Verfügung zu stellen?". Eine Möglichkeit wäre, die Mitarbeiter zu kontrollieren. Eine andere wäre der Versuch, eine Interessensangleichung mittels bestimmter Anreize zu erreichen. Denkbar sind Anreize materieller Natur, wie das Arbeitsentgelt oder der Firmenwagen, aber auch immaterieller Art, wie Prestige oder die Karriereförderung, die den Mitarbeiter zur Erbringung seiner optimalen Arbeitsleistung bewegen.

Principal-Agent Konflikte treten bei unterschiedlichsten Gruppierungen auf: zwischen Unternehmen und Lieferanten, Unternehmen und Kapitalgeber oder zwischen dem Aufsichtsrat und der Geschäftsführung des Unternehmens. Diese Theorie versteht die Organisationen demnach als eine Anordnung von Principal-Agent-Verflechtungen.[396]

---

[395] Vgl. ausführlich Picot, Dietl, Franck (2008), S. 72–80.
[396] Vgl. Vahs (2007), S. 42.

3.4.5 Stimmen aus der Praxis: Philipp Bessler, Treugast Unternehmensberatung

Aufbau- und Ablauforganisation müssen für einen nachhaltig wirtschaftlichen Hotelbetrieb regelmäßig überprüft, feinjustiert und gegebenenfalls restrukturiert werden. Der kritische Blick auf sich verändernde Marktbedingungen und vor allem sich wandelnde Gästebedürfnisse ist dabei ebenso wichtig wie ein übergreifendes Kontrollsystem.

Philipp Bessler
Prokurist & Director
Consulting Treugast
Unternehmensberatung

Literatur

Bleicher, Knut (1991): Organisation, Strategien, Strukturen, Kulturen, 2. Aufl., Wiesbaden

Frese, Erich (2005): Grundlagen der Organisation, 9. Aufl., Wiesbaden

Kosiol, Erich (1976): Organisation der Unternehmung, 2. Aufl., Wiesbaden

Lufthansa (2011): Konzernstruktur, unter: http://investor-relations.lufthansa.com/de/fakten-zum-unternehmen/konzernstruktur.html, letzter Zugriff am 04. Juli 2011

Picot, Arnold; Dietl, Helmut; Franck, Egon (2008): Organisation, 5. Aufl., Stuttgart

Schierenbeck, Heiner; Wöhle, Claudia (2008): Grundzüge der Betriebswirtschaftslehre, 17. Aufl., München

Schreyögg, Georg (2008): Organisation, Wiesbaden

Siedenbiedel, Georg (2010): Organisation ... leicht verständlich, Stuttgart

Taylor, Frederick W. (1911): The Principles of Scientific Management, New York

Thommen, Jean-Paul; Achleitner, Ann-Kristin (2009): Allgemeine Betriebswirtschaftslehre, 6. Aufl., Wiesbaden

Vahs, Dietmar (2007): Organisation, 6. Aufl., Stuttgart

Wöhe, Günter; Döring, Ulrich (2010): Einführung in die Allgemeine Betriebswirtschaftslehre, 24. Aufl., München

Weiterführende Literaturhinweise

Bea, Franz Xaver; Göbel, Elisabeth (2010); Organisation, 3. Aufl., Stuttgart

Becker, Fred (2007): Organisation der Unternehmungsleitung, Stuttgart

Kieser, Alfred; Ebers, Mark (Hrsg.) (2006): Organisationstheorien, 6. Aufl., Stuttgart

Laux, Helmut; Liermann, Felix (2005): Grundlagen der Organisation, 6. Aufl., Berlin, Heidelberg, New York

Picot, Arnold; Reichwald, Ralf; Wigand, Rolf (2003): Die grenzenlose Unternehmung, 5. Aufl., Wiesbaden

Sanders, Karin; Kianty, Andrea (2006): Organisationstheorien, Wiesbaden

Schreyögg, Georg; von Werder, Axel (Hrsg.) (2004): Handwörterbuch Unternehmensführung und Organisation, 4. Aufl., Stuttgart

Schreyögg, Georg; Conrad, Peter (2010): Organisation und Strategie, Wiesbaden

Weik, Elke; Lang, Rainhart (Hrsg.) (2005): Moderne Organisationstheorien, Band 1, 2. Aufl. Wiesbaden

Weik, Elke; Lang, Rainhart (Hrsg.) (2003): Moderne Organisationstheorien, Band 2, Wiesbaden

Wolf, Joachim (2010): Organisation, Management, Unternehmensführung, 4. Aufl., Wiesbaden

4. Werte und Strategien: Fragen nach Sinn, Wegen und Verantwortung im Tourismus

288 4. Werte und Strategien: Fragen nach Sinn, Wegen und Verantwortung

5. Werte und Strategien

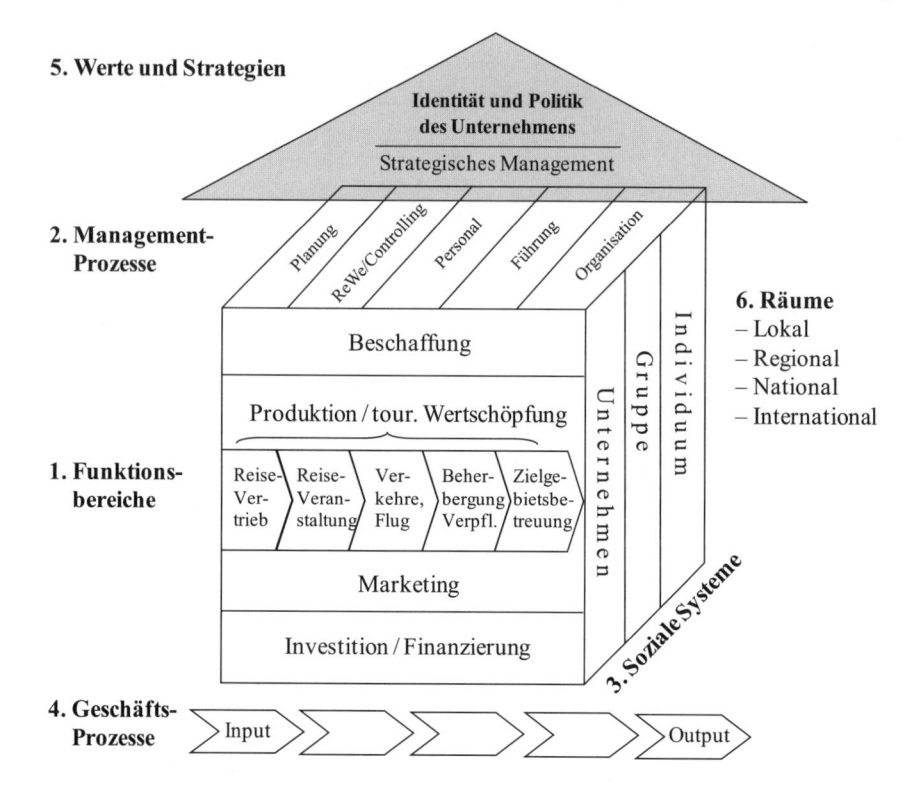

Identität und Politik des Unternehmens

Strategisches Management

2. Management-Prozesse: Planung, ReWe/Controlling, Personal, Führung, Organisation

6. Räume
– Lokal
– Regional
– National
– International

Beschaffung

Produktion / tour. Wertschöpfung

1. Funktionsbereiche: Reisevertrieb, Reiseveranstaltung, Verkehre/Flug, Beherbergung/Verpfl., Zielgebietsbetreuung

Unternehmen – Gruppe – Individuum

Marketing

Investition / Finanzierung

3. Soziale Systeme

4. Geschäfts-Prozesse: Input → → → → Output

Das vierte und abschließende Kapitel setzt mit der 5. Dimension **Werte und Strategien** einen „normativen Überbau" auf den Management-Würfel. Bis hierher wurde gezeigt, was in Unternehmen wie funktioniert. Jetzt werden grundsätzlichere Fragen aufgeworfen: Hat ein Unternehmen eine Identität – und welche Kultur herrscht in ihm? Handeln Unternehmen „sinnvoll"? Wie können Strategien die Grundausrichtung eines Unternehmens in den Funktionsbereichen und Managementprozessen umsetzen? Welche Rolle können Unternehmen in einer nachhaltigen Entwicklung der Wirtschaft im Allgemeinen und des Tourismus im Besonderen einnehmen, und welche nicht?

Diese Fragen kann und will ein Lehrbuch nicht abschließend beantworten. Hier müssen der Leser und jeder, der sich mit Betriebswirtschaftslehre beschäftigt, selbst Standpunkte einnehmen, reflektieren und diskutieren.

4.1 Unternehmensidentität und Unternehmenspolitik

4.1.1	Grundlage: Normatives Management	290
4.1.2	Unternehmensidentität	292
4.1.2.1	Unternehmensverhalten und Unternehmenskultur	292
4.1.2.2	Erscheinungsbild	294
4.1.2.3	Unternehmenskommunikation	294
4.1.3	Unternehmenspolitik	297
4.1.3.1	Basis und Ziele der Unternehmenspolitik	297
4.1.3.2	Unternehmensleitbilder	298
4.1.3.3	Fallstricke in der Unternehmenspolitik	299

Leitfragen

- Warum kommt dem normativen Management eine so hohe Bedeutung zu?
- Was sind typische Fragestellungen, die normatives Management beantworten muss?
- Worin bestehen die Beziehungen zwischen den drei Handlungsebenen des Managements?
- Was macht die Identität eines Unternehmens aus?
- Warum ist das Erscheinungsbild für Tourismusunternehmen ein wichtiger Teil seiner Identität?
- Welche Beispiele für Rituale und symbolhaftes Handeln lassen sich in Unternehmenskulturen finden?
- Wie ist die Unternehmenskommunikation von der Kommunikationspolitik des Marketings abzugrenzen?
- Welche Bereiche umfasst die Unternehmenskommunikation?
- Kann Unternehmenskommunikation zur Wertschöpfung des Unternehmens beitragen?
- Was müssen Unternehmen der Tourismusbranche in der Krisenkommunikation beachten?
- Was sind die Fundamente der Unternehmenspolitik?
- Kann man eine Unternehmenskultur planen?
- Was macht ein gutes Unternehmensleitbild aus?
- Welche Risiken sind im normativen Management zu beachten?

4.1.1 Grundlage: Normatives Management

In den Kapiteln 2 und 3 wurden die für Tourismusunternehmen besonders relevanten, betriebswirtschaftlichen Grundlagen in den Funktionsbereichen und Managementprozessen eines Unternehmens beschrieben.

Etwas zu beschreiben, das Beschriebene zu lernen und in der Praxis umzusetzen, ist jedoch nicht alles – auch nicht in der Wissenschaft. Neben die Beschreibung, die Deskription, muss die Begründung treten: Die Fragen nach dem „Warum" und „Wie" stellen sich jedem, der in der Wirtschaft tätig ist oder sein wird. Dies gilt in besonderem Maße für Führungskräfte, denn ihre herausgehobene Position geht mit einer Verantwortung für Mitarbeiter, Produkte und Kunden einher.

Einige der Debatten um Wirtschafts- und Finanzkrisen, Managergehälter oder rücksichtsloses Ausbeuteverhalten ganzer Branchen werden gerne unter Bildern wie dem „zügellosen Kapitalismus" zusammengefasst. Solche Schlagworte zeigen zweierlei: Zum einen fällt es offenbar schwer, hinreichend zu konkretisieren, was an welchen Stellen der Wirtschaft „falsch läuft" und wie man die Missstände durch politische Regulierungen eindämmen könnte. Zum anderen wird dazu geneigt, negative Auswirkungen einseitig betriebswirtschaftlich orientierten Handelns zu pauschalisieren und das System insgesamt in Frage zu stellen. Beides entspringt mitunter dem psychologisch erklärbaren Drang, komplexe, bedrohlich wirkende Phänomene zu vereinfachen und durch Definition eines abstrakten „Schlechten" von der eigenen Rolle im Gesamtsystem abzulenken.

Umso wichtiger ist es, zum Abschluss dieses Lehrbuches in die „Psychologie von Unternehmen" hineinzuschauen: **Warum** verhalten sich Branchen, Unternehmen und die sie verantwortenden Führungspersonen so, wie sie sich verhalten? Mit dieser Frage verlässt die Betriebswirtschaftslehre teilweise die Ebene der Deskription und muss Stellung beziehen, in dem sie Empfehlungen abgibt. Das zeigt u. a. die Entscheidungstheorie, die das Lösen von Entscheidungsproblemen in Unternehmen thematisiert.

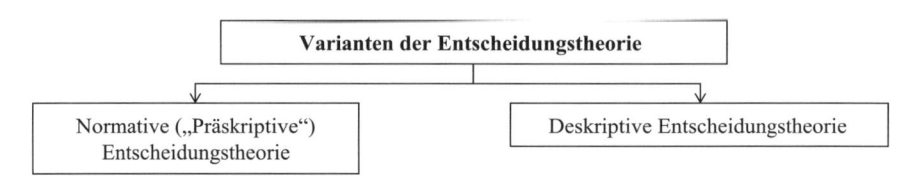

```
                    Varianten der Entscheidungstheorie
                    ↓                              ↓
      Normative („Präskriptive")          Deskriptive Entscheidungstheorie
         Entscheidungstheorie
```

- Wie <u>soll</u> entschieden werden?
- Wie muss sich ein Entscheidungsträger verhalten, wenn er die subjektiv beste Lösung realisieren will?

- Wie <u>wird</u> in der Praxis entschieden?
- Wie verhalten sich die Entscheidungsträger in der Praxis?
- Untersuchung der Machtverhältnisse

Abbildung 111: Deskriptive und normative Entscheidungstheorie[397]

---
[397] Aufbauend auf: Bea, Schweitzer (2009), S. 334.

4.1 Unternehmensidentität und Unternehmenspolitik

Damit lassen sich drei Handlungsebenen des Managements unterscheiden:[398]

- **Normatives Management:** Grundsätzliche Philosophie des Unternehmens, die in einer bestimmen Unternehmenspolitik in Form von Leitbildern, Grundsätzen, Kodizes und Unternehmensverfassungen institutionalisiert wird und sich in einer erlebbaren Unternehmenskultur niederschlägt. Die Unternehmenskultur ist ein wichtiger Bestandteil der Unternehmensidentität.
- **Strategisches Management:** Langfristige Führung des Unternehmens. Umsetzung der unternehmenspolitischen Globalziele vor allem durch strategische Planung und langfristig wirkende Entscheidungen in den Geschäfts- und Funktionsbereichen.
- **Operatives Management:** Kurzfristige Steuerung des Unternehmens, umgesetzt durch die operative Planung und kurzfristig wirkende Entscheidungen in den Geschäfts- und Funktionsbereichen.

Es wird deutlich, dass sich die normative Ebene der Planbarkeit weitgehend entzieht.[399] Stattdessen sind es unsere Werte, Überzeugungen, Sozialisationen und kulturellen Hintergründe, die das Entscheidungsverhalten auf dieser Ebene prägen. Auf die zentralen Bereiche des normativen Managements wird nachfolgend eingegangen.

Die zunächst zu beleuchtende **Unternehmensidentität** (Corporate Identity, CI) entsteht durch die Summe wahrgenommener Elemente aus[400]

- Unternehmensverhalten (Corporate Behaviour) und daraus entstehender Unternehmenskultur (Corporate Culture),
- Erscheinungsbild (Corporate Design) und
- Unternehmenskommunikation (Corporate Communication).

Diese Identität ist für Mitarbeiter und Kunden sehr wichtig, denn sie prägt die Intensität von Zustimmung, Bindung, Loyalität und Verständnis. Im Tourismus arbeiten nicht nur Unternehmen permanent an ihrer Identität, sondern auch Destinationen.[401] Im Vergleich zur Unternehmensidentität ist eine **Destinationsidentität** (Destination Identity, DI) noch schwieriger zu planen. Schließlich sind Anzahl und Hintergründe der Akteure, die eine Destination als „virtuelles Unternehmen"[402] prägen, um ein vielfaches größer als die der Leistungsinstanzen eines Unternehmens.

---

[398] Aufbauend auf: Ulrich, Fluri (1995), S. 18–22.
[399] Vereinzelt wird der Unternehmenspolitik der Rang einer eigenen Planungsstufe („Normative Planung") zugewiesen, oberhalb der strategischen und operativen Planung, vgl. Hutzschenreuter (2011), S. 442 f. Dies bezieht sich allerdings vornehmlich auf die Erstellung von Leitbildern und die Formulierung von „Visionen" und „Missionen".
[400] Vgl. Vahs, Schäfer-Kunz (2007), S. 27 f., Roth (2003), S. 59 f. und Birkigt, Stadler (2002), S. 18–24.
[401] Vgl. Freyer (2011), S. 348.
[402] Bieger (2008), S. 94.

4.1.2 Unternehmensidentität

4.1.2.1 Unternehmensverhalten und Unternehmenskultur

Das **Unternehmensverhalten** (Handlungsebene) entsteht aus der Summe der tatsächlichen Verhaltensweisen seiner Mitarbeiter. Für einen einzelnen Mitarbeiter wird so eine bestimmte **Unternehmenskultur** (Wahrnehmungsebene) dauerhaft spürbar. Ein einzelner Kunde dagegen wird nur schlaglichtartig mit einzelnen Verhaltensweisen und Kultureindrücken des Unternehmens konfrontiert; je nachdem, mit welchem Produkt, Sachverhalt oder Mitarbeiter er es zu tun bekommt. Innerhalb der touristischen Dienstleistungsbranche sind es vor allem die Leistungsträger, die sich aufgrund ihres hohen Anteils an direktem Gästekontakt bewusst sein sollten, dass ihre Gäste die Kultur des Unternehmens registrieren. Die wahrgenommene Unternehmenskultur fließt beim Gast auch in sein Zufriedenheitsurteil über das Produkt ein.

Die Unternehmenskultur wird von **„ungeschriebenen Gesetzen"** geprägt, sowie von **Ritualen** und **symbolhaftem Handeln**.[403] Damit ist die Unternehmenskultur abgegrenzt von den oft schriftlich fixierten Elementen der Unternehmenspolitik (Leitbild, Vision etc.), die in vielen Unternehmen auf Websites und in Reden zwar präsent sind, aber in der Wahrnehmung der Mitarbeiter oder Kunden im Unternehmen kaum Handlungsrelevanz besitzen und dadurch nicht erlebbar sind. In einem Unternehmen können auch mehrere Kulturen nebeneinander, und auch **Subkulturen** existieren.[404]

Viele Ratgeber haben sich darauf spezialisiert, gerade neuen Vorgesetzten und Mitarbeitern den Umgang mit den ungeschriebenen Gesetzen der Unternehmenskultur durch vermeintlich allgemeingültige Vorschläge zu erleichtern. Zahlreiche „Business Knigge"-Bücher und Do's & Don'ts-Kataloge bedienen den großen Markt der Unsicherheit von Individuen in unternehmerischen Strukturen, im höherpreisigen Bereich ergänzt von professionellem Coaching. Dieser Markt läuft glänzend, denn die Vermittlung von sicherheitsstiftenden **Werten**[405] nimmt in vielen Familien keinen breiten Raum mehr ein. Und die aus fragwürdigen Gründen immer kürzer werdenden Schul- und Studienzeiten tragen auch nicht gerade dazu bei, dass sich Werte und Einstellungen[406] bei den Absolventen, die in die Unternehmen drängen, sinnvoll weiterentwickelt haben. Oft fragen sich junge Mitarbeiter dann: „Wenn mir schon nicht klar ist, welche Werte und Prinzipien **ich selbst** habe, welche hat dann erst das **Unternehmen**, in dem ich arbeite – und wie halte ich mich an diese?"

---

[403] Vgl. Jung (2010), S. 168, Vahs, Schäfer-Kunz (2007), S. 27 und Steinmann, Schreyögg (2005), S. 716–718.
[404] Vgl. Hofstede, Hofstede (2011), S. 396–398 und Steinmann, Schreyögg (2005), S. 725–727.
[405] Zur Bedeutung von Werten bei der Wahrnehmung von Umwelt, Unternehmen und Handlungen vgl. Staehle (1994), S. 157–161.
[406] Zu den Unterschieden und dem Zusammenspiel von Werten, Einstellungen, Qualifikationen und Persönlichkeit vgl. ebd., S. 161–176.

4.1 Unternehmensidentität und Unternehmenspolitik

In international agierenden Tourismusunternehmen wird die Unternehmenskultur zusätzlich geprägt von

- der Landeskultur am jeweiligen Standort,
- der ethnischen Herkunft der Führungskräfte und Mitarbeiter, sofern daraus unterschiedliche Führungs- und Kommunikationsweisen resultieren, sowie
- der Herkunft der Gäste aus unterschiedlichen Quellmärkten und Kulturkreisen.

Besonderes Augenmerk gilt regelmäßig auch Situationen, in denen Unternehmenskultur und unterschiedliche Gästekulturen aufeinander treffen. Es ist für touristische Unternehmen ein wichtiger Gradmesser einer guten Unternehmenskultur, wie professionell und respektvoll mit Mitarbeitern und Gästen unterschiedlicher Herkunft umgegangen wird.

Hiermit sind die vielfältigen Aspekte des interkulturellen Managements angesprochen, für das Fach- und Führungskräfte gerade im internationalen Tourismus besondere Kompetenzen mitbringen und im Laufe ihres Berufslebens weiterentwickeln müssen. **Interkulturelles Management** zielt auf die Vermeidung oder Bewältigung kulturbedingter Managementprobleme und die Erreichung entsprechender Wettbewerbsvorteile ab. Hierfür entwickelt es Lösungsvorschläge, die von kurzfristig oder temporär relevanten Anpassungen (etwa bei internationalen Projekten) bis hin zu langfristig wirkenden Änderungen in Funktionsbereichen oder Managementprozessen des Unternehmens reichen können.[407] Die Vermeidung kulturbedingter Managementprobleme soll in erster Linie im Bereich der Personalentwicklung durch den Erwerb interkultureller Kompetenzen[408] erfolgen. Die Möglichkeiten der Bewältigung bereits bestehender, kulturbedingter Managementprobleme hängen sehr vom Einzelfall ab. Dies kann vom Konfliktmanagement bei Verhandlungen bis hin zur Anpassung einer Marketingstrategie in unterschiedlichen Kulturkreisen reichen.

Damit lässt sich interkulturelles Management, ähnlich wie nachhaltiges Management,[409] inhaltlich nicht einem bestimmten Managementprozess oder Funktionsbereich eines Unternehmens zuordnen. Vielmehr ist davon auszugehen, dass interkulturelles Management in stark international orientierten Unternehmen in vielfältiger Weise zum Tragen kommt, in vielen anderen, kleineren Unternehmen mit regionalem Fokus dagegen kaum.

---

[407] Einzelne Aspekte dieser managementzentrierten Definition finden sich bei Rothlauf (2009), S. 13 f., Stumpf (2003a), S. 229–232 und Stumpf (2003b), S. 324–333. Für eine Annäherung an die Interkulturalität in kulturpsychologischer Perspektive vgl. Straub, Layes (2002), S. 334–381. Hervorzuheben ist in dieser Sicht, dass man sich bei der Bildung „kognitiver Konstrukte über den Anderen" (ebd., S. 356) stets der Vorläufigkeit und Relationalität dieser Konstrukte bewusst sein sollte, vgl. ebd., S. 357. Zur Kritik an der insgesamt noch mangelnden theoretischen Fundierung des interkulturellen Managements vgl. Festing (2009), S. 532–535.
[408] Zu Begriff und Merkmalen interkultureller Kompetenz vgl. Rothlauf (2009), S. 136–145 und Erl, Gymnich (2007), S. 103–147.
[409] Vgl. zum nachhaltigen Management Abschnitt 4.3.

4.1.2.2 Erscheinungsbild

Durch Festlegung einer Strategie und einzelner Elemente eines **Corporate Designs** soll das visuelle Erscheinungsbild eines Unternehmens festgelegt werden.[410] Die diesbezügliche Soll-Vorstellung findet sich in Richtlinien zu bspw. Logos, Farben, Internetauftritt, Architektur und Kleidung wieder. Im Gegensatz zu Unternehmensverhalten und Unternehmenskultur sind Vorgaben zum Corporate Design gut planbar. Aus diesem Grund wirken die Erscheinungsbilder der meisten größeren Unternehmen sehr professionell.

Die Überwachung der Einhaltung dieser Vorgaben zum Erscheinungsbild ist in Unternehmen der Tourismusbranche von großer Bedeutung. Die Sauberkeit der Hotelanlagen, die Gepflegtheit von Kleidung und Auftreten des Gastronomiepersonals oder die Ordnung der Schreibtische im Reisebüro sind Tatbestände, die sich auf das **Wohlbefinden** des Gastes auswirken. Aber auch andere Bedürfnisse des Gastes können durch das Erscheinungsbild tangiert werden. So wird etwa das **Sicherheitsempfinden** eines Fluggastes durch ein unsauberes, abgenutztes Erscheinungsbild eines Flugzeuges massiv gestört, selbst wenn das Fluggerät technisch einwandfrei ist.

Differenzen zwischen einem sehr professionell wirkendem Erscheinungsbild einerseits und einer schlechten Unternehmenskultur andererseits wirken sich gravierend auf die Beurteilung seitens des Gastes aus, da er das Erscheinungsbild zu Recht nur noch als Fassade ansieht. Eine von Misstrauen der Mitarbeiter untereinander sowie von Gleichgültigkeit dem Gast gegenüber geprägte Unternehmenskultur – das alles in einer perfekt wirkenden Kulisse – so selten ist dieser Kontrast im Tourismus leider nicht anzutreffen.

4.1.2.3 Unternehmenskommunikation

Die Unternehmenskommunikation ist nicht zu verwechseln mit der Kommunikationspolitik, die ein Bestandteil des Marketing-Mix eines Unternehmens ist[411] und daher auch als „Marktkommunikation" bezeichnet werden kann. Subjekt und Objekt der Unternehmenskommunikation ist das **Unternehmen**, beim Marketing ist das Objekt das Produkt.

Damit umfasst die Unternehmenskommunikation die Planung, Durchführung und Erfolgskontrolle aller Kommunikationsprozesse, mit denen das Unternehmen intern und extern über sich informiert. Ziel ist es unter anderem, zur Interessenklärung zwischen dem Unternehmen und seinen Stakeholdern beizutragen und bei den Adressaten entsprechende Verständnisse zu erzeugen und Handlungen auszulösen.[412]

---

[410] Vgl. hierzu und im Folgenden Mundt (2011), S. 465 f. und Vahs, Schäfer-Kunz (2007), S. 27.
[411] Vgl. Abschnitt 2.4.4 und Bruhn (2011), S. 43–47.
[412] Vgl. hierzu und im Folgenden Zerfaß (2008), S. 541.

4.1 Unternehmensidentität und Unternehmenspolitik

Kommunikationsprozesse sind sensibel. Sie sind daher im unternehmerischen Bereich professionell zu organisieren im Sinne eines Kommunikationsmanagements, das folgende Bereiche umfasst:[413]

- Interne Kommunikation (gegenüber Mitarbeitern),[414]
- Netzwerkkommunikation (zwischen Unternehmen, z. B. auf Verbandsebene) und
- Öffentlichkeitsarbeit, Public Relations (im gesellschaftlichen Umfeld).

Die Zielgruppen der Unternehmenskommunikation bilden die Stakeholder aus allen relevanten Umwelten des Unternehmens. Wichtige Zwischenzielgruppen sind Analysten, Journalisten und Lobbyisten.[415]

Im Vergleich zum Marketing fällt es der Unternehmenskommunikation noch schwerer, ihren Beitrag zur Profitabilität des Unternehmens und dessen langfristiger Wertsteigerung darzustellen oder gar zu quantifizieren.[416] Dabei trägt die Unternehmenskommunikation sowohl indirekt als auch direkt zur Wertschöpfung bei:

	Wertschöpfung durch Unternehmenskommunikation	
	Indirekt	Direkt
Interne Kommunikation	• Motivation der Mitarbeiter • Vertrauensbildung Voraussetzung: Glaubwürdigkeit	Bewusstseinsbildung für Innovation und Entwicklung → Aufbau einer adäquaten Organisation, Sicherung der Strategieumsetzung
Externe Kommunikation	• Produkt- und leistungsbegleitende Kampagnen • Schaffung nötiger Handlungsspielräume, z.B. durch Lobbyarbeit und Krisenkommunikation	Förderung von Image und Reputation → Markenwert
	Ziel: Sicherung nachhaltiger Wettbewerbsvorteile	

Abbildung 112: Beiträge der Unternehmenskommunikation zur Wertschöpfung[417]

Diese positiven Beiträge sind real, aber schwer zu quantifizieren. Anders herum können sich Unternehmen größere kommunikative Defizite wie Missverständnisse oder Fehldarstellungen schlichtweg „nicht leisten". Bei großen Unternehmen ist die Unternehmenskommunikation in Form **eigener Abteilungen** institutionalisiert worden. Aufgrund ihrer mittlerweile erkannten strategischen Bedeutung ist sie organisatorisch meist direkt bei der Geschäftsführung oder

---

[413] Vgl. ebd.
[414] Zu den Grundlagen der Mitarbeiterkommunikation vgl. Bruhn (2011), S. 1158–1252.
[415] Vgl. Will (2008), S. 62.
[416] Vgl. Zerfaß (2008), S. 536.
[417] Aufbauend auf: Zerfaß (2008), S. 536.

dem Vorstand angesiedelt. Unternehmen aller Größenordnungen lassen sich bei der Kommunikation auch durch externe **Kommunikationsagenturen** unterstützen. Die Zusammenarbeit mit externen Agenturen gestaltet sich oftmals schwierig. Einerseits kritisieren die beauftragenden Unternehmen bei den Agenturen ein angeblich fehlendes Wissen um viele Kommunikationsinstrumente und fehlendes Vertrauen im Umgang miteinander.[418] Andererseits beherzigen Geschäftsführer und Vorstände häufig die Ratschläge und professionellen Vorgehensweisen nicht, die von ihrer eigenen Unternehmenskommunikation oder den kooperierenden Agenturen eingebracht werden.

Insofern erstaunt nicht, wie fahrlässig und bisweilen dilettantisch Unternehmen kommunizieren, sobald das sichere Fahrwasser des normalen Tagesgeschäfts verlassen wird. Dies gilt bspw. im Rahmen der **internen Kommunikation** bei großen Übernahmen und Fusionen, wo Mitarbeiter häufig zu lange im Unklaren gelassen werden. Die Vermeidung zu großer Verluste an guten Mitarbeitern, die bei solchen Prozessen von der Konkurrenz dankend aufgenommen werden, ist ein klarer Beitrag guter interner Kommunikation zur Werterhaltung des Unternehmens.

Besonders auffällig, weil medial viel präsenter, ist die häufig sehr schlechte **externe Kommunikation** von Unternehmen bei **Krisenereignissen**. Dort werden zuvor in Produktwerbung investierte Millionenbeträge mit einem Schlag durch PR-Desaster und die daraus resultierenden Imageschäden materiell vernichtet und viele der Werbeaussagen inhaltlich konterkariert.[419] Die Unternehmensidentität kann massiv unter dem viel zitierten „Bild in der Öffentlichkeit" leiden, welches das Unternehmen abgibt. Nicht zuletzt wird auch die Identifizierung der eigenen Mitarbeiter mit ihrem Unternehmen auf eine harte Probe gestellt.

Gerade für die Unternehmen der **Tourismusbranche** sollte die Krisenkommunikation Bestandteil eines systematischen Krisenmanagements sein.[420] Darin sollten **präventive Elemente** enthalten sein, die nach außen Vertrauen und nach innen Professionalität schaffen. Dazu zählen die externe Kommunikation von Reiserisiken[421] und die interne Schaffung und Kommunikation von Krisenplänen. Beides kann Krisen teilweise vermeiden oder eingetretene Krisen in ihren Auswirkungen mindern. Bei Leistungsträgern können Schadensereignisse das Ausmaß von Katastrophen einnehmen: Flugzeugabstürze, Schiffsuntergänge und Hotelbrände stellen die betroffenen Unternehmen vor größte Herausforderungen bei der **Reaktion**. Es muss gleichzeitig angemessen mit menschlichem Leid umgegangen, juristische Interessen gewahrt und auf bohrenden Fragen der Medien eingegangen werden. Zunehmend sind auch ausufernde Diskussionen auf Social Media-Plattformen wie *facebook* oder *Twitter* zu betreuen, deren Eigendynamik weitgehend unkontrollierbar ist. In vielen Fällen kann

---

[418] Vgl. Bruhn (2011), S. 123 f.
[419] Hierfür existieren zahllose Beispiele. Die Kommunikation des BP-Konzerns nach der Ölpest infolge der Explosion der Bohrinsel Deepwater Horizon im Jahr 2010 ist darunter ein besonders markantes.
[420] Vgl. Freyer (2011), S. 501 f. sowie ausführlich mit Fallbeispiel Dreyer, Dreyer, Rütt (2004), S. 213–232.
[421] Vgl. Mundt (2011), S. 271–273.

ein unzureichendes Krisenmanagement ein Krisenereignis schnell zur Unternehmenskrise werden lassen.[422]

4.1.3 Unternehmenspolitik

4.1.3.1 Basis und Ziele der Unternehmenspolitik

Die Begriffe der „Politik" und des „politischen Handelns" werden in der Betriebswirtschaftslehre sehr unterschiedlich gesehen und abgegrenzt.[423] Legt man bei der Betrachtung der Unternehmenspolitik den Schwerpunkt auf den politologischen Teil, hat sie „(...) vor allem Fragen von Macht, Herrschaft und Konflikt bei der Formulierung und Realisierung von Unternehmenszielen zum Gegenstand."[424]

Nähert man sich der Unternehmenspolitik hingegen von der wirtschaftlichen Seite, basiert sie auf zwei Säulen:

- **Unternehmensphilosophie:** Sie steht im Allgemeinen für die weltanschauliche Ausrichtung des Unternehmens und im Besonderen für das Menschenbild, das Kundenverständnis und die Stellung des Unternehmens in den relevanten Umwelten.[425]
- **Unternehmensethik:** Aus der weltanschaulichen Grundrichtung heraus sollte sich eine Reihenfolge der Werte ergeben, denen sich das Unternehmen in seinem Handeln verpflichtet fühlt.

Diese Themen sind für die Unternehmensleitung aus zwei Gründen schwierig zu handhaben. Zum einen erschwert ein hoher Abstraktionsgrad das Umsetzen im Tagesgeschäft, zum anderen zwingt der normative Anspruch von Philosophie und Ethik die Unternehmensleitung zu klaren Bekenntnissen und Aussagen.

Aus diesem Grund wird die Unternehmenspolitik häufig in Form von **Leitbildern** und **Unternehmens- oder Führungsgrundsätzen** kodifiziert. In Personengesellschaften und Familienunternehmen ist durch die Verbindung von Geschäftsführung und Eigentum zu erwarten und auch häufig zu beobachten, dass die in Leitbildern und Grundsätzen zum Ausdruck kommenden Werte des Unternehmens weitgehend denen seiner persönlichen Eigentümer entsprechen. Dagegen gestaltet sich der Prozess einer Leitbildformulierung bei Kapitalgesellschaften, vor allem bei großen Aktiengesellschaften, schwieriger. Hier sind eine Vielzahl von Einzelinteressen zu berücksichtigen, vom meist anonymen Einzelaktionär über Fondsgesellschaften und Mitarbeitervertretungen bis hin zu Verbraucherschutzorganisationen und politischen Instanzen. Hier dient die Unternehmenspolitik vor allem dem „Aufbau unternehmungspolitischer

---

[422] Zu den typischen Phasen im Verlauf von Krisenereignissen in Unternehmen vgl. Krystek, Moldenhauer (2007), S. 37.
[423] Vgl. Steinle (2005), S. 112.
[424] Staehle (1994), S. 125.
[425] Vgl. zu unterschiedlichen Unternehmensphilosophien Steinle (2005), S. 78–86.

4. Werte und Strategien: Fragen nach Sinn, Wegen und Verantwortung

Verständigungspotentiale"[426]. Dadurch werden dem Unternehmen Maßstäbe an die Hand gegeben, die im Tagesgeschäft bei aufkommenden Kontroversen zu oder zwischen einzelnen Interessengruppen eine mögliche Konfliktlösung erleichtern können.

Diese Maßstäbe sollen über längere Zeit im Unternehmen gelten. Bei Kapitalgesellschaften soll durch sie die Kontinuität und Verlässlichkeit bei personellen Wechseln in den Leitungsfunktionen erhöht werden. Der zeitliche Horizont der Unternehmenspolitik erstreckt sich viel weiter in die Zukunft als die drei bis fünf Jahre der strategischen Planung. Im Gegensatz zur strategischen Planung, deren Pläne im Folgejahr durch die nächste strategische Planung „überschrieben" werden, gelten unternehmenspolitische Grundsätze **unbefristet**, also solange, bis sie durch eine Neufassung ersetzt werden. Dies gilt auch für die nachfolgend beschriebenen Leitbilder.

4.1.3.2 Unternehmensleitbilder

In einem Unternehmensleitbild („Mission Statement") soll die Unternehmenspolitik zum Ausdruck kommen und dadurch **Orientierung** stiften, vor allem für (neue) Führungskräfte und Mitarbeiter.[427] Wird ein Leitbild veröffentlicht, kommt ihm auch eine Aufgabe innerhalb der Public Relations zu. In Leitbildern werden häufig grundlegende Leistungsziele, Finanzziele, Führungs- und Organisationsziele sowie Sozialziele formuliert.[428] Dabei muss zwangsläufig individuell geklärt werden, inwieweit die **Interessen** anderer Stakeholder neben den Eigentümerinteressen Berücksichtigung finden sollen.

Bei Tourismusunternehmen mit internationaler Belegschaft und internationalen Gästen ist es wichtig, auch Aspekte der Unternehmenskultur im Leitbild anzusprechen, wie es etwa bei *AIDA* geschieht:[429]

> **„Ein Lächeln verbindet"**
>
> „Die AIDA Unternehmenskultur basiert auf gegenseitigem Vertrauen, Respekt und Wertschätzung. Das sind Prinzipien, auf die wir unser **AIDA Leitbild** gegründet haben. „Hier ist das Lächeln zu Hause" – In diesem Motto steckt all das, wofür AIDA steht, was uns so einzigartig macht, nämlich unsere Werte: unser Lächeln, unser Qualitätsbewusstsein und unsere Weltoffenheit. Diese Werte bestimmen auch den Umgang und das tägliche Miteinander.
>
> Kaum eine Arbeitswelt ist so vielfältig und international wie die von AIDA Cruises. Hier treffen Kulturen und Kompetenzen aus aller Welt aufeinander, von denen alle Mitarbeiter profitieren können.
>
> Denn jeder Kultureinfluss bereichert unsere Zusammenarbeit. Das gilt auch für die Vielfalt der Arbeitswelten und Professionen unserer Mitarbeiter. Jeder kann vom anderen lernen und neue

---

[426] Ulrich, Fluri (1995), S. 19.
[427] Vgl. Hinterhuber (2011), S. 104–107. Einen Überblick über verschiedene Definitionen des Leitbildbegriffs bietet Kreikebaum, Gilbert, Behnam (2011), S. 61–64.
[428] Vgl. Thommen, Achleitner (2009), S. 998, Vahs, Schäfer-Kunz (2007), S. 30–32 sowie Steinle (2005), S. 131 und S. 139–154.
[429] Weitere Beispiele von Leitbildern touristischer Unternehmen und Destinationen finden sich bei Roth (2003), S. 57–59.

Eindrücke für den eigenen Aufgabenbereich sammeln. Dies haben wir auch in unser AIDA Wertesystem integriert und in unseren AIDA Führungsstandards verankert."[430]

Der **Anstoß** zur erstmaligen Erstellung oder zur Anpassung eines Unternehmensleitbildes kann aus vielfältigen Gründen erfolgen. Viele Leitbilder entstehen bereits zur Unternehmensgründung, andere in Krisenzeiten oder während eines Zusammenschlusses verschiedener Unternehmen. Als **Kriterien** für die Beurteilung der Qualität eines Leitbildes dienen Allgemeingültigkeit, Wesentlichkeit, Vollständigkeit, Wahrheit, Umsetzbarkeit, Konsistenz und Klarheit.[431]

4.1.3.3 Fallstricke in der Unternehmenspolitik

Im Bereich der **Unternehmenspolitik** finden sich häufig sehr explizite Vorgaben im Sinne einer wertorientierten Unternehmensführung. Eine zu enge, statische Ausrichtung am Shareholder Value-Gedanken birgt jedoch große Risiken, schon allein im ökonomischen Bereich. Wenn die „politisch" festgelegten Renditeziele für einzelne Geschäftsbereiche über Jahre nicht erreicht werden, führt das meist zu einer Veräußerung oder Schließung der betroffenen Bereiche. In der Vergangenheit gab es Fälle, bei denen sich diese als vermeintliche „Wertevernichter" gebrandmarkten Bereiche in langfristiger Perspektive doch noch als sehr wertvoll herausstellten, aber bereits „unter Preis" verkauft waren.

Viele **Unternehmensleitbilder** sind „(...) mehr Wunschvorstellungen als Beschreibung der kulturellen Wirklichkeit (...)"[432] im Unternehmen. Besonders ein Auseinanderklaffen von **Erscheinungsbild** und **Leitbild** hätte eine fatale Auswirkung auf die Wahrnehmung durch Mitarbeiter und Kunden. Im schlimmsten Fall käme noch ein zweifelhaftes **Meinungsbild** (Image) in Medien und Öffentlichkeit hinzu, dass durch die Unternehmenskommunikation entweder nicht vermieden werden konnte oder sogar von ihr verursacht wurde.

Mag ein etwas unglücklich formuliertes, aber verbesserbares Leitbild noch vernachlässigbar erscheinen: Mängel in der Unternehmenspolitik sind dies nicht. Hat ein Unternehmen keine langfristige Orientierung, besteht für sämtliche Strategien des Unternehmens die **Gefahr**, dass sie von vornherein scheitern, unerwünschte Ergebnisse hervorbringen, oder einfach im Sande verlaufen. Denn die Strategien, die das nachfolgend beschriebene, strategische Management entwickelt, haben letztlich nur ein Ziel – die unternehmenspolitischen Grundsätze ins Tagesgeschäft zu übertragen.

Literatur

AIDA (2012): Ein Lächeln verbindet. Unter http://www.aida.de/b2b-corporate-site/karriere/warum-aida/ein-laecheln-verbindet.20724.html, letzter Zugriff am 23. März 2012

Bea, Franz Xaver; Schweitzer, Marcell (2009): Allgemeine Betriebswirtschaftslehre. Band 1: Grundfragen. 10. Aufl., Stuttgart

---

[430] Vgl. AIDA (2012).
[431] Vgl. Steinle (2005), S. 156.
[432] Steinmann, Schreyögg (2005), S. 715.

Bieger, Thomas (2008): Management von Destinationen. 7. Aufl. München, Wien

Birkigt, Klaus; Stadler, Marinus (2002): Corporate Identity-Grundlagen; in: *Birkigt, Klaus; Stadler, Marinus, Funck, Hans J.* (Hrsg.): Corporate Identity. Grundlagen, Funktionen, Fallbeispiele. 11. Aufl., München, S. 13–24

Bruhn, Manfred (2011): Unternehmens- und Marketingkommunikation. Handbuch für ein integriertes Kommunikationsmanagement. 2. Aufl., München

Dreyer, Axel; Dreyer, Daniela; Rütt, Klaus (2004): Touristisches Krisenmanagement; in: Bastian, Harald; *Born, Karl* (Hrsg.): Der integrierte Touristikkonzern. Strategien, Erfolgsfaktoren und Aufgaben. München, Wien, S. 213–232

Erl, Astrid; Gymnich, Marion (2007): Interkulturelle Kompetenzen. Erfolgreich kommunizieren zwischen den Kulturen. Stuttgart

Festing, Marion (2009). Internationales Personalmanagement und Internationales Management; in: *Oesterle, Michael-Jörg; Schmid, Stefan* (Hrsg.): Internationales Management. Forschung, Lehre, Praxis. Stuttgart, S. 517–543

Freyer, Walter (2011): Tourismus. Einführung in die Fremdenverkehrsökonomie. 10. Aufl., München

Hinterhuber, Hans H. (2011): Strategische Unternehmensführung. I. Strategisches Denken. Vision – Ziele – Strategie. 8. Aufl., Berlin

Hofstede, Geert; Hofstede, Gert Jan (2011): Lokales Denken, globales Handeln. Interkulturelle Zusammenarbeit und globales Management. 5. Aufl., München

Hutzschenreuter, Thomas (2011): Allgemeine Betriebswirtschaftslehre, 4. Aufl., Wiesbaden

Jung, Hans (2010): Allgemeine Betriebswirtschaftslehre, 12. Aufl., München

Kreikebaum, Hartmut; Gilbert, Dirk Ulrich; Behnam, Michael (2011): Strategisches Management. 7. Aufl., Stuttgart

Krystek, Ulrich; Moldenhauer, Ralf (2007): Handbuch Krisen- und Restrukturierungsmanagement. Generelle Konzepte, Spezialprobleme, Praxisberichte. Stuttgart

Mundt, Jörn W. (2011): Reiseveranstaltung. Lehr- und Handbuch. 7. Aufl., München

Roth, Peter (2003): Grundlagen des Touristik-Marketing; in: Roth, Peter; Schrand, Axel (Hrsg.): Touristik-Marketing. Reiseveranstalter, Verkehrsträger, Tourismusdestinationen. 4. Aufl., München

Rothlauf, Jürgen (2009): Interkulturelles Management. Mit Beispielen aus Vietnam, China, Japan, Russland und den Golfstaaten. 3. Aufl., München

Staehle, Wolfgang H. (1994): Management. Eine verhaltenswissenschaftliche Perspektive. 7. Aufl., München

Steinle, Claus (2005): Ganzheitliches Management. Eine mehrdimensionale Sichtweise integrierter Unternehmensführung, Wiesbaden

Steinmann, Horst; Schreyögg, Georg (2005): Management. Grundlagen der Unternehmensführung. 6. Aufl., Wiesbaden

Straub, Jürgen; Layes, Gabriel (2002): Kulturpsychologie, Kulturvergleichende Psychologie, Interkulturelle Psychologie – Forschung im Kontext der „Glokalisierung". Handlung, Kultur, Interpretation. Zeitschrift für Sozial und Kulturwissenschaften, 10. Jg., Nr. 2, S. 334–394

Stumpf, Siegfried (2003a): Interkulturelle Kompetenz und Kooperation in Unternehmen; in: *Thomas, Alexander; Kinast, Eva-Ulrike; Schroll-Machl, Sylvia*: Handbuch Interkulturelle Kommunikation und Kooperation. Band 1: Grundlagen und Praxisfelder. Göttingen. S. 229–242

Stumpf, Siegfried (2003b): Interkulturelles Führen und Managen; in: *Thomas, Alexander; Kinast, Eva-Ulrike; Schroll-Machl, Sylvia*: Handbuch Interkulturelle Kommunikation und Kooperation. Band 1: Grundlagen und Praxisfelder. Göttingen. S. 324–339

4.1 Unternehmensidentität und Unternehmenspolitik

Thommen, Jean-Paul; Achleitner, Ann-Kristin (2009): Allgemeine Betriebswirtschaftslehre. Umfassende Einführung aus managementorientierter Sicht. 6. Aufl., Wiesbaden

Ulrich, Peter; Fluri, Edgar (1995): Management. Eine konzentrierte Einführung. 7. Aufl., Bern, Stuttgart, Wien

Vahs, Dietmar; Schäfer-Kunz, Jan (2007): Einführung in die Betriebswirtschaftslehre. 5. Aufl., Stuttgart

Will, Markus (2008): Public Relations aus Sicht der Wirtschaftswissenschaften; in: *Bentele, Günter; Fröhlich, Romy; Szyszka, Peter* (Hrsg.): Handbuch der Public Relations. Wissenschaftliche Grundlagen und berufliches Handeln. 2. Aufl., Wiesbaden. S. 62–77

Zerfaß, Ansgar (2008): Steuerung und Wertschöpfung von Kommunikation; in: *Bentele, Günter; Fröhlich, Romy; Szyszka, Peter* (Hrsg.): Handbuch der Public Relations. Wissenschaftliche Grundlagen und berufliches Handeln. 2. Aufl., Wiesbaden. S. 536–551

Weiterführende Literaturhinweise

Bergler, Reinhold (2008): Identität und Image; in: *Bentele, Günter; Fröhlich, Romy; Szyszka, Peter* (Hrsg.): Handbuch der Public Relations. Wissenschaftliche Grundlagen und berufliches Handeln. 2. Aufl., Wiesbaden. S. 312–334

Bentele, Günter; Seidenglanz, René (2008): Vertrauen und Glaubwürdigkeit; in: *Bentele, Günter; Fröhlich, Romy; Szyszka, Peter* (Hrsg.): Handbuch der Public Relations. Wissenschaftliche Grundlagen und berufliches Handeln. 2. Aufl., Wiesbaden. S. 346–361

Garth, Arnd Joachim (2008): Krisenmanagement und Kommunikation: Das Wort ist Schwert – die Wahrheit Schild. Wiesbaden

Hofstede, Geert; Hofstede, Gert Jan; Minkov, Michael (2010): Cultures and Organization. Intercultural Cooperation and Its Importance for Survival. 3rd ed., New York. Insbesondere Part III: Cultures in Organizations

Sprenger, Reinhard K. (2009): Mythos Motivation. Wege aus einer Sackgasse. Frankfurt am Main, New York, Insbesondere Kapitel 5: Verdacht als Unternehmenskultur

Tschofen, Ruth (2008): Krisenmanagement im alpinen Tourismus. Zentrale Erfolgsfaktoren der Krisenkommunikation. Saarbrücken

4.2 Strategisches Management

4.2.1	Instrumentalcharakter und Ebenen von Strategien	303
4.2.2	Grundlegende Strategietypen.	305
4.2.2.1	Strategien auf Geschäftsfeldebene	305
4.2.2.2	Strategien auf Ebene des Gesamtunternehmens	307
4.2.2.2.1	Überblick	307
4.2.2.2.2	Diversifikation versus Fokussierung	307
4.2.2.2.3	Internationalisierung versus De-Internationalisierung	310
4.2.2.2.4	Integration versus Desintegration	311
4.2.3	Wachstumsstrategien.	312
4.2.3.1	Internes und externes Unternehmenswachstum.	312
4.2.3.2	Kooperation	315

Leitfragen

- Wozu dienen Strategien im Unternehmen?
- Wie können Strategien die Komplexität im Unternehmen reduzieren?
- Warum sind Geschäftsfeldstrategien von Unternehmensstrategien zu unterscheiden? Macht diese Unterscheidung bei allen Unternehmen Sinn?
- Was sind nach *Porter* die Triebkräfte des Wettbewerbs in einer Branche?
- Welche Strategien auf Ebene des Gesamtunternehmens können unterschieden werden?
- Welchen Zweck erfüllen Wachstumsstrategien?
- Wie kann man mit der Vierfelder-Portfoliomatrix die Entwicklung einzelner Geschäftseinheiten beschreiben? Reicht sie für die Definition von Strategien aus?
- Worin unterscheidet sich eine globale Strategie von einer transnationalen Strategie?
- Beschreiben Diversifikation und Integration dieselben Sachverhalte?
- Was sind die wesentlichen Voraussetzungen für ein internes Wachstum des Unternehmens?
- Welche Motive liegen Unternehmenszusammenschlüssen zu Grunde?
- Welche Voraussetzungen müssen erfüllt sein, damit Kooperationen eine Alternative zu Zusammenschlüssen sein können?

4.2.1 Instrumentalcharakter und Ebenen von Strategien

Strategien haben zum Ziel, die dauerhaft geltenden unternehmenspolitischen Grundsätze über langfristig geltende Vorgaben ins operative Tagesgeschäft zu übertragen. Somit sind Strategien kein Selbstzweck, sondern besitzen auf der **inhaltlichen Ebene** einen eindeutigen Instrumentalcharakter zur Erreichung der übergeordneten Ziele aus der Unternehmenspolitik.[433]

In **formaler Hinsicht** kommt der Strategie eine weitere Aufgabe zu: Durch ihre Vorgaben soll die Komplexität im System Unternehmen für das Management reduziert und „handhabbar" gemacht werden.[434] Deutlich wird diese Aufgabe durch die Prioritätensetzung sowie die Zuweisung von Verantwortlichkeiten, Terminen und Budgets, die mit der Strategiedefinition einhergehen. Die **Komplexitätsreduktion** ist unbedingt nötig, denn Führung wird im Unternehmen nur dann „wirksam", wenn es ihr gelingt, den Übergang von abstrakten Visionen und Leitlinien in das konkrete Handeln zu meistern.

Auf den **Prozess** der Strategieentwicklung wurde bereits im Abschnitt zur Planung ausführlich eingegangen. Daher soll an dieser Stelle im Vordergrund stehen, welche **Arten** von Strategien es gibt, und welche davon aktuell in der Tourismusbranche von besonderer Bedeutung sind. Denn unabhängig davon, ob eine Strategie systematisch innerhalb einer strategischen Planung entwickelt

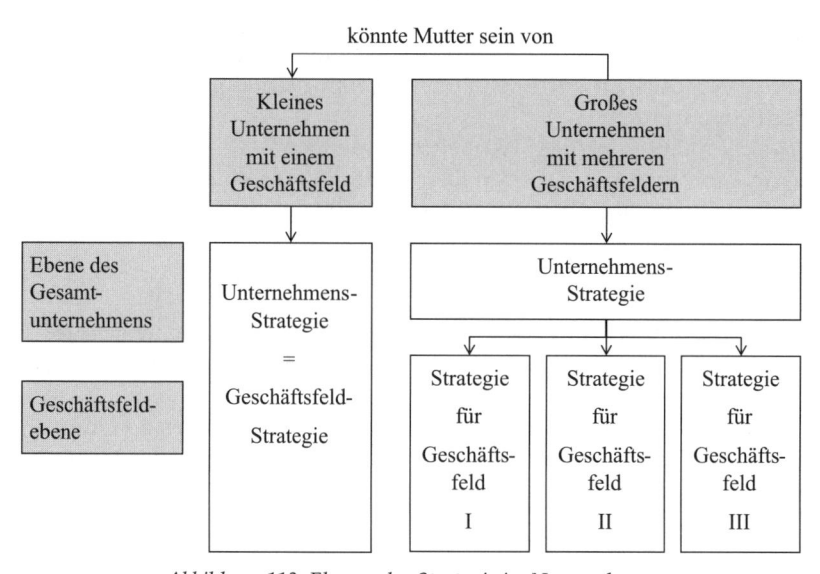

Abbildung 113: Ebenen der Strategie im Unternehmen

---

[433] Vgl. Ulrich, Fluri (1995), S. 114.
[434] Dieser Gedanke entstammt der **systemtheoretischen Sichtweise des Unternehmens**. Sie sieht das Unternehmen als offenes, soziotechnisches System mit hoher interner Komplexität an, das zudem in komplexe, unsichere Umwelten eingebunden ist, vgl. Steinmann, Schreyögg (2005), S. 139–147, Steinle (2005), S. 67–74 und Ulrich, Fluri (1995), S. 30–32.

4.2 Strategisches Management

wurde, oder intuitiv „aus dem Bauch heraus" entstand und gelebt wird, gibt die Strategie dem Unternehmen langfristig die Richtung vor.

Je nach Größe eines Unternehmens und Verschiedenartigkeit seiner angebotenen Produkte kann man zwei verschiedene Typen bzw. Ebenen von Strategien unterscheiden, vgl. Abb. 113:[435]

- Bei kleinen Unternehmen, die nur in **einem bestimmten Geschäftsfeld** aktiv sind, bezieht sich die Strategie in aller Regel auf das gesamte Unternehmen. Die Unternehmensstrategie entspricht einer Geschäftsfeldstrategie.
- Mittelgroße und große Unternehmen sind meist mit **verschiedenen Produkten in unterschiedlichen Märkten** vertreten. Hier treten neben die Unternehmensstrategien einzelne Strategien für die Geschäftsfelder.

4.2.2 Grundlegende Strategietypen

4.2.2.1 Strategien auf Geschäftsfeldebene

Für die einzelnen Produkte oder Produktbereiche (Sparten) eines Unternehmens kann davon ausgegangen werden, dass für die jeweiligen Märkte, auf denen die Produkte angeboten werden, eigene Strukturen und „Spielregeln" gelten, die sich von denen anderer Märkte zum Teil deutlich unterscheiden. Eine solche „Produkt-Markt-Kombination" wird auch als **Strategisches Geschäftsfeld (SGF)** bezeichnet.[436]

In Unternehmen sind oft unterschiedliche Mitarbeiter für die einzelnen Produkte und Märkte verantwortlich (z. B. Produkt- oder Regionalmanager). Daher beziehen sich viele Strategien „nur" auf einzelne Produkte oder Märkte, weswegen sie als Strategie auf Geschäftsfeldebene oder als **Wettbewerbsstrategie (business strategy)** bezeichnet werden.[437]

Voraussetzung einer zielgenauen Strategie für ein einzelnes Geschäftsfeld ist, dass zuvor bei der Umweltanalyse und Unternehmensanalyse die Gegebenheiten auf dem betroffenen Markt analysiert werden.[438] Hierzu bietet es sich an, auf das Branchenstrukturmodell von *Porter*[439] zurückzugreifen. Darin identifiziert *Porter* in bestehenden Märkten als „Triebkräfte des Wettbewerbs" Lieferanten, Abnehmer, bestehende Wettbewerber, potentielle neue Konkurrenten und Substitutionsprodukte.[440] Diese fünf Faktoren (*Porters* „five forces") stellen innerhalb eines Geschäftsfeldes wichtige Rahmenbedingungen für die Entwicklung einer Strategie dar. Zudem wird die Intensität des herrschenden Wettbewerbs

---

[435] Vgl. Hinterhuber (2011), S. 165.
[436] Vgl. Vahs, Schäfer-Kunz (2007), S. 342 f. Der in einem bestimmten SGF tätige Unternehmensbereich wird organisatorisch als **Strategische Geschäftseinheit (SGE)** oder Geschäftsbereich bezeichnet, vgl. Hinterhuber (2011), S. 119 und Staehle (1994), S. 727.
[437] Vgl. Kreikebaum, Gilbert, Benham (2011), S. 132 f.
[438] Vgl. Abschnitt 3.1.3.2.2.
[439] *Michael E. Porter*, führender amerikanischer Managementforscher an der Harvard Business School.
[440] Vgl. Hammer (2011), S. 141–143, Porter (2009), S. 35–39 sowie Abschnitt 1.5.

4. Werte und Strategien: Fragen nach Sinn, Wegen und Verantwortung

```
                    ┌──────────────────────────────┐
                    │  Potentielle neue Konkurrenten │
                    └──────────────────────────────┘
                                   │
                            Bedrohung durch
                            neue Konkurrenten
                                   ↓
  ┌────────────┐          ┌──────────────────┐          ┌──────────┐
  │ Lieferanten │ ───────→ │   Wettbewerber   │ ←─────── │ Abnehmer │
  └────────────┘          │   in der Branche │          └──────────┘
                          │                  │
  Verhandlungsstärke      │ Rivalität unter den │      Verhandlungsstärke
  der Lieferanten         │ bestehenden Unternehmen │    der Abnehmer
                          └──────────────────┘
                                   ↑
                            Bedrohung durch
                            Substitutionsprodukte
                                   │
                    ┌──────────────────────────────┐
                    │     Substitutionsprodukte     │
                    └──────────────────────────────┘
```

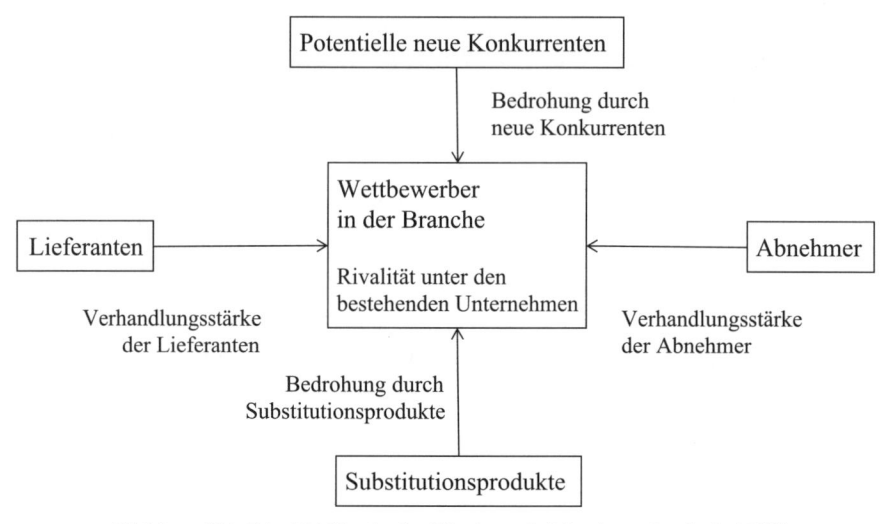

Abbildung 114: Die „Triebkräfte des Wettbewerbs" in einem Geschäftsfeld[441]

und deren Auswirkung deutlich: Eine hohe **Wettbewerbsintensität** bedeutet im Umkehrschluss einen geringeren Autonomiegrad des eigenen unternehmerischen Handelns und somit weniger Freiheitsgrade bei der Formulierung entsprechender Strategien.

Die Analyse des Wettbewerbs eines Geschäftsfeldes ermöglicht es, drei zentrale Fragen zu beantworten:
- Sind wir als Unternehmen in diesem Geschäftsfeld so stark, dass wir die geltenden **Regeln des Wettbewerbs** verändern können, oder müssen wir uns an die geltenden Spielregeln halten?
- Würden wir mit unserem Produkt einen Kernmarkt oder eine Nische als **Ort des Wettbewerbs** ansteuern?
- Wählen wir für unser Produkt als **Stoßrichtung der Strategie** eher die Kostenführerschaft oder eine Differenzierung von den Produkten der Wettbewerber?

Dadurch ergeben sich acht verschiedene Grundmuster für eine Wettbewerbsstrategie, vgl. Abb. 115. Kern einer jeden Wettbewerbsstrategie ist es, durch eine rationale Auswahl eines dieser strategischen Muster und eine Vielzahl dazu passender Maßnahmen in diesem Geschäftsfeld Wettbewerbsvorteile zu erzielen und möglichst dauerhaft zu sichern.[442]

Aufgrund ihrer Produkt-Markt-Orientierung wurden die beiden Grundtypen bzw. Stoßrichtungen einer Wettbewerbsstrategie, die Preis-Mengen-Strategie Differenzierung sowie die Präferenzstrategie, bereits zusammen mit den Marktfeld- und Marktsegmentierungsstrategien im Rahmen des Strategischen Marketings behandelt.[443]

---
[441] Vgl. Porter (2009), S. 36.
[442] Vgl. Hutzschenreuter (2011), S. 394–405 und Steinmann, Schreyögg (2005), S. 221–224.
[443] Vgl. Abschnitt 2.4.3.3.

4.2 Strategisches Management

Regeln des Wettbewerbs: Veränderung, Anpassung

Kosten → Preis-Mengen-Strategie

Schwerpunkt/Stoßrichtung

Differenzierung → Präferenz-Strategie

Ort des Wettbewerbs: Nische, Kernmarkt

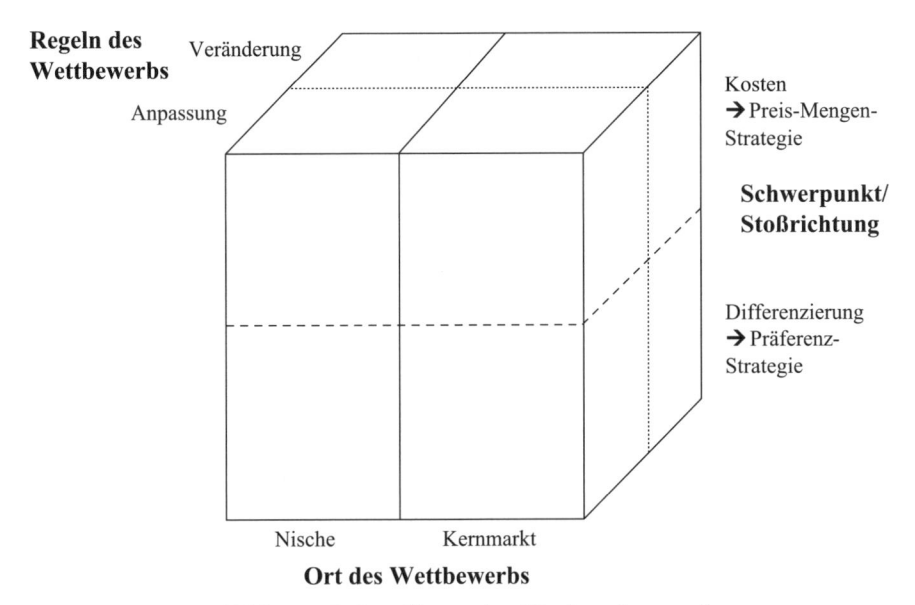

Abbildung 115: Grundfragen einer Wettbewerbsstrategie

4.2.2.2 Strategien auf Ebene des Gesamtunternehmens

4.2.2.2.1 Überblick

Eine Unterscheidung und parallele Betrachtung von Geschäftsfeldstrategien und Strategien für das gesamte Unternehmen ist nur relevant, wenn

- das Unternehmen in mehreren Geschäftsfeldern mit individuellen Wettbewerbsstrategien aktiv ist, und/oder
- das Unternehmen seine Aktivitäten auf weitere Geschäftsfelder ausdehnen will, oder
- das Unternehmen sich aus einem seiner Geschäftsfelder zurückziehen will.[444]

Aufgrund ihrer letztlich unternehmensweiten Bedeutung werden diese Strategien auch verkürzt als **Unternehmensstrategien (corporate strategy)** bezeichnet.[445] Man unterscheidet markt- oder funktionsbezogene Strategien von Wachstumsstrategien, wobei letztere lediglich mögliche Umsetzungsstrategien für eine bestimmte markt- oder funktionsbezogene Strategie darstellen, vgl. Abb. 116.

4.2.2.2.2 Diversifikation versus Fokussierung

Ein Unternehmen diversifiziert, wenn es ein **neues Produkt** auf einem für das Unternehmen ebenfalls **neuen Markt** anbietet. Mit mehreren Produkten in unterschiedlichen Branchen präsent zu sein, bringt für ein Unternehmen mehrere Vorteile mit sich. Die Chancen einzelner Produkte und Märkte können Risiken

---

[444] Vgl. Steinmann, Schreyögg (2005), S. 236–239.
[445] Vgl. Kreikebaum, Gilbert, Benham (2011), S. 128–132.

4. Werte und Strategien: Fragen nach Sinn, Wegen und Verantwortung

Strategien auf der Gesamtunternehmens-Ebene

Markt- oder funktionsbezogene Strategien	Durchsetzung	Wachstum vs. Schrumpfung

Diversifikation vs. Fokussierung	Internationalisierung vs. De-Internationalisierung	Integration vs. Desintegration	1. Interne Entwicklung
Fokus: **Produkt**	Fokus: **Region/Raum**	Fokus: **Produktion**	2. Zukäufe/Acquisition = Erwerb von Beteiligungen
• Erweiterung des Produktportfolios	Neue Zielmärkte erfordern:	• Veränderung der Wertschöpfungs<u>tiefe</u>	3. Fusionen/Merger = Eingliederung, z.B. von zuvor erworbenen Beteiligungen
• Verringerung des Produktportfolios	• Neue Marktstrategie	• <u>Vorwärts</u>integration: Veranstalter bauen eigene Airline oder Hotels auf.	4. Kooperation, häufig erfolgreicher als 2. und 3.!
• Starke Verringerung: „Fokussierung auf das Kerngeschäft"	• Neue Form der Marktbearbeitung • „Horizontale Integration": Veränderung der Wertschöpfungs<u>breite</u>	• <u>Rückwärts</u>integration: Hotels bauen eigene Vertriebsportale auf.	

Abbildung 116: Grundformen von Unternehmensstrategien

in anderen kompensieren und die Zahlungsströme insgesamt stabilisieren.[446] Manchmal können die unterschiedlichen Produkte durch gemeinsame Ressourcennutzung teilweise zusammen produziert werden (economies of scope). Und nicht zuletzt erreichen Produkte das Ende ihres Lebenszyklus und Märkte stoßen auf zunehmende Sättigung. Beides hat zur Folge, dass mittelfristig Ersatz gesucht werden muss, um die Gesamtrentabilität des Unternehmens nicht zu gefährden.

Die aktuelle Zusammensetzung der von einem Unternehmen angebotenen Produkte kann graphisch im Sinne eines **Portfolios** dargestellt werden. Am bekanntesten ist die Vierfeldermatrix der *Boston Consulting Group* (BCG), die die Produkte anhand der Kriterien

- Relativer Markanteil (= Eigener Marktanteil geteilt durch den Marktanteil des stärksten Konkurrenten, x-Achse),
- Marktwachstum (y-Achse),
- Bedeutung (Umsatz- oder Ergebnisbeitrag, Größe des Kreises),
- Erreichte Phase im Lebenszyklus (Positionierung innerhalb der Matrix) und
- Strategische Entwicklungsrichtung (Veränderung der Position)

darstellt.

---

[446] Vgl. ausführlich Hinterhuber (2011), S. 213–221.

4.2 Strategisches Management

Question marks:
Innovationen. Brauchen mehr liquide Mittel als sie selbst erwirtschaften.
→ Weiter investieren oder aufgeben?

Stars:
Verdienen am meisten.
→ Gewinne reinvestieren.

Cash cows:
Verdienen viel, haben aber wenig Zukunftspotential.
→ „ausmelken"

Poor dogs:
Investitionen würden sich nicht mehr amortisieren.
→ evtl. Exit (Aufgabe)

‑ ‑ ‑ ‑ ‑ ‑ ‑ ‑> = Typischer Lebenszyklus eines Produktes

◯ = Strategische Geschäftseinheiten (SGE) des Unternehmens
Größe: Umsatzanteil des Geschäftsfeldes

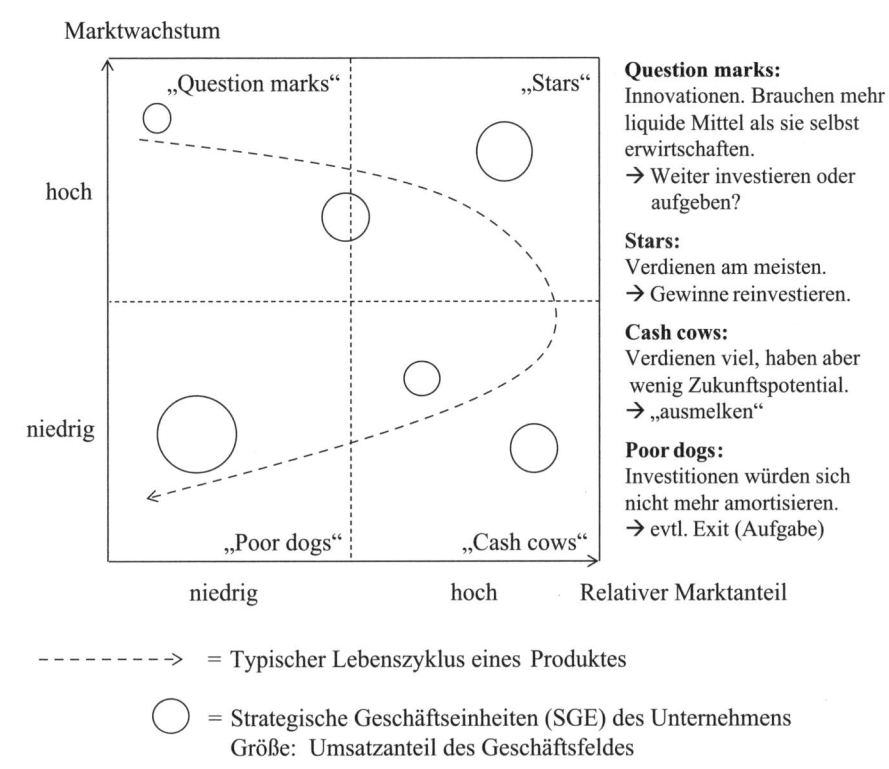

Abbildung 117: Vierfelder-Portfoliomatrix der Boston Consulting Group (BCG)[447]

Aus ihrer jeweiligen Positionierung lassen sich für einzelne SGE plakative **Normstrategien** ableiten, wie sie in der Abbildung auch genannt sind.[448] Allerdings müssen solche vereinfachenden Normstrategien durch konkrete, individuelle Strategien auf Geschäftsfeldebene präzisiert und umgesetzt werden. Denn die Entwicklung eines SGF ist ein **aktiver Prozess**, kein bloßes Abwarten einer Entwicklung im Zeitablauf.

Eine **Diversifizierung** würde sich in der Matrix durch ein Hinzukommen weiterer SGE niederschlagen, sei es durch eine eigene, am Markt platzierte Innovation bei den „Question marks" oder bspw. durch den Zukauf eines Unternehmensteiles bei den „Stars". Die umgekehrte Strategie einer **Fokussierung** auf einige wenige „Kerngeschäfte" hätte das Verschwinden von SGE in der Matrix zur Folge, etwa aufgrund einer Schließung unrentabler Bereiche oder eines Verkaufes.

---

[447] Aufbauend auf Hutzschenreuter (2011), S. 380 und Steinmann, Schreyögg (2005), S. 245.
[448] Eine ausführliche Beschreibung dieser Normstrategien findet sich bei Hinterhuber (2011), S. 194–200.

4.2.2.2.3 Internationalisierung versus De-Internationalisierung

Internationalisierungsstrategien beziehen sich auf die Veränderung der Unternehmenstätigkeit hinsichtlich der Dimension „Raum".[449] In der Tourismusbranche findet man zahlreiche Formen internationaler Geschäftstätigkeit. Im Vordergrund steht bei der Internationalisierungsstrategie zunächst die Frage, welche **Märkte außerhalb des Heimatlandes** bearbeitet werden sollen. Dabei kann es sich sowohl um Absatzmärkte als auch um Beschaffungsmärkte handeln. In touristischer Perspektive kann sich die Internationalisierung zudem auf Quellmärkte und Destinationen beziehen.

Werden internationale Absatzmärkte betrachtet, muss im Rahmen einer **internationalen Marktstrategie** zunächst geklärt werden, ob das Produkt für die jeweiligen Märkte teilweise angepasst werden muss, und wie die Organisation und Geschäftssteuerung in der betroffenen Region grundsätzlich erfolgen sollen. Dafür stehen im Allgemeinen vier Möglichkeiten offen:[450]

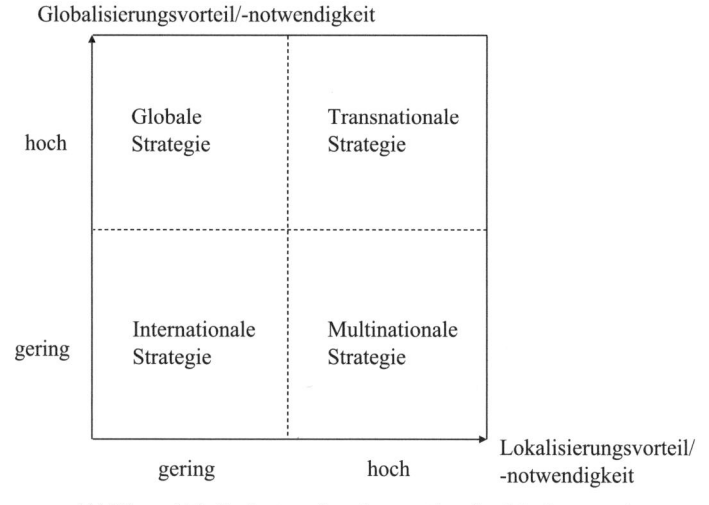

	Lokalisierungsvorteil/-notwendigkeit gering	Lokalisierungsvorteil/-notwendigkeit hoch
Globalisierungsvorteil/-notwendigkeit hoch	Globale Strategie	Transnationale Strategie
Globalisierungsvorteil/-notwendigkeit gering	Internationale Strategie	Multinationale Strategie

Abbildung 118: Varianten einer internationalen Marktstrategie

Die engste Bindung zwischen dem ausländischen und dem inländischen Geschäft besteht bei der **internationalen Strategie**. Die Produktion erfolgt weitgehend zentral, die Produkte werden anschließend exportiert. Im Rahmen einer **globalen Strategie** erfolgen Produktion und Verkauf eines mehr oder weniger gleichen Produktes im ausländischen Markt. So lässt bspw. der *Coca-Cola*-Konzern seine weitgehend homogenen Produkte in vielen Absatzmärkten lokal in Lizenz produzieren und vertreiben, während die strategischen Entscheidungskompetenzen in der Konzernzentrale verbleiben. Liegt eine **multinationale Strategie** zugrunde, werden Produkte und Dienstleistungen stärker an die Erfordernisse der jeweiligen lokalen Märkte angepasst. So muss

---
[449] Vgl. Abschnitt 1.3, Abb. 4.
[450] Vgl. hierzu und im Folgenden Hutzschenreuter (2011), S. 386–388.

Expedia Inc. in einem bestimmten Quellmarkt die dort geltenden rechtlichen Rahmenbedingungen für die Vermittlung und Produktion von Reiseprodukten beachten. Diese Regelungen können das Produkt durchaus stark beeinflussen, etwa bezüglich der Aspekte Preisdarstellung, Veranstalterhaftung, Garantien und Verbraucherrechte. **Transnationale Strategien** würden sich durch eine sehr hohe Autonomie der ausländischen Geschäftseinheiten auszeichnen. So führt die *TUI AG* ihre zum Konzern gehörenden, europäischen Fluggesellschaften einerseits stark regional orientiert, was sich vor Ort an verschiedenen Markennamen und einer engen Kooperation mit den regionalen Veranstaltern niederschlägt. Andererseits werden zur Synergieerreichung bestimmte Aufgaben zentral erfüllt. Dazu zählen Kerosineinkauf, Sicherungsgeschäfte, Crew-Ausbildung und Best Practice Workshops zu verschiedenen Themen.

Jeweils passend zur gewählten internationalen Marktstrategie ist die **Form der Marktbearbeitung** zu wählen. Hier bieten sich als Grundformen Export, Lizenzierung, Auslandsgesellschaft und Joint-Venture an, wobei bei den beiden letztgenannten der Ressourceneinsatz hoch ist.

4.2.2.2.4 Integration versus Desintegration

Im Rahmen der Abschnitte zu Beschaffung und Produktion wurde bereits ausführlich dargelegt, dass das Ausmaß der Integration touristischer Wertschöpfungsstufen innerhalb eines Unternehmens eine der zentralen Fragen in der Tourismusbranche ist. Oft schien diese Frage schon in der einen oder anderen Richtung beantwortet zu sein – gleichwohl stellt sie sich bei veränderten Rahmenbedingungen immer wieder von neuem.

Zunächst ist wichtig festzuhalten, dass Integration nicht mit Diversifikation gleichgesetzt oder verwechselt werden darf:[451]

- **Diversifikation/Fokussierung** beschreibt, welche Produkte man am Markt **anbietet**. Die einzunehmende Perspektive ist die Markt- und Kundensicht.
- **Integration/Desintegration** beschreibt, in welchen Wertschöpfungsstufen man die angebotenen Produkte **herstellt** oder aus welchen man sie **bezieht**. Hier liegt die Sicht des Produzenten zu Grunde.

Es gibt in der Tourismusbranche durchaus Beispiele, wo eine Integration mit einer Diversifikation einhergeht. So bietet etwa der *TUI*-Konzern Teilleistungen (Hotel, Flug etc.) seiner in hoher vertikaler Integration produzierten Pauschalreisen auch separat am Markt als Einzelprodukte an. Letzteres erfordert eine eigenständige Marktbearbeitung, wodurch das Hauptmerkmal der Diversifikation erfüllt ist.[452]

---

[451] Vgl. Steinmann, Schreyögg (2005), S. 241.
[452] Nicht passen würde es bei folgendem, etwas überspitzten Beispiel: Wenn ein KFZ-Hersteller außerhalb der Stadt selbst das Futter für eigene Kühe anbaut, um aus deren Leder die Autositze zu beziehen, wäre das eine sehr starke vertikale Integration. Eine vertikale Diversifikation wäre es nur dann, wenn der Hersteller z. B. das Futter oder die Milch der Kühe auch zum Verkauf anbieten würde.

4. Werte und Strategien: Fragen nach Sinn, Wegen und Verantwortung

Vertikale Integration steht für eine Erhöhung der Wertschöpfungstiefe, was in zwei Richtungen erfolgen kann:[453] Eine **Vorwärtsintegration** wäre etwa dann gegeben, wenn sich ein Reiseveranstalter wesentliche Beteiligungen an einer Fluggesellschaft oder einem Hotelunternehmen leistet. Eine Rückwärtsintegration entsteht z.B. dann, wenn Hotelketten eigene Vertriebsportale und Fluggesellschaften eigene Veranstalter aufbauen. In durch Überkapazitäten und Preisverfall geprägten, wirtschaftlich schlechten Zeiten drohen integrierte touristische Wertschöpfungsketten regelmäßig zu Schicksalsgemeinschaften zu werden.[454] Dagegen können sie bei starker Konjunktur ihre Stärken der einheitliche Qualitäts- und Markenstrategien und die Kontrolle über knappe Ressourcen und exklusive Angebote ausspielen.

Eine **horizontale Integration** ist ebenfalls denkbar. So hat der Passage-Bereich des *Lufthansa*-Konzerns seine Aktivitäten in regionaler Hinsicht durch die Übernahme verschiedener europäischer Fluggesellschaften ausgeweitet. Das ist nicht nur Teil einer Globalisierungsstrategie, sondern auch Ausdruck einer horizontalen, in der vertrauten Wertschöpfungsstufe verbleibenden Integration. Die quellmarktübergreifenden Aktivitäten großer Reiseveranstalter und -vertriebe stehen ebenfalls für dieses Strategiemuster.

4.2.3 Wachstumsstrategien

4.2.3.1 Internes und externes Unternehmenswachstum

Wachstum ist kein Selbstzweck, es ist Mittel zum Zweck: Im Unternehmen sichert Wachstum die Unabhängigkeit und das Einkommen der Eigentümer und Mitarbeiter. Viele der bis hierher dargestellten Unternehmensstrategien sind wachstumsorientiert, sei es durch neue Geschäftsfelder, die Präsenz auf neuen Märkten im Ausland oder die Integration einer neuen Wertschöpfungsstufe in das Unternehmen. Bislang blieb allerdings offen, auf welchem Wege dieses Wachstum umgesetzt werden soll.

Wachstum eröffnet nicht nur **Chancen**. Vielmehr gehen mit jedem Wachstum auch **Risiken** einher. Insofern haben viele Wachstumsstrategien experimentellen Charakter, was die enorme Anzahl an gescheiterten Wachstumsstrategien zweifelsfrei belegt. Durch Auswahl, konsequente Umsetzung und kritische Reflexion einer Wachstumsstrategie wird versucht, die Risiken im Griff zu behalten und die Chancen des beschrittenen, oft mühsamen Wachstumspfades nicht aus den Augen zu verlieren.

Wie bereits in Abb. 116 gezeigt wurde, kann Unternehmenswachstum entweder durch interne Entwicklung oder durch externe Geschäftsausweitung (Übernahmen oder Kooperationen) erfolgen. **Internes, „organisches Wachstum"** setzt voraus, dass das Unternehmen die eigenen Potentiale in seinen Ressour-

---

[453] Vgl. Thommen, Achleitner (2009), S. 94 f.
[454] Vgl. Hildebrandt, Jegminat (2012), S. 16–21.

cen weiterentwickelt und nutzbar macht. Internes Wachstum wird umgesetzt über

- die Förderung von Forschung und Entwicklung (F&E), z. B. im Rahmen der Produktentwicklung bei Reiseveranstaltern,
- die Schaffung einer offenen, innovationsfreudigen Unternehmenskultur und einer dazu passenden Personalentwicklung sowie
- langfristig wirksame absatzseitige Maßnahmen wie etwa dem Aufbau starker Marken.

Es wird deutlich, dass dieses Wachstum **langfristig** angelegt ist. Daher sollte zu den Prinzipien nachhaltig wirtschaftender Unternehmen gehören, dass diese Zeitspannen akzeptiert werden.

Da viele touristische Märkte von Überkapazitäten geprägt sind, stehen zahlreiche der dort tätigen Unternehmen vor einem grundsätzlichen Richtungsproblem. Eine Verbesserung der schlechten Ergebnissituation (Gewinnwachstum oder Verlustrückgang) kann nur noch durch ein **Schrumpfen** des Unternehmens bei Umsatz und Gästezahlen erreicht werden. Dieser betriebswirtschaftlich überlebenswichtige Verzicht auf unrentable Produkte, Gästegruppen, Reisetermine oder Zielgebiete fällt vielen Touristikern schon allein mental schwer: Die Verkündung eines „Wachstums durch Verkleinerung" oder eines „sich gesund Schrumpfens" entspricht so gar nicht der gewohnten, in der Tourismusbranche typischen Kommunikation von Erfolgsstorys mit wachsenden Gäste- und Umsatzzahlen.

Grenzen des internen Wachstums können sich daher aus zwei Ursachen ergeben:

- Entweder wächst das Unternehmen auch bei den Erfolgskennzahlen sehr rasch, dann stößt es „nach oben" an Grenzen. Die Unternehmensleitung könnte zusätzlich die Möglichkeiten externen Wachstums nutzen und die Gewinne für den **Zukauf** von Unternehmen oder Unternehmensteilen einsetzen. Der Unternehmer würde zum Übernehmer – verbunden mit dem Risiko, sich „zu übernehmen".
- Oder das Unternehmen ist selbst durch eine Rosskur aus Schrumpfung, Entlassungen und Sanierungsmaßnahmen nicht wieder hinreichend profitabel geworden. Dann könnte die Leitung immer noch versuchen, dem Unternehmen durch einen rechtzeitigen (!) **Verkauf** an einen passenden Investor bessere Rahmenbedingungen für eine Weiterexistenz zu verschaffen. So könnten sich neue Kostenspar- und Wachstumspotentiale durch gemeinsame, kostengünstigere Beschaffung und Produktion, die Zusammenlegung weiterer Zentralfunktionen und insgesamt höhere Deckungsbeiträge ergeben.

Beim **externen Wachstum** steht nicht die Aktivierung eigener, sondern die Akquirierung fremder Potentiale im Vordergrund. Dafür kann es viele gute, auch nachhaltige Gründe geben. Es können sich unerwartet sehr gute Übernahmechancen ergeben, oder das Unternehmen kann gegen eine eigene Übernahme abgesichert werden. Umgesetzt wird externes Wachstum in einem ersten Schritt durch einen **Zukauf** von Unternehmen oder Unternehmensteilen.[455] Dem kann

---

[455] Zum Ablauf einer Akquisition vgl. Hinterhuber (2011), S. 240–247 und Picot (2008), S. 22.

dann in einem zweiten Schritt die **Fusion** (Verschmelzung) der zugekauften Einheiten folgen.[456]

In der Tourismusbranche ist insbesondere der Luftverkehr aufgrund des teilweise ruinösen Wettbewerbes in den vergangenen Jahren durch eine Welle von Übernahmen und Fusionen gekennzeichnet. So entstand zuletzt im Jahr 2011 durch Fusion der *Iberia* mit der *British Airways* die *International Airlines Group* mit Zentrale in London. Und im Frühjahr 2012 wird einmal mehr über die Übernahme der defizitären *American Airlines* durch einen anderen (wahrscheinlich ebenfalls defizitären) amerikanischen Carrier spekuliert.

Die **Gründe für Unternehmenszusammenschlüsse** sind vielfältig. Sie können unter anderem umfassen:[457]

- **Befriedigung von persönlichen Interessen von Managern:** Häufig winken mehr Prestige, Macht und Geld. Im Vergleich zum mühsamen, internem Wachstum wirken die Möglichkeiten externen Wachstums für viele Manager „einfach" und „schnell".
- **Synergieeffekte („2 + 2 = 5"):** Durch Verbundwirkungen (economies of scale) in verschiedenen Bereichen wie Beschaffung, Produktion und Absatz kann ein kostengünstigeres oder breiteres Produktsortiment angeboten werden.
- **Steuerliche Vorteile:** Oft winken günstigere Abschreibungsmöglichkeiten (vor allem bei hohen Vermögenswerten), Vorteile bei der Bildung von Pensionsrückstellungen oder die Möglichkeit der Inanspruchnahme von Verlustvorträgen bei Übernahme eines sanierungsbedürftigen Unternehmens.

In der Praxis ist es meist ein Bündel aus vielen einzelnen Motiven und Interessen, die bei einem Unternehmenszusammenschluss zum Tragen kommen. Die im Einzelfall zugrundliegende **Zielkombination** bestimmt auch die rechtliche Form, die Intensität und die Dauer des Zusammenschlusses.[458] Kommt es im Anschluss an einen erfolgten Zusammenschluss mittelfristig nicht zu einem harmonischen Ausgleich dieser Interessen, ist das Scheitern vorprogrammiert. Die **Gründe für ein Scheitern** von Unternehmenszusammenschlüssen sind daher ebenfalls vielschichtig. An erster Stelle stehen Divergenzen aufgrund unterschiedlicher Unternehmenskulturen und Managementfehler (unklare Regeln, Vergangenheitsorientierung), gefolgt von einer zu hohen Geschwindigkeit bei der Integration und Machtkämpfen unter den Mitarbeitern der betroffenen Unternehmen.[459]

Im Gegensatz zur Anbahnung und rechtlichen Umsetzung eines Unternehmenszusammenschlusses wirkt die Umsetzung, das **Post-Merger-Management**,[460] häufig sehr unvollkommen. Die Integration zweier Unternehmen kommt einer

---

[456] Der Name des hierzu gehörenden, speziellen BWL-Fachgebietes „mergers & acquisitions" greift diese beiden Tatbestände des Zukaufs (engl.: acquisition) und der Fusion (engl.: merger) auf. Viele Unternehmensberatungen haben hier ihren Schwerpunkt.
[457] Vgl. Jung (2010), S. 128–130, Picot (2008), S. 11–13 und 27 f. sowie Strähle (2003), S. 49 f.
[458] Vgl. Jung (2010), S. 129.
[459] Vgl. Hinterhuber (2011), S. 248–252, Doppler, Lauterburg (2009), S. 395 f. und Strähle (2003), S. 50.
[460] Grundlegende Instrumente eines „guten" Post Merger Managements finden sich bei Jansen, Brugger (2008), S. 572–585.

"OP am offenen Herzen" gleich, da viele Elemente des bisherigen Geschäftssystems hinterfragt und teilweise geändert werden, das operative Tagesgeschäft aber ungestört weiter laufen muss.[461]

Während einer Integration sind auch in touristischen Unternehmen viele interne Ressourcen gebunden. Durch diese **"Innenfokussierung"** wird das Unternehmen verwundbar, wenn das Tagesgeschäft und letztlich auch die Gästezufriedenheit darunter leiden sollten. Indizien für diese Gefahr sind Servicedefizite, Druck auf Mitarbeiter durch zu hoch gesteckte Integrationsziele und unzureichende Kommunikation.

4.2.3.2 Kooperation

Eine Alternative zu den tiefgreifenden und oft schwer zu steuernden Wirkungen von Unternehmenszusammenschlüssen stellen **Kooperationen** dar, die sehr verschieden ausgestaltet werden können und in der Tourismusbranche von großer Bedeutung sind:[462]

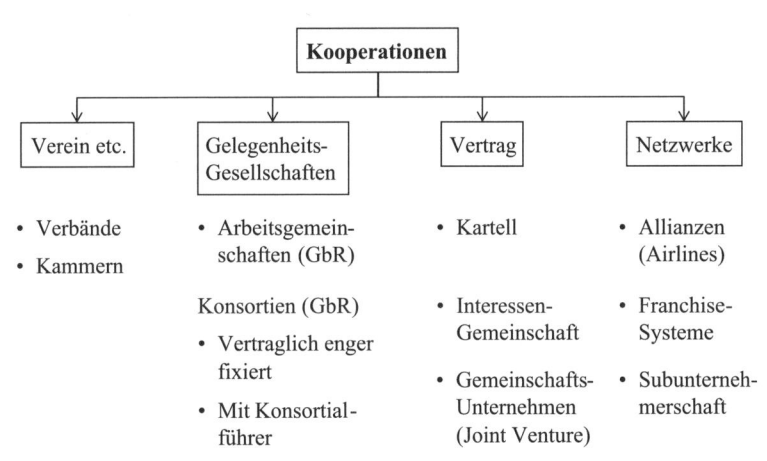

Verein etc.	Gelegenheits-Gesellschaften	Vertrag	Netzwerke
• Verbände	• Arbeitsgemeinschaften (GbR)	• Kartell	• Allianzen (Airlines)
• Kammern	Konsortien (GbR)	• Interessen-Gemeinschaft	• Franchise-Systeme
	• Vertraglich enger fixiert	• Gemeinschafts-Unternehmen (Joint Venture)	• Subunternehmerschaft
	• Mit Konsortialführer		

Abbildung 119: Verschiedene Formen der Kooperation von Unternehmen

Aber auch Kooperationen haben ihre Vor- und Nachteile, die stark von der Auswahl der Kooperationspartner, dem Selbstverständnis der Zusammenarbeit und der Verteilung des sich aus der Kooperation ergebenen Zusatzgewinns[463] abhängen.

Angesichts der vielen gescheiterten Übernahmen, Fusionen und Kooperationen sowie der dabei verbrauchten personellen und finanziellen Ressourcen rücken

---

[461] Vgl. hierzu und im Folgenden Doppler, Lauterburg (2009), S. 386–399 und Naujoks, Matouschek (2007), S. 289 f.
[462] Vgl. zu den einzelnen Kooperationsformen ausführlich Bea, Schweitzer (2009), S. 422–427.
[463] Das Problem der "Synergie-Allokation" unter Airline-Allianzpartnern wird anschaulich beschrieben bei Götsch, Albers (2006), S. 275–323.

bei vielen betroffenen Mitarbeitern, Lieferanten, Konkurrenten und nicht zuletzt auch bei den Kunden wieder sehr grundsätzliche Fragen ins Bewusstsein:
- Warum tun sich Unternehmen das an?
- Ist die Größe eines Unternehmens wirklich „alles"?
- Was ist das für ein neues Unternehmen, das da entsteht? Kann ich mich damit identifizieren?

Diese und viele weitere Fragen thematisieren letztlich die Existenzberechtigung, das Selbstverständnis und die Nachhaltigkeit von Unternehmen. Diesen Aspekten wird sich das folgende, abschließende Buchkapitel widmen.

Literatur

Bea, Franz Xaver; Schweitzer, Marcell (2009): Allgemeine Betriebswirtschaftslehre. Band 1: Grundfragen. 10., Aufl., Stuttgart

Doppler, Klaus; Lauterburg, Christoph (2009): Change Management. Den Unternehmenswandel gestalten. 12. Aufl. Frankfurt am Main, New York

Götsch, Björn; Albers, Sascha (2006): Synergy Allocation in Strategic Alliances; in: *Delfmann, Werner* et al. (ed.): Strategic Management in the Aviation Industry. Aldershot, pp. 275–303

Hammer, Richard (2011): Planung und Führung. 8. Aufl., München

Hildebrandt, Klaus; Jegminat, Georg (2012): Flugzeuge wie am Fließband; in: fvw magazin, 46. Jg. 2012, Heft 12, S. 16–21

Hinterhuber, Hans H. (2011): Strategische Unternehmensführung. I. Strategisches Denken. Vision – Ziele – Strategie. 8. Aufl., Berlin

Hutzschenreuter, Thomas (2011): Allgemeine Betriebswirtschaftslehre, 4. Aufl., Wiesbaden

Kreikebaum, Hartmut; Gilbert, Dirk Ulrich; Behnam, Michael (2011): Strategisches Management. 7. Aufl., Stuttgart

Jansen, Stephan A.; Brugger, Clemens (2008): Trends, Tools und empirische Tests zum Integrationsmanagement; in: *Picot, Gerhard* (Hrsg.): Handbuch Mergers & Acquisitions. Planung, Durchführung, Integration, S. 565–598. 4. Aufl., Stuttgart

Jung, Hans (2010): Allgemeine Betriebswirtschaftslehre. 12. Aufl., München

Naujoks, Henrik; Matouschek, Gero (2007): Post-Merger-Integration; in: *Balz, Ulrich, Arlinghaus, Olaf* (Hrsg.): Praxisbuch Mergers & Acquisitions. Von der strategischen Überlegung zur erfolgreichen Integration. München, S. 287–313

Picot, Gerhard (2008): Wirtschaftliche und wirtschaftsrechtliche Aspekte bei der Planung der Mergers & Acquisitions; in: *Picot, Gerhard* (Hrsg.): Handbuch Mergers & Acquisitions. Planung, Durchführung, Integration, S. 2–47. 4. Aufl., Stuttgart

Porter, Michael E. (2009): Wettbewerbsstrategie. Methoden zur Analyse von Branchen und Konkurrenten. 11. Aufl., Frankfurt am Main, New York

Staehle, Wolfgang H. (1994): Management. Eine verhaltenswissenschaftliche Perspektive. 7. Aufl., München

Steinle, Claus (2005): Ganzheitliches Management. Eine mehrdimensionale Sichtweise integrierter Unternehmensführung, Wiesbaden

Steinmann, Horst; Schreyögg, Georg (2005): Management. Grundlagen der Unternehmensführung. 6. Aufl., Wiesbaden

Strähle, Jochen (2003): Interkulturelle Mergers & Acquisitions. Sternenfels

Thommen, Jean-Paul; Achleitner, Ann-Kristin (2009): Allgemeine Betriebswirtschaftslehre. Umfassende Einführung aus managementorientierter Sicht. 6. Aufl., Wiesbaden

Ulrich, Peter; Fluri, Edgar (1995): Management. Eine konzentrierte Einführung. 7. Aufl., Bern, Stuttgart, Wien

Vahs, Dietmar; Schäfer-Kunz, Jan (2007): Einführung in die Betriebswirtschaftslehre. 5. Aufl., Stuttgart

Weiterführende Literaturhinweise

Doppler, Klaus; Lauterburg, Christoph (2009): Change Management. Den Unternehmenswandel gestalten. 12. Aufl., Frankfurt am Main, New York. Insbesondere Teil I: Zukunfts-Szenarium, S. 23–86

Forsyth, Peter et al. (ed.) (2005): Competition versus Predation in Aviation Markets. A Survey of Experience in North America, Europe and Australia. Aldershot/UK. Insbesondere S. 237–247: A Case of Beer and Pretzels

Hungenberg, Harald; Wulf, Torsten (2011): Grundlagen der Unternehmensführung. Einführung für Bachelorstudierende. 4. Aufl., Berlin, Heidelberg. Insbesondere Teil 3: Strategie und Strategiegestaltung

Lattmann, Massimo S.; Mazumder, Sita (2007): Erfolgsfaktoren innovativer Unternehmen. Entrepreneurship, Strategie, Kultur aus unternehmerischer Erfahrung. Zürich. Insbesondere Abschnitt 5: Unternehmensstrategie (S. 71–98)

4.3 Nachhaltiges Tourismusmanagement

4.3.1	Begriffe im Kontext unternehmerischer Nachhaltigkeit	320
4.3.2	Nachhaltiges Management	322
4.3.3	Nachhaltigkeit im Kontext des Tourismus	323
4.3.3.1	Statische Betrachtung: Begriffe, Kriterien und die Politik	323
4.3.3.2	Dynamische Betrachtung: Driving Forces im Tourismus für Destinationen und Unternehmen.	325
4.3.4	Elemente eines nachhaltigen Tourismusmanagements	328
4.3.5	Stimmen aus der Praxis: Peter-Mario Kubsch, Studiosus Reisen München GmbH	329

Leitfragen
- Worin unterscheiden sich die Ansätze Corporate Citizenship und Corporate Social Responsibility?
- Was beinhaltet der Leitfaden ISO 26000?
- Welche Dimensionen sollte unternehmerische Nachhaltigkeit umfassen? Wie sind diese Dimensionen aus betriebswirtschaftlicher Sicht zu würdigen?
- Wie könnte ein nachhaltiges Managementsystem aussehen?
- Wie entwickelten sich Begriff und Inhalte des nachhaltigen Tourismus?
- Welche Hemmnisse auf politischer Ebene stehen der Entwicklung nachhaltiger Tourismuskonzepte in vielen Regionen entgegen?
- Warum müssen für langfristig wirksame Konzepte eines nachhaltigen Tourismus sogenannte „Mega-Trends" beachtet werden?
- Ist Nachhaltigkeit ein zentrales Produktmerkmal bei der Reiseentscheidung?
- Welche Einzelelemente eines nachhaltigen Tourismusmanagements können unterschieden werden?

4.3.1 Begriffe im Kontext unternehmerischer Nachhaltigkeit

Die „Nachhaltige Unternehmensführung" stellt in diesen Jahren das wohl meistdiskutierte Themenfeld im Bereich der Managementlehre dar. Leider fallen Abhandlungen und Diskussionen zu diesem Thema immer wieder durch unpräzise Begriffswahl, unklare bis fragwürdige Zielsetzungen und fehlende Gesamtzusammenhänge auf. Diese Undifferenziertheit führt auch dazu, dass Wirtschaft und Politik die Themen im Bereich Nachhaltigkeit völlig unterschiedlich auslegen und anwenden, je nachdem welche Partikularinteressen in Medien und Öffentlichkeit bedient werden sollen.

Auch die Wissenschaft hat bislang zu wenig für die Abgrenzung und Klarheit der Begriffe getan;[464] fühlen sich doch praktisch sämtliche Kultur- und Idealwissenschaften mit ihren jeweiligen Denk- und Sprachwelten von der Nachhaltigkeitsdebatte tangiert, angesprochen und zur Mitarbeit aufgerufen. Diese Umstände legen es nahe, für die folgenden Ausführungen nur diejenigen Aspekte einfließen zu lassen, deren Anwendung im unternehmerischen Kontext hinreichend präzisiert sind und/oder derzeit eine große Handlungsrelevanz besitzen.

Unternehmen subsummieren in der Außenkommunikation unter **Nachhaltigkeit**[465] meist alles, was sie „Gutes" tun, sofern dies über das betriebswirtschaftliche Eigeninteresse (das vermeintlich „Schlechte") hinaus geht. Allerdings muss begrifflich sorgfältig unterschieden werden: Zu den gerne kommunizierten „Nachhaltigkeitsaktivitäten" gehört zunächst das soziale und gesellschaftliche Engagement, das **Corporate Citizenship**. Dieses umfasst freiwillige Investitionen in das Gemeinwesen, vornehmlich im regionalen Umfeld von Unternehmensstandorten.[466] Der Schwerpunkt liegt hier klar neben dem Kerngeschäft. **Corporate Governance** hingegen steht für die „Gesamtheit von grundsätzlichen Regelungen, die das Unternehmen nach innen und außen konstituieren."[467] Ziel ist die Verankerung einer guten und transparenten Unternehmensführung im Sinne einer Unternehmensverfassung. Diese kann auch freiwillige Elemente umfassen wie einen individuellen Verhaltenskodex oder ein Leitbild. Allerdings steht bei der Corporate Governance die Einhaltung verpflichtender Normen (Gesetze) oder allgemeingültiger Regeln, wie z. B. des Deutschen Corporate Governance Kodex (DCGK),[468] im Vordergrund. **Corporate Social Responsibility (CSR)** fokussiert das Kerngeschäft des Unternehmens: **Wie** werden die Gewinne erwirtschaftet? An die Stelle der regionalen Orientierung des Corporate Citizenship rücken weitreichende gesellschaftliche Themen.[469] Die Diskussion einer gesamtgesellschaftlichen Verantwortung unternehmerischer

---

[464] Bereits 1998 kursierten ca. 70 unterschiedliche Definitionen des Adjektivs „nachhaltig" in der Literatur, vgl. Baumgartner, Röhrer (1998), S. 17.
[465] Engl.: Sustainability.
[466] Vgl. Schaltegger et al. (2007), S. 89–93.
[467] Hutzschenreuter (2011), S. 55.
[468] Zu Inhalten und Wesen des DCGK vgl. Vahs, Schäfer-Kunz (2007), S. 229–232.
[469] Vgl. Schaltegger et al. (2007), S. 93–96.

Tätigkeit[470] erfuhr durch die Verabschiedung des internationalen Leitfadens ISO 26000 („Leitfaden gesellschaftlicher Verantwortung") Ende 2010 einen starken Schub.[471] Der Debatte um CSR gebühren zweifelsohne einige Verdienste. Zum einen wurde der Aspekt der Nachhaltigkeit konsequent betont und auch für Aspekte eingefordert, die nicht zwangsläufig nachhaltig sein müssen, wie etwa das Engagement im Corporate Citizenship. Zum anderen wurde das Ziel der sozialen Nachhaltigkeit ergänzt durch die Forderung nach ökologischer Nachhaltigkeit, da sie durch das Thema der zukünftigen Lebensbedingungen sehr eng mit der sozialen Nachhaltigkeit verbunden ist. Für die unternehmerische Perspektive wird daraus die Forderung abgeleitet, ein Sozialmanagement und ein Umweltmanagement in das per se ökonomisch ausgerichtete Management zu integrieren.[472] Zusammengefasst lassen sich daraus **drei Dimensionen unternehmerischer Nachhaltigkeit** darstellen:

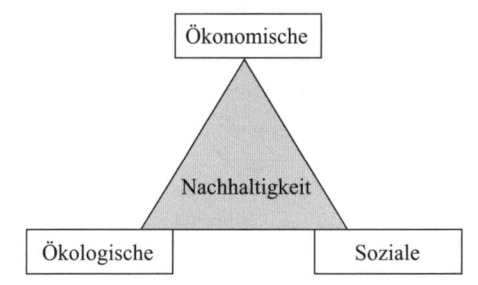

Abbildung 120: Dimensionen unternehmerischer Nachhaltigkeit[473]

Eine Integration dieser drei Dimensionen im Sinne einer **Corporate Sustainability** wird gemeinhin als Idealziel gesehen. In unserer pluralistischen Wirtschaftsordnung stößt der Wunsch, ein solch komplexes „Idealziel" durch „Integration" sehr verschiedener, aber eng verbundener „Dimensionen" zu erreichen, unvermeidlich auf große Probleme bei der Operationalisierung bzw. Umsetzung. Je nach Wissenschafts-, Politik- oder Praxiskontext werden unterschiedliche Prämissen, Prioritäten und normative Ziele eingebracht:[474]

- Aus ökonomischer Perspektive wird gefordert, dass das Umwelt- und Sozialmanagement wirtschaftlich betrieben werden solle („Öko-Effizienz", „Sozial-Effizienz").
- Aus ökologischer oder sozialer Perspektive erwächst hingegen der Anspruch, dass die wirtschaftlichen Aktivitäten ökologisch bzw. sozial „verträglich" vonstatten zu gehen hätten („Öko-Effektivität", „Sozial-Effektivität").

---

[470] Eine sehr kritische, aus betriebswirtschaftlicher Sicht gut nachvollziehbare Position zu CSR-Ansätzen nimmt der Innsbrucker Managementforscher und -berater *Hans H. Hinterhuber* ein, der in den CSR-Ansätzen schöne Regeln sieht, die aber keine Ergebnisse bringen, vgl. Hinterhuber (2011), S. 20–27.
[471] In Deutschland veröffentlicht im Januar 2011 als DIN ISO 26000. Vgl. ISO (2012a).
[472] Vgl. Schaltegger et al. (2007), S. 11.
[473] Vgl. ebd., S. 14 und Wilkens (2007), S. 5–8.
[474] Vgl. Schaltegger et al. (2007), S. 14–17 und Wilkens (2007), S. 8–15.

4. Werte und Strategien: Fragen nach Sinn, Wegen und Verantwortung

Damit steht ein Unternehmen vor der Herausforderung, dass in seiner Wettbewerbsumwelt und seinen globalen Umwelten sehr **unterschiedliche Auffassungen** über Begriff, Relevanz und Ausprägung von Nachhaltigkeit herrschen:

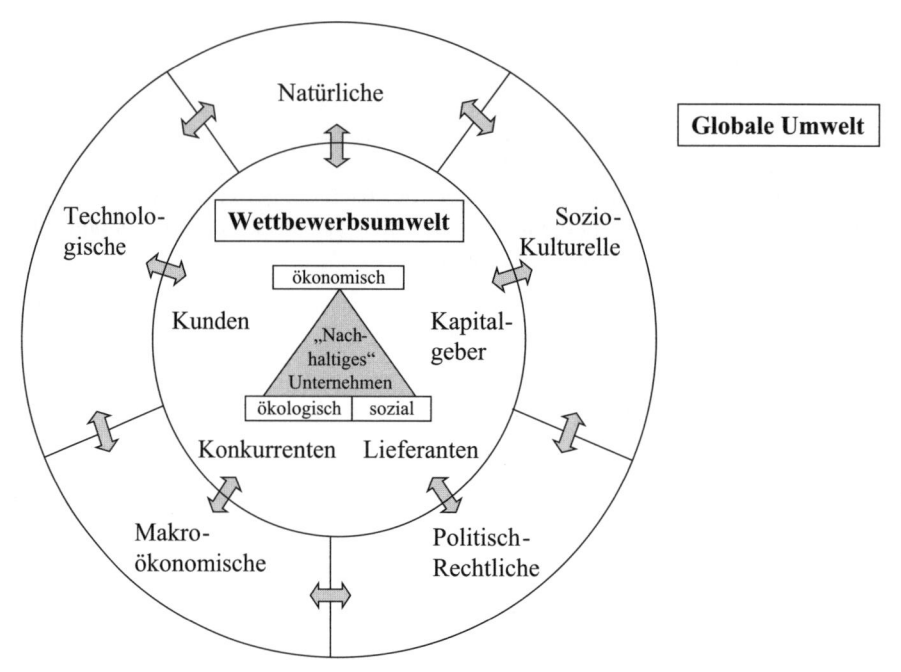

Abbildung 121: Das Unternehmen im Einfluss unterschiedlicher Auffassungen von Nachhaltigkeit

4.3.2 Nachhaltiges Management

Aus **Sicht der BWL** lässt sich festhalten: Unternehmen werden gegründet und bieten Produkte an, um damit Geld zu verdienen.[475] Daher wird für Unternehmen im Nachhaltigkeitsdreieck aus ökonomischen, ökologischen und sozialen Aspekten immer die Ökonomie dominieren. Ökologisch und sozial nachhaltig wird sich ein Unternehmen **darüber hinaus** nur verhalten, wenn

- es keine gravierenden Zielkonflikte zu den ökonomischen Zielen gibt,[476] oder
- es einer intrinsischen Motivation der Eigentümer entspringt (Unternehmenspolitik), oder
- es durch externe Regularien vorgeschrieben ist (Ordnungspolitik).

Eine andere Einstellung der Unternehmensleitung würde langfristig nur dazu führen, dass die Existenz des Unternehmens **nachhaltig gefährdet** wird.[477]

---

[475] Vgl. Hinterhuber (2011), S. 28.
[476] Vgl. Steinle (2005), S. 127–130.
[477] Vgl. Hinterhuber (2011), S. 33–36.

4.3 Nachhaltiges Tourismusmanagement

Zudem sind anderslautende Wünsche oder Forderungen an das Management von Unternehmen in aller Regel nicht hinreichend konkretisiert und mangels Realistik eher naiv. Diese Tatsache kann man gutheißen oder kritisch sehen; auf keinen Fall aber sollte man sie leugnen. Eine seriöse Beschäftigung mit dem Thema unternehmerischer Nachhaltigkeit setzt das voraus.

Ein **nachhaltiges Managementkonzept** thematisiert viel stärker, wie Nachhaltigkeit nicht nur als Fassade in Leitbildern, Kodizes und Umwelterklärungen etc. aufscheint, sondern im gesamten Unternehmen als Paradigma wirken kann. Nachhaltiges Management funktioniert nur, wenn es **an ein ganzheitliches, integratives Managementkonzept angelehnt** ist und dessen sämtliche sechs Dimensionen (Funktionsbereiche, Managementprozesse, Soziale Systeme, Geschäftsprozesse, Werte und Strategien, Räume) abdeckt.[478]

In der Praxis finden sich dagegen viele einzelne Bausteine und Instrumente mit „Nachhaltigkeitsanspruch", die schon allein aufgrund ihrer Isoliertheit den Verdacht aufkommen lassen, dass sie vorwiegend aus Marketing-Gründen genutzt werden. Als Beispiel können Formulierungen gelten wie „Bei uns ist Nachhaltigkeit fest im Leitbild verankert". Denn was zu fest an einem Ort verankert ist, wirkt kaum in andere Bereiche hinein oder hindurch. Daher taucht der Begriff der Nachhaltigkeit in der Würfel-Darstellung des Tourismusmanagement-Modells bewusst nicht an einer bestimmten Stelle auf – vielmehr sollte sich der Nachhaltigkeitsgedanke durch alle Elemente des Modells ziehen.

4.3.3 Nachhaltigkeit im Kontext des Tourismus

4.3.3.1 Statische Betrachtung: Begriffe, Kriterien und die Politik

Reisen geht immer einher mit einem Ressourcenverbrauch und einem kulturellem Austausch (in jeglicher, teils positiver, teils negativer Form). Zudem stellt Reisen für manche Erholung (Reisende), für andere eine Erwerbsquelle und/oder eine Belastung (Mitarbeiter, örtliche Bevölkerung) dar. Alle Dimensionen der Nachhaltigkeit sind im Tourismus angesprochen – aber was ist „nachhaltiger Tourismus"?

Schon der Begriff eines **„Nachhaltigen Tourismus"** ist sehr problematisch. Seine Verwendung erfolgt auffällig häufig in Verbindung mit unreflektierten Behauptungen (Individualtourismus ist besser als Pauschaltourismus, Massentourismus ist schlechter als Tourismus in kleineren Größenordnungen etc.). Gerne wird nachhaltiger Tourismus auch als heilbringender Gegenentwurf gegenüber dem „Wirtschaftsmoloch Tourismus"[479] ins Feld geführt. Die Befürwortung oder Ablehnung „klassischer" oder vermeintlich „nachhaltiger Tourismuskon-

---

[478] Vgl. Abschntt 1.3, Abb. 4 und am Bsp. eines Umweltmanagementsystems Kolbeck (1997), S. 109–111. Zur Nachhaltigkeit in den Managementprozessen vgl. ebd., S. 137–235, zur Nachhaltigkeit in den Funktionsbereichen Wilkens 2007, S. 23–43.
[479] Friedl (2005), S. 72.

4. Werte und Strategien: Fragen nach Sinn, Wegen und Verantwortung

zepte" erfolgt meist mehr aus ideologischen Grundsätzen heraus anstatt aus einer rational geprägten Diskussion mit nachvollziehbaren Kriterien.[480]

Wichtige inhaltliche und begriffliche Vorläufer nachhaltiger Tourismuskonzepte waren „Alternativer Tourismus", „Naturtourismus", „Sanfter Tourismus", „Ökotourismus" und „Respektvolles Reisen", die jeweils unterschiedliche Schwerpunkte in den Bereichen Umwelt, Kultur und Soziales legten.[481] Wie in der allgemeinen Nachhaltigkeitsdiskussion auch, so wird auch in den Konzepten des nachhaltigen Tourismus meist implizit eine Unterordnung der ökonomischen unter die soziale und die ökologische Dimension des Nachhaltigkeitsdreiecks gefordert. Forderungen, „wonach Tourismus in die vorhandene regionale Wirtschaft mit all ihren unterschiedlichen Bereichen eingebettet sein muss, um sie zu ergänzen und zu stärken, anstatt zu dominieren oder gar zu untergraben"[482] stehen für durchaus hehre Ziele. Allerdings sind diese Forderungen in der Zielrichtung diffus und hinsichtlich ihrer unterstellten Gesellschaftsstrukturen in weiten Teilen unrealistisch.[483]

In einer eher statischen, zeitpunktbezogenen Perspektive hat man seit Mitte der 90er-Jahre versucht, eine Analyse der Tourismus-Tragfähigkeiten von **Destinationen** vorzunehmen. Hier sollten in relevanten Dimensionen und Perspektiven (Ökologische Systeme, Bebaute Umwelt, Ökonomische Systeme, Besucherzufriedenheit, Duldsamkeit der Einwohner, Politik) diejenigen identifiziert werden, die als „Engpassfaktoren" eine weitere touristische Entwicklung verhindern.[484] Es wurde klar, dass Tourismusentwicklung letztlich durch ein Verhandlungssystem zwischen Akteuren aus diesen Bereichen resultiert. Aufgabe der Tourismuspolitik in diesem System ist nicht nur die Organisation dieser gesellschaftlichen Aushandlungssysteme,[485] sondern im Rahmen demokratisch verfasster Gemeinwesen auch die Wahrnehmung der Interessen derjenigen Anspruchsträger, die sich nicht qua Institution in diesen Prozessen durchsetzen können (Flora, Fauna, bestimmte soziale Gruppen).

Ein wichtiger Meilenstein in der Entwicklung von nachhaltigem Tourismus geht zudem auf die Arbeit des *Global Sustainable Tourism Council* zurück, das 2008 die **Global Sustainable Tourism Criteria (GSTC)** veröffentlichte. Ziel war es, Mindestanforderungen an nachhaltiges Wirtschaften von Tourismusbetrieben

---

[480] Vgl. Mundt (2004), S. 327–333.
[481] Vgl. Bieger (2008), S. 45f., Baumgartner (2008), S. 9–23, Weaver (2006), S. 38–40 und Friedl (2005), S. 13–26.
[482] Friedl (2005), S. 20.
[483] Als Beispiel kann eine Formulierung aus dem Kriterienkatalog des *„forum anders reisen"* (Abschnitt 4.3.4) dienen: „Insbesondere in wirtschaftlich unterentwickelten Ländern ist die Nutzung kleiner, lokaler Strukturen zu bevorzugen." forum anders reisen (2011), S. 7. In solchen Ländern sind größere Tourismusstrukturen entweder nicht vorhanden, dann würde der Forderung folglich entsprochen. Oder die vorhandenen, großen touristischen Monostrukturen weisen bei großen Gästezahlen einen so deutlichen Preis- und Handlingvorteil gegenüber den (verbliebenen) lokalen Strukturen auf, dass sich die Forderung nur bei einer relativ kleinen Zielgruppe mit hoher Zahlungsbereitschaft erfüllen lässt.
[484] Vgl. Mundt (2004), S. 339–341.
[485] Vgl. ebd., S. 341.

in Form von messbaren Indikatoren zu definieren.⁴⁸⁶ Die GSTC-Kriterien sind in vier zentrale Bereiche eingeteilt: Nachhaltigkeitsmanagement, sozioökonomische Entwicklung, kulturelle Auswirkungen und Umweltmanagement.⁴⁸⁷ Allerdings legen die GSTC lediglich dar, was getan werden sollte. Umsetzungsinstrumente werden dagegen nicht zur Verfügung gestellt. Letztlich kann nur die Politik die tatsächliche Relevanz von Kriterien wie denen der GSTC durch Inkraftsetzung und Kontrolle entsprechender Vorschriften erhöhen.

Allerdings ist fraglich, in wie weit sich die Politik der Aufgabe einer nachhaltigen Tourismusentwicklung annimmt. Denn die **Hemmnisse auf politischer Ebene** sind enorm:⁴⁸⁸

- Selbst in demokratisch gut funktionierenden Systemen ist der Tourismus – gemessen an seiner wirtschaftlichen Bedeutung – in der Politik deutlich unterrepräsentiert. Zudem ist touristisches Fachwissen in öffentlichen Institutionen begrenzt und die Planungsprozesse sind schwerfällig und langsam. Nicht zuletzt steht die Kürze der Wahlperioden langfristig tragfähigen Konzepten im Weg.
- Viele wichtige touristische Zielgebiete liegen in Staaten mit weniger gut entwickelten Politikstrukturen. Oftmals bestimmen hier auf allen Ebenen Korruption und mafiöse Strukturen das politische Entscheidungshandeln.

4.3.3.2 Dynamische Betrachtung: Driving Forces im Tourismus für Destinationen und Unternehmen

In dynamischer Perspektive kommt es für nachhaltige Konzepte sowohl von **touristischen Destinationen** als auch von **Tourismusunternehmen** viel stärker darauf an, wie gut oder schlecht sie in der Lage sein werden, sich auf die großen Veränderungsprozesse der kommenden Jahrzehnte einzustellen. Für solche weitreichenden Veränderungen, die die Entwicklung in weiten Bereichen der Gesellschaft nachhaltig (im Sinne von unumkehrbar) forcieren, hat sich auch der Begriff der **„Driving Forces"** oder **„Mega-Trends"** etabliert.

Die ursprüngliche Bedeutung des Begriffs der „Driving Forces" ist eine andere: Der Begriff geht zurück auf die bereits erwähnten Untersuchungen der „Triebkräfte des Wettbewerbs" von *Porter*. Erweitert man dessen Sicht auf die Märkte und Produktionsbedingungen auf eine fernere Zukunft (Horizont > 15–20 Jahre), sieht sich die Tourismusbranche neben den gegenwärtigen Triebkräften⁴⁸⁹ noch ganz anderen Herausforderungen gegenüber. Aber auch diese Herausforderungen führen letztlich zu Veränderungen – und diese stellen, wenn sie frühzeitig im Unternehmen erkannt, akzeptiert und in die Strategien einbezogen werden, mehr Chancen als Risiken dar.

---

⁴⁸⁶ Hieran waren über vierzig Organisationen beteiligt, die zunächst 4.500 Kriterien aus seinerzeit sechzig bestehenden Zertifizierungen analysierten.
⁴⁸⁷ Der GSTC-Kriterienkatalog findet sich unter GSTC (2012).
⁴⁸⁸ Vgl. Swarbrooke (1999), S. 97, zitiert nach Mundt (2004), S. 342.
⁴⁸⁹ Lieferanten, Abnehmer, bestehende Wettbewerber, potentielle neue Konkurrenten und Substitutionsprodukte.

4. Werte und Strategien: Fragen nach Sinn, Wegen und Verantwortung

Zu diesen Driving Forces der Tourismusbranche zählen – in sehr langfristiger Interpretation – insbesondere der demographische Wandel, der Klimawandel, die Entwicklung der Energien, der technologische Wandel und die Sicherheitslage.[490] Nimmt man mit dem **demographischen Wandel** und dem **Klimawandel** nur zwei, allerdings für die Tourismusbranche sehr wichtige Herausforderungen heraus, und setzt sie mit den Zielen der Akteure auf den touristischen Märkten in Beziehung, zeigt sich eine Vielzahl zu beachtender Teilthemen und Aspekte. In einer schlaglichtartigen Zusammenschau lassen sich allenfalls Stichworte gruppieren:

TOURISTISCHE MÄRKTE

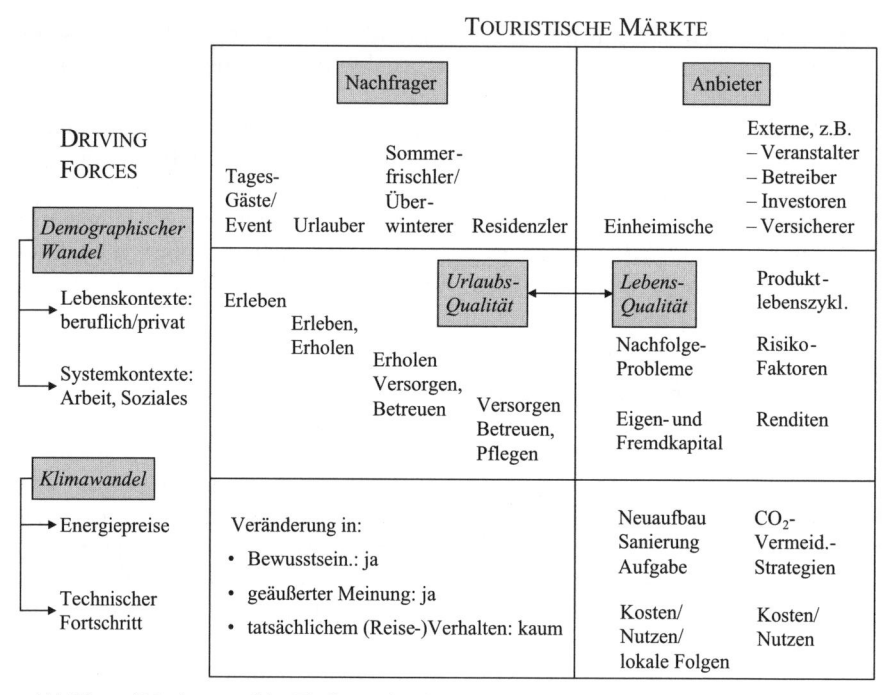

DRIVING FORCES	Nachfrager				Anbieter	
Demographischer Wandel	Tages-Gäste/ Event	Urlauber	Sommer-frischler/ Über-winterer	Residenzler	Einheimische	Externe, z.B. – Veranstalter – Betreiber – Investoren – Versicherer
Lebenskontexte: beruflich/privat Systemkontexte: Arbeit, Soziales	Erleben	Erleben, Erholen	Erholen Versorgen, Betreuen	Versorgen Betreuen, Pflegen	*Urlaubs-Qualität* ← *Lebens-Qualität* Nachfolge-Probleme Eigen- und Fremdkapital	Produkt-lebenszykl. Risiko-Faktoren Renditen
Klimawandel Energiepreise Technischer Fortschritt	Veränderung in: • Bewusstsein.: ja • geäußerter Meinung: ja • tatsächlichem (Reise-)Verhalten: kaum				Neuaufbau Sanierung Aufgabe Kosten/ Nutzen/ lokale Folgen	CO_2-Vermeid.-Strategien Kosten/ Nutzen

Abbildung 122: Ausgewählte Einflüsse des demographischen Wandels und des Klimawandels auf die touristischen Märkte

Die Mega-Trends werden dazu führen, dass sich die **Lebensstile** der Bevölkerungen in Quellmärkten und Destination langfristig stark verändern werden. Zum Lebensstil gehört auch das Freizeit- und Reiseverhalten.

Am Beispiel des Klimawandels kann veranschaulicht werden, wie ein Mega-Treiber eine **Reiseentscheidung** mittelbar und unmittelbar beeinflusst. Demnach entfaltet der Klimawandel eine direkte Auswirkung auf die Reiseentscheidung nur, wenn entweder eine notwendige Randbedingung nicht mehr hinreichend sicher gegeben ist (z. B. Schneesicherheit bei Skitourismus), oder regulative Eingriffe (Ge- oder Verbote) dies erzwingen. Die indirekten Einflüsse des Klimawandels sind viel langfristiger Natur und würden erst dann ein-

---

[490] Vgl. Kolbeck (2011a), S. 2 und Bausch (2009), S. 54 f.

4.3 Nachhaltiges Tourismusmanagement

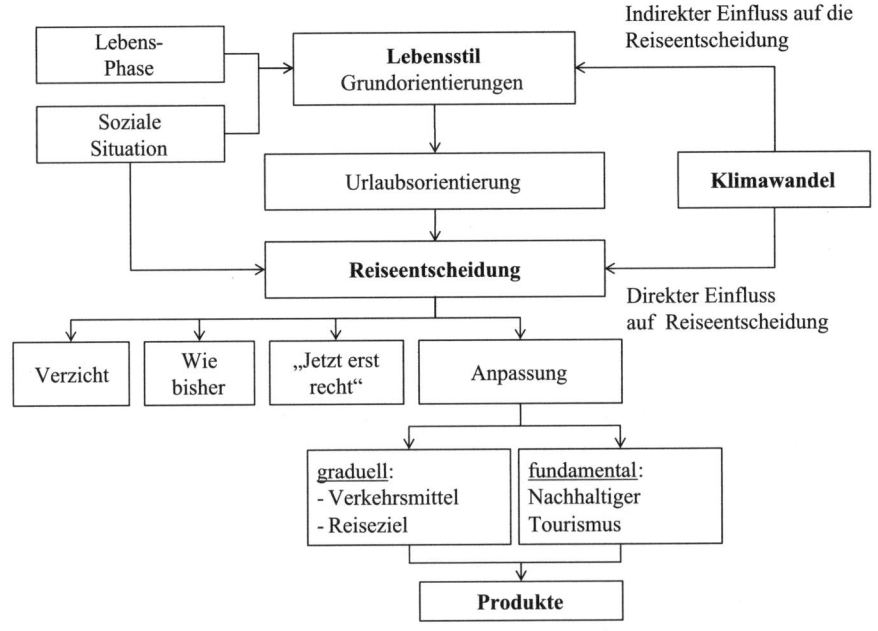

Abbildung 123: Einfluss des Klimawandels auf Lebensstile und Reiseentscheidungen[491]

treten, wenn der Gast seinen durch Grundorientierungen geprägten Lebensstil anpasst.

Aktuelle Forschungen zeigen, dass Nachhaltigkeit im Allgemeinen und der Klimaneutralität im Besonderen derzeit allerdings noch keine Verkaufsargumente im Tourismus sind, da Nachhaltigkeit keines der zentralen Urlaubsmotive ist.[492] Nachhaltige Reiseprodukte fristen daher meist ein Nischendasein. Das verwundert nicht, denn **Nachhaltigkeit als Produktmerkmal** von Tourismusprodukten wird vom Gast nur dann honoriert, wenn der kollektive Zusatznutzen für die Allgemeinheit (Nachhaltigkeit) mit einem für den Gast erlebbaren oder sogar messbaren „Mehr" an Individualnutzen einhergeht. Dieser Zusatznutzen kann psychologischer Natur sein (etwa bei einer intrinsischen Motivation für Nachhaltigkeit), oder materiell, z. B. wenn dem Gast in seiner Unterkunft Bio-Verpflegung aus regionaler Produktion angeboten wird.

Im Grunde „tickt" der **Konsument** bei den nachhaltigen Reiseprodukten genauso wie der **Anbieter**: Das nachhaltige Produkt muss für beide einen Mehrwert bieten. Folglich wird ein nachhaltiges Tourismusmanagement nur dann langfristig erfolgreich sein, wenn es der Tourismusbranche gelingt, auf langfristige Trends so zu reagieren, dass die berechtigten Bedürfnisse der Beteiligten (Nachfrager und Anbieter touristischer Leistungen) weiterhin angemessen befriedigt werden.

---

[491] Vgl. Kolbeck (2011b), S. 25.
[492] Vgl. ClimAlpTour (2012), S. 119, Bausch (2011), S. 50–53 und Kolbeck (2011a), S. 7.

4.3.4 Elemente eines nachhaltigen Tourismusmanagements

Die Entwicklung eines umfassenden, integrierten Nachhaltigkeitsmanagementsystems für Tourismusunternehmen würde den Rahmen dieses Grundlagen-Lehrbuches bei Weitem sprengen. Dennoch sollen abschließend einige bereits in der Praxis genutzte Teilsysteme und Instrumente aufgezeigt werden, deren Integration eine der Hauptaufgaben des zukünftigen nachhaltigen Tourismusmanagements darstellt.

Wird Nachhaltigkeit in einem touristischen Unternehmen bereits sehr systematisch umgesetzt, bietet sich eine **Zertifizierung** des Systems an. Dieses kann branchenindividuell etwa für Reiseveranstalter durch die Zertifikate von *Green Globe*[493], *Travelife*[494] oder *TourCert*[495] erfolgen. Allen ist gemein, dass sie den Schwerpunkt auf den ökologischen Aspekt der Nachhaltigkeit legen. Die Mitglieder des 1998 gegründeten **forum anders reisen,** einem Netzwerk aus Reiseveranstaltern, die sich einem nachhaltigen Tourismus verschrieben haben, müssen verpflichtend den CSR-Prozess zum Erwerb des TourCert-Zertifikates „CSR Tourism Certified" durchlaufen.[496] Bei diesem Zertifikat fällt positiv auf, dass die gesamten Geschäftsaktivitäten entlang der Wertschöpfungskette betrachtet werden.[497] Dieser Vorteil zeigt gleichzeitig aber auch das Dilemma für nachhaltig orientierte Reiseveranstalter auf: Die Möglichkeit der Einflussnahme auf die Leistungsträger, bei denen der Großteil etwa von CO_2-Emissionen bei einer Reise anfallen, sind trotz vertraglicher Bindung meist sehr gering.

Unabhängig von einer bestimmten touristischen Wertschöpfungsstufe bieten sich Zertifizierungen von Umweltmanagementsystemen nach ISO 14001[498] oder EMAS[499] und von Sozialmanagementsystemen nach SA8000[500] oder BSCI[501] an.

Da Managementsystem-Zertifizierungen mit hohem Zeitaufwand und Kosten verbunden sind, sollten die vielen kleineren Unternehmen im Tourismussektor eher einzelne **Nachhaltigkeitsmanagement-Instrumente** einsetzen. Zu diesen zählen die produktbezogenen Gütesiegel (Label, Siegel, Zertifikate) für nachhaltigen Tourismus, von denen etwa einhundert verschiedene, institutionelle und firmeneigene, existieren.[502] Allerdings berücksichtigen sie meist nur Qualitäts- und Umweltkriterien, Sozialaspekte dagegen kaum. Selbst die ausgewogensten

---

[493] Seit 1996, angeboten durch *Green Globe International INC*, USA.
[494] Seit 2007, angeboten durch *Travellife Ltd*, UK.
[495] Seit 2009, angeboten durch *TourCert (GbR)*, Deutschland.
[496] Vgl. forum anders reisen (2011), S. 10.
[497] Vgl. TourCert (2012).
[498] ISO 14001 („Umweltmanagementsysteme – Anforderungen mit Anleitung zur Anwendung"), seit 1997, aktuelle Fassung: 11/2009. Weltweiter Standard, vgl. ISO (2012b).
[499] EMAS („*Eco Management and Audit Scheme*"), seit 1993. Europäisches, über ISO 14001 hinausgehendes Umweltmanagementsystem. Auch „*EU-Öko-Audit*" genannt. Im EMAS-Register sind etwa 100 Betriebe aus der Tourismusbranche eingetragen, vgl. EMAS (2012).
[500] SA8000 („Social Accountability"), seit 1997 erster weltweiter und zertifizierbarer Standard für sozial verantwortliche Unternehmensführung, vgl. SAI (2012).
[501] BSCI („*Business Social Compliance Initiative*"), seit 2002. Plattform zur Verbesserung unternehmerischer Sozialstandards, vgl. BSCI (2012).
[502] Vgl. hierzu und in Folgendem Plüss, Mancama (2010).

Gütesiegel beziehen nur einen Teil der touristischen Wertschöpfungskette ein. Ein erstes Gütesiegel für Fairen Handel im Tourismus ist das Fair Trade-Siegel FTTSA *(Fair Trade in Tourism South Africa)*. FTTSA leitet auch ein globales Pilotprojekt eines Fair Trade-Gütesiegels für Reisepakete *(FTT – Fair Trade Travel)*.

Ein bereits sehr häufig genutztes Instrument im Bereich der ökologischen Nachhaltigkeit sind **Emissionsrechner**. Sie ermöglichen für unterschiedliche Produkte die Berechnung von CO_2-Äquivalenten sowie deren Kompensation durch eine freiwillige Klimaabgabe, die in Klimaschutzprojekte investiert wird. Laut einer Studie der *UNWTO* aus dem Jahr 2008 ist der Tourismus für 4,9 % aller klimaschädlichen Emissionen verantwortlich, wobei auf Verkehr und Beherbergung die größten Anteile entfallen.[503] Im privaten Bereich wird die Möglichkeit der Kompensation der Klimaauswirkungen von Reisen bislang allerdings kaum wahrgenommen. Führende Anbieter von Emissionsrechnern mit angeschlossenem Kompensationssystem sind *atmosfair* und *myclimate*. Klima-Fußabdrücke von typischen Urlaubsreisen lassen sich mit dem „touristischen Klima-Fußabdruck" des *World Wide Fund For Nature* (WWF) quantifizieren, der ebenfalls einen Emissionsrechner beinhaltet.[504]

Im Bereich der Kommunikation gewinnt die **Nachhaltigkeits-Berichterstattung** an Bedeutung. Zwar werden Nachhaltigkeitsberichte als Instrument der Rechenschaftslegung über ökologische, soziale und ökonomische Effekte der Unternehmenstätigkeit beliebter, allerdings folgen sie keinem verbindlichen Berichtsrahmen. Der am meisten genutzte Kriterienkatalog in der Nachhaltigkeitsberichterstattung leitet sich aus dem *Global Reporting Initiative* (GRI)-Standard ab, der von einigen tausend Unternehmen weltweit angewendet wird.[505] Im Jahr 2011 orientierten sich 53 Nachhaltigkeitsberichte aus der Tourismusbranche (inkl. Hotellerie) an den GRI-Standards, dazu kamen 14 aus dem Luftverkehr.[506]

4.3.5 Stimmen aus der Praxis: Peter-Mario Kubsch, Studiosus Reisen München GmbH

Peter-Mario Kubsch, Geschäftsführer Studiosus Reisen München GmbH

Die Studiosus Reisen München GmbH ist Deutschlands größter Studienreise-Veranstalter. Die 310 Mitarbeiterinnen und Mitarbeiter der gesamten Unternehmensgruppe planen, entwickeln und organisieren über 1.000 verschiedene Routen in mehr als 100 Ländern zu mehr als 6.000 Terminen. Pro Jahr lernen rund 100.000 Reisegäste mit uns fremde Länder und Kulturen kennen. Der Jahresumsatz beträgt in der gesamten Unternehmensgruppe rund 250 Mio. €.

---

[503] Vgl. UNWTO (2008), S. 32–34.
[504] Vgl. WWF 2009, insbesondere S. 9–17.
[505] Vgl. GRI (2012a).
[506] Vgl. GRI (2012b).

4. Werte und Strategien: Fragen nach Sinn, Wegen und Verantwortung

Für ein mittelständisches Unternehmen in Familienbesitz besitzt die Nachhaltigkeit seiner Existenz und seines Wachstums per se eine große Bedeutung. Wer Verantwortung für ein eigenes Unternehmen trägt, der weiß auch um die Verantwortung des Unternehmens in der Gesellschaft.

Nachhaltigkeit bei Studiosus heute:

Ein nachhaltiges Management bei Reiseveranstaltern sollte über punktuelle „Leuchtturmprojekte" deutlich hinausgehen. Wir haben daher die Nachhaltigkeit seit der Gründung unseres Unternehmens 1954 fest in das Kerngeschäft integriert. Damit wollen wir Maßstäbe setzen im Bereich des nachhaltigen Wirtschaftens.

Das Fundament unserer Geschäftsaktivitäten ist unser Unternehmensleitbild. Darin stellt das nachhaltige Wirtschaften eine von vier Säulen der Unternehmenspolitik dar. Selbstverständlich zählt zu den Unternehmenszielen auch die Wahrnehmung unserer sozialen Verantwortung.

Soweit die Theorie. Entscheidend ist natürlich, wie Leitbild und Standards in der täglichen Praxis umgesetzt werden. Das geschieht bei Studiosus systematisch im Rahmen der Corporate Social Responsibility (CSR). Sie gründet auf den Pfeilern Qualität, Umwelt, soziale Verantwortung und Sicherheit. Und enthält auch unsere Zertifizierungen nach ISO 9001, 14001, die Validierung nach EMAS und die Nachhaltigkeitsberichterstattung (GRI A+). Außer dass alle MitarbeiterInnen ferner verpflichtet sind, die Grundsätze des Leitbilds in ihrer täglichen Arbeit zu beachten, kommt die Implementierung der CSR drei zentralen Ausschüssen zu. Hier werden die Nachhaltigkeitsziele in konkrete Maßnahmen „übersetzt" und Verantwortlichkeiten zugewiesen.

Weiterentwicklung:

Durch das Jahrzehnte lange Engagement für einen ökologisch vertretbaren und sozial verantwortlichen Tourismus sieht sich Studiosus auch für eine neue Herausforderung gut gerüstet: die Menschenrechtsverantwortung von Unternehmen. Menschenrechte sind kein neues Thema im Tourismus, aber der Abschlussbericht des UN-Sonderbeauftragten für Menschenrechte, John Ruggie, vom Mai 2011, Hintergrund des Studiosus-Engagements, legt erstmals einen verbindlichen Referenzrahmen für die Menschenrechtsverantwortung von Unternehmen vor. Das stellt die Branche vor neue Herausforderungen.

Bei Studiosus sind alle Hotelpartner und Incoming-Agenturen weltweit schon seit gut zehn Jahren vertraglich verpflichtet, die Menschenrechte in ihren Betrieben einzuhalten, insbesondere die ECPAT-Richtlinie zum Schutz von Kindern vor sexueller Ausbeutung. Künftig will Studiosus vertragliche Regelungen präzisieren, die auch Dienstleister der Leistungspartner zur Einhaltung der Menschenrechte verpflichten. Übrigens hat das Unternehmen eine Beschwerdestelle für Menschenrechtsangelegenheiten eingerichtet, die unter HumanRightsAlert@studiosus.com zu erreichen ist.

Die bisher schon starke Einbindung der Studiosus-Geschäftspartner in unsere CSR-Maßnahmen wird künftig weiter intensiviert.

Literatur

Baumgartner, Christian; Röhrer, Christian (1998): Nachhaltigkeit im Tourismus. Umsetzungsperspektiven auf regionaler Ebene. Wien

Baumgartner, Christian (2008): Nachhaltigkeit im Tourismus, Von 10 Jahren Umsetzungsversuchen zu einem Bewertungssystem. Innsbruck

Bausch, Thomas (2009): Was bringt die Zukunft dem Tourismus? Branchen-Szenarien für das Jahr 2028. In: Tourismus Management Passport, Ausgabe 02/2009, S. 54 f.

Bausch, Thomas (2011): Wie trendy reagiert der Verbraucher auf Trends? In: Tourismus Management Passport, Ausgabe 04/2011, S. 50–54

Bieger, Thomas (2008): Management von Destinationen. 7. Aufl., München, Wien

BSCI (2012): Business Social Compliance Initiative. Unter http://www.bsci-intl.org/, letzter Zugriff am 18. März 2012

ClimAlpTour (2012): Abschlussbericht zum EU-Projekt ClimAlpTour – Auswirkungen des Klimawandels auf den Tourismus im Alpenraum. Ljubljana

EMAS (2012): Wer hat schon EMAS? Unter http://www.emas.de/teilnahme/wer-hat-schon-emas/, letzter Zugriff am 18. März 2012

forum anders reisen (2011): Unser Kriterienkatalog. Stand Juni 2011. Unter http://forumandersreisen.de/content/dokumente/Kriterienkatalog%20f.r_de.pdf, letzter Zugriff am 19. März 2012

Friedl, Harald A. (2005): Respektvoll reisen. Bielefeld

GRI (2012a): Global Reporting Initiative. Unter http://www.globalreporting.org, letzter Zugriff am 19. März 2012

GRI (2012b): Sustainability Disclosure Database. Unter http://database.globalreporting.org/search, letzter Zugriff am 19. März 2012

GSTC (2012): Globale Kriterien für Nachhaltigen Tourismus, online unter: http://www.gstcouncil.org/uploads/files/german-format-criteria.pdf, letzter Zugriff am 17. Juli 2012

Hinterhuber, Hans H. (2011): Strategische Unternehmensführung. I. Strategisches Denken. Vision – Ziele – Strategie. 8. Aufl., Berlin

Hutzschenreuter, Thomas (2011): Allgemeine Betriebswirtschaftslehre, 4. Aufl., Wiesbaden

ISO (2012a): ISO 26000 – Social responsibility. Unter http://www.iso.org/iso/iso_catalogue/management_standards/social_responsibility.htm, letzter Zugriff am 15. März 2012

ISO (2012b): ISO 14000 essentials. Unter http://www.iso.org/iso/iso_14000_essentials, letzter Zugriff am 18. März 2012

Kolbeck, Felix (2011a): Ausblick: Wechselwirkungen zwischen Klimawandel und anderen zukünftigen Entwicklungen. Vortrag anlässlich des Experten-Symposiums „Klimawandel und Tourismus im Alpenraum" am 15.04.2011

Kolbeck, Felix (2011b): Der Gast zuhause. Eine Quellmarktbefragung untersucht Reiseentscheidungen im deutschen quellmarkt und die Wahrnehmung des Alpenraums als Urlaubsziel. Vortrag anlässlich des Experten-Symposiums „Klimawandel und Tourismus im Alpenraum" am 14.4.2011

Kolbeck, Felix (1997): Entwicklung eines integrierten Umweltmanagementsystems. Konzeption, Empirie und Ausgestaltung. München und Mering

Mundt, Jörn W. (2004): Tourismuspolitik. München

Plüss, Christine; Mancama, Katharina (2010): Was ist denn so neu an diesen Fair Trade-Reisen? Interview mit *Jennifer Seif*, unter http://www.fairunterwegs.org/themen/thema/article/was-ist-denn-so-neu-an-diesen-fair-trade-reisen.html, letzter Zugriff am 18. März 2012

SAI (2012): Social Accountability International. Unter http://www.sa-intl.org/, letzter Zugriff am 18. März 2012

Schaltegger, Prof. Dr. Stefan et al. (2007): Nachhaltigkeitsmanagement in Unternehmen. Von der Idee zur Praxis: Managementansätze zur Umsetzung von Corporate Social Responsibility und Corporate Sustainability. Berlin

Steinle, Claus (2005): Ganzheitliches Management. Eine mehrdimensionale Sichtweise integrierter Unternehmensführung, Wiesbaden

Swarbrooke, John (1999): Sustainable Tourism Management. Wallingford

TourCert (2012): CSR-Prozess. Unter http://www.tourcert.org/index.php?id=csr-prozess, letzter Zugriff am 15. März 2012

UNWTO (2008): Climate Change and Tourism. Responding to global challenges. Madrid

Vahs, Dietmar; Schäfer-Kunz, Jan (2007): Einführung in die Betriebswirtschaftslehre. 5. Aufl., Stuttgart

Weaver, David (2006): Sustainable Tourism. Theory and Practice. Amsterdam et al.

Wilkens, Stefan (2007): Effizientes Nachhaltigkeitsmanagement. Wiesbaden

WWF (2009): Der touristische Klima-Fußabdruck. WWF-Bericht über die Umweltauswirkungen von Urlaub und Reisen. Frankfurt am Main

Weiterführende Literaturhinweise

BUND / UnternehmensGrün (Hrsg.) (2002): Zukunftsfähige Unternehmen. Wege zur nachhaltigen Wirtschaftsweise von Unternehmen. München

Gurtner, Rolf (2006): Nachhaltigkeit im Tourismus. Eine Analyse der touristischen Big Players. Saarbrücken

Nusser, Barbara (2007): Nachhaltiger Tourismus. Bewusst Konsumierende als vielversprechende Zielgruppe. Saarbrücken

Schmied, Martin et al. (2009): Traumziel Nachhaltigkeit. Innovative Vermarktungskonzepte nachhaltiger Tourismusangebote für den Massenmarkt. Heidelberg

Schmude, Jürgen; Namberger, Philipp (2010): Tourismusgeographie. Darmstadt. S. 117–134

Stichwortverzeichnis

A

ABC-Analyse 108 f.
Ablauforganisation 147, 273f., **280ff.**
Abschöpfungsstrategie 176
Abschreibung 213, 219, 222, 314
– kalkulatorische 81
Abschreibungsfinanzierung 94
Abteilung **270**, 274 ff., 295
Adverse Selection 283
Agency-Kosten 283
AIDA-Modell 177f.
Akkordlohn 250
Aktiengesellschaft (AG) **56ff.**, 91, 216, 251, 297
Aktiva 216ff.
Altersteilzeit 254
Amortisationsdauer 84
Amortisationsrechnung 84
Anlagedeckungsgrad 98
Anlagegüter 106
Anlagenintensität 232
Annuität 80, **87ff.**
Annuitätenfaktor 87
Anstalt 62
Arbeitsanalyse 244, 274, **280f.**
Arbeitsbewertung 250
Arbeitsgang 274, **281**
Arbeitsort 249
Arbeitsproduktivität 234
Arbeitsprozess 274, **280f.**
Arbeitssynthese 274, **281f.**
Arbeitsvermittler 246
Arbeitsvertrag **247**, 249f., 253
Arbeitszeit 249
Arbeitszeitverkürzung 253f.
Artenteilung **247f.**, 270
Attraktoren, touristische 21, 151

Aufbauorganisation 138, 266ff., **274ff.**
Aufgabenanalyse 274
Aufgabenorientierung 259
Aufgabensynthese 274, **276**
Aufwand 68, 110, **212ff.**, 220
Ausbildung 83, 252
Ausgabe **211ff.**, 217
Auslastung 149, 164, 176, 223
– Risiko 108, 119
Ausschreibung 153, 245f.
Außenfinanzierung 76, **92f.**
Auszahlung 78f., 84ff., 97, 211ff., **221f.**

B

Balanced Scorecard 198
Barwert 86f.
Bedürfnispyramide (Maslow) 256
Berichtswesen 223f.
Beschaffung 26, **103ff.**
– von Dienstleistungen 116ff.
– von Investitionsgütern 107f.
– von Materialien 108ff.
– Ziele 107, 110, 112, 124, 151
– Zusammenhänge 125
Beschaffungskosten 107, **113**, 226
Beschaffungsobjekte **105ff.**, 118
Bestell
– häufigkeit 114
– menge 112ff.
– zeitpunkt 112, 114f.
Bestellpunktverfahren 112, 114f.
Bestellrhythmusverfahren 115
Beteiligungsfinanzierung 92f.
Betriebe 5f., 41, 43ff., **49ff.**, 151, 165, 268
– kostendeckende 62
– öffentliche 61ff.
Betriebsergebnis 51, **227ff.**

Stichwortverzeichnis

Betriebswirtschaftliches Denken
- im touristischen Alltag 23, 202

Betriebswirtschaftslehre
- Abgrenzung zur Volkswirtschaftslehre 5
- Geschichte der 3
- im System der Wissenschaften 5
- Lernen 7f.

Betriebszweck 212

Bilanz 37, 56, 77f., 89f., 98, 199, **215ff.**, 235f.

Bilanzierung 211, **218f.**

Buchführung 214, 216f.
- einfache 202, 217
- doppelte 217
- als Basis der Bilanzierung 214

Budget 147f., 176, **199ff.**, 248
- Arten 200
- Zwecke 200

Budgetgerade 147f.

Budgetierung 200
- bei Start ups 202
- in der öffentlichen Verwaltung 202
- Kritik an der 204

C

Cash Flow 98, 205, **220ff.**
- Ermittlung 222
- Rechnung 221f.

Cash Management 220f.

Central Reservation System (CRS) 179

Charter 105, 118

Controlling 26, 188, 202, **222ff.**
- Aufgaben 223
- Rolle in der Planung 188, 224

Corporate
- Behaviour 291f.
- Citizenship 320f.
- Design 291, **294**
- Governance 320
- Identity 291ff.
- Social Responsibility (CSR) **320**, 330
- Sustainability 321

Corporation (Corp., Inc.) 63, 186

Customer Relationship Management (CRM) **163**, 270

D

Deckungsbeitrag 137, 228ff.

Deckungsbeitragsrechnung 211, 220, **227ff.**

Defizitbedürfnis 256f.

Delegation 149, 269, **272**

Demographischer Wandel 326

Destination
- als virtuelles Unternehmen 291, **29**
- Entwicklung **19**, 29, 193
- Identität 291

Dienstleistung 16ff., 25, 32, 104ff., 121, 138, 179, 232
- Begriff 16ff.
- Immaterialität 17
- IT 116f.
- Segmente der 116

Dienstleistungskultur 25

Dienstleistungsorientierung 24

Differenzierung **167**, 176, 306f.

Director 64

Distribution 163, 169, **179**
- akquisitorische 179
- physische 179

Distributionspolitik 163, 169, **179**

Diversifikation **166f.**, 307ff.
- horizontale 166
- laterale 167
- vertikale 167

Driving Forces 325f.

E

Economy of Scale 148

Economy of Scope 148

Eigenbedarfsdeckung 51

Eigenkapital **90ff.**, 215f.

Eigenkapitalkosten 96

Eigenkapitalquote 98

Eigenkapitalrentabilität 83

Eingetragene Genossenschaft (eG) 59

Einliniensystem 276ff.

Einnahme **211ff.**, 217

Einstellungsstopp 253f.

Einzahlung 78, 84ff., **211ff.**, 221f.

Einzelunternehmen **53f.**, 221
Emissionsfähigkeit **56**, 92f.
Entscheidung
– unter Risiko 69f.
– unter Sicherheit 70
– unter Ungewissheit 70, 197
– unter Unsicherheit 69f.
Entscheidungsproblem **66f.**, 290
Entscheidungstheoretischer Organisationsansatz 282
Entscheidungstheorie 282, **290**
Erfahrungskurveneffekt 149
Erfolg 24, 211f., 217, **219f.**, 231ff.
– Messung 231ff.
– Quellen 233f.
Erfolgsbeteiligung 250
Ergebnis
– außerordentliches 219
– betriebliches 51, **227ff.**
– Finanz- 219
– Ziele 230
Erlöse 81ff., 219f., **227ff.**
Erlösschmälerungen 227
ERP-Kapital für Gründung 38
ERP-Regionalförderprogramm 38
Erscheinungsbild 291, **294**, 299
Ertrag 68, 91, **211ff.**
Erwerbsbetrieb 62
Europäische Aktiengesellschaft – Societas Europaea (SE) 58
Eventmanagement 35, **140**
Events **140**, 178
Exklusivität 71, 124, **151**, 176
Extremierung (Zielausmaß) 67

F
Financial Management **211**
Finanzergebnis 219
Finanzierung 26, **75ff.**
– fristenkongruente 98
Finanzierungskosten 81ff.
Finanzplanung **79**, 198f., 205
Fixierung **67**, 199
Fixkostendegression **149**
Fluktuation 253, **254**

Fokussierung 307f., **311**
– auf ein Kerngeschäft 308f.
Formalziele 68, 165
– des Personalmanagements 242
Franchise
– Vertrag 153
– Systeme 315
Fremdbedarfsdeckung **51**
Fremdkapital **90ff.**, 96ff., 216f., 326
Fremdkapitalkosten **95f.**
Führungsgrundsätze 297
Führungsstil **258ff.**
Führungstechnik 260f.
Funktionsbereiche 26, 29, **73ff.**

G
Gast
– Bedürfnisse 14ff.
– Herkunft 24, 119, 194, 293
– Interaktionsprozesse mit dem 137, 139
– Zufriedenheit 67, 133f., 164, 315
Gastgewerbe 17, 26, 64
Gesamtkapitalrendite 83
Gesamtkostenverfahren 219f.
Gesamtunternehmensstrategie 191, **196**, 307f.
Geschäftsbericht 76, 94, 164, 215, 255
Geschäftsfeldstrategie 305, 307
Geschäftsprozesse **27**, 30, 74, 231
Geschäftsreisen **15**, 17
Gesellschaft
– bürgerlichen Rechts (GbR) 53f.
– mit beschränkter Haftung (GmbH) 53, **55**
– GmbH & Co. KG 53, **58**
Gewinn- und Verlustrechnung (GuV) 212, 215, 219ff.
– Gliederung **219ff.**
Gewinnvergleichsrechnung 80, 82
Gewogene durchschnittliche Kapitalkosten 96
Goldene Bilanzregel 98
Goldene Finanzierungsregel 98
Grundnutzen **170f.**

Grundsätze ordnungsmäßiger Buchführung (GoB) 216
Grundvergütung 250f.
GRW-Förderprogramm 38

H
Haftung 54ff., **91f.**
Handelsgesetzbuch 53f., 211, **214ff.**
Handelswaren 105, **106**, 108
Haushalt 51, 60ff.
Hochpreispolitik 176
Hold-up 283
Hoteleinkauf 69, **119**, 127
Hotellerie 17f., **20**, 38, 62f., 137
Hygienefaktoren 257

I
Illiquidität 234
Incoming-Agentur **19**, 126f.
Indifferenzmenge 122f.
Innenfinanzierung 92f.
Innenfokussierung 315
Insolvenz 97, **234**
Integration
– vertikale 311f.
– horizontale 308, **312**
Interdependenzrelation 68f.
Internationalisierung 308, 310
Interner Zinsfuß 88
Into-the-Job Konzept 251
Investition 26, 77ff.
Investitionsrechenverfahren
– dynamische 80, **85ff.**
– statische 80, **81ff.**
Investitionsrechnung 80ff.
Isoquante 148

J
Jahresabschluss 53, 56f., 59, 214ff.
– Bestandteile 214ff.
– Funktionen 214
Job
– enlargement **248**, 252
– enrichment **248**, 252
– rotation **248**, 252

K
Kalkulationszinsfuß **86ff.**, 95
Kapitalbedarf 79
Kapitalbeteiligung 55, **250**
Kapitalerhöhung 57, **93**
Kapitalgesellschaft 53, **55**, 63f., 90ff., 215f., 219
Kapitalherkunft 77f.
Kapitalkosten 81, **95ff.**
Kapitalstruktur 96ff.
Kapitalverwendung 77
Kapitalwert 86ff.
Karrieremanagement 251
Kataloge **135**, 178
Kaufmann **53**, 214
Kaufverhaltensforschung 164
Kennzahlen
– absolute 232
– der erfolgswirtschaftlichen Analyse 231ff.
– der finanzwirtschaftlichen Analyse 96ff.
– rationale 232
Klimawandel 326f.
Kommanditgesellschaft, KG 54
Kommanditgesellschaft auf Aktien, KGaA 59
Kommanditist 54f., 59
Kommunikation 27, 116, 163, 169f., 177ff., 294ff., 329
– externe 295f.
– im Krisenfall 295ff.
– interne 295
Kommunikationsmittel 178
Kommunikationspolitik 163, 169, **177**, 294
Kommunikationsträger 178
Komplementär 54f.
Konditionenpolitik 169, **177**
Konfiguration (Leitungssystem) 269, 271f., 276
Kongruenzprinzip 272
Konkurrenzanalyse 164
Konsumentenforschung 164
Konten **216ff.**, 229
Kontinuum der Führungsstile 258

Konzern
- Typen 124
- Rechnungslegung 215, 221
Kooperation 121, 308, **315**
- Arten 315
- Partner 139, **200**
- Vorteile 314
Koordination 138, 269, **271**
Körperschaft 60ff.
Kosten
- arten 225ff.
- Begriffe 144ff.
- Durchschnitts- 146, 148f.
- Einzel- 225ff.
- Gemein- 225ff.
- Gesamt- 144ff.
- fixe- 113, **145**, 226
- Grenz- 144ff.
- kalkulatorische 82, **213**
- stellen 225f., 228
- Stück- 144
- träger 225f., 228
- variable **145**, 226
- vergleich 80ff., 121
Kosteneinflussgrößen 225ff.
Kostenführerschaft 146
Kostenrechnung
- Teilbereiche 225ff.
- Ziele 224
Kostenvergleichsrechnung 80ff., 121
Kostenverläufe
- degressiv 144ff.
- proportional 144ff.
- progressiv 144ff.
Kredit
- finanzierung 92f.
Krisen 187f., 205, **295ff.**
Kündigung 253ff.

L

Lagebericht 56, **215**
Landestourismusverband 43
Leasing **107**
Lebensstile 194, 326f.

Lebenszyklusanalyse 172
Leistungsbewertung 250
Leistungsträger
- Einkauf 105f., **118ff.**, 135ff.
Leitbild **297ff.**, 320
Leitungsintensität 271f.
Leitungsspanne **271f.**, 276
Leitungssystem 269, **271**
Leitungstiefe 271f.
Lieferanten
- Auswahl 110ff., 117
- Bindung 112f., 125
- Risiken 111f.
Linienstelle 278
Liquidität 79, **96f.**, 211f., 221, 234
Luftverkehr 20, 138f., 314

M

Make or buy-Entscheidung **120f.**, 147
Management
- als Teil der Betriebswirtschaftslehre 30ff.
- interkulturelles 293
- nachhaltiges **322f.**, 330
- normatives 290ff.
- operatives 291
- strategisches 26, 192, **291**, **304ff.**
Management
- by Objectives 261
- by-Techniken 260f.
Management Accounting 230
Managementprozesse 183ff.
Management-Würfel **26**, 74, 184, 288
Marketing 26, 32, 116, 157ff.
- differenziertes 168
- konzentriertes 168
- strategisches 163, 165
- taktisches 163
- undifferenziertes 168
Marketing-Mix 169ff.
Markt
- durchdringung 166
- entwicklung 166
- feldstrategie 166

- forschung 116, **164**, 278
- orientierung **161f.**, 200
- potenzial **161f.**, 166
- touristischer 21
- volumen **162**, 166, 172f.

Marktanalyse **164**, 236
Marktanteil 24, **162**
- relativer 308f.

Marktarealstrategie 165, **169**
Marktsegmentierung 161f.
- strategie 168

Materialwirtschaft 106
Matrixorganisation 279f.
Maximum-Prinzip 66
Mehrarbeit 245f.
Mehrliniensystem 276ff.
Mehrwertsteuer 38
Mengenteilung 247f.
Menschenorientierung 259f.
Mergers & Acquisitions (M&A) 125
MICE 17
Minimalkostenkombination 147f.
Minimum-Prinzip 66, 147
Mittelherkunft 89, 92, **215f.**
Mittelverwendung 215f.
Moral Hazard 283
Motivation 255
Multi-Channel-Strategie 179

N

Nachhaltiger Tourismus 323f., 327
Nachhaltigkeit 31, 173, 196, **320ff.**
- Berichterstattung 329
- Instrumente 328
- Management von 323
- Dimensionen unternehmerischer 321

Namensaktie 57
- vinkuliert 57

Nennwertaktie 56
Neoinstitutionalismus 282
Neoklassik 282
Niedrigpreispolitik 176
Nutzungsdauerentscheidung **81**, 84

O

Objekt (Aufgabengliederung) **274f.**, 281, 294
Offene Handelsgesellschaft (OHG) 53f.
Off-the-Job Konzept 251f.
Ökonomisches Prinzip **66**, 241f.
On-the-Job Konzept 251f.
Opportunitätskosten **96**, 107
Organisation 265ff.
Outplacement 254f.
Outsourcing 94, **117**, 125

P

Passiva 216f.
Penetrationsstrategie 176
Personal
- auswahl 245, **247**
- bedarfsermittlung 243f.
- beratung 245f.
- beschaffung 107, 243, **245ff.**
- beschaffungswege 245
- bestand **243f.**, 251
- einsatz 243, **247ff.**
- einstellung 245, 247
- entlohnung 243, **249f.**
- entwicklung 243, 245f., 251f.
- freisetzung 243, 252ff.
- führung 241, 255ff.
- leasing 245, 247
- werbung 245ff.
- wirtschaft 32, 241ff.

Personenunternehmen **53**, 62
Phase (Aufgabengliederung) 275
Plan 188, 198f.
Planung 185ff.
- Begriff **188**, 190f.
- Grenzen 203f.
- operative 189ff., **198ff.**
- rollierende 189
- simultane 199
- strategische 188ff.
- sukzessive 200
- Zeitpunkte 189

Stichwortverzeichnis

Planungsprozess
- Bottom up 190f.
- Top down 190f.
- im Gegenstromverfahren 190f.

Portfoliomatrix 309
Post Merger Management 314
Präferenzstrategie 167, 306f.
Prämienlohn 250
Prämienstrategie 175f.
Preisbildung 6, 18, 30, **135**, 175, 200, 224ff.
Preisdifferenzierung 135, 141, **176**
Preisfestsetzung 174f.
Preis-Mengen Strategie 148, **167f**, 306f.
Preispolitik 163, **174ff**.
Principal-Agent Theorie 282f.
Principal-Agent-Konflikt 283
Private Betriebe 53
Privates Gut 66
Produkt
- Kalkulation 133, 135, **230**
- Lebenszyklus 172
- management 68, 135
- Portfolio 127, **166f.**, 308
- touristisches **16**, 142

Produktanalyse 171
Produktentwicklung 135, 153, **166**, 172
Produktgruppen **171**, 229f. 270
Produktion 26, 129ff.
- Besonderheiten der touristischen 133f.
- Event 140
- Hotelübernachtung 137
- Kreuzfahrt 141
- Linienflug 138
- Pauschalreise 135

Produktionsfaktoren 142ff.
- in der BWL 142
- in der VWL 142
- Kombination 147
- limitationale 143
- substitutionale **143**, 148
- touristische 21, 142

Produktionsfunktion 130, **142f**.
Produktionsmaterial 105f.

Produktionsprozesse
- im Tourismus 133f.
- Ziele 132
- Systematik 132

Produktionstheorie 134, **142**, 150
Produktivität 68, **234**
Produktlinien 153, **171**
Produktpolitik 132, 163, **169ff**.
Produktstrategie 166
Programm
- breite 171
- tiefe 171

Promotionsstrategie 175f.
Public limited company (plc) 63f.

Q

Quellmärkte **24**, 151, 194, 310, 326

R

Rang (Aufgabengliederung) 275, 281
Rationales Handeln 25, **66**
Raumordnung **39**, 202
Raumordnungsverfahren 39
Rechnungslegung 211, 215, 219
Rechnungswesen 24, 209ff.
- Bereiche 211
- externes 211
- internes 211
- Normen 215, 219
- Ziele 212

Rechtsform **52ff.**, 90, 193
Referat für Tourismuspolitik 41
Regiebetrieb **61**, 65
Reisebüro 18, 32, 62, 151f., 200
Reiseentscheidung 326f.
Reiseveranstalter 64, **118ff**.
Reiseverhalten 15f. 194
Reisevertrieb 18
Renditekennzahlen 233
Rentabilität 53, 68, 83f., 233
Rentabilitätsrechnung 80, 83f.
Return on Capital Employed 51, 83
Return on Equity 83
Return on Investment (ROI) 83, 165, **233**

Stichwortverzeichnis

Roh-, Hilfs- und Betriebsstoffe (RHB) 106, 108
Rückstellungsfinanzierung 92

S

Sachziel **68**, 242
Satisfizierung (Zielausmaß) 68
Scharfschützenkonzept 168
Schrotflintenkonzept 168
Segmentierung 153, 161f., 168
Selbstabstimmung 271
Selbstfinanzierung 93
Sicherheit 15, 70, 139, 257
Soziale Systeme 27f., 323
Spartenorganisation 278f.
Spezialisierung 269f.
Stab-Linien-Organisation 278
Stabstelle 278
Stammaktie 57
Standardisierung 269, **273**
Standort 150
– Entscheidung 150
– Faktoren 150
– Strategien 151
– touristischer Produktion 17, 19, 150ff.
Stelle 245ff., 250ff., **270ff.**
Stellenanzeige 245ff.
Stellenausschreibung 246
Steuerung des Geschäfts 25, 27, 51, 96, 136, 153, 188, 210f., 220, **222ff.**, 231ff., 291, 310
Stiftung 53, **59ff.**
Stille Gesellschaft 53, **59**
Strategie 26ff., 70, 108, 112, 124f., 148, 151, 166ff., 190ff., 235, 288ff., 304ff.
– Begriff 190f.
– Ebenen im Unternehmen 196
– Elemente 192
– Optionen **196f.**
– Kommunikation 197f.
– Typen 196
– Workshops 196
Strategieentwicklung 192ff.
Strategische Geschäftseinheit (SGE) 205, **309**

Strategisches Geschäftsfeld (SGF) 305
Stückaktie 56f.
Subkultur 292
Supply Chain Management 125
SWOT-Analyse 195f.
Szenarien 188, **194**, 203

T

Taylorsche Funktionsmeisterprinzip 276
Teilautonome Gruppen 248
Teilkostenrechnung 228
Tensororganisation 280
Tourismus
– Bedürfnisse 14ff.
– Definition der UNWTO 14
– Geschichte 15f.
– Kategorien **14**, 40
– Motive 14
– Nachfrage 14ff.
– Räume 26, **28**
Tourismusamt 28, 41, 65
Tourismusangebot
– Historische Entwicklung 20
– im System der Wirtschaftsgüter 16f.
Tourismuskonzerne
– horizontal integrierte **20**, 124
– vertikal integrierte **20**, 124
Tourismusmanagement
– als Lehrgebiet 31f.
– Begriff 29
– Dimensionen 26ff.
– Integriertes Modell 26
– nachhaltiges 320ff.
Tourismusmärkte 21
Tourismusnachfrage
– Historische Entwicklung der 15
Tourismusökonomie 29ff.
Tourismusorganisation 42ff.
Tourismuspolitik 37ff.
Tourist Information 43
Touristische Wertschöpfungsstufen
– Originäre 17f., 30
– Derivative Wertschöpfungsbereiche 17, **19**, 30

Träger
- tourismuspolitische 39ff.

U
Überkapazitäten 20, **118**, 135, 312f.
Überschuldung 234
Überschussfinanzierung 92f.
Überstundenabbau 253
Ubiquität 151
Umfeldanalyse 164
Umsatz 4, 60, 172, 219ff.
Umsatzkostenverfahren 219f.
Umsatzrendite 233
Umwelt
- globale 193, 322
- natürliche 187, 194
- makroökonomische 164, **193f.**, 322
- politisch-rechtliche 164, **193f.**, 322
- sozio-kulturelle 164, **193f.**, 322
- technologische 164, **193f.**, 322
- Wettbewerbs **193**, 322
Umweltanalyse **194ff.**, 305
Umweltzustände **66**, 69f., 282
Unique Selling Proposition, USP 167
Uno actu-Prinzip **18**, 137
Unternehmen 26ff., **51ff.**, 305ff., 322ff.
Unternehmens
- analyse **164ff.**, 305
- ethik 297
- identität **291ff.**
- kultur 197, **291ff.**, 313
- philosophie 297
- politik 188, 257, **289ff.**
- verhalten 291f.
- zusammenschlüsse 314f.
Unternehmergesellschaft (haftungsbeschränkt) (UG haftungsbeschränkt) 56
Unternehmerkapital 38
Urlaubsplanung 253
Urlaubsverschiebung 245f.

V
Verband 41ff., **60f.**
Verein 27, **60f.**, 64f.

Vergütung 247, **250f.**
Verkehrspolitik 39
Verkehrsträger 118, 141, 194
Vermögensumschichtung 92, **94**
Verrichtung (Aufgabengliederung) 274f., 281
Verschuldungsgrad **97f**, 222
Versetzung **245f.**, 249, 253
Vertriebsweg 169, **179**
Verwaltung
- öffentlich-rechtliche im Tourismus 29, 32, 57, 199, **202**, 275
202
Volkswirtschaftliche Gesamtrechnung 30
Volkswirtschaftslehre **5f.**, 21, 142
Vollkostenrechnung 228
Vorteilhaftigkeitskriterium 81ff.
Vorteilhaftigkeitsvergleich 81ff.
Vorzugsaktie 57

W
Wachstum 20, 94, 125, 146, 166, 178f., 257, **312ff.**
- Chancen 312, 325
- externes 125, **312f.**
- internes 125, **312f.**
- Risiken 312, 325
- Strategie 312ff.
Wachstumsbedürfnis 256f.
Weighted Average Cost of Capital (WACC) 96
Weisung 259, **271ff.**
Weiterbildung 116, 240, **251**
Werte 26, 371, **387ff.**
Wertgrößen 211ff.
Wertschöpfungsstufen 167f., 124, 311
Wertschöpfungstiefe 74, **124f.**, 308, 312
Wettbewerb 49ff.
- Intensität 306
- Ort 307
- Strategie 148, 167, **305ff.**
- Triebkräfte **305f.**, 325
Wettbewerbsstrategie 148, 167f., **305ff.**
Wettbewerbsvorteil **70f.**, 167, 295

Wirtschaftliches Handeln 65f.
Wirtschaftlichkeit 68, 211, **234**
Wirtschaftlichkeitsprinzip 25, **66**

Y
Yield Management 136f., **176**, 230

Z
Zeitlohn 250
Zeitwert des Geldes 85
Zertifizierung 111, 133, **328**, 330
Ziel
– indifferent 69
– komplementär 69
– konkurrierend 69
Zielgebietsmanagement 19
Zins 85, 91ff. 81
Zinsfuß 80, 88ff.
Zusatznutzen **170f.**, 327
Zuschussbetrieb 62
Zweckbeziehung (Aufgabengliederung) **274ff.**, 281
Zwei-Faktoren-Theorie (Herzberg) 257f.